Friederisiko

Friederisiko

FRIEDRICH DER GROSSE
DIE ESSAYS

STIFTUNG
PREUSSISCHE SCHLÖSSER UND GÄRTEN
BERLIN-BRANDENBURG

HIRMER

Diese Publikation erscheint anlässlich der Ausstellung
»Friederisiko – Friedrich der Große«
Stiftung Preußische Schlösser und Gärten Berlin-Brandenburg
im Neuen Palais und Park Sanssouci
28. April bis 28. Oktober 2012.

Dieser Essayband enthält eine Auswahl der auf
www.perspectivia.net publizierten Beiträge, die seit 2007
im Rahmen der von der SPSG in Zusammenarbeit mit der
Stiftung Preußische Seehandlung und dem Deutschen Historischen
Institut in Paris zur wissenschaftlichen Vorbereitung auf die Ausstellung
durchgeführten internationalen Konferenzen verfasst wurden.

Herausgegeben von der Generaldirektion der
Stiftung Preußische Schlösser und Gärten Berlin-Brandenburg
Generaldirektor: Prof. Dr. Hartmut Dorgerloh

Redaktion: Dr. Ullrich Sachse
Redaktionelle Mitarbeit: Kristin Bahre, Amelia Eichfeld,
Nadja Geißler, Dr. Jürgen Luh, Imke Ritzmann
Bildredaktion: Imke Ritzmann
Umschlaggestaltung: nach einem Entwurf von Scholz & Friends Berlin GmbH

Frontispiz: Johann Georg Ziesenis, Friedrich II. von Preußen, 1763,
Öl auf Leinwand, SPSG, GK I 1216

Abb. S. 298: Potsdam, Neues Palais, Friedrichwohnung, Blaue Kammer

Erschienen im
Hirmer Verlag GmbH
Nymphenburger Str. 84
80636 München
www.hirmerverlag.de

© 2012 Stiftung Preußische Schlösser und Gärten
Berlin-Brandenburg, Hirmer Verlag GmbH München und die Autoren

Gestaltung und Satz: Petra Ahke, Erill Fritz, Berlin
Korrektorat: Hartmut Schönfuß, Berlin
Produktion: Katja Durchholz, Hirmer Verlag, München

Lithografie: Repromayer GmbH, Reutlingen
Papier: LuxoArt Samt New, 150 g
Schriften: Berkeley, Generis
Druck und Bindung: Appl aprinta Druck GmbH, Wemding

Printed in Germany

ISBN 978-3-7774-4701-8 (Essayband)
ISBN 978-3-7774-4691-2 (Ausstellungsband)
ISBN 978-3-7774-5141-1 (beide Bände zusammen)

Bibliografische Information der Deutschen Nationalbibliothek: Die Deutsche Nationalbibliothek verzeichnet diese Publikation in der Deutschen Nationalbibliografie; detaillierte bibliografische Daten sind im Internet über http://dnb.d-nb.de abrufbar.

Wissenschaftliche Partner

Gefördert durch

Unterstützt durch

Medienpartner

Gefördert durch die Bundesregierung (Beauftragter für Kultur und Medien) sowie die Länder Berlin und Brandenburg.

ZUM GELEIT

Im Jahr 2012 jährt sich zum 300. Mal der Geburtstag Friedrichs II. von Preußen, besser bekannt als Friedrich der Große. Das Jubiläum ist ein Grund, an diese historische Persönlichkeit zu erinnern, auch und gerade weil dieser König von Preußen umstritten ist. Unleugbar ist Friedrich ein Teil der deutschen Geschichte, doch er ist eben alles andere als ein selbstverständlicher Bestandteil der deutschen Erinnerungskultur – wenn es so etwas überhaupt gibt. Ein Grund dafür liegt sicherlich darin, dass der König bislang wenig aus sich selbst heraus verstanden worden ist. Vielmehr hat man lange Zeit Hoffnungen und Wünsche auf ihn projiziert und damit seine Leistungen weniger aus seiner eigenen Zeit heraus interpretiert als vor allem aus den Erwartungen der Nachwelt, die ihn für ihre zeitgebundenen Anliegen vereinnahmen und für aktuelle Konflikte instrumentalisieren wollte. So entstand mehr ein Friedrich des 19. und 20. Jahrhunderts als einer des 18. Jahrhunderts. Diese Sichtweise zu korrigieren, ist ein generelles Anliegen all der Anstrengungen gewesen, die die Stiftung Preußische Schlösser und Gärten Berlin-Brandenburg (SPSG) zusammen mit vielen Kooperationspartnern unternommen hat, um den 300. Geburtstag Friedrichs zu begehen. Der vorliegende Essayband ist ein Teil davon.

Dabei steht er nicht allein, sondern ist gleichsam der Zwilling zum Ausstellungsband. Während letzterer die Ausstellung unter dem Titel »Friederisiko« dokumentiert, sind hier Beiträge versammelt, die im Rahmen der Colloquien Friedrich300 entstanden sind. 2007 hat die SPSG zusammen mit der Stiftung Preußische Seehandlung und dem Deutschen Historischen Institut in Paris (DHIP) begonnen, in Form einer Konferenzreihe über die Person Friedrichs, sein Wirken und seine Zeit neu nachzudenken. Die Ergebnisse wurden bereits zeitnah im Internet unter http://www.perspectivia.net/content/publikationen/friedrich300-colloquien veröffentlicht. Ausgewählte Beiträge sind nun, für den Druck nochmals durchgesehen und teilweise überarbeitet, in diesen Band aufgenommen.

Die Essays verfolgen eine doppelte Funktion: Zum einen können sie für sich in Anspruch nehmen, eine Standortbestimmung der gegenwärtigen Forschung zu Friedrich zu repräsentieren; zum anderen wollen sie Impulse geben für die künftige wissenschaftliche Beschäftigung mit dem friderizianischen Preußen. Insgesamt wird man den Ertrag dessen, was die Erforschung des friderizianischen Preußen auch jüngst erbracht hat, nicht gering zu schätzen haben. Erfreulich ist, dass eine ganze Reihe von jüngeren Forscherinnen und Forschern vertreten ist ebenso wie solche, deren aktuelles Betätigungsfeld schon länger und immer noch Friedrich der Große ist. Auffällig und nicht zu beschönigen ist allerdings, dass erstaunlich wenig Kolleginnen und Kollegen aus dem europäischen Ausland vertreten sind: Ist dieser König nur noch ein deutsches Thema? Für Friedrich, einen wirklichen »global player« seiner Zeit, ein merkwürdiger Befund.

Die Tagungen in den vergangenen fünf Jahren haben viele neue Einsichten und Ergebnisse erbracht. Allgemein ist zu beobachten, dass der König im Zuge dieser Forschungsanstrengungen durchschaubarer geworden ist; er ist ein Mensch geworden und nicht mehr das »göttergleiche« Genie, als das ihn das 19. und noch das 20. Jahrhundert präsentierte. Er ist ein Mensch, der lernen und reifen musste, ein Mensch mit Stärken und Schwächen, wie es natürlich ist. Ein Mensch, der Freude haben und genießen wollte. Auch seine jüngst edierten »Kontoauszüge«, die sogenannten Schatullrechnungen, belegen das. Diese sind frei unter http://quellen.perspectivia.net/bestaende/spsg-schatullrechnungen verfügbar und können dort benutzt werden.

Manche werden sagen, dass vieles, was die Ergebnisse der Tagungen zutage gefördert haben, dazu angetan ist, den König zu verkleinern. Wenn damit gemeint ist, dass Friedrich der heroischen Züge entkleidet wird, mag dies auch zutreffen. Doch ganz gewiss wird man nirgends eine Diffamierung dieses Königs erkennen können. Vielmehr sind die Beiträge aufklärerisch in einem Sinne, wie es auch Friedrich und seiner Zeit eingeleuchtet haben müsste. Wenn also Friedrich auf diese Weise menschlicher erscheint und wenn dann auch Brüche in seiner Biographie deutlicher werden, dürfte schon einiges gewonnen sein. So kann es vielleicht gelingen, dass dieser preußische König auch einer jungen Generation, der abstrakte Heroen fremd sind, eher einen Zugang zu Friedrich bietet und damit auch zu einer Persönlichkeit, die die deutsche Geschichte nicht unwesentlich mitgeprägt hat.

Prof. Dr. Gudrun Gersmann,
Direktorin am DHI Paris, für den Wissenschaftlichen Beirat der SPSG
Paris, im Dezember 2011

ZUM GELEIT

Nun ist es ›handgreiflich‹, das Geschenk zum 300. Geburtstag Friedrichs des Großen. Und das Beste daran ist: Er wird es mit vielen teilen müssen, denn das vorliegende Buch richtet sich an eine breite Leserschaft. Für die Stiftung Preußische Seehandlung gibt es gute Gründe, das Erscheinen dieses Bandes mit Freude und Genugtuung zu begrüßen, denn sie ist dem Projekt Friedrich300 seit dem Jahr 2006 auf besondere Weise verbunden. Alle Friedrich-Konferenzen, deren Ergebnisse dieser Band in kluger Auswahl präsentiert, wurden von der Stiftung gefördert und mitveranstaltet.

Ein so nachhaltiges Engagement unserer Stiftung wird nur wenigen Projekten zuteil, also muss es gewichtige Gründe geben: Sie liegen zum einen im Konzept des Projektes Friedrich300 selbst, zum anderen sind sie gewissermaßen eigener Natur: Allein wegen ihrer Vorgeschichte hat unsere Stiftung Grund genug, sich für Forschungen zum Wirken Friedrichs des Großen in seiner Zeit wie für sein Nachwirken zu interessieren.

Der wunderliche, etwas sperrige Stiftungsname bedarf der Erklärung. Stiftungen sind zumeist nach ihrem Stifter benannt, so – wenngleich mittelbar – auch diese. Die Gründung der See-Handlungs-Gesellschaft durch Friedrich II. im Jahr 1772 war Teil seines wirtschaftspolitischen Konzepts. Nach den Schlesischen Kriegen fand sich die Wirtschaft Preußens in einem katastrophalen Zustand. Der Monarch begriff, dass nur durch »die Belebung der Commerzien« Preußen endlich würde Wohlstand erlangen können, und er kam auf die Idee, Handel und Gewerbe durch staatliche Anschubfinanzierung zu fördern, was wiederum einer vollen Staatskasse bedurfte. So erklärte denn Friedrich im Gründungspatent der See-Handlungs-Gesellschaft vom 14. Oktober 1772, er beabsichtige mit dieser Initiative, »durch Belebung des überseeischen Handels unter preußischer Flagge unablässig für das Glück und den Wohlstand Unserer Unterthanen zu sorgen«.

Die Seehandlung war seinerzeit eine Aktiengesellschaft mit dem König als Mehrheitsaktionär; tatsächlich betrieb sie Überseehandel und zwar mit eigener Flotte. Bald schon dehnte sie ihre Geschäfte auf den Geldmarkt aus und wurde im 20. Jahrhundert schließlich zur Preußischen Staatsbank. Seit 1777 hatte die Seehandlung am Berliner Gendarmenmarkt ihren Sitz. Heute ist in jenem Gebäude die Berlin-Brandenburgische Akademie der Wissenschaften beherbergt.

Nach der Auflösung Preußens im Jahr 1947 und nach Abschluss der Liquidation der Staatsbank gründete das Land Berlin im Jahr 1983 mit einem Teil des Liquidationserlöses die Stiftung Preußische Seehandlung. Spiritus rector dieser Initiative war der Regierende Bürgermeister von Berlin Richard von Weizsäcker.

Die Stiftung fördert Kultur und Wissenschaft in und für Berlin. Förderschwerpunkt im kulturellen Bereich ist die Literatur, im wissenschaftlichen ist es die Förderung von Projekten zur Berliner und zur brandenburgisch-preußischen Geschichte. Überdies vergibt die Stiftung drei renommierte Preise: den Theaterpreis Berlin, den Berliner Literaturpreis und den Friedlieb-Ferdinand-Runge-Preis für unkonventionelle Kunstvermittlung.

Die Grundsätze der Förderung sind Prinzipien verpflichtet, die auch jedem Wirtschaftsunternehmen nicht schlecht anstünden: größtmögliche Erträge bei sparsamstem Mitteleinsatz mit dem Ziel, eigenständiges Arbeiten zu ermöglichen und kulturelle Nachhaltigkeit zu erzielen. In diesem Sinne heißt fördern auch immer anstiften, um potenzielle Förderer zu ermutigen; es geht unserer Stiftung um Synergieeffekte, mithin um den ideellen ›Zinseszins‹ beim Einsatz der Fördermittel. Unter den von der Stiftung Preußische Seehandlung geförderten Vorhaben findet sich inzwischen eine stattliche Anzahl ›königlicher‹ Editionsprojekte, allen voran die großangelegte zwölfbändige »Potsdamer Ausgabe« der Werke Friedrichs II.

Die konzeptionelle Passgenauigkeit der von der Stiftung Preußische Schlösser und Gärten initiierten Konferenzen mit den Förderintentionen der Stiftung Preußische Seehandlung liegt auf der Hand: Bestechend ist das Konzept, den »Großen« zu ehren, indem die Nachgeborenen zu neuen An- und Einsichten gelangen und also nicht zuletzt sich selber nützen – ein ›Festakt‹, so opulent wie ergebnisreich; das kann man wahrlich ›effizient feiern‹ heißen. Diese schöne ›List‹ hätte auch dem Jubilar gefallen. Und nun dieses Buch. Es wird hoffentlich viele Leser, Nach- und Weiterdenker finden: Friedrich und kein Ende!

Walter Rasch, Senator a. D.
Vorsitzender des Vorstands der Stiftung Preußische Seehandlung
Berlin, im Dezember 2011

MICHAEL KAISER
JÜRGEN LUH

EINLEITUNG

Jubiläen bieten seit jeher Anlass für eine historische Standortbestimmung. Das zeigt sich in der deutschen Geschichte vielleicht am deutlichsten an den Gedenkjahren, die mit der Person Friedrichs des Großen verbunden sind. 1840, 1886, 1912, 1940 oder 1986: der 100. Jahrestag von Friedrichs Regierungsantritt, sein 100. Todestag, Friedrichs 200. Geburtstag, der 200. Jahrestag des Regierungsantritts, sein 200. Todestag. All diese Daten haben der Friedrichforschung immer wieder Impulse gegeben. Vor allem aber gaben all diese Jubiläen auch Interpretationen vor. Das ist selbstverständlich, denn die Historiker, die den König immer wieder neu verorteten, waren Kinder ihrer Zeit. Das gesellschaftliche Umfeld wirkte auf ihre Deutungen und gebot auch sehr konkret, in welchem Licht Friedrich zu erscheinen hatte.

Wie sich Traditionslinien herausbildeten, lässt sich bereits kurz nach dem Tod des Königs im Jahr 1786 beobachten. Anekdotensammlungen aus den achtziger Jahren des 18. Jahrhunderts, unter anderem von dem Publizisten und Aufklärer Friedrich Nicolai, einem Verehrer des Königs, »informierten« das Publikum über Friedrichs angebliches Leben und seine Handlungen, noch bevor eine erste Biographie über ihn erschien. Viele dieser Anekdoten wurden von dem Maler und Graphiker Daniel Chodowiecki bildlich umgesetzt und erhielten dadurch den Anschein historischer Wahrhaftigkeit. Nicht wenige Anekdoten fanden deshalb in der ersten Hälfte des 19. Jahrhunderts den Weg in die ersten, mit wissenschaftlichem Anspruch verfassten Werke über den König.

Das am weitesten verbreitete von ihnen, die »Geschichte Friedrichs des Großen« von Franz Kugler, stammt aus dem Jubiläumsjahr 1840 und enthielt die berühmten Illustrationen Adolph Menzels.[1] Aufgrund der den Bildern innewohnenden Dynamik, ihrer zeichnerischen Präzision und ihrer engen Einbindung in die historische Wissenschaft – Franz Kugler war Historiker und Kunsthistoriker – galten Menzels akribische Zeichnungen als wahrheitsgetreues Abbild der friderizianischen Epoche. Dies umso mehr, als sie auch der zum 100. Geburtstag des Königs 1912 erschienenen deutschen Ausgabe der Werke Friedrichs des Großen von Gustav Berthold Volz beigegeben wurden.[2] Auf Menzels Vorgaben beruhen viele weitere Illustrationen anderer Künstler des 19. und frühen 20. Jahrhunderts, die für das volkstümliche Bild Friedrichs sehr wirksam geworden sind.

Die umfänglichste aus den Quellen gearbeitete Biographie und Darstellung der Regierungszeit Friedrichs stammt von Reinhold Koser. Der erste Band »Friedrich der Große als Kronprinz« erschien 1886, zum 100. Todesjahr des Königs, die beiden Bände »König Friedrich der Große« wurden von 1890 bis 1903 veröffentlicht. Als vierbändige Gesamtausgabe erschien das Buch dann 1912 zu Friedrichs 200. Geburtstag.[3] Es ist nach wie vor das wichtigste Werk und noch immer Grundlage aller Beschäftigung mit dem König. Im Anschluss daran sind vor allem vor dem Zweiten Weltkrieg weitere wichtige Aspekte der friderizianischen Zeit untersucht worden; unser Wissen wurde um viele Einzelheiten erweitert, insbesondere durch die Arbeiten von Gustav Berthold Volz.[4]

Seither stagniert die Forschung im Grunde.[5] Friedrich der Große war, nach den Erfahrungen des »Dritten Reichs« und des Zweiten Weltkrieges, vor allem wegen seiner Rolle als Machtpolitiker und Feldherr in Deutschland bis Anfang der 1980er Jahre nicht mehr »chic«, wie man im Umkehrschluss zu Hans-Ulrich Wehlers Polemik über Preußen feststellen kann.[6] Dies änderte sich auch nicht nach seinem 200. Todestag 1986, der zwar durch Ausstellungen einige Aufmerksamkeit erregte, aber unser Wissen über den König und seine Zeit weniger erweiterte als die vorhergehenden Jubiläen – sieht man ab von dem Buch Theodor Schieders über »Ein Königtum der Widersprüche«, das bereits kurz vor dem Jubiläum erschienen war und Friedrich vor dem Hintergrund seines als widersprüchlich wahrgenommenen Handelns und Tuns interpretierte.[7] 1985 erschien auch noch Christopher Duffys Biographie, die Friedrich ausschließlich in seiner Rolle als Feldherr und Militär sah.[8] Danach schlief die Friedrichforschung nahezu ein, wachgehalten allenfalls von der ebenso profunden wie geistreichen Studie Kittsteiners über »Das Komma von Sans, Souci.«, die aber nur wenige Teilaspekte berührte.[9] Die beiden 2004 erschienenen Biographien des Königs von Johannes Kunisch[10] und Jean-Paul Bled[11] reflektieren zwar stärker als bislang die Einflüsse der Epoche auf die Person des Monarchen, sind aber nicht auf Grundlage neuer Quellen, sondern nur als Neuinterpretationen alter Akten gearbeitet. Weitgehend verhaftet in konventionellen biographischen Mustern, vermitteln sie daher nichts Neues über Friedrichs Persönlichkeit, auch nicht über seine Zeit. Dies gilt im Wesentlichen ebenso für die praktisch zeitgleich erschienene Parallelbiographie Klaus Günzels zu Friedrich und Maria Theresia.[12] Interessante Aspekte finden sich nur in dem Porträt von Wilhelm Bringmann, der die alte Friedrich-Literatur noch einmal kritisch durchgesehen und dem Porträt des Königs viel von der borussischen Patina genommen hat.[13]

Der König wurde im 19. und 20. Jahrhundert als vielleicht markanteste Gestalt der deutschen Geschichte betrachtet. Seine Wahrnehmung und Beurteilung waren jedoch nicht unumstritten: Den einen, der großen Mehrheit in Wissenschaft und Publikum, war er ein Genie, ein Held, das historische Vorbild auch für die aktuelle Politik schlechthin; den anderen, einer akademischen Minderheit und einem kleinen Teil der Bevölkerung, ein Kriegstreiber, ein Menschenverächter, ja die personifizierte Gefahr. Preußisch-kleindeutsche Historiker des 19. und frühen 20. Jahrhunderts wie Johann Gustav Droysen, Gustav Freytag, Heinrich von Treitschke, Reinhold Koser oder Gustav Berthold Volz beschrieben Friedrich als den »anstaunenswertheste[n] aller der Geschichte angehörenden Männer«,[14] wie Graf Ernst von Lippe die Wertungen dieser Zeit in der »Allgemeinen Deutschen Biographie« zusammenfasste, um auf diese Weise Preußen samt seinen Herrschern im Deutschen Reich als führenden Staat zu legitimieren und ihm eine als notwendig erachtete Tradition zu verschaffen. Kritiker des Königs im 19. Jahrhundert, namentlich Onno Klopp,[15] Franz Mehring[16] oder später, in den 1920er Jahren, Werner Hegemann,[17] wurden von der preußisch gesinnten Historikerschaft bekämpft und wissenschaftlich ausgegrenzt.

Die historische Vorarbeit des Kaiserreichs und der Weimarer Republik nutzte die Propaganda des »Dritten Reichs«: Friedrich fungierte hier als genialer Politiker und Kriegsheld, der in auswegloser Situation durchgehalten und dadurch seinen Staat vor dem Untergang gerettet hatte. Nach 1945 und dem Erlebnis des Zweiten Weltkriegs stand der König durch die Kriege, die er geführt hatte, in Bundesrepublik und DDR gleichermaßen in der Kritik. Was jedoch blieb, in der Regel mit positiver Konnotation, waren die Vorstellung vom König als Philosoph, Aufklärer und Modernisierer sowie die mit ihm assoziierten »preußischen Tugenden« wie Fleiß, Sparsamkeit und Leistungswillen, die zahlreiche Historiker noch heute in Friedrich vorbildlich verkörpert sehen.[18] Diese hier zugegebenermaßen vereinfacht wiedergegebenen Sichtweisen bestimmten das allgemeine Friedrich-Bild und seine Wahrnehmung in der Öffentlichkeit.

Friedrichs Bild, wie es im 19. und 20. Jahrhundert entstanden ist, zeigt einen volkstümlichen Helden, der nie an sich und immer an seinen Staat und seine Untertanen dachte, und ist heute beim Großteil der älteren Bevölkerung präsent. Diese Generation kann fast mit jedem einzelnen Bild ein Ereignis, eine Geschichte verbinden. Und da die Verbindung von Ereignisanekdote und Illustration schon so lange im kollektiven Gedächtnis sedimentiert ist und nie öffentlichkeitswirksam infrage gestellt wurde, ist die Versuchung groß, zu denken, dass diese so dauerhaften Darstellungen der historischen Wahrheit entsprechen. Neue Erkenntnisse zu Friedrich dem Großen, die oftmals die eingeschliffenen Deutungsmuster der Geschichte durchbrechen, haben es deshalb sehr schwer, öffentlich (und manchmal selbst wissenschaftlich) wahrgenommen und anerkannt zu werden. Beispielsweise glaubt man mehrheitlich noch immer, der König habe bis zuletzt den ganzen Tag lang unermüdlich für das Wohlergehen Preußens gearbeitet. Dabei ist seit der Veröffentlichung von ausgewählten Passagen aus dem Tagebuch des Marchese Lucchesini, Friedrichs letztem Gesellschafter, bekannt, dass der König in den letzten Lebensjahren täglich nur noch etwa eine Stunde am Schreibtisch verbrachte, nicht selten jedoch mehr als sechs Stunden an der Mittagstafel.[19]

Das aber ist nur eine Seite der Medaille. Das Thema »Friedrich der Große« stößt nämlich noch auf eine weitere Rezeptionsschwierigkeit – und zwar innerhalb der jüngeren Generation. Jugendliche und junge Erwachsene wissen nahezu nichts mehr über diese Persönlichkeit. Den Namen haben sie vielleicht noch gehört; mit der Person, die sich hinter ihm verbirgt, und mit der Geschichte seiner Zeit können sie aber zumeist nichts mehr anfangen. Genau dies hat 2009 eine repräsentative FORSA-Umfrage ergeben, die im Rahmen des »Friedrich300«-Projekts im Auftrag der Stiftung Preußische Schlösser und Gärten Berlin-Brandenburg durchgeführt worden ist.[20] Auf die Frage, wer denn ihrer Meinung nach Friedrich der Große gewesen sei, antworteten 32 Prozent der Bürger, dass es sich um einen preußischen König, um Friedrich II. oder den »Alten Fritz« handelte. In der Altersgruppe der 14 bis 29 Jährigen waren es allerdings nur noch rund 18 Prozent.

Diese von einer wachsenden Geschichtsvergessenheit geprägte Situation macht es vielleicht sogar einfacher, neue wissenschaftliche Erkenntnisse ohne Erwartungsdruck einer von politisch-ideologischen Determinanten bestimmten Tradition zu gewinnen. Gleichzeitig leitet sich aus dieser Unwissenheit eine bislang so nicht gekannte Verpflichtung ab, den König einer weiten Öffentlichkeit wieder bekannt zu machen. Die Stiftung Preußische Schlösser und Gärten wollte bereits im Vorfeld des 300. Geburtstages des Königs die Chance dieses Jubiläums nutzen, um die Persönlichkeit Friedrichs neu zu entdecken und im kulturellen Gedächtnis zeitgemäß zu verankern: nämlich »sine ira et studio«, unvoreingenommen, kritisch und ohne Sinnstiftung für eine heutige politische Ideologie. Denn heute haben wir kein festes Interpretament mehr, auf das hin wir Friedrich deuten müssen – aber genau deswegen sind wir auch frei, den König unter verschiedenen Aspekten zu betrachten, ohne ihn in ein bereits vorgegebenes Gesamtbild einpassen zu müssen. Die Stiftung Preußische Schlösser und Gärten Berlin-Brandenburg hat deshalb gemeinsam mit der Stiftung Preußische Seehandlung, dem Deutschen Historischen Institut Paris und perspectivia.net seit 2007 Tagungen organisiert, unter anderem zu Hof, Kulturtransfer und Dynastie unter Friedrich, zu seiner Größe sowie eine Bestandsaufnahme, die das Jubiläum vorbereiten und der Ausstellung FRIEDERISIKO eine sichere wissenschaftliche Grundlage geben sollten. Ziel war es, der Persönlichkeit und der Zeit des Königs nahezukommen und – durchaus im Sinne Friedrichs – zur »Aufklärung« der Menschen beizutragen und damit mehr als nur ein vergnügliches, aber bald wieder vergessenes Friedrich-Fest zu feiern.

In diesem Sinn sollen die Beiträge dieses Bandes verstanden werden. Sie stellen eine Auswahl der auf perspectivia.net publizierten Aufsätze dar, wo sie unter dem Stichwort »Friedrich300 – Colloquien« die Ergebnisse der wissenschaftlichen Tagungen seit 2007 dokumentieren. Die Artikel sind, wo es den einzelnen Autoren notwendig schien, überarbeitet und ergänzt worden. Es sind vor allem die Beiträge in diesen Band aufgenommen worden, die weniger die Rahmenbedingungen der preußischen Monarchie im 18. Jahrhundert thematisieren als vielmehr die Person Friedrichs selbst in den Mittelpunkt stellen. Doch folgt die Auswahl keinem einheitlichen Deutungsmuster, in der Summe wollen die Artikel auch keine kumulative Biographie ergeben. Stattdessen geht es darum, verschiedene neue Zugänge zur Persönlichkeit des Königs auszuloten und Aspekten, die bislang nicht oder unzureichend beachtet wurden, eine neue Aufmerksamkeit zu vermitteln.

Dabei geht es nicht nur um eine Akzentverschiebung bei der Beschäftigung mit dem Phänomen Friedrich. Ebenso deutlich werden die Desiderate, die ungeachtet einer rund 200jährigen Forschertradition immer noch bestehen oder auch wieder größer zu werden scheinen. Dies gilt etwa für wirtschaftshistorische Fragen, aber auch militärgeschichtliche Probleme. Überhaupt zeigt sich immer wieder, dass viel Material noch gar nicht wirklich in Bezug auf Friedrich hin untersucht worden ist – dies gilt gerade auch für kunsthistorische Themen. In anderer Hinsicht wird offenbar, wie sehr die Persönlichkeit Friedrichs anderes weggedrückt hat. Besonders offenkundig ist dies beispielsweise mit Blick auf Friedrichs Verwandtschaft zu beobachten; so gibt es für viele Geschwister Friedrichs keine hinreichenden wissenschaftlichen Studien. Welche Möglichkeiten sich aber immer noch eröffnen, zeigen auch bislang unbeachtet gebliebene Quellenbestände, die neue Schlaglichter auf den König werfen; allen voran sind hier die sogenannten Schatullrechnungen zu nennen, also die Abrechnungen der privaten Ausgaben Friedrichs (http://quellen.perspectivia.net/bestaende/spsg-schatullrechnungen). Doch dies sind nur einige wenige Hinweise auf Aufgaben, der sich eine zukünftige Forschung zu Friedrich annehmen kann. Insofern ist auch der vorliegende Band zum 300jährigen Geburtstagsjubiläum des Königs nur ein weiterer Schritt einer fortwährenden Auseinandersetzung mit Friedrich dem Großen.

1   Kugler, 1840.
2   Werke, 10 Bde.
3   Koser, 1912–1914.
4   Z. B.: Volz, 1926–1927, 3 Bde. – Volz, 1919.
5   Die Literatur bis 1986 in: Henning/Henning, 1988.
6   Wehler, 1983, S. 11–18 u. 67–71. – Ohne über die Ausstellungsvorbereitungen informiert zu sein, fürchtete Wehler auch im Oktober 2011 wieder die Gefahr der Preußennostalgie. So Peter Jungblut vom Bayerischen Rundfunk in einem Interview mit Jürgen Luh am 27. Oktober 2011. Dagegen wusste Günter de Bruyn schon im November 2011, ebenfalls ohne von der Ausstellung mehr zu kennen als den Titel »Friederisiko«: »Dem zeitgemäßen Entlarven von Mythen folgend, wird sie Wert darauf legen, die Schattenseiten dieses Großen gebührend hervorzuheben.« So in der WELT vom 5. November 2011 unter der Überschrift »Unser König?«.
7   Schieder, 1983.
8   Duffy, 1985. – Eine deutsche Übersetzung unter dem Titel »Friedrich der Große. Ein Soldatenleben« erschien bereits 1986.
9   Kittsteiner, 2001.

10   Kunisch, 2004.
11   Bled, 2004.
12   Günzel, 2005.
13   Bringmann, 2006. Das Buch stützt sich vor allem auf eine kritische Durchsicht des alten Schrifttums und ist bemüht, die Legenden auszuräumen (z. B. S. 8, 13–15, 44, 56, 58 u. 355–370).
14   Lippe, 1880, Bd. 11, S. 561–568, hier S. 564.
15   Klopp, 1867.
16   Mehring, 1863. – Daraus »Friedrichs aufgeklärter Despotismus« wiederabgedruckt in: Büsch/Neugebauer, 1981, Bd. 1, S. 142–181.
17   Hegemann, 1925.
18   Zur Geschichte des Friedrich-Bildes in Politik, Gesellschaft und Historiographie jetzt: Hahn, 2007, v. a. S. 29–78, 109–111, 132–169 u. 188–211.
19   Bischoff, 1885. – Andeutungen in diese Richtung findet man zuvor schon bei: Vehse, 1913, Bd. 3, S. 130–135. – Auch Werner Hegemann hat diesen Sachverhalt ausführlich behandelt (Hegemann, 1925, S. 75–77).
20   Im Erhebungszeitraum vom 20. bis 22. April 2009 wurden deutschlandweit 1002 in Privathaushalten lebende deutschsprachige Personen ab 14 Jahren befragt.

FRÉDÉRIC ET VOLTAIRE.

Voltaire retiré à Potsdam dans le Palais du Roi de Prusse est comblé d'honneurs et de bienfaits, sans autre assujettissement
que celui de passer quelques heures avec le Roi pour corriger ses ouvrages et lui apprendre les secrets de l'art d'écrire.

ANDREAS PEČAR

WIE WIRD MAN ALS KÖNIG ZUM PHILOSOPHEN?

Überlegungen zur Autorschaft Friedrichs des Großen*

Einleitung

Friedrich der Große verstand es wie kein Zweiter, sich auf der Bühne der Regenten in Szene zu setzen. Dabei bediente er sich zunächst als Kronprinz in Rheinsberg und später dann als preußischer König einer spezifischen Form der Selbstdarstellung: Er inszenierte sich als schreibender König, als Autor von Texten der unterschiedlichsten Gattungen. Er verfasste mehrere historiographische Werke über die Dynastie der Hohenzollern ebenso wie über seine eigene Regierungszeit, produzierte Gedichte in großer Zahl, schrieb philosophische, staatstheoretische und politische Traktate, setzte anonym satirische Flugschriften in die Welt, um seine Gegner zu brüskieren, und war der Autor von zwei Politischen Testamenten sowie zahlreichen militärtheoretischen Schriften. Diese Autorschaft diente neben spezifischen, von Traktat zu Traktat jeweils unterschiedlichen Gründen stets auch dazu, ein bestimmtes Image von sich zu entwerfen, eine Rolle auszufüllen: die des »roi philosophe«. Friedrichs Inszenierung als Philosophenkönig steht in den folgenden Überlegungen im Zentrum.[1]

Dabei gilt es, folgende Fragen zu klären: Was machte den Preußenkönig zu einem Philosophen? Weshalb inszenierte sich Friedrich neben seiner Rolle als König und Herrscher zugleich auch als Philosoph? Und schließlich: Welche Rollenvorbilder waren für diese Inszenierung vorhanden, und welche Vorbilder werden von Friedrich dem Großen explizit herausgestellt?[2]

Das Label des Philosophen

Für den Rollentypus des »philosophe«, den Friedrich für sich adaptierte, gab es in Brandenburg-Preußen keine Vorbilder. Sosehr er den Hallenser Professor Christian Wolff auch hochschätzen mochte, so war der Universitätsgelehrte doch nicht die Art Philosoph, die Friedrich zu spielen beabsichtigte. Die Inspiration für seine Inszenierung erlangte Friedrich vielmehr durch einen Blick nach Frankreich.[3] Um sich in den dortigen Intellektuellenkreisen Achtung zu verschaffen, suchte er den Kontakt zu Voltaire, dem König unter den in Frankreich versammelten Freigeistern (Abb. 1).

Diese Offerte war ein erster, entscheidender Schritt, um das begehrte Label des Philosophenkönigs zuerkannt zu bekommen. Um von Voltaire als Fürsten-Philosoph tituliert zu werden, brauchte es nicht mehr als die Bereitschaft Friedrichs, mit Voltaire in Kontakt zu treten und dem französischen Philosophen seine Reverenz zu erweisen. Bereits in seinem ersten Schreiben an den Kronprinzen formulierte Voltaire: »Ich erkannte, daß es auf der Welt einen Prinzen gibt, der als Mensch denkt, einen Fürsten-Philosophen, der die Menschen beglücken wird.«[4] Friedrich selbst bezeichnet sich in seinem Antwortschreiben als

1 Pierre Charles Baquoy nach Nicolas André Monsiaux, *Friedrich II. von Preußen und Voltaire*, um 1800, Kupferstich, SPSG, GK II (10) 1413

»Studiosus der Philosophie« und Voltaire als seinen Lehrer, ja als Lehrer der Fürsten allgemein.[5] Nach diesem Auftakt finden sich Versatzstücke dieser Art im gesamten Briefwechsel bis zum Herrschaftsantritt Friedrichs des Großen: Der Kronprinz und König ist die Verkörperung des »roi philosophe«, der Philosoph ist der Lehrer der Fürsten und des Menschengeschlechts, der Richter über Vernunft und Geschmack.

Bei diesen Rollenbildern handelte es sich um rhetorische Gesten im Briefwechsel, die dem Briefpartner persönliche Wertschätzung übermitteln sollten. Um diesen Effekt zu erreichen, kreierten beide Briefpartner für ihr Gegenüber Rollenbilder, von denen sie annehmen mussten, dass sie dem Empfänger schmeichelten, dass die Empfänger sich selbst in dieser Rolle sahen und dies bestätigt haben wollten. Diese gegenseitigen Bestätigungen und Verstärkungen eigener Rollenbilder dürften zu Beginn nicht wenig dazu beigetragen haben, die Kommunikation zwischen einem unbekannten Prinzen im abgeschiedenen Rheinsberg und einem weltbekannten Philosophen im nicht minder abgeschiedenen Cirey aufrechtzuerhalten. Gerade anhand dieser rhetorischen Funktion des adressatenorientierten Schreibens lassen sich aus den Rollenimaginationen zugleich die Selbstbilder der beiden Briefpartner ableiten. Dabei möchte ich zunächst anhand von Friedrichs Lobpreisungen an Voltaire die Elemente aufzeigen, die aus Sicht Friedrichs die politische Bedeutung der »Philosophen« ausmachen.

An Voltaire preist Friedrich den Lehrer von Tugend und wahrem Ruhm, den Aufklärer, die »Fackel der Wahrheit« – gegen die Nichtigkeit hoher Geburt und falscher Größe.[6] Und ins Allgemeine gewendet urteilt Friedrich über ihn: »Die Schriftsteller sind in gewissem Sinne öffentliche Personen; ihre Schriften verbreiten sich in alle Teile der Welt und präsentieren, dem gesamten Weltkreis zur Kenntnis gelangt, den Lesern die sie bestimmenden Ideen. […] Sie formen gute Staatsbürger, treue Freunde, Untertanen, die den Umsturz verabscheuen, für das öffentliche Wohl sich ereifern. Was alles verdankt man ihnen!«[7] Und etwas später: »Ich wünschte, Sie wären Lehrer der Fürsten. […] Sie zeigten ihnen den wahren Lorbeer der Größe und die Pflicht, zum Glück der Menschen beizutragen.«[8]

In diesen Sätzen finden sich alle Elemente, die die »Schriftsteller«, die »philosophes«, für Friedrich so interessant machen. An erster Stelle gilt die Bewunderung der öffentlichen Wirkung der französischen Philosophen. Ihre Schriften sind in ganz Europa – »dem gesamten Weltkreis« – verbreitet. Überall wird ihnen Autorität zuerkannt, gelten sie als anerkannte Richter über Wahrheit und Moral. Diese Aussagen geben zunächst einmal das Selbstbild dieser »philosophes« wieder.[9] Sie beanspruchen für sich die Rolle moderner Intellektueller, sehen sich als Hüter der Vernunft, denen es zukommt, »Gerechtigkeitsentwürfe« zu proklamieren und anhand dieser selbstgezimmerten Richtschnur Herrschafts- und Gesellschaftskritik zu üben.[10] Voltaire darf geradezu als Inkarnation dieses Typus gelten.[11]

Friedrich wusste um die Wirkmächtigkeit dieses Selbstbildes der Philosophen im öffentlichen Raum, auch wenn er es vielleicht nicht teilen mochte. Gleichwohl hütete er sich, zu Beginn der Kommunikation mit Voltaire Kritik am Selbstverständnis der Philosophen zu äußern. Vielmehr ist er derjenige, der dieses Selbstbild immer wieder als Zeichen seiner Wertschätzung und Verehrung gegenüber den Vorkämpfern für Wahrheit und Tugend in den Briefwechsel einspeist. Dies unternahm er keineswegs uneigennützig. Allein die Tatsache, dass Friedrich mit Voltaire in kontinuierlichem Kontakt stand, war bereits ein Imagegewinn ersten Ranges. Im August 1736 begann Friedrich den Briefkontakt. Bereits fünf Monate später stand in mehreren holländischen Zeitungen das – falsche – Gerücht, Voltaire, der zu diesem Zeitpunkt in Holland weilte, hätte sich auf den Weg gemacht, Friedrich in Rheinsberg aufzusuchen.[12] Unabhängig von der Frage, auf welche Weise dieses Gerücht in die Gazetten gelangte, zeigt diese Episode den öffentlichen Charakter der Briefbeziehung zwischen dem König und dem Philosophen, was insbesondere auch dem Prestige des jungen Kronprinzen zugutekam. Man wird ferner vermuten dürfen, dass die Hoföffentlichkeit in Rheinsberg von diesem Briefwechsel von Beginn an wusste. Nicht nur bedurfte es zahlreicher Personen, die damit beauftragt wurden, die Briefe weiterzuleiten und zu übermitteln. Darüber hinaus dürften Briefe Voltaires auch im Kreis der Vertrauten vorgelesen worden sein, waren sie doch ein Mittel der Vergemeinschaftung des persönlichen Umkreises des Kronprinzen.[13]

Neben dem Prestigegewinn hatte Friedrich bei seiner Korrespondenz mit Voltaire aber auch einen weiteren Hintergedanken. Seine Absicht war, ihn als einen der wichtigsten Multiplikatoren im aufgeklärten Europa für sich zu gewinnen. Voltaires Strahlkraft im »ganzen Weltkreis« sollte dazu dienen, den Ruhm des Kronprinzen bereits zu einer Zeit zu verbreiten, als dieser zur Untätigkeit verdammt war und in seinem

Refugium in Rheinsberg nicht über die Möglichkeiten verfügte, auf sich aufmerksam zu machen. Der Kontakt zu Voltaire bot diese Chance auf Aufmerksamkeit und Sichtbarkeit in der europäischen Öffentlichkeit.[14] Allerdings hatte die Rhetorik Friedrichs den Maßstäben Voltaires zu entsprechen. Nur dann konnte er darauf hoffen, vom Philosophen öffentlich gerühmt zu werden.

Die französischen Aufklärer waren im Europa des Ancien Régime gleichsam die Ratingagenturen für Größe, Gloire und Prestige.[15] Voltaire führte Friedrich als Geschichtsschreiber – zum Beispiel in seinen Werken über das Zeitalter Ludwigs XIV. oder den schwedischen König Karl XII. – anschaulich vor, für welche Taten der Philosoph ein »Triple A« zu verleihen bereit war und welche Taten dieser Bewertung entgegenstanden.[16] Um in den Genuss derselben Auszeichnung zu gelangen, übernahm Friedrich als Kronprinz eine Rolle, die dieser Erwartungshaltung der Philosophen entsprach. Er inszenierte sich – zum Beispiel im Briefwechsel mit Voltaire – als ein Fürst, der Philosophen schätzt und sich von ihnen belehren lässt, der die Vernunft als höchste Richtinstanz akzeptiert, die Philosophen als Sachwalter der Vernunft ansieht und bereit ist, entsprechend deren Lehren zu regieren, ja als ein Herrscher, der selbst Reflexionen über die Vernunft anstellt, ohne damit indes die Autorität der Philosophen infrage zu stellen.

Der »Antimachiavell« als Praxisnachweis

Der eindrucksvollste Beleg für diese Strategie des Kronprinzen, das Herrscherbild der Philosophen für seine Selbstinszenierung zu übernehmen, ist seine Schrift »Antimachiavell«.[17] Friedrichs Inszenierungsabsicht bestand insbesondere darin, sich als ein zukünftiger aufgeklärter Herrscher zu zeigen, der die Prinzipien der Aufklärung verinnerlicht hatte und dies dadurch dokumentierte, dass er sich in schroffen Worten von den politischen Maximen Machiavellis absetzte. Friedrich dürfte mit seiner Schrift die aufgeklärte Öffentlichkeit als Adressat angesprochen haben, insbesondere die Meinungsmacher und Multiplikatoren unter ihnen, die »hommes de lettres«, die selbst zur Feder griffen, um ihrem politischen Ideal größere Aufmerksamkeit zu verschaffen. Deren Erwartungshaltung galt es zu bedienen:

>»Die Fürsten ehren die Menschheit, wenn sie diejenigen auszeichnen und belohnen, die ihr die größte Ehre machen; und wer anders wäre dies als jene überragenden Geister, die sich damit beschäftigen, unsere Kenntnisse zu vervollkommnen und ihr körperliches Wohlsein zu vernachlässigen, um die Kunst des Denkens desto vollkommener herzustellen? Wie solche einsichtsvolle Männer die Welt aufklären, wären sie würdig, deren Gesetzgeber zu sein.«[18]

Friedrich stilisierte die »philosophes« zu moralischen Gesetzgebern und imaginierte damit sein Einverständnis mit deren Normen. Diesen normativen Erwartungen suchte er dadurch gerecht zu werden, dass er sich im Stil der Kontroversliteratur Kapitel für Kapitel an Niccolò Machiavellis Schrift »Il Principe« abarbeitete. Dabei erfolgt die Widerrede auf letztlich drei unterschiedlichen Ebenen: Erstens bestreitet Friedrich Machiavelli die Qualität, ein nüchterner Beobachter der politischen Verhältnisse zu sein. Die regierenden Staatsmänner seien keineswegs so verrucht, wie Machiavelli sie schildere. Dieses Plädoyer richtet Friedrich allerdings an die Regenten seiner eigenen Zeit, also des 18. Jahrhunderts. An anderer Stelle äußert er sich seinerseits in den dunkelsten Farben über die politischen Zustände in Italien im 15. und 16. Jahrhundert, nähert sich also, ohne dies zuzugeben, Machiavellis Beschreibung der Verhältnisse sehr an.[19] Zweitens fordert er eine ethische Grundlage für politisches Handeln, reklamiert er als höchste politische Normen die Menschenliebe und die Gerechtigkeit.[20] Auf dieser Ebene attackiert er die ›sittliche Verirrung‹ Machiavellis. Drittens übt er aber auch dezidiert politische Kritik. Es genügt Friedrich nicht, Machiavelli als amoralisch zu verdammen, er möchte darüber hinaus aufzeigen, dass ein Regent auch jenseits sittlicher Überlegungen schlecht beraten wäre, Machiavellis Empfehlungen zu folgen, da er damit seine eigene Herrschaft eher gefährde als wirksam stärke.[21]

Es gelingt Friedrich nicht, die Argumentation auf diesen drei Ebenen widerspruchsfrei zu führen. Von besonderer Bedeutung ist dabei der Werteantagonismus zwischen der ethischen und der politischen Argumentation Friedrichs. Ironischerweise macht ihn bereits die Tatsache, dass er sich überhaupt auf die Trennung dieser beiden Ebenen einlässt, zu einem unfreiwilligen Rezipienten von Machiavellis politischem

Weltbild. Dies verstärkt sich noch dadurch, dass Friedrich selbst auf beiden Ebenen unterschiedliche Normen bereithält, nach denen sich ein Herrscher jeweils richten müsse. Auf der ethischen Ebene lauten die Leitwerte Menschenliebe und Gerechtigkeit, werden die Regenten darauf verpflichtet, der Welt »das Beispiel der Tugend zu geben«.[22] Auf der politischen Ebene lautet das oberste Prinzip Staatsräson, wobei er diesen Begriff mit dem Glück seiner Untertanen gleichsetzt. So lautet sein Imperativ an die regierenden Fürsten: »Vaterlandsliebe vor allem soll den Fürsten beseelen, und sein ganzes Sinnen und Trachten soll einzig und allein darauf ausgehen, Nützliches und Großes für das Wohl des Staates zu wirken. Diesem Ziel soll er seine Eigenliebe und all seine Leidenschaften zum Opfer bringen [...] und alles sich zunutze machen, was irgend sein schönes Werk, die Arbeit am Wohlergehen seiner Untertanen, zu fördern verspricht.«[23]

Die Orientierung am Wohl des eigenen Staates kann aber mit den universellen Prinzipien der Menschenliebe und der Gerechtigkeit in Konflikt geraten. Auch wenn Friedrich diesen Antagonismus nicht offen zugibt, ja vielmehr die vollständige Vereinbarkeit beider Ebenen proklamiert,[24] enthält der »Antimachiavell« Handlungsempfehlungen für den Konflikt, die darauf hindeuten, dass auch Friedrich sich letztlich stärker den politischen, am eigenen Staatswohl orientierten Normen verpflichtet sah als den universal-ethischen. Damit lässt sich sein Zugeständnis erklären, dass man Verträge zur Not brechen darf, »falls das Heil seines Volkes es gebietet und eine ernste Notlage es zur Pflicht macht«,[25] oder dass jeder Fürst »die Erhaltung seines Staates« um jeden Preis zu sichern bestrebt sei, »ohne viel nach den Mitteln zu fragen«.[26] Allerdings finden sich auch Anhaltspunkte, nach denen der sittlichen Position der Vorzug vor der Staatsräson gegeben wird: So lautet Friedrichs Fazit, dass die Herrscher eher danach trachten sollten, gut zu regieren, als die eigene Herrschaft zu vergrößern.[27]

Gerade die Widersprüche des »Antimachiavell« lassen die Intention des Autors erkennen, also die politische Wirkungsabsicht, die ihn zur Abfassung dieser Schrift veranlasst haben mag.[28] In der Rezeption der Schrift sind die dem Text innewohnenden Widersprüche jedoch lange verdrängt worden durch einen anderen Widerspruch, der kurz nach der Veröffentlichung des »Antimachivell« im Jahr 1740 allen Zeitgenossen auffallen musste: der Widerspruch zwischen Theorie und Praxis, zwischen dem »Antimachiavell« und dem Einfall in Schlesien. In der Geschichtswissenschaft wird bis heute diskutiert, inwiefern der Einmarsch in Schlesien sich mit der Schrift in Einklang bringen lässt oder nicht.[29]

Die Widersprüche in dieser Schrift stießen in der Forschung gleichfalls auf Resonanz. Meinecke sprach von einem in Friedrich eingepflanzten »Dualismus von Machiavell und Antimachiavell« und sah in Friedrich jedoch eindeutig einen Primat des Politikers vor dem Philosophen.[30] Ihm folgt Theodor Schieder, der das Element Machiavellis als das vorherrschende ansah und dafür das Bild einer im König wohnenden »Naturkraft« bemühte.[31] Noch weiter geht Ulrich Muhlack in seinem Urteil, dass der »Antimachiavell« »aus dem Geist Machiavellis heraus geschrieben ist«, Friedrich daher Machiavelli nicht vollständig verwirft, sondern dessen Prämissen nur auf die eigene Zeit und die andersartigen Umstände appliziert und daher zu anderen Schlussfolgerungen gelangt.[32]

Alle Mitstreiter in dieser Debatte scheinen sich in einem Punkt einig zu sein. Unabhängig davon, ob sie den Text nun mit dem Einmarsch in Schlesien und der Interessenspolitik des Königs als vereinbar ansehen beziehungsweise Friedrichs »Antimachiavell« als Text in der Nachfolge Machiavellis deuten oder nicht, gibt der Text ihrer Interpretation zufolge Friedrichs politische Grundüberzeugungen wieder, dokumentiert er ein »politisches Glaubensbekenntnis voll hohen königlichen Selbstbewußtseins und Pflichtgefühles«, wie es bei Koser heißt,[33] »ein Regierungsprogramm des künftigen Königs von Preußen«, wie Schieder schlussfolgert,[34] oder »Bekenntnisse«, in denen »die Umrisse seiner eigenen Herrschaftsauffassung und Perspektiven seiner späteren Politik zu erkennen« seien, um in Kunischs Worten zu sprechen.[35] Sofern wir allerdings den »Antimachiavell« als ein rhetorisches Traktat auffassen, stellt sich eine ganz andere Frage, nämlich wer wovon überzeugt werden sollte. Dabei ist sowohl die Frage nach dem Adressatenkreis als auch die Frage nach der zu übermittelnden Botschaft, genauer der politischen Wirkungsabsicht, nicht leicht zu beantworten.

In neueren Beiträgen zum »Antimachiavell« wird die wichtigste Frage zum Verständnis der Schrift, die nach dem potenziellen Adressatenkreis, nicht eigens behandelt. Dies ist erstaunlich, da sich manche im Text getroffene Aussage vielleicht wesentlich besser im Hinblick auf den potenziellen Adressaten deuten ließe.[36] Friedrich selbst gab als Adressat seines Traktates die europäische Fürstengesellschaft an.[37] Daraus lässt sich schließen, dass er die Schrift wohl in der Absicht verfasste, sie zu veröffentlichen. Darüber hinaus

ANDREAS PEČAR

dürfte er neben den Fürsten auch die gebildete Öffentlichkeit im Blick gehabt haben.[38] Dies entsprach zumindest der Situation eines ehrgeizigen Kronprinzen, der sich vor seinem Herrschaftsantritt im Kreis der europäischen Potentaten und der Öffentlichkeit dadurch Ansehen verschaffen wollte, dass er als Autor in die Fußstapfen Marc Aurels und damit in die Rolle eines vorbildlichen Herrschers schlüpfte. Gedacht war dabei an eine anonyme Veröffentlichung, um den lebenden Regenten keinen Vorwand zu liefern, sich gegen den preußischen Kronprinzen verstimmt zu zeigen. Voltaire sollte dabei die Rolle eines Herausgebers übernehmen.[39] Diese Entscheidung war angesichts von Voltaires Extrovertiertheit zugleich die Garantie dafür, dass die Anonymität des Autors nicht lange gewahrt blieb – solange Friedrich beabsichtigte, mit seiner Schrift an die Öffentlichkeit zu gehen, dürfte er vollauf damit einverstanden gewesen sein, inoffiziell als der Autor des »Antimachiavell« zu gelten.

Der preußische Thronwechsel verkomplizierte indes die Geschichte der Veröffentlichung. Friedrich hatte die Schrift noch nicht fertiggestellt, als sein Vater starb und der Thron Preußens damit für ihn frei wurde. Für eine weitere Bearbeitung des Traktats sah er keine Zeit mehr. So unstrittig es sein dürfte, dass Friedrich ursprünglich an eine Veröffentlichung seiner Schrift gedacht hatte, so unklar ist seine Haltung dazu nach seiner Thronbesteigung. Vielmehr hatte Voltaire zunehmend in Eigenregie die Veröffentlichung des »Antimachiavell« betrieben. Zunächst erschien die Schrift in einem Druck des Verlegers Jan van Düren in Den Haag, anschließend legte Voltaire der Öffentlichkeit noch eine zweite Version vor, in der er sich bemühte, kritische Einwände Friedrichs des Großen zu berücksichtigen.[40] Ob Voltaire dies allerdings geglückt ist, darf bezweifelt werden. Friedrich zeigte sich jedenfalls mit beiden Ausgaben unzufrieden.[41] Gleichwohl erlebte die Schrift einen wahren Boom auf dem Büchermarkt, kam es zu weiteren Nachdrucken beider Ausgaben ebenso wie zu Übersetzungen ins Deutsche, Englische und Italienische; sogar in Latein und in Türkisch war der »Antimachiavell« zu lesen.[42]

Für unsere Frage nach der politischen Wirkungsabsicht Friedrichs zum Zeitpunkt der Entstehung des Traktats, das heißt in seiner Kronprinzenzeit, ist die komplexe Veröffentlichungsgeschichte weniger relevant als die Tatsache, dass Friedrich zum Zeitpunkt des Schreibens ein Publikum vor Augen hatte, also für eine spezifische Öffentlichkeit schrieb. Legt man einen rhetorischen Interpretationsansatz zugrunde, so ist anzunehmen, dass er als zukünftiger Thronerbe und angehender Monarch in dieser Schrift ein Bild von sich zeichnete, das ihn in der Öffentlichkeit so darstellte, wie er gesehen werden wollte.

Die im Text aufzufindenden Widersprüche zwischen den universalen Prinzipien der Gerechtigkeit und der Menschenliebe einerseits und der Staatsräson anderseits geben allerdings keine klare Antwort darauf, wie Friedrich in der Öffentlichkeit gesehen werden wollte. Der Widerspruch lässt sich auch nicht im Sinne Muhlacks mit wenigen Strichen aus der Welt schaffen. Muhlack zieht aus seiner Deutung, dass Friedrichs »Antimachiavell« den Geist Machiavellis atme, die Konsequenz, dass die gegen den florentinischen Autor gerichteten Attacken nichts weiter seien als »aufklärerisch-humanitäre Phrasen«, die »aufgesetzt« wirken wie eine »literarische Stilübung«.[43] Sein kurzer Verweis auf die Entstehungsgeschichte des Werkes und Voltaires damit einhergehende Rolle als Korrespondent, Lektor und selbsternannter Herausgeber insinuiert dabei, dass nicht Friedrich, sondern Voltaire selbst die Attacken gegen Machiavelli zu verdanken seien.[44] Dafür gibt es allerdings keinerlei Anhaltspunkte. Sofern wir über den Entstehungsprozess des »Antimachiavell« und der darüber erfolgten Korrespondenz zwischen Friedrich und Voltaire informiert sind, war es Voltaire, der sich aus stilistischen Gründen gegen die allzu scharfen Attacken auf Machiavelli aussprach.[45] Friedrich wiederum beherzigte zahlreiche Verbesserungsvorschläge Voltaires, ließ aber die »Injurien« gegen Machiavelli trotz Voltaires Streichungsvorschlägen im Text unverändert.[46] Dies bedeutet aber, dass die Attacken auf Machiavelli für Friedrichs politische Wirkungsabsicht keineswegs nur aufgesetzte Phrasen waren, sondern zum Kern der Inszenierung gehörten, wenn auch vielleicht nicht zum Kern seines politischen Weltbilds. Und wenn die Inszenierung für die Öffentlichkeit gedacht war, so sollte man vielleicht noch hinzufügen, wen man sich unter Öffentlichkeit Mitte des 18. Jahrhunderts vorstellen sollte.[47] Gedacht war die Schrift vermutlich für aufgeklärte Leser oder, noch genauer, für die Meinungsmacher und Multiplikatoren unter ihnen, die »hommes de lettres«, die selbst zur Feder griffen, um ihrem politischen Ideal größere Aufmerksamkeit zu verschaffen.[48] Hätte Voltaire nicht ohnehin bei der Entstehung des Textes mitgewirkt, so hätte er den idealen Leser verkörpert, wie er Friedrich wohl als Adressat vor Augen stand.[49]

In diesem Kreis konnte Friedrich insbesondere dann auf Zustimmung hoffen, wenn er in seinem eigenen Text deren Grundüberzeugungen lautstark vertrat.[50] Und die wohlwollende Meinung in diesem Kreis war für die Außenwahrnehmung Preußens und seines zukünftigen Monarchen von nicht geringer Bedeutung, hatten deren Schriften doch auf die im Entstehen begriffene öffentliche Meinung in den Staaten Europas großen Einfluss. Der jederzeit mögliche Herrschaftsantritt war darüber hinaus der beste Zeitpunkt für eine politische Imagekampagne, wie Friedrich selbst nur wenige Jahre später 1744 in seiner Unterweisung an Herzog Karl Eugen von Württemberg bemerkte: »Es ist gewiß, daß jedermann die Augen auf das erste Hervortreten eines Mannes richtet, der ein hohes Amt auf sich nimmt; und gemeiniglich bestimmen gerade die ersten Handlungen das Urteil der Öffentlichkeit. Legen Sie zuvörderst den Grund zu allgemeiner Achtung, so werden Sie das Vertrauen der Öffentlichkeit gewinnen, wonach meines Erachtens ein Fürst vor allem trachten sollte.«[51]

Der »Antimachiavell« war Friedrichs Versuch, das Vertrauen der Welt zu erwerben. Seinen Lesern suchte Friedrich mit seinen Angriffen auf Machiavelli zu bezeugen, dass mit ihm ein Regent den Thron bestieg, der die Fürsten nicht davon lossprechen wollte, sich rechtschaffen zu verhalten, und der bemüht war, sich als offenherziger und geradliniger Potentat zu charakterisieren, dem jegliche Täuschungsmanöver fremd seien. In seiner Entgegnung auf Machiavellis Kapitel über die Frage, ob Fürsten ihr Wort halten müssten, sucht Friedrich diesen Eindruck auch mithilfe anthropologischer Annahmen zu untermauern, wenn er den Menschen schlichtweg die Möglichkeit bestreitet, sich anders zu geben als man ist: »nur der spielt seine Rolle gut, der sich gibt, wie er ist«.[52] Seine Leser sollten darauf vertrauen dürfen, dass der Autor gegen die von Machiavelli geforderte Politik der Täuschung und des falschen Scheins deswegen so scharf polemisierte, da er vor solcherlei schmutzigen Methoden in der Politik Abscheu empfinde. Seine Empfehlung an die europäischen Fürsten liest sich zugleich wie ein persönliches Bekenntnis zur Aufrichtigkeit: »Man muß eben seinem innersten Menschen nach der sein, für den man vor der Welt gelten will, sonst ist, wer die Leute zu betrügen meint, selbst der Betrogene.«[53]

Die Verwunderung Europas über die Tatsache, dass der Autor solcher Zeilen mit Waffengewalt nach Schlesien einrückte, kaum dass er die Gelegenheit dafür günstig beurteilte, zeigt ja gerade, dass Friedrich seine Selbstinszenierung gelungen war, der »Antimachiavell« also eben nicht als Traktat über die Staatsräson wahrgenommen wurde, sondern als Plädoyer für eine an universalen Werten orientierte Politik. Gerade weil der »Antimachiavell« auf diese Weise gelesen wurde, führten die politischen Ereignisse dazu, dass man Friedrich mit der Veröffentlichung dieser Schrift im Lichte der politischen Ereignisse eine bewusste Täuschung der Öffentlichkeit unterstellte.[54] Es dürfte dagegen evident sein, dass Friedrich, hätte er den Einmarsch nach Schlesien bereits erwogen, eine andere Art der Selbstdarstellung als den »Antimachiavell« gewählt hätte. Zu offensichtlich drohte die Diskrepanz zwischen einem Autor, der den Fürsten Maßhalten und die Zügelung ihres Ehrgeizes als oberste Tugend ans Herz legte, und dem Einmarsch in Schlesien dem von ihm erhofften Image in Europa zu schaden, als dass er dies auch noch selbst aktiv herbeiführte. Vielmehr war der »Antimachiavell« bereits veröffentlicht, bevor er die Gelegenheit erkannte, Preußen um die Provinz Schlesien zu bereichern. Daher blieb Friedrich nichts anderes übrig, als auf offener Bühne die Kleider zu wechseln und die Rolle zu tauschen und sich statt mit Feder und Palmenzweig mit Säbel und Feldherrnstab auszustatten, eine Inszenierung, für die die zahlreichen Zuschauer im Theater der Aufklärung nur wenig Applaus spendeten.

Rollenwechsel: Der König als Philosoph

Friedrichs Unbehagen bei der von Voltaire vorangetriebenen Veröffentlichung des »Antimachiavell« signalisiert bereits den entscheidenden Unterschied, ob man sich der Rolle eines »philosophe« als beschäftigungsloser Kronprinz im Wartestand bediente oder als König. Friedrichs Thronbesteigung bedeutete für sein Verhältnis zu den Philosophen der Zeit, insbesondere auch zu Voltaire, einen wichtigen Einschnitt. Vor seinem Herrschaftsantritt waren alle Rollenzuschreibungen an den Kronprinzen gleichsam ungedeckte Schecks auf die Zukunft, Projektionen eines Rollenideals, das Friedrich mit rhetorischen Mitteln für sich reklamierte, ohne es im politischen Handeln unter Beweis stellen zu müssen. Als König war er von Seiten der aufgeklärten Philosophen mit der Erwartungshaltung konfrontiert, das von ihm adaptierte Rollenideal eines aufgeklärten Philosophen auf dem Thron mit Leben zu füllen und dementsprechend zu regieren.

Friedrich Wilhelm I. lag noch nicht unter der Erde, da erhielt dessen Sohn und Nachfolger von Voltaire bereits erste Empfehlungen für dringliche politische Maßnahmen, die einem aufgeklärten Herrscher gut anstehen würden, zum Beispiel die Verabschiedung der »unsinnigen langen Kerls«.[55] Friedrich selbst antwortet Voltaire mit einer Aufzählung seiner politischen Agenda zu Beginn seiner Regierungszeit. Alle Maßnahmen seien dem Prinzip unterworfen, das »öffentliche Wohl« zu befördern. Ferner berichtet er von seiner Absicht, eine neue Akademie zu gründen und diese zur Pflanzschule der Aufklärung zu machen, mit Christian Wolff, Maupertuis, Vaucanson und Algarotti sowie Euler und 's Gravesande als ersten Mitgliedern. Ferner erwähnt er neben Maßnahmen zur Förderung des Handels auch seine ersten Betätigungen als Mäzen für Maler und Bildhauer.[56]

Friedrich war durchaus bemüht, zu Beginn seiner Amtszeit sein Image als Philosophenkönig mit politischen Entscheidungen zu untermauern. Seine Bereitschaft, Voltaire als Lehrer in politischen Dingen zu akzeptieren, war hingegen weniger ausgeprägt. Als selbsternannter politischer Gesandter Frankreichs hatte Voltaire seinen Kredit beim frischgebackenen Preußenkönig in Rekordgeschwindigkeit aufgebraucht. Am 19. November 1740 traf Voltaire in Rheinsberg ein. Bereits am 9. Dezember berichtete der sächsische Gesandte Manteuffel nach Dresden: »Betreffs des Voltaire heißt es, daß das große Vertrauen, das seine Preußische Majestät am Anfang ihm bezeugt hätte, sich plötzlich in Nichts aufgelöst hätte, da dieser gelehrte Kopf sich mit mehr Freiheit und Offenheit, als Seine Majestät es üblicherweise gestattet, in alle Fragen und Dinge eingemischt hätte.«[57]

Auch und gerade die beiden Schlesischen Kriege entwickelten sich im Laufe der Zeit zu einer Belastungsprobe für das ungleiche Verhältnis. Dabei ist interessant, welche Themen hierbei kontrovers behandelt wurden. Es ging zunächst um die Frage von Krieg und Frieden, auch wenn Voltaire hierbei keineswegs von Beginn an als Pazifist auftrat. Die Kriegsablehnung artikulierte der Philosoph erst, nachdem Friedrichs sprunghafter Umgang mit seinen Bündnispartnern, allen voran mit Frankreich, dessen politischen Unwillen hervorrief.[58] Eng mit dieser Diskussion verknüpft war die Frage, welcher Art das Verhältnis zwischen König und Philosoph zukünftig sein sollte. In politischen Dingen traute Friedrich Voltaire nicht über den Weg, nannte er ihn offen eine »Wetterfahne«, die für keine Seite klar Partei ergriffen habe. Auch teilte der König Voltaire unumwunden mit, dass er nicht die Absicht hätte, sich mit ihm über politische Fragen auseinanderzusetzen. Vielmehr ist die Poesie das einzige Feld, auf dem sich Friedrich an einem weiteren Austausch mit Voltaire interessiert zeigte.[59] Hier bleibt das alte Schüler-Lehrer-Verhältnis bestehen.

Die Gattung der Zeitgeschichtsschreibung wird jedoch fortan ein Feld der Konkurrenz zwischen beiden. Friedrich vertreibt Voltaire aus diesem Feld mit den Worten: »Es obliegt den Menschen der Gegenwart, das Große zu tun, und der unparteiischen Nachwelt, über sie und ihr Tun das Urteil zu fällen.«[60] Öffentlichen Kommentaren Voltaires über lebende Staatsmänner und Feldherren spricht Friedrich daher die Legitimität ab. Stattdessen möge der Philosoph weiter an seinem »Zeitalter Ludwigs XIV.« arbeiten, so der Preußenkönig.[61] Friedrich selbst ließ indes keinerlei Zeit verstreichen, um die Ereignisse der beiden Schlesischen Kriege selbst zu Papier zu bringen. Er wollte es nämlich keineswegs allein der Nachwelt überantworten, über ihn und seine Taten und Untaten zu einem Urteil zu gelangen.[62] Die Bedeutung von Friedrichs Verdikt gegen Voltaire geht jedoch noch weit über Fragen der Geschichtsschreibung hinaus. Der König verbittet sich und seinen Mitregenten jegliche öffentliche Kritik durch den Kreis der Philosophen.

Es ist interessant, dass Friedrich II. als König sein Verhältnis zu den »philosophes« neu bestimmt, die von ihm angenommene Rolle eines »roi philosophe« aber beibehält. Allerdings bleibt diese Rolle zunächst eine Inszenierung für einen begrenzten Adressatenkreis, insbesondere für seine persönliche Umgebung und den Kreis seiner Vertrauten. Mehrfach adressierte er an sie die Botschaft, dass auch der Schlesische Krieg und seine Rolle als Feldherr keine Abkehr von der von ihm beanspruchten Philosophenrolle bedeuteten. So schrieb er an seinen Sekretär und Vertrauten Charles Étienne Jordan am 24. Januar 1741, kurz nach Beginn des Ersten Schlesischen Krieges: »Ich liebe den Krieg um des Ruhmes willen, aber wenn ich nicht Herrscher wäre, so wäre ich nur Philosoph.«[63] Und dem Grafen Algarotti übermittelte Friedrich am 29. Mai 1742 die Nachricht: »Sobald der Krieg beendiget sein wird, werden sie mich als Philosoph sehn und dem Studium mehr ergeben, als jemals.«[64] Die Rolle eines Liebhabers der Philosophie und der

Wissenschaften war für Friedrichs persönliche Beziehungen in seinem Umkreis das bevorzugte Mittel der Vergemeinschaftung.

Die Textgattung, mit der er diese Kommunikation mit seinem persönlichen Umkreis im Wesentlichen aufrechterhielt, war das Gedicht. Mit den Gedichten berühren wir eine Gattung, der Historiker oftmals wenig Politisches abgewinnen können.[65] Friedrich hat seinen Gedichten hingegen offenbar eine große Wirkung zugetraut, insbesondere falls sie in die falschen Hände fallen sollten. Dies erklärt auch seinen klandestinen Umgang mit ihnen. Wer die persönliche Gesellschaft Friedrichs genießen durfte und in einem engeren Vertrauensverhältnis zum König stand, gehörte vor allem in den ersten beiden Jahrzehnten von Friedrichs Herrschaft zum Kreis potenzieller Adressaten und Leser seiner Gedichte. Wer sich allerdings mit der Absicht trug, den Hof Friedrichs zu verlassen, hatte die ihm übergebenen Gedichte wieder zurückzugeben.[66] Dass Voltaire die Gedichte des Königs mit sich führte, als er aus Potsdam abreiste und sich auf den Weg in sein Heimatland begab, führte dann auch zu seiner kurzzeitigen Verhaftung in Frankfurt, wo er die Bände auszuhändigen hatte.[67] Verstarb ein Vertrauter des Königs, so hatten die Hinterbliebenen die Gedichte wieder zurückzuerstatten, wie die Witwe des 1759 verstorbenen Präsidenten der Preußischen Akademie Maupertuis.[68]

Letztlich entsprach dieser Umgang mit Worten des Königs allgemein der höfischen Praxis, kursierten Schriften aus der Feder eines Herrschers weit häufiger als Manuskript im Kreis des Hofes, als dass sie für eine größere Öffentlichkeit gedruckt wurden. Bereits die Veröffentlichungsgeschichte des »Antimachiavell« zeigt die typische Zurückhaltung Friedrichs vor dem Schritt der Veröffentlichung. Die kontrollierte Veröffentlichung im kleinen Kreis war daher keineswegs bereits ein Ausweis für die größere Authentizität des Dargebrachten. Gleichwohl ist diese Deutung in der Forschung anzutreffen. Jürgen Ziechmann beispielsweise deutet Friedrichs Poesie als Teil der »Alltagsbewältigung« zur »seelischen Balance des Autors«, weist ihr also gleichsam eine therapeutische Funktion zu.[69]

Es besteht allerdings keine Notwendigkeit, zu solchen psychologisierenden Erklärungen Zuflucht zu nehmen. Es genügt, festzuhalten, dass Friedrich seine Gedichte als Kommunikationsmedium für bestimmte Themen und Botschaften nutzte, die für einen spezifischen Adressatenkreis gedacht waren. Hier konnte Friedrich Themen ansprechen, die in der höfischen Welt das Gespräch bestimmten, nicht aber in der breiten Öffentlichkeit. Abgesehen von kleinen satirischen Spitzen gegen Zeitgenossen handelte es sich bei den Gedichten um Stilübungen auf der Klaviatur höfischer Kommunikation. Seine Äußerungen über verschiedene Gemütszustände, Tugenden und Laster, Ideale und Illusionen wirken wie eine Adaption höfischer Weisheitslehren aus der Feder von Grazian, La Rochefoucauld oder La Bruyère.

Dass er seine persönliche Umgebung, die ihm den klassischen Hofstaat ersetzte, an dieser Poesie teilhaben ließ und sie damit zumindest indirekt in das Gespräch einbezog, war sicherlich geeignet, Nähe und Vertraulichkeit zu imaginieren und damit zur Stärkung einer Gruppenidentität im Umkreis des Königs beizutragen.[70] Zu dieser Strategie zählte auch seine Erklärung im Vorwort des Privatdruckes der »Œuvres du Philosophe de Sans-Souci« aus dem Jahr 1752, dass er seine Gedichte nicht öffentlich zugänglich machen wollte, da sie allein für den engsten Freundeskreis bestimmt seien.[71] Hinzu kam seine inszenierte Verachtung für den Geschmack und die Gesinnung des Pöbels, der jeglicher Philosophie nicht würdig sei.[72] Dies war ein gängiger Topos sowohl in der höfischen als auch in der gelehrten Welt, erfüllte bei Friedrich jedoch auch eine zusätzliche Funktion. Wenn er die Allgemeinheit für nicht würdig empfand, seine Gedichte zu lesen, durften sich die damit Beschenkten umso stärker ausgezeichnet und dem exklusiven Kreis um den Monarchen zugehörig fühlen.[73] Damit blieben die Gedichte jedoch gleichfalls Mittel der Selbstinszenierung und der Rhetorik und waren kein »treuer und vollwertiger Ausdruck seines Innern«.[74]

Welche Folgen es haben konnte, wenn die für den Kreis seiner persönlichen Umgebung geschriebenen Gedichte das Licht der Öffentlichkeit erblickten, zeigte sich mitten im Siebenjährigen Krieg, als seine Gedichte unter dem Titel »Œuvres du Philosophe de Sans-Souci« unautorisiert in Lyon und fast zur gleichen Zeit auch in Paris gedruckt und veröffentlicht wurden, offenkundig mit der Intention, den preußischen König damit zu desavouieren.[75] Dabei handelte es sich um den Nachdruck der von Friedrich zuerst 1750 und dann nach Verbesserungen Voltaires 1752 erneut gedruckten gleichnamigen Ausgabe, die ausdrücklich nur als Privatdruck vorgesehen war.[76] Kompromittierend war an den Gedichten unter anderem

ANDREAS PEČAR

die Art und Weise, wie sich Friedrich in ihnen zum Beispiel über die Russen und ihren barbarischen Volks-charakter oder über den englischen König Georg II. äußerte, das heißt sowohl über seine Gegner als auch über seine Verbündeten lustig machte.

Auch wenn gravierende politische Folgen ausblieben, so sorgte die Veröffentlichung der Gedichte doch in England für einige Verstimmungen – und das zu einem Zeitpunkt, als Preußen stets befürchten musste, dass England sich vom europäischen Kriegsschauplatz zurückzog und Preußen damit seines einzigen Bündnispartners beraubt gewesen wäre.[77] Auch in Frankreich sorgten die Gedichte auf dem politischen Parkett für einigen Wirbel. Man nahm sie zum Anlass, die Friedenssondierungen zwischen Frankreich und Preußen zu beenden, wenngleich sich diese Sondierungen ohnehin eher lustlos dahinschleppten und kaum Erfolgsaussichten gehabt haben dürften.[78]

Welche Bedeutung Friedrich der Sache beimaß, zeigt sich in einer unmittelbar anschließend von ihm auf den Weg gebrachten »gereinigten« Ausgabe seiner Gedichte, die unter dem bescheiden anmutenden Titel »Poësies Diverses« erschien.[79] Auch diese Schrift erschien anonym, wenn auch der Druckort Berlin bereits einen klaren Hinweis auf den Autor gab. In der Einleitung wird die Autorschaft nur angedeutet, wenn die Gedichte als Frucht der Muße eines großen Fürsten bezeichnet werden. Diese autorisierte Neufassung erlebte innerhalb weniger Jahre mehrere Neuauflagen, wie auch die »Œuvres du Philosophe de Sans-Souci«.[80] Auch von Gegenschriften und satirischen Attacken blieb der König mit der spitzen Feder nicht verschont.[81] Das adressatenorientierte Schreiben setzte den König in dem Moment öffentlichen Angriffen aus, als dessen Früchte auf die europäische Bühne gebracht wurden und dort im Kontext des Sieben-jährigen Krieges neuartige Wirkung entfalteten. Gerade dieses Beispiel lässt erkennen, dass die Rolle des Autors für die Selbstdarstellung des Königs nicht nur Chancen, sondern auch Risiken beinhaltete.

Zweierlei Philosophen: Erzieher und Phantasten

Friedrichs Unwillen, die kritische Kommentierung des politischen Geschehens durch die Philosophen in Paris allgemein, insbesondere aber von sich und seinem Regiment zu akzeptieren, zeichnete sich bereits in seinem ersten Regierungsjahrzehnt ab. In den zwei Jahrzehnten nach dem Siebenjährigen Krieg war dieser Unwille der Auslöser zahlreicher philosophischer Schriften des Königs, mit denen er dieser Kritik begegnete. Seine produktivste Phase waren die Jahre 1769/1770, in denen fast die Hälfte der Schriften entstanden ist, die gemäß der neuen Potsdamer Ausgabe Friedrichs philosophisches Werk ausmachen. Fußte Friedrichs Philosopheninszenierung bislang vorwiegend auf Schriften, die nur im engeren Kreis seiner persönlichen Umgebung und seiner Briefpartner kursierten, so entschied er sich nun, mit seinen Traktaten die Öffentlichkeit zu suchen. Im Einzelnen veröffentlichte er folgende Texte: Den »Lettre sur l'éducation«, den »Dialogue de morale à l'usage de la jeune noblesse«, den »Essai sur l'amour propre envisagé comme principe de morale« sowie zwei Rezensionen, sein »Examen critique du Système de la nature« sowie sein »Examen de l'Essai sur les Préjugés«.[82] Alle fünf Schriften wurden gedruckt, entweder vom Berliner Buchdrucker Christian Friedrich Voß (Lettre; Essai; Prejugés) oder vom königlichen Hof-buchdrucker Georg Jakob Decker (Dialogue). Die Autorschaft des Königs wurde in vier von fünf Schriften herausgestellt und nicht verschleiert; allein seine kritische Rezension der Schrift »Über die Vorurteile« erschien anonym.[83]

Aufgrund dieser Schriften bekam Friedrich in der Philosophiegeschichte einen Platz als Anhänger der Frühaufklärung zugewiesen, der die Ideen Christian Wolffs begrüßte, die Schriften der Enzyklopädisten um Diderot und Holbach hingegen ablehnte, wie in Martin Fontius' Sammelband über »Friedrich II. und die europäische Aufklärung« einmal mehr deutlich wird.[84] Dabei fragten die Autoren ausnahmslos nach den in den Texten verhandelten Inhalten. Es waren jedoch nicht primär die materialistischen Anschau-ungen, die Friedrich gegen die Freunde Diderots aufbrachte, sonst hätte der Preußenkönig dem geistigen Vater des Materialismus, Julien Offray de La Mettrie, kaum einen rettenden Hafen bieten können und den Philosophen nach dessen Tod mit einer Éloge vor der Akademie geehrt.[85] Es waren nicht die philo-sophischen Inhalte, sondern vielmehr das nach außen getragene Sendungsbewusstsein der Enzyklopä-disten, das auch vor den Herrscherthronen nicht Halt machte, und deren postulierte Rolle als Lehrer der Menschheit und als Richter der Monarchen, wogegen sich Friedrich mit seinen Schriften zur Wehr setzte.

Daher möchte ich mich im Folgenden ganz auf die Rolle konzentrieren, die Friedrich seinen Sprechakten zugrunde legte und die er in seinen Schriften imaginierte.

Im »Lettre sur l'éducation« präsentiert sich der König in der Rolle als Erzieher seiner Untertanen und insbesondere des adligen Nachwuchses. Er bekennt sich zu der Herrscheraufgabe, dass »ein weiser Fürst seinen ganzen Fleiß daransetzen soll, nützliche und tugendhafte Bürger in seinem Staate heranzubilden«.[86] Nur implizit kommt in dem Text zur Sprache, dass der König selbst sich dieser Maxime entsprechend verhielt, als er vier Jahre zuvor die »Académie des Nobles« in Berlin hatte gründen lassen. Nach dem Bekenntnis zur fürstlichen Erzieherrolle folgen Aussagen über die Erziehung, die sowohl die familiäre Erziehung als auch den Lehrkanon an höheren Bildungsanstalten betreffen, vor allem an Ritterakademien und Universitäten. Die jungen Adligen seien mit den praktischen Anforderungen des Staatsdienstes ebenso vertraut zu machen wie mit Gelehrsamkeit und Kultur, sofern dabei das Ideal höfisch ungezwungener Kommunikation nicht verletzt wurde. Universitäten werden dagegen vom König ihrer Pedanterie geziehen und der leeren »Schulfüchserei« wegen angeklagt. Statt praktischer Erfahrung zu folgen wie John Locke, verirre sich die Schulphilosophie an Universitäten, auch diejenige der Erben Christian Wolffs, in den finsteren Gängen der Metaphysik und ergehe sich in unverständlichen Systemen.[87] Damit wiederholt Friedrich in dieser Schrift Aussagen, die sich bereits in seiner ebenfalls publizierten Instruktion für die neugegründete Ritterakademie finden lassen, als er für die adligen Schüler höchstselbst das Curriculum festgelegt hatte und sich damit nicht nur als Aufseher des Lehrpersonals präsentierte, sondern selbst die Rolle eines Lehrers seiner adligen Untertanen einnahm.[88] Die Rolle eines Lehrers entsprach wiederum dem Selbstverständnis der Philosophen aus dem Umkreis der »Encyclopädie«. Diderot benannte in seinem Traktat »Siècle philosophe« »die Welt als seine Schule und die Menschheit als seinen Schüler«, als er sich zum Adressatenkreis seiner »Encyclopädie« äußerte.

In seinem »Essai sur l'amour propre« hängt sich Friedrich gleichfalls das Philosophengewand um, um die Freunde der Weisheit an ihre gesellschaftliche Pflicht und Aufgabe zu erinnern: nämlich »praktische Sittenlehre zu predigen«, statt »unnütze Untersuchungen« anzustellen. Nur dann dürften Philosophen sich »Lehrer des Menschengeschlechts« nennen lassen. Dafür hätten sie in verständlichen Worten die Nützlichkeit der Tugend zu lehren, das heißt an den wohlverstandenen Eigennutz der Leser zu appellieren, um sie zu einem für das Wohl der Gesamtheit förderlichen Verhalten anzuleiten. Für diese Unternehmung bedürfe es eines »geschickten Philosophen«, der sich nicht zu schade sei, mit einem Katechismus die Nützlichkeit der Tugend zu lehren und damit zur Förderung der Tugend beizutragen.[89]

Friedrich wartete nicht darauf, bis jemand seinen Vorschlägen folgte. Er schrieb selbst den von ihm angeregten Katechismus, um die Nützlichkeit der Tugend zu lehren, den »Dialogue de morale à l'usage de la jeune noblesse«.[90] Damit schlüpfte er selbst in die von ihm ausgelobte Rolle als »geschickter Philosoph« und als »Lehrer des Menschengeschlechts«, da er sich Fragen widmete, die eine Verbesserung der menschlichen Sitten zum Ziel hätten. In seinem »Essai sur l'amour propre« nannte er die Kriterien zur Verleihung des Gütesiegels »Lehrer des Menschengeschlechts«, um diese Kriterien in seinem »Dialogue de morale« selbst zu erfüllen. Als Voltaire von Friedrich beide Texte zugesandt bekam, wusste er genau, welche Reaktion der König von ihm erwartete. Voltaire antwortete dementsprechend: »Was Sie angeht, Sire, so wird man sich bezüglich Ihrer Heiligsprechung an Marc Aurel zu wenden haben. Ihre ›Dialogues‹ entsprechen ganz seinem Gusto und seinen Lebensmaximen; Nutzbringenderes ist mir nicht untergekommen. Sie haben das Mysterium erschlossen, zugleich Verteidiger, Gesetzgeber, Historiograph und Erzieher Ihres Königreiches zu sein.«[91]

Friedrich verfasste im Jahr 1770 ferner zwei Rezensionen über philosophische Schriften von Zeitgenossen, die im selben Jahr erschienen sind. Von einiger Prominenz ist dabei sein »Examen critique du Système de la nature« sowie sein »Examen de l'Essai sur les Préjugés«. Im ersteren Falle legte er sich mit dem Baron von Holbach an – ein Adliger aus der Pfalz – der es vorzog, in Paris zu leben und dort zu den eifrigsten Mitarbeitern der »Encyclopädie« zählte; Holbachs Autorschaft war jedoch zu Lebzeiten nur sehr wenigen Eingeweihten seiner unmittelbaren Umgebung bekannt.[92] Im zweiten Falle wird in der Forschung als wahrscheinlich angenommen, dass es sich beim Autor der rezensierten Schrift um César Chesneau Du Marsais handelte.[93]

Trotz aller Unterschiede im Einzelnen kehren in beiden Rezensionen dieselben Kritikpunkte wieder, die Friedrich in seinen im selben Jahr erschienenen Erziehungsschriften gegen die Philosophen vorgebracht hatte. Dem Autor des »Système de la nature« wirft er vor, in seinem Traktat über Gott und Natur, Moral und Religion, Staaten und Fürsten die Bahn menschlicher Erfahrung verlassen und gegen das Labyrinth der Systemphilosophie eingetauscht zu haben.[94] An der Schrift »Über die Vorurteile« stört Friedrich gleichfalls, dass der Autor die menschliche Erfahrung geringschätzt und stattdessen der »Eitelkeit des philosophischen Geistes« erliegt.[95]

Friedrich stört sich ferner in beiden Rezensionen an den Ausflügen der Verfasser in das Feld der Politik. Beide sparten nicht mit Kritik an der Fehlbarkeit und der mangelnden Einsicht der regierenden Monarchen Europas; Holbachs Kritik war darüber hinaus prinzipiell gegen die Erbmonarchie gerichtet, was von Friedrich gleichfalls zurückgewiesen wird.[96] Vor allem aber wettert Friedrich gegen die der philosophischen Imago innewohnende Rolle, in öffentlichen und damit auch in politischen Angelegenheiten als Richter auftreten zu können. In seinem Brief an Voltaire, dem Friedrich seine Entgegnung auf dessen Schrift über die Vorurteile beigelegt hatte, greift der König die privilegierte Sprecherrolle der Philosophen seiner Zeit ebenfalls unverhohlen an: »Ich bin quitt mit diesen Erziehern des Menschengeschlechts, die sich anmaßen, Fürsten, Könige und Kaiser zu walken, wenn diese ihren Befehlen nicht gehorchen.«[97]

Schlussbetrachtung

Friedrichs Inszenierung als »roi philosophe« lässt sich als Schnittmenge zweier unterschiedlicher Rollenvorbilder aus anderen Kulturkreisen deuten. Zum einen ging sein Blick nach Frankreich. Das dort etablierte Rollenbild eines Philosophen der Aufklärungszeit und die Autorität der Philosophen in der politischen Öffentlichkeit waren für Friedrichs eigene Ambitionen in dieser Rolle Vorbild und Kritikpunkt zugleich. Zeitlebens nahm er wahr, dass deren Äußerungen in ganz Europa auf Aufmerksamkeit stießen und ihren Worten eine besondere Autorität zuerkannt wurde. Friedrich dürfte sich nicht zuletzt deshalb als Philosoph inszeniert haben, um ebenfalls die Möglichkeit zu erlangen, mit seinen Schriften eine vergleichbare Wirkung zu erzielen. Um dies zu erreichen, übernahm er die Sprache des philosophischen Diskurses: Französisch. Und er befleißigte sich der gängigen Gattungen dieses Diskurses: Essais, Dialoge, Rezensionen etc.[98]

Friedrich wollte jedoch nicht nur als ein gleichberechtigter Sprecher innerhalb der Philosophengemeinde wahrgenommen werden, sondern als privilegierter Sprecher in der Doppelrolle als Herrscher und Philosoph. Für diese Inszenierung gab es in Frankreich kein Rollenvorbild. Friedrich nutzte das allgemein positiv konnotierte und in der Aufklärung geradezu zur Ikone stilisierte Bild des Marc Aurel dazu, sich selbst als Marcus Aurelius redivivus zu inszenieren. Dies blieb in seiner Umgebung nicht ohne Resonanz: Algarotti, Voltaire und auch Christian Wolff feierten den König als Preußens Marc Aurel.[99]

Der Tausch der Vorbildrolle von den französischen »philosophes« zum antiken Philosophenkaiser bot Friedrich ein Argument, um für sich eine über den Kreis der Philosophen herausragende Sprecherrolle zu reklamieren und als Herrscher mit den Mitteln des öffentlichen Diskurses die Philosophen in die Schranken zu weisen, ohne dabei als Gegner der Aufklärung und Feind der Weisheit erscheinen zu müssen wie zahlreiche seiner Mitregenten. Als gleichberechtigtes Mitglied in der Philosophenzunft kritisiert er die angemaßte Sprecherrolle der Philosophen als Richter in öffentlichen Angelegenheiten, als selbsternannte Wächter über Tugend und Moral in der Politik.[100] Sofern sich Philosophen zu politischen Belangen äußern, rechnet Friedrich diese Aussagen nicht der legitimen Erfahrungswissenschaft, sondern der illegitimen Einbildungskraft der Philosophen zu.[101] Da aber nur die Herrscher selbst und deren politische Berater über politische Erfahrung verfügten, nicht aber die Philosophen, macht er ihnen mit diesem Vorwurf die politische Sprecherrolle insgesamt streitig. Die politische Funktion der von Friedrich eingenommenen Philosophenrolle und seiner Autorschaft bestand augenscheinlich vor allem darin, die Deutungshoheit über Moral, Erziehung, Werte, Politik und Herrschaft nicht den in Paris weilenden Philosophen zu überlassen, also denjenigen, die sich selbst im öffentlichen Raum zu Experten auf diesem Feld ernannten und damit politische Aussagen und Werturteile verknüpften. Mit seinen kritischen Rezensionen nimmt Friedrich als Philosoph Grenzziehungen vor, um zwischen legitimen Beiträgen zum aufgeklärten Diskurs und illegitimen politischen Sprechakten eine rote Linie zu ziehen. Nur die Herrscher selbst, so die Konsequenz aus Friedrichs eigentümlicher Vorstellung der Philosophie als Erfahrungswissenschaft, könnten sich mit Recht als Philosophen auch zu Fragen der politischen Herrschaft zu Wort melden.

* Diesem Beitrag liegen zu großen Teilen zwei bei perspectivia.net veröffentlichte Aufsätze zugrunde, zum einen: »Friedrich der Große als
Autor. Plädoyer für eine adressatenorientierte Lektüre seiner Schriften«,
zum anderen »Friedrich der Große als ›roi philosophe‹. Rom und Paris
als Bezugspunkte für das königliche Herrscherbild«. Beide Aufsätze
wurden hier zu einer Einheit zusammengeführt und, damit verbunden,
gekürzt und überarbeitet.

1 Es scheint mir angebracht, die Philosophenrolle Friedrichs des Großen
als Teilaspekt seiner Außendarstellung zu deuten und weniger als Teil
seiner Überzeugung und inneren Haltung. Damit lässt sich die fortwäh-
rende Begegnung mit scheinbaren Widersprüchen des friderizianischen
Charakters vermeiden, da unterschiedliche Formen der Imagepolitik
bzw. unterschiedliche inhaltliche Aussagen des Königs als Ansprache
an unterschiedliche Adressaten erklärt werden können (vgl. hierzu:
Pečar, 2007). – Zum Imagekonzept allgemein vgl.: Deploige/Deneckere,
2006. – Sharpe, 1999, S. 853–881. – Sharpe, 2009. – Sharpe, 2010.

2 Vgl. zum Topos des Philosophenkönigs im Zeitalter der Aufklärung allgemein: Schneider, 2005a, S. 399–422. – Birtsch, 1987, S. 9–47.

3 Skalweit, 1952. – Zur besonderen Rolle von Paris als »capitale des
Lumières« vgl.: Roche, 1993, Kap. 20.

4 Schreiben Voltaires an Friedrich II., September 1736.

5 Schreiben Friedrichs II. an Voltaire, 4. November 1736.

6 Schreiben Friedrichs II. an Voltaire, 8. Februar 1737. – Schreiben Friedrichs II. an Voltaire, 13. November 1736. – Schreiben Friedrichs II. an
Voltaire, 7. April 1737.

7 Schreiben Friedrichs II. an Voltaire, 4. November 1736.

8 Schreiben Friedrichs II. an Voltaire, 6. Juli 1737.

9 Gumbrecht/Reichardt, 1985–2000, Bd. 3, S. 7–88.

10 Zum Intellektuellen vgl.: Oevermann, 2003, S. 13–75, hier S. 33 f. –
Pečar, 2011. – Lyotard postuliert in seinem Buch zugleich das Ende des
Intellektuellen in der Gegenwart (Lyotard, 1985). – »The philosophe
is a distant precursor of today's intellectual« (Brewer, 2002, S. 21–36,
hier S. 23).

11 Gilcher-Holtey eröffnet Fallstudien mit Voltaire (Gilcher-Holtey, 2007). –
Lepape, 1996.

12 Hierzu das Echo im Briefwechsel: Schreiben Friedrichs II. an Voltaire,
16. Januar u. 8. Februar 1737.

13 Vorstellungen, es handele sich um einen privaten Briefwechsel oder um
Momente besonderer Intimität und Wahrhaftigkeit, gehen daher in die
Irre. Gleichwohl findet sich diese Deutung auch in aktuellen Publikatio-
nen zu diesem Thema immer wieder (vgl.: Wehinger, 2009, S. 80–88). –
Briefwechsel waren Teil innerhöfischer Kommunikation ebenso wie der
Kommunikation zwischen den Höfen.

14 Daher war auch Rheinsberg für Friedrich nicht das abgeschiedene Idyll, als
das er es selbst gerne stilisierte, sondern der Ort, von dem aus er auf die
Politik Europas Einfluss zu nehmen suchte (Pečar, 2007, <5> – <13>).

15 Vgl. nur Voltaires triumphalen Ausspruch nach seinem Erfolg in der
Affäre Calas in seinem Schreiben an Ferriol und Bosc du Bouchet,
27. Januar 1766: »l'opinion gouverne le monde [...] et les philosophes à
la longue gouvernent l'opinion des hommes« (zit. nach: Gilcher-Holtey,
2007, S. 34). – Abrosimov, 2007, S. 163–197. – Bots/Waquet, 1997.

16 Zur Historiographie Voltaires vgl.: Muhlack, 1988, S. 29–57.

17 Vgl. hierzu: Pečar, 2007, <14> – <30>. – Schieder, 1982, S. 265–294.

18 Antimachiavell (Werke, Bd. 7, S. 90 f.).

19 Zu diesem Widerspruch bereits: Meinecke, 1963, S. 344 f.

20 Antimachiavell (Werke, Bd. 7, S. 10).

21 Antimachiavell: »[…] mit seinen eigenen Waffen kann man Machiavell
in die Ecke treiben, eben mit jener Selbstsucht, die ja die Seele seines
Buches ist, der Abgott seiner verbrecherischen Staatsweisheit, der einzige
Gott, den er anbetet« (Werke, Bd. 7, S. 20).

22 Antimachiavell (Werke, Bd. 7, S. 100).

23 Antimachiavell (Werke, Bd. 7, S. 52).

24 »Qui dit la vertu, dit la raison« (Schieder, 1983, S. 105). – Vgl. auch:
Ritter, 1978, S. 84–91.

25 Antimachiavell (Werke, Bd. 7, S. 74).

26 Antimachiavell (Werke, Bd. 7, S. 51).

27 Antimachiavell (Werke, Bd. 7, S. 100).

28 Dies in Anlehnung an: Austin, 1992. – Es geht um die Bestimmung
des »illokutionären Akts«, d. h. um die Frage, was der Autor tut bzw.
welche Absicht er verfolgt, wenn er spricht (grundlegend: Skinner, 1988,
S. 79–98, hier S. 83 f.).

29 »Und so führen von der politischen Theorie des Kronprinzen Friedrich
zu der praktischen Politik des Königs mehr Brücken, als es auf den ersten
Blick scheinen mag«, so das Urteil Kosers über eine Textstelle, in der
Friedrich den Bruch von geschlossenen Verträgen unter bestimmten
Bedingungen für notwendig erachtet (Koser, 1963, Bd. 1, S. 151). – Ähn-
lich: Gooch, 1951, S. 306. – Aretin, 1985, S. 8–12. – Schieder, 1983,
S. 127–146. – Vierhaus, 1987, S. 75–90. – Mittenzwei, 1983, S. 53–59. –
Kunisch, 2004, S. 127–131, 159 f. u. 172.

30 Meinecke, 1963, S. 326 u. 351. – Berney, 1934, S. 101.

31 Schieder, 1983, S. 104.

32 Muhlack, 1988, S. 56, Anm. 117. – Ähnlich spricht bereits Gooch von
einem »Scheingefecht« Friedrichs (Gooch, 1951, S. 305).

33 Koser, 1963, Bd. 1, S. 152. – Der Begriff des »politischen Glaubensbe-
kenntnisses« findet sich bereits bei Preuß (Preuß, 1837, S. 192).

34 Schieder, 1982, S. 270.

35 Kunisch, 2004, S. 128.

36 Auch der Beitrag von Biesterfeld enthält leider nur eine Diskussion
darüber, welcher Textgattung der »Antimachiavell« zuzurechnen ist
(Biesterfeld, 1993, S. 7–26).

37 Antimachiavell (Werke, Bd. 7, S. 114). – Friedrich wendet sich ausdrücklich an die »fürstlichen Leser«.

38 Die Veröffentlichungsabsicht geht aus mehreren Briefen Friedrichs an
Francesco Algarotti hervor: Schreiben Friedrichs II. an Algarotti, 1. September 1739, 29. Oktober 1739, 4. Dezember 1739, 19. Mai 1740 u.
21. Juli 1740 (Algarotti, 2008, S. 17, 18, 20, 26 u. 28). – Vgl. ferner die
Überlegungen bei: Sommerfeld, 1916, S. 461 f.

39 Sommerfeld, 1916, S. 463–465.

40 Vgl.: Sommerfeld, 1916, S. 469 f. – Preuß, 1837, S. 182–184. – Zu den
verschiedenen Ausgaben: Knoll, 1999, S. 90–92. – Grundlegend: Leithäuser, 2001, S. 286–304.

41 Der beste Beleg dafür ist die Tatsache, dass der König die Verbreitung
und die Übersetzung des »Antimachiavell« in Preußen verbieten ließ.
In Preußen erschien der »Antimachiavell« erst 1789, in Hannover und
in Leipzig war bereits 1762 eine deutsche Ausgabe des Textes auf dem
Markt (vgl. die kommentierende Einleitung zu: Friedrich der Große,
1922, S. XVIIf.).

42 Preuß, 1837, S. 188 f.

43 Alle Zitate bei: Muhlack, 1988, S. 56, Anm. 117.

44 So ebenfalls: Muhlack, 1988, S. 56, Anm. 117.

45 Vgl.: Schreiben Voltaires an Friedrich II., 4. Dezember 1739.

46 Sommerfeld, 1916, S. 465–467.

47 Vgl.: Hölscher, 1978, S. 433–438.

48 Vgl.: Chartier, 1996, S. 122–168.

49 Vgl.: Berney, 1934, S. 103.

50 Fontius betont, dass diese Strategie trotz des Schlesienabenteuers bereits
bei einigen Zeitgenossen verfing, von der Nachwelt gar nicht zu reden
(Fontius, 1999, S. 26 f.).

51 Der Fürstenspiegel oder Unterweisung des Königs für den jungen Herzog
Karl Eugen von Württemberg (Werke, Bd. 7, S. 201).

52 Antimachiavell (Werke, Bd. 7, S. 71).

53 Antimachiavell (Werke, Bd. 7, S. 71).

54 So zum Beispiel der französische Gesandte in Berlin, Guy Louis Henry
Marquis de Valory, im Jahr 1745: »Man darf nicht glauben, der König
von Preußen habe die Politik und das Benehmen eines Herrschers nach
den Grundsätzen aufgefaßt, die er im Antimachiavell' zum besten gegeben hat. Das Buch ist meiner Ansicht nach geschrieben worden, um die
Illusion vorzubereiten, mit der er ganz Europa überraschen wollte. Aber

ANDREAS PEČAR

sein Benehmen seit seiner Thronbesteigung hat die Meinung derer gerechtfertigt, die da glauben, er habe die Grundsätze der Gerechtigkeit und Tugend in seinem Werke nur deshalb zum Ausdruck gebracht und sie zu befolgen verheißen, um sie den Fehlern des verstorbenen Königs gegenüberzustellen« (zit. nach: Bardong, 1982, S. 551). – Noch schärfer urteilt Jean-Jacques Rousseau in einem Brief an Lenieps vom 4. Dezember 1758: »[...] ein Mensch ohne Prinzipien, der jedes Menschenrecht mit Füßen tritt, der nicht an die Tugend glaubt, sondern sie als Köder betrachtet, mit dem man die Dummen täuscht und der seinen Machiavellismus begann, indem er Machiavelli widerlegte« (Rousseau, 1967, Bd. 5, S. 247f. – In deutscher Übersetzung nach: Fontius, 1999, S. 15).

55 Schreiben Voltaires an Friedrich II., 18. Juni 1740.

56 Schreiben Friedrichs II. an Voltaire, 27. Juni 1740.

57 Schreiben des Grafen Manteuffel an den Grafen Brühl, 9. Dezember 1740 (zit. nach: Pleschinski, 1992, S. 202).

58 Schreiben Voltaires an Friedrich II., März 1742 (Pleschinski, 1992, S. 235–237).

59 Dies wird auch in einem Schreiben an Algarotti vom 12. September 1749 deutlich, in dem Friedrich über Voltaire verlauten lässt: »[...] ich bedarf seiner zum Studium des französischen Ausdrucks. Man kann auch von einem Bösewicht etwas Gutes lernen. Ich will mir sein Französisch aneignen, was kümmert mich seine Moral?« (Algarotti, 2008, S. 83).

60 Schreiben Friedrichs II. an Voltaire, 18. Dezember 1746.

61 Schreiben Friedrichs II. an Voltaire, 18. Dezember 1746.

62 Eine ähnliche Argumentation findet sich in Friedrichs historiographischen Schriften über die Geschichte des Hauses Brandenburg, über seine eigenen Taten als König sowie über die Geschichte Karls XII. (vgl. hierzu: Muhlack, 1988, S. 45f.).

63 Schreiben Friedrichs II. an Jordan, 24. Januar 1741 (Œuvres de Frédéric le Grand, Bd. 17, S. 97. – In deutscher Übersetzung: Bardong, 1982, S. 95)

64 Schreiben Friedrichs II. an Algarotti, 29. Mai 1742 (Algarotti, 2008, S. 61).

65 Vgl. hierzu den Kommentar von: Fink, 1997, S. 108.

66 Preuß, 1837, S. 122–124.

67 Vgl.: Kunisch, 2004, S. 324.

68 Droysen, 1911, S. 227f.

69 Ziechmann, 1985, S. 252.

70 Umso merkwürdiger mutet aus dieser Perspektive die Aussage Eduard Sprangers an, dass es für das Verständnis der Gedichte Friedrichs »nebensächlich [sei], ob der König die herangezogenen Gedichte zu Lebzeiten anderen bekannt gemacht hat oder nicht« (Spranger, 1962, S. 11).

71 Werke, Bd. 9, S. VII.

72 Nach der unautorisierten Veröffentlichung der »Œuvres du Philosophe de Sans-Souci« schrieb Friedrich folgendes Gedicht an den Marquis d'Argens: »Nie wollt' ich als Dichter mich ausposaunen, / Mich sollten nicht Hinz und Kunz bestaunen, / Meine Verse wollt' ich zur Schau nicht stellen / Dem Pöbel, der auf der Lebensbahn / Blöd einherrollt; mich plagt nicht der Wahn, / Seinen kargen Verstand zu erhellen / Mit der Leuchte der Philosophie« (Werke, Bd. 9, S. 168f.).

73 Eine solche Inszenierung der Nähe findet sich beispielsweise in Friedrichs Brief an Algarotti vom 1. September 1739, als er darum warb, dass der Italiener in seine Dienste eintreten sollte, und in dem sich gleich zwei Gedichte eingefügt finden: »Glücklich sind diejenigen, welche sich des Umganges mit geistreichen Männern erfreuen, noch glücklicher die Fürsten, welche sie besitzen können! Ein Fürst, welcher nur solche Unterthanen zu haben wünschte, würde freilich ein sehr gering bevölkertes Reich beherrschen« (Algarotti, 2008, S. 16).

74 Vgl. hierzu treffend: Kunisch, 2004, S. 67f. – Das Zitat bei: Spranger, 1962, S. 12. – Spranger verneint ebenfalls, dass man die Gedichte als »individuelle Erlebnispoesie« auffassen könne (S. 25). Gleichwohl gelangt er zu dem merkwürdigen Fazit, es handle sich bei den Gedichten um die »Äußerungen eines Privatmannes« (S. 23), für die gelte, »nicht eigentlich der König spricht hier, sondern der Mensch«. – Im Vorwort des

ersten Gedichtbands in der von Gustav Berthold Volz herausgegebenen deutschsprachigen Ausgabe der »Werke Friedrichs des Großen« ist zu lesen, die Gedichte seien daher von großem Wert, da sie Friedrichs »Seelenstimmungen wiederspiegeln [sic!]« (Werke, Bd. 9, S. VIII).

75 Vgl. hierzu: Fink, 1997, S. 122–127. – Zu den verschiedenen Ausgaben vgl.: Leithäuser, 2001, S. 35–45.

76 Droysen, 1911, S. 229.

77 Zu den Verstimmungen in England vgl.: Koser, 1963, Bd. 3, S. 101–104. – Über die diplomatische Beilegung dieser Affäre: Droysen, 1911, S. 239f.

78 Schieder, 1983, S. 455–461.

79 Zu den vorgenommenen Korrekturen und Änderungen vgl. einige Beispiele bei: Ziechmann, 1985. – Vgl. auch die Hinweise in: Schumann, 1986, S. 200 (16. März 1760) u. S. 204 (9. April 1760).

80 Preuß, 1837, S. 127–132.

81 Vgl. zum Beispiel die »L'Anti-Sans-Souci ou la folie des nouveaux Philosophes« aus dem Jahr 1760. Der Kommentar von Johann Preuß zu dieser Schrift lautet lapidar und gut borussisch, sie verdiene »kein wissenschaftliches Interesse« (Preuß, 1837, S. 130).

82 Baillot/Wehinger, 2007. – Zum editorischen Standard dieser Edition vgl. die Rezension von: Knoll, 2008. – Im Folgenden werden diese Schriften weiterhin aus der Ausgabe von Gustav Berthold Volz zitiert.

83 Vgl. hierzu: Leithäuser, 2001, S. 53–69.

84 Fontius, 1999, S. 15–19 u. 24f.

85 Vgl. hierzu: Jauch, 1998. – Die Éloge ist abgedruckt in: Werke, Bd. 8, S. 217–221.

86 Über die Erziehung (Werke, Bd. 8, S. 257–267, hier S. 267).

87 Über die Erziehung (Werke, Bd. 8, S. 260).

88 Instruktion für die Académie des Nobles in Berlin (Werke, Bd. 8, S. 251–256).

89 Die Eigenliebe als Moralprinzip (Werke, Bd. 8, S. 44–53).

90 Dialog über die Moral (Werke, Bd. 8, S. 268–278).

91 Schreiben Voltaires an Friedrich II., 27. April 1770.

92 Vgl.: Fetscher, 1985, S. 472.

93 Vgl.: Krauss, 1963, S. 273–299.

94 Kritik des Systems der Natur (Werke, Bd. 7, S. 258–269, hier S. 262f.).

95 Kritik der Abhandlung ›Über die Vorurteile‹ (Werke, Bd. 7, S. 238–257, hier S. 238–240).

96 Holbach, 1978, T. 1, Kap. 9. – Kritik des Systems der Natur (Werke, Bd. 7, S. 267f.).

97 Schreiben Friedrichs II. an Voltaire, 24. Mai 1770.

98 Vgl.: Bräutigam/Damerau, 1997.

99 Algarotti preist Friedrich bereits im Herbst 1739 nach seiner ersten Begegnung als »disciple de Trajan, rival de Marc Aurèle« (zit. nach: Wehinger, 2009, S. 78).

100 Seine Zugehörigkeit zur »république des lettres« beweist Friedrich auch durch seine Mitwirkung als Subskribent für die Errichtung eines Denkmals für Voltaire durch Pigalle, den königlichen Bildhauer in Frankreich (siehe: Goodman, 1986, S. 88–94).

101 Diese Unterscheidung findet sich auch bei Algarotti (vgl.: Frigo, 2009, S. 23–27).

KATRIN KOHL

PUBLIZISTISCHE INSZENIERUNG VON GRÖSSE

Friedrichs Schriften als Medium des Ruhms

In dem Epitheton »der Große« konzentriert sich die schon zu Lebzeiten erfolgte und bis in die heutige Zeit tradierte Anerkennung eines Anspruchs, den Friedrich II. von Preußen sowohl an sich selbst als auch an seine Zeitgenossen und die Nachwelt stellte. Dabei wäre es verfehlt, eindeutig zwischen der von ihm persönlich erstrebten Größe und der öffentlich anerkannten Größe unterscheiden zu wollen. Denn die öffentliche Rolle des Herrschers, in die Friedrich hineingeboren wurde, verlieh seinem persönlichen Status eine öffentliche Dimension. Und aufgrund seiner dynastisch begründeten Funktion als Repräsentant Preußens verkörperte sein Status zugleich Identität und Größe dieses Staates. In dem Maße, in dem sich seine Untertanen in Friedrichs Idealen und in seiner Größe wiedererkannten, stand es auch in deren Interesse, die Größe ihres Oberhaupts zu kommunizieren. Entsprechend dem sich vergrößernden Einflussbereich Preußens vergrößerte sich auch für die preußischen Untertanen der Raum, in dem der Ruf ihres Regenten seine Wirkung entfalten konnte. Friedrichs persönlicher Anspruch auf Größe und die öffentliche Anerkennung seiner Größe sind somit als interaktiv zu verstehen. Es manifestieren sich darin die synergetischen Prozesse eines öffentlichen Diskurses, den Friedrich gezielt durch die Wahl der französischen Lingua franca und die Kommunikation mittels schriftlicher Werke über die Grenzen Preußens hinweg in den europäischen Raum projizierte.

Die mediale Vermittlung von Größe

Friedrichs Inszenierung seiner Größe sowie auch die öffentliche Wahrnehmung seiner Größe sind erst aus dem Kontext des Diskurses um den Ruhm heraus zu verstehen.[1] Wenn sowohl Friedrich als auch Voltaire in Bezug auf das Herrschertum immer wieder das Thema »la gloire« anschlagen,[2] so zeigt sich hierin das Bewusstsein für eine Tradition, die ihre großen Vorbilder aus der Antike bezog und die im 17. Jahrhundert an den europäischen Höfen, vor allem am Hof des französischen »Sonnenkönigs«, eine besonders prunkvolle und machtpolitisch wirksame Ausbildung erfahren hatte. Größe im Sinne einer besonderen geschichtlichen Bedeutung und eines fortwirkenden Ruhms ist mit der von Gottes Gnaden verliehenen und durch Herrschermacht ausgeübten Königswürde untrennbar verquickt. Dies lässt sich an der ikonographischen Gestaltung des jungen Friedrich durch den Hofmaler Antoine Pesne verfolgen, der den Kronprinz schon vor jeglicher Heldentat mit den Requisiten des Heldentums ausstattet (Abb. 1).[3] Anders als der Held oder der Dichter bekommt der König den Ruhm gewissermaßen vorgefertigt zusammen mit seiner dynastischen Rolle in die Wiege gelegt. Der Ruhm ist in diesem Porträt nicht der Lohn für geleistete Arbeit, sondern ein von Gott beziehungsweise vom Schicksal verliehenes Gut.

1 Antoine Pesne, *Friedrich als Kronprinz*, 1736, Öl auf Leinwand, Doorn, Stichting Huis Doorn, HuD 1710 / GK I 479

Entsprechend geht aus Friedrichs Schriften immer wieder die Selbstverständlichkeit der erwarteten Fortwirkung seines Namens in der Nachwelt hervor, wobei die Besonderheit der Herrscherrolle auch ein besonderes Verhältnis zur menschlichen Umwelt und zur Geschichte mit sich bringt. Wenn Friedrich in der Darlegung seiner Gedanken zur »Erziehung eines Thronfolgers« im »Politischen Testament« von 1752 bemerkt, der junge Prinz solle »ohne Großtuerei und Prunk wie ein Privatmann erzogen« werden,[4] so ist vorausgesetzt, dass er von Anfang an eben kein »Privatmann« ist, sondern auf eine öffentliche Rolle vorbereitet wird. Diese Rolle verleiht auch dem Studium der Geschichte eine besondere Bedeutung, da Geschichte traditionell von großen Staatsgeschäften und somit von Herrschern handelt; sie sind die Helden der Geschichte. Dementsprechend bemerkt Friedrich, der junge Prinz könne »vor allem in den Geschichtsbüchern [...] das Urteil ahnen, das die Nachwelt eines Tages über ihn fällen wird«.[5] Für den angehenden Regenten ist die Geschichte hier nicht nur eine Informationsquelle über die Vergangenheit, sondern von vornherein auch ein Schatz von Beispielen für das eigene Verhalten, der Aufschluss über die Möglichkeiten der künftigen narrativen Aufbereitung der eigenen Laufbahn geben kann. Der Herrscher liest Geschichte aus der Perspektive dessen, der künftig als Protagonist in die Geschichtsbücher eingehen wird.

Friedrichs Beschäftigung mit dem Thema Ruhm ist durchweg von Spannungen gekennzeichnet. Die Notwendigkeit einer auf Europa ausgerichteten Inszenierung von Größe ergab sich schon daraus, dass er sie in einem fragmentierten und im Vergleich zu Frankreich und England abseitigen Wirkungsfeld entfalten musste. Hinzu kam eine allmähliche Infragestellung frühneuzeitlicher Herrscherprivilegien. In seinen Schriften hebt Friedrich immer wieder hervor, dass Ruhm ein prekärer Wert ist, der durch gute Lebensführung verdient und moralisch gerechtfertigt sein will und der für die Nachwelt zubereitet werden muss, um wirksam zu werden. Dabei ist davon auszugehen, dass dies umso mehr in einem Zeitalter der Fall war, in dem die königliche Macht an religiöser Fundierung einbüßte und die »absolute« Macht zunehmend dem Legitimationszwang unterlag. Das Streben nach Ruhm steht zu protestantischen Werten ohnehin in einem potenziellen Spannungsverhältnis, und je mehr der Herrscher seine gottgegebenen Privilegien einbüßte und wie Friedrich die Werte der Aufklärung vertrat, desto weniger konnte er auf die automatische öffentliche Verherrlichung seiner Macht und seiner Person vertrauen.

Wenn Friedrich sich in späteren Jahren eher in schlichterer Form porträtieren lässt und tendenziell die Porträtierung verweigert, so ist dies wohl als komplexe Stellungnahme zur Rolle des Herrschers in einem sich verändernden Umfeld zu sehen. Im Vordergrund steht nun der Mensch, ohne eine Vielfalt von Requisiten: Im Zeitalter der Aufklärung ist dies wirksamer als die Feier des gottähnlichen Helden. So präsentiert sich Friedrich in einem Porträt von Anton Graff aus dem Jahre 1781 in einfacher Uniform, die Betonung liegt auf dem charaktervollen Gesicht (Abb. 2).[6] Gezeigt ist hier allerdings keineswegs ein privates Individuum, und die Insignien des Ruhms sind durchaus nicht eliminiert. Die Uniform weist den Abgebildeten als Repräsentanten der preußischen Militärmacht aus, und an der Brust prangt der Adlerorden als Zeichen der überpersönlichen Legitimation. Zudem sind nach der Erlangung eines wirklichen, militärisch fundierten Ruhms ostentative Requisiten nicht mehr notwendig: Der König kann sicher sein, dass er schon aufgrund seiner Rolle als militärisch erfolgreicher Potentat in die Annalen der Weltgeschichte eingehen wird.

Im Zeitalter der Aufklärung vertraut Friedrich offenbar mehr auf die Wirkkraft des Wortes als auf jene des Bildes. Dabei ist seine Thematisierung des Ruhms in den Schriften einerseits als Tradierung eines seit der Antike fortwirkenden, etablierten Topos zu sehen, andererseits als spezifisch auf seine Situation in Preußen und seine Rolle im Zeitalter der Aufklärung zugeschnittene Auseinandersetzung mit den ihm gegebenen Möglichkeiten der Größe. Seine Sensibilität für den Kontext der europäischen Aufklärung, in den er von Anfang an sein Schaffen stellt, verleiht seiner Ruhmesauffassung und dem Einsatz der Ruhmestopik eine besondere Komplexität, zumal die Erörterung des Ruhms immer zugleich eine Steuerung des Ruhms darstellt.

Friedrich Wilhelm I. vermittelte seinem Sohn schon früh die Überzeugung, es gebe nächst der Gottesfurcht nichts Wichtigeres als »die wahre Gloire und Begierde zum Ruhme, zur Ehre und zur Bravour«.[7] Diese positive Bewertung des Strebens nach Ruhm stand mit den Idealen der humanistischen Tradition sowie speziell auch den Idealen der französischen Adelskultur in Einklang, und Friedrich verinnerlichte sie als maßgeblichen Bildungswert. Er teilte die Fokussierung seines Vaters auf militärischen Ruhm, wie seine wiederholte Hervorhebung der fundamentalen Bedeutung des Heerwesens für Preußen zeigt; so setzt er in dem für die Nachfolge bestimmten »Politischen Testament« von 1752 als selbstverständlich voraus, dass »das Militär die Basis dieses Staates ist«.[8] Entsprechend sind Finanzwirtschaft und Innenpolitik von militärischen Erfordernissen geprägt, während die Außenpolitik das Ziel verfolgt, »die Sicherheit des Staates zu befestigen, wie die Zahl der Besitzungen, die Macht und das Ansehen des Fürsten, soweit möglich (durch gebräuchliche und erlaubte Wege), zu erweitern«.[9] Erfolgreiche Feldzüge sind somit der vorrangige Weg zum Ruhm, und seiner eigenen Wahrnehmung zufolge steigerte sich Friedrichs Streben nach Ruhm mit dem Beginn seines ersten Feldzugs geradezu zu einer Sucht. So teilt er Voltaire im Dezember 1740 aus dem Heerlager mit, es treibe ihn das »Phantom, genannt Ruhm« – »ce fantôme nommé la Gloire« –, von dem man sehr schwer wieder loskomme,[10] und seinem Freund Jordan gegenüber erklärt er im Februar 1741: »Ich liebe den Krieg wegen des Ruhms.«[11] Wenn Friedrich in einem weiteren Brief an den Freund bemerkt, »die Genugtuung, meinen Namen in den Zeitungen und künftig in der Historie zu sehen, haben mich verführt«,[12] so wird einerseits deutlich, was für eine bedeutende Bühne der Eroberungskrieg dem jungen Herrscher für die Etablierung des Ruhms bot, und andererseits, was für eine wichtige Funktion das Medium Schrift für die Verbreitung von Ruhm erfüllte.

Wenn auch Friedrich wie sein Vater auf militärischen Ruhm fokussiert war, so bewegte er sich doch von Anfang an in einem geistig weit komplexeren Umfeld. Dabei stellte sein früh entfaltetes Interesse für die Mitgestaltung der europäischen »République des lettres« einen Kontext zur Verfügung, in dem Ruhm aufgrund der in vielerlei Disziplinen sich entfaltenden Topik so ambitionierte wie vielfältige kulturelle Ausprägungen anregte.[13] Entsprechend erprobte Friedrich durchaus unterschiedliche mediale Möglichkeiten der Verbreitung seines Ruhms und der Etablierung seiner Größe. Dies lässt sich schon an der Frage des Stellenwerts höfischen Zeremoniells verfolgen. In seinem »Politischen Testament« von 1752 macht er geltend, bereits sein Vater habe die »Ketten« der Verpflichtung zum höfischen Zeremoniell gebrochen, und er selber habe ihn darin noch überboten, um die dadurch freiwerdende Zeit dem »Allgemeinwohl« zu widmen.[14] Dementsprechend gilt »die Ablehnung jeder Form zeremonieller Selbstdarstellung« als Kennzeichen von Friedrichs Regierungsstil.[15] Dem scheint zu widersprechen, dass er erst zwei Jahre zuvor ein aufwendiges höfisches Fest veranstaltet hatte, das viel eher an den Regierungsstil seines Großvaters Friedrich I. erinnerte als an den Stil seines Vaters.[16] Zu berücksichtigen ist jedoch, dass es sich bei diesem Fest nicht um ein allgemeines, ritualistisch vollzogenes Zeremoniell handelte, sondern um ein auf die besonderen geschichtlichen Umstände ausgerichtetes Ereignis. Wie Thomas Biskup aufzeigen konnte, erfüllte das Fest zwei Funktionen: Zum einen demonstrierte es mit der Zur-Schau-Stellung des Herrscherhauses die Kontinuität der Dynastie des kinderlosen Regenten, und zum anderen bot es einen illustren Rahmen, um die Eroberung Schlesiens zu feiern und dem Helden Friedrich einen angemessenen Platz in der Genealogie großer Herrscher zuzuweisen.

Das Berliner »Carrousel« von 1750 kann man als Zeichen werten, dass Friedrich es verstand, die Möglichkeiten des »kommunikativen Gedächtnisses« zu nutzen, um die Heldentat im kollektiven Bewusstsein zu verankern.[17] Statt regelmäßige Feste einzuführen, um das einzigartige Ereignis zum Ritus werden zu lassen, konzentriert Friedrich dann jedoch die mediale Vermittlung seiner Heldentaten auf Formen der kulturellen Gedächtnisstiftung, die über die Grenzen Preußens hinweg zu wirken vermögen und ohne Beeinflussung durch die riskanten Umstände der Tagespolitik der Nachwelt übermittelt werden können. Wie die Helden der Antike zeigen, sichert das Medium Schrift eine Tradierung von Größe, welche die Zeiten zu überdauern vermag.

2 Anton Graff, *Friedrich der Große*, 1781, Öl auf Leinwand, SPSG, GK I 5615

Geist und Macht

Das Medium Schrift dürfte sich besonders im Zeitalter der Aufklärung als geeignetes Medium für die Etablierung von Größe angeboten haben, wobei die symbiotische Zusammenwirkung von Geist und Macht, Wahrheit und Tugend, Wort und Tat eine lange Tradition hat und besonders im humanistisch geprägten Herrscherideal Ausdruck findet, wie aus einem frühneuzeitlichen Emblem hervorgeht: Das Bild zeigt den Herrscher mit Schwert und Buch, das Motto lautet »Durch beides Herrscher«, und im Text heißt es: »Durch beides, Wissen und Waffen, werde ich Herrscher in der Welt genannt, den Wissenschaften und dem Kriegs-handwerk gilt meine Liebe.«[18] Wissen und Waffen wurden als komplementäre Mittel verstanden, die dem Herrscher bei der Ausübung seiner Pflichten dienlich waren, und der Topos wird in der frühneuzeitlichen Dichtung unter Bezug auf die verschiedensten Herrscher durchgespielt, so vor allem Augustus und Alexander.

Es manifestiert sich in dieser Verknüpfung von Wissen und Macht ein ausgeprägtes Bewusstsein für die mediale Vermittlung von Macht. Denn Macht bedarf der Kommunikation, um wirksam zu sein, und der Nachruhm bedarf des wirksamen Wortes. Auch wenn das Schwert die große Tat vollbringt, so vermag doch erst das Wort dieser Tat den Ruhm in der Nachwelt zu sichern, wobei Macht dem Wort Gehör ver-schafft. Friedrich vertraute nicht auf das Wort anderer, zumal die preußischen Dichter ihre Werke in einer Sprache verfassten, die er für »halbbarbarisch« und demnach zur Verbreitung seines Ruhmes ungeeignet hielt.[19] Wie auf dem Schlachtfeld übernahm er in der medialen Vermittlung seines Image persönlich die Kontrolle. Indem er sich große Fertigkeiten im Französischen aneignete und sich selbst als Historiograph, Philosoph und Dichter betätigte, stellte er sicher, dass die Inszenierung und Tradierung seiner Größe nicht auf die deutschsprachigen Lande oder gar Preußen beschränkt bleiben, sondern sich auf der Bühne der Welt vollziehen würden. Zudem vermochte er auf diese Weise seine Taten zu rechtfertigen und einen Ruhm zu inszenieren, der auf den zeitgenössischen Kontext abgestimmt war.

Friedrichs von deutschen Dichtern scharf verurteilte Einladung Voltaires an den preußischen Hof war angesichts seiner Ambitionen ein genialer Wurf. Das Modell war jenes der Berufung eines Hofpoeten, mit der sich ein frühneuzeitlicher Herrscher die Tradierung seiner Heldentaten sowie seiner Förderung der Musen ermöglichte. Während der dänische König Friedrich V. um diese Zeit den jungen deutschen Dichter Klopstock an seinen Hof holte – er sollte zur Festigung eines deutschsprachigen Kulturkreises beitragen und in Kopenhagen sein Epos »Der Messias« vollenden –, ging es Friedrich um die Gewinnung des größten Dichters und Denkers im europäischen Kontext. Er sollte ihm die aktuelle Philosophie und literarische Bildung vermitteln und ihm nicht zuletzt hochentwickelte kommunikative Fähigkeiten ein-schließlich der hochrangigen Kompetenz in der Weltsprache Französisch vermitteln.[20] Zugleich sicherte sich Friedrich damit ein wirkungsvolles Sprachrohr für den eigenen Ruhm.

Was Friedrich sich von Voltaire erhoffte, geht schon aus dem ersten Brief an ihn hervor, den der Kron-prinz am 8. August 1736 im Alter von 24 Jahren während seines Aufenthalts auf Schloss Rheinsberg an den 42 Jahre alten Dichter und Philosophen schickte.[21] Es lohnt, diesen Brief näher zu betrachten, denn er bietet eine Art Programmschrift für das Selbstverständnis des angehenden Herrschers. Friedrich skiz-ziert gleich zu Anfang den Kontext der »querelle des anciens et des modernes«, um Voltaire seine Loyalität gegenüber den »modernes« zuzusichern und die gattungsüberschreitende Tätigkeit Voltaires zu preisen. In den Vordergrund rückt damit der Einbezug der Philosophie in den Umkreis der Dichtung sowie die Auseinandersetzung mit den brisantesten theologischen Fragen der Zeit. Friedrich präsentiert sich zunächst nicht als Regent, der Voltaire sein Mäzenatentum anbietet, sondern als Schüler, der den »Meister« unter-tänigst um »Unterweisung« mittels des Briefverkehrs und der Übersendung von eigenen dichterischen Werken bittet. Im letzten Teil des Briefes legt Friedrich dar, was er an Voltaires dichterischen Werken schätzt und warum er sie weiterhin zu studieren gedenkt. Sie bieten »eine moralische Lektion, bei der man denken und handeln erlernt«, sie vermitteln »die Idee von wahrem Ruhm« und sie spornen zur Nachahmung an. Sie verdeutlichen, dass »die Vorzüge von Geburt und der Dunst von Größe, in dem die Eitelkeit uns wiegt«, gegenüber dem geistigen Ingenium (beziehungsweise Genie) wertlos sind. Die abschließende Einladung Voltaires nach Preußen wird mit dem Gedanken eingeleitet, es obliege Fürsten, in Kunst und Wissenschaft den Fortschritt zu fördern, und mit dem Wunsch, der »Ruhm« möge sich Friedrichs bedienen, um Voltaires »Erfolge zu krönen«. Auf vielfältigste Weise werden hier Geist und Macht topologisch verknüpft, und unter Ausblendung des Gottesgnadentums wird dem Geist der Vorzug gegeben, den ein Philosoph wie Voltaire dem gemeinen Herrscher voraushat. Geistige Werte sind es, die sicherstellen sollen, dass der Fürst sein Tun »dem allgemeinen Wohl« widmet.

Friedrichs Schmeichelei wird von Voltaire in seiner Antwort vom September 1736 noch übertroffen, wenn er Friedrich als idealen Herrscher würdigt, der seine »zum Befehlen geboren[e]« Seele mittels der »heilsamen Philosophie« zu pflegen beabsichtigt.[22] Zugleich malt er die Belohnung aus, die einen solchen Fürsten erwartet: Er wird sein Reich in ein »Goldenes Zeitalter« führen, seine Völker werden ihn anbeten,

KATRIN KOHL

»die ganze Welt« wird ihn preisen, und um seinen Thron werden sich große Philosophen und berühmte Künstler scharen. Das Ausschlagen von Friedrichs Einladung nach Preußen mildert er mit der Zusicherung: »Ihr Ruhm wird mir immer teuer sein.« Angelegt ist schon hier die Rolle Voltaires als Meinungsmacher, die Friedrich sich erhofft.

Friedrich und die Gelehrtenrepublik

Friedrich fügt sich demütig in die Hierarchie der Gelehrtenrepublik, in der er keinerlei herausragende Bedeutung beansprucht. Dennoch ist für beide Briefpartner selbstverständlich, dass der angehende Regent in der Welt eine Stellung innehat, für die der Ruhm ein notwendiges Attribut ist. Denn einerseits obliegt es ihm, seinen eigenen Ruhm zu pflegen, um ihn für Preußen fruchtbar machen zu können, und andererseits verfügt er über die Mittel, den Ruhm des Gelehrten durch seine eigene Reputation zu vermehren und durch finanzielle Mittel zu fördern.

Der Topos vom weltweiten, dauerhaften Ruhm prägt auch die Neugründung der Akademie der Wissenschaften und schönen Literatur im Jahre 1744, mit der Friedrich eine Initiative seiner Großmutter Sophie Charlotte fortführt und den Ruf Berlins als Zentrum der Wissenschaften zu etablieren sucht. Seine Ode »Le Rétablissement de l'Académie« (»Die Erneuerung der Akademie«) feiert den Akt als Tat der Befreiung des Vaterlandes von »Vorurteilen« und »Irrtum« und stilisiert die Künstler zu einem Zug von »Helden«, der von den allegorischen Figuren »Wahrheit« und »Ruhm« angeführt wird. Besonderes Lob wird in der siebten Strophe der Beredsamkeit zuteil:

> Nun naht auch meine Göttin, Beredsamkeit, die hehre,
> Daß sie die goldnen Tage der Römer uns beschere,
> Dem dumpfen Schweigen wieder die holde Stimme gebe
> Und mit des Geistes Feuer das rasche Wort belebe.
> Hier bucht sie die Geschichte, dort läßt sie Verse rauschen.
> Der feine Sinn kehrt wieder; den Jüngern, die ihr lauschen,
> Läßt sie durch ihre Töchter erlesne Gaben spenden.
>   In ihre Tafeln schreiben
>   Sie mit den keuschen Händen
>   Nur Namen, die unsterblich bleiben.[23]

Die Beredsamkeit wird zur Garantin eines Goldenen Zeitalters erklärt, das durch die Geschichtsschreibung und Dichtung Gestalt erhält – Friedrich verknüpft hier diese drei Disziplinen ganz nach humanistischem Muster und stellt die moderne Akademie in die Tradition der Antike. Aufgabe der sprachlichen Fertigkeiten ist die Verleihung des Ruhms; Ziel ist der unsterbliche Name.

Ein ähnlich humanistischer Ansatz prägt seine viel später kulturpolitische Schrift »De la littérature allemande« von 1780. Hier attackiert er – auf Französisch – die deutsche Sprache als »halbbarbarisch« und die deutschsprachige Literatur als unterentwickelt; Goethes »Götz von Berlichingen« verurteilt er als »ekelhaft« und als »abscheuliche Nachahmung« Shakespeares.[24] Nach humanistischem Muster empfiehlt Friedrich den deutschen Dichtern, die antiken Schriftsteller ins Deutsche zu übersetzen, um ihre Sprache in Konkurrenz mit den anderen europäischen Sprachen zu veredeln und literaturfähig zu machen. Ziel ist die Heranbildung eines kommunikativen Mediums, das wie das Französische europaweit verständlich ist und »klassische Schriftsteller« hervorbringt, die den deutschsprachigen Landen Ehre und Ruhm bringen können. Während die deutschen Schriftsteller der Zeit ihre Wirkung gerade dadurch beeinträchtigt sehen, dass an den deutschen Höfen – allen voran in Preußen – Französisch gesprochen wird, empfiehlt ihnen Friedrich als ersten Schritt die allmähliche Heranbildung des Deutschen, damit »die Höfe es mit Vergnügen reden«.[25]

Friedrichs in humanistischem Bildungsgut wurzelnde Schrift weist eine Vielzahl von etablierten Gemeinplätzen auf und wird zumeist als Zeichen seiner völligen Rückwärtsgewandtheit und Verkennung der wahren Umstände bezüglich der zeitgenössischen deutschen Sprach- und Schriftkultur verstanden.[26] Wenn auch seine Schrift durchaus eine mangelnde Sympathie für die in seinem Umfeld sich entwickelnde deutschsprachige Kultur zeigt und vor allem eine mangelnde Auseinandersetzung mit deutschsprachigen Autoren und Werken, so sind doch die Argumente grundsätzlich durchaus zeitgleich im deutschsprachigen Kontext vertreten und fügen sich in das traditionsreiche Projekt der auch von deutschsprachigen Dichtern vorangetriebenen Kulturstiftung ein.[27] Wenn Friedrich aufgrund der von ihm vorausgesetzten politischen und kulturellen Rückständigkeit der deutschsprachigen Territorien den Barbarentopos auf die deutsche Sprache anwendet, so benutzt er einen traditionsreichen Gemeinplatz, der sich in ähnlichem Zusammenhang bei Opitz findet,[28] aber auch bei Lessing, der 1767 in der »Hamburgischen Dramaturgie« bemerkt: »Wie weit sind wir Deutsche [...] noch hinter den Franzosen! Es gerade herauszusagen: wir sind gegen sie noch die wahren Barbaren!«[29] Goethe artikuliert noch 1786 eine ähnliche Meinung, wenn er das Deutsche in einem Brief als »diese barbarische Sprache« beschimpft.[30] Friedrich stellt seine Schrift in den Kontext »der gelehrten Republik« und geht von einem Wettkampf der Kulturnationen aus, der auch Klopstocks groß angelegtes Projekt einer »deutschen Gelehrtenrepublik« bestimmt.[31] Wenn Friedrich in Bezug auf den Status des Deutschen zu dem Schluss kommt, dass es nicht ausreichend kultiviert sei, um eine Literatur hervorzubringen, die sich mit der französischen Literatur messen kann, so teilt er bei aller Abweichung in der Wertung das Modell des kulturnationalen Wettkampfs mit den maßgeblichen Dichtern seiner Zeit, wobei ihm nicht weniger als Klopstock und anderen die Literatur der römischen und vor allem der griechischen Antike als höchstes Vorbild für die deutschen Dichter dient.

Die Virulenz seiner Aburteilung der deutschen Sprache und Literatur erklärte Friedrich zum Ansporn für die Dichter. Im Geiste des Wettkampfs sollen sie danach streben, ein Goldenes Zeitalter deutscher Literatur hervorzubringen, wobei den Regenten eine besondere Rolle zukommt: »Wenn wir *Medicis* haben, werden auch unsere Genies hervorkeimen; und die Auguste werden schon Virgile machen.«[32] Unter Anspielung auf ein Wort von Boileau – »Un Auguste aisément peut faire des Virgiles«[33] – rekurriert er hier auf den Topos von der fruchtbaren Verbindung zwischen Herrscher und Dichter. Friedrich vergleicht sich abschließend mit dem alten Moses, der »das gelobte Land von ferne« sieht,[34] ohne es doch aufgrund seines hohen Alters selbst betreten zu können. Römische Antike und Bibel dienen hier der Vermittlung einer Vision, durch die der Regent in seiner Rolle als gebildeter und weiser Mentor die deutschen Schriftsteller anregen will, auf eine illustre Zukunft hinzuarbeiten, in der ihre Literatur zum Ruhme des Vaterlands beitragen kann. Dass Friedrich seine Mentorschaft auf leere Worte beschränkte, gab der Schrift eine besondere Spitze.

Die Kontrolle über den Ruhm

Friedrichs vielfältige Beiträge zu diversen Gattungen der sprachlichen Wissenschaften entstanden immer im Bewusstsein ihrer öffentlichen Funktion.[35] Von Anfang an verknüpft er dabei seine Perspektive als Kronprinz beziehungsweise Regent mit einer weiter angelegten Blickrichtung, wie sie sich schon im »Antimachiavell« in der theoretischen Auseinandersetzung mit dem Herrscherideal zu erkennen gibt. So ist bei der Interpretation seiner Schriften ihr politischer Kontext und ihr politischer Zweck zum Zeitpunkt des Verfassens beziehungsweise der Verbreitung miteinzubeziehen,[36] zugleich jedoch der Blick auf künftige Rezipienten. Kennzeichnend für Friedrich ist somit insgesamt nicht nur seine umfassende und vielfältige schriftstellerische Tätigkeit, sondern auch die Aufmerksamkeit, die er der Verbreitung der Werke in seiner Gegenwart und in der Nachwelt widmete. Er schreibt zumeist für einen kleinen Kreis, was für den Adel damals typisch war; die Veröffentlichung und somit Zugänglichmachung der Werke für ein breites bürgerliches Publikum war für einen adligen Autor nicht üblich. Er pflegte die streng gesteuerte, selektive Zirkulierung, mittels derer er auch ganz spezifische politische Zwecke verfolgen konnte. So sollte bezüglich seiner dichterischen Werke nicht die ganze Welt von seinen Versuchen wissen, da etwaige Unzulänglichkeiten seinem politischen Ruf schaden konnten. Erst als unautorisierte Drucke erschienen, veröffentlichte Friedrich ausgewählte Gedichte. Das Wort war ihm Instrument und Waffe, und seine Äußerungen wurden nur denjenigen verfügbar gemacht, die damit umzugehen wussten und die an seinen politischen und militärischen Projekten aktiv beteiligt waren.

So berichtet er am 6. April 1743 an Voltaire, er werde ihm bald das Vorwort zu seinen »Mémoires« schicken (es handelt sich hier um die Erstfassung seiner »Geschichte meiner Zeit«); er betont jedoch, dass das Werk selber erst nach seinem Tod und dem Tod seiner Zeitgenossen der Öffentlichkeit zugänglich gemacht werden dürfe. Die Begründung lautet, er habe sich »nicht von der Wahrhaftigkeit entfernt [...], mit der ein Historiker zu schreiben hat«.[37] Er vereinigt somit die Funktionen des militärisch und politisch tätigen Herrschers mit den Funktionen des Historikers, der über den Ereignissen zu stehen vorgibt und sie wahrheitsgetreu und objektiv darzustellen beansprucht.

Es offenbart sich hier eine jener produktiven Spannungen, die Friedrich so erfolgreich auszuhalten vermochte. Denn seine geschichtlichen Werke sind geprägt von einer ungewöhnlichen Verbindung engagierter Teilnahme und distanzierter Reflexion, wobei er sich als bedeutender Zeitgenosse und Augenzeuge verstand. Deutlich wird dies in dem erwähnten Vorwort zur Erstfassung der »Geschichte meiner Zeit« von 1742/1743, in dem er sich mit der Geschichte des Ersten Schlesischen Krieges auseinandersetzt. Die Motivation für die Aufzeichnungen liegt in seiner Überzeugung, dass es ihm als Hauptakteur obliegt, die Kontrolle über die Vermittlung der geschichtlichen Ereignisse an die Nachwelt zu übernehmen:

> »In der Überzeugung, daß es nicht irgendeinem Pedanten, der im Jahre 1840 zur Welt kommen wird, [...] zusteht, über Verhandlungen zu reden, die in den Kabinetten der Fürsten stattgefunden, noch die gewaltigen Szenen darzustellen, die sich auf dem europäischen Theater abgespielt haben, will ich selbst die Umwälzungen beschreiben, deren Augenzeuge ich war und an denen ich den regsten Anteil hatte. Gehen diese großen Ereignisse doch mein Haus ganz besonders an. Ja, man kann die Epoche seiner Größe erst von diesem Zeitpunkt ab datieren.
>
> Ich halte mich sogar für verpflichtet, der Nachwelt eine wahre und exakte Darstellung der Ereignisse zu geben, die ich selbst gesehen habe; denn seit dem Untergange des römischen Reiches verdient kaum ein geschichtliches Ereignis so viel Beachtung wie der Krieg, den eine mächtige Liga zum Sturze des Hauses Habsburg unternahm.«[38]

Friedrich projiziert sich hier ganz im Dienste seiner Dynastie: Aus seiner Darstellung soll hervorgehen, welche Bedeutung den geschichtlichen Ereignissen im Konkurrenzkampf zwischen den Herrscherhäusern zukommt. Als großen Kontext entwirft er den Bezug zur Antike, womit das Dargestellte eine weit über die eigene Zeit hinausreichende Bedeutung erhält. Er ordnet das Geschilderte hier in jene Tradition ein, die ihm schon früh in dem Kompendium »Theatrum Europaeum« zur großen Politik der Kabinette seit 1617 vermittelt wurde,[39] und er stilisiert die Ereignisse zum Gründungsmoment für eine illustre Geschichte. Der Appell an die Notwendigkeit einer wahrheitsgetreuen Darstellung ist topisch und steht zugleich in Einklang mit den Werten der Aufklärung. Dahinter verbirgt sich jedoch nicht zuletzt das Ziel der Verteidigung einer völkerrechtlich kontroversen Tat, die Europa schockiert hatte und die in krassem Gegensatz zu dem Bild stand, das Friedrich im »Antimachiavell« von seinem Herrscherideal gezeichnet hatte. Das Ideal der »Wahrheit« bewegt sich somit in einem hochkomplexen Spannungsfeld zwischen etabliertem Topos, interessengeleiteter persönlicher Perspektive und aufklärerischem Ideal von philosophisch abgeklärter Objektivität. Ihre Wirkung entfalten soll die Darstellung der »Wahrheit« vor allem in der Nachwelt, wenn die zeitgenössischen Kontroversen dem kollektiven Gedächtnis entfallen sind.

Friedrichs Selbstinszenierung in seinen historiographischen Projekten schöpft gleichermaßen aus seinem politischen Gespür, aus seinem praktischen Engagement in allen Bereichen seiner Aufgaben als Herrscher, aus seiner konsequenten Auseinandersetzung mit dem Zeitgeist der Aufklärung und aus seinem humanistisch gebildeten Weitblick. Denn jeder dieser Aspekte trug das Seinige dazu bei, die Wirkungsmöglichkeiten der eingesetzten rhetorischen Mittel abschätzbar zu machen. Friedrich grenzte das zeitgenössische Publikum für seine Schriften nach politischen Kriterien ein und schrieb großteils für das Archiv. Darin jedoch gibt sich ein enormes Selbstbewusstsein zu erkennen, das in der anerkannten Bedeutung seiner Herrscherrolle wurzelt und das zugleich ein humanistisch fundiertes Vertrauen auf die Langzeitwirkung des Mediums Schrift erkennen lässt.

Die Notwendigkeit eines Schreibens für die Nachwelt wird auch 1775 in der »Vorrede« zur letzten Version dieses Projekts thematisiert, das nun den Titel »Histoire de mon temps« trägt. An Voltaire berichtet Friedrich am 12. Juli 1775: »Obwohl dieses Werk dazu bestimmt ist, auf immer in irgendwelchen staubigen Archiven vergraben zu bleiben, will ich doch nicht, daß es schlecht gemacht ist.«[40] Dass er das Schreiben für das Archiv jedoch keineswegs für so unbedeutend hielt, wie er hier vorgibt, geht aus der Topik der Vorrede sowie seiner expliziten Auseinandersetzung mit der Bedeutung eines Strebens nach Ruhm hervor. Deutlich wird dort das Ziel, mit dem Geschichtswerk seine Taten und die Taten seiner Untertanen wirkmächtig der »Nachwelt« zu vermitteln:

»Da mein Buch für die Nachwelt bestimmt ist, bin ich von dem Zwange befreit, die Lebenden zu schonen und gewisse Rücksichten zu nehmen, die mit dem Freimut der Wahrheit unvereinbar sind. […] Von mir selbst werde ich nur da reden, wo es unvermeidlich ist, und man wird mir erlauben, alles, was mich selbst betrifft, nach Caesars Vorbild in der dritten Person zu erzählen, um den häßlichen Schein der Selbstsucht zu vermeiden. Der Nachwelt kommt es zu, uns zu richten; doch wenn wir weise sind, müssen wir ihr zuvorkommen, indem wir uns selbst streng beurteilen. Das wahre Verdienst eines guten Fürsten ist seine treue Hingabe an das allgemeine Wohl, die Liebe zum Vaterlande und zum Ruhme. Ja, zum Ruhme! Denn der glückliche Instinkt, der den Menschen drängt, sich einen Namen zu machen, treibt ihn in Wahrheit auch zu Heldentaten. Er ist die Kraft, welche die Seele aus ihrer Trägheit erweckt und sie zu nützlichen, notwendigen und edlen Taten begeistert.«[41]

Friedrich setzt sich hier auf der Basis seiner langjährigen Erfahrung in der Politik, in der Kriegführung und in der Historiographie mit seiner Selbstdarstellung in einem Geschichtswerk auseinander. Explizites »Vorbild« ist Caesar, der unübertroffene Darsteller seiner eigenen Heldentaten für die Nachwelt. Wenn Friedrich hervorhebt, es sei notwendig, die eigenen Taten »selbst streng [zu] beurteilen«, um der »Nachwelt […] zuvor[zu]kommen«, so zeigt sich darin das Ziel, die Kontrolle über die geschichtliche »Wahrheit« zu ergreifen. Das Geschichtswerk dient dazu, die Erfüllung des Ideals vom »guten Fürsten« zu erweisen – auch noch in solchen Taten, die von den Zeitgenossen attackiert wurden, weil sie diesem Ideal zuwiderzulaufen schienen.

Friedrichs Hervorhebung der Vorteile des Strebens nach Ruhm lässt den weiteren Kontext eines Zeitgeists durchblicken, dem der Ruhm suspekt geworden war. Er geht hier in die Offensive, um das Streben nach Ruhm unter Bezug auf die Interessen des Gemeinwohls zu rechtfertigen. Der Ruhm wird damit aus dem Bereich der »Selbstsucht« herausgelöst und als bedeutender Faktor in der Bildung des Menschen dargestellt, der dem Gemeinwohl zugutekommt. Dies ist kein neuer Gedanke, aber seine Hervorhebung ist spezifisch auf die Werte der Aufklärung zugeschnitten. Der Ruhm dient als treibende Kraft für die Stärkung des Reiches durch »nützliche, notwendige und edle Taten«. Friedrich macht damit die antike Tradition des Ruhmestopos für eine Politik fruchtbar, die den Werten der Aufklärung Rechnung trägt. Dabei gibt sich hier die bei ihm noch im Alter wirksame Bedeutung seines frühen Strebens nach einem zugleich moralisch und politisch fundierten Ruhm zu erkennen.

Friedrich beschäftigte sich sein Leben lang mit dem Ruhm: Im Streben nach Ruhm trifft sich aus seiner Perspektive das eigene Interesse und das Interesse Preußens; es vereinigt sich darin der Wunsch des Königs nach einem unsterblichen, seiner Dynastie Ehre machenden Namen mit dem Interesse seiner Untertanen, ihre Bedeutung in der Welt auf große Helden und Heldentaten zu gründen. In Friedrichs sowohl theoretisch als auch praktisch vollzogener Pflege des Ruhms manifestiert sich seine Wertschätzung eines aus der Antike tradierten, schon von Kindheit an in seiner Identität verankerten Ideals, das er selber vor dem Hintergrund der großen Vorbilder der Weltgeschichte als zeitlosen Wert begriff. Seine kreative Auseinandersetzung mit dem alten Ideal im Kontext der Aufklärung erlaubte ihm dessen wirksame Überführung in die moderne Zeit. Das Medium Schrift erfüllte dabei eine enorm wichtige Funktion, denn es ermöglichte ihm die Kontrolle über die narrative Ausgestaltung einer Größe, die als preußische Identitätsstiftung wahrgenommen werden sollte. Von Anfang an setzte Friedrich die Tradierung seiner Größe und deren Anerkennung durch die Nachwelt voraus. Während er diese Größe anfangs noch als reines Geburtsrecht des dynastisch legitimierten Herrschers auffasst, kommt im Prozess seiner Auseinandersetzung sowohl mit den zeitgenössischen Idealen als auch mit der Notwendigkeit einer Rechtfertigung der eigenen Taten im Kontext der Zeit zunehmend die aktive mediale Gestaltung hinzu. Hier erhält nun das Medium Schrift die bedeutende Funktion, Größe immer wieder von neuem zu etablieren, zu rechtfertigen und zukunftsfähig zu machen. Betrachtet man Friedrichs heutiges Image, so ist festzustellen, dass seine Schriften auch in der Folgezeit keine breit angelegte Rezeption fanden – was zu ihrer ursprünglichen Bestimmung allerdings nicht im Gegensatz steht. Ihren Zweck haben sie mittels sorgsam gesteuerter Kommunikationsprozesse erreicht: Die publizistische Inszenierung seiner Größe ist ihm gelungen, denn anders als jene, deren »Größe« schon bald nach ihrem Tod der Vergessenheit anheimfiel, ist sie bei Friedrich als fester Bestandteil des Namens in die auf Langzeitwirkung angelegte Weltgeschichte eingegangen.

1 Die Bedeutung des Ruhms für Friedrichs Selbstverständnis wird besonders herausgestellt von Jürgen Luh, Ruhmsucht (Luh, 2011, S. 9–111), aber auch von Johannes Kunisch, wenn er bei Friedrich einen »Impuls der Ruhmbegierde« als »Grundmotiv seiner Lebensauffassung« ausmacht (Kunisch, 2009, S. 66 u. 167–171). – Vgl. auch das Kapitel »Chasing Clouds of Glory« in: Donogh, 1999, S. 152–177. – Der psychologisch fundierte Impuls ist allerdings als individuelle Ausprägung eines seit der Antike etablierten Diskurses um den Ruhm und dessen motivierende Bedeutung zu sehen.

2 Der Ruhm bildet gleichermaßen in Friedrichs erstem Schreiben an Voltaire vom 8. August 1736 und in Voltaires erstem Schreiben an Friedrich vom September 1736 ein abschließendes Thema.

3 Das Gemälde hängt heute im Rauchzimmer von Haus Doorn (Niederlande).

4 Dietrich, 1986, S. 254–461, hier S. 454 f.

5 Dietrich, 1986, S. 458 f.

6 Das Porträt ist im Besitz der Stiftung Preußische Schlösser und Gärten Berlin-Brandenburg und hängt heute im Arbeits- und Schlafzimmer in Schloss Sanssouci.

7 Vgl.: Cramer, 1829, S. 10. – Zit. nach: Kunisch, 2009, S. 15.

8 Dietrich, 1986, S. 452 f.

9 Dietrich, 1986, S. 306 f.

10 Schreiben Friedrichs II. an Voltaire, 23. Dezember 1740.

11 Schreiben Friedrichs II. an Jordan, Februar 1741: »J'aime la guerre pour la gloire« (Œuvres de Frédéric le Grand, Bd. 17, S. 97).

12 Schreiben Friedrichs II. an Jordan, 3. März 1741: »Mon âge, le feu des passions, le désir de la gloire, la curiosité même, pour ne te rien cacher, enfin, un instinct secret, m'ont arraché à la douceur du repos que je goûtais, et la satisfaction de voir mon nom dans les gazettes et ensuite dans l'histoire m'a séduit« (Œuvres de Frédéric le Grand, Bd. 17, S. 99).

13 Vgl. zu der auf Platons Philosophenstaat aufbauenden Tradition des Topos von der Gelehrtenrepublik die folgende Reihe von Konferenzbänden: Lion-Violet, 2005. – Schneider, 2005. – Knoche / Ritter-Santini, 2007.

14 Dietrich, 1986, S. 330 f.

15 Kunisch, 2009, S. 7.

16 Vgl. die wichtige Untersuchung von Thomas Biskup. Er wertet das von ihm eingehend untersuchte Fest überzeugend als Beispiel für den allgemeineren Befund, »dass die bekannten ironischen Distanzierungen Friedrichs von höfischem Zeremoniell [...] nicht einfach als Absage an zeremonielles Handeln als solches lesbar sind [...], sondern [...] in ihrem jeweiligen, häufig von literarisch-konversationellen Genrekonventionen geprägten, Kontext betrachtet werden [müssen]« (Biskup, 2008).

17 Zu unterschiedlichen Formen kollektiver Erinnerung vgl.: Assmann, 1992, S. 48–66.

18 Rollenhagen, 1611, S. 115.

19 Über die deutsche Literatur (Steinmetz, 1985, S. 60–99, hier S. 62. – Werke, Bd. 8, S. 74–99). – Christian W. von Dohms offizielle Übersetzung der Schrift wurde wie die französische Originalfassung 1780 veröffentlicht (Œuvres de Frédéric le Grand, Bd. 7, S. 103–140).

20 Zu Friedrichs Auffassung von der deutschen und der französischen Sprache vgl.: Petersilka, 2005, bes. S. 73–81.

21 Zu den folgenden Zitaten vgl.: Schreiben Friedrichs II. an Voltaire, 8. August 1736.

22 Zu diesem und den folgenden Zitaten vgl.: Schreiben Voltaires an Friedrich II., September 1736.

23 Die Erneuerung der Akademie (Werke, Bd. 9, S. 18–20, hier S. 19 f.). – Vgl. die Originalfassung »Le Rétablissement de l'Académie«: »Je vois ma déité, la sublime éloquence, / Des beaux jours des Romains nous ramener les temps, / Ressusciter la voix du stupide silence, / Des flammes du génie animer ses enfants; / Ici coulent des vers, là se dicte l'histoire, / Le bon goût reparaît, les filles de Mémoire / Dispensent de ces lieux leurs faveurs aux mortels, / N'écrivent dans leurs fastes, De leurs mains toujours chastes, / Que des noms immortels« (Œuvres de Frédéric le Grand, Bd. 10, S. 23–26, hier S. 25).

24 Über die deutsche Literatur (Steinmetz, 1985, S. 82). – Vgl. die Originalfassung: »ces dégoûtantes platitudes« und »imitation détestable de ces mauvaises pièces anglaises« (Œuvres de Frédéric le Grand, Bd. 7, S. 125).

25 Über die deutsche Literatur (Steinmetz, 1985, S. 99).

26 Vgl. zum Beispiel den folgenden Kommentar: »As ›Concerning German Literature‹ revealed, Frederick was a living fossil, a relic of the generation before last« (Blanning, 2002, S. 219).

27 Zur kulturstiftenden Funktion von Friedrichs Schrift im Kontext der Debatte um den Status der deutschen Sprache und Literatur im 18. Jahrhundert vgl.: Kohl, 2007, S. 493–501.

28 Opitz, 1966, S. 7.

29 Lessing, 1994, Bd. 6, S. 272.

30 Goethe, 1997, Bd. 29, S. 624.

31 Klopstock, Abt. Werke, Bd. 7/1–2. – Vgl.: Kohl, 2008, S. 145–171. – Der erste Teil erschien 1774; am zweiten, nicht veröffentlichten Teil arbeitete Klopstock noch bis in seine Spätzeit.

32 Über die deutsche Literatur (Steinmetz, 1985, S. 99).

33 Boileau, 1966, S. 107.

34 Über die deutsche Literatur (Steinmetz, 1985, S. 99).

35 Zu Recht betont Biskup die Notwendigkeit einer Ausdifferenzierung des Begriffs »Öffentlichkeit« (Biskup, 2008). Einem rhetorisch orientierten Ansatz zufolge bestimmt sich allerdings der Adressatenkreis – und somit die jeweilige »Öffentlichkeit« – ohnehin jeweils aus der kommunikativen Situation heraus und unter Bezug auf die spezifische Funktion der Äußerung.

36 Vgl. dazu: Pečar, 2007.

37 Schreiben Friedrichs II. an Voltaire, 6. April 1743. – Vgl. auch Friedrichs andere Bemerkungen zu seinen »Mémoires« in seinen Schreiben an Voltaire vom 15. November 1742 u. 24. August 1743.

38 Vorwort von 1742 zu den Denkwürdigkeiten (Werke, Bd. 2, S. 1–3, hier S. 1). – Vgl. die Originalfassung: »Persuadé que ce n'est point à quelque pédant qui viendra l'année 1840 au monde [...] de parler des Négociations qui se sont traitées dans les Cabinets des Princes, ni de représenter ces grandes scènes qui se sont jouées sur le Théâtre de l'Europe, j'ai voulu écrire moi même les révolutions que j'ai vu arriver et auxquelles j'ai eu le plus de part, d'autant plus que ces révolutions intéressent particulièrement ma maison, et que proprement on ne pourra dater que de là, l'Epoque de Sa Grandeur. Je suis même dans la persuasion que je dois à la postérité un récit exact et vray des Evenemens que j'ai vu puisque depuis le Bouleversement de l'Empire Romain, il n'est presque rien arrivé de plus digne d'attention que la guerre qu'enfanta une puissante Ligue réunie pour la destruction de la maison d'Autriche« (Droysen, 1905, S. 27–29, hier S. 27).

39 Vgl.: Kunisch, 2009, S. 16.

40 Schreiben Friedrichs II. an Voltaire, 12. Juli 1775.

41 Vorwort zur Geschichte meiner Zeit (Werke, Bd. 2, S. 11–17, hier S. 13). – Vgl. die Originalversion: »Cet ouvrage-ci étant destiné pour la postérité, me délivre de la gêne de respecter les vivants, et d'observer de certains ménagements incompatibles avec la franchise de la vérité [...]; je ne parlerai de moi-même que lorsque la nécessité m'y obligera, et l'on me permettra, à l'exemple de César, de faire mention de ce qui me regarde en personne tierce, pour éviter l'odieux de l'égoïsme. C'est à la postérité à nous juger; mais, si nous sommes sages, nous devons la prévenir en nous jugeant rigoureusement nous-mêmes. Le vrai mérite d'un bon prince est d'avoir un attachement sincère au bien public, d'aimer la patrie et la gloire; je dis la gloire, car l'heureux instinct qui anime les hommes du désir d'une bonne réputation, est le vrai principe des actions héroïques: c'est le nerf de l'âme, qui la réveille de sa léthargie pour la porter aux entreprises utiles, nécessaires et louables« (Œuvres de Frédéric le Grand, Bd. 2, S. XIII–XXIV, hier S. XVI–XVII).

GROSS IM TOD SEIN

Friedrichs des Großen erste Verfügung zur Inszenierung seines Nachlebens

1 Francesco Zuccarelli, *Cicero entdeckt das Grabmal des Archimedes*, 1747, Öl auf Leinwand, SPSG, GK I 5663

Nichts fürchten die Menschen mehr als den Tod. Mit keinem anderen Thema hat sich die Menschheit in ihrer langen Geschichte intensiver auseinandergesetzt. Unvermeidbar mit der Geburt, ist er Schrecken und Erlösung. Das Christentum verdankte seinen Aufstieg nicht zuletzt einem Gedanken, der den Religionen und Kulten im antiken Mittelmeerraum unendlich fremd war: der Erlösung, der Hoffnung auf Auferstehung, auf ein Leben nach dem Tod. Revolutionär war diese Vorstellung, weil sie mit dem eisernen Grundsatz der griechisch-römischen Antike brach, dass mit dem Tod alles zu Ende sei. In Griechenland und Rom konnte nur der Name des Toten fortleben.

> »Wenn ich hier bleibe und kämpfe hier um die Feste der Troer / Wird mir verloren die Heimkehr, doch unvergänglicher Ruhm sein / Kehre ich aber zurück zum lieben Lande der Väter / Wird mein Ruhm verloren, doch lange wird die Dauer des Lebens [...].«[1]

Nicht anders war es in der römischen Welt des Scipio, Pompeius und Caesar, des Horaz, Vergil und Ovid. Herausragende Taten und Leistungen waren die beste Versicherung für den Ruhm und die Unsterblichkeit des Namens. Dies hatte Friedrich vom Altertum gelernt.[2] Wer im Gedächtnis der Nachgeborenen bleiben wollte, der musste sich als Meister in seiner Kunst bewiesen haben, der musste Leistungen vollbracht haben, die in Erinnerung blieben.

Friedrichs Wollen

»Falle ich, so ist mein Wille, daß mein Leib nach Römerart verbrannt und in einer Urne in Rheinsberg beigesetzt werde. Knobelsdorff soll mir ein Grabdenkmal errichten, wie das des Horaz in Tuskulum.«[3] Diese Worte Friedrichs, geschrieben 1741 aus dem Feldlager an den preußischen Staatsminister Podewils, spiegeln keine kafkaesken Gefühle, keine düsteren Todesahnungen des jungen Königs, sondern exemplarisch die Vorstellungswelt des Kronprinzen wider, wie er sie in Küstrin, Ruppin und vor allem in Rheinsberg bei der Lektüre der Dichter und Geschichtenschreiber der Vergangenheit und Gegenwart entwickelt hat. Zentraler Gegenstand der Botschaft ist das römische Altertum und mit ihm der Wille zur »historischen Größe« nach antikem Vorbild. Mit Rom und der Verbrennung der sterblichen Überreste sind Italien und die Antike, mit Rheinsberg und Tusculum das Motiv des Gartens im Sinne des antiken »otium«, mit Horaz der Dichter und die Dichtkunst präsent – all dies sollte sich zu einem Bild antiker Größe fügen, in deren Formen Friedrich beigesetzt werden und in Erinnerung bleiben wollte.

In Rheinsberg versuchte sich Friedrich voller Eifer im Dichten von Versen, trug den Freunden und natürlich Voltaire immer neue Strophen und Stücke zur Korrektur an. Seine dichterischen Proben folgten einer einfachen Einsicht, die der Kronprinz im »Antimachiavell« vortrug: »Das augusteische [Zeitalter] ist bekannter durch einen Cicero, Ovid, Horaz und Vergil als durch die Ächtungslisten jenes grausamen Kaisers, der schließlich doch ein gut Teil seines Nachruhmes der Leier des Horaz verdankt.«[4] Nicht die Tat selbst, sondern ihre Darstellung in der Literatur und damit vor der Nachwelt bedeutete Ruhm oder Schande für den Protagonisten, wie er bereits im Brief vom 13. November 1737 an Voltaire bekannt hatte.[5] Allein die Nachwelt wiege deren historische Bedeutung. Ihren Richtern müsse das Manuskript zum Schiedsspruch in die Hand gegeben werden. Ihre Gunst allein sichere Ruhm und die Ewigkeit des Namens. Anders formuliert: Das Beweismaterial, über das die Gegenwart richtet, ist für Friedrich nicht die Tat, sondern deren Darstellung, Erklärung und Ornamentierung in Versen und Abhandlungen.

Jahrzehnte später klingen diese Worte versöhnlicher, in ihrem Tenor jedoch blieben sie unverändert: »Aber Virgil und Horaz wurden durch den Beifall jenes königlichen Volkes geehrt, standen in vertrautem Verkehr mit Augustus und hatten Teil an den Belohnungen, die dieser geschickte Tyrann über alle ausschüttete, die seine Tugenden priesen und seine Laster beschönigten.«[6] Zu lesen sind sie ausgerechnet in der Gedächtnisrede auf Voltaire. Sie reflektieren den Nukleus der Beziehung zwischen Friedrich und Voltaire, den Anspruch, den der preußische Monarch gegenüber dem Franzosen erhoben und den dieser zumindest im ersten Jahrzehnt der Bekanntschaft auch eingelöst hatte. Dass die Belohnungen im friderizianischen Preußen bescheidener ausfielen als in Rom, mitunter für den Belohnten als solche kaum zu definieren waren, sei hier nur randgelegen bemerkt.

Gleichermaßen freimütig wie pointiert bekannte sich Friedrich in einem Brief an Voltaire im Jahre 1773 zum Ziel seiner lebenslangen dichterischen Versuche und Mühen: Dauerhaften Ruhm, parlierte er, dauerhaften Ruhm genießen die Schriftsteller aller Zeiten, nicht die Herrscher. »Mit uns [den Staatsmännern, U. S.] lebt man nicht mehr, sobald ein wenig Erde unsere Asche deckt; dagegen unterhält man sich mit allen Schöngeistern des Altertums, die durch ihre Bücher zu uns sprechen.«[7] Nichts anderes hatte Horaz den Leser in seiner Ode »Nachruhm« wissen lassen: Der Dichter baut sich mit der Dichtkunst sein Grabmal, das zugleich Denkmal, über Völkergrenzen und geographische Hindernisse hinweg bekannt und deshalb fester als Erz und Stein ist. Mithin kann der Dichter auf zeremoniellen Begräbnispomp ebenso verzichten wie auf ein monumentales Grabmal. Gesteigert wurde diese Vorstellung noch einmal im Italien der Renaissance mit der Dichterkrönung: Ein Meister der Dichtkunst seiner Zeit, Francesco Petrarca, der Notarssohn aus Arezzo, wurde 1341 auf dem römischen Kapitol mit dem Lorbeerkranz bekrönt, sichtbares Zeichen für die Würde der Dichter, sofern sie ihre Schöpferkraft aus dem Geiste der klassischen römischen Dichtkunst generierten, und für die Wertschätzung ihrer Kunst.

Wie recht Horaz mit seinen Worten hatte, davon konnte sich Friedrich überzeugen, sobald er in seiner Bibliothek im Turmzimmer des Rheinsberger Schlosses in den Werken der antiken Dichter blätterte. Sie überlieferten die Namen derer, die es aus ihrer Sicht wert waren, der Nachwelt genannt zu werden. Sie richteten darüber, wen man auch in den kommenden Jahrhunderten noch kennen würde, und sie sorgten ganz selbstverständlich dafür, dass ihre Verse die Erinnerung an sie selbst nicht vergehen ließen. Der Dichter wird wiederbelebt, sobald die Nachwelt seine Werke liest, und daran hatten die antiken Schriftsteller keine Zweifel. Warum auch? Rom blickte zuerst in die Vergangenheit, bevor es sich in die Zukunft aufmachte. Von den Sorgen um das Kommende sollte die historische Anschauung befreien. Wer so dachte, der zweifelte nicht an der Unverlierbarkeit seines Werkes in den Stürmen der Zeit, der ging davon aus, dass auch kommende Generationen Rat und Orientierung in den Werken der Archegeten suchen würden.

Nun hatte nicht nur Friedrich den antiken Dichtern gelauscht. Mit ganzer Leidenschaft wurde in der europäischen Gelehrtenwelt seit dem ausgehenden 17. Jahrhundert unter dem Namen »querelle des anciens et des modernes« mit wechselnder Intensität über die Vorbildlichkeit der Antike für die Gegenwart gestritten. Der emphatischen Begeisterung, die sich an den stolzen Ruinen kolossaler Bauwerke, torsohaften Statuen und verblassten Malereien, an Poesien, Epen und philosophischen Lehrsätzen der Alten entzündete, und vor allem dem Orientierungswert des Altertums konnte diese Auseinandersetzung indes keinen Abbruch tun. Wer die Leistungen und Mängel der Gegenwart messen wollte, der begab sich wie einst Petrarca, Dante, Boccaccio, Tasso, Ariost oder Sanazzaro auf eine Zeitreise in die Antike. Und wer sich aufgemacht hatte, Italien selbst zu bereisen, der tat dies mit seinem Horaz in der Hand, um dessen Reise von Rom nach Brundisium nachzuerleben, um die Orte selbst kennenzulernen, von denen der antike Cicerone erzählte. In Rom und Neapel, in Latium und Kampanien hatten die Italienreisenden unzählige antike Grabmonumente gesehen, eingefügt in die Landschaft und entlang der großen antiken Straßen errichtet, die die Städte Italiens mit Rom verbanden, so, wie es in den Werken ihrer antiken Gewährsmänner über Gräber und Grabdenkmäler zu lesen ist. Sie kannten selbstverständlich die »Oden« des Horaz und jene Passage, die vom Tod des Dichters und der Verbrennung seiner Gebeine auf dem Landgut spricht.

Friedrichs Weisung zur Verbrennung und Bestattung in der eigenen Gartenlandschaft war für ihre Zeit zutiefst befremdlich und in dieser Befremdlichkeit unmissverständlich: Er habe in Rheinsberg als Dichter und Philosoph gelebt, als solcher wolle er dort begraben sein. Verstehen und verbreiten sollten diese Botschaft die europäischen Gelehrten, die um die Vorbilder für diese Form des Begräbnisses wussten.

»Nach Römerart verbrannt [...] und in einer Urne in Rheinsberg beigesetzt« zu werden, diese Verfügung Friedrichs verbannte christliche Bestattungsriten aus der Rheinsberger Gartenlandschaft und demonstrierte deren Abstinenz auch im Tod, in dessen Angesicht oft selbst die kühnsten Flüchtigen in Sorge um ihr Seelenheil in den Schoß der römisch-katholischen Kirche zurückfanden. So schreckte selbst Voltaire, die gewaltigste Stimme gegen die katholische Kirche im 18. Jahrhundert, vor solcher Radikalität im letzten Moment seines Lebens zurück. Bei seinem Angriff auf die christlichen Kirchen wusste Friedrich mächtige Verbündete an seiner Seite: Mit Cicero, der in den »Disputationes Tusculanae« die Wertlosigkeit des Körpers eines Verstorbenen prononciert und deshalb alle Rituale um diesen Körper als leichtfertige

Irrtümer stigmatisiert hatte,[8] mit Vergil und mit Horaz berief er sich auf Ikonen der Philosophie und Dicht-kunst der römischen Antike und Europas seit der Renaissance.

Die Verbrennung der sterblichen Überreste der Toten war im römischen Altertum die älteste nachweis-bare Usance des Totenkults, und nur wenige prominente und wohlhabende Römer ließen sich in Sarko-phagen beisetzen. Erst mit der Ausbreitung des Christentums im Römischen Reich verschwand auch die Sitte des Verbrennens weitgehend aus dem römischen Alltagsleben. Die Einäscherung galt in der republika-nischen Zeit und in den ersten Jahrhunderten der Kaiserzeit als der feierlichste Ritus.[9] Der Kult um die Toten, deren Verbrennung, war ebenso lebensweltliche Realität wie literarisches Motiv in den Werken vor allem der römischen Autoren, die in ihren Appellen an die Römer nach dem Bürgerkrieg die Restitution der Sitten und Gebräuche der Altvordern und deren kompromisslose Achtung einforderten. Vergils Aeneas, Anführer des Trosses, der sich in der Not von den Gestaden Trojas nach Latium aufgemacht hatte, erin-nerte Rom nach den Bürgerkriegen an die großen Tugenden und reinen Sitten der Vorfahren. Totenkult und Bestattungsrituale, in deren Kanon die Verbrennung der Toten und die Beisetzung ihrer Asche ihren festen Platz hatten, werden dem Leser vom Mantuaner panoramatisch vor Augen geführt.[10] Jedoch blieb es Horaz vorbehalten, die Verbindung zwischen der Existenz als Dichter, der Verbrennung des Körpers nach dem Tod und der Bestattung der Asche auf dem eigenen Landgut suggestiv herzustellen. Rom und der römische Dichter waren mehr als ein Vorbild. Sie waren ultimative Legitimation für die Provokation der Institution Kirche mit ihrem strengen Regelwerk. Dass Friedrich mit dieser Verfügung ganz nebenbei auch in später Opposition zum katonischen Vater stand, er dessen strenge Frömmigkeitsgebote in seinem Leben – und seinem Tod – negierte und zur geistigen auch eine gebührende räumliche Distanz zu dessen Grab und den Gräbern der von ihm wenig geschätzten Ahnen – ausgenommen der verehrte Große Kur-fürst – schuf, mag für den jungen König noch ein willkommener Nebeneffekt gewesen sein.

Die Gleichgültigkeit gegen die sakralen Gebote der christlichen Kirchen, mehr noch, die Frontstellung, die Friedrich gegen sie bezog, folgte keiner einsamen und spontanen Eingebung, die im Brief an Podewils ihren Ausdruck fand. Längst hatte er als Dichter und Korrespondenzpartner Voltaire und anderen Auf-klärern seine Unterstützung im Kampf gegen »l'infâme« angedient. Im »Antimachiavell« formulierte der Kronprinz seine Ressentiments gegenüber der Kirche, dem christlichen Glauben und dessen Urvater Mo-ses: Ein Schurke und Betrüger sei dieser gewesen oder ein blindes Werkzeug göttlicher Allmacht, jedenfalls in nichts einem Romulus oder Theseus auch nur annähernd ebenbürtig, zudem ungebildet und geistlos.[11]

Wer für Moses, den Empfänger der göttlichen Gebote, nichts als Spott übrig hatte, der legte die Axt an die Wurzeln der Institution Kirche. In der Karikatur des Moses polemisierte der Kronprinz gegen Gott und Glauben, vor allem aber gegen Theologen und Kirche und ihren Anspruch auf Deutungshoheit in allen Glaubensfragen sowie gegen die Menschen, die sich in ihrem Hang zum Wundersamen und Entrückten in den Bann der Apostel haben schlagen lassen. Noch wichtiger erscheint es Friedrich, die weltlichen Machtambitionen der Päpste und Pfaffen, ihre Habgier und Falschheit zu dämonisieren[12] – im Sinne reli-giöser Aufklärung nach den Erfahrungen der Religionskriege im christlichen Europa ein Plädoyer für den säkularisierten Staat, in dem das Schwert durch die Verbannung der Priester in die Kirchen und hinter Klostermauern allein in der Hand der weltlichen Macht ruht. Denn nur wenn, wie einst im augusteischen Rom, den Klerikern die Tore zu den staatlichen Institutionen verschlossen blieben, könnten Freiheit und Friede im Staat gewahrt werden,[13] eine These, die Voltaire selbst Friedrich souffliert hatte.[14] Die tiefe Kluft zwischen Friedrich und der Kirche zeigt sich nicht zuletzt in seinem Verzicht auf Kapellen für Gottesdienste in den von ihm errichteten Schlössern beziehungsweise deren Entfernung aus dem Potsdamer Stadtschloss.[15]

Den eklatanten Bruch mit der Tradition christlich-herrscherlicher Bestattungen erkannte jeder, der um die prächtigen Sarkophage der französischen Könige in der Gruft in St. Denis, die der Kaiser des Heiligen Römischen Reiches im Dom zu Speyer, die Prunksärge der burgundischen Herzöge in Dijon, der italieni-schen Fürsten in Florenz und Venedig oder der Päpste in Rom, ja selbst der Hohenzollern in Berlin wusste. Mit seinen antiklerikalen Wendungen und Invektiven erfüllte der Kronprinz mit Leichtigkeit die Hoffnun-gen jener französischen Aufklärer auf eine Allianz mit Preußen, die ihr aufklärerisches Werk vor allem als Lösung aus den Fesseln des Katholizismus verstanden. Ihre mächtigste Stimme, Voltaire, aber auch dessen Schüler, bediente Friedrich mit seinen Sottisen gegen das katholische Rom. Von ihnen erwartete er vice versa nichts weniger als die Absolution für seine machtpolitischen Ambitionen, die am 16. Dezember 1740 mit dem Einmarsch in Schlesien den Glauben zerstörten, der junge preußische König regiere im Geiste irenischer Ideale europäischer Gelehrter. Gleichwohl hat Friedrich mit seiner demonstrativen Abkehr von der Institution Kirche – eine Geißelung der Theologen und der Kirche prägte bereits die ersten Briefe Friedrichs an Voltaire[16] – seine Bündnisofferte an die europäische Gelehrtenwelt übergeben und damit an jenen Personenkreis, der auch nach seinem Tod für das Weiterleben seines Namens sorgen sollte.

Friedrichs Altertum

Der Hinweis auf Rom ist mehr als eine Legitimation des Affronts gegen die kirchlichen Konventionen seiner Gegenwart. Rom stand noch immer als Sinnbild für historische Größe. Eine eingeübte Methode der Kritik der Dichter und Gelehrten an Gegenwart und Kirche war seit der Renaissance die Konfrontation der behaupteten Tristesse im christlichen Rom mit dessen einstiger Pracht und Größe im Altertum. Und was hätte sich dazu besser geeignet als der Blick auf die beeindruckenden Ruinen der Antike. Sie galten seit der Renaissance als das Schöne an Rom, Zeugen für die einstige Größe Roms und des römischen Weltreiches, und als ganzer Gegensatz zur Erbärmlichkeit der neuen Bauwerke.[17] Rom im Altertum, das waren marmorne Paläste und Statuen, farbenfrohe Tempel und weitläufige Plätze und Gärten, das waren aber auch die allgegenwärtige Armut der Tagelöhner und Bettler, Lärm und Schmutz in überfüllten Straßen und finstere Gassen mit den Wohnsilos der Plebs, wie der antiquarisch gebildete Leser von Juvenal und Martial erfahren hat.[18] Von diesem antiken Rom, diesem anderen Rom, wollte Friedrich, in dessen Bibliotheken sich auch die Werke Martials und Juvenals befanden,[19] nichts wissen. Das Rom des Altertums glänzte in den Schriftstücken des preußischen Kronprinzen und Königs nicht weniger als das Rom des Augustus, wie es Friedrich bei Vergil und Horaz kennengelernt hatte. Wurde die Kulturerfahrung Italiens im 17. und 18. Jahrhundert ohnehin von der Literatur und ihrer Lektüre dominiert,[20] so war diese bei Friedrich in Ermangelung der »grand tour«, des sinnlichen Erlebens des Südens, erst recht die einzige Determinante, die sein Italienbild prägte.

Seit seiner Jugend von großen Persönlichkeiten fasziniert, vor allem von den großen Gestalten der römischen Antike, las Friedrich die Schriften, die das Altertum seinen Erben hinterlassen hatte.[21] Schon aus Küstrin schrieb er: »Voilà mon passe-temps le plus doux, et quelquefois Marius, Sylla, Cinna, César, Pompée, Crassus, Auguste, Antoine, Lépide viennent m'entretenir«[22] – in französischer Sprache wohlgemerkt. Es sind jene Männer, mit denen das Schicksal der römischen Republik unmittelbar verbunden ist, deren Taten die politische Welt der Altvordern gestürzt und die ihre Namen unauslöschlich in die Geschichtsbücher eingetragen hatten. Die Lektüre der Werke, in denen er sie fand, war ihm vom Vater strengstens untersagt worden. Gewiss, gegen das väterliche Verbot zu opponieren blieb reizvoll, auch wenn er sich bereits in Küstrin und Ruppin und erst recht in Rheinsberg der peniblen väterlichen Aufsicht weitgehend entzogen hatte. Hier griff er mit faustischem Wissensdrang zu Büchern, wenn auch nicht so häufig und demütig, wie er in dramatischen Szenen Zeitgenossen und Nachwelt glauben machen wollte.[23]

Die antiken Autoren luden Friedrich zum literarischen Verweilen. Vor allem aber hat er bei ihrer Lektüre viel gelernt: über Geschichte, über die Großen ihrer Zeit, über sich selbst, über die Inszenierung der eigenen Person und über historische Größe. Im Jahre 1734, also noch im Vorjahr seines ersten Aufenthaltes in einem Feldlager während eines Krieges, hatte Friedrich seine »Ode sur la gloire« komponiert, in der er den Ruhm zum treibenden Agens der großen Taten der Menschen erhebt, die prominenten und ruhmbeladenen Feldherren und Dichter der Vergangenheit und Gegenwart feiert. »Parlez, répondez-nous, Homère, / Horace, Virgile et Voltaire, / Quel dieu préside à vos concerts? / Vous aspirez tous à la gloire, / Et pour vivre dans la mémoire, L'honneur lime et polit vos vers.«[24] Das Werk ist nichts weniger als ein frühes Bekenntnis des Kronprinzen zum Ruhm und zu seinen persönlichen Ambitionen. »[...] O gloire! ta divine flamme / M'embrase jusqu'au fond du cœur / Rempli de ton puissant délire, / Par les doux accords de ma lyre / Je veux célébrer tes bienfaits: Tu couronnes le vrai mérite, / Et ton divin laurier excite / Les humains à tous leurs succès.«[25] Dass er in Rheinsberg zu einem Kenner der römischen Geschichte und Mythologie gereift ist, er zur Selbstinszenierung den feinen Florettstrich dem dumpfen Schwerthieb vorzog und bereits in jungen Jahren von der Gewissheit durchdrungen war, seinen Ruhm mit Degen und Feder erringen zu wollen, steht außer Frage. So erbaute Friedrich in einem seiner dichterischen Versuche, den er seinem einstigen Lehrer Duhan de Jandun am 9. Oktober 1737 zusandte, einen »Tempel des Ruhmes«, in dessen Cella er dann auch neben antiken Philosophen und römischen Kaisern die prominenten Dichter des augusteischen Zeitalters, Vergil, Ovid und natürlich Horaz, versammelte.[26]

Seine literarischen Reisen durch das antike Italien ließen Friedrich immer wieder bei Horaz gastieren. Friedrich hatte sich mit wacher Hingabe mit den Jahrzehnten des Unterganges der römischen Republik und der Etablierung des Prinzipats beschäftigt,[27] jener Epoche, deren Bild auch die Federstriche des Dichters aus Venusia färbten. In diese Zeit hatten ihn sein historisches und politisches Interesse geführt, zu den Dichtern sein persönliches und sein literarisches. In der Person des Horaz verschmolzen diese Ambitionen Friedrichs. Wie einst Vergil seinen Eleven Dante durch die Unterwelt führte, geleiteten Voltaire und Horaz den Kronprinzen durch die Literatur.

Ihre Namen auf den aufgeschlagenen Seiten eines Buches, das auf dem Deckengemälde in der Rheinsberger Bibliothek zu sehen ist, »stehen als Hinweis darauf, dass die Werke dieser Dichter damals vor anderen des Königs Geist beschäftigten und sein Herz erfreuten«.[28] Horaz hatte bereits den Gedanken an die Verbrennung des Leibes und das Begräbnis des Dichters auf dem eigenen Landgut intoniert.

> »Hier, wo langen Lenz und gelinden Winter / Zeus in Huld verleiht, wo im Bacchussegen / Aulons' Hang die Glut der Falernerrebe / Kaum noch beneidet / Dieses holde Tal und die selgen Höhen / Laden dich und mich / Dort wirst du einst löschen / Wie es Brauch, mit Tränen des Sängerfreundes / Glimmende Asche.«[29]

Mit »Dichters Ruh« ist die sechste der Oden des zweiten Odenbuches des Horaz überschrieben, in der die Verbrennung der sterblichen Überreste expliziert, deren Beisetzung im eigenen Gartenreich angedeutet wird. Denn »Hier«, das ist das östlich von Rom gelegene Tibur – heute Tivoli –, jene Gegend, der er in den vorangegangenen Strophen der sechsten Ode als lieblicher Kulturlandschaft huldigt und die er als Ort seines Landgutes suggeriert. Vier Jahrhunderte wurde nach diesem Landsitz anhand der Beschreibungen des Horaz in der Gegend um Tibur gesucht, hitzig hat man im 18. Jahrhundert Streitgespräche über seine Lage geführt. Entdeckt wurden die Reste seiner Villa 1926 vom Ausgräber Giuseppe Lugli.[30] Nicht die hektische Geschäftigkeit, die Schwüle in den engen Gassen, die von Menschen wimmelnden Märkte Roms, sondern der Landsitz in der Natur ist der Ort der Musen und der Inspiration für den Dichter. Landleben, Dichtkunst und Bestattung des Dichters auf seinem Landgut verschmelzen harmonisch miteinander.

Erreichtes

Als Friedrich seinen Wunsch nach einem Denkmal gleich dem des Horaz formulierte, hatte er tatsächlich erst wenig erreicht. Ein paar Briefe waren geschrieben, an Voltaire und andere Größen seiner Zeit, ein paar Verse geschmiedet, mit dem »Antimachiavell« ein Bewerbungsschreiben an die europäische Gelehrtenwelt verfasst, in dem er sich ihr als aufgeklärter Philosophenkönig vorstellte, und mit dem Einmarsch in Schlesien ein Krieg begonnen, dessen Ausgang noch ungewiss war. Sein Fluchtversuch 1730 war gescheitert, aber noch im Gedächtnis. Das war wenig, woran sich die Nachgeborenen hätten erinnern können. Politisch war Friedrich bislang nur durch den Rechtsbruch in Europa in Erscheinung getreten, hatte er, berauscht vom Gedanken an den Ruhm, »den Rubicon überschritten«.[31] Im Jahre 1741, als militärisch noch nichts entschieden war, schwebte über dem risikofreudigen König das Damoklesschwert des Scheiterns. Denn wer hätte in ihm nicht den Hasardeur gesehen, gestolpert und gefallen im Ruhmesrausch, ihn nicht verglichen mit Karl XII. von Schweden? Die Inszenierung als Schöngeist erscheint geradezu alternativlos, denn Friedrich hatte sich als friedliebender Sukzessor präsentiert und war auch dank voltairescher Zunge und Feder als dichtender und philosophierender Aufklärer, als Literat und Kunstliebhaber bekannt und – noch – nicht als junger Caesar. Ein solches Grabmal wäre die Manifestation des Motivs vom epikureischen Musenhof in Rheinsberg, vom Dichter und Philosophen gewesen, der nur widerwillig die Feder gegen die Requisiten des Feldherrn getauscht hatte.

Horaz führte Friedrich die Feder, als er die eingangs zitierten Worte an Podewils niederschrieb. Das Grab in der Landschaft, ja mehr noch, auf dem eigenen Landgut, die Verbrennung der sterblichen Überreste und deren Beisetzung in einer Urne – all dies ein Affront gegen das christlich-höfische Begräbnis in prächtigen Sarkophagen im Schatten der Kirchen – trugen für Friedrich die Signaturen einer Bestattung als Dichter und

Schöngeist, bildeten das inszenatorische Zierwerk eines scheinbaren Rigoristen des Traditionsbruches. An keinem anderen Ort wäre die Assoziation der Umgebung mit dem Toten sinnfälliger gewesen als in Rheinsberg. Etwa 1800 Jahre zuvor hatten Cicero, Plinius, Lukrez und Horaz ihr Leben auf den Landgütern unter den Auspizien der Lektüre, der musischen Inspiration und der philosophischen Gedankenfindung, kulinarischer Genüsse, bacchantischer Feiern und der Freundschaftspflege gepriesen – idyllische Motive, die Friedrich aufrief, um Rheinsberg als Sujet zur Inszenierung eines römischen Landlebens zu funktionalisieren.

Rheinsberg wurde vom Kronprinzen als Musenhof choreographiert;[32] dionysische Schwärmereien, Illuminationen, Festmahle, Theater, Gesang, Musik, Gespräche und Literatur füllten die Tage und Nächte und unterhielten die illustre Gesellschaft, der er präsidierte.[33] Politische Geschäfte wurden hier nicht betrieben, zumindest nicht vordergründig. Immer wieder parlierte Friedrich über Freundschaft und seine literarischen Studien, kokettierte im Gespräch, in seinen Briefen und Werken mit seinem Wissen über das Altertum, zog Analogien zwischen Vergangenheit und Gegenwart, um seine klassische Bildung zu dokumentieren, sich im Gestus eines Schöngeistes und Kenners der Geschichte zu inszenieren. Denn Friedrich »was more aware of the importance of the public sphere than any other European monarch hitherto«.[34]

»Nous recommencerons, la semaine qui vient, les exercices. Le 27 de mai, nous serons à Berlin; en juillet, on ira à Wésel; après quoi votre ami s'enfuira à son Tusculum pour y philosopher à son aise. Voilà toute ma vie [...]«, resümierte er 1738 in einem Schreiben an den befreundeten Ulrich Friedrich von Suhm, seinerzeit kursächsischer Gesandter erst in Berlin, seit 1737 am Zarenhof.[35] Rheinsberg und das ferne Tusculum sind mehr als nur Marken auf der europäischen Landkarte. Tusculum, aufgrund seines Alters mit dem Recht des »Erstgeborenen«, galt der Renaissance und auch dem 18. Jahrhundert als Inbegriff römischer Villegiatura und philosophisch-musisch inspirierten Landlebens. Tusculum entsprach einer geistigen Haltung. Ciceros »Tusculanische Gespräche« kannte Friedrich[36] und jeder gebildete Europäer. Wer hier wie Friedrich Parallelen zog, der wollte sein Refugium als Hort des Dichters und Philosophen in antiker Tradition verstanden wissen, der wollte anzeigen, dass auch hier ein Schöngeist lebte – und begraben werden wollte, muss man vor dem Hintergrund der Zeilen an Podewils hinzufügen.

Friedrichs Garten

Im 18. Jahrhundert erfreuten sich Grabmale im Garten als sentimentale Artefakte zunehmender Beliebtheit – als fiktive Todesmonumente in Form von Urnen, Stelen, Obelisken, Säulen und antikischen Sarkophagen, die indes den von ihnen Verewigten nicht bargen. Sie erschienen als Orte elegischer Erinnerung an Dichter wie Homer, Vergil und Petrarca.[37] Deren – vielfach vermeintliche – Gräber waren seit der Renaissance Pilgerorte der literarischen Avantgarde. Erst ab den siebziger Jahren des 18. Jahrhunderts avancierte der Garten vermehrt auch zum tatsächlichen Grab.[38] Erinnert sei beispielsweise an das von Pappeln gesäumte Grab Rousseaus (1778) auf einer kleinen Insel in dem von Girardin gestalteten Landschaftspark von Ermenonville.[39] Bis zu dieser Zeit hatte Friedrich seine Ideen von Grab und Begräbnis längst zu Papier gebracht, wie wir gesehen haben. Das Landschaftsgrab war zunächst durch seine antike – literarische – Tradition sublimiert, seit Vergil in der fünften seiner Eklogen den Schäfer Daphnis in der von ihm beschriebenen arkadischen Landschaft bestattet hatte. Popularisiert wurde das literarische Motiv des Grabes in Arkadien in der Malerei zu Beginn des 17. Jahrhunderts durch Guercino und Poussin. Gräber und Ruinen, eingefügt in idyllische Landschaften, bildeten auch die arkadischen Motive der Gemälde Lorrains und Watteaus, wie sie sich im Gemäldeinventar Friedrichs befanden.

In der Abgeschiedenheit der ländlichen Idylle der Vergessenheit anheimzufallen, diese Furcht musste Friedrich nicht haben, auch wenn Rheinsberg und die Mark fern der Wege der grand tour lagen. Dafür hatte der Kronprinz selbst gesorgt, und dafür sorgte die Schar seiner Gäste, unter ihnen nicht wenige weit gereiste und bekannte Persönlichkeiten, welterfahren, meist älter als der Kronprinz, Spieler auf der europäischen Bühne. Sie hatten gesehen und erlebt, was ihm verwehrt geblieben ist, was er durch angestrengte Lektüre kompensieren wollte. Und schließlich hat Friedrich in seinen Briefen genug Stoff bereitgestellt, um Rheinsberg dem europäischen Publikum als Ort epikureischer Lebensfreude vorzustellen und sich selbst als gelehrigen Eleven der Dichter und Philosophen zu porträtieren. Auf Voltaire, mit dem er seit dem 8. August 1736 in regem Briefwechsel stand, konnte er sich verlassen, wollte er Gesprächsthema unter den europäischen Schöngeistern und Gelehrten sein. Als der junge König 1741 die eingangs zitierten Zeilen an den preußischen Staatsminister schrieb, war Rheinsberg nicht nur bekannt, sondern auch der einzige Ort, der mit seinem Namen verbunden war – abgesehen von Steinsfurt, einer kleinen Ortschaft im Kraichgau, in der Friedrichs Fluchtversuch 1730 gescheitert war. In Berlin und Potsdam, den politischen Zentren, hatte Friedrich noch keine Spuren hinterlassen. Mit beiden Städten verband er zunächst wenig mehr als schmerzhafte Erinnerungen an Kindheit und Jugend und den festen Willen, nach dem Tod des Vaters dort als König einzuziehen. Wer hingegen von Rheinsberg sprach, der sprach von Friedrich, und wer gar an das Grab nach Rheinsberg kommen würde, der hätte die Strapazen einer beschwerlichen Reise auf den staubigen Wegen der Mark nur für Friedrich auf sich genommen. Er wäre eingetaucht in ein Gartenreich, das sich der Kronprinz zwischen 1736 und 1740 nach seinen Vorstellungen von Knobelsdorff hatte gestalten lassen. Friedrich allein sollten des Pilgers Gedanken gelten.

Rheinsberg war das zweite Gartenrefugium des Kronprinzen, sein »sanssouci«, wie er es erstmals 1737 in einem Brief an Grumbkow nannte,[40] in dem er – und dies wiederholte Friedrich gerne – die glücklichste Zeit seiner Jugend verbracht habe. Im Bewusstsein, endlich dem Joch väterlicher Maßregeln und Repressalien entkommen zu sein, sollten solch hochfliegende Worte seine gewonnene Freiheit verkünden, die er sich auch durch die Einwilligung in die Heirat Elisabeth Christines erkauft hatte, der vom Vater auserwählten Braut aus dem Hause Braunschweig-Bevern. Hatte Friedrich bereits sein erstes kleines Gartenrefugium in Ruppin antikisierend gewandt, es nach der Amme des Zeus und dem Namen des Landgutes jenes Atticus, der seine Prominenz dem Briefwechsel mit Cicero und dessen Entdecker Petrarca verdankte, Amalthea genannt, erhielt auch Rheinsberg einen auf die römische Antike verweisenden Namen: phantasievoller, ingeniöser und vielleicht noch gedankenreicher als in Ruppin.

Inspiriert von einer Anekdote, die der 1621 verstorbene Rostocker Professor Eilhardus Lubin überliefert hatte, deren groteske Anmutung Friedrich aber nicht abzuschrecken vermochte, verflocht der Kronprinz Rheinsberg mit den Anfängen der Geschichte Roms. Rheinsberg hieße eigentlich Remusberg, denn Remus sei nicht etwa vom Bruder nach dem frevelhaften Sprung über die heilige Furche, die römische Stadtgrenze, erschlagen worden, sondern in den Norden an die Ufer des Grienericksees geflüchtet, dozierte der Kronprinz in einem Brief an Voltaire. Zwar hätten vom Vatikan gesandte Mönche vergeblich nach den sterblichen Überresten des Exilanten gesucht, doch sei man bei der Grundsteinlegung für das Schloss auf Steine, die das Augurium zeigten, sowie auf eine Urne mit circa 1700–1800 Jahre alten Münzen gestoßen.[41] Als Friedrich diese Geschichte Voltaire mitteilte, nicht ohne Stolz auf seinen phantastischen Gedankenflug, war ihm der Spott des im Geiste der Vernunft philosophierenden Franzosen gewiss. In ernsten Zeilen führte er die Gedanken Friedrichs in die Einfriedungen der Vernunft zurück.[42] War es nur eine galante Posse des Kronprinzen, so hatte Voltaire sie nicht verstanden, wie die Reaktion Friedrichs zeigt. Tief getroffen vom Tadel Voltaires, bekannte Friedrich gekränkt, der süffisanten Anekdote selbstverständlich keinen Glauben geschenkt, sondern sie nur als Beleg für den Mangel an Aufklärung in der Welt und als Parodie auf die langen Ahnenreihen der europäischen Fürstenhäuser, die ihre Provenienz bis in die antike Welt Roms und Griechenlands zurückführten, berichtet zu haben.[43]

Diese liebreizende Chimäre hat ihn nicht dazu verführt, Rheinsberg und Rom im gleichen Mythenkreis zu verorten, Rheinsberg als Renaissance Roms zu nobilitieren. So weit ist Friedrich nicht gegangen. Eine pikareske Amoure wurde daraus aber doch. Die kleine aparte Metamorphose in ovidscher Manier, die Rheinsberg in Remusberg verwandelte, gab dem abgelegenen Ort eine ganz persönliche Gravur, exponierte die tiefe Verbindung zwischen Person und Ort, schuf Exklusivität. Das Spiel mit der Verwandlung, die unverwechselbare Personifizierung des Ortes, seine geistige Anbindung an das römische Altertum, die bereits den kleinen Garten in Ruppin aus seinem provinziellen Dasein erlösen sollte, ja vielleicht selbst die mythologische Tiefe des neuen Namens mochten Friedrich motiviert haben. Die kleine Geschichte jedenfalls schrieb Friedrich nur dieses eine Mal nieder, vielleicht, weil ihn das Unverständnis und die Belehrung Voltaires überraschten, vielleicht auch, weil Voltaire an der Sphinx gescheitert war und das ihm gestellte Rätsel nicht zu lösen vermocht hatte. Seine Briefe indes datierte Friedrich fortan trotzig aus Remusberg – ausgenommen die an den Vater.

Freilich wusste auch Friedrich um die Randlage des Ortes auf den Landkarten der europäischen Reisenden, um dessen begrenzte Attraktivität und darum, dass dieser auch als Remusberg nicht als

Konkurrent zu Rom, Paris oder Neapel taugte. Dies war ohnehin nur zweitrangig. Ungleich bedeutsamer war, im Gespräch zu bleiben und damit einen privilegierten Platz in der europäischen Erinnerung zu bewahren. Dazu war ein Gartengrab selbst in Rheinsberg vorzüglich geeignet: Die Kulturlandschaft des Gartens, der Musenhof, die Inszenierung als Schöngeist, als Dichter, Aufklärer und Philosoph, die Bibliothek, die heftigen Angriffe in seinen Briefen und im »Antimachiavell« auf eine vermeintlich überkommene und korrumpierte politische Ordnung, seine Werke der Dichtkunst, darunter so vielsagende Stücke wie sein »Lob auf das Landleben«, der Rückzug aus den heiligen Hallen der Kirchen, die vorgebliche radikale Abkehr von der dynastischen Eitelkeit, von überfüllten Familiengrüften – all das hätte die Konturen der Erinnerung an Friedrich gezeichnet. Das waren die Themen seiner Korrespondenz mit Suhm, Charles Étienne Jordan, Friedrichs Bibliothekar und Sekretär in Rheinsberg, Dietrich von Keyserlingk, Vertrauter Friedrichs und regelmäßiger Gast in Rheinsberg, Voltaire und anderen. Sie waren die Adressaten des Schauspiels. Sie besaßen mit Tinte und Papier die Instrumente und die Macht, Namen dem Vergessen zu entreißen. Ihre Geschichten fütterten die Gazetten, die im öffentlichen Leben eine immer gewichtigere Rolle spielten. Der Bedrohung durch das Vergessen zu entgehen, hing weniger ab vom tatsächlichen Grabmal und dessen Gestalt, als davon, dass es sich in diese sorgsam eingerichtete, kulissenhafte, für einen europäischen Kronprinzen so außergewöhnliche Lebenswelt in Rheinsberg fügte und die propagierte geistige und räumliche Distanz zur Konvention demonstrierte. In Erzählungen, Büchern, Mythen und Briefen sollte es die Erinnerung an den Namen Friedrichs wachhalten, den Namen des Schöpfers dieser arkadischen Landschaft.

Doch wer hätte gewusst, dass Friedrichs Grabmal an das »Monument« des Horaz in Tusculum erinnern sollte? Zunächst scheinbar Knobelsdorff. Darauf lassen zumindest die Zeilen an Podewils schließen, in denen Friedrich auf jede weitere Erklärung verzichtet. Darüber hinaus gewiss wenige: nicht nur, weil durch die Wiederentdeckung der Horaz-Vita Suetons – sie diente unter anderen Lessing als Steinbruch zu seinen »Rettungen des Horaz« (1754) – auch dem 18. Jahrhundert bekannt war, dass der römische Dichter an der Seite seines Gönners Maecenas auf dem Esquilin und nicht in Tusculum begraben lag. Vielmehr auch, weil das Grab Vergils bei Neapel, am zweiten Meilenstein der Straße nach Puteoli,[44] als kanonische Station in die grand tour eingetragen war und große Popularität genoss. Viele Italienreisende im 18. Jahrhundert kannten die berühmte Grotte am Posillipo oder wenigstens das Epigramm »Mantua gab mir das Leben, Calabrien raubt es, Neapel birgt mich. Hirten besang, Felder und Helden mein Lied.« Die mythenreiche Zeit zwischen dem Untergang Trojas und der Gründung Roms bildete die Bühne der »Aeneis« Vergils, die Landschaft um Neapel deren Kulisse. Das Grab des Dichters aus Mantua lag inmitten der Natur, die ihn zu seinen Eklogen inspirierte und in die er das Epos um den Trojaner Aeneas gebettet hatte, befand sich inmitten der »campi phlegraei«, einer Landschaft mit üppiger mediterraner Vegetation, die nächst Rom mit der größten Fülle an Altertümern in Italien lockten. Die Verbindung aus Dichter, literarischem Werk, der Landschaft, in der die verstreuten Altertümer als steinerne Zeugen die Richtigkeit der

2 Andreas Ludwig Krüger nach Georg Wenzeslaus von Knobelsdorff, *Landschaft mit Ruinen und Hirtenfamilie*, um 1745, Öl auf Leinwand, SPSG, GK I 11703

Verse des Mantuaners zu beweisen schienen, und schließlich dem Grab war hier bereits angelegt. Dieses Beziehungsgefüge verbürgte die Prominenz des Ortes, machte den unverwechselbaren Reiz für den Italienreisenden aus dem Norden aus. Eine vergleichbare legendenhafte Aura vermochte das Grab des Horaz für sich nicht zu reklamieren.

Vor dem Hintergrund des Irrtums Friedrichs vermutete Gustav Berthold Volz, der Herausgeber der Werke Friedrichs des Großen in deutscher Übersetzung, Friedrich habe sich nicht auf das Grab des Horaz, sondern auf die Grabstätte der Horatier bezogen. In mythischer Vorzeit hatten die drei Horatier mit ihrem Sieg über die drei Curatier aus Alba Longa Rom die Herrschaft über Latium zu Füßen gelegt. Den Triumph bezahlten die drei Curatier und zwei der Horatier mit ihrem Leben.

»Dann machte man sich mit sehr unterschiedlichen Gefühlen an die Bestattung der Kameraden [...]. Die Gräber sind noch zu sehen – dort, wo jeder fiel –, die beiden römischen an einer Stelle, näher an Alba, die drei albanischen nach Rom hin, aber auseinander liegend, wie man auch gekämpft hatte«,

erzählt uns unser römischer Gewährsmann Livius über die fünf Gräber an fünf unterschiedlichen Orten.[45] Wer die Toten waren, die sie tatsächlich bargen, wusste niemand genau – auch Livius nicht. In den folgenden Jahrhunderten erlosch die Erinnerung der Menschen an die fünf separaten Gräber, trat in ihrem Andenken an deren Stelle ein markantes Grabmonument in der Nähe von Albano, das nun als Ruhestätte der Horatier und Curatier firmierte. Aber auch andernorts wurden noch immer Grabhügel und Grabmäler als letzte Ruhestätten der Krieger aus Rom und Albano identifiziert.

Gewiss, die Geschichte der drei Horatier lernte jeder Römer noch vor dem Tag, an dem er erstmals die Toga trug. Die von Livius überlieferte Episode erzählte wie so viele andere Geschichten aus der opaken Frühzeit Roms vom Kampf für die Bürger des Stadtstaates und dessen Macht, vom Tod der großen Helden, deren Tapferkeit und Opfermut gebieterisch Vorbildlichkeit vor den Lebenden beanspruchte.[46] Eine Verwechselung des Dichters mit den mythischen Helden erscheint trotzdem fragwürdig – nicht etwa, weil Friedrichs rational-aufgeklärter Geist den Ausflug in die phantasievoll geflochtenen Geschichten aus einer nebulösen römischen Vorzeit nicht ertragen hätte. Vielmehr hat er die bei Livius überlieferte Geschichte nirgends rezitiert, sich nicht einmal später als König in einer seiner moralphilosophischen Schriften auf sie berufen, als er seinen Lesern und Zuhörern zwar nicht den historischen Kern, sehr wohl aber die hohe Moral ähnlicher fabulöser Episoden antrug.[47] Horaz hingegen, der Dichter, war in Friedrichs Schriften omnipräsent: als Name, als Zitierter, als unübertreffliche Vergleichsgröße und als Vorbild für die eigenen Experimente in der Dichtkunst. Die Werke des Römers aus Venusia hatten ihren Platz in der Rheinsberger Bibliothek, die Oden hatte der Kronprinz sogar von Suhm ins Französische übersetzen lassen.[48]

Seine Italienreise hatte Knobelsdorff auch in die Gegend um Rom und Neapel geführt (Abb. 2), wohl auch über die Via Appia, eine Galerie der Großen des Römischen Reiches, deren pompöse Grabbauten vom sozialen Gewicht der Bestatteten zeugten. Entlang dieser Verbindungsstraße zwischen Rom und Brundisium lag ein Grabmal, das von den Menschen in der Umgebung noch im frühen 19. Jahrhundert als Grab des Horaz verehrt wurde.[49] Auch die stolzen Grabmonumente der Römer hatten der Vergänglichkeit der Zeit nicht trotzen können. Von ihrer monumentalen Existenz kündeten oft nur noch Relikte und manch fragmentarische Inschrift, deren Sinn mühsam den kläglichen Resten abgerungen werden musste. So wusste der Volksmund bald für ein und dieselbe Person an ganz unterschiedlichen Orten, die sich irgendwie mit deren Namen in Verbindung bringen ließen, auch von deren – selbstverständlich einzigem – Grabmal zu erzählen. Die Phantasie der Menschen füllte den entleerten Raum, den der Verlust des Wissens hinterlassen hatte, und ihre Eingebung bestattete neue Tote unter den Monumenten.

Auch wenn die dürren Worte in Friedrichs Schreiben an Podewils Knobelsdorffs intime Kennerschaft des Grabdenkmals suggerieren – bewiesen ist diese keinesfalls. Sie mochten auch Knobelsdorff als verbales Rebus erschienen sein. Wenn er eingeweiht war, weshalb der konkrete Hinweis auf das Vorbild? Waren Knobelsdorff Friedrichs Vorstellungen hingegen nicht bekannt, war also der Hinweis notwendig, so fehlen Aussagen zur konkreten Verortung des Grabes in Rheinsberg und zu einer Inschrift, auch wenn Friedrich auf diese durchaus verzichtet haben mochte – ein Indiz dafür, dass er selbstbewusst von der Bekanntheit Rheinsbergs als seinem Domizil ausging. Jedenfalls war Knobelsdorffs grand tour nach seiner Rückkehr aus Italien an den Rheinsberger Hof 1737 das Gesprächsthema der Gesellschaft, gingen seine Zeichnungen von Landschaften und Statuen, Tempeln und Ruinen durch zahllose Hände.[50] So mag es sein, dass im Stile der oral history eine Erzählung über ein »monument« des Horaz in Tusculum vagabundierte und faszinierte. Sie hätte sich wenigstens widerstandslos eingefügt in Friedrichs literarische Exkurse, hätte korrespondiert mit dem, was er bei Vergil und Horaz gelesen hatte. Als Friedrich seine Zeilen an Podewils schrieb, wollte er im Stile der Antike, im Stile eines Dichters, wollte er wie Horaz bestattet werden. Dass ihm dabei das vermeintliche Grabmal der Horatier vor Augen stand, in seiner Erinnerung dieses das Grabmal des Horaz war, ist durchaus möglich. Eine Verwechselung des Dichters mit den mythischen Helden aus römischer Frühzeit ist jedoch ausgeschlossen.

In unserem Zusammenhang ist der Ort des Grabmals, die Gartenschöpfung, ungleich wichtiger als die Frage nach dessen Gestalt und dem historischen Vorbild. Denn nur wer exakt dieses Grabmal bei seiner Reise durch Italien oder in einem prominenten Zeichen- oder Stichwerk gesehen und die Erinnerung daran wachgehalten hatte, der mochte verwundert gewesen sein, etwas Ähnliches auch in Rheinsberg vorzufinden. Alle anderen wären wohl nicht von mehr als dessen antikisierender Anmutung überrascht gewesen. Wirkungsvoller und pittoresker war die Bestattung in der eigenen Gartenschöpfung, an einem Ort, der seine Prominenz dem eigenen Namen dankt, das Begräbnis im Geiste des antiken Rom, des Dichters und in radikaler Abwendung vom Kirchhof wie auch in unversöhnlicher Abkehr vom Vater. Diese Form der Bestattung war mit den dynastischen und religiösen Normen der Zeit nicht kommensurabel.

All dies sollte einen anderen, in Europa bislang unbekannten Typus des Monarchen suggerieren und damit der Maßstab werden, an dem sich künftige Herrscher als Adepten oder als ewige Anachronisten würden messen lassen müssen. Sein Ziel hätte Friedrich damit erreicht: Nachruhm. Denn schon die römischen Dichter hatten ihren unsterblichen Ruhm erlangt, weil sie nachfolgenden Generationen in ihrem Gefühl, in einer defizitären Gegenwart zu leben, Werte und Orientierung gaben, weil sie in ihren Überlieferungen sich und ihre Helden als Vorbilder darboten, die den Weg in eine bessere Zukunft kennen. In einer Zeit, in der Voltaire – die vielleicht wirkmächtigste Stimme des 18. Jahrhunderts – Kultur als die vortrefflichste Segnung der Menschheit deklarierte, er ihre Entwicklung in vier große Kulturzeitalter gliederte, voneinander geschieden durch kulturfeindliche Phasen finsterer Barbarei und inquisitorischer Willkür der römischen Kirche, in einer solchen Zeit hatten die barocken herrscherlichen Repräsentationsriten – die Schaustellung dynastischer Kontinuität und politischer Omnipotenz – mit ihrer zyklopischen Massigkeit ausgedient. Die Denker und Dichter waren es, deren Briefe, Verse, Epen und Essays das Urteil der Zeit und künftiger Generationen prägen würden und die es folglich – sollte ihr Verdikt günstig ausfallen – zu überzeugen galt. Ihnen musste sich Friedrich als einer der ihren präsentieren. Ihre Klaviatur musste er spielen, und in ihrem Metier musste er sich beweisen.

»Ihr habt das Talent, Narren zu machen [...]«, bestätigt Diderot Jean-François Rameau, dem Neffen des Dijoner Musiktheoretikers und Komponisten Jean-Philippe Rameau, und meint damit die Kunst der Verstellung. Denn so gerne Friedrich seine Vorliebe für die Dichtkunst und das Leben als Dichter und Philosoph in Szene setzte, so janusköpfig mochte der Hinweis auf die Verbrennung und die Bestattung im Garten sein. Der Kronprinz hatte die Kaiserviten aus der Feder Suetons genau studiert.[51] Jeder, der sie kannte, wusste, dass in Rom Kaiser in prächtigen Gartenanlagen beigesetzt wurden, sofern sie nicht als Geächtete den Klingen ihrer Henker zum Opfer gefallen waren. Augustus, so berichtet der Biograph des römischen Kaisers, habe im Jahre 28/27 v. Chr. zunächst ein weitläufiges Gartenareal mitten in Rom anlegen lassen, um darin schließlich ein prächtiges Mausoleum für seine Urne errichten zu lassen.[52] Ob Friedrich diese Ambiguität in der Tat im Sinn hatte, bleibt hypothetisch – die Möglichkeit jedoch besteht und rechtfertigt die Spekulation. Später, als er die Grabanlage auf der obersten Terrasse seines Weinberges in Potsdam anlegte, widerstand er einer imperialen Inszenierung jedenfalls nicht mehr, gab er seine im Jahre 1741 geübte Zurückhaltung gründlich auf: Büsten der römischen Imperatoren von Caesar bis Nero säumen hier das im Halbzirkel angelegte Ensemble. Die letzten Worte des Augustus, mit denen er auf dem Sterbebett in Nola ein letztes Mal sein Publikum unterhielt, diese Formel, nach der die griechischen Komödienschauspieler die Bühne verließen, könnte auch von Friedrich rezitiert worden sein: »Meint ihr nicht, daß ich die Komödie des Lebens recht hübsch gespielt habe? [...] Hat das Ganze euch gefallen, so klatschet unserm Spiel,/ Und beginnt mit Freuden insgesamt den Beifallsruf!«[53]

ULLRICH SACHSE

1 Homer, 1979, IX, 410–416.

2 Vgl. vertiefend zur Bedeutung des klassischen Altertums für Friedrich den Großen: Sachse, 2008.

3 Schreiben Friedrichs II. an den Kabinettsminister von Podewils, März 1741 (Werke, Bd. 7, S. 274). – Im französischen Original: »Si l'on me tue, je veux qu'on brûle mon corps à la romaine, et qu'on m'enterre de même dans une urne à Rheinsberg. Knobelsdorff doit en ce cas me faire un monument comme celui d'Horace à Tusculum« (Politische Correspondenz, Bd. 1, S. 201. – In diesem Beitrag zitiert nach der digitalen Ausgabe der Universitätsbibliothek Trier: http://friedrich.uni-trier.de).

4 Antimachiavell (Werke, Bd. 7, S. 90). – Im französischen Original: »Celui d'Auguste est mieux connu par Cicéron, Ovide, Horace, Virgile, etc. que par les proscriptions de ce cruel empereur, qui doit, après tout, une grande partie de sa réputation à la lyre d'Horace« (Œuvres de Frédéric le Grand, Bd. 8, S. 55 f. – In diesem Beitrag zitiert nach der digitalen Ausgabe der Universitätsbibliothek Trier: http://friedrich.uni-trier.de).

5 Schreiben Friedrichs II. an Voltaire, 13. November 1737.

6 Gedächtnisrede auf Voltaire (Werke, Bd. 8, S. 233). – Im französischen Original: »Virgile et Horace furent honorés des suffrages de ce peuple-roi; ils furent admis aux familiarités d'Auguste, et participèrent aux récompenses que ce tyran adroit répandait sur ceux qui, célébrant ses vertus, faisaient illusion sur ses vices« (Œuvres de Frédéric le Grand, Bd. 7, S. 58).

7 Schreiben Friedrichs II. an Voltaire, 31. Januar 1773. – Im französischen Original: »On ne vit plus avec nous quand un peu de terre a couvert nos cendres; au lieu que l'on converse avec tous les beaux esprits de l'antiquité, qui nous parlent par leurs livres.«

8 Vgl.: Rader, 2003, S. 76 f.

9 Paoli, 1979, S. 154.

10 Z. B.: Vergil, 1989, VI, 212–258; XI, 181 f.; XI, 210.

11 Antimachiavell (Werke, Bd. 7, S. 24. – Œuvres de Frédéric le Grand, Bd. 8, S. 89).

12 Antimachiavell (Werke, Bd. 7, S. 44 f. – Œuvres de Frédéric le Grand, Bd. 8, S. 108 f.).

13 Epistel an Lord Baltimore. Über die Freiheit (Werke, Bd. 10, S. 50. – Œuvres de Frédéric le Grand, Bd. 14, S. 81–87). – Avant-Propos sur la Henriade de M. de Voltaire (Œuvres de Frédéric le Grand, Bd. 8, S. 53–63).

14 Schreiben Voltaires an Friedrich II., April 1737. – Schreiben Voltaires an Friedrich II., 27. Mai 1737.

15 Mielke, 1991, S. 53.

16 Vgl. zum Beispiel: Schreiben Friedrichs II. an Voltaire, 4. November 1736.

17 Burckhardt, 1988, S. 133.

18 Miller, 1978, S. 114.

19 Vgl.: Krieger, 1914, S. 153 f.

20 Meier, 1993, S. 26–36. – Cramer, 1991, S. 7–20, hier S. 20.

21 Vgl.: Sachse, 2008, insbes. S. 191–221.

22 Schreiben Friedrichs II. an Grumbkow, 26. Januar 1732 (Koser, 1898, S. 20).

23 Beispiel: Schreiben Friedrichs II. an Suhm, 23. Oktober 1736 (Œuvres de Frédéric le Grand, Bd. 16, S. 318).

24 Ode sur la gloire (Œuvres de Frédéric le Grand, Bd. 11, S. 100).

25 Ode sur la gloire (Œuvres de Frédéric le Grand, Bd. 11, S. 98).

26 Schreiben Friedrichs II. an Duhan, 9. Oktober 1737 (Œuvres de Frédéric le Grand, Bd. 17, S. 277).

27 Vgl. vertiefend: Sachse, 2008, insbes. S. 66–91 u. S. 92–99.

28 Krieger, 1911, S. 168–216, hier S. 187.

29 Horaz, 1979a, II, 6, 5. u. 6. Strophe. – Vgl.: Horaz, 1979b, I 7, 44.

30 Frischer, 1995, S. 31–45, hier S. 31 f.

31 Schreiben Friedrichs II. an Podewils, 16. Dezember 1740 (Politische Correspondenz, Bd. 1, S. 147).

32 Vgl.: Pečar, 2007.

33 Schreiben Friedrichs II. an Suhm, 23. Oktober 1736 (Œuvres de Frédéric le Grand, Bd. 16, S. 318 f.).

34 Blanning, 2002, S. 228. – Gaxotte, 1973, S. 195.

35 Schreiben Friedrichs II. an Suhm, 21. März 1738 (Œuvres de Frédéric le Grand, Bd. 16, S. 386).

36 Schreiben Friedrichs II. an Grumbkow, 4. November 1737 (Koser, 1898, S. 171). – Schreiben Friedrichs II. an Voltaire, 6. Juli 1737.

37 Kister, 2001, S. 124.

38 Buttlar, 1995, S. 79–119, hier S. 81 f.

39 Im Jahr 1794 wurde der Leichnam Rousseaus in das Panthéon nach Paris überführt.

40 Schreiben Friedrichs II. an Grumbkow, 24. März 1737 (Koser, 1898, S. 154).

41 Schreiben Friedrichs II. an Voltaire, 7. April 1737.

42 Schreiben Voltaires an Friedrich II., 27. Mai 1737.

43 Schreiben Friedrichs II. an Voltaire, 6. Juli 1737.

44 Stärk, 1995, S. 42.

45 Livius, 1987, I, 25, 14.

46 Dahlheim, 2006, S. 45.

47 Vgl z. B.: Instruction pour la direction de l'Académie des nobles à Berlin (Œuvres de Frédéric le Grand, Bd. 9, S. 87–98). – Lettre sur l'éducation (Œuvres de Frédéric le Grand, Bd. 9, S. 131–147). – Essai sur l'amour-propre envisagé comme principe de morale (Œuvres de Frédéric le Grand, Bd. 9, S. 99–114). – Lettres sur l'amour de la patrie, ou correspondance d'Anapistémon et de Philopatros (Œuvres de Frédéric le Grand, Bd. 9, S. 241–278).

48 Vgl.: Koser, 1886, S. 130 u. 153.

49 Ashby, 1903, S. 375–418, hier S. 383. – Auch Venosa, der Geburtsort des Horaz, erhob seit dem Mittelalter den Anspruch, dass sich das Grab des Dichters in einem Turm der Stadt befinde (Kytzler, 1996, S. 165).

50 Dorgerloh, 2005, S. 225–243, hier S. 229.

51 Krieger, 1914, S. 155.

52 Sueton, 1985, 100, 4.

53 Sueton, 1985, 99, 1.

MARIAN FÜSSEL

FRIEDRICH DER GROSSE UND DIE MILITÄRISCHE GRÖSSE

1 J. Fr. Clemens und J. G. Richter nach
Edward Francis Cunningham und
Heinrich Anton Dähling, *Rückkehr
Friedrichs II. vom Manöver*, 1808,
Kupferstich, Radierung, SPSG,
GK II (10) 641

Heute als Historiker über die Frage der »historischen Größe« zu sprechen, ist schwierig. Das Thema scheint bereits selbst nur historisch behandelbar zu sein, so fremd klingt zu Beginn des 21. Jahrhunderts der geschichtsphilosophisch imprägnierte Terminus der »historischen Größe«.[1] Für Theodor Schieder war das zu Beginn der achtziger Jahre des 20. Jahrhunderts offenbar noch in einer anderen Weise thematisierbar, stand dieser doch in der Tradition des klassischen Historismus und berief sich in seinen »Reflexionen über historische Größe« explizit auf Jacob Burckhardts »Weltgeschichtliche Betrachtungen«.[2] Burckhardt räumt dabei gleich zu Beginn ein, nun müsse man auf alles »systematisch-wissenschaftliche verzichten«.[3] Ein Kriterium für historische Größe scheint ihm »Einzigkeit und Unersetzlichkeit« eines Individuums, dessen Handeln sich auf »ein Allgemeines, d.h. ganze Völker oder ganze Kulturen« richtete. Auch sei erst das 19. Jahrhundert zu einer wirklich historischen Betrachtung der »Größe« in der Lage. Nachdem Burckhardt vom Künstler bis zum Religionsstifter unterschiedliche Repräsentanten historischer Größe abgehandelt hat, kommt er zu den Staatsmännern und Königen. Friedrich der Große als die letzte historische Persönlichkeit, die den Namen »der Große« erhielt, wird im Zusammenhang mit der Eigenschaft der »Seelenstärke« erwähnt, das heißt der Fähigkeit, »gewisse Seelenspannungen und Anstrengungen ersten Ranges« auszuhalten, wie Friedrich es im Siebenjährigen Krieg getan habe.[4] Dieser Begriff wird von Schieder dann mit »Nervenkraft« übersetzt.

Burckhardt bleibt bis in die jüngste Zeit eine feste Referenz der Friedrich-Forschung. So stellen auch Johannes Kunisch und Gerd Heinrich im Epilog zu ihren 2004 und 2009 erschienenen Friedrich-Biographien Überlegungen über dessen »historische Größe« im Anschluss an Burckhardt an. Während Kunisch jedoch einschränkend anmerkt, dass »die immer wieder gestellte Frage nach der historischen Größe gerade auch im Hinblick auf Friedrich den Großen eine fiktionale Kategorie« sei, die »allenfalls eine Annäherung an ein historisches Individuum« ermögliche, bleibt Heinrich ganz der Tradition des 19. Jahrhunderts treu, wenn er schreibt: »Die Leistung, aus der sich das Ruhmesprädikat ›Historischer Größe‹ ergibt, wird nicht am Schreibtisch des Historikers oder sonstiger Schreibender oder auf öffentlichen Plätzen Redender festgestellt, sondern es ergibt sich aus einem Bestand historischer Tatsachen.«[5] Bereits 1940 hatte Johan Huizinga in einer Auseinandersetzung mit Thomas Carlyle und dem Text Burckhardts jedoch in aller Deutlichkeit festgestellt:

> »Menschen sind nicht groß. Die ›wirkliche Größe‹ von Menschen ist nicht, wie Burckhardt meinte, ein Mysterium, sondern ein Wort, ein posthumer Ritterschlag, den die Historie verleiht. Die Person des Menschen ist nicht groß und seine Gemeinschaft als solche ebenso wenig. Hier und da haben ihre Werke etwas, was noch am besten mit dem Gleichniswort räumlicher Ausdehnung angedeutet wird. Der Kern der Qualität liegt anderswo.«[6]

Noch fremdartiger als die »historische Größe« als solche ist heute wohl die Frage nach der militärischen Größe.[7] So mag es kaum erstaunen, dass im Proustschen Fragebogen der F.A.Z. inzwischen gerade die Frage »Welche militärische Leistung bewundern Sie am meisten?« zumeist mit Verwunderung, häufig aber der Antwort »keine« quittiert wird.[8] Die geschichtstheoretische Reflexion jener berechtigten Skepsis kann bereits auf eine lange Tradition verweisen. In den »Fragen eines lesenden Arbeiters«, einem der Schlüsseltexte einer Geschichtslyrik »von unten«, schrieb Bertolt Brecht schon 1928: »Friedrich der Zweite siegte im Siebenjährigen Krieg. Wer / Siegte außer ihm? / Jede Seite ein Sieg. / Wer kochte den Siegesschmaus? / Alle zehn Jahre ein großer Mann. / Wer bezahlte die Spesen? / So viele Berichte, / So viele Fragen«.[9] Brechts Verse sind auch heute, nachdem eine Geschichte von unten selbst bereits historisiert wird, eine wichtige Mahnung, den diskursiven Konventionen des klassischen Historismus und dessen impliziter Geschichtsphilosophie nicht blindlings zu folgen. Dem großen König nun aber viele kleine Helden im Sinne eines Ulrich Bräker an die Seite zu stellen, darf letztlich, so notwendig es für eine generelle Perspektiverweiterung zunächst ist, nicht dazu führen, die historistische Subjektivierung der Geschichte lediglich auf alle gesellschaftlichen Schichten auszuweiten.[10] Sinnvoller scheint es mir im Folgenden, wie bereits bei Schieder angelegt, primär nach den jeweiligen historischen Zuschreibungsprozessen von »militärischer Größe« und deren ideologischen Profiten zu fragen, beruht diese doch auf »höchst subjektiven Wertungen« und nicht auf »objektiven Maßstäben«.[11]

Die Geburt eines Mythos. Der »roi connétable« in der europäischen Öffentlichkeit

Für die Frage nach der Zuschreibung »militärischer Größe« ist es bereits signifikant, dass das erste zeitgenössische Auftreten der Bezeichnung Friedrichs als »der Große« in direktem Zusammenhang mit seinen militärischen Erfolgen steht. So bezeichnete Voltaire ihn 1742 als »Frédéric le Grand«, und 1745 etablierte sich die Bezeichnung in der preußischen Öffentlichkeit, als der König am 28. Dezember feierlich in Berlin einzog, um seine Siege im Zweiten Schlesischen Krieg beziehungsweise dessen erfolgreiche Beendigung zu feiern. »Die Preußen selbst in seinem Jahrhundert haben ihn zuerst als großen Feldherrn, als Sieger in Schlachten, als Roi-Connétable gefeiert«, heißt es entsprechend bei Schieder.[12] Friedrich selbst hat sich zu diesem Beinamen offenbar nie geäußert.[13] »Größe« erforderte jedoch immer auch ein Publikum: »Ich liebe den Krieg um des Ruhmes willen«, schrieb Friedrich II. im Februar 1741 an Charles Étienne Jordan.[14] Kurz darauf fügte er hinzu: »Die Genugtuung, meinen Namen in den Zeitungen und später in der Geschichte zu sehen, hat mich verführt.«[15] Diese Äußerungen verweisen ebenso auf höfisches Prestigedenken wie auf die Reflexion der Öffentlichkeitswirksamkeit militärischer Aktionen. Modern gesprochen, strebte der Preußenkönig bewusst danach, zum Medienereignis zu werden, und er hatte damit auch Erfolg.[16] Sein Ruhm und Prestige in der europäischen Öffentlichkeit verdankten sich ganz wesentlich seinen militärischen Siegen.

Der Basler Altlandvogt Wilhelm Linder beispielsweise schreibt während des Siebenjährigen Krieges in seine Chronik folgendes Gedicht:

»War Alexander gross! Ja gross war er im Siegen, / Ein Held vor dem sich fast der Erdkreis musste biegen. / War Cesar gross! Jawohl! Rom hat er umgekehrt, / Ganz Gallien besiegt, und Teütschland halb verheert. / War Gustav Adolff gross! Ja als der Löw aus Norden / Ist er im Sterben noch ein Held und Sieger worden. / Gross war der 12te Carl; Gross war der Held Eugen, / Der beyden Ruhm und Muth pflegt man noch zu erhöhn. / Gross war auch Ludewig; Gross Moritz Graf von Sachsen, / Durch sie ist Frankreichs Macht, erst recht und gar gewachsen. / Kurz alle samt sind gross, Ihr Ruhm verewigt sich – / Doch wer ist grösser noch? Wer? Preüssens Friederich!«[17]

Der Preußenkönig wird hier in eine ganze Galerie militärischer Größen eingereiht und übertrifft sie noch. Ähnlich dichtete man während des Krieges auch im verbündeten England: »See Godlike Prussia shines in arms complete, Like Marlb'rough glorious, and as Eugene great.« Oder: »You came, saw, overcame; / Caesar, T'was braveley done, / But Fredrick twice has done the same, / And double laurels won. / Rosbach, of one important day, / His glorious deeds shall tell; / And Breslau's neighb'ring plains shall say; / How Austrians fled, or fell.«[18] Die unterschiedlichen Ehrentitel, welche die Briten dem Preußenkönig gaben, sind Legion: »the world's great Chief in Council and in arms«; »the Caesar of his age«; »son of Bellona, and darling of fame«; »the Deathless Hero, and unconquer'd King«; »the Terror of France«. Und selbst im gegnerischen Frankreich kannte die Friedrich-Begeisterung in der Öffentlichkeit, vor allem unter den »philosophes«, nach den Erfolgen von Leuthen und Roßbach keine Grenzen mehr. Im Januar 1758 schreibt d'Alembert an Voltaire: »Der König von Preußen hat unsern Parisern den Kopf verdreht, noch vor fünf Monaten zogen sie ihn in den Staub.«[19] Und der Kardinal de Bernis stellt fest: »Unsere Nation ist entrüsteter als je über den Krieg. Man liebt hier den König von Preußen à la folie, weil man immer diejenigen liebt, die ihre Sache gut machen.«[20]

Vergleichbar gestaltete sich die Situation auch in Italien, wo je nach Region eine pro- oder antipreußische Stimmung dominierte. In einem Mailänder Sonett etwa wird »Il Prusso, il grande, l'immortal Guerriero« gehuldigt, in den meisten Städten, besonders in Venedig, spielten sich allerdings lautstarke Auseinandersetzungen zwischen »fritzisch« Gesinnten und Preußengegnern ab. Die angeführten Beispiele stehen für die besondere Popularität, die von den Schlachtenerfolgen des Preußenkönigs ausging, ebenso wie für die relationale Qualität historischer Größe. Friedrich wird sowohl mit antiken wie zeitgenössischen Feldherren verglichen, seine Größe misst sich an den historischen Vorbildern und soll sie gar übertreffen. Das gilt auch für die nachgeborenen Feldherren, etwa wenn Theodor von Bernhardi 1881 sein zweibändiges Werk »Friedrich der Große als Feldherr« mit den Worten schließt: »Alles aber wohl erwogen und durchdacht, kommen wir unvermeidlich zu dem Schluß, dass Friedrich von Preußen wie als Mensch und als Fürst so auch als Feldherr den französischen Imperator [gemeint ist Napoleon, M. F.] weit überragt.«[21]

Der »roi connétable« als Denker und Lenker: Strategie und Taktik

Zentraler Bestandteil von Friedrichs militärischem Prestige war das Bild von ihm als genialer Stratege.[22] So steht es etwa für Johannes Kunisch außer Frage, dass »Friedrich als eine Ausnahmeerscheinung unter den Heerführern des 18. Jahrhunderts betrachtet werden muß«.[23] Friedrichs Tätigkeit als Feldherr war allerdings kein Selbstzweck, sondern gehorchte politischen Ambitionen der preußischen Staatsbildung und der territorialen Arrondierung eines »Königreichs der Grenzen«.[24] Mit der Eroberung Schlesiens manövrierte sich der junge Preußenkönig jedoch schon 1740 dauerhaft in die Rolle des Kriegsherrn, da Österreich diesen Schritt nie verzeihen sollte. Doch unter welchen militärhistorischen Voraussetzungen stand die Profilierung als großer Feldherr im Stile eines Turenne, Karl XII. von Schweden, Prinz Eugen, Marlborough oder Moritz von Sachsen? Wie wurde man ein erfolgreicher Feldherr?

Friedrichs Ausbildungsstationen sind schnell umrissen. Ganz zu Anfang sah es gar nicht nach einer militärischen Karriere aus. Der österreichische Gesandte Seckendorff etwa berichtete 1725 über den dreizehnjährigen Friedrich an den Wiener Hof: »Er wird niemals General oder Feldherr werden.«[25] Nach den augenscheinlich traumatischen Erfahrungen in Küstrin Anfang der 1730er Jahre führte der Kronprinz seit 1732 das Infanterie-Regiment von der Goltz, begab sich 1734 als »Volontär« zu Prinz Eugen an den Rhein und nahm im Zuge des Polnischen Thronfolgekrieges an den Kämpfen um Philippsburg teil. Ab 1736 folgte die Rheinsberger Zeit, während der Friedrich Caesar und Darstellungen über die Feldzüge Karls XII. von Schweden las. Erst nach den ersten beiden Schlesischen Kriegen fand Friedrich ab 1745 offenbar Zeit für eine systematischere Lektüre militärtheoretischen Schrifttums. Hierzu zählten neben der Kriegsgeschichte Turennes (1687) vor allem eine Reihe von Werken aus den 1720er Jahren wie die »Mémoires sur la guerre« des Marquis de Feuquière (1725), die »Réflexions militaires« des Marquis de Santa Cruz (1724–1731), die »Histoire militaire de Louis le Grand« des Marquis de Quincy (1728) und die »Histoire de Polybe« des Chevalier de Folard (1727–1730).[26] Später trat Friedrich dann selbst als Autor zahlreicher militärtheoretischer Schriften hervor, was seinen Nachruhm als militärischer Experte zusätzlich beförderte.[27]

Die Kriegführung der klassischen Lineartaktik, die schon von den Zeitgenossen mit zahlreichen Maschinenmetaphern beschrieben wurde, stellte eine relativ schwerfällige Konstruktion von Rangordnungen, Befehlsketten und geometrischen Figuren dar, die Überraschungen immer unwahrscheinlicher machten, ja in vielen Schlachten gar ein Unentschieden hervorriefen.[28] Heere von 20 000–40 000 Mann benötigten einige Stunden, um in die mehrere Kilometer lange »ordre de bataille« zu gelangen. Wollte man eine in der Regel sehr verlustreiche Parallelschlacht vermeiden, blieb nur die seit der Antike bekannte schiefe Schlachtordnung als Versuch der Umgehung und Umfassung des Gegners.[29] Dies ließ sich allerdings nur unter idealen Geländebedingungen realisieren, die es den Truppen ermöglichten, ihre »evolutiones« schnell und geordnet zu vollziehen. Feldherrliches Geschick bedeutete vor diesem Hintergrund vor allem eine genaue Erkundung des Geländes und den Mut, sich über die gewohnten taktischen Maßgaben hinwegzusetzen.[30]

Schlagende Beispiele hierfür bieten einer der größten Erfolge und eine der schwersten Niederlagen Friedrichs II. Bei Leuthen konnte 1757 ein einziges Mal die schiefe Schlachtordnung erfolgreich praktiziert werden, da die Soldaten das Gelände von ihren Herbstmanövern her bereits kannten.[31] In Kunersdorf hingegen versagten 1759 Geländeerkundung und Feindaufklärung und führten zu zeitaufwendigen und riskanten Manövern unter völlig ungeeigneten Geländebedingungen mit unbekannten Seen, Sandhügeln und Abhängen.[32] Die Folge waren schwerste Verluste, die beinahe das Aus für den Preußenkönig im Siebenjährigen Krieg bedeutet hätten. Doch die Schlacht als solche offenbarte ohnehin nicht gerade die beliebtesten militärischen Vorgehensweisen der Zeit. Die im 19. Jahrhundert als »Manöverstrategie« bezeichnete ideale Kriegführung der Kabinettskriegszeit setzte auf Defensive, auf Belagerungen, den »Kleinen Krieg« und vor allem eben geschicktes Ausmanövrieren des Gegners. Ziel war es, den Feind von seinen Nachschublinien abzuschneiden oder ihn in eine ungünstige Position zu bringen.

2 Daniel Berger, *Friedrich II. von Preußen und der schlafende Zieten am Lagerfeuer*, o. J., Radierung, SPSG, GK II (10) 1404

Ganz anders dachte und handelte Friedrich II. Für ihn bildete die Schlacht im wahrsten Sinne die »Königsdisziplin«. Wie er bereits in seiner Auseinandersetzung mit den Schriften Machiavellis deutlich machte, sah er dabei den König selbst als Feldherren in der Pflicht: »In der Tat, alles, aber auch alles verpflichtet ihn, die Führung seiner Truppen auf sich zu nehmen und der Erste zu sein in seinem Heere wie in seinem Hoflager. Sein eigener Vorteil, seine Pflicht, sein Ruhm, alles gebietet ihm dies. [...] Die Landesverteidigung ist eine der wichtigsten Aufgaben seines Amtes, aus diesem Grunde darf er sie keinem

54   MARIAN FÜSSEL

anderen anvertrauen. Sein Vorteil scheint unabweislich seine persönliche Anwesenheit beim Heere zu erheischen, da alle Befehle von ihm ausgehen und auf diese Weise Gedanke und Tat in der denkbarsten Unmittelbarkeit einander folgen. Außerdem macht die ehrfurchtgebietende Gegenwart des Fürsten allen Reibereien unter den Generalen, die ein Fluch für das Heer, ein fühlbarer Schaden für den Kriegsherrn sind, ein Ende. […] Der Fürst ist es, der eine Schlacht schlagen läßt; so ist es auch seine Sache, ihren Gang zu bestimmen, durch seine Gegenwart seinen Truppen den Geist zuversichtlicher Kampfesfreudigkeit mitzuteilen; an ihm ist es, zu zeigen, wie der Sieg seine Unternehmungen stetig krönt, wie er das Glück durch Klugheit an sich fesselt, und ein leuchtendes Beispiel ihnen zu geben, wie man furchtlos der Gefahr und selbst dem Tode trotzt, wenn Pflicht, wenn Ehre und unsterblicher Nachruhm es gebieten. Alle diese Gründe zusammen, scheint mir, müssen den Fürsten verpflichten, die Führung seiner Truppen selbst zu übernehmen und alle Not und Fährnis, der er sie aussetzt, mit ihnen zu teilen.«[33]

Dieses Programm sollte der »roi connétable« dann selbst verwirklichen, und viele zeitgenössische Stimmen sahen in der Rollenkumulation des Preußenkönigs einen der wesentlichen Gründe seines Erfolgs. Um es mit den Worten des Grafen Étienne François Choiseul-Stainville zu sagen: Man hatte es mit einem Fürsten zu tun, »der sein eigener Feldherr, sein Staatslenker, Armeeintendant und nötigenfalls auch sein Generalprofoß« war – eine Eigenschaft, die es ihm ermöglichte, Risiken einzugehen und Entscheidungen zu treffen, die seine Gegner schon strukturell nicht wagen konnten.[34] Auch für Georg Friedrich von Tempelhof galt die persönliche Führung des Königs als Geheimnis seines Erfolgs: »Den entscheidendsten Vortheil hat aber eine Armee, welche der Landesherr selbst anführt. Der größte General in der Welt kann und darf das nicht wagen, was ein König unternehmen kann, der sich an der Spitze seiner Truppen befindet.«[35] Wie Tempelhof im Zuge seiner Behandlung der Schlacht bei Liegnitz ausführt, eröffnete Friedrichs offensive Kriegführung auch symbolische Machtpotenziale:

> »Nach den gewöhnlichen Grundsätzen sollte er, als der schwächere Theil, vertheidigungsweise gehen; allein er wählte gerade das Gegentheil, rückte dem Feind immer auf den Leib, schränkte ihn in allen seinen Bewegungen ein, und nöthigte ihn, trotz seiner Stärke, selbst auf der Vertheidigung zu bleiben. Dadurch erwarb er sich eine gewisse moralische Herrschaft über seine Gegner, und sie waren, was die mehresten in Gegenwart eines großen Mannes [!] sind, furchtsam, misstrauisch gegen ihre eigenen Kräfte und unentschlossen.«[36]

Größe wird hier mithin nicht als Ergebnis militärischen Erfolges, sondern als dessen Voraussetzung angeführt. Das rigorose Entscheidungshandeln Friedrichs – aus dem auch zahlreiche Fehlentscheidungen resultierten – produzierte offenbar eine Aura, die das Handeln der Gegner zu lähmen in der Lage war.[37] Ein Mitglied des Großen Generalstabs, Oberst Max von Duvernoy, behauptete 1912 gar, bei Burkersdorf habe Friedrichs »blosse Anwesenheit genügt, den Erfolg sicherzustellen«.[38] Aus der Sicht der psychologisierenden Militärgeschichtsschreibung des späten Kaiserreichs war dies in erster Linie Ausdruck der seelischen Stärke des großen Königs. So schreibt ein Autor 1903 über die Schlacht von Kunersdorf, Friedrich sei »Herr der Lage« geblieben, »weil er alle seine Gegner an Seelengröße weit überragte«.[39] Ein anderer

Autor sieht in Friedrich »das Gewicht der seelischen Kräfte im Gegensatz zu dem der toten Hilfsmittel« bestätigt.[40] Das erfolgreiche Kriegsgeschehen reduzierte sich von dieser Warte aus allein auf das Handeln eines überlegenen Feldherrn.[41]

Der »roi connétable« als Kämpfer: Der König auf dem Schlachtfeld

Wenn im sechsten Teil der ZDF-Geschichtsserie »Die Deutschen« Friedrich II. mit gezogenem Säbel hoch zu Ross bei Leuthen einen Angriff anführt und dabei auf die gegnerischen Soldaten einschlägt, entbehrt dies wohl jeglichen historischen Realitätsbezugs. Bezeugt ist hingegen, dass der »roi connétable« sich tatsächlich wiederholt in vorderster Frontlinie selbst in Gefahr begab und versuchte, auf seine Truppen Einfluss zu nehmen.[42] So etwa in der Schlacht von Zorndorf 1758, in der der Preußenkönig offenbar versuchte, angesichts einer russischen Kavallerieattacke mit der Fahne in der Hand das Zurückweichen seiner Regimenter zu stoppen. In die Friedrich-Ikonographie ist die Szene später durch ein Gemälde Carl Röchlings eingegangen, der 1904 den Preußenkönig an der Spitze des Infanterie-Regimentes Nr. 46 darstellte.[43]

Noch dramatischer gestaltete sich der Einsatz des Feldherrenkönigs in der Schlacht von Kunersdorf im August 1759.[44] Wie Friedrich August von Retzow berichtet, versuchte Friedrich auch hier, seine Soldaten in Formation zu halten: »Der König, welcher keine Gefahr scheuete, und sein Leben gleich einem gemeinen Soldaten preis gab, that alles mögliche um einige Bataillone zum stehn zu bringen; allein durch die heftige Blutarbeit erschöpft und von einem panischen Schrecken ergriffen, war alles gegen seine Befehle taub, und jeder suchte, so gut er konnte, seine Rettung bei den Schiffbrücken an der Oder.« Doch der König, in heroischer Selbstinszenierung immer am Rand des Freitods, verharrt auf dem Schlachtfeld: »Friedrich II., von seiner ihm sonst so ergebenen Armee verlassen, hielt noch, nur von wenigen Adjutanten begleitet, auf dem Schlachtfelde, gerade an einem Orte, wo das feindliche Feuer am stärksten wüthete. Man bat ihn, seine Person in Sicherheit zu bringen, allein vergebens. Es schien als wenn er selbst gewünscht hätte, das sich selbst zugezogene Unglück – nicht zu überleben; denn in der größten Verzweiflung, über den erlittenen großen Verlust, hörte man ihn ausrufen: N'y a-t'il donc pas un b….de boulet qui puisse m'atteindre? Hier hielt er unerschrocken unter Erschlagenen und Verwundeten in Menge, und theilte noch Befehle aus.«[45]

Hier wird mithin die Doppelrolle des Königs als Befehlshaber sowie als Leidender und Kämpfender unter den Soldaten herausgestellt. Die Gefährdung der eigenen Existenz markiert gleichsam den schmalen Grat zwischen Befehls-Rationalität und der emotionalen Geste des Opfertods. Der Kampf erreicht nun auch den Körper des Königs: »Von denen, die um ihn waren, wurden verschiedene an seiner Seite theils getötet, theils verwundet. Ein Pferd war ihm schon unter dem Leibe erschossen worden, ein zweites bekam einen Schuß in die Brust, und war im Begriff zu stürzen, als der damalige Flügeladjutant von Götz nebst einem Unteroffizier ihm noch vom Pferde halfen, ehe es fiel. Götz gab ihm das seinige.« Auch diese Szene hat später vielfach Eingang in die Ikonographie des Preußenkönigs gefunden (Abb. 3).[46]

Kaum jedoch hatte der König das Pferd wieder bestiegen, »als ihn eine Flintenkugel traf, zwischen seinem Kleide und der Hüfte in die Tasche fuhr, und nur durch ein goldenes Etui, welches er bei sich führte, in ihrer Wirkung aufgehalten wurde.« Durch einen Zufall gerettet, ergreifen nun seine Soldaten endgültig die Initiative, den König in Sicherheit zu bringen: »Fast in eben dem Augenblicke zeigte sich feindliche Cavallerie, und der König lief Gefahr getödtet oder gefangen zu werden, wäre nicht der Rittmeister von Prittwitz mit einem Trupp Husaren herbeigesprengt, um den Feind anzuhalten und den Monarchen zu decken. Diesen Zeitpunkt nutzten seine Adjutanten; sie fielen seinem Pferde in die Zügel, und rissen ihn so wider seinen Willen aus dem Schlachtgetümmel.«[47] Am Verlust der Schlacht und dem Ausmaß der Niederlage ließ Friedrich keine Zweifel aufkommen und schrieb an den Grafen Finckenstein nach Berlin:

»[…] schließlich wäre ich beinahe selbst in Gefangenschaft geraten und mußte das Schlachtfeld räumen. Mein Rock ist von Schüssen durchbohrt, zwei Pferde sind mir unter dem Leibe gefallen. Mein Unglück ist, dass ich noch lebe. Unser Verlust ist sehr beträchtlich: von einem Heere von 48 000 Mann habe ich jetzt, wo ich dies

MARIAN FÜSSEL

schreibe, keine 3 000. Alles flieht, und ich bin nicht mehr Herr meiner Leute. Man wird in Berlin gut tun, an seine Sicherheit zu denken. Das ist ein grausames Mißgeschick, ich werde es nicht überleben. Die Folgen davon werden schlimmer sein als die Sache selbst. Ich habe kein Hilfsmittel mehr, und um nicht zu lügen, ich halte alles für verloren. Den Untergang meines Vaterlandes werde ich nicht überleben. Leben Sie wohl für immer.«[48]

Der durchschossene Uniformrock und die von einer Kugel getroffene Tabakdose wurden später zu Reliquien preußisch-militärischer Erinnerungskultur.[49]

Die Beispiele von Gefährdung und Rettung des Königs auf den Schlachtfeldern sind zahlreich. Sie zeigen auf, dass die physische Präsenz im Kampf, der heroische Einsatz ohne Rücksicht auf die eigene Person und die damit hergestellte Nähe zu den kämpfenden Soldaten einen wichtigen Baustein in der Etablierung militärischer wie historischer Größe allgemein darstellten. Gerade angesichts der Niederlage kann sich die menschliche Größe des Helden besonders beweisen: »Der Geschlagene von Kunersdorf erscheint dann menschlich größer als der Sieger von Hohenfriedberg«, heißt es etwa bei Schieder.[50] Der »roi connétable« war mithin kein Kabinettsstratege, der seine Armee nur vom grünen Tisch aus befehligte, sondern er nahm selbst alle Risiken auf sich. Damit stellte er sich in die Tradition von Königen wie dem

3 Peter Haas (zugeschrieben), *Friedrich II. von Preußen in der Schlacht bei Kunersdorf 1759*, um 1800, Radierung, SPSG, GK II (10) 1392

In der Schlacht bey Kunersdorf, sagte der König; wir mußen alles um die Bataille zu gewinnen versuchen, und ich mus hier, so gut wie Ihr, meine Schuldigkeit thun.

P. 8.

während einer Belagerung getöteten Karl XII. von Schweden, mit dem er sich unter anderem im Umkreis der Schlacht von Kunersdorf eingehend auseinandergesetzt hatte.[51] Gleichzeitig entfernte er sich damit vom in seiner Zeit üblichen Verhalten der Monarchen und gewann so ein zentrales Alleinstellungsmerkmal.

Der »roi connétable« als Transgressor: Der König und die Normen des Krieges

Ein weiteres Element der Fabrikation von Friedrichs militärischer Größe ist sein Umgang mit den zeitgenössischen »Spielregeln« der Kriegführung, das heißt den Normen und Erwartungshaltungen der Militärs. Bereits Theodor Schieder hat mit Weberschen Begriffen von Friedrichs »charismatischer Autorität« gesprochen, die sich aus seinen Siegen »in einem unkonventionellen, gegen die Regeln der üblichen Kriegführung geführten Krieg« – gemeint ist der Zweite Schlesische Krieg – speiste.[52] Für Curt Jany, Offizier im Großen Generalstab, war es genau die Anpassungsleistung an die Zeiterfordernisse, die Friedrichs Größe ausmachte: »Wenn seine Kriegführung aber auch an die begrenzten Mittel der Zeit gebunden war, so wurde sein klares Auge doch nicht getrübt durch den Nebel der Schulmeinungen und Vorurteile der Zeit. Auf der Unabhängigkeit des Denkens, mit der er die Mittel seiner Zeit auf die jeweiligen Erfordernisse seiner besonderen Lage anwendete, beruht sein Erfolg, in ihr liegt seine militärische Größe.«[53]

Friedrichs Versuche, schnelle Entscheidungen durch Schlachten herbeizuführen, haben dabei die Militärgeschichtsschreibung seit dem 18. Jahrhundert immer wieder irritiert und zu widerstreitenden Interpretationen Anlass gegeben, die am Ende des 19. Jahrhunderts prominent im sogenannten »Strategiestreit« kulminierten. Ausgehend von den Thesen Theodor von Bernhardis entwickelte sich eine erbitterte Kontroverse zwischen den Mitarbeitern des Großen Generalstabs und dem Historiker Hans Delbrück über die Frage, ob Friedrich wie später Napoleon die Entscheidung allein in der Schlacht gesucht habe oder ob er ebenso dem zeitgenössischen System der Manöverstrategie verpflichtet gewesen sei, das auf eine Ermattung des Gegners abgezielt habe.[54] Für unseren Zusammenhang relevant ist hier lediglich, dass Delbrücks Position offenbar als Relativierung von Friedrichs militärischer Größe gewertet wurde, die ein zentrales ideologisches Referenzobjekt militärpolitischer Diskurse des Kaiserreichs bildete, was den ungemein aggressiven Ton der Debatte erklärt. Wie Theodor Schieder es formulierte, war es jedoch nicht Delbrücks Absicht, Friedrichs »Größe herabzusetzen«, vielmehr habe er ihn »aus einer mythischen zu einer realhistorischen Gestalt« machen wollen.[55]

Doch jenseits der Zwangsalternative von Niederwerfungs- oder Ermattungsstrategie während des Siebenjährigen Krieges sind auch Beginn und Ende dieses Konflikts von eher ungewohnten Vorgehensweisen geprägt. Der Einmarsch in Sachsen als inszenierter Präventivkrieg gegen eine Übermacht von Gegnern wie auch das Nicht-Einlenken-Wollen des Preußenkönigs nach mehreren Jahren erschöpfender Kriegführung entsprachen nicht unbedingt den zeitgenössischen Gewohnheiten. Letzteres wurde von Johannes Burkhardt in jüngerer Zeit als »Spielverderberverhalten« gekennzeichnet.[56] Entgegen den Gepflogenheiten gab Friedrich einfach nicht auf, blieb im Feld und suchte immer wieder die Konfrontation, obwohl die Ressourcen so gut wie erschöpft waren. Idealtypisch wird das in der Einigelung im Lager von Bunzelwitz 1761 deutlich. Das von der älteren borussischen Historiographie als eiserner Durchhaltewillen gerühmte Verhalten wurde schließlich zu einem weiteren Bestandteil des Narrativs seiner militärischen Größe. So heißt es etwa in der weitverbreiteten Geschichte Friedrichs des Großen von Franz Kugler, dass sich hier »sein Feldherrntalent in der seltensten Größe darstellte«.[57] Und noch Schieder stellte in leicht abgewandelter Form fest, dass die »Improvisation in einer fast hoffnungslos erscheinenden Lage« Friedrich »wirkliche Größe« verlieh.[58]

Umstrittene Größe. Der Feldherr der Widersprüche in der Diskussion

Obgleich Friedrichs militärische Erfolge konstitutiv für seine »Größe« wurden, blieben sie nie unumstritten. Bereits Jacob Burckhardt hatte militärische Erfolge als besonders wirkmächtig zur Etablierung historischer Größe beschrieben: »Unverhältnismäßig blendend ist vor allem die Wirkung der Kriegstaten, welche unmittelbar auf das Schicksal Unzähliger einwirken und dann wieder mittelbar durch Begründung neuer Verhältnisse des Daseins, vielleicht auf lange Zeiten. Das Kriterium der Größe ist hier letzteres; denn bloß militärischer Ruhm verblaßt mit der Zeit zu bloßer fachhistorischer, kriegsgeschichtlicher Anerkennung. Aber diese dauernden neuen Verhältnisse dürfen nicht bloß Machtverschiebungen sein, sondern es muß ihnen eine große Erneuerung des nationalen Lebens entsprechen. Ist dies der Fall, so wird die Nachwelt dem Urheber unfehlbar und mit Recht eine mehr oder weniger bewußte Absicht bei jenen Taten und daher Größe zuschreiben.«[59] Damit spricht Burckhardt auch einen der wesentlichen Pfeiler des Friedrichkultes an.

In der Tat handelte es sich allerdings in den Kriegen des 18. Jahrhunderts eher um eine »Machtverschiebung« beziehungsweise Machtkonsolidierung zugunsten Preußens. In Historiographie und Geschichtskultur des 19. und 20. Jahrhunderts wurde daraus jedoch wesentlich mehr.[60] Friedrich schien eine kleindeutsche Lösung vorwegzunehmen und den deutschen Nationalstaat zu begründen. Um 1800 zunächst noch zum Teil recht kritisch gewürdigt, mehrten sich daher in der wilhelminischen Zeit die Stimmen unaufhörlich, die Friedrichs Größe rühmten.[61] Von den Biographien von Carlyle und Koser und der ikonographischen Popularisierung von Chodowiecki über Menzel bis hin zu Röchling ist die Geschichtskultur vom späten 18. bis zum frühen 20. Jahrhundert vom Mythos Friedrich durchdrungen.[62] Für Carlyle etwa war »Friedrichs Leben [...] ein Kriegsleben. Das Hauptandenken, das von ihm bleiben wird, ist das eines Königs und Menschen, der ein vollendeter Kriegsheld war«.[63] Bei preußischen Militärhistorikern heißt es zur gleichen Zeit: »An Friedrichs Größe hat der Soldatismus den meisten Anteil«.[64] Ihren vorläufigen Endpunkt fand die ideologische Instrumentalisierung friderizianischer militärischer Größe schließlich in der Zeit des Nationalsozialismus und des Zweiten Weltkriegs.[65] So heißt es 1941 in einer Darstellung der Kriege Friedrichs: »Möge das Buch zeigen, daß auch der größten Übermacht gegenüber ein genialer Führer den Sieg zu erringen weiß, daß nur durch Kampf Großes erreicht werden kann und dass für Deutsche wo ein Wille, da auch ein Weg ist.«[66] Die NS-Propaganda konnte dabei auf ein bereits lange etabliertes nationalistisch-militaristisches Friedrich-Bild zurückgreifen, das publizistisch erst während des Krieges stärker mit genuinen Formeln nationalsozialistischer Ideologie überformt wurde. Zentrales Medium hierfür waren die beim Publikum ungemein erfolgreichen Friedrich-Filme, wie etwa Veit Harlans »Der große König« (1942).[67]

Auch nach dem Krieg sind sich so unterschiedliche Autoren wie Gerhard Ritter und Rudolf Augstein einig, dass Friedrichs Kriegskunst einer der wesentlichen Schlüssel zum Verständnis seiner Persönlichkeit und seines Ruhmes sei. Ritter schreibt 1953 in der Neuauflage seines Friedrich-Buches von 1936: »Die Persönlichkeit und historische Bedeutung König Friedrichs wird erst dann vor unseren Augen wirklich lebendig, wenn wir seine persönliche Leistung als Heerführer und das Wesen seiner Kriegführung verstanden haben.«[68] Und Augstein hat die Bedeutung der Schlachten für den Mythos Friedrichs des Großen 1968 wie folgt auf den Punkt gebracht:

> »Ohne Hohenfriedberg, ohne Soor, ohne Leuthen, ohne die Eroberung und Behauptung Schlesiens wäre Friedrich nicht Friedrich, sondern irgendein bemerkenswerter Monarch des 18. Jahrhunderts. Nicht sein geistreicher Zynismus, nicht seine ambitionierte Schriftstellerei, nicht seine Justizreform haben ihn zum ›ersten Mann des Jahrhunderts‹ gemacht, wie Treitschke ihn in lässlicher Übertreibung genannt hat [...], sondern seine Schlachten um Schlesien, davon zwölf mehr oder weniger Siege und drei ausgemachte Niederlagen.«[69]

Die Tatsache, dass die Etikettierung als »der Große« sich wesentlich militärischen Erfolgen verdankt, hat dabei immer wieder Anlass gegeben, die »wahre Größe« im zivilen Maßstab zu retten. Karl Otmar von Aretin etwa spekuliert, dass, hätte Friedrich »während seiner Regierung den König des ›Antimachiavell‹ verkörpert«, ihn sein »Rendez-vous des Ruhmes« nicht auf »die Schlachtfelder Schlesiens und Böhmens, sondern unter die Heroen der Menschheit geführt [hätte], denen die wahre Größe beschieden ist. Die Welt, die Schlachtenruhm und Tapferkeit über Gebühr bewunderte, hätte ihm zwar wahrscheinlich nicht den Beinamen ›der Große‹ verliehen, aber er wäre der wahre Große der europäischen Geschichte der zweiten Hälfte des 18. Jahrhunderts gewesen.«[70]

Stellvertretend für den Umgang mit Friedrichs militärischem Erbe in der Bundesrepublik kann eine Textstelle aus einem Sonder-Beiheft »Friedrich der Große« der »Information für die Truppe« im Jubiläumsjahr 1986 gelten.[71] Dort heißt es: »Die bleibende Größe von Friedrichs Werk ist nur zum Teil in seiner militärischen Theorie und Praxis zu sehen.«[72] Obwohl man Leuthen als militärtheoretischem Lehrstück einen eigenen Beitrag widmet, bewegt man sich insgesamt doch in einer gewissen Distanz zur militärischen Größe. Eine positive Würdigung hat das »preußische Paradigma« in jüngerer Zeit durch Karl Heinz Bohrer erfahren, der eine Linie von Friedrichs Schlachten bis zum 20. Juli 1944 zieht und damit auch eine der zentralen Traditionslinien der Bundeswehr berührt.[73]

Die neuere englischsprachige Forschung findet dann zum Teil deutliche Worte für die vermeintliche »Größe« des Preußenkönigs. Franz Szabo schreibt jüngst in seiner Darstellung »The Seven Years War in Europe« (2008): »In fact, there was very little ›honourable‹ about Frederick in this war. Vengeful and ungracious in victory and self-pitying in defeat, he happily took credit for victories for which he was responsible on others. Frederick lived for his reputation and too many historians seemed to have been all to ready to oblige him, but those who purport to find ›heroic‹ qualities in Frederick and who rush to apostrophise him ›the Great‹ have capitulated to militarist romanticism. Frederick was an oppurtunist and risk taker dressed in the veneer of an intellectual, but at the root he was a heartless killer and mean-spirited and callous man who was careless of human lives.«[74]

In ihrer ebenfalls 2008 erschienenen Studie »The Seven Years War. A transatlantic history« kommen Matt Schumann und Karl Schweizer zu einem etwas vorsichtigeren Fazit: »He perhaps merits the title of greatness, not merely for brilliant victories in the field but also for inserting himself into every major facet of the war, whether by choice or by necessity.«[75] Damit zeigt sich, dass auch die jüngste Forschung sich immer wieder dazu herausgefordert sieht, im militärhistorischen Kontext zu Friedrichs Kennzeichnung als »groß« Position zu beziehen, was jedoch inzwischen zum Teil wesentlich distanzierter geschieht als in der deutschen Tradition lange üblich. Abschließend möchte ich das Gesagte in einigen zusammenfassenden Thesen bündeln:

1. Militärische Größe als historisches Zuschreibungsphänomen: Militärische Größe kann allein als subjektive Zuschreibung analysiert werden. In den Blickpunkt treten dann die historischen Prozesse der Konstruktion von Größe, nicht ein wie auch immer gearteter Essentialismus von Größe an sich.

2. Militärische Größe als relationale Kategorie: Die Zuschreibung militärischer Größe ist relational und funktioniert in Bezug auf vorherige wie künftige Feldherrngestalten. Indem die militärische Größe Friedrichs in eine Reihe mit anderen Feldherren gestellt wird, erhält sie sowohl besondere historische Dignität als auch eine zusätzliche Hervorhebung im Kreis anderer militärischer Größen.

3. Militärische Größe als Legitimationsgrundlage: Die militärische Größe Friedrichs II. wurde zu einem ideologischen Reservoir zur Legitimation militärpolitischer Doktrinen. Zuschreibungen von Größe sind daher nicht an Historisierung, sondern an überzeitlichem Vorbildcharakter interessiert. Im sogenannten Strategiestreit zwischen Delbrück und dem Großen Generalstab wurden die impliziten Regeln dieser Aneignung besonders deutlich. Hier ging es nicht allein um eine fachwissenschaftliche Auseinandersetzung, sondern ebenso um geschichtspolitische Deutungskonkurrenzen.

4. Friedrichs II. militärische Größe als Summe seiner Eigenschaften als »roi connétable«: Politische und militärische Führung liegen in einer Hand und ermöglichen daher »große« Entscheidungen, der König kämpft selber und wird damit zum soldatennahen Helden. Schließlich lässt ihn sein individuelles Genie die Konventionen seiner Zeit transzendieren.[76]

Vor diesem Hintergrund ergeben sich folgende ideologische Topoi der militärischen Größe:

1. Militärische Größe als individueller Genius: Im Geschichtsbild des späten 18. und des 19. Jahrhunderts wurde Größe zum Ausdruck individueller Genialität und Einzigartigkeit. Strukturelle Rahmenbedingungen traten allenfalls als Hindernisse militärischer Erfolge in den Blick, nicht als deren Möglichkeitsbedingungen.

2. Militärische Größe als Bewährung in Extremsituationen: Die bereits in jungen Jahren selbst gesuchte und früh erworbene Zuschreibung militärischen Ruhmes verdichtet sich in den Bewährungsproben des Siebenjährigen Krieges. Nicht mehr der Wagemut des jungen Königs generiert hier das Prestige, sondern die Standhaftigkeit in einer formal aussichtslosen Situation.

3. Militärische Größe als Möglichkeit zur Regelabweichung: Friedrichs II. militärische Größe speist sich zu weiten Teilen aus einem kreativen Umgang mit den militärischen Spielregeln seiner Zeit.

4. So vielfältig die Konnotationen und Indienstnahmen des Epithetons, so leer bleibt der Begriff der militärischen Größe ohne die historischen Kontexte seiner Nutzung; sein Bedeutungsgehalt bleibt somit stets im Fluss. Es steht allerdings zu hoffen, dass die Verwendung des Begriffs künftig auch selbst Geschichte bleibt.

1 Vgl.: Hesse, 1976, S. 58–74. – Hardtwig, 1990, S. 302–309.

2 Schieder, 1986a, S. 473–491. – Schieder, 1968, S. 104f. – Zur historiographiegeschichtlichen Einordnung Schieders im Kontext des Historismus vgl.: Rüsen, 1993, S. 357–397.

3 Burckhardt, 1965, S. 253–299, hier S. 255.

4 Burckhardt, 1965, S. 283.

5 Kunisch, 2004, S. 544. – Heinrich, 2009, S. 357.

6 Huizinga, 1947, S. 61–72, hier S. 72.

7 Vgl.: Demandt, 2002, S. 137–146, hier S. 143f. – Blanning, 2010, S. 11–20.

8 Vgl. schon die Eingangsbemerkungen bei: Kunisch, 1992, S. 107–129. – Dem Aufsatz liegt ein Vortrag aus dem Jahr 1981 zugrunde.

9 Brecht, 1967, Bd. 9, S. 656f.

10 Vgl.: Füssel, 2003, S. 141–159.

11 Schieder, 1986a, S. 475.

12 Schieder, 1986a, S. 488f.

13 Schieder, 1986a, S. 479.

14 Schreiben Friedrichs II. an Jordan, 24. Februar 1741 (Hein, 1914, Bd. 1, S. 186).

15 Schreiben Friedrichs II. an Jordan, 3. März 1741 (Hein, 1914, Bd. 1, S. 187).

16 Fohrmann, 2007, S. 379–406.

17 Zit. nach: Meyer, 1955, S. 73.

18 Schlenke, 1963, S. 353.

19 Allard, 1913, S. 49.

20 »Notre nation est plus indignée que jamais de la guerre. On aime ici le roi de Prusse à la folie, parce qu'on aime toujours ceux qui font bien leurs affaires« (Masson, 1878, Bd. 2, S. 202. – hier deutsch nach: Allard, 1913, S. 49).

21 Bernhardi, 1881, Bd. 2, S. 646f.

22 Zu Friedrich als Feldherrn vgl. die Literaturangaben bei: Henning/Henning, S. 237–242.

23 Kunisch, 2004, S. 437.

24 Vgl.: Kunisch, 1992a, S. 83–106.

25 Marwitz, 1987, S. 74.

26 Marwitz, 1987, S. 75. – Schieder, 1986a, S. 344. – Linnebach, 1936, S. 522–543.

27 Vgl.: Werke, Bd. 6. – Siehe: Jähns, 1889–1891, Bd. 3, S. 1999–2031.

28 Vgl. als Überblicke: Luh, 2004. – Petter, 1989, S. 245–268.

29 Keibel, 1901, S. 95–139.

30 Zur Bedeutung der militärischen Feindaufklärung vgl.: Anklam, 2007, hier v.a. S. 96–110.

31 Kroener, 2001, S. 169–183.

32 Kunisch, 1992, S. 100f. – Füssel, 2010b.

33 Werke, Bd. 7, S. 49f.

34 Kunisch, 2004, S. 434. – Weitere Hinweise bei: Kunisch, 1992a, S. 98f.

35 Tempelhof, 1986, Bd. 4, S. 168.

36 Tempelhof, 1986, Bd. 4, S. 170.

37 Vgl.: Kunisch, 1992a, S. 103.

38 Duvernoy, 1912, S. 2062–2068, hier S. 2068.

39 Zit. nach: Raschke, 1993, S. 152.

40 Raschke, 1993, S. 153.

41 Raschke, 1993, S. 153.

42 Vgl. zu den entsprechenden Szenen: Küster, 1797.

43 Vgl.: Füssel, 2009, S. 317–349, hier S. 344–348.

44 Vgl.: Füssel, 2010b.

45 Retzow, 1802, Bd. 2, S. 112f.

46 Ausst.-Kat. Friedrich der Große, 1986, S. 366–369.

47 Retzow, 1802, Bd. 2, S. 113f.

48 Schreiben Friedrichs II. an Finckenstein, 12. August 1759 (Politische Correspondenz, Bd. 18, S. 481. – Deutsch nach: Hein, 1914, Bd. 2, S. 52).

49 Ausst.-Kat. Friedrich der Große, 1986, S. 205f.

50 Schieder, 1986a, S. 490.

51 Vgl. dazu auch: Pečar, 2007.

52 Schieder, 1986a, S. 347.

53 Jany, 1923, S. 161–192, hier S. 168.

54 Vgl.: Lange, 1995.

55 Schieder, 1986a, S. 353.

56 Burkhardt, 2006, S. 433f.

57 Kugler, 1977, S. 395.

58 Schieder, 1986a, S. 360.

59 Burckhardt, 1965, S. 287.

60 Zur Rezeption und Instrumentalisierung Friedrichs vgl.: Caspar, 1987, S. 176–192. – Messerschmidt, 1989, S. 269–288. – Der Beitrag wurde wieder abgedruckt unter dem Titel »Das friderizianische Exempel« (Messerschmidt, 2006, S. 23–42). – Kroener, 2000, S. 303–313.

61 Vgl.: Hahn, 2007, S. 45–78.

62 Carlyle, 1858–1869. – Koser, 1963. – Aus der Vielzahl der Untersuchungen vgl.: Hellmuth, 1998, S. 23–54.

63 Carlyle, 1858–1869, Bd. 4, S. 201.

64 Crousaz, 1865, S. 49.

65 Vgl.: Bremer, 1943. – Zur Instrumentalisierung Friedrichs im Nationalsozialismus vgl.: Luckey, 2008, S. 139–203. – Hahn, 2007, S. 115–131. – Barthel, 1977.

66 Wolfslast, 1941, S. 8.

67 Vgl.: Friedrich, 2003, S. 22–42.

68 Ritter, 1978, S. 158. – Dazu auch: Hahn, 2007, S. 122f. u. 152f. – Luckey, 2008, S. 166f.

69 Augstein, 1986, S. 293.

70 Aretin, 1985, S. 152. – Vgl. zur Tendenz, die »Größe« von ihrem militärischen Kern zu befreien: Salewski, 2004, S. 1–17, hier S. 6f.

71 Zum Friedrich-Bild in der Bundesrepublik vgl.: Dollinger, 1986, S. 193–216. – Duchhardt, 1990, S. 252–268. – Angelow, 2004, S. 136–151. – Hahn, 2007, S. 132–188. – Füssel, 2011.

72 Caspar, 1986, S. 6–9, hier S. 9.

73 Bohrer, 2001, S. 993–1007. – Bemerkenswert ist, dass Bohrer die »historische Größe« hier in eine »kulturelle Norm« verlagert: »Das preußische Paradigma wiederzuerinnern […] als eine kulturelle Norm, die historische Größe besaß und unsere Geschichte geprägt hat, gehört zum politisch wie wissenschaftlich diskutierten Projekt, überhaupt Geschichte zu erinnern« (Bohrer, 2001, S. 1007).

74 Szabo, 2008, S. 427.

75 Schumann/Schweizer, 2008, S. 228.

76 Karl Heinz Bohrer hat Friedrichs »Verkörperung der Ausnahme« als Kern eines preußischen »Paradigmas« beschrieben (Bohrer, 2001, S. 996).

MARCUS VON SALISCH

»VON PREUSSEN LERNEN …?«

Die friderizianische Armee nach dem Sieben-
jährigen Krieg und die Entwicklungen der Zeit*

1 Daniel Berger nach Ludwig Wolf,
Friedrich II. von Preußen in der
Schlacht bei Kunersdorf (1759),
1804, Kupferstich, Radierung,
SPSG, GK II (10) 1411

Um 1780 gelangte ein anonymer preußischer Reisender nach Dresden. Einiges war ihm dort fremd – etwa die Existenz von Gehwegen –, anderes faszinierte ihn, wie beispielsweise der Goldene Reiter. Seine detaillierten Schilderungen der Verhältnisse in Kursachsen – heute noch nachzulesen im »Teutschen Merkur« – beinhalten höchst bemerkenswerte Passagen zum Zustand der sächsischen Armee. Diese würden im Zusammenhang mit dem eigentlichen Thema nur von peripherem Interesse sein, wenn sich hier nicht aufgrund des vergleichenden Blickwinkels auch eine zeitgenössische Außensicht auf das preußische Heer offenbaren würde beziehungsweise wenn die Urteile eines preußischen Untertanen über die Armee eines anderen Staates nicht auch indirekte Rückschlüsse auf die Zustände in Preußen selbst erlauben würden:

»Von dem kriegerischen Geiste, der in Berlin auch in den kleinsten Umständen so sichtbar ist, findet man hier nicht die mindeste Spur. Man stelle einen sächsischen gemeinen Soldaten und einen Preussischen zusammen; man vergleiche einen sächsischen und einen preußischen Officier; eine sächsische und eine preußische Wachtparade, und man wird erstaunen. Das Donnern der preußischen Trommeln, und der heisere Klang der kleinen sächsischen [...] der hüpfende Marsch eines sächsischen Regiments, und der feste, erschütternde eines preussischen; der so genannte Regimentstambour, der mit seinem [...] Stab vor der sächsischen Parade hertanzt, und der alte Major, der vor der preussischen, den Mars um Gesicht und im Herzen, ehrwürdig voranreitet – sind eben so viel Beweise, daß Preußen ein kriegerischer Staat, und daß Sachsen keiner ist.[1] Die Sächsische Uniform an sich, däuchte mir, schon der Farbe nach, nicht männlich genug. Ein sächsisches Regiment verliert sich in der Ferne wie Nebel, aber ein Preußisches steht da wie ein schwarzer dicker Wald.

Die sächsischen Evolutionen und Exercitien haben nicht das Feste, Ganze, Rasche der preussischen. Selbst wenn ein sächsisches Regiment en fronte steht, so bemerkt man die ganze Reihe hinunter ein Wimmeln; die Köpfe stehn nicht wie eingerammelt, die Füße nicht wie eingewurzelt, und die Kunst des Richtens, in welcher der Preußischen Armee keine in der Welt beykommt, ist hier nur ein Schatten. [...] Die sächsischen Soldaten sind im Durchschnitt einen Kopf kleiner als die preußischen; sie haben ein gewisses kleinliches Aussehen [...] aber sie sind auch wirklich im Ganzen genommen, um fünfzehn Jahr jünger als die Preußischen.[2] Einen alten Graubart (deren es unter der preußischen Armee so unzählige giebt) [...] würde man hier vergebens suchen. Wie selten hier solche alte unverwüstliche Krieger sind, können Sie schon zum Theil daraus abnehmen, daß hier vor ein Paar Jahren einem alten Unterofficier von der Leibgarde, der vierzig Jahr gedienet hatte, ein Festin gegeben wurde, an welchem Generale zugegen waren [...]. Und die Subordination nun vollends! Junge Offiziere werden, wenn sie mit gezogenem Degen vor der Fronte stehn, verspottet und ausgelacht, wenn ihre Stimme zum Commando noch nicht vollbürtig ist. [...]

Kein Gemeiner von der Leibgarde zieht den Hut vor einem Officier von einem Feldregimente und der Artillerie [...]. Junge Officiers bekommen von der Compagnie, bey welcher sie stehen, gewisse Spitznamen, bey welchen sie genannt werden, wenn die Pursche unter sich von ihnen reden. Man komme nach Preußen und sehe! In Preußen ist jeder Bauernsohn [...] gebohrner Rekrut [...]. Jedes Regiment hat seinen eigenen Kanton [...] in Sachsen wird nur das Soldat was freywillig sich dazu entschließt, was unter Blut und Todschlag dazu gezwungen wird, und was zu jung ist, oder nicht Muth genug hat, sich gegen die Werber zu wehren.«

Aber: »Jene [die Sachsen, M. v. S.] fechten für ihr Vaterland, und diese für acht Groschen, weil sie kein Vaterland mehr haben. Man hat nicht nöthig einen Sachsen in seiner Garnison einzuschließen und dreyfach zu vermauern wie es in den preußischen Garnisonen der Fall ist. Er geht wo er will, aber nie über die Gränzen seines Vaterlandes: die Preußen weht der erste günstige Wind hinüber. Es vergehen hier [in Sachsen; M. v. S.] Jahre ehe einmal eine Spitzruthen-Exekution ist; in preußischen Garnisonen kein Tag.

Fünfundzwanzig Stockprügel sind hier eine schwere Strafe [...] fünfzig dort die geringsten. [...] Im Siebenjährigen Kriege gab es Zeiten, wo Officiers und Gemeine auf ihren König so erbittert waren, daß sie keinen Fuß für ihn mehr von der Stelle setzen wollten; aber kaum erschien er vor der Fronte [...], so war alles wieder voller Muth und Willigkeit, und Gnade Gott dem Feind, der ihnen begegnete! Aber dieser mächtige Antrieb der Gegenwart fehlt der sächsischen Armee gänzlich [...]. Ueberdies ist der Dienst auch nicht so ihr tägliches Brod, als bey den preußischen Chefs, die von einer Revue zur andern nicht ablassen dürfen, ihren Dienst zu studieren, wenn sie nicht ohne Ansehn der Person von dem Meister weidlich geschüttelt werden wollen. [...] Die sächsischen Revuen [...] haben nur das mit den preussischen gemein, daß die Armee, so lange sie dauern, untern Zeltern campirt. Aber die preußischen sind rigorose Examina, bey deren Annäherung mancher Chef ärger zittert, als mancher Kandidat vor dem Consistorium.«[3] Sicher birgt auch solch ein subjektives Empfinden noch einige Körnchen Wahrheit. Eine reine »Lobhudelei« auf das preußische Heer sind die Ausführungen unseres Beobachters aber mitnichten. Man kann noch dazu an späterer Stelle über die Vorzüge des sächsischen Artillerie- und Ingenieurwesens lesen. Das einzige, womit der Verfasser die Unvollkommenheiten der preußischen Armee glaubt generell entschuldigen zu können, ist schlichtweg »ihre Stärke«.[4]

Welche Kriterien treten nun in der zitierten Textpassage hervor? Nach welchen Gesichtspunkten beurteilt der zeitgenössische Beobachter das Militärwesen? Grundsätzlich dominiert das optische Erscheinungsbild die Wahrnehmung und Erwartungshaltung des Fremden:

Erstens das äußere Erscheinungsbild der preußischen Armee: respekt-, ja furchteinflößend, ästhetisch-pompös, monolithisch, mechanistisch durchgedrillt. Zweitens das äußere Erscheinungsbild des Individuums: zum einen der preußische Offizier – ein kampferfahrener Haudegen, vom kriegerischen Geist beseelt, elitär, vom Soldaten gefürchtet. Andererseits der gemeine preußische Soldat – enrolliert, rekrutiert, diszipliniert, von imposanter Statur, professionell einerseits – unzuverlässig andererseits, besonders was die »Ausländer« betraf, aber durchaus über sein Handeln reflektierend sowie begeisterungsfähig. Hiervon hebt sich nochmals der »Graubart« ab: erfahren und durchhaltefähig in der »Todeszone« des Gefechtsfeldes, ist er die Korsettstange, die Autorität und der informelle Führer in der Kleingruppe – kriegserfahren, reif an Jahren, allseits respektiert. John Keegan hat die hohe Bedeutung dieser langgedienten Soldaten für die Kameradschaft, die eine Lebens-, Arbeits- und Kampfgemeinschaft war, eindrücklich beschrieben.[5]

Weiterhin wird das Bild einer Revue-Armee gezeichnet. Die Exerzierlager, die der jährlichen Feststellung und Erhöhung des Leistungsstandes sowie der Standardisierung der Kommando- und Bewegungsabläufe im Heer dienten, erscheinen als glanzvoller und zugleich gefürchteter Höhepunkt des soldatischen Daseins.

Und hinter all dem scheint er durch: König Friedrich II., dem sein Heer in einer Art »Hassliebe« verbunden zu sein scheint. Er ist Motivator und Albtraum zugleich; er erscheint als charismatischer Anführer ebenso wie als Chimäre, als übermächtiger Schatten, der wie ein Relikt aus vergangener Zeit über seinem Heer schwebt; auch vom Autor in beinahe quasireligiöser Manier als der »Meister« bezeichnet.

Was ist nun von den Schilderungen unseres anonymen Zeitgenossen zu halten? Wie ist es um das preußische Heer nach 1763 bestellt? Oder: Was gab es noch außer »Ruinen und Ruhm, Ruhe und Rost«, wie Hans Bleckwenn einmal die Jahrzehnte nach 1763 zusammenfassend charakterisierte?[6] Anders ausgedrückt: Kann die Zeit zwischen dem Siebenjährigen Krieg und dem Tode Friedrichs 1786 wirklich als Zeit der reinen Stagnation gelten? Oder gab es unter der relativ ruhigen Oberfläche doch einiges an Bewegung im preußischen Heerwesen? Und – zweitens – inwiefern kann man aus heutiger Sicht von einem Transfer von militärischem »Know-how« und von militärischer Kultur sprechen, wo ist also eine Art »Vorbildwirkung« der preußischen Verhältnisse auszumachen?

Zunächst sei eine kurze Bestandsaufnahme erlaubt: Mit dem Frieden von Hubertusburg zwischen Österreich und Preußen beziehungsweise Sachsen und Preußen und dem Friedensschluss von Paris zwischen Frankreich und Großbritannien endete 1763 ein siebenjähriges Ringen in Europa und in Übersee.[7] Da die angelsächsische Geschichtsschreibung der globalen Dimension dieses ersten »Weltkrieges« bislang deutlich mehr Aufmerksamkeit geschenkt hat, als es in Deutschland der Fall ist, sei hier noch einmal darauf hingewiesen: Die Great Lakes, Menorca, Calcutta, Havanna, Pirna, Roßbach, Minden, Kunersdorf – hier nur exemplarisch genannt –, sie sind alle Stationen eines Konfliktes, eines »Ersten Weltkrieges«, des »French and Indian War«, des Krieges auf den Meeren, in Asien und in Afrika.[8] Als Analysefeld vormoderner Imperialkriege zeigte der Siebenjährige Krieg ein facettenreiches Gesicht. Er erschien zuweilen gar als Idealtypus des Clausewitzschen Bildes vom Krieg als »wahres Chamäleon«.[9] Michael Salewski bezeichnete ihn einmal als ein »Laborexperiment der Moderne«.[10] Da war zum einen die Formverwandlung des Kampfgeschehens: Von großen, paradeähnlichen und durchgeplanten Schlachten über blutige, unkontrollierbare Gemetzel bis hin zum asymmetrischen Scharmützelkrieg. Die Art der Kriegführung reichte von an die Zeit des Dreißigjährigen Krieges erinnernden Formen über neuartige Experimente – etwa die Schlacht bei Torgau 1760 – bis hin zur außerhalb jedweden Kriegsbrauches stehenden Guerilla. Für blutige Gemetzel sollte Kunersdorf, 12. August 1759, zum Synonym werden (Abb. 1).

Dramatisch auch die »Bilanz« des Krieges: Aus preußischer Sicht hatte sich die Landkarte gegenüber 1756 nicht verändert. Österreich hatte Schlesien nicht wiedergewinnen können; Kursachsen war es nicht gelungen, die lang ersehnte »Landbrücke« nach Polen zu schlagen – dies war nebenbei bemerkt auch nicht mehr nötig, denn mit dem Tod Friedrich Augusts II. 1763 fand auch das sächsisch-polnische Abenteuer alsbald sein Ende. Folgt man den Ausführungen des preußischen Königs bezüglich der Bilanz dieses Konfliktes, so hält er fest, »daß der Krieg ihm 180 000 Mann hingerafft hatte. Seine Heere hatten in 16 Feldschlachten gefochten. Außerdem hatten die Feinde drei preußische Korps fast völlig vernichtet. [...] Durch den Krieg hatte Preußen am meisten gelitten.«[11]

So weit zu den militärischen und politischen Folgen dieses Konfliktes. Wie war es nun um das preußische Heer in den Jahren nach 1763 bestellt? Zunächst einige wenige Fakten zur Binnen- und Sozialstruktur:

Nach dem Siebenjährigen Krieg übernahm die Krone selbst die Auslanderwerbung, die sonst direkt über die Regimenter erfolgte. Diese Maßnahme bedeutete einen derben Einschnitt in die Einkommenssituation der Kompaniechefs, mussten sie doch das bislang einbehaltene Geld für die Beurlaubten an die Kriegskasse abführen.[12] Daher griff man verstärkt auf »billigere« Rekruten zurück und sann auf weitere Möglichkeiten ihrer Beurlaubung. Man kann davon ausgehen, dass von der beim Tode Friedrichs fast 200 000 Mann starken preußischen Armee trotz quasi lebenslanger Dienstpflicht nur etwa 50–60 000 Soldaten ständigen Dienst verrichteten. Hierdurch wurde sicher auch das häufig kolportierte Bild der preußischen Armee maßgeblich mitgeprägt: Wer war im Dienst? Offiziere, Unteroffiziere, die auszubildenden Rekruten – und die unzuverlässigen Kameraden, denn die zuverlässigen hatte man beurlaubt. Folglich verwundert es nicht, wenn der Großteil der im Dienst befindlichen Mannschaft auch die primäre Zielgruppe bildete, der Ordnung und Disziplin beigebracht werden musste und die daher für die öffentlich vollzogene Prügelstrafe infrage kam. Der Eingriff des Staates in die Kompaniewirtschaft bedeutete auch, dass sich die Offiziere nach neuen, vermehrt auch unlauteren Einnahmequellen umzusehen begannen – eine Maßnahme, die gepaart mit Korruption, Geiz und dem Militärstrafsystem das Ansehen des Militärs in der Öffentlichkeit im Allgemeinen deutlich beeinträchtigte.[13]

Zu erwähnen ist auch, dass der König die Soldatenheirat ausdrücklich wünschte, vor allem mit Blick auf das Bevölkerungswachstum. Die Quote erreichte in den Garnisonstädten zuweilen über 50 Prozent, während jedoch die Offiziere deutlich seltener in den Ehestand traten: In der Berliner Garnison der 1770er Jahre waren es etwa 15 Prozent, im Regiment Bayreuth-Dragoner gar null Prozent![14] Gerade die Multinationalität des Offizierkorps wirkte übrigens begünstigend auf den grenzüberschreitenden Austausch von Wissen. Mit der zwischenstaatlichen Mobilität der Militärpersonen zirkulierte auch das Fachwissen zwischen den militärischen Eliten. Die mit dem Wunsch nach Soldatenheirat korrespondierende hohe Anzahl von Soldatenfrauen und -kindern belastete den Militäretat jedoch erheblich und beförderte ganz wesentlich eine allmähliche Begleiterscheinung in der Entwicklung des Militärs im späteren 18. Jahrhundert: die Kasernierung. Wenn man bedenkt, dass die Garnison Potsdam vor dem Tode Friedrichs etwa 6 500 Soldaten umfasste, mit denen weitere 3 000 Familienmitglieder stationiert waren, die wiederum etwa 50 Prozent der Potsdamer Einwohnerschaft ausmachten, so erscheint nachvollziehbar, dass Friedrich nach dem Siebenjährigen Krieg nicht nur in Triumphbögen wie das Brandenburger Tor, sondern auch erheblich in das Große Militärwaisenhaus oder in »Kasernen für Beweibte« investieren musste. Dennoch verschlechterten sich die Lebensumstände der Soldaten spürbar: Der gleichbleibende Sold von zwei Talern genügte immer weniger, um bei steigenden Preisen den Lebensunterhalt zu bestreiten. Nebenerwerbe wurden für die Soldaten zum wichtigen und selbstverständlichen Bestandteil des Einkommens; kriegsversehrten Soldaten blieb – wenn sie für den Dienst in einer Invalidenkompanie nicht mehr taugten – der Einzug ins Invalidenhaus.[15]

Das Offizierkorps von über 4 000 Mann wurde im Siebenjährigen Krieg um mehr als 1 500 Mann dezimiert. Verstärkt musste daher auf Ersatz aus bürgerlichen Kreisen zurückgegriffen werden – es ist vielleicht bekannt, dass dem Köllnischen Gymnasium zu Berlin während dieser Zeit wiederholt die Prima fehlte –, Kreise, an deren Integration in das Offizierkorps Friedrich eigentlich nur wenig Interesse hatte.

Kennzeichnend war daher die Vertreibung der Offiziere nichtadeliger Herkunft nach dem Siebenjährigen Krieg: Zur Zeit des Bayerischen Erbfolgekrieges wies etwa das höhere preußische Offizierkorps keinen einzigen Nichtadeligen mehr auf; allerdings ist darauf hinzuweisen, dass dies auch der einen oder anderen Nobilitierung geschuldet war. Erst in den letzten Lebensjahren Friedrichs drangen Bürgerliche etwas stärker zumindest in die unteren Stabsoffiziersränge ein: 1784 waren von etwa 660 Stabsoffizieren, deren Auswahl sich der König selbst vorbehielt, 16 bürgerlicher Herkunft. Folglich kam es nach 1763 zu einer zunehmenden Distinktion der exklusiv-elitären adeligen »Offizierskaste« gegenüber einem sich allmählich etablierenden Bürgertum.[16]

Welche Neuerungen traten nun abseits der Veränderungen in der Binnenstruktur auf? Hier gilt es, den Blick vor allem auf das Kriegsbild zu werfen: Welche Phänomene hatte der Siebenjährige Krieg zutage treten lassen?

Zu beobachten war einmal ein Trend zur »Massierung« der Truppen, dessen Kulminationspunkt wohl die Schlacht bei Kunersdorf 1759 darstellte.[17] Zahlenmäßig immer größere Armeen zogen ins Gefecht, zumindest was die »Hauptbataillen« unter des Königs persönlicher Führung betraf. Dies war nicht zuletzt auf die Ineffizienz des Salvenfeuers der in Lineartaktik fechtenden, mit Steinschlossgewehr und Bajonett bewaffneten Infanterie zurückzuführen, die von zahlreichen Zeitzeugen überliefert wird. So konstatierte ein anonymer preußischer Offizier gegen Ende des 18. Jahrhunderts:

»Denkt man sich ohne Erfahrung zwei Bataillone aufeinander feuernd, so würde man glauben können, daß wenn beide gleich tapfer wären, daß das Feuer immer sich vermindern würde, und daß zuletzt nur wenige [...] übrig bleiben und im Stande seyn würden, noch aufeinander zu schießen. Die Erfahrung bestreitet aber alle diese verschiedenen Vorstellungen.«[18]

Aus den Übungen mit der alten preußischen Flinte ergab sich beispielsweise die Erkenntnis, dass auch durch erfahrene Schützen abgegebenes Feuer etwa auf 150 Schritt zu weniger als 50 Prozent das Ziel erreichte – eine wesentliche Ursache hierfür war vor allem die mangelnde Qualität der zeitgenössischen Gewehre.[19] Deshalb gab es zum Salvenfeuer der Pelotons zu dieser Zeit keine Alternative. Um bei der geringen Trefferaussicht dennoch ein gewisses Maß an Effizienz zu erzielen, blieb nur ein Ausweg: die Steigerung der Feuerdisziplin und der Feuergeschwindigkeit.

Zudem kam dem Angriff »mit der blanken Waffe«, bei der Infanterie also dem Bajonett, eine hohe psychologische Bedeutung zu. Dies berührt indirekt den Faktor »Moral«, der bis in das Zeitalter der Weltkriege hinein als der Schlüssel, als ein »praktisch zeitloses Universalmittel« für den militärischen Erfolg angesehen wurde.[20] Nicht umsonst notierte bereits Friedrich II. in diesem quasimystischen Glauben an die Überlegenheit der Moral in seinen »Generalprinzipien des Krieges« aus dem Jahre 1748: »Gilt es, nur mit dem Bajonett anzugreifen: welche Infanterie rückt besser als sie [die preußischen Soldaten, M. v. S.], mit festerem Schritt und ohne Schwanken dem Feinde zu Leibe? Wo findet man mehr Haltung in den größten Gefahren?«[21]

Zudem hatte der Siebenjährige Krieg die Erkenntnis weiter verfestigt, dass die Schlachten dieser Zeit vor allem durch den raschen und entschlossenen Einsatz von Kavallerie entschieden wurden. Insbesondere die leichten Reitereinheiten, Dragoner und Husaren, erfuhren eine Aufwertung. Ihnen kam nicht nur im Gefecht, sondern auch im System der Beschaffung, Verarbeitung und Weitergabe von Informationen über den Feind und das Gelände eine wichtige Rolle zu. Der Feststellung Hugo von Freytag-Loringhovens, Friedrich II. habe die leichte preußische Kavallerie »erst eigentlich geschaffen«, ist nur zuzustimmen, wenn man berücksichtigt, dass 1741 nur etwa 2 400 Husaren in drei Regimentern unter preußischen Fahnen standen, während es ab 1773 neun Husarenregimenter gab. Keine Truppengattung hat der König so stark ausgebaut wie diese. Gerade die Kavallerie war in Preußen auch Träger des »Kleinen Krieges«, der vor allem durch die spontanen Aktionen leichter Truppen geprägt war.

Nicht weniger als 23 zusätzliche »Freikorps« – Freiformationen, die zur Schonung der regulären Truppen aus Freiwilligen errichtet wurden – unterschiedlicher Stärke und Qualität hatte der preußische König im Siebenjährigen Krieg aufstellen lassen.[22] Sie waren ebenfalls ein wichtiger Faktor bei der Versorgung der Armee. Aus zeitgenössischer Feder heißt es hierzu:

»Die Erpressungen, welche seine Truppen im Mecklenburgischen, Hollsteinischen, und im Reich verübten, wo seine Partheygänger unter verschiedenem Vorwand starke Contributions eintrieben, verschafften ihm, nebst den Subsidien von Engelland, die Mittel zahlreiche und mit allem wohl versehene Armeen zu errichten, und zu unterhalten. Dieses waren die Ursachen warum er allezeit mit neuen Kräften wieder im Felde erschien.«[23]

Gerade die Einsätze der leichten Truppen zu solchen Zwecken prägten auch das überwiegend negative Bild, das uns in der Literatur überliefert ist – vor allem die »Partheygänger« wurden für die Gräuel des Krieges verantwortlich gemacht. Doch es ging nicht nur um »Nadelstiche«: Welche Auswirkungen der konzentrierte Einsatz leichter Truppen im Siebenjährigen Krieg haben konnte, zeigten beispielsweise der feldzugsentscheidende Überfall der Österreicher auf den preußischen Versorgungskonvoi bei Domstadl 1758, der die Aufhebung der Belagerung von Olmütz zur Folge hatte, oder die Schlacht bei Freiberg 1762. Besonders diese letzte, historiographisch bislang weniger wahrgenommene Phase des Krieges war vor allem durch den »Kleinen Krieg« bestimmt. Die Operationen drehten sich vor allem um Städte und befestigte Feldlager und erfolgten häufig in Form von Kleinkriegsgefechten in einem verwüsteten Operationsraum.[24] Nicht umsonst soll Friedrich hierzu geäußert haben: »Ich habe den Krieg als General begonnen, beenden werde ich ihn als Parteigänger.«[25] Neben dem Trend zu mehr »Kleinkrieg« wurde in diesem Konflikt allen Beteiligten zudem die fürchterliche Wirkung der Artillerie vor Augen geführt – etwa bei Kunersdorf oder Torgau. Bei Zorndorf 1758 soll beobachtet worden sein, dass eine einzige zwölfpfündige Kugel 42 Mann tötete (Abb. 2). Hinzu kam das mörderische Kartätschen- beziehungsweise Schrapnellfeuer. Aufgrund der Ineffizienz der Handfeuerwaffen und der mit zunehmender Kriegsdauer sinkenden

2 Joseph Bader, *Friedrich II. von Preußen in der Schlacht bei Zorndorf (1758)*, Mitte 19. Jahrhundert, Stahlstich (?), SPSG, GK II (10) 1436

Schlacht bei Zorndorf
1758
Bataille de Zorndorf

Qualität der Infanterie wurden vor allem die schweren Geschütze zu einer die Taktik bestimmenden Waffe. Es wurden im Gefecht nicht nur möglichst viele Geschütze zum Einsatz gebracht, sondern die Anlage der Schlacht in ihrer Gesamtheit sehr häufig von den Einsatzgrundsätzen der Artillerie bestimmt.[26] In seinem Politischen Testament von 1768 notierte Friedrich II. dazu: »Die Artillerie macht alles, und die Infanterie kommt nicht mehr zum Kampf mit der blanken Waffe.«[27] Einige Jahre zuvor hatte er bereits erklärt: »Man muß soviel Artillerie als möglich aufbringen, so unbequem sie auch sein mag.«[28] Unbequem – das war die Artillerie vor allem für die von Friedrich anfangs angestrebte dynamische Kriegführung gewesen.[29]

Erst später, als seine notdürftig aufgefüllten Bataillone immer stärkerer Feuerunterstützung bedurften und seine Strategie defensivere Züge annahm, legte der König mehr Gewicht auf die Artillerie. Dennoch: Während man in Österreich ab 1753 mit vier qualitativ hochwertigen Kanonen- und zwei Haubitztypen auskam, wurden von der preußischen Armee im Siebenjährigen Krieg etwa 20 verschiedene Modelle verwendet. Der Krieg führte auch zu einer weiteren Ausdifferenzierung dieser Waffengattung in Regiments-, Positions-, Belagerungs- und in die flexiblere reitende Artillerie nach russischem Vorbild. Diese sollte die Kavallerie im begleitenden Einsatz jederzeit unterstützen können. Ihre sechspfündigen Kanonen wurden von vier Pferden gezogen, die Bedienungsmannschaft war komplett beritten. Preußen war einer der wenigen Staaten, die im Siebenjährigen Krieg damit hatten Erfahrungen sammeln können. Das Gefecht bei Maxen 1759 ist ein Beispiel dafür – nicht umsonst unterstellte Friedrich dem weitgehend auf sich gestellten General Finck diese »Brigade«; auch auf die Gefahr hin, dass dieselbe gefangen genommen wurde, was dann auch tatsächlich geschah. Die Tatsache, dass diese Batterie nach den Verlusten von Kunersdorf und Maxen schnellstmöglich wieder errichtet wurde, unterstreicht nochmals ihre Bedeutung.[30]

Wie reagierte die preußische Armee auf diese Erkenntnisse und Lehren der Kriegsjahre 1756 bis 1763? Bei der Infanterie erfolgten nur geringfügige Änderungen. Hauptträger des Gefechtes waren auch fortan die Musketiere, Grenadiere sowie die Füsiliere. Zur Steigerung der Feuergeschwindigkeit entwickelte man den eisernen Ladestock 1773 zum »zylindrischen Ladestock« weiter – dieser musste, nachdem er aus seiner Halterung am Gewehr entnommen worden war, nicht mehr gewendet werden, da er an beiden Enden verstärkt war. Hinzu kam etwa ein Jahrzehnt später das trichterförmige Zündloch, was die besondere Pulveraufgabe auf die Pfanne des Schlosses überflüssig machte.[31] All dies brachte wiederum einige Sekunden beim Ladevorgang – wohlgemerkt: zumindest auf dem Exerzierplatz, unter quasi idealen Bedingungen. Damit korrespondierte die Forderung Friedrichs, dass der Infanterist künftig bis zu sechs Schuss in der Minute abzugeben habe – eine Illusion, wie spätere Versuche zeigten, denn die Realität lag wohl bei maximal zweieinhalb Schuss pro Minute.[32] Eine bemerkenswerte Formation der Infanterie bildeten indessen die Jäger, die zur Erkundung und Aufklärung eingesetzt wurden. Im Siebenjährigen Krieg waren sie bereits auf die Stärke eines Bataillons angewachsen. Größere Kontingente zumeist freiwillig dienender, in Milizen organisierter Jäger fochten im Amerikanischen Unabhängigkeitskrieg mit großem Erfolg gegen die britische Armee, in deren Gefolge sich zudem etliche Subsidienregimenter aus verschiedenen Reichsterritorien fanden. Erste vorschriftenartige Publikationen zum Einsatz von Jägertruppen waren die Folge. Diese Austauschprozesse mit der nicht mehr ganz so »neuen Welt« deuten die beginnende Überlagerung des innereuropäischen Kulturtransfers durch das europäisch-überseeische Transfergeschehen nur an. Eindrücklich ist in diesem Falle, dass man in Europa auch einmal etwas aus »Übersee« lernte – war doch ansonsten dieser Transfer ein höchst einseitiger Kulturimperialismus![33] Friedrich II. nannte diesen Konflikt zwar verächtlich den »Stockfischkrieg«, über seine charakteristischen Phänomene zeigte er sich dennoch recht gut informiert. 1784 ließ er die Jäger zu einem eigenen Regiment formieren, in dem ein von den Linienregimentern verschiedener Geist herrschte. Insbesondere den militärischen Unterführern wurde ein überdurchschnittliches Maß an Flexibilität, selbständigem Handeln und an Entschlusskraft abverlangt. Auch ordnete man die Werbung hessischer Offiziere an, die in Amerika Kriegserfahrung gesammelt hatten. Unter ihnen befand sich auch der spätere Reformer Gneisenau.

Ausgestattet waren die Jäger mit einer Jägerbüchse und stellten somit gewissermaßen das taktische »Idealbild« leichter Infanterie im preußischen Heer dar. Die Büchse – versehen mit einem gezogenen Lauf, der die Flugbahn des Geschosses stabilisierte und damit Reichweite und Zielgenauigkeit wesentlich erhöhte, einem gekrümmten, der menschlichen Physiognomie besser angepassten Gewehrschaft, der zwar

MARCUS VON SALISCH

Du – Du – Du!

3 Unbekannter Stecher, *Friedrich II. von Preußen droht einem feindlichen Heckenschützen*, o. J., Radierung, SPSG, GK II (10) 1429

den ästhetischen Vorstellungen der Zeit wenig entgegenkam, jedoch das gezielte Anlegen erleichterte, sowie einer Visiereinrichtung – ermöglichte im Gegensatz zur Flinte der übrigen Infanterie den sogenannten »Präzisionsschuss«, benötigte jedoch eine längere Ladezeit und aufwendigere Pflege. Die Trefferquote war jedoch deutlich höher, und diese Waffe ermöglichte erstmals die gezielte Bekämpfung etwa von taktischen Führern, um bei den dann führerlosen Truppen Konfusion zu verursachen. Auf eine Entfernung von etwa 75 Metern konnte man nun die Hand, auf 150 Meter noch die Brust mit hoher Sicherheit treffen. Während sich der Infanterist in seiner Ausbildung noch im Salvenfeuer übte, mussten die Jäger bereits auf eine Zielscheibe schießen. Auch die Handgriffe – zum exerziermäßigen Laden einer Flinte waren Mitte des 18. Jahrhunderts noch etwa 40 Handgriffe notwendig – wurden nun deutlich vereinfacht, der Stellenwert des Unteroffiziers als selbständig handelnder taktischer Führer stieg. Vorbehalte gegen diese Waffe ergaben sich vor allem aus moralischen Gesichtspunkten: Es galt, insbesondere gemessen an den chevaleresken Ehrvorstellungen des Adels, eben als »heimtückisch«, aus den Gebüschen heraus zu schießen oder etwa Offiziere gezielt zu bekämpfen (Abb. 3).[34]

Die Kavallerie, in erster Linie gebildet aus Dragonern und Kürassieren, erfuhr nach dem Siebenjährigen Krieg drastische Eingriffe durch den König: Jedem Regiment wurden anstelle der bislang mehr als 740 nur noch 600 Pferde zugestanden, deren Futterrationen zudem deutlich reduziert. Hierdurch wurden die Ausbildungsmöglichkeiten erheblich eingeschränkt: Die Pferde konnten nicht einmal mehr jeden zweiten Tag geritten werden. Angesichts dieser Umstände war das vom König geforderte verstärkte Üben des »Kleinen Krieges« eine utopische Zielsetzung! Hinzu kam, dass mit Ausnahme der Belling-Husaren mit dem Ende des Siebenjährigen Krieges alle Freikorps aufgelöst oder in Garnisonregimenter umgewandelt worden waren. Die geringe Kontrollierbarkeit der Kriegführung zwischen 1756 und 1763 bewirkte sicher in den Nachkriegsjahren einen verstärkten Drang zur Regulierung des Kriegsszenarios – dies galt auch für die leichten Truppen.

Im Grunde entsprach deren Vorgehen den Auffassungen des gegenüber Exzessen und Insubordination sehr misstrauischen Königs keineswegs – ein wesentlicher Grund für die Geringschätzung dieser Soldaten. Der erwähnte Ausbau der Husarenregimenter nach 1763 ist somit als Zeichen des Bemühens Friedrichs zu deuten, dem so oft »unkontrollierten« Wirken leichter Truppen im »Kleinen Krieg« einen regulären Charakter zu verleihen, also dieselben zu disziplinieren und besser in das operative Gesamtkonzept der Armee zu integrieren. Die Husaren hatten nicht nur den »Kleinen Krieg«, sondern vor allem auch die Grundsätze der Lineartaktik zu beherrschen. Dass dies letztlich in einem über die Kriegserfordernisse hinausweisenden Maße geschah, zeigt das Zitat eines Husarenoffiziers aus dem Jahre 1800. Er beklagt, dass das »häufige Exerciren im Ganzen [...] nicht ihre eigentliche Bestimmung« sei; während die Ausbildung zu »Patrouillen, Partheyen und Vorposten« stark vernachlässigt werde.[35]

Die Artillerie, die landsmannschaftlich deutlich geschlossenste Truppengattung, wurde von Friedrich lebenslang geringer geschätzt als die anderen Waffengattungen; ihr war kein Reglement, keine nennenswerte taktische Schrift gewidmet. Aber Friedrich konstatierte 1781: »Die Geschicklichkeit des Generals besteht darin, seine Truppen an den Feind zu bringen, ohne daß sie schon vor der Attacke zerschlagen werden. Die durch Artillerie erzielten Ergebnisse sind das Hauptelement des Erfolges der Armee.«[36] Ihre Bedeutung für die Schlacht hatte Friedrich also sehr wohl erkannt – obgleich ihn das Beispiel der österreichischen Artillerie in den ersten Schlesischen Kriegen hierzu ein wenig hatte zwingen müssen. Vor allem unter dem Fürsten Liechtenstein hatte die österreichische Artillerie eine Aufwertung erfahren und galt als beste ihrer Zeit. Hier war und blieb Preußen lange Zeit wohl eindeutig in der Rolle des Lehrlings und Nachzüglers. Ebenso wusste der König um die Abhängigkeit Preußens vom Rohmaterialimport – einer der Gründe für sein verbissenes Ringen um Schlesien. Während des Krieges wurden Rohstoffe unter anderem aus Schweden, Sachsen und Schottland bezogen.[37] Unmittelbar nach dem Siebenjährigen Krieg investierte Friedrich daher nochmals ca. 1,5 Millionen Taler in seine Artillerie. Bis 1777 wurden fast 900 neue Geschütze hergestellt, viele davon kamen in die Depots. 1786 verfügte die Armee über mehr als 6 200 Geschütze. 1777/1778 wurden zudem für viele der preußischen Geschütze sogenannte »Kastenprotzen« hergestellt, ein Transportgestell, das einen gewissen Munitionsvorrat enthielt und somit dem Geschütz eine größere logistische Unabhängigkeit verlieh.

Ebenso stieg die Anzahl der Kanoniere: von etwa 800 im Jahre 1740 auf 8 600 im Jahre 1784 – eine Steigerung um mehr als das Zehnfache! Damit lag Preußen aber im Trend: Österreich etwa hatte die Anzahl seiner Kanoniere zwischen 1746 und 1769 von 800 auf etwa 5 000 angehoben. Auch das französische Artilleriewesen machte nach dem Siebenjährigen Krieg unter der Federführung von Gribeauval erhebliche Fortschritte. Allerdings muss, wie bereits ausgeführt, bedacht werden, dass gerade Österreich und Frankreich im Rohstoffbereich weitgehend Selbstversorger waren, während es Preußen in dieser Hinsicht wesentlich schwerer hatte.[38] In diesem Zusammenhang spielten auch die »Landesfestungen« eine bedeutende Rolle. Sie waren, nach den Worten Friedrichs, die »Nägel«, die das Herrschaftsgebiet zusammenhielten. Nach 1765 konzentrierten sich seine Bemühungen verstärkt auf den schlesischen Festungsgürtel, während kleinere Befestigungen wie etwa Minden oder Pillau aufgelöst wurden. Schweidnitz, Neiße, Glatz, Silberberg, Kolberg, Stettin, Küstrin und Magdeburg waren fortan die Hauptwerke. Ihre Besatzungen, die Garnisonregimenter, waren oftmals Heimstätte für alte oder missliebige Offiziere – dies war unter anderem auch ein Grund für die rasche Kapitulation der preußischen Festungen 1806/1807. Von den technischen Truppen erfuhren allenfalls die Mineure eine Aufstockung, während das Pionier- und das Ingenieurwesen eher stagnierten. Nicht umsonst versuchte Friedrich nach dem Siebenjährigen Krieg mehrfach, den sächsischen Artilleriehauptmann Johann Gottlieb Tielke, der durch die Qualität seiner militärwissenschaftlichen Werke auf Augenhöhe mit Gerhard von Scharnhorst zu sehen ist, mit verlockendsten Angeboten in die preußische Armee zu holen.[39]

Die bereits erwähnten Revuen und Manöver waren nun diejenigen Einrichtungen, worin das auf solche Art veränderte preußische Heerwesen seine Leistungsfähigkeit jährlich unter Beweis stellen musste. Zwischen Frühjahr und Sommer wurden die Revuen, die Inspektionen der Regimenter, abgehalten. Sie gliederten sich in die »Special-Revue« und die »Generalrevue«. Bei Ersterer prüfte der König Haltung und Ausbildungsstand der einzelnen Soldaten, bei Letzterer galt es für die inspizierte Truppe, grundlegende Evolutionen und Manöver durchzuführen, wobei auch eine »feindliche« Partei zum Einsatz kam. Dies alles geschah unter den kritischen Augen des Königs; Karrieren konnten hierbei gemacht, aber auch beendet werden. Beispielsweise schickte Friedrich 1785, bei seiner letzten Revue, einige Offiziere anschließend in Arrest. Tragisch mutet auch der Fall eines Majors an, der, offenbar erleichtert über den glücklichen Ausgang des Manövers, beim Rückmarsch zur Garnison nicht mehr gehörig auf die Abstände zwischen den Marschabteilungen achtete und dem ebenfalls zurückreitenden König dadurch negativ auffiel – auch dieser Fall zog eine drastische Bestrafung nach sich.

War der militärische Effizienzgewinn dieser Übungen allenfalls gering, so boten die Revuen dem König doch ein Podium zur Demonstration von Omnipräsenz und Autorität – sie dienten dazu, das Band zwischen Krone und Militär stets unter straffer Spannung zu halten. Von noch größerer Wirkung – vor allem im Ausland – waren die berühmten dreitägigen Potsdamer Herbstmanöver jeweils im September. Der kritische Georg Heinrich von Berenhorst notierte später: »Seitdem die Welt Waffen getragen hat, hat sie nichts Schöneres, nichts Künstlerisches, nichts dem Kriege ähnlicheres gesehen, als diese Herbstmanöver auf der potsdammischen Insel; der König konnte oft dabei so begeistert werden, dass er sich ganz dem ähnlich betrug, wie er im wahren Gefechte erschien.«[40]

Eine Reise nach Potsdam galt daher beinahe europaweit als Höhepunkt in Leben und Ausbildung eines Stabsoffiziers. Folglich fand diese Praxis auch in anderen Ländern Nachahmung; die Manöver waren somit nicht nur wichtiger Bestandteil der Reputation eines Monarchen, sondern auch ein Kulminationspunkt des grenzüberschreitenden Transfers militärischer Kultur. Sie prägten das Fremdbild von der preußischen Armee nachhaltig und regten im Ausland zur Nachahmung an. Das Militär war somit ein wichtiger Träger des permanenten Kulturaustausches, der im weiteren Sinne – so Sven Trakulhun – zur Entstehung Europas als politisches und soziales Gebilde beitrug.[41]

Gerade Beobachter aus anderen Ländern waren von der Präzision und Schnelligkeit der Bewegungen der preußischen Kavallerie und Infanterie immer wieder beeindruckt. Preußische Verhältnisse galten als modern und auch im späten 18. Jahrhundert zumindest noch als interessant. Dass man sie dennoch nicht überall eins zu eins kopierte, belegen etwa die Debatten in Frankreich um die Reform des Offizierkorps in den 1760er und 1770er Jahren. Konservative Kritiker traten einer Verbesserung der »constitution militaire« und der »discipline militaire«, wie sie von den für das Kriegswesen zuständigen Staatsministern gefordert wurde, zumeist mit dem Hinweis auf die nationalen Besonderheiten Frankreichs entgegen: Preußische »Gleichmacherei« wollte man unbedingt vermeiden. Die Nachbeter sklavisch-preußischer Disziplin sahen sich häufig harschen Angriffen ausgesetzt. Dem Comte de Saint-Germain gelang es nach dem Siebenjährigen Krieg weder in Dänemark noch in Frankreich, preußische Verhältnisse in vollem Umfange durchzusetzen.[42] Dennoch war man durch Geheimberichte im Ausland stets gut über die Zustände der anderen Armeen informiert. Neben den Offizieren fungierten vor allem Diplomaten als Mittler des kulturellen Austauschs.[43] Wie stark das Lob des Manöverbeobachters ausfiel, richtete sich in gewissem Maße auch nach dem gegenwärtigen Zustand der eigenen Truppen. Fühlte man sich stark, war das Urteil meist schärfer, wie das Eingangszitat belegt. Es waren vor allem die »unkriegerischen« Zeiten, die Zweifel an den eigenen Fähigkeiten aufkommen ließen. Man denke hier nur an die militärpolitischen Debatten im preußischen Offizierkorps zu Beginn der Revolutionskriege.[44] Kritische Beobachter aus dem Ausland äußerten aber auch immer wieder, dass in Preußen im Grunde wenig Neues geboten würde.

Grundsätzlich – und hier sei nochmals an das Eingangszitat erinnert – war jedoch das optische Erscheinungsbild in erster Linie bestimmend für die Bewertung der Leistungsfähigkeit einer Armee. Die Kriegskunst des Ancien Régime in ihrem Ästhetizismus und Geometrismus wurde somit auf die Spitze getrieben. Bezeichnend hierfür war beispielsweise auch die ständige Zunahme des Zierrats an den Uniformen – obwohl durch die weitere Verbreitung der Büchse damit eine erhöhte Gefahr für den Uniformträger einherging.

Der Drill war im Zuge dessen, und dies muss hier betont werden, notwendig und unvermeidlich, um in und mit der geschlossenen Ordnung rasch, präzise und ohne Gefährdung des Nebenmanns operieren zu können. Man musste das Komplizierte können, um das Einfache zu beherrschen. Ohne das Streben nach maximaler Synchronität im Wechselspiel von Feuer und Bewegung war es nach der damaligen Kampfweise eben kaum möglich, den Truppenkörper auf dem Schlachtfeld – womöglich noch über Geländehindernisse hinweg – effizient zum Einsatz zu bringen. Waren die Körperhaltung der Soldaten gut und lief der Ladedrill uhrwerksartig – kurz: konnte der König auf seinen Regimentern wie auf der Tastatur eines Klaviers spielen –, so stieg sein »Selbstgenuss« ins Unermessliche, wie Berenhorst notierte.

Diese Entwicklung trieb natürlich Stilblüten. Ohne Zweifel waren die Einhaltung von Schrittgröße und Schrittlänge sowie Marschgeschwindigkeit (man debattierte intensiv darüber, ob nun 75 oder 76 Schritt in der Minute zweckmäßiger wären) aus taktischen Gründen notwendig. Schädlich auf die Armee wirkte sich jedoch die Übertreibung all dieser Praktiken bis ins unwesentlichste Detail aus, die allenfalls zum Exerzierplatz, nicht jedoch zur kriegsnahen Ausbildung im Gelände passten.[45] Berenhorst schrieb zur engen Verquickung aus höfischem Stil und Kriegskunst: »Kein geringes Studium« und gar »der Scharfsinn von Professoren« seien für den Truppenführer nötig, um in diesem erstarrten Formalismus funktionieren zu können; hier und da sah man schon einmal einen nervösen Kommandeur oder Adjutanten mit einem Winkelmaß die exakte Ausrichtung seiner Männer vorsichtshalber nachprüfen.[46] Auch deren äußeres Erscheinungsbild wurde einem strengen Reglement unterzogen: »Die Bärthe sollen mit ganz wenigem Wachs aufgesezt werden, an der Seite keine Krümmen haben, in der Mitte des Barth nicht ausgeschnitten, sondern gleich zugeschnitten, und ganz gerade aufgekämmt, hinter dem Barthe nichts weggeschoren«,[47] lautete die Anweisung der 1785 für die schlesische Inspektion verantwortlichen Generale von Anhalt und von Götzen.[48] Auch wurden bei den Regimentern zuweilen Kommandos eingeführt, die nicht der Vorschrift entsprachen, dafür aber vom Soldaten leichter auszuführen waren. Aber: Vorsicht damit in Gegenwart des Königs: »Wenn dieses in Gegenwart Sr. Königl. Majest. geschiehet, so muß dieses Wort [...] nicht so laut als die andern Commando-Wörter gesagt werden, weil man in Potsdam noch nicht daran gewöhnet ist«, so der diskrete Hinweis der beiden Generale zu diesem Sachverhalt.[49]

Zieht man Bilanz, so stellte die Periode nach dem Siebenjährigen Krieg für das preußische Militär keineswegs nur Stillstand, sondern eine durchaus evolutionäre Phase dar. Jedoch handelte es sich eher um ein quantitatives Wachstum bei qualitativem Rückgang (oder zumindest qualitativer Stagnation) als um eine Entwicklung mit fundamentalen und spektakulären Wandlungsprozessen.[50] Damit lässt sich vielleicht am treffendsten von einer Reorganisation sprechen, einer schubweisen Nachrüstung, die sich an den Entwicklungen fremder Armeen ebenso orientierte wie beispielsweise an gestiegenen Bevölkerungszahlen und an den Möglichkeiten des preußischen Staates angesichts des Wiederaufbaus nach dem Siebenjährigen Krieg. Durch eine Steigerung der Komplexität, durch ein Übermaß an Symmetrie wurden jedoch die Grenzen der Führbarkeit erreicht. Kumulative Veränderungen, die beispielsweise das Verhältnis zwischen Militär und Gesellschaft betrafen – etwa in Gestalt einer Annäherung oder gar Vereinigung von Militär- und Zivilstand – blieben aus. Der kurze Feldzug von 1778/1779 war nicht geeignet, auf die heraufziehenden Fragen der Zeit schlüssige Antworten zu geben. Aber wenige Jahre nach Friedrichs Tod zog die Weltgeschichte selbst Bilanz – und bei Jena 1806 ging es nicht mehr darum, wer die schöneren Bewegungen machte. Die Rationalität hatte Einzug im Kriegswesen gehalten.

Dennoch gab es unter der relativ ruhigen Oberfläche eine gewaltige, grenzüberschreitende Bewegung, die hier zumindest nicht unerwähnt bleiben soll: die militärische Aufklärung! Ihre namhaften Protagonisten – Scharnhorst, Bülow, Berenhorst – fanden ihre Pendants auch in anderen europäischen Armeen. Der Ideenaustausch innerhalb der militärischen Gesellschaft der Aufklärer trug zur Herausbildung einer europaweiten Öffentlichkeit bei und gab die preußische Militärverfassung zur Diskussion frei.

Ob man nun vom »Vorbild für die Welt« oder vom »exakten Schlendrian« sprechen möchte: Insgesamt erwies sich das Militär – insbesondere die vielfach als Bewertungsmaßstab geltende preußische Armee – in der zweiten Hälfte des 18. Jahrhunderts als ein wesentlicher Träger des innereuropäischen sowie des transkontinentalen Kulturtransfers. Es war somit ein wesentlicher Protagonist im beständigen Prozess der Kommunikation, der Rezeption und des Austausches.

MARCUS VON SALISCH

* Der Vortrag, gehalten am 12.1.2011 in Potsdam, wurde für die Ver-öffentlichung im Wortlaut leicht abgeändert und um die notwendigen Anmerkungen ergänzt.

1 Um 1790 betrug das Verhältnis von Soldat pro dienstbarem Einwohner in Kursachsen etwa 1:28, in Preußen hingegen 1:12 (Kroll, 2006, S. 73). – Beim Tode Friedrichs II. rangierte Preußen hinsichtlich seiner Bevölke-rung in Europa auf Platz 13, leistete sich jedoch die drittgrößte Armee. Deren Anteil an der Gesamtbevölkerung betrug etwa 3,4 Prozent. Auf-schlussreich ist die Feststellung von Christopher Clark, dass Preußen damit in etwa einen mit manchen Staaten des Ostblocks im Kalten Krieg vergleichbaren Militarisierungsgrad besaß (Clark, 2007, S. 257).

2 Der Beobachter übertreibt hier offenbar: Der »durchschnittliche« alt-preußische Soldat maß um diese Zeit etwa 1,75 m. Wie Stefan Kroll am Beispiel des Infanteriebataillons »Prinz Xaver« verdeutlicht, betrug die Mindestgröße für einen sächsischen Soldaten etwa 1,65 m. Die Soldaten des Bataillons wiesen um 1780 eine durchschnittliche Körpergröße von circa 1,73 m auf. Zu beachten ist auch, dass das Durchschnittsalter der preußischen Soldaten nach heutiger Erkenntnis etwa 30 Jahre betrug. In Kursachsen wiesen die Grenadiere ein vergleichbares Alter auf, während die Musketiere mit circa 22 Jahren im Schnitt jünger waren (Groehler, 2001, S. 30 f. – Kroll, 2006, S. 165 – 167).

3 Kleine Wanderungen durch Teutschland, in Briefen an den Doctor K. (Der Teutsche Merkur, 1785, S. 259 – 282). – Zur kursächsischen Armee im 18. Jahrhundert siehe explizit: Kroll, 2006. – Salisch, 2009.

4 Kleine Wanderungen durch Teutschland, in Briefen an den Doctor K. (Der Teutsche Merkur, 1785, S. 280 u. 282).

5 Keegan, 2007, S. 161.

6 Bleckwenn, 1978, S. 210.

7 Zum Friedensschluss im Detail: Kessel, 2007, S. 941 – 947.

8 Zur globalen Dimension dieses Konfliktes exemplarisch: Externbrink, 2011. – Füssel, 2010a. – Salisch, 2010b, S. 7 – 16. – Kortmann, 2005, S. 58 – 71.

9 Hahlweg, 1980, S. 212.

10 Salewski, 2005, S. 1 – 5.

11 Zit. nach: Seidlitz, 1990, S. 63 f.

12 Bei der im Militärwesen des 18. Jahrhunderts vorherrschenden Kom-paniewirtschaft erhielt der Kompaniechef einen gewissen Geldbetrag zugewiesen, aus dem er die Ausgaben der Kompanie (z. B. Verpflegung, Ausrüstung und Werbung) bestreiten musste. Wirtschaftete er sparsam als »guter Wirth«, konnte er die Ersparnisse einbehalten (Fiedler, 1986, S. 15 u. 127).

13 Dabei meinte der Begriff »Ausländer« nicht dasselbe, was wir heute dar-unter verstehen. So bedeutete es beispielsweise nicht, dass die 928 Aus-länder, die das 1 900 Mann zählende Regiment Alt-Stutterheim im Jahre 1777 aufwies, zwangsläufig auch aus nichtpreußischen Landen stammten. Olaf Groehler verweist auf die »weitherzige« Auslegung dieses Begriffes. Als »Ausländer« galten oft auch jene Soldaten, die nicht aus den dem Regiment zugeteilten Kantons kamen (Groehler, 2001, S. 27 u. 62 f.).

14 Bleckwenn, 1978, S. 154.

15 Bleckwenn, 1978, S. 145 – 147. – Groehler, 2001, S. 31. – Schmidt, 2001, S. 6 – 13. – Pröve, 2003, S. 343. – Muth, 2003, S. 61 – 64.

16 Ausnahmen bildeten die vielfältigen Verflechtungen von Offizieren zu aufgeklärten Gesellschaften und Sozietäten. Hierzu exemplarisch: Stübig, 2010, S. 29 – 42. – Salisch, 2010a, S. 96 – 99. – Pröve, 2003, S. 6 f. – Jessen, 2007, S. 166 – 174. – Büchel, 1999, H. 2, S. 5 – 23. – Groehler, 2001, S. 58 – 67.

17 Rink, 2006, H. 2, S. 376 f.

18 Zit. nach: Luh, 2003, S. 330 f.

19 Luh, 2004, S. 146.

20 Raths, 2009, S. 34.

21 Zit. nach: Seidlitz, 1990, S. 81. – Groehler, 2001, S. 134 f.

22 Rink, 1999, S. 164 – 167.

23 Kurze Abhandlung der militairischen Theorie von Ryssell (zit. nach: Rink, 1999, S. 168).

24 Rink, 2006, S. 377. – Rink, 1999, S. 169.

25 Zit. nach: Rink, 1999, S. 170.

26 Luh, 2004, S. 167 – 175.

27 Aus dem Politischen Testament Friedrichs II. von 1768 (zit. nach: Luh, 2004, S. 172).

28 Zit. nach: Luh, 2004, S. 173.

29 Groehler, 2001, S. 93.

30 Groehler, 2001, S. 93 f. – Bleckwenn, 1978, S. 177 – 179. – Ortenburg, 1986, S. 146.

31 Ortenburg, 1986, S. 65.

32 Luh, 2004, S. 132 f., 140 u. 143.

33 Fuchs / Trakulhun, 2003, S. 13 u. 20.

34 Luh, 2003, S. 334 f. – Luh, 2004, S. 148 f. – Duffy, 2001, S. 425 f. u. 453 f. – Groehler, 2001, S. 82 f. – Bleckwenn, 1978, S. 215. – Ortenburg, 1986, S. 57 u. 63 f. – Detaillierte Einblicke in den Dienst der Jäger im späten 18. Jahrhundert gewährt zum Beispiel die Schrift »Regulations for the exercise of Riflemen and light infantry, and instructions of their conduct in the field«, London 1798.

35 Rink, 1999, S. 173.

36 Zit. nach: Schmidtchen, 1999, S. 78.

37 Kroener, 2008, S. 225 u. 228. – Schmidtchen, 1999, S. 79.

38 Ortenburg, 1986, S. 79.

39 Salisch, 2010c, S. 27 u. 32. – Duffy, 2001, S. 456 f. – Groehler, 2001, S. 96 – 98 u. 103.

40 Zit. nach: Rink, 1998, S. 60.

41 Fuchs / Trakulhun, 2003, S. 9 u. 13.

42 Sonkajärvi, 2009, S. 256 – 261. – Opitz-Belakhal, 1994, S. 350 – 358.

43 Beispielhaft für die exakte Dokumentation der preußischen Manöver sei auf die Schrift »Bemerkungen über die preußische Kavallerie in An-wesenheit des Landgrafen von Hessen bei den Manövern in Berlin und Potsdam« des Majors von Schönfeld vom Mai 1788 verwiesen (HStAM Karten WHK 39/57). – Zu den Manövern erschienen auch von preußi-scher Seite im Nachhinein entsprechende Publikationen, etwa die »Er-klärung und genaue Beschreibung der Manoeuvres, welche von dem Königl. Preuß. Corps, das zwischen dem Amte Spandau und dem Dorfe Gatow campiret, vorgenommen worden, so wie sie sämtlich auf einem beygefügten grossen Plan marquiret sind«, Berlin u. Potsdam 1753. – Vgl. dazu auch: Duffy, 2001, S. 463.

44 Hierzu exemplarisch: Jessen, 2007, S. 124 u. 164 f.

45 Jessen, 2007, S. 7 f. u. 76 – 78. – Rink, 1998, S. 63. – Luh, 2004, S. 207 f.

46 Zit. nach: Rink, 1998, S. 63.

47 Zit. nach: Rink, 1998, S. 62.

48 Auch die Inspekteure als »Zwischenebene« bzw. Leitungs- und Kontroll-instanz zwischen Krone und den Regimentern waren eine Neuerung der spätfriderizianischen Zeit (Bleckwenn, 1978, S. 214).

59 Zit. nach: Rink, 1998, S. 62.

50 Duffy verweist darauf, dass das preußische Militär nach 1763 eigentlich erst die durch Friedrich II. geschaffene Armee darstellte, während die Armee bis in den Siebenjährigen Krieg hinein noch auf den Errungen-schaften seines Vaters fußte (Duffy, 2001, S. 351 f.).

DANIEL SCHÖNPFLUG

FRIEDRICH DER GROSSE ALS EHESTIFTER

Matrimoniale Strategien im Haus Hohenzollern 1740–1786

»Zum natürlichen und organischen Fürstentume gehörte das starke, alle Poren erfüllende Bewußtsein des auserlesenen Geblütes, das wiederum auf ganz Unbewußtem beruht, auf mächtigen, elementaren Instinkten des Geblüts, der Familie und Sippe, die durch Jahrhunderte gepflegt eine schlechthin naturhafte Tradition des Denkens und Empfindens schaffen. Die Dynastie war das Erste und Bodenständige in der Entwicklung zum modernen Staate, und ihre eigenartig sich von reiner Staatlichkeit absondernde Empfindungsweise blieb, schließlich zu seinem und unserem Unheil, bis in den letzten Hohenzollernherrscher hinein lebendig. Dieser familienhafte Fürsteninstinkt, der nicht nur die eigene Dynastie, sondern auch alles übrige fürstliche Geblüt der christlichen Welt als seine gottbegnadete, hochemporgehobene soziale Sphäre mit solidarischem Interesse umfaßt, hat Friedrich gefehlt. Jedenfalls ist er früh erstorben. Er hätte ihn vielleicht entwickelt, wenn ihm eine geistig und gemütlich ebenbürtige Fürstin zur Seite getreten wäre. Aber schon die in fürstlicher Lebensführung bisher ganz neue und einzige Art, wie er seine Ehe behandelte, die ungeliebte Gattin zu einem abgesonderten königlichen Scheindasein, sich selber aber zu einem fast asketisch berührenden Junggesellendasein bestimmte, deutet auf eine ursprüngliche Schwäche seiner Geblüts- und Familieninstinkte, auf eine ursprüngliche Stärke rein individuellen Wollens. Sein Antimachiavell bestätigt diesen Eindruck. Er ist ganz frei von spezifisch dynastischer Empfindung, von solidarischer Achtung fürstlichen Geblüts.«[1]

Friedrich Meineckes in »Die Idee der Staatsräson in der neueren Geschichte« geäußertes Urteil über Friedrichs des Großen »asketisch berührendes Junggesellendasein« ist charakteristisch: Der preußische Monarch wurde in der Historiographie lange Zeit als Einzelgänger dargestellt, der nicht nur dem Hof, sondern auch seiner Familie nur geringen Wert zugemessen habe. Als Indikator für Friedrichs indifferente Haltung zu seinem Geblüt wurde vor allem der distanzierte, instrumentelle Umgang gewertet, den er mit seiner Gattin, den meisten seiner Geschwister und dem Großteil seiner weiteren Verwandtschaft pflegte.[2] Die Beobachtung ist durchaus zutreffend, und doch beruht das Urteil über die »Schwäche seiner Geblüts- und Familieninstinkte« auf einem Anachronismus. Die Vorstellung, dass eine Familie – und gar die eines Königs – von intensiven, harmonischen und emotionalen Binnenbeziehungen geprägt sein sollte, wird erst an der Schwelle zum 19. Jahrhundert wirkmächtig. Die Dynastien des 18. Jahrhunderts waren vielmehr Verwandtschaftsverbände, deren innere Bindung durch das gemeinsame Bewusstsein der Zugehörigkeit zu einer herausgehobenen Sippe und vor allem durch einen gemeinsamen Existenzzweck – den Erhalt des familiären Besitzes, der gemeinschaftlichen Lebensgrundlage aller Verwandten – gestiftet wurde.[3]

Zur Strukturierung der Beziehungen innerhalb einer regierenden Dynastie trug darüber hinaus die untrennbare Verbindung von Familie und Politik bei. Der preußische Staat war, wie auch Meinecke betont, aus einer dynastischen Wurzel entsprungen. Die verstreuten Territorien der Hohenzollern waren vielfach

1 Antoine Pesne, *Prinzessin Luise Ulrike von Preußen*, vor 1744, Öl auf Leinwand, SPSG, GK I 11771

durch Heirat oder Erbe erworben, und allein die dynastische Klammer hielt sie zusammen. Die Verantwortung für die Ländereien wurde – entsprechend den Hausgesetzen – vom Vater auf den ältesten Sohn weitergegeben. Dessen Aufgabe war es, die ererbten Güter zu wahren und zu mehren. Er hatte auch die Versorgung der anderen Familienmitglieder zu gewährleisten. Darüber hinaus stand die Sorge für den Fortbestand und das Wohlergehen der Dynastie in der nächsten Generation in seiner Verantwortung. Er musste die Thronfolge sichern und die Erziehung des Thronfolgers überwachen.

Im 18. Jahrhundert war die Begründung außenpolitischer Interessen durch dynastische Ansprüche noch gang und gäbe; der Erbfolgekrieg war, um Johannes Kunisch zu zitieren, noch die »typische und immer wiederkehrende Erscheinungsform zwischenstaatlicher Konflikte«.[4] Auch Friedrich der Große, der als Personifikation der Staatsräson in die Geschichte eingegangen ist, konnte sich den Rahmenbedingungen der dynastischen Räson nicht entziehen. Die Krone erhielt er als Erstgeborener, und ungeachtet der »Skepsis der eigenen Familie gegenüber hat der König [...] offenbar in keinem Augenblick ernsthaft erwogen, die Prinzipien der überkommenen Sukzessionsordnung zur Disposition zu stellen«.[5] Seine Erwerbungen – auch in Schlesien, sogar in Polen – beriefen sich auf alte familiäre Ansprüche, und aus seinen Testamenten wird deutlich, dass es ihm wichtig war, seine Nachfolger umfassend über noch einzulösende »praetensiones« in Kenntnis zu setzen. Die von seinen Vorgängern begonnene Strategie, die verschiedenen Linien des Hauses durch Verträge und Vermählungen aneinander zu binden und so den Heimfall des Besitzes der Nebenlinien vorzubereiten, setzte Friedrich aktiv und erfolgreich fort.

Dynastische Herrschaft hieß nicht nur Verpflichtung gegenüber früheren und folgenden Generationen, sondern auch Herrschaft, die sich der Familienmitglieder und Verwandten als Ressource bediente. Friedrich behandelte seine Verwandten so, dass sie der Familie den größten Nutzen bringen und den geringsten Schaden zufügen konnten. Er sah es etwa als günstig an, seine Brüder im Militär einzusetzen. Waren sie dazu begabt, so waren sie nützlich beschäftigt und mischten sich nicht unnötig in die Regierung ein. Eine seiner Schwestern, Amalie, diente der Dynastie als Äbtissin von Quedlinburg. Friedrichs Gattin Elisabeth Christine, das hat Thomas Biskup herausgearbeitet, war ihm nützlich, weil sie ihm ungeliebte Repräsentationsaufgaben abnahm.[6] Die Ehen seiner Schwestern, Nichten und weiteren weiblichen Ver-

2 Daniel Berger, *Friedrich II. und Elisabeth Christine von Preußen, Medaille zu Ehren ihres fünfzigjährigen Ehejubiläums*, 1783, Radierung, SPSG, GK II (10) 1315

DANIEL SCHÖNPFLUG

wandten, die in andere regierende Häuser eingeheiratet hatten, konnten ein außenpolitisches Unterpfand sein. Kontakte zu Familienmitgliedern an anderen Höfen erleichterten darüber hinaus die Informationsbeschaffung und schufen für das diplomatische Geschäft hilfreiche Kanäle.

So war die Dynastie gleichermaßen Fundament, Ziel und Werkzeug fürstlicher Herrschaft im 18. Jahrhundert. Auch ein Einzelgänger und Freund geistvoller Männerrunden wie Friedrich der Große, der darüber hinaus im Alter zunehmend zum Menschenfeind zu werden schien, konnte sich diesen Strukturbedingungen nicht entziehen. Er stellte sich seit 1740 der Verantwortung als Oberhaupt und Hüter der Dynastie und nahm seine daraus erwachsende Rolle als Ehemann, Bruder, Schwager, Onkel und Neffe ernst. Darüber hinaus trug er in seinen Schriften zur Aufrechterhaltung der Familie bei. Die »Mémoires pour servir à l'histoire de la maison de Brandebourg« waren ein gewichtiger Beitrag zur Formung eines dynastischen Bewusstseins der Hohenzollern.[7] Er widmete sie seinem Bruder und prospektiven Thronfolger, dem Prinzen von Preußen August Wilhelm, den er einleitend daran erinnerte, dass man, um gut zu kommandieren, zunächst gehorchen können müsse.[8] In Hunderten von Briefen an seine Verwandten formulierte er familiäre Pflichten. Seine Testamente sind ein Beleg für sein ausgeprägtes Familiendenken. So schrieb er etwa in seinem Persönlichen Testament vom Januar 1769:

> »Je recommande à mon successeur de respecter son sang dans la personne de ses oncles, de ses tantes, et de tous les parents; le hasard qui préside au destin des hommes, règle la primogéniture, mais pour être roi, on n'en vaut pas mieux pour cela que les autres. Je recommande à tous mes parents à vivre en bonne intelligence, et à savoir, quand il le faut, sacrifier leurs intérêts personnels au bien de la patrie et aux avantages de l'État.«[9]

Aus dem weiten Handlungsfeld des Dynastischen, auf dem sich Friedrich als König von Preußen unweigerlich bewegen musste, kann im Folgenden ausschließlich die Heiratspolitik behandelt werden. Allen Eheprojekten für Mitglieder seines Hauses musste Friedrich als Familienoberhaupt zunächst zustimmen. Bei den Vermählungen seiner ledigen Geschwister war er jedoch auch als Heiratsvermittler gefragt. In seine Zeit als Oberhaupt der Hohenzollern von 1740–1786 fielen zehn Heiraten in den Brandenburger Linien des Hauses: Im Jahr 1742 wurde die Vermählung seines Bruders August Wilhelm gefeiert. 1744 folgte die Eheschließung seiner Schwester Ulrike (Abb. 1) mit dem schwedischen Thronfolger. 1752 gelang es dem Chef des Hauses Hohenzollern, seinen Bruder Heinrich in den Hafen der Ehe zu steuern. 1753 trat seine Nichte Dorothea aus der Schwedter Linie vor den Traualtar und 1755 deren Schwester Luise zusammen mit Friedrichs jüngstem Bruder Prinz Ferdinand. 1765 heiratete sein Neffe und Thronfolger Friedrich Wilhelm zum ersten und 1769, nach seiner Scheidung, zum zweiten Mal. 1767 kam mit Luise eine weitere Schwedter Prinzessin unter die Haube. Im selben Jahr heiratete eine weitere Nichte, Wilhelmine, den niederländischen Erbstatthalter. Schließlich fand unter Friedrichs Regie noch 1773 die Heirat von Philippine statt, einer Tochter aus der Schwedter Linie. Von der schwedischen und der oranischen Ehe abgesehen, wurden die Verbindungen im Kreis der verwandten protestantischen Familien des Reiches geschlossen: drei mit dem Hause Hessen, zwei mit dem Welfengeschlecht und jeweils eine mit den Häusern Württemberg und Anhalt.[10]

Von den vielen Motiven, die das Konnubium der Fürstenfamilie bestimmten, werden im Folgenden nur zwei analysiert:[11] Erstens sollen die Eheprojekte zum Erhalt des Hauses in den Blick genommen werden; hier musste es dem Chef der Dynastie darum gehen, geeignete Partien für seine Brüder zu finden und somit die Thronfolge zu sichern. Zweitens wird sich dieser Aufsatz mit politischen Heiratsprojekten befassen, von denen es unter Friedrich im engeren Sinn nur eines gab: die schwedische Vermählung seiner Schwester Ulrike im Jahr 1744. Von gewissem politischen Gewicht war, auch wenn Friedrich dies herunterspielte, darüber hinaus auch die oranische Heirat seiner Nichte im Jahr 1767.

Heiraten und der Fortbestand des Hauses

Die königliche Familie war allein deshalb eine hochpolitische Institution, weil sie dafür zuständig war, den Kandidaten für das höchste Amt im Staate zu liefern. Die »Hausgesetze«, eine aus Testamenten und Familienverträgen kumulierte Norm, setzten die Regeln sowohl für die Thronfolge als auch für legitime

Heiraten fest, die allein legitimen Nachwuchs hervorbringen konnten. Sie enthielten somit gleichzeitig Elemente einer Verfassung, die dem Staat eine Struktur gab. Das Aussterben der Dynastie bedeutete, zumindest aus deren Binnenperspektive, auch das Ende des Staates.[12]

Als Friedrich 1712 geboren wurde, war der preußische Hof von Nachwuchssorgen geplagt. Obwohl seine Mutter, die aus Hannover stammende Königin Sophie Dorothee, insgesamt vierzehn Kinder zur Welt brachte und außer Friedrich noch drei weitere Söhne das Erwachsenenalter erreichten, zeichnete sich in den 1740er Jahren ein erneuter dynastischer Engpass ab. Kronprinz Friedrich hatte 1733 mit Widerwillen und unter dem Druck seines Vaters die Braunschweiger Prinzessin Elisabeth Christine geheiratet (Abb. 2). Doch es war wohl weniger Widerwille als vielmehr ein gesundheitliches Problem, das dazu führte, dass Friedrich der Fortpflanzung in seiner Ehe von Anfang an keine Chance gab. Schon bald nach dem Regierungsantritt kündigte er seinem jüngeren Bruder August Wilhelm an, dass er der Nächste in der Thronfolge sei.[13] Doch das vollständige Fehlen von männlichem Nachwuchs in der nächsten Generation erfüllte den jungen König, der im Ersten Schlesischen Krieg die Gefahren für sich und seine Brüder erlebte, mit Sorge. Noch bevor der Friedensvertrag unterzeichnet war, betätigte sich Friedrich als Familienstratege und brachte die schon unter seinem Vater geplante Vermählung seines zehn Jahre jüngeren Bruders August Wilhelm mit der Welfenprinzessin Luise Amalie zustande. Sie wurde am 6. Januar 1742 im Weißen Saal des Berliner Schlosses gefeiert.

Zugleich bedrängte er seinen 38 Jahre alten, unverheirateten Cousin zweiten Grades, Markgraf Karl Albrecht aus der Sonnenburger Linie des Hauses, eine Ehe mit einer württembergischen Prinzessin einzugehen:

»Vous considerez donc que nous, que sont de la Maison de Prusse, sommes obligez de faire tout ce qui peut aboutir au bien et à la conservation de l'Etat. Si vous considerez après cela qu'il n'y a point des heritiers mâles, ni dans la première ligne de notre maison, ni dans celle des Marggraves de même que dans la collatérale en Franconie, ou il n'y a que le seul jeune Prince d'Ansbach assez faible de santé et de constitution; il ne saura manquer que vous ne vous representiez en meme temps touts les maux et peut-être la destruction totale que l'Etat auroit a risquer si notre famille venoit à finir des heirs mâles.«[14]

Der Markgraf entzog sich dieser dringlichen Bitte mit dem Verweis auf seine bescheidenen finanziellen Verhältnisse, die durch den Erwerb des Gutes Neu-Quiliz – des heutigen Neuhardenberg – noch schlechter geworden seien. Weiterhin gab der Markgraf an, eine Aversion gegen die – ihm im Übrigen gänzlich unbekannte – württembergische Prinzessin zu haben. Er führte darüber hinaus aus, »que le mariage en général est accompagné de beaucoup de désagrément et d'inquiétude«.[15] Friedrichs Angebot, die markgräfliche Ausstattung aufzubessern und auch andere Kandidatinnen in Erwägung zu ziehen, konnte Karl nicht umstimmen. General von Kalckstein, der im Auftrag des Königs unter vier Augen mit dem Markgraf sprach, überbrachte Friedrich die Neuigkeit, dass dem Heiratsplan eine Mätresse im Wege stehe, die zwar über fünfzig Jahre alt und beständig krank sei, dass aus dieser Verbindung jedoch Kinder hervorgegangen seien, weshalb der Markgraf ihr »reconnoissance schuldig« sei.[16] Friedrich reagierte auf diese Neuigkeiten mit dem Angebot, die unehelichen Kinder in den Adelsstand zu erheben, worauf sich der Markgraf – nicht ohne auch für seine Mätresse um Nobilitierung zu bitten – zu einer durch einen Vorwand verschleierten Brautschau in Hessen-Kassel bereitfand.

So sah es zunächst so aus, als hätte der König mit Erfolg in die Zukunft des Hauses investiert. Markgraf Karl, der zeit seines Lebens unverheiratet bleiben sollte, gelang es allerdings, die Angelegenheit zu verschleppen, bis von anderer Seite Entlastung kam: Luise Amalie, die Gattin von Friedrichs Bruder August Wilhelm, wurde im September 1744 von einem Stammhalter entbunden. Doch der König erwartete mehr. Schon im Frühjahr des folgenden Jahres ermahnte er seinen Bruder. Dieser habe eine sehr hohe Meinung von sich, wenn er sich für einen »gewaltigen Kindererzeuger« halte; »das armselige eine Kind, das Du erzeugt hast«, stelle »die Zukunft des Hauses nicht so sicher, wie es wünschenswert wäre«.[17] Immer wieder kam Friedrich in der Korrespondenz auf das leidige Thema zu sprechen: »Man muß jedoch gestehen, daß die Ehe die nützlichste Thorheit der Menschen ist. Ich wünschte, man merkte davon mehr in Deinem Hause. Geschieht das nicht bald, so müßte man Dir den kleinen Prinzen fortnehmen und Dich wie die Legehennen behandeln, denen man die Eier wegnimmt, damit sie neue legen.«[18]

Drei Jahre nach dem Thronfolger brachte Luise Amalie einen zweiten Sohn zur Welt. So schien die Zukunft des Hauses zunächst gesichert; dies galt umso mehr, als Friedrich 1752 und 1755 auch seine beiden jüngeren Brüder, Heinrich und August Ferdinand, und schließlich 1765 auch seinen Neffen Friedrich Wilhelm zum Tragen des Ehejochs überreden konnte. Letztere Eheschließung begründete er auch mit den Notwendigkeiten der Thronfolge:

> »Pendant toutes ces agitations de la Pologne, se conclut le mariage du Prince de Prusse avec la Princesse Elisabeth, quatrième fille du duc de Brunswic. La succession ne roulait que sur quatre têtes, le prince de Prusse, le prince Henri, qui fut enlevé par la petite vérole peu de temps après, le prince Henri, frère du roi, et le prince Ferdinand, qui n'avait alors aucun successeur male.«[19]

Doch die Sicherheit, in der sich König Friedrich wiegen zu können glaubte, erwies sich als trügerisch: 1758 verstarb sein Bruder August Wilhelm und damit der designierte Thronfolger. Knapp zehn Jahre später, im Jahr 1767, verschied August Wilhelms zweitgeborener Sohn Friedrich Heinrich Karl im Alter von 19 Jahren bei einem Manöver im Schloss zu Protzen bei Fehrbellin. Da die Ehe von Friedrichs Bruder Heinrich kinderlos geblieben war, August Ferdinands Verbindung in den bis dahin verflossenen zwölf Ehejahren nur eine Tochter hervorgebracht hatte und auch Neffe Friedrich Wilhelm lediglich mit einer Tochter aufwarten konnte, musste der Chef des Hauses Brandenburg-Preußen erneut um dessen Fortbestand bangen. Neidvoll blickte er auf seine nördlichen Nachbarn:

> »Nous avons des pretentions sur le Mecklenbourg, fondéz sur un Ancien traité de Confraternité qui ne devient Valide qu'après la Mort des Derniers Ducs. Ces princes ont pourvu a ce que leurs Etats ne nous retombent pas si tot: ils sont d'une fecondité a repeupler une Garrene [Kaninchengehege; D. S.], tandis que la Sterilité de Notre famille nous menace de sa fine prochaine.«[20]

Nach den Todesfällen ruhte die Thronfolge in der nächsten Generation auf einem einzigen Prinzen, Friedrichs Neffen Friedrich Wilhelm, der sich darüber hinaus nicht als zukünftiger Monarch empfahl. Auch diesen feuerte der König zu mehr Engagement für den Fortbestand des Hauses an:

»Indem er [Friedrich II., D. S.] sodann seinen Neffen umarmt, erklärt er ihm, wie sehr er recht bald Nachkommenschaft von ihm erwarte; die Wohlfahrt des Landes erfordere es gebieterisch. Nicht umsonst wolle er, der König, alle Strapazen des Krieges und alle Mühen der Regierung getragen haben; alles sei geschehen, damit der Prinz dereinst ein mächtiger, geachteter Fürst werde, und da die Hoffnung der Dynastie nur auf seinen und seines Bruders Heinrich Nachkommen beruhe, so erwarte er aus seiner Ehe recht viele Prinzen. Er wolle ihm alle Annehmlichkeiten gewähren, aber eine Mätresse wolle er nicht dulden.«[21]

Friedrich Wilhelm ließ sich seine Mätresse Wilhelmine Encke lange Zeit nicht ausreden; dennoch währte die bange Phase nur zwei Jahre. Zwar trug Friedrichs Lieblingsbruder Heinrich nichts zur Lösung des Problems bei, aber der vom König wenig geschätzte jüngste Bruder August Ferdinand und seine aus der Schwedter Linie stammende Gattin machten sich die Erhaltung von Stamm und Namen des Hauses Brandenburg nach Eintreten der Nachfolgekrise rasch zur Aufgabe. Anna Elisabeth (Abb. 3) absolvierte ab dem vierzehnten Jahr ihrer Ehe, die bis dahin nur eine Tochter hervorgebracht hatte, einen wahren Gebärmarathon: 1769 brachte sie im Alter von 31 Jahren einen Sohn zur Welt, im Mai 1770 eine Tochter, im November 1771 einen Sohn, im November 1772 einen Sohn, im Dezember 1776 einen Sohn und im September 1779 einen letzten Sohn. Sieben Kinder, davon sechs in zehn Jahren, schenkte sie der Dynastie und hatte danach noch genügend Kraft, ihr Leben bis in die Restaurationszeit fortzusetzen.

Parallel sorgte der Chef des Hauses Brandenburg dafür, dass die zerrüttete erste Ehe des Thronfolgers und Neffen Friedrich Wilhelm 1769 geschieden und wenige Monate später eine neue mit der siebzehnjährigen Friederike Luise von Hessen-Darmstadt geschlossen wurde. In den »Mémoires depuis la paix de Hubertsbourg jusqu'à la paix de Teschen« beschreibt Friedrich II. seine Motive ausführlich. Die erste Ehe habe nicht den Erwartungen des königlichen Hauses entsprochen. Der Gatte habe sich einer »vie crapuleuse« hingegeben, die schöne Prinzessin habe sich dafür gerächt. Die gegenseitige Abneigung habe alle Hoffnung auf Nachkommen zerstört. Die Brüder des Königs haben klar zu verstehen gegeben, dass sie

sich niemals von einem »bâtard« die Rechte auf die Thronfolge würden streitig machen lassen. Alle diese Gründe hätten für die Trennung der Ehe gesprochen. Die Wahl einer neuen Gattin sei schwer gewesen, doch nach einigem Suchen habe man die Prinzessin Friederike von Hessen-Darmstadt gefunden.[22] Das frischgebackene Kronprinzenpaar gab dem Drängen des Familienoberhauptes nach: Acht Geburten in den vierzehn ersten Ehejahren waren die beeindruckende Bilanz. Dieses im Vergleich zu seinen Brüdern verantwortliche Verhalten wurde meist vergessen, wenn man Friedrich Wilhelm II. den »dicken Luderjahn« nannte. Sein Erstgeborener, ebenfalls Friedrich Wilhelm genannt und später Vater einer großen Kinderschar, regierte Preußen bis 1840.

Es spricht für den Familiensinn Friedrichs, dass er mit solcher Energie und dem ihm eigenen Pragmatismus an der Lösung der Thronfolgefrage arbeitete. Der Nachdruck, mit dem er die widerstrebenden Brüder und anderen Verwandten unter das Joch der Ehe zwang, und die nicht nachlassende Strenge, mit der er die bereits Verheirateten zur Prokreation aufforderte, zeigten, dass Friedrich in den Bahnen einer dauerhaften Familienherrschaft dachte. Ganz unabhängig von Gefühlen zwischen Geschwistern oder Eheleuten, unabhängig auch von der Liebe zum Nachwuchs, die dem König wohl fremd war, stellte für ihn der Fortbestand der Dynastie eine verfassungsmäßige Notwendigkeit dar.

Heiraten als Instrument der Politik

Eheschließungen hatten nicht nur eine hohe Bedeutung für die Herrschaftskontinuität des dynastischen Staates, sie waren auch – wie in jüngerer Zeit anhand vieler Beispiele gezeigt – ein vielfältig einsetzbares Instrument der fürstlichen Außenpolitik.[23] In Anlehnung an die von Tobias Weller entwickelte Typologie verschiedener Funktionen von Fürstenheiraten im Hochmittelalter können auch in der Neuzeit vier verschiedene Typen voneinander unterschieden werden.[24] Erstens waren Heiraten mit sogenannten Erbtöchtern ein Mittel zum Erwerb von Ansprüchen auf Territorium und Rechte. Auch wenn diese in der Regel durch Diplomatie und Krieg einzulösen waren, stellten sie ein wichtiges Element zur Legitimation außenpolitischen Handelns dar. Johannes Burkhardt hat sie daher als eine der Ursachen für die »Friedlosigkeit« der Frühen Neuzeit bezeichnet.[25] Zweitens hatten Heiraten, die immer wieder auch im Kontext von Friedens- oder Allianzverhandlungen geschlossen wurden, eine Bekräftigungsfunktion. Das verwandtschaftliche Fest und die zwischenfamiliäre Bindung stellten gleichsam den rituellen und lebensweltlichen Vollzug eines vertraglichen Aktes dar. Drittens wurden durch die Zusammenkunft im Fest, durch die Eheverhandlungen sowie schließlich durch den Tausch von Angehörigen Kommunikationskanäle geöffnet, die für das diplomatische Geschäft nützlich sein konnten. Viertens konnten Heiraten als Instrument zur Transformation von Beziehungen zwischen Fürsten und Dynastien dienen. Nach Konflikten konnte durch »Rekonziliationsheiraten« ein besserer Beziehungszustand erreicht werden. Dass Heiraten eine Friedens- und Allianzfunktion zugeschrieben wurde, zeigt sich am deutlichsten in den politischen Diskursen rund um die Eheschließung. Begriffe wie »Blutsband«, »Verwandtschaft«, »Freundschaft« und »Allianz« waren im 18. Jahrhundert noch weitgehend synonym. Dies ist ein Ausdruck für die enge Verbindung zwischen Familie und Politik, welche die Frühe Neuzeit kennzeichnete.[26]

Es ist zu überprüfen, ob diese allgemeinen Thesen über politische Funktionen von Heiraten sich in der friderizianischen politischen Praxis nachweisen lassen. Dabei kann hier, obwohl dies ein sehr interessantes Themenfeld wäre, nicht auf den Einsatz hergebrachter dynastischer Ansprüche im diplomatischen Geschäft eingegangen werden. Vielmehr soll hier gefragt werden, ob sich der preußische König, der gleichzeitig Chef des Hauses und des Staates war, Heiraten zur Bekräftigung von Friedens- und Allianzverträgen beziehungsweise zur Transformation von Beziehungen zunutze machte. Der Befund scheint auf den ersten Blick eher schwach: Obwohl Friedrich immerhin zehn Ehen im Hause Brandenburg einfädelte und zeit seines Lebens in Diplomatie und Krieg sein wichtigstes Betätigungsfeld sah, hat er sich der Heirat als außenpolitischem Instrument nur sehr selten bedient. In einem Fall, der Verheiratung seiner Schwester Ulrike mit dem schwedischen Thronfolger Friedrich, hat er das außenpolitische Potenzial allerdings voll auszureizen versucht. Dieser Fall soll daher im Folgenden eingehender dargestellt werden.

Dem Regierungsantritt Friedrichs folgte eine rapide Umorientierung in der preußischen Außenpolitik. Mit dem Angriff auf Schlesien, den Friedrich noch 1740 ausführte, war die zwar nicht stabile, aber doch langjährige Bindung seines Vaters an Österreich hinfällig geworden. In der Hoffnung, eine französisch-österreichische Allianz zu verhindern, verbündete er sich mit Frankreich. Dieses Bündnis war so lange erfolgreich, bis nach dem »renversement des alliances« im Jahr 1756 eine österreichisch-französische Allianz zustande kam.[27] Die Hannoveraner hielten im preußisch-österreichischen Konflikt keineswegs zu ihren Berliner Verwandten. Vielmehr orientierte sich die englische Außenpolitik nach wie vor an der Tradition des »Old System« aus den Tagen Wilhelms I. (III. von Oranien), das auf einem Bündnis mit den Niederlanden und Österreich gegen französisches Hegemonialstreben beruhte. 1740 konnte Georg II. von seinen Beratern kaum davon abgehalten werden, an Maria Theresias Seite gegen Preußen zu kämpfen. Von da an verlegte sich England darauf, für einen Ausgleich zwischen Österreich und Preußen zu sorgen. Georg II. führte ein Heer auf den Kontinent und kämpfte bei Dettingen siegreich gegen die mit Preußen verbündeten Franzosen.[28]

Preußen suchte – zusätzlich zu dem in Friedrichs Augen nie ausreichend für seine Sache engagierten Frankreich – weitere Verbündete gegen Österreich; eine nähere Verbindung mit Russland war – wie Friedrich in der »Histoire de mon temps« von 1746 schreibt – ein zentrales Ziel und verwandtschaftliche Politik ein Mittel dazu.[29] 1742 hatte die Zarin Elisabeth ihren Vizekanzler Bestushew nach einer preußischen Prinzessin, am besten Friedrichs Schwester Luise Ulrike, für den russischen Thronfolger fragen lassen. Friedrich hielt diese Idee für »dénaturée« und wünschte »Malheur à ces politiques qui sacrifient jusqu'à leur propre sang à leur intérêt et à leur vanité«.[30] Bei Prinzessinnen anderen »Blutes« hatte er allerdings weniger Skrupel. Er schlug die vierzehnjährige Anhalt-Zerbster Prinzessin Sophie Friederike Auguste vor. Tatsächlich machte sich die Prinzessin im Januar 1744 mit ihrer Mutter nach Petersburg auf und wurde, nachdem sie zum orthodoxen Glauben konvertiert war, zur Großfürstin Katharina Alexeijewna, worüber die Zarin sehr erfreut war.[31] 1762 bestieg sie als Katharina II. den Zarenthron. Friedrich plante von Anfang an, sich der Prinzessin als Werkzeug seiner Diplomatie zu bedienen. An den preußischen Botschafter in Sankt Petersburg schrieb er, dass er die Prinzessin genauestens instruieren solle. Sie solle das Vertrauen der Zarin gewinnen: »Vous tacherez de faire par elle des insinuations à Sa Majesté Impériale, que vous tiendrez propre à mes vues et qu'on n'y peut faire qu'avec assez de difficultés.«[32] Um die Prinzessin zu noch größeren Anstrengungen in preußischer Sache anzuspornen, stellte Friedrich ihr eine Beförderung für ihre Schwester in Aussicht, die ein Amt in der Abtei Quedlinburg innehatte.[33]

Folgenreich für die preußisch-russischen Beziehungen war auch die Tatsache, dass es der Zarin Elisabeth 1742 gelungen war, den entfernt mit dem schwedischen Königshaus verwandten schleswig-holsteinischen Prinzen Adolf Friedrich als schwedischen Thronfolger durchzusetzen. Die russische Herrscherin nahm ebenfalls Einfluss auf dessen Verheiratung mit der preußischen Prinzessin Luise Ulrike, eben jener Schwester Friedrichs, auf die sie vorher für ihren Thronfolger ein Auge geworfen hatte. Friedrich ließ sich nach anfänglichem Widerstand für dieses Projekt gewinnen.[34] Aus seiner Perspektive bot es eine Reihe von politischen Chancen, die er in seiner Korrespondenz mit dem preußischen Botschafter in Sankt Petersburg zum Ausdruck brachte. Für seine Zustimmung glaubte er, die Entfernung der antipreußischen Partei vom russischen Hof fordern zu können. Namentlich nannte er Iwan Iwanowitsch Schuwalow, den Favoriten der Zarin, dessen Mutter und deren Gatten[35] sowie vor allem den Vizekanzler Bestushew.[36] Weiterhin sah er die Heirat als Schritt zum Abschluss einer Defensivallianz zwischen Russland, Preußen und Schweden.[37] Diese Allianz hatte für Friedrich vor allem den Zweck, ihm russische Unterstützung und damit die Möglichkeit zu sichern, Österreich von einem Feldzug zur Rückeroberung Schlesiens abzuhalten.[38] Sie sollte deshalb zumindest eine Garantie Schlesiens enthalten,[39] noch besser aber die Zusage von Truppen in der Größenordnung von 10 000 Mann.[40] Je länger sich die Verhandlungen über den Defensivvertrag hinzogen und je deutlicher das Zögern der Zarin wurde, desto vorsichtiger wurden auch Friedrichs Forderungen: »Vous savez que ce ne sont pas tant les forces de la Russie que je souhaite pour parvenir à mon but, mais que le nom russien me suffit; ainsi 2 000 dragons ou cosaques me suffiront.«[41] Friedrich kommentierte den Bündnisplan im Rückblick in seinen »Mémoiren«: »C'était de ces deux alliances que devait dépendre la sûreté de la Prusse.«[42]

In der genannten Situation ging es Friedrich jedoch nicht nur darum, günstige politische und verwandtschaftliche Bündnisse abzuschließen, sondern er zielte auch darauf ab, die englischen Pläne auf dem Kontinent zu durchkreuzen. Denn auch die englische Königsfamilie bemühte sich, zusätzlich zu ihren traditionellen Verbindungen zu den Oraniern, mit denen zahlreiche Ehen geschlossen wurden, und zu Österreich auch die nordischen Länder in ihr Bündnissystem einzubeziehen. Dänemark war für Hannover ein willkommener Bündnispartner gegen Schweden. So war es – neben den schwedisch-russisch-preußischen Allianzbestrebungen – ein weiterer Auslöser für die preußisch-schwedische Heirat, dass Louisa, die jüngste Tochter Georgs II., mit dem dänischen Kronprinzen Friedrich im Dezember 1743 den Ehebund eingegangen war. Dies widersprach nicht nur den außenpolitischen Interessen Preußens, sondern auch den dynastischen seines Königshauses.[43]

Umso willkommener musste es Friedrich sein, dass er nicht der Einzige war, der seine Interessen durch diese Allianz verletzt sah. Der Briefverkehr aus der Anbahnungsphase der schwedisch-preußischen Heirat von 1744 betont dieses negative Interesse ebenso wie das positive. Am 3. Januar erreichte Friedrich ein Brief des preußischen Gesandten Diestel aus Stockholm, in dem dieser ankündigte, dass die schwedische Königsfamilie – nachdem die Nachricht von der englisch-dänischen Heirat bekannt geworden war – noch größeres Interesse an einer Verbindung mit den Hohenzollern hätte und deswegen bald den Botschafter Tessin nach Berlin schicken würde.[44]

Eine brandenburgisch-schwedische Heirat hatte es seit 1620 nicht mehr gegeben; damals war die brandenburgische Kurprinzessin Maria Eleonore eine Ehe mit dem Schwedenkönig Gustav Adolf eingegangen. Seitdem gab es zwischen den beiden konkurrierenden Königshäusern lediglich eine lange Serie von gescheiterten Heiratsprojekten: Von dem vereitelten Heiratsplan des Großen Kurfürsten 1646 ist schon die Rede gewesen. Fünfzig Jahre später hatte Friedrich Wilhelm (I.) eine schwedische Verbindung abgelehnt, bevor er die Ehe mit Sophie Dorothea von Hannover einging. Auch für Friedrich Wilhelms älteste Tochter Wilhelmine war einmal ein schwedischer Gatte erwogen und wieder verworfen worden. Dass 1744 noch einmal eine preußisch-schwedische Heirat zustande kam, lag dementsprechend weniger an den großen Erwartungen, die man in ein Bündnis mit dem nordischen Königreich setzte, sondern vielmehr an Preußens Interesse, eine nord-östliche Allianz zu schmieden sowie Englands Pläne zu durchkreuzen, und an Schwedens Absicht, Dänemark zu schaden.

Die Anfrage aus Stockholm wurde bald durch eine Initiative des schwedischen Ministers Rudenschiold flankiert. Er wandte sich gleichzeitig an den für äußere Angelegenheiten zuständigen Staatsminister Heinrich Graf von Podewils und machte ihm deutlich, dass der schwedische König eigentlich eine dänische Heirat seines Thronfolgers gewünscht hätte, dies aber unter den Bedingungen einer Annäherung Dänemarks an England nicht mehr aufrechterhalte. Der Duke of Cumberland habe nicht irgendeine Prinzessin zur Frau erhalten, sondern das zweitälteste Kind des Königs, das in der Thronfolge direkt hinter ihrem Bruder stehe. England wolle sich so zum »arbitre dans le Nord« aufschwingen. Der schwedische und der preußische König hätten das gleiche Interesse »de barrer de concert avec [...] la cour de Russie le chemin aux anglois dans la domination qu'ils affectèrent de vouloir usurper sur le Nord comme sur le Sud«.[45] Der preußische König war offenbar derselben Meinung. Er betonte, dass zusätzlich zu der erwünschten Heirat zwischen dem schwedischen Thronfolger Friedrich August und Friedrichs Schwester Luise Ulrike Eleonore auch noch ein Defensivbündnis geschlossen werden solle.

Wegen des gerade erst beendeten schwedisch-russischen Krieges (1741–1743), der eine bittere Niederlage und bedeutende Gebietsverluste für Schweden sowie das Zugeständnis einer schleswig-holstein-gottorpschen Thronfolge auf dem schwedischen Thron brachte, schien Friedrich die russische Mitwirkung bei dem Verteidigungsbündnis entscheidend. Wenige Tage später ging ein Brief an den preußischen Gesandten in Sankt Petersburg ab. Baron von Mardefeld sollte Zarin Elisabeth von den Gefahren der englischen Politik für das »équilibre dans le Nord« berichten und in Erfahrung bringen, ob sie einer Allianz beitreten würde, die das Ziel »de barrer le chemin aux vastes desseins de l'Angleterre« verfolge.[46] Am Ende des Monats Januar kam die – angesichts der Vorgeschichte wenig überraschende – Rückmeldung aus Petersburg, dass die Zarin mit der Verbindung einverstanden sei.[47] Kleinere Irritationen auf russischer Seite löste noch die Tatsache aus, dass ein schwedisch-dänischer Vertrag, der vor den Heiratsgeschäften in Angriff genommen worden war, trotz der neuesten Entwicklungen noch zur Unterzeichnung kam. Doch am Ende kam Ulrikes Heirat zustande: Die Prinzessin stach von Stralsund aus in Richtung Schweden in See und wurde Kronprinzessin und später schwedische Königin. In dem Maße, wie die Position der schwedischen Krone gegenüber dem Reichstag in dieser Zeit geschwächt wurde, war dies allerdings ein wenig dankbarer Posten, und Schweden war – anders als Russland – kein einflussreicher Faktor in Friedrichs außenpolitischem Kalkül.[48]

Die gegen England gerichteten Intentionen dieser Verbindung scheinen, wie eine Relation des preußischen Gesandten Andries nahelegt, in London durchaus ein Ärgernis gewesen zu sein. Der Gesandte beschreibt das Scheitern der englischen Bemühungen um den schwedischen Thronfolger als Gatten der englischen Prinzessin Amalie, die einst für Friedrich ausersehen war. Gleichzeitig drückte der englische Thronfolger gegenüber dem Gesandten seine Gefühle über Ulrikes schwedische Ehe aus:

»Vous savez Monsieur avec combien de zèle je m'interesse dans ce qui regarde le Roi Votre Maitre et toute sa famille que j'envisagerais toujours comme la mienne et que je ferais toujours mon possible pour cultiver son amitié mais vous savez aussi que la Princesse Ulrique dont il s'agit ayant été ci-devant objet de mes vœux je vous avertis d'avance entre vous et moi et en ami que je vous recevrai tres mal lorsque vous viendrez me faire cette notification.«[49]

So waren die mit der Heirat verbundenen Negativhoffnungen Wirklichkeit geworden, das Projekt einer Dreierallianz zerschlug sich jedoch. Die Verhandlungen erwiesen sich als zäh. Der russische Vize-Kanzler Bestushew blieb im Amt. Er war gegen die Verbindung eingestellt und wusste die Zarin von seiner Haltung zu überzeugen. So musste der Baron von Mardefeld erfolglos aufgeben. Die preußisch-schwedisch-russische Dreierallianz kam nicht zustande. Ein Defensivbündnis mit Schweden wurde zwar geschlossen, doch dieses hatte angesichts der Dauerkrise der schwedischen Monarchie nur geringes Gewicht.

Die Heirat seiner Schwester Ulrike zeigt, dass Friedrich, zumindest in einem Fall, auf eine Verquickung von Verwandtschaft und Politik setzte. Es ist dabei auch deutlich geworden, dass die eingangs skizzierten Typen von Heiratspolitik hier nicht in Reinform angewandt werden können. Zwar ging es Friedrich um eine Transformation außenpolitischer Beziehungen, doch war er an dem Bündnis mit der angeheirateten schwedischen Dynastie nur am Rande interessiert. Vielmehr verfolgte der König den Plan, eine engere Beziehung zu Russland zu stiften. Diese »amitié« sollte dann zu einer Allianz führen, in der gegenseitige militärische Leistungen fixiert werden sollten. Darüber hinaus erlaubte ihm die verwandtschaftliche Verbindung zu Schweden, dem englischen Bestreben, Nordeuropa zu seiner Einflusssphäre zu machen, ein Hindernis in den Weg zu legen. Die Heirat war somit vor allem ein diplomatisches Pfand, dessen Einsatz komplexe Wechselwirkungen im Netzwerk der europäischen Beziehungen auslösen sollte.

Auch wenn sich Friedrich im Jahr 1744 als raffinierter, allerdings nur teilweise erfolgreicher Heiratspolitiker betätigte, ist auffällig, wie wenig er dieses Mittel insgesamt einsetzte. Außer der schwedischen gab es nur eine weitere Eheschließung, welche die preußische Königsfamilie mit der großen Welt der europäischen Dynastien in direkten Kontakt brachte. Dies war die 1767 geschlossene Ehe von Friedrichs Nichte Wilhelmine mit dem niederländischen Erbstatthalter Wilhelm aus dem Haus Oranien. Zwar hat Friedrich stets beteuert, dass diese Eheschließung ganz frei von politischem Kalkül gewesen sei. Gleichwohl ist es wohl falsch, die Allianz ausschließlich als ein »établissement honnête« für Friedrichs Nichte anzusehen, das »ne pouvait influer en rien dans la politique«.[50] Das Interese, den nach wie vor wohlhabenden Nachbarn Holland durch ein Blutsband zu binden und dadurch französischem Einfluss zu entziehen, war durchaus ein strategisches Ziel. Der unter Friedrichs Nachfolger Friedrich Wilhelm II. unternommene niederländische Feldzug von 1787 zeigt, dass dieses Interesse auch langfristig bestehen blieb. Ganz abgesehen vom sehr dosierten Einsatz regelrechter Heiratspolitik nutzte Friedrich der Große – wie das Beispiel der Prinzessin von Anhalt-Zerbst demonstriert – direkte und indirekte Familienbeziehungen als Informations- und Einflusskanäle.

Diese Einblicke in die friderizianische Heiratspolitik und ihre Funktionen für die dynastisch-staatliche Kontinuität und die Außenpolitik mögen als Belege für die These ausreichen, dass sich auch ein König, der das Gros seiner Verwandtschaft kühl und abschätzig behandelte und darüber hinaus ein überzeugter Verfechter der Staatsräson war, unter den Strukturbedingungen des dynastischen Staates familiären Praktiken nicht entziehen konnte. Die dynastische Dimension der Herrschaft Friedrichs ist mit diesem Blick auf die friderizianische Heiratspolitik allerdings bestenfalls angerissen.

1 Meinecke, 1963, S. 327.

2 Abgesehen davon, dass die Hohenzollernschen Familienbeziehungen in der zweiten Hälfte des 18. Jahrhunderts en passant in den Biographien Friedrichs II. und seiner Verwandten behandelt werden, steckt die wissenschaftliche und systematische Beschäftigung mit dem Thema noch in den Anfängen. Dies ist umso erstaunlicher, als die familiären Korrespondenzen Friedrichs II. in großen Teilen ediert vorliegen. Wegweisend für die weitere Erforschung des Themas ist Thomas Biskup: Biskup, 2004, S. 300–321. – Nicht wissenschaftlich, aber zur Einführung geeignet sind: Krockow, 1998. – Feuerstein-Praßer, 2006.

3 Zu Binnenbeziehungen in der Hohenzollerndynastie im 15. und 16. Jahrhundert siehe: Nolte, 2005. – Methodisch anregend sind darüber hinaus: Wunder, 2002. – Hohkamp, 2007, S. 91–104. – Rogge, 2002, S. 235–276.

4 Kunisch, 1979, S. 14.

5 Kunisch, 2005, S. 231.

6 Biskup, 2004.

7 Mémoires pour servir à l'histoire de Brandebourg (Œuvres de Frédéric le Grand, Bd. 1, S. 202).

8 Mémoires pour servir à l'histoire de Brandebourg (Œuvres de Frédéric le Grand, Bd. 1, S. XL).

9 Testament du Roi, 10. Januar 1769 (Œuvres de Frédéric le Grand, Bd. 6, S. 247 f.).

10 Zusammengestellt nach: Grossmann, 1905.

11 Methodische Vorbilder für die politik- und sozialgeschichtliche Analyse von Fürstenheiraten: Reif, 1979. – Spieß, 1993. – Bély, 1999. – Marra, 2007. – Weller, 2004. – Schönpflug, 2009.

12 Zum Zusammenhang zwischen Dynastie und Staat siehe: Rowlands, 2002. – Weber, 1998, S. 91–136. – Kunisch/Neuhaus, 1982.

13 Kunisch, 1988, S. 1–27.

14 Schreiben Friedrichs II. an Markgraf Karl, o. D. (GStAPK, HA I Rep. 36, Nr. 10, Bl. 7).

15 Schreiben Markgraf Karls an Friedrich II., 22. Dezember 1743 (GStAPK, HA I Rep. 36, Nr. 10, Bl. 9 f.).

16 Schreiben von Kalcksteins an Friedrich II., 31. Dezember 1743 (GStAPK, HA I Rep. 36, Nr. 10, Bl. 12 f.).

17 Schreiben Friedrichs II. an Prinz August Wilhelm, 7. April 1745 (Volz, 1927, S. 65).

18 Schreiben Friedrichs II. an Prinz August Wilhelm, 7. April 1746 (Volz, 1927, S. 74 f.). – Am 9. Oktober 1746 schrieb Friedrich seinem Bruder August Wilhelm: »Ich halte Dich weder für so beständig wie Corydon, noch für so treu wie Seladon. Diese Hirten zeugten alle neun Monate Kinder mit ihren Gattinnen. Du aber, lieber Bruder, bist seit fünf Jahren verheiratet und die Prinzessin hat nur ein einziges Kind« (Volz, 1927, S. 91).

19 Mémoires depuis la paix d'Hubertsbourg 1763, jusqu'à la fin du partage de la Pologne, 1775 (Œuvres de Frédéric le Grand, Bd. 6, S. 17).

20 Politisches Testament (1768) (Dietrich, 1986, S. 656).

21 Schmidt-Lötzen, 1907, S. 470.

22 Mémoires depuis la paix de Hubertsbourg jusqu'à la paix de Teschen (Œuvres de Frédéric le Grand, Bd. 6, S. 23).

23 Peters, 2007, S. 121–133. – Tischer, 2008, S. 39–53.

24 Weller, 2004, S. 797–837.

25 Burkhardt, 1997, S. 509–574.

26 Althoff, 1990. – Oschema, 2007. – Eickels, 2007, S. 157–164.

27 Mieck, 1988, S. 88–100.

28 Schlenke, 1963, S. 104–122.

29 Posner, 1879, S. 302 f.

30 Posner, 1879, S. 303.

31 Koser, 1963, Bd. 1, S. 452 f.

32 Schreiben Friedrichs II. an Mardefeld, 13. Januar 1744 (Politische Correspondenz, Bd. 3, S. 10 f.).

33 Schreiben Friedrichs II. an Mardefeld, 4. April 1744 (Politische Correspondenz, Bd. 3, S. 79).

34 Arnheim, 1888, S. 7.

35 Schreiben Friedrichs II. an Mardefeld, 28. September 1743 (Politische Correspondenz, Bd. 2, S. 427 f.).

36 Schreiben Friedrichs II. an Mardefeld, 22. März 1744 (Politische Correspondenz, Bd. 2, S. 62). – »Reflexions«, 30. März 1744 (Politische Correspondenz, Bd. 2, S. 66).

37 Aufzeichnung Graf Podewils, 9. Januar 1744 (Politische Correspondenz, Bd. 2, S. 5).

38 Schreiben Friedrichs II. an Mardefeld, 30. März 1744 (Politische Correspondenz, Bd. 2, S. 69).

39 Schreiben Friedrichs II. an Mardefeld, 11. Februar 1744 (Politische Correspondenz, Bd. 2, S. 28).

40 Schreiben Friedrichs II. an Mardefeld, 3. Mai 1744 (Politische Correspondenz, Bd. 2, S. 118).

41 Schreiben Friedrichs II. an Mardefeld, 19. Mai 1744 (Politische Correspondenz, Bd. 2, S. 145).

42 Histoire de mon temps (Posner, 1879).

43 Baker-Smith, 2002, S. 193–206.

44 Schreiben Diestels an Friedrich II., 23. Dezember 1743/3. Januar 1744 (GStAPK, HA I Rep. 46, W 86).

45 Schreiben Podewils an Friedrich II., 9. Januar 1744 (GStAPK, HA I BPH Rep. 46, W 86).

46 Entwurf eines Schreibens von Friedrich II. an Mardefeld, 11. Januar 1744 (GStAPK, HA I BPH Rep. 46, W 86).

47 Auszug aus der »Relation« von Mardefeld vom 28. Januar 1744 (GStAPK, HA I BPH Rep. 46, W 86).

48 Rivière, 2004, S. 322–343.

49 Relation von Andries vom 3./14. April 1744 (GStAPK, HA I BPH Rep. 46, W 86).

50 Mémoires depuis la paix d'Hubertsbourg jusqu'à la paix de Teschen (Œuvres de Frédéric le Grand, Bd. 6, S. 18).

FRANK GÖSE

DER »UNPOLITISCHE HOF«?

Zum Verhältnis von Hof und Zentralbehörden in friderizianischer Zeit

Mit dem Namen des wohl berühmtesten preußischen Königs verbinden sich bekanntlich viele Facetten: der sich etablierende aufgeklärte Vernunftstaat, die Bemühungen um eine nachhaltige Peuplierungspolitik oder sein viel beschworenes Feldherrntalent – doch ein im Vergleich zu anderen Reichsterritorien oder europäischen Staaten glänzendes Hofleben gehörte gewiss nicht zu den einprägsamen Bildern des friderizianischen Preußens. Allenfalls verband sich ein höfischer Aspekt mit Schloss Sanssouci und der Tafelrunde, deren Teilnehmerliste sich zuweilen wie das »Who is who« der europäischen Aufklärung las. Aber gerade infolge der Fokussierung auf die vorrangig geistesgeschichtliche Bedeutung der Tafelrunde bot das dortige Treiben eher ein Gegenbild zum typischen Hofleben im 18. Jahrhundert.

Vor diesem Hintergrund könnten nun die Ausführungen zu unserem Thema recht knapp ausfallen. Dies vor allem auch, weil nach der bis heute gängigen Forschungsmeinung der allenthalben für die Monarchien des Ancien Régime zu beobachtende Prozess des Auseinanderdriftens von Hof und Zentralverwaltung während der Regierungszeit Friedrich Wilhelms I. und Friedrichs des Großen besonders deutlich erkennbar gewesen sei. Da ist in markigen Worten vom »Sieg des Fachbeamten über den Höfling« die Rede, oder es wurde – sich auf Max Weber berufend – »die tendenzielle Trennung von politischem Betrieb und adlig-höfischer Interaktion« hervorgehoben. Aus Hofverwaltungen gingen demnach »moderne Staatsverwaltungen, aus fürstlichen Beratungsgremien moderne Regierungsinstitutionen hervor«.[1]

Dieses Muster fügte sich auch in das tradierte borussische Geschichtsbild mit seinem betont antihöfischen Impetus bestens ein. Schließlich hatten die Protagonisten dieser historiographischen Richtung das Verdikt des Aufklärungszeitalters über den Fürstenhof als Hort von Intrigen, Sittenlosigkeit und Verschwendungssucht dankbar aufgegriffen. Die bürgerlichen Tugenden Ehre, Fleiß und Sparsamkeit verkörperten die herannahende Zeit und schienen in dem neuen Herrschaftsstil der beiden genannten preußischen Könige, der durch eine zunehmende Marginalisierung des Hofes und die Zurückdrängung der als so negativ ge- (zutreffender wohl: ver-)zeichneten Praxis geprägt wurde, bestens repräsentiert worden zu sein. Wenn sich selbst ein so prominenter Kronzeuge wie Voltaire, der bekanntlich drei Jahre am preußischen Hof verbracht hatte, so dezidiert über die angebliche Funktionslosigkeit der traditionellen Hofchargen geäußert hatte, musste dieses Argumentationsmuster schließlich eine gewisse Plausibilität besitzen.[2] Auch im Register der verdienstvollen Edition der »Acta Borussica« bleibt die Suche nach dem Stichwort »Hof« vergebens, was insofern nicht verwundert, als diese Quellensammlung das Werden des Machtstaates Preußen aus verwaltungshistorischer Perspektive dokumentieren sollte.[3] Natürlich wurde die Existenz höfischen Lebens im friderizianischen Preußen auch in der älteren Forschungsliteratur nicht völlig ignoriert. Vor allem unter traditionell »kulturgeschichtlichem« Aspekt fand das Thema Hof noch Beachtung. In den wenigen Versuchen, es mit der politischen Geschichte beziehungsweise der Sozialgeschichte zu

1 David Mathieu, *Adam Otto von Viereck*, Wirklicher Geheimer Etat-, Kriegs- und dirigierender Minister beim Generaldirektorium, 1745, Öl auf Leinwand, SPSG, GK I 11987

verbinden, folgten diese Analysen zumeist der bekannten Interpretation von Elias, der Hof diene der »Domestizierung« des Adels.[4]

Einige Tatsachen mögen nun durchaus für eine solche Sichtweise sprechen: So wird in modernen Überblicksdarstellungen zur preußischen Geschichte des 18. Jahrhunderts einhellig darauf verwiesen, dass sich das politische Entscheidungszentrum und der Hof funktional und institutionell immer weiter auseinanderentwickelt hatten, sodass man das »Ende des höfischen Absolutismus« heraufziehen sah.[5] Aus komparativer Perspektive wurde in einer jüngeren Studie gar der »unhöfische Zuschnitt« des friderizianischen Hofes hervorgehoben.[6]

Für diese durch verschiedene historische Schulen und Forschergenerationen vorgetragenen Interpretationen sprachen und sprechen durchaus gewisse Argumente, sonst hätten sie wohl kaum bis heute auf fast uneingeschränkte Zustimmung stoßen können. Und in der Tat lassen sich die zunächst ins Auge fallenden, rein institutionellen Bindungen zwischen dem Hof und den Zentralbehörden für die friderizianische Zeit auf nur wenige Stränge reduzieren. Vorrangig bestanden geschäftsmäßige Kontakte zwischen der Spitzenbehörde des friderizianischen Staates, dem Generaldirektorium (Abb. 1), und dem Hofstaat. Dies ergab sich zunächst schon aus dem einfachen Grund der Finanzierung des Hoflebens, der »Hof-Ökonomie« – ein Aspekt, der im Übrigen aufgrund der überlieferten jährlichen Abrechnungen des Hofstaats- und Fourage-Etats recht gut rekonstruierbar ist, hier aber nicht weiterverfolgt werden soll. Man würde sich damit zugleich auf ein Feld begeben, das bekanntlich zu den bestgehüteten Geheimnissen des altpreußischen Staates gehörte. Schon ältere Forscher hatten auf die kaum zu überwindenden Schwierigkeiten bei den Versuchen einer Rekonstruktion der verschlungenen Wege der Finanzpolitik Friedrichs des Großen verwiesen.[7] Zwar bestand seit der Regierungszeit des Großen Kurfürsten eine speziell zur Finanzierung der Hofhaltung eingerichtete Hofstaatskasse, jedoch schien das Finanzgebaren in friderizianischer Zeit vor allem durch die sogenannten »Dispositionsgelder« schon für die Zeitgenossen kaum mehr überschaubar gewesen zu sein. In den »Ordres« an den Hofrentmeister wurden alle Beteiligten zur höchsten Verschwiegenheit und Geheimhaltung verpflichtet. Interessant erscheint dabei der auf eine enge Verbindung zwischen »Hof« und Zentralbehörden hindeutende Finanztransfer: Nach dem Hofstaats-Etat von 1741/1742 waren zunächst 219 000 Reichstaler aus dem General-Domänen-Etat in die Hofstaatskasse eingezahlt worden. Diese Gelder wurden demnach sowohl für die Besoldung der Hofchargen als auch zur Bezahlung einzelner Amtsträger der höheren Verwaltung (darunter der Minister und Großkanzler von Cocceji und die drei Kabinettssekretäre Schumacher, Eichel und Lautensack) verwandt.[8] Auffällig erscheint, dass aus der Hofstaatskasse durchgängig und in nicht geringem Maße auch Personen besoldet worden sind, die nicht zum Hofstaat gehörten, unter ihnen vor allem hohe Militärs.[9]

Nicht zuletzt galten die Auslassungen des Königs über das Hofleben als wichtiger Beleg für die marginale Stellung des preußischen Hofes. Das Spektrum reichte dabei von schärfstem Sarkasmus – für das Jahr 1751 führt Koser jene Begebenheit an, bei der Friedrich während einer Rangstreitigkeit unter einigen Hofdamen geäußert haben soll: »Die Dümmste soll vorangehen«[10] – über die Artikulation seiner Vorliebe für das »Landleben« gegenüber dem »Hofleben«[11] bis hin zu einer in späteren Lebensjahren zutage tretenden gewissen Resignation: »Wenn ich nach Berlin gehe, so gebe ich Prunkmahle, ich lade sechzig Personen ein, ich rede mit jedem nach seinem Geschmack, und sie gehen zufrieden fort.«[12] Auch lohnt sich bei der Lektüre solcher Aussagen des Königs zum Thema Hof ein zweiter Blick: So äußerte er nicht über den Hof per se seinen Unmut, sondern seine Kritik entzündete sich – um hier nur eine Passage aus dem Politischen Testament von 1752 herauszugreifen – daran, dass in der preußischen Residenz ein »zu zahlreicher und schlecht gewählter Hofstaat« bestanden hätte.[13] Und schwingt nicht andererseits in seiner Äußerung gegenüber seinem Vorleser de Catt, »er passe nicht mehr für die große Welt«, aber »wenn er sich Mühe gebe, finde er sich mit den Aufgaben des Hofes noch leidlich ab«, nicht sowohl Resignation als auch das Sich-Fügen in die Pflichten und Zwänge eines Monarchen mit, denen auch er sich nicht entziehen konnte?[14]

Die jüngere Forschung – vor allem die Arbeiten von Wolfgang Neugebauer müssen hier genannt werden – hat nun durchaus an diese Interpretationslinie angeknüpft. Sie versuchte, und zwar auch im Hinblick auf komparative Aspekte,[15] diese zur Trennung von Hof und Verwaltung führenden Entwicklungen mit verfassungstopographischen Methoden zu erhellen und dem Beispiel Preußen dadurch schärfere Kon-

FRANK GÖSE

turen zu verleihen. Demnach lösten sich die Hohenzollern »ungleich radikaler [...] von der älteren Praxis der Ratsregierung als andere Monarchen des 18. Jahrhunderts, zogen sich zurück in ihre privaten Wohngemächer – zunehmend in Potsdam – mit wenigen auserlesenen Mitarbeitern« und konnten sich somit »direkter ministerieller Beeinflussung« entziehen.[16] Der Fokus lag damit vor allem auf der besonders während Friedrichs Herrschaftszeit »gesteigerten Zentralitätsfunktion des Kabinetts« und der Praxis der Kabinettsregierung.[17] Und auch aus sozialgeschichtlicher Perspektive schien sich zunehmend eine unüberbrückbare Kluft zwischen der Hofgesellschaft und der höheren Amtsträgerschaft in den Zentralbehörden

2 Antoine Pesne, *Gräfin Sophie Marie von Voß*, zwischen 1746 und 1751, Öl auf Leinwand, SPSG, GK I 1135

aufzutun. Konnte für die Zeit des Großen Kurfürsten und des ersten preußischen Königs noch von einer – wenn auch nicht mehr vollständig deckungsgleichen – Identität dieser beiden sozialen Gruppen gesprochen werden,[18] so löste sich diese in der friderizianischen Zeit immer mehr auf. Die früher – und auch jetzt noch an anderen europäischen Höfen – bestehende Ämterkumulation von Hofchargen und Positionen in der Zentralverwaltung wäre demnach kaum noch anzutreffen gewesen. Schon die quantitative Gegenüberstellung von Trägern klassischer Hofämter[19] und jenen Amtsträgern, die in der in Berlin ansässigen und sich in mehrere Behörden ausdifferenzierenden Zentralverwaltung[20] gewirkt haben, offenbarte ein deutliches Übergewicht der zuletzt genannten Gruppe, wenngleich die mitunter in der Literatur genannten Angaben über die Anzahl der Hofämter zu gering ausfallen dürften.[21]

Zudem schienen das neue Amtsverständnis der Staatsdiener,[22] wenn man etwa den bürgerlichen Habitus eines Kabinettssekretärs vom Schlage eines August Friedrich Eichel oder August Friedrich (von) Boden vor Augen hat, und der Lebensstil eines Hofadligen zwei verschiedenen Welten anzugehören. Dabei hatte es auch während der Regierungszeit Friedrichs des Großen durchaus Interferenzen zwischen Hof- und Staatsämtern gegeben. So bekleidete, um nur einige Beispiele aus den führenden Hofämtern der spätfriderizianischen Zeit herauszugreifen, Heinrich IX. Graf Reuß neben seiner Charge als Oberhofmarschall zugleich das Amt eines »dirigierenden Ministers« im Generaldirektorium sowie das des »General-Postmeisters«. Auch der königliche Oberstallmeister Graf von Schaffgotsch amtierte als Minister im Generaldirektorium.[23] Im letzten Regierungsjahr Friedrichs wurden fast alle führenden Hofämter von hohen staatlichen Amtsträgern bekleidet. Sowohl der Oberkammerherr Carl Graf von der Osten, der Oberstallmeister Friedrich Albrecht Graf von Schwerin und der Hofmarschall Gebhard Werner Graf von der Schulenburg als auch der »grand maître de Garderobe« Johann Eustachius Graf von Görtz gehörten als »Wirkliche Geheime Etat-Minister« der höchsten preußischen Zentralbehörde an.[24] Es bedarf bei der Abwägung der Gewichtung der beiden Ämtergruppen wohl nicht allzu viel Phantasie, um zu erkennen, dass die genannten Persönlichkeiten vor allem in ihren Aufgabenbereichen im Generaldirektorium gefordert wurden.

Der zunehmend vereinsamende und an gesundheitlichen Problemen leidende König entzog sich immer offensichtlicher dem zuvor durchaus noch gepflegten höfischen Leben. Dennoch wurden die Hofämter immer wieder neu vergeben; und dass diese Chargen in hohem Maße von den Angehörigen der höchsten Verwaltungsbehörde bekleidet wurden, spricht nicht unbedingt für deren Bedeutungslosigkeit. Friedrich knüpfte damit an die Praxis seines Großvaters an, was vor allem der vergleichsweise große Anteil von Angehörigen des Hochadels des Reiches oder auch – nach der Eingliederung des eroberten Schlesiens – einiger schlesischer Magnatenfamilien nahelegt.[25] Auch eine andere Beobachtung spricht gegen deren Entwertung: Denn umgekehrt wurde – wahrscheinlich um einem Prestigeverlust der höfischen Chargen vorzubeugen – verdienten Angehörigen des Hofstaates auch ein »staatliches« Amt übertragen. So wurde Johann Ernst von Voß im Jahre 1763 zum Hofmarschall bei der Königin Elisabeth Christine ernannt und erhielt 1783 den Titel eines Obersthofmeister der Königin »mit dem Rang eines Staatsministers«.[26] Es gab augenscheinlich zwingende Gründe, eine solche Praxis zu fördern, und offenbar konnte sich auch der preußische Hof nicht jenen »Spielregeln« entziehen, die auch für die anderen Höfe als Norm galten.

Es dürfte sich schon aufgrund der bislang geschilderten Einblicke gezeigt haben, dass ein rein institutionengeschichtlicher Zugang bei der Beantwortung unserer Fragestellung nicht allzu hilfreich ist. Vor dem Hintergrund heutiger Fortschritte in der Institutionengeschichte und einer um vielfältige Aspekte erweiterten »Verwaltungsgeschichte«, die ihren Untersuchungsgegenstand eben nicht mehr ausschließlich auf die Erforschung von Organisationsprinzipien beschränkt,[27] gilt es also, unseren Problemhorizont zu erweitern. Dies geschieht jedoch nicht, um liebgewonnene Interpretationen zu revidieren, sondern ergibt sich schlicht und einfach aus dem, was wir in den Quellen nachlesen können.

So fällt zunächst einmal ein gewisser Widerspruch zwischen der durch die Forschung zu Recht hervorgehobenen, betont adelskonservativen Politik Friedrichs – man lese nur seine 1777 verfasste Schrift »Regierungsformen und Herrscherpflichten« – und einem »Hofstil« ins Auge, der so gar nicht mit dieser Haltung zu korrespondieren schien.[28] Es muss schließlich nachdenklich stimmen, wenn man einerseits immer wieder auf den unvermindert großen Anteil von Adligen unter der hohen Amtsträgerschaft verweist, den bekanntlich Friedrich der Große im Vergleich zu seinem Vorgänger wieder erhöht hatte, andererseits aber stillschweigend unterstellt wird, dass die Ritterschaft der brandenburgisch-preußischen Territorien den in der europäischen Adelsgesellschaft allenthalben wirkenden sozialen Verhaltensweisen, für die der Hof als »gesellschaftliche Bühne« fungierte, nicht entsprochen haben soll. Dies erscheint schon deshalb wenig schlüssig, weil sich der Adel – im Übrigen auch noch in der Spätphase des Ancien Régime – stets als eine länder- und territorienübergreifende Korporation verstanden hat, sodass sich ein Monarch, der von diesen »Normen« abzuweichen gedachte, selbst Nachteile bereiten konnte.

Zu wenig scheint bei den bisherigen Versuchen, die auf den ersten Blick exzeptionelle Stellung des friderizianischen Hofes zu erklären, die Notwendigkeit eines komplexen Ansatzes zur Annäherung an das Phänomen »Hof« erkannt worden zu sein. Die jüngere Forschung hat hier bekanntlich Analysekategorien aufgestellt, die bereits an anderen Fallstudien erfolgreich erprobt worden sind.[29] Der Fokus der Untersuchung des preußischen Hofes im 18. Jahrhundert wurde bislang zu stark auf dessen »Funktion hinsichtlich politischer Entscheidungsfindung und monarchischer Repräsentation«[30] gelegt, also auf einen Faktor, der in der Tat während der Regierungszeit Friedrichs kaum mehr eine Rolle gespielt und letztlich seitens der Forschung zu der bekannten Marginalisierung des Hofes innerhalb des politischen Systems im Preußen des 18. Jahrhunderts geführt hat. Die Untersuchung des friderizianischen Hofes unter dem Aspekt seiner »kommunikativen Struktur« und seiner gerade für den Adel so existenziellen Bedeutung als »Ort gesamtgesellschaftlicher Rangmanifestation« wird seiner tatsächlichen Funktion und seiner zeitgenössischen Wahrnehmung eher gerecht.[31]

Aus diesen Erwägungen heraus soll im Folgenden die Aufmerksamkeit auf die informellen Beziehungen zwischen dem »Hof« und den Zentralbehörden gelenkt werden, um eine die historischen Zusammenhänge berücksichtigende Annäherung an unser Thema sicherzustellen. Ist nicht, so vorerst die Vermutung, davon auszugehen, dass auch am preußischen Hof, wenn auch in geringerem Maße als anderswo, Patronage- und Klientelverbindungen etabliert, »Ämter, Privilegien und ökonomische Chancen aller Art verteilt und erworben [und] Geldgeschäfte getätigt« wurden?[32] Mit anderen Worten: Erfüllte nicht auch der friderizianische Hof die gemeinhin für einen »Hof« gültigen Funktionen trotz seiner »begrenzten Klientelfähigkeit«?[33] Aufgrund der Beschränkung des Themas auf das Verhältnis zwischen Hof und Zentralbehörden bleibt allerdings eine Komponente außerhalb der folgenden Betrachtung, die bei einer systematischen Behandlung des Hofes sehr wohl mit berücksichtigt werden müsste: die militärische Elite. In Anbetracht der großen Reputation, die das Offizierskorps genoss, zählten die höheren Offiziere zu der an der Residenz angesiedelten Führungsgruppe. Wird der Begriff einer »erweiterten Hofgesellschaft« zugrunde gelegt, wie dies gelegentlich schon die ältere Forschung getan hat, gehörten natürlich die sich in der Residenz aufhaltenden Offiziere neben den Angehörigen der Dynastie, der höheren Amtsträgerschaft und des diplomatischen Korps dazu.[34]

Dass der friderizianische Hof die oben angesprochenen Funktionen offenbar erfüllte, lassen vor allem die überlieferten Selbstzeugnisse von Personen aus der Hofgesellschaft erkennen. Der Hof strahlte für Teile der brandenburgisch-preußischen Adelsgesellschaft eine Attraktivität aus, die deren Wunsch beförderte, ein Hofamt zu bekleiden. Diese Aussage, die noch für das frühe 18. Jahrhundert kaum Widerspruch erfahren dürfte, behält ihre Gültigkeit auch für die Regierungszeit Friedrichs des Großen. Unschwer lässt sich dies mit etlichen überlieferten Aussagen von Angehörigen der Hofgesellschaft belegen. Dabei gilt es zu bedenken, dass sich das Tableau an verfügbaren Chargen, gemessen an der Größe der brandenburgisch-preußischen Adelsgesellschaft, stets in Grenzen hielt und demzufolge von einem permanenten Wettbewerb um die zu vergebenden Positionen ausgegangen werden kann. Nicht selten wurde deshalb der Wunsch nach Zugehörigkeit zur Berliner Hofgesellschaft in den relevanten Quellen im negativen Sinne als Verlusterfahrung artikuliert. Der Brandenburger Domherr von Kleist und seine Gattin, eine geborene Frau von Schwerin, »langweilten sich fern vom Hofe« in der Havelstadt, nachdem sie zuvor eine längere Zeit in der Residenz gelebt hatten.[35] Die Gräfin Voß klagte über die 1753 vorgesehene Versetzung ihres Mannes in die Magdeburger Regierung: »Für die Karriere meines Mannes wäre sein Bleiben in Berlin besser gewesen; dort würde er nicht so bald vergessen worden sein.«[36] Die Erfahrung, offensichtlich nicht zum ersten Mal übergangen worden zu sein, spricht wiederum aus folgenden Zeilen: »Der junge Knyphausen wird zum Gesandten in Frankreich ernannt. Wieder ein Anlaß, sich gedemütigt zu fühlen und sich trüben Gedanken hinzugeben.«[37]

Die zahllosen Tagebucheintragungen und Briefe der Mitglieder der Hofgesellschaft dokumentieren überdeutlich die nach wie vor bestehende Funktion des Hofes als »Kontaktbörse« für die politische Elite des Landes. Das wiederholt mit markanten Konturen gezeichnete Bild des in nüchternen Amtsstuben, abseits allen höfischen Gepränges arbeitenden Staatsdieners kann vor den Quellen nicht bestehen, die den Hof auch in friderizianischer Zeit als Referenz- beziehungsweise als Resonanzraum der politischen Elite ausweisen. Nur wenige »Kostproben« aus den Tagebüchern des Grafen Lehndorff, der sich mehrere Jahrzehnte am preußischen Hof aufgehalten hatte, sollen diese Aussage konkretisieren: Am 6. Januar 1752 war der Graf beim Staatsminister und Obergewandkämmerer Ernst Wilhelm von Bredow eingeladen, wo er »ein großes Menschengemisch, unter anderen einen Herrn Katt,[38] der für mich nicht gerade die angenehme Gesellschaft bildet«, antraf. Am 16. Februar 1753 weilte er zunächst »bei der Königin mit dem Grafen Finck [gemeint ist der Minister Karl Wilhelm, F. G.] und der Gräfin Podewils«, um am gleichen Abend einer Einladung zum Souper beim Staatsminister Danckelmann zu folgen. »Ich spreche Maupertuis und gehe dann zu Vernezobre.«[39]

Auffällig ist bei diesen Belegen die fast alltägliche und deshalb selbstverständlich erscheinende Praxis des gesellschaftlichen Verkehrs zwischen diesen beiden Gruppen der politisch-höfischen Führungsschicht. Zu solchen Begegnungen kam es vor allem in den Palais der Prinzen und Prinzessinnen,[40] der Königin-Mutter – entgegen früheren Auffassungen auch im Schloss der Königin[41] – und der Angehörigen der politisch-höfischen Führungsgruppe. Das, was an Soziabilität im Idealfall an einem zentralen Hof etabliert wurde, verlagerte sich auf mehrere Orte. Nun ließe sich natürlich die fehlende Präsenz des Herrschers, vornehmster Bezugspunkt der Hofgesellschaft, als entscheidendes Argument für die so nachdrücklich betonte Besonderheit des preußischen Hofes anführen. »Ein Hof ohne Herrschaft ist nicht denkbar«, lautet das oft wiederholte Diktum der Forschung, um jedoch sogleich einschränkend hinzuzufügen: »ob dieser nun stets physisch anwesend ist oder nicht«.[42] Doch setzte diese zeremonielle Zurückhaltung des Monarchen tatsächlich die Mechanismen der höfischen Verhaltensweisen außer Kraft?

Eine am Rande seiner Tagebucheintragungen geäußerte Bemerkung des französischen Professors für Grammatik und Lebemanns Dieudonné Thiébault bietet vielleicht einen Ansatz, diese Frage erneut zu überdenken: Nachdem er seine Leser darüber informiert hatte, dass sich der Preußenkönig in der Berliner Gesellschaft trotz seines etwa sechswöchigen Aufenthaltes während der Karnevalszeit in der Hauptstadt stets sehr rar gemacht hätte und allenfalls bei seinen sonntäglichen Audienzen »eine Viertelstunde blieb«, fährt er fort, dass in seinen Ausführungen der König [zwar] »weniger persönlich hervortreten wird; [doch] immerhin beziehen sich die Thatsachen im Grunde fast alle doch auf ihne [sic!], wenn auch indirekt«.[43] Thiébault pointierte hier, was in der Tat für das Grundverständnis der Rolle des friderizianischen Hofes wichtig erscheint: Die Mechanismen des Kampfes um Gunst und Gnadenerweise, um Rang und Prestige wirkten auch am preußischen Hof trotz der nur sehr sporadischen Präsenz des Monarchen fort. Im Übrigen sind hier durchaus Parallelen zur Staatsverwaltung zu ziehen, denn auch für die Minister des Generaldirektoriums und erst recht für die in der Hierarchie darunter stehenden Berliner Amtsträger blieb der Herrscher zumeist unsichtbar und schien trotzdem »allgegenwärtig« zu sein.[44]

Ungeachtet dieser modifizierten Interpretation der Beziehung Friedrichs zum höfischen Leben hält auch die sich in zahlreichen Darstellungen findende Vorstellung, der König habe sich nur während der sechswöchigen Karnevalszeit in Berlin aufgehalten und dort am »Hofleben« teilgenommen, nicht dem Quellenbefund stand. Zwischendurch kam er immer wieder in die Hauptstadt; allein im August 1743 weilte er vier Mal in Berlin, wo er dann auch die Königin mehrfach traf.[45] Neben den Besuchen der anderen Angehörigen der Hohenzollerndynastie, von denen einige in der Hauptstadt in repräsentativen Palais lebten, waren es vor allem die Gepflogenheiten des diplomatischen Zeremoniells, die Friedrich immer wieder nach Berlin führten.[46] All dies belegt, dass sich der König – wie schon sein »unhöfischer« Vater und Vorgänger[47] – nicht en passant den Normen des diplomatischen und damit eben auch des höfischen Zeremoniells entziehen konnte. Demzufolge waren die Veränderungen im Vergleich zu den Verhältnissen am Hof während der Regierungszeit seines Großvaters, des ersten preußischen Königs, nicht allzu gravierend. Und tatsächlich heben auch die Gesandtenberichte aus Berlin bis zum Ende von Friedrichs Regierung immer wieder sein Rang- und Prestigestreben hervor, seine »amour de la célébrité«, wie es der französische Gesandte Graf d'Esterno noch im Juli 1786 genannt hatte.[48] Erst nach dem Siebenjährigen Krieg wurden auswärtige Gesandte vermehrt auch in Potsdam empfangen.[49] Dazu mag auch die im Alter zunehmend eingeschränkte Mobilität des Königs beigetragen haben, die in späteren Jahren, wie zum Beispiel im Winter 1775/1776, dazu führte, dass der sonst übliche Aufenthalt in Berlin während der Karnevalszeit krankheitsbedingt ausfiel.[50]

Doch zurück zu den informellen Verbindungen innerhalb der politisch-höfischen Elite. Die in den Selbstzeugnissen aufscheinenden intimen Kenntnisse über Veränderungen im Hofstaat oder innerhalb der hohen Amtsträgerschaft lassen auf einen recht vertraulichen und kontinuierlichen Umgang zwischen beiden Gruppen schließen. Dabei ging es offenbar nicht nur um jene Themen, die man gemeinhin als »Hofklatsch« abzuqualifizieren geneigt ist, und es erscheint zweifelhaft, ob sich – so Johannes Kunisch – »die Hofgesellschaft von allem fernhielt, was mit Politik und Militär zu tun hatte«.[51] Zwar ist es wohl zutreffend, dass sich der Hof über die politisch brisante Situation im Frühsommer 1756 wenig informiert zeigte – für Wolfgang Neugebauer im Übrigen ein Argument für die »gezielte Entpolitisierung« des friderizianischen Hofes –, doch zählte die Diplomatie nicht ohnehin zu den »arcana imperii«?[52] Gerade der preußische Hof galt im europäischen Vergleich als Exempel einer recht effizienten Informationsbeschaffung einerseits und einer nicht minder effizienten Geheimhaltung andererseits.[53]

Mitunter kreisten die Themen der Hofgesellschaft durchaus um Außenpolitik und Kriegsführung,[54] doch standen bei den zahlreichen Empfängen, Soupers und Assemblées noch andere recht brisante Fragen zur Debatte. Im März 1769 wurde anlässlich eines Empfanges etwa darüber gesprochen, dass der Minister Ludwig Philipp von der Hagen »jetzt in größter Gunst« stehe und deshalb von »seinen Kollegen stark beneidet [werde]. Das Publikum glaubt, er werde zum Intendanten der Finanzen ernannt und der Sully unseres Landes werden«.[55]

Und auch das wenige Monate später bei Lehndorff anklingende Thema erinnert doch sehr an allzu Bekanntes und könnte als Lehrstück Norbert Elias' »Höfischer Gesellschaft« entnommen worden sein. Der hohe Eigenwert von Gnade und Gunst, die Teilhabe an gewährten Machtchancen wurden auch am friderizianischen Hof stets heiß diskutiert. »Der Herr Staatsminister [Joachim Christian] Blumenthal scheint sich«, so berichtet Graf Lehndorff nach einem abendlichen Empfang im Juli 1769, »etwas unbehaglich zu fühlen. Zwei Finanzräte, die seine Kreaturen waren, sind entlassen worden, und Herr von Hagen, der dem Alter nach hinter allen anderen Ministern rangiert, hat den Schwarzen Adlerorden bekommen, wodurch die älteren sich sehr zurückgesetzt fühlen, zumal Herr von Hagen und Herr von Derschau allein das Vertrauen des Königs besitzen.«[56] Themen also, die eigentlich – folgt man der traditionellen Verwaltungsgeschichtsschreibung – in Preußen aus streng rationalen Erwägungen im Kabinett des Königs diskutiert und entschieden worden wären, bildeten einen beliebten Gegenstand der Hofgespräche. Und es blieb offenbar nicht nur bei diesen Reflexionen. Man nutzte natürlich die vor allem auf den abendlichen Empfängen der Hofgesellschaft geknüpften und gepflegten Netzwerke für das eigene Fortkommen. Protegierungen waren auch in der preußischen Residenz üblich, wenn auch vielleicht in dezenteren Formen. Im Herbst 1766 versuchte zum Beispiel ein Graf von Schlieben für seinen Sohn, »der auf gesellschaftlichem Gebiet noch ein arger Neuling ist und für den es gut wäre, wenn er etwas in die große Gesellschaft käme«, das Entree in die Berliner Hofkreise zu ermöglichen. Aus Angst, dieser (einzige) Sohn könnte zum Militär einberufen werden, suchte er in Begleitung des Grafen Lehndorff den »Herrn von Dorville und den Großkanzler Jariges auf, um sie zu bitten, den jungen Mann als Referendar in Preußen unterzubringen«.[57]

In Anbetracht solcher Vorgänge, die natürlich nicht singulär dastehen, eröffnet sich eine weitere Perspektive auf unser Thema, die aus der Frage nach dem Zugang zum Hof für Angehörige der brandenburgischen Adelsgesellschaft unter den im Verlauf des 18. Jahrhunderts ungünstiger gewordenen Rahmenbedingungen resultiert. Noch immer wurde eine höfische Karriere als attraktiv angesehen, wie die Quellen zu unseren Beispielen belegen. Dennoch sind die Mittel, derer sich solch ambitionierte Adlige bedienten, nicht immer einfach in Erfahrung zu bringen. Fürsprache durch bereits bei Hofe über Einfluss verfügende Amtsträger und Offiziere sowie eine wohlkalkulierte Heiratspolitik dürften die erfolgversprechendsten Optionen gewesen sein. In diesen Kontext wird man auch das bis zum Ende des altpreußischen Staates nachweisbare Bemühen einiger Adelsfamilien einordnen müssen, sich über den Erwerb von Standeserhöhungen, die Übertragung von Amtshauptmannschaften oder die Bekleidung von »Erbämtern« aus der Masse des Landadels herauszuheben.[58] Die innerhalb der Hofgesellschaft beziehungsweise der Amtsträgerschaft der Zentralbehörden zu beobachtenden Rang- und Prestigekonflikte strahlten so auf die kleinräumlichen Adelsgesellschaften aus.

So notierte der sichtlich pikierte Graf von Lehndorff in seinem Tagebuch zum Beispiel, mit welcher Vehemenz die Bredows[59] und Rederns in den 1750er Jahren versucht hatten, am Hof einflussreiche Stellungen zu erlangen. Gegenüber einem Fräulein von Redern ließ sich der Graf im Frühjahr 1756 zu der galligen Bemerkung hinreißen, jene sei »nicht minder boshaft als die Bredows und außerdem bestrebt, den ganzen Hof mit ihren Verwandten zu besetzen«.[60] Dies war kein lediglich subjektiver Eindruck, denn auch aus anderer Quelle verlautet, dass Erasmus von Redern seinen Sohn und mehrere Nichten am Hof unterbringen konnte, was erkennen lässt, »daß er sonst unbekannte Beziehungen zum königlichen Hause gehabt haben muß«.[61]

Das zuletzt geschilderte Beispiel deutet zugleich noch eine weitere Facette an, die bei unserer Thematik im Auge behalten werden sollte: Für die Angehörigen der Hofgesellschaft und der Zentralverwaltung konnte sich zuweilen die Ausweitung der informellen Kontakte in das Umland der Hauptstadt als vorteilhaft für ihr Fortkommen erweisen. In der vergleichsweise gut überlieferten Korrespondenz des bis 1763 als Justizminister amtierenden Levin Friedrich II. von Bismarck offenbart sich ein ganzes Netzwerk, in dem dieser aus der Altmark stammende Amtsträger sowohl mit Mitgliedern der Berliner Hofgesellschaft (Prinz Ferdinand, Graf von Wartensleben, Etatminister von Katte) als auch mit der altmärkischen Adelsgesellschaft verbunden war.[62] Und werfen wir einen Blick in die entgegengesetzte geographische Richtung, so finden wir gerade in den östlich an die Residenz angrenzenden Regionen (Barnim, Lebus) eine vergleichsweise große Zahl von Rittergutsbesitzern, die hohe höfische beziehungsweise staatliche Ämter bekleideten. In den Schlössern und Herrenhäusern dieser Amtsträger pulsierte ein recht intensives gesellschaftliches Leben, das die Inhaber höfischer Chargen und hoher Verwaltungsämter dort immer wieder zusammenführte. »Nach Tisch mache ich mit Gronsfeld und der Gräfin Wartensleben einen Spaziergang nach Weißensee, einen sehr hübschen Landsitz, der Herrn von Nüßler gehört«, beschreibt Graf Lehndorff am 27. August 1753 einen Ausflug in diese residenznahe Landschaft.[63] Im Juni 1754 hielt er sich gemeinsam mit dem Grafen von Podewils und den Herren von der Schulenburg auf Schloss Gusow auf; von dort aus ging es auf das den von Kameke gehörende Gut Prötzel.[64] Im April 1764 berichtet Graf Lehndorff über eine Reise zu dem in der residenzfernen Uckermark gelegenen Landsitz seines Schwagers Graf Karl Ernst von Schlippenbach, der zu dieser Zeit das Amt des Hofmarschalls beim Prinzen Heinrich wahrnahm.[65]

Diese knappe Notiz deutet zumindest an, dass selbst bis in die peripher gelegenen Landschaften der Kurmark etwas vom höfischen Flair drang. So soll sich das uckermärkische Boitzenburg im letzten Drittel des 18. Jahrhunderts eines Rufes als Mittelpunkt vornehmer und fröhlicher Geselligkeit in ländlicher Atmosphäre erfreut haben. Die überlieferten Besucherlisten für die zahlreichen Empfänge und Soupers des auf Schloss Boitzenburg lebenden Ministers Friedrich Wilhelm von Arnim lesen sich wie das »Who is who« der gehobenen Berliner Gesellschaft jener Jahre.[66]

Die vorgestellten Quellen zeigen, dass im friderizianischen Preußen eine Trennung zwischen dem Hof und der Landesverwaltung nicht in der bis heute betonten Schärfe bestanden hatte, trotz eines vergleichsweise selteneren Zusammenfallens von Hofchargen mit Ämtern in der Zentralverwaltung. Mitunter führt uns auch ein Blick auf die Karrierewege der »Höflinge« weiter, obwohl solche stets aufwendigen prosopographischen Recherchen nach wie vor zu den Desiderata der Forschung gehören.[67]

Ein Wechsel von der einen in die andere Gruppe war durchaus nicht selten. So wurden die Möglichkeiten, über im höfischen Bereich angesiedelte Chargen auch eine Karriere in der Landesverwaltung zu forcieren, gerne genutzt: Christian David von Sydow vermochte es zum Beispiel, über eine Pagenstelle für längere Zeit eine Vertrauensposition am Hof des jungen Friedrich zu erlangen, die ihm nicht nur Gunsterweise und Geschenke bescherte, sondern auch eine Karriere als Amtsträger ermöglichte.[68] Auch eher zufällige Begegnungen mit Mitgliedern der Königsfamilie konnten der Karriere förderlich sein, so wie im Falle des neumärkischen Kriegs- und Domänenrates Wilhelm von Rohwedel. Dieser neumärkische Adlige, der seit 1730 in der Neumärkischen Kriegs- und Domänenkammer arbeitete, war während des Aufenthaltes des Kronprinzen in Küstrin mit diesem in Kontakt getreten und wurde nach der Thronbesteigung Friedrichs II. Geheimer Finanzrat im Generaldirektorium.[69]

Zahlreicher waren indes jene – umgekehrten – Fälle, in denen ehemalige Amtsträger und Militärs eine Hofcharge erhielten. Dass sie beim Antritt ihres Dienstes bei Hofe ihre bisherige, in der Verwaltung gewonnene Prägung und Sozialisation nicht einfach abstreiften, dürfte kaum verwundern. So ist wohl nicht anzunehmen, dass ein Mann wie der ehemalige kursächsische Kabinettsminister für auswärtige Angelegenheiten, Graf Karl von Osten-Sacken, nachdem er 1777 zum Oberkammerherrn am Berliner Hof berufen worden war, sich in seinem neuen Wirkungsfeld darauf beschränkt hätte, nur über die neueste Hofmode zu debattieren oder sich über die sehr überschaubare Speisenfolge auf den Empfängen der Königin im Schloss Schönhausen zu mokieren.[70]

Und weitet man die prosopographische Analyse noch auf die verwandtschaftlichen Verbindungen zwischen Hof und Zentralverwaltung aus, verdichten sich die auf ein eng geknüpftes Netzwerk zwischen Angehörigen des Hofstaates und der Zentralbehörden hindeutenden Belege: Vor allem im Hofstaat der Königin Elisabeth Christine befanden sich mehrere Gemahlinnen höherer preußischer Amtsträger. So amtierte die Gattin des Etatministers von Katsch dort als Oberhofmeisterin.[71] Im Jahre 1741 wurde Graf Albrecht Christoph von Dohna-Schlobitten, der Sohn des früheren Ministers (Alexander), zum Oberhofmeister der Königin ernannt. In späteren Jahren übernahm Johann Ernst von Voß diese Charge; sein Neffe Otto Carl Friedrich amtierte als Minister. Und ein Sohn des alten Feldmarschalls und Kabinettsministers von Borck, Graf Heinrich Adrian von Borck, fungierte bis 1764 als Oberhofmeister des Prinzen von Preußen.[72]

Aber auch Töchter von hohen Amtsträgern und Offizieren wurden für den Hofstaat der Prinzen und Prinzessinnen ausgewählt. Den Vorzug erhielten dabei durchaus die in Preußen geborenen Damen, wie der Fall der Hofdame der Kronprinzessin Elisabeth Christine, Anna Elisabeth Auguste von Schock, belegt. Sie verließ Preußen nach dem Thronwechsel von 1740, weil sie sich bei der vom jungen König vorgenommenen Neuorganisation des Hofes ungerecht behandelt fühlte.

> »Als die an Dienstjahren älteste Hofdame beanspruchte sie nämlich damals den Vortritt bei Hofe vor allen ihren Mitschwestern, was sich indessen, gemäß dem an allen europäischen Fürstenhöfen damals herrschenden Brauche, nicht ermöglichen ließ, da sie keine preußische Untertanin geworden, sondern ein braunschweigisches Landeskind geblieben war.«[73]

Recht beliebt war die Übernahme von Taufpatenschaften durch Angehörige der Hofgesellschaft. So berichtete die Gräfin Sophie von Voß (Abb. 2) anlässlich der 1752 erfolgten Geburt ihres Sohnes fast belustigt: »Der ganze Hof wollte in corpore bei meinem Kinde Paten stehen«.[74] Doch auch über diesen erlauchten Kreis hinaus war die Gewinnung eines Taufpaten aus Hofkreisen offenbar gern gesehen. Der junge König Friedrich II., notierte Rödenbeck in seinem Tagebuch unter dem 16. Juni 1740, habe in Berlin der Taufe des Sohnes des Rittergutsbesitzers von Hake beigewohnt, Sprössling einer havelländischen Landadelsfamilie.[75] Und selbst die in Berlin arbeitenden bürgerlichen Beamten bemühten sich um adlige Taufpaten. Nach den statistischen Erhebungen von Rolf Straubel gehörten 24 Prozent der Taufpaten von Kindern bürgerlicher Eltern dem Adel an, 4 Prozent direkt dem Hofstaat.[76] An der Taufe der Tochter des Grafen Lehndorff am 17. Oktober 1763 nahmen neben einigen Angehörigen des Herrscherhauses und zahlreichen Mitgliedern der »Hofgesellschaft im engeren Sinne« auch hohe Amtsträger wie die Minister Finck von Finckenstein und von Massow sowie der Gouverneur Hülsen teil.[77] Fast banal dürfte der Hinweis erscheinen, dass ein »Hofamt« auch in materieller Hinsicht zahlreiche Vorteile bot: Der nicht unvermögende Siegmund Ehrenreich von Redern war als Hofmarschall der Königinmutter tätig. Ihm wurde 1757 die Grafenwürde verliehen. Nach dem Ende des Siebenjährigen Krieges begann er Güter in großem Stil aufzukaufen, so zum Beispiel in Pommern. Auch erwarb er das alte Gut Golßen mit weiteren Lehnstücken in der Niederlausitz sowie die Herrschaft Königsbrück in der Oberlausitz.[78]

Betrachtet man – um ein knappes Fazit zu ziehen – das Thema aus rein institutionellem Blickwinkel, war der Prozess des Auseinanderdriftens von Hof und Landesverwaltung während Friedrichs Regierungszeit gewiss beträchtlich vorangeschritten. Dennoch belegen mehrere Beobachtungen die unverändert bestehenden personellen Verflechtungen zwischen beiden gesellschaftlichen Bereichen. Erst recht dürfte die Berücksichtigung der informellen und weit ins Land reichenden Bindungen zwischen Hof und hoher

Amtsträgerschaft unser Bild korrigieren. Damit zeigt sich, dass sich der preußische Hof auch in Friedrichs Regierungszeit, verstanden als ein hochkomplexes kommunikatives System, nicht jenen Mentalitäten und überindividuellen Zwängen entziehen konnte, die die jüngere Forschung als allgemeine Strukturmerkmale der europäischen Höfe des Ancien Régime qualifiziert hat. Er diente nicht – oder zumindest nicht nur –, um das pointierte Urteil Theodor Schieders zu zitieren, als »Attrappe für die preußische Macht«.[79] Gewiss erscheint es unter chronologischem Aspekt richtig, dass sich der preußische Hof nach dem Herrscherwechsel von 1713 nach und nach »entpolitisierte«.[80] Es handelte sich dabei aber allenfalls um veränderte Einflussmöglichkeiten auf die unmittelbaren Entscheidungsfindungen, die sich von jenen am Hofe des ersten preußischen Königs nur graduell unterschieden. »Unpolitisch« war der friderizianische Hof jedenfalls nie.

1 Zit. nach: Winterling, 2004, S. 77–90, hier S. 87 f.
2 »Er hat einen Kanzler, der niemals spricht, einen Oberjägermeister, der nicht wagen würde, eine Wachtel zu schießen, einen Oberhofmeister, der nichts anordnet, einen Schenk, der nicht weiß, ob Wein im Keller liegt, einen Oberstallmeister, der nicht die Befugnis hat, ein Pferd satteln zu lassen, einen Kammerherrn, der ihm niemals das Hemd gereicht hat, einen Grand-Maître de la garderobe, der seinen Schreiber nicht kennt« (zit. nach: Koser, 1903, S. 1–37, hier S. 3).
3 Vgl.: Acta Borussica, 16 Bde.
4 Vgl. hier nur die materialreiche, zwar oft als ungenügende Kompilation kritisierte, aber dennoch immer wieder gern als »Steinbruch« genutzte Darstellung von Eduard Vehse (Vehse, 1851). – Die an Elias angelehnte Interpretation begegnet in der unter dem Stichwort »Hof« verfassten knappen Skizze in: Ziechmann, 1985, S. 503–507.
5 Neugebauer, 1996, S. 197.
6 Bauer, 1993, S. 101. Einige Seiten weiter (S. 106) betont Bauer nochmals den »unhöfischen Charakter«.
7 Vgl. hierzu schon das resignative Urteil Adolph Friedrich Riedels (Riedel, 1866).
8 GStAPK, I. HA Rep. 36 (Hofverwaltung), Nr. 104, unpag. – Eine Schlüsselstellung innerhalb der Hoffinanzierung hatte in den ersten 18 Regierungsjahren Friedrichs sein »grand factotum« Michael Gabriel Fredersdorf eingenommen (Backschat, 1932, Bd. 6, S. 265–302, hier S. 285).
9 Vgl. hier nur die Akte: GStAPK, I. HA Rep. 36 (Hofverwaltung), Nr. 495 (für 1760/1761): 23 Generale und Offiziere wurden mit Pensionen in Höhe von 10 640 Reichstalern bedacht. – Vgl. dazu auch die Beobachtungen bei Wolfgang Neugebauer (Neugebauer, 2000, S. 139–169, hier S. 164, Anm. 96).
10 Koser, 1903, S. 4.
11 So schrieb er am 10. August 1737 aus Rheinsberg an seine Schwester Wilhelmine: »Das Landleben sagt mir tausendmal mehr zu als das Stadt- und Hofleben« (Volz, 1924–1926, Bd. 1, S. 359).
12 Koser, 1903, S. 18.
13 Bardong, 1982, S. 204.
14 Unterhaltungen mit Friedrich dem Großen, 1884, S. 50 u. 362.
15 Neugebauer, 2000. – Neugebauer, 1993, S. 69–115, hier S. 75 (Rückzug der Monarchen aus ihren Hauptstädten nach Versailles, Schönbrunn, Ludwigsburg und Mannheim).
16 Neugebauer, 1993, S. 75.
17 Neugebauer, 1993, S. 86.
18 Bahl, 2001.
19 Vgl. dazu die Passagen bei: Vehse, 1851, S. 259 f.

20 Genannt seien an der Spitze das sich bis zum Ende von Friedrichs Regierungszeit auf acht Departements ausweitende Generaldirektorium, das für auswärtige Angelegenheiten zuständige Kabinettsministerium, das Kammergericht, die militärischen Verwaltungsbehörden. Vgl. dazu die Aufstellungen in den Adress-Kalendern (Adres-Calender).
21 Hubatsch, 1982, S. 36.
22 Vgl. zu dieser Thematik jüngst: Sieg, 2003, insbes. S. 75–82.
23 Adres-Calender, 1772, S. 3 f. – Vgl. auch die Angaben bei: Vehse, 1851, S. 261 f.
24 Adres-Calender, 1785, S. 3. – In diese Reihe gehört auch die schillernde Persönlichkeit des königlichen Oberhofmarschalls Graf Gustav Adolf von Gotter, der zugleich auch für diplomatische Missionen verwandt wurde und als Generalpostmeister und Kurator der Akademie der Wissenschaften amtierte (vgl.: Krüger, 1993).
25 Vehse, 1851, S. 259 f.
26 Straubel, 2009, T. 2, S. 1055. – Voß, 1932, S. 17.
27 Vgl. hier zum Beispiel: Eibach, 2006, S. 142–151 u. 174–176.
28 Vgl. dazu schon die Studie der Hintze-Schülerin Elsbeth Schwenke (Schwenke, 1911). – Heinrich, 1965, S. 259–314, hier S. 309–311. – Aus der jüngeren Forschung: Neugebauer, 2001a, S. 49–76.
29 Jüngst etwa zur Mehrdimensionalität des Begriffs Hof: Beales, 2006, S. 79–104.
30 Winterling, 2004, S. 21.
31 Winterling, 2004, S. 21.
32 Hahn, 2000, S. 19–57.
33 Neugebauer, 2002, S. 113–124.
34 In diesem Sinne schon: Koser, 1903, S. 11 f. – Diese Thematik greift auch ein Dissertationsprojekt von Carmen Winkel auf (Winkel, 2009).
35 Thiébault, 1912, Bd. 1, S. 318. – Später ehelichte diese Dame einen Herrn du Troussel.
36 Voß, 1932, S. 19.
37 Schmidt-Lötzen, 1907, S. 156 (Eintrag vom 30. Mai 1754).
38 Gemeint ist wohl der Staatsminister Heinrich Christoph von Katt (verst. 1760).
39 Schmidt-Lötzen, 1910–1913, Bd. 1, S. 6 u. 12. – Am 16. März dinierte er »beim Grafen Gotter mit einem französischen Arzt namens Gautier [...], mit einem Mecklenburger Oberst, mit dem affektierten Holtzendorf [Hofkavalier bei Prinzessin Amalie, F. G.] und dem Hahnrei Hagen [gemeint ist der spätere Etat-Minister Ludwig Philipp, F. G.]« (Schmidt-Lötzen, 1910–1913, Bd. 1, S. 90).
40 Nicolai, 1786, Bd. 1, S. 261–276.
41 Vgl. hierzu Thomas Biskup, der die Bedeutung Elisabeth Christines neu betont (Biskup, 2004, S. 300–321).

42 Hirschbiegel, 2004, S. 43–54, hier S. 49.

43 Thiébault, 1912, Bd. 2, S. 43.

44 Dies natürlich nicht im überzeichneten Sinne der älteren Forschung (vgl.: Göse, 2007).

45 Rödenbeck, 1982, Bd. 1, S. 90–92. – Familientreffen (mit Bayreuther und hessen-darmstädtischen Verwandten) vom 14. bis 20. August in Charlottenburg (S. 205); besucht mehrmals im Monat seine Mutter in Monbijou; im März/April 1751 mehrmalige Krankenbesuche in Berlin beim General von Rothenburg (S. 214 f.); 31. März 1751 Audienz des kaiserlichen Generalwachtmeisters Graf Puebla (S. 214).

46 Auch hierzu Belege in: Rödenbeck, 1982, Bd. 1: Im März 1750 kam er zu drei Kurzbesuchen nach Berlin, wo er am 24. März dem neuen französischen Gesandten Marquis de Tyrconel eine erste »Privat-Audienz« gab (S. 201). Am 22. April gab er dem scheidenden französischen Gesandten de Valori die Abschiedsaudienz (S. 202); am 27. Juli 1750 empfing er den Gesandten des Chans der Krimtataren in Berlin (S. 204), am 8. Oktober 1751 erteilte er dem französischen Minister von Guimont (S. 221) und am 4. November 1751 mehreren »fremden Gesandten Audienz« (S. 222).

47 Vgl. die dem ansonsten in der Literatur verbreiteten Bild vom spartanischen Hofleben unter Friedrich Wilhelm I. widersprechenden Belege bei: Backschat, 1932, S. 274 f.

48 Biskup, 2007b. – Biskup bringt in diesem Aufsatz mehrere Belege für die penible Beachtung des Zeremoniells am preußischen Hof anlässlich des Besuches britischer Diplomaten und der osmanischen Gesandtschaft. – Vgl. zu diesen gleichsam strukturellen Zwängen der Monarchien im Ancien Régime auch Barbara Stollberg-Rilinger (Stollberg-Rilinger, 2004, S. 489–527). – Zum preußischen Fall (hier allerdings für Friedrich I.): Stollberg-Rilinger, 1997, S. 145–176.

49 So zum Beispiel belegt für den Februar 1771, als er den kaiserlichen Gesandten von Swieten, den polnischen Gesandten Graf Kmieleky und den englischen Gesandten Harris in Potsdam empfing, oder für Ende Mai 1776, als neben einigen auswärtigen Militärs auch der spanische Gesandte von Lascy und der dänische Gesandte von Larrey in Potsdam zur Audienz weilten (vgl.: Rödenbeck, 1982, Bd. 3, S. 57 u. 141).

50 Rödenbeck, 1982, Bd. 3, S. 132. – Auch in späteren Lebensjahren weilte Friedrich außerhalb der Karnevalssaison in Berlin, nicht nur zur Abnahme von Übungen der Berliner Garnison, so zum Beispiel am 19. Oktober 1770: Besuch der Königin, der Prinzen und Betrachtung von Sehenswürdigkeiten in Berlin; 26. April 1771: »Der König aus Potsdam nach Berlin, wo bei ihm große Tafel und Cour ist, welcher der König von Schweden, dessen Bruder und die Prinzen des Königl. Hauses beiwohnen« (Rödenbeck, 1982, Bd. 3, S. 26 u. 44). – Überhaupt machten etliche Gesandte und hochgestellte Persönlichkeiten in Berlin Station, um anschließend nach Potsdam zum König eingeladen zu werden. Ansonsten kam der König in den letzten beiden Regierungsjahrzehnten vor allem zu den Militärrevuen oder aus familiären Anlässen nach Berlin. Unter dem 21. Mai 1775 vermerkt die Chronik: »Beim Könige Mittags große Cour, wo ihm unter anderem der Herzog Hamilton, der Lord Forbesque und der Dr. Moore [...] vorgestellt werden« (Rödenbeck, 1982, Bd. 3, S. 116).

51 Kunisch, 2004, S. 316.

52 Neugebauer, 2000, S. 159.

53 Der kursächsische Minister von Flemming äußerte einmal: »Der Berliner Hoff erfähret alles, was in einigen Cabinetten passiret, daher Er leicht seiner mesures mit seinen Alliierten darnach nehmen kann« (Sächsisches Hauptstaatsarchiv Dresden, Geheimes Kabinett Loc. 3303/2: »Den brandenburg. und preuß. Staat betreffend; aus den Papieren des Grafen von Flemming«, unpag.). – Vgl. auch die durch Thiébault mitgeteilte, die Praxis des Briefe-Öffnens mit satirischem Unterton kommentierende Anekdote des französischen Gesandten de Guiness (Thiébault, 1912, Bd. 2, S. 51).

54 So war man durchaus in der Lage, seine Schlüsse aus bestimmten Vorgängen für die außenpolitische Situation zu ziehen: Im Dezember 1762 wurde man zum Beispiel gewahr, dass sich die Minister Finck und Hertzberg nach Leipzig begaben, »woraus man schließen kann, daß am Frieden gearbeitet wurde« (Schmidt-Lötzen, 1910–1913, Bd. 1, S. 365). –

Im November 1770 bildete »die Reise des Prinzen Heinrich nach Rußland« ein ständiges Gesprächsthema. »Als er hier abreiste, beabsichtigte er bloß eine Reise nach Schweden. Als er sich aber am dortigen Hof befand, drückte die Kaiserin dem König den Wunsch aus, diesen Prinzen in Petersburg zu sehen« (Schmidt-Lötzen, 1910–1913, Bd. 2, S. 188).

55 Schmidt-Lötzen, 1910–1913, Bd. 2, S. 144.

56 Schmidt-Lötzen, 1910–1913, Bd. 2, S. 156.

57 Schmidt-Lötzen, 1910–1913, Bd. 2, S. 33. – Die Auswertung der von Norbert Leithold vorbereiteten Edition der Briefe der am spätfriderizianischen Hof anwesenden Gräfin Carolin von Goertz wird ebenfalls viele Belege bieten, die in eine ähnliche Richtung weisen. Ich danke Herrn Leithold für den Einblick in eine Auswahl der Briefe.

58 Vgl. dazu mit Einzelbelegen: Göse, 2005, S. 355–359.

59 Anlässlich der Hochzeit einer Hofdame von Bredow mit einem von Bonin [Adjutant bei Prinz Heinrich, F. G.] im August 1753 klagte er, dass diese »ganze Familie dazu bestimmt [sei], uns an unserem Hof zu verderben« (Schmidt-Lötzen, 1907, S. 101 f.).

60 Schmidt-Lötzen, 1910–1913, Bd. 2, S. 267.

61 Redern-Wansdorf, 1936, Bd. 2.

62 Göse, 1994, S. 97–117.

63 Schmidt-Lötzen, 1910–1913, Bd. 1, S. 34.

64 Schmidt-Lötzen, 1907, S. 160.

65 Schmidt-Lötzen, 1910–1913, Bd. 1, S. 395.

66 BLHA, Rep. 37 Boitzenburg, Nr. 3735. – Ähnliche Belege lassen sich auch für andere Schlösser und Herrenhäuser finden, deren Besitzer höhere Ämter am Hof oder in der Verwaltung bekleidet haben.

67 Für die Zeit des Großen Kurfürsten vgl.: Bahl, 2001. – Rolf Straubel arbeitet an einer prosopographischen Studie zur Amtsträgerschaft der spätfriderizianischen Zeit.

68 Vgl.: Sydow, 1913, T. 3, S. 36 f.

69 Vgl.: Wolff, 1912, S. 52. – Vgl. auch: Straubel, 2009, T. 2, S. 825 f. – Allerdings muss W. von Rohwedel seine Ambitionen etwas überzogen haben, sodass er bald beim jungen König in Ungnade fiel und später in kursächsische Dienste trat.

70 Vehse, 1851, S. 259.

71 König, 1799, Bd. 2, S. 18. – Vgl. zu ihr detaillierter: Arnheim, 1912, S. 216 f.

72 Vehse, 1851, S. 265 u. 267.

73 Arnheim, 1912, S. 219.

74 Voß, 1932, S. 18.

75 Rödenbeck, 1982, Bd. 1 (Anhang), S. 12.

76 Straubel, 1998, S. 224 f.

77 Schmidt-Lötzen, 1910–1913, Bd. 1, S. 382.

78 Redern-Wansdorf, 1936, Bd. 1, S. 104 f.

79 Schieder, 1986b, S. 50.

80 Neugebauer, 2001a, S. 120.

THOMAS BISKUP

EINES »GROSSEN« WÜRDIG?

Hof und Zeremoniell bei Friedrich II.

1 Johann Georg Fünck, *Blick auf das Opernhaus in Berlin, Unter den Linden*, 1743–1744, Kupferstich, Staatsbibliothek zu Berlin Preußischer Kulturbesitz, Kartenabteilung, Y 49120

Friedrich II. ist für vieles bekannt: Umstrittene Kriege und militärische Erfolge, literarische Produktion und musische Interessen, religiöse Toleranz und juristische Reformen. Höfischer Prunk und zeremonielle Repräsentation gehören nicht dazu.

Tatsächlich gilt Friedrich als das geradezu klassische Gegenbild zum Typus des »höfischen Herrschers«, wie er gemeinhin mit Ludwig XIV. von Frankreich verbunden wird. Als Wilhelm Roscher im 19. Jahrhundert den Begriff des »Absolutismus« prägte, um die Monarchie der Frühen Neuzeit zu erfassen, differenzierte er zwischen einem »konfessionellen«, einem »höfischen« und einem »aufgeklärten« Typus. Philipp II. von Spanien stand bei Roscher für das Zeitalter von Reformation und Gegenreformation und Ludwig XIV. für den höfischen Absolutismus. Friedrich II. wurde diesem Typus als »aufgeklärter« Herrscher gegenübergestellt, der das vermeintliche Motto Ludwigs XIV., »Der Staat bin ich«, zum aufgeklärten »Der Monarch ist der erste Diener des Staates« umgeformt und sich ohne Hof und Zeremoniell, aber in intensiver Auseinandersetzung mit den Theorien der Aufklärung um Preußen gekümmert habe.[1] Damit habe Friedrich die höchste Stufe des Absolutismus erklommen. Das vergleichsweise kleine Sanssouci erschien dann auch ganzen Historikergenerationen als Gegenmodell zum barocken Versailles, und Friedrich figurierte in der Folge bis in die jüngste Zeit als Idealtyp des »aufgeklärt absolutistischen« Herrschers.[2]

Die Typologie des sächsischen – und nicht uneingeschränkt preußenfreundlichen – Nationalökonomen Roscher, die selbst bereits auf eine längere historiographische und literarische Tradition der Friedrich-Literatur rekurrierte, wurde für über 100 Jahre zur Grundlage einer Historiographie, die Friedrich als grundlegend verschieden von der Vorgängergeneration europäischer Monarchen abhob und an den Beginn der politischen Moderne stellte. Die preußenfreundliche Historiographie des 19. und frühen 20. Jahrhunderts spitzte dies auf spezifische Weise zu: Sie führte Friedrich als jenen »großen« Preußenherrscher, der seinen Staat zur Großmacht erhoben und damit die (klein)deutsche Einheit unter preußischer Führung möglich gemacht habe.[3] Dementsprechend wird seine Herrschaft mit dem Aufbau einer modernen Verwaltung und eines schlagkräftigen Heeres charakterisiert, die schrittweise aus den höfischen Strukturen herausgelöst wurden. Das als Militär- und Verwaltungsstaat geschilderte friderizianische Preußen erscheint somit als moderner Staat, der ganz ohne Revolution bereits im 18. Jahrhundert vermeintlich »vormoderne« Elemente wie den Hof überwand. Frankreich oder andere deutsche Staaten hingegen seien weiterhin von Fürstenhöfen beherrscht gewesen, die ökonomische Vergeudung und moralischen Verfall mit sich brachten, ja überhaupt die unzulässige Vermengung von scheinbar »Privatem« und »Politischem«. Besonders verkörpert werde diese durch den vermeintlich unheilvollen Einfluss von Ehefrauen und Mätressen auf die Regierenden (Männer), klassisch exemplifiziert im französischen Ancien Régime, das auch prompt mit Revolution und Guillotine bestraft wurde.[4]

Die Helden der modernen Staatswerdung Preußens, voran Friedrich Wilhelm I. und Friedrich II., »der Große«, mussten sich in der borussischen Historiographie von dieser dunkel gezeichneten Folie möglichst vorteilhaft abheben. So wird zwar den ersten fünfzehn Regierungsjahren Friedrichs – in charakteristisch vager Formulierung – eine bescheidene »Belebung« des Hoflebens nach dem »Kahlschlag« durch Friedrich Wilhelm I. zugestanden; von der Neubesetzung von Hofämtern bis hin zum Bau des Opernhauses (Abb. 1). Die zweite Hälfte der Regierungszeit steht dann jedoch ganz im Zeichen des »Alten Fritz«, der nach der Rückkehr aus dem Siebenjährigen Krieg von Potsdam aus praktisch im Alleingang das »Retablissement« des verwüsteten Landes geleitet habe. Betont wird generell, dass es im Preußen des 18. Jahrhunderts keine nennenswerte höfische Festkultur gegeben habe, unter Friedrich ebenso wenig Hofrangordnung und Zeremoniell.[5] Für Präzedenzstreitigkeiten habe der große Monarch keine Zeit gehabt; zitiert werden daher gern Bemerkungen wie jene, die er 1751 bei einer Rangstreitigkeit unter den Damen des Hofes geäußert haben soll: »Die Dümmste soll vorangehen.«[6] Nur mit seinen Kabinettssekretären in beständigem persönlichen Kontakt stehend, sei er ganz ohne Hof ausgekommen und mit dem sukzessiven Ende seiner »Tafelrunde« in den zwei Jahrzehnten nach 1763 auch soziabel zunehmend vereinsamt, sich so ganz dem Dienst am Staate aufopfernd.[7] Zur Stützung dieser Sicht werden auch Friedrichs eigene, von Historikern gern als programmatisch verstandene Äußerungen zum Thema Hof herangezogen, denn der »Philosoph von Sanssouci« inszenierte sich zunehmend selbst als »hyperrationale« Verkörperung der Staatsräson, wie es jüngst Christopher Clark genannt hat.[8] So nannte Friedrich etwa in seinem Politischen Testament von 1768 seinen Vorvorgänger Friedrich I. einen »Schwächling«, der »eine Würde ohne Macht, die schwer auf dem Schwachen lastete, seiner Herrschereitelkeit schmeichelte, aber seine Macht nicht vermehrte«, erworben habe.[9]

Die Forschung der letzten drei Jahrzehnte hat nun das alte Schreckbild des Hofes grundlegend korrigiert. Heute wissen wir, dass die Höfe der deutschen Fürsten bis mindestens ins 19. Jahrhundert hinein wichtige Funktionen im vielgliedrigen Institutionen- und Korporationengefüge dessen erfüllten, was wir den frühneuzeitlichen »Staat« nennen. Lange auf die sogenannte Blütezeit der Höfe im 17. und frühen 18. Jahrhundert (»Barock«) konzentriert, hat die Hofforschung in den letzten Jahren auch verstärkt das ausgehende 18. Jahrhundert in den Blick genommen, etwa anhand des Weimarer Hofes.[10] Das von der älteren Forschung mit Erfolg etablierte Paradigma des »Niedergangs« der Höfe in der zweiten Hälfte des 18. Jahrhunderts, von Ute Daniel vor kurzem noch einmal zu Recht kritisiert, wird hier abgelöst von differenzierten Betrachtungen zur Funktion von Höfen innerhalb einer sich wandelnden Öffentlichkeit.[11] Auch der brandenburgisch-preußische Staat des 18. Jahrhunderts ist in das neue Bild von Staatlichkeit eingefügt worden; er erscheint in seinem inneren Aufbau unter den europäischen Staaten inzwischen nicht mehr als die große Ausnahme einer zentral gelenkten Staatsmaschine. Vielmehr war auch Preußen von einem Zusammenspiel von monarchischer Zentralgewalt, Ständen und lokalen Amtsträgern gekennzeichnet, das Raum für individuelle wie korporative Interessen ließ, die sich straffer Reglementierung mindestens ebenso weitgehend entzogen wie ihre Pendants etwa in England.[12]

Allerdings, und dies ist bemerkenswert, werden in der Historiographie erst ansatzweise Folgerungen daraus auch für den preußischen Hof gezogen. Die Forschung war lange und ist zum Teil immer noch entweder auf die klassischen Themen Staatsverfassung und Verwaltungsaufbau oder auf die Figur Friedrichs selbst konzentriert. Diese Fokussierung hat lange einen kulturhistorischen Zugang zum friderizianischen Preußen verhindert. Das Thema Friedrich und der Hof wird immer noch häufig abgehandelt mit einer Mischung aus den bekannten abfälligen Zitaten aus des Königs Schriften und offenbar exemplarisch gemeinten Episoden aus der »Tafelrunde« und der Beziehung zu seinen Vorlesern. Subsumiert unter der Beziehung Friedrichs zur Aufklärung, erscheint der Hof darin bestenfalls als jener Ort, an dem Friedrich seine »Freundschaften« mit Geistesgrößen wie Voltaire zelebrierte, die er zeitweilig oder dauerhaft in die Mark ziehen konnte.[13] Volker Bauer hat ihn in seiner Typologie daher nicht zu Unrecht zum Prototypen des »geselligen Hofes« gemacht.[14] Als Quellen werden hier gern Korrespondenzen, Tagebücher und Memoirenwerke herangezogen, etwa die von Thiébault oder dem Grafen Lehndorff. So werden in der Literatur bis heute Zahlen zu Hofzusammensetzung und Hofausgaben tradiert, die offenbar aus Kompilationen des frühen 19. Jahrhunderts stammen.[15]

Ein neues Bild des preußischen Hofes des 18. Jahrhunderts wird somit in den letzten Jahren – sieht man von einem verdienstvollen Aufsatz Wolfgang Neugebauers ab – gleichsam von den chronologischen wie thematischen Rändern her gezeichnet: von neueren Arbeiten zu Friedrich I. und Friedrich Wilhelm I., auch zu Friedrich Wilhelm II., ebenso zu Sammeltätigkeit, Geschenkwesen, Architektur und Literatur.[16] Daran anschließend soll im Folgenden versucht werden, Friedrich und seinen Hof aus der chronologischen wie räumlichen »splendid isolation« herauszuheben, in die sie bereits die Verehrung von Zeitgenossen gehoben hat (»Friedrich der Einzige«). Friedrichs Hof soll vielmehr als Teil der Geschichte der höfischen Öffentlichkeit im Europa des 18. Jahrhunderts verstanden werden. Der Schwerpunkt soll dabei nicht auf der philosophischen Sozialität im Umkreis des Königs liegen; vielmehr sollen die Strukturen und das Personal der Berlin-Potsdamer Hoflandschaft, ihre Finanzierung und zeremonielle Nutzung im Mittelpunkt stehen, die Friedrich zumindest zeitweise nicht nur als »den tapfersten und weisesten unter den Königen«, sondern »zu gleicher Zeit [als] den prächtigsten« erscheinen lassen sollte.[17]

»Verschwender« und »spartanischer Soldatenkönig«? Neue Forschungen zum preußischen Hof des 18. Jahrhunderts

In den vergangenen zehn bis fünfzehn Jahren sind gleich mehrere Legenden der Historiographie, in denen neben dem »Alten Fritz« auch die anderen Könige Preußens jeweils einen festen Platz einnahmen, ins Wanken geraten: Wir wissen inzwischen, dass Friedrich I. keinesfalls der Verschwender war, als den ihn bereits Friedrich II. gezeichnet hat. Vielmehr war die angeblich so »prunksüchtige« Hofhaltung des ersten

Preußenkönigs im Umfeld der Erhebung Brandenburg-Preußens in die erste Reihe der europäischen Monarchien (Königskrönung) genau kalkuliert und bedeutete – wie Barbara Stollberg-Rilinger herausgearbeitet hat – den neuen Rang in der höfischen Öffentlichkeit überhaupt erst einmal.[18]

Zurzeit ist auch ein neues Bild des Hofes von Friedrich Wilhelm I. im Entstehen, dessen viel zitierte frugale Einfachheit differenziert zu betrachten ist.[19] Zwar hat er sich bei Regierungsantritt 1713 klar vom Vorgänger abgesetzt durch Entlassung eines beträchtlichen Teils des Hofpersonals, Erlass einer neuen Hofordnung mit dem Militär an der Spitze, (vorübergehender) Einstellung der Bauarbeiten am Berliner Schloss und Reduzierung der Zahl der Nebenresidenzen. Auch wenn offenbleiben muss, inwieweit die demonstrativen Kürzungen und Streichungen vor allem als machttaktische Maßnahme eines neuen Monarchen zu sehen sind, so steht inzwischen fest, dass die Hofausgaben bereits in den Folgejahren wieder auf ein durchaus im Rahmen anderer deutscher Höfe liegendes Niveau angehoben wurden.[20] Auch hier gilt: In der Literatur kursierende Zahlen, wie die noch kürzlich zitierte angeblich dauerhafte und programmatische Senkung der jährlichen Hofausgaben von über 400 000 auf 50 000 Taler, haben keine Grundlage in den Akten des »Hoffstaats-Estaat« (sic!); vielmehr sank der Hofstaatetat nie unter 134 000 Taler und erreichte bereits 1715/1716 wieder knapp 160 000 Taler.[21]

In der zweiten Hälfte der Regierungszeit Friedrich Wilhelms I. beschleunigte sich der Ausbau des Hofes offenbar, Ämter und Hofchargen von Oberschenk und Oberküchenmeister bis hin zu Hofmarschall und Obermarschall waren seit den 1720er Jahren wieder besetzt und auch im reichsweiten Kontext angemessen vergütet.[22] Insbesondere der Aufenthalt am Hof Friedrich Augusts I., »des Starken«, von Sachsen-Polen 1728 scheint hier katalysatorisch gewirkt zu haben, wie Melanie Mertens mit Bezug auf das neu angelegte Berliner Palastquartier herausgestellt hat.[23] Der Weiße Saal sowie eben die Polnischen Kammern im Schloss wurden ausgebaut und die Prunkräume reich geschmückt, insbesondere mit Gold und Silber, die wegen ihres jederzeit »einlösbaren« Geldwertes eine für Friedrich Wilhelm I. wie auch andere preußische Regenten charakteristische Verbindung von Prunk und Utilität erlaubten.[24]

Bereits während des Zweiten Schlesischen Krieges nutzte sein Nachfolger diese Möglichkeit und ließ 1745 den Großteil dieser Silberbestände einschmelzen. 1809 wiederum wurden die von Friedrich II. in Auftrag gegebenen Goldservice umgemünzt, was den von Napoleon geforderten Kontributionszahlungen geschuldet war.[25] Damit war ein Großteil der Berliner Gold- und Silberbestände den Konjunkturen europäischer Politik zum Opfer gefallen, in denen das ressourcenarme Preußen stets besonders exponiert war. Ausgerechnet jene Prunkbestände, die für die Selbstdarstellung der Hohenzollern des 17. und 18. Jahrhunderts einen so hohen Stellenwert besessen hatten, waren somit bereits 100 Jahre nach der Erhebung Preußens zur souveränen Monarchie verloren, was seinen Teil zum besonders spartanischen Image des preußischen Hofes beigetragen haben mag.

Die Höfe der Hohenzollerndynastie unter Friedrich II.

Unter Friedrich II. war die Berliner Residenzlandschaft von einer ausgesprochenen Pluralität von Höfen geprägt. Bei Ausbruch des Siebenjährigen Krieges gab es neben dem Hof des Königs selbst den Hof seiner Gemahlin Elisabeth Christine, den Hof der Königinwitwe Sophie Dorothea,[26] den des Prinzen von Preußen August Wilhelm, den des künftigen Erben Friedrich Wilhelm (II.), den seiner Gemahlin Friederike Luise und die Höfe von Friedrichs Geschwistern Heinrich, Amalie und Ferdinand. Hinzu kamen noch die Höfe der Nebenlinie Schwedt.[27] Neben den Inhabern der Hofämter und Hofstellen gehörten Offiziere, Minister und Beamte sowie die Diplomaten zur Hofgesellschaft im weiteren Sinne.

Eine größere Zahl an Höfen lässt sich auch in anderen Monarchien der Zeit nachweisen. Einzigartig war allerdings, dass der pluralen Berliner Hoflandschaft um 1750 der königliche Mittelpunkt abhandenkam, denn nach der Fertigstellung von Sanssouci verlegte Friedrich seine Residenz sommers wie winters nach Potsdam und war nur während der Karneval genannten Wintersaison für mehrere Wochen in Berlin anwesend.[28] Nach 1763 weilte der König noch seltener in Berlin. Der Berliner Hof aber bestand auch nach der Übersiedlung nach Potsdam weiter; nicht nur die Regierungsbehörden blieben in Berlin zurück – ein Teil war im weitläufigen Berliner Schloss untergebracht –, sondern auch der Hof des Königs selbst.

Friedrich bestand auf einem Höchstmaß an Unabhängigkeit und wollte sowohl für sein Regierungshandeln wie für die in Potsdam gepflegte Soziabilität weitestgehend von den Institutionen von Regierung und Hof unabhängig sein. Das bedeutet im Fall der Regierung, dass er zunehmend aus dem Kabinett heraus regierte, also räumlich von Ministern und Behörden getrennt und vor allem über die Kabinettssekretäre operierend, deren Einfluss schwer abschätzbar ist. Für die Geselligkeit im Umkreis des Königs heißt dies, dass nur wenige Mitglieder der königlichen Tafelrunde auch formal Angehörige seines Haushaltes waren, die formale Zugehörigkeit war jedenfalls nicht Kriterium für die Aufnahme in den engsten Kreis der Berater oder Unterhalter des Königs, den »cercle intime«. Dieser Kreis wurde offenbar gerade all jenen verwehrt, die – wie Minister, enge politische Zuarbeiter und einheimische Adlige – eigenes politisches und soziales Gewicht mitbrachten oder Zugang zu potenziell rivalisierenden Macht- und Informationszentren in der Hauptstadt hatten, etwa den Nebenhöfen in Berlin, und somit nicht vom König abhängig und kontrollierbar waren. Besonders den Mitgliedern einflussreicher Adelsfamilien unterstellte der König, die Interessen ihrer Familien bei Hof durchsetzen zu wollen.[29] Dies freilich ist kein Spezifikum Potsdams; ähnlich sind in der zweiten Hälfte des 18. Jahrhunderts auch die soziablen Zirkel an anderen, sonst ganz anders strukturierten Residenzen organisiert, etwa am Hof der Herzöge von Braunschweig.

Hof und Geld

Die räumliche Trennung von königlicher Residenz und Hof darf jedoch nicht mit dessen Vernachlässigung verwechselt werden, wie sich bei einem Blick auf die Entwicklung der Hofausgaben zeigt. Diese verwaltete Friedrich mithilfe des Geheimen Kämmerers Fredersdorf und des Rentmeisters und Tresoriers Buchholz selbst. Soweit sich dies den zur Verfügung stehenden Akten entnehmen lässt, entwickelte sich der Posten der Hofstaatsausgaben unter Friedrich II. in absoluten Zahlen relativ gleichmäßig: Im Finanzjahr 1749/1750 fielen für Hof und Kapelle zusammengenommen etwa 263 000 Taler an,[30] bis 1771/1772 erreichten diese Aufwendungen etwa 310 000 Taler. Über 40 000 Taler müssen jedoch wieder von dieser Summe abgezogen werden, da Friedrich vakant gefallene Positionen nicht wiederbesetzte, die Gelder aber weiterhin für den Hofstaat budgetierte und die nicht ausgezahlten Gehälter in eine eigene Dispositionskasse umleitete, über die er nach Gutdünken verfügen konnte. Diese eigentümliche »Spar«-Praxis steigerte Friedrich stetig bis zum Ende seiner Regierung: Von den knapp 313 000 Talern, die im Etat 1785/1786 für Hof und Musik bereitgestellt waren, blieb mit 70 000 Talern fast ein Viertel zu »Seiner Königlichen Majestät Disposition übrig«.[31]

Allein aufgrund der problematischen Aktenlage ist es jedoch nicht ganz einfach, die Entwicklung der Hofausgaben unter Friedrich zu verfolgen. So ist es erstens ganz grundsätzlich schwierig, zu sagen, was überhaupt »Hofausgaben« ausmachte, selbst wenn man die Frage außer Acht lässt, inwieweit externe Institutionen wie die Akademie in einen erweiterten Hofbegriff einzubeziehen sind. Die lakonische Bemerkung des Zedlerschen Universallexikons, Hof werde genannt, wo der Herrscher sich aufhalte, ist selbst bereits Ausdruck eines überkommenen Hofbegriffs. Auf die Schwierigkeit, so etwas wie den Hof überhaupt zu definieren, hat jüngst Derek Beales aufmerksam gemacht. Anhand des – zugegebenermaßen speziellen – Wiener Falles argumentiert er, nur eine Reihe von Definitionen lasse das »Phänomen Hof« erschließbar werden: Der Hof sei gleichzeitig eine »Fiktion« (im Sinne eines Symbols für politische Entscheidungsprozesse) und ein »Ort«, eine »Aktivität« und »Personengruppe« und schließlich auch eine »juristische Einheit« gewesen.[32]

So sind bereits auf der finanziellen Ebene die preußischen Hofstaatsetats allein kein ausreichender Beleg für die tatsächlichen Hofausgaben, da auch in Preußen wichtige Teile derselben aus anderen Etats bestritten wurden, etwa die Ausgaben für Musik und Oper, die annähernd ein Sechstel der Gesamtausgaben für den Hof ausmachten und in einem eigenen »Kapelletat« gebündelt waren; von den rasch in die Hunderttausende schnellenden Aufwendungen für Neu- oder Umbauten in den Schlössern einmal ganz abgesehen. Zudem schoss Friedrich erhebliche Summen aus der Schatullkasse zu, um beispielsweise die Finanzierung besonders nachgefragter Sängerinnen und Sänger sicherzustellen. Zum anderen wurden aber während wie nach Friedrichs Regierung auch aus Hofgeldern ganz andere Ausgaben getätigt, etwa für formal nicht zum Hof gehöriges Personal[33] oder auch für die »Verpflegung der Ausrangierten von der

Garde du Corps«.[34] Das heißt, dass alle Angaben sowohl im Hofstaatetat wie auch in den anderen Bereichen des Ziviletats bis auf die Einzelposten aufgeschlüsselt werden müssten, um einen auch nur annähernden Wert für die tatsächlichen Ausgaben zu erhalten. Gerade in der zweiten Hälfte der Regierungszeit Friedrichs verschlechterte sich jedoch die Übersichtlichkeit der Finanzverwaltung, da der König neuerhobene Abgaben in neue, ihm allein unterstehende Kassen abführte, die keine genauen Angaben über seine Gesamtausgaben, geschweige denn über seine Schuldenpolitik erlauben, deren unübersichliche Verschachtelung an das Gebaren mancher Hedgefonds- oder Bankmanager erinnert.[35] Nach dem Tod Friedrichs II. führte Friedrich Wilhelm II. die Finanzverwaltung insgesamt wieder auf den übersichtlicheren Stand der Regierung von Friedrichs Vorgänger zurück (dessen Namen er ja auch annahm), indem er die Vielzahl von Einzelkassen wieder auflöste und in eine übersichtlichere, einheitlichere Ordnung überführte. Dies brachte jedoch nicht zuletzt eine erhöhte Sichtbarkeit der Schulden mit sich, was Friedrichs Nachfolger den Ruf besonderer Verschwendung eintrug.

Zweitens waren die Hofausgaben an allen – auch den größten – europäischen Höfen bis ins 19. Jahrhundert hinein erheblichen Schwankungen unterworfen.[36] Erst die Institutionalisierung und Bürokratisierung der Höfe im 19. Jahrhundert, als eigene Ministerien mit besonderer Budgetierung eingerichtet wurden, hat hier größere Kontinuitäten geschaffen. Die Schwankungen auf der Ausgabenseite waren selbst in Friedenszeiten erheblich und hingen von verschiedenen Faktoren ab: Bei Regierungswechseln waren Erbhuldigungen in den unterschiedlichen Landesteilen der Kompositmonarchie zu organisieren und Witwenhöfe abzufinden. Geburten, Konfirmationsfeiern, Hochzeiten und Hoftrauer bildeten ebenso einen erheblichen und variablen Kostenfaktor wie Besuche auswärtiger Fürsten. Andererseits konnten auch die Einnahmen erheblich zu- oder abnehmen: Effizienzsteigerungen in der Einnahmenseite durch Verwaltungsreformen waren zwar Einbrüchen etwa durch Kriegsfälle unterworfen, aber langfristig unter allen preußischen Königen von Friedrich Wilhelm I. bis zu Friedrich Wilhelm II. und Friedrich Wilhelm III. spürbar.[37] Erbfälle ermöglichten besondere Ausgaben: So hat Hans Joachim Giersberg darauf hingewiesen, dass der Anfall des Fürstentums Ostfriesland nach dem Aussterben des Hauses Cirksena im Mai 1744 Friedrich eine plötzliche und erhebliche Vergrößerung seiner Einkünfte beschert hat, die es ihm erlaubte, den bereits länger geplanten Bau von Sanssouci auch tatsächlich in Angriff zu nehmen.[38] Gerade für Preußen, wo die Aktenlage genaue Angaben für nur wenige Jahre aus der zweiten Hälfte der Regierungszeit Friedrichs II. zulässt, müssen die Zahlen also mit besonderer Vorsicht verwendet werden.

Das Personal des friderizianischen Hofes

Der Umgang der Historiographie mit Friedrichs Hofchargen zeigt besonders deutlich, wie Praktiken Friedrichs ohne Vergleiche mit anderen Herrschern – weder Preußens noch anderer Territorien – herausgehoben und als Merkmale seines vermeintlich einzigartig antihöfischen Habitus interpretiert worden sind. Das Bild von Friedrichs Hofpersonal ist von der Karikatur geprägt, wie sie eine zeitgenössische, wohl von Voltaire stammende französische Schrift von 1753 zeichnete:[39]

> »Er hat einen Kanzler, der niemals spricht, einen Oberjägermeister, der nicht wagen würde, eine Wachtel zu schießen, einen Oberhofmeister, der nichts anordnet, einen Schenk, der nicht weiß, ob Wein im Keller liegt, einen Oberstallmeister, der nicht die Befugnis hat, ein Pferd satteln zu lassen, einen Kammerherrn, der ihm niemals das Hemd gereicht hat, einen Grand-Maître de la garderobe, der seinen Schreiber nicht kennt.«

Dies wird gern als Beleg für die Funktionslosigkeit der Hofämter unter Friedrich zitiert, so auch von Koser. Bemerkenswerterweise allerdings soll zudem die Nichtbesetzung mehrerer dieser vorgeblich marginalen Chargen als Beweis für die Irrelevanz des Hofes herhalten, ohne dass der dieser Argumentation inhärente Widerspruch thematisiert wird.[40]

Tatsächlich sagt gerade im Fall Preußen die bloße Besetzung der Hofchargen wenig über die Funktionsfähigkeit des Hofes aus, da diese hier nicht – wie etwa in Wien – an der Spitze eigener Arbeitsstellen standen, die für die Hofverwaltung und Organisation von Feierlichkeiten verantwortlich waren.[41] Von 1740 an wollte Friedrich mit der Vergabe von Hofchargen auch reiche Adlige nach Berlin ziehen. Dort sollten sie sich Stadtpalais nehmen und selbst Geld wie Glanz in die Hauptstadt bringen. Dies trifft auf den Niederländer Corswaaren-Loos zu (»C'est un homme aimable et assez riche pour faire figure.«[42]), wahrscheinlich aber auch auf die drei Schlesier Schaffgotsch, Henkel-Donnersmarck und Bess, denen gleich nach der Eroberung Schlesiens die Chargen Oberschenk, Oberstallmeister und Oberhofmarschall verliehen wurden. Jedenfalls war dies nicht der Beginn einer systematischen Integrationspolitik des Adels der Provinz am preußischen Hof. Mit Girolamo Marchese Lucchesini und dem Grafen von der Goertz gehörten zeitweise enge Vertraute des alternden Königs zum Kreis seiner Kammerherren, aber der Großteil ihrer stetig wachsenden Zahl war nicht Teil von Friedrichs tatsächlicher persönlicher Umgebung. Vielmehr wurde der Titel Kammerherr häufig preußischen Gesandten auf wichtigen Auslandsstationen oder anderen außerhalb Berlins in Garnisonen diensttuenden oder auf ihren Gütern lebenden Adligen verliehen. Hierin war Preußen allerdings keine Ausnahmeerscheinung, denn Titel und Stelle, Präsenz und Dienst waren an praktisch allen europäischen Höfen nur lose gekoppelt.[43]

Festzuhalten ist, dass Friedrich nach einer Phase höfischer Expansion bis etwa 1770 in den letzten fünfzehn Jahren seiner Regierung immer häufiger auf Wiederbesetzungen vakant gefallener Posten verzichtet hat. Auf die damit verbundenen finanziellen Transaktionen ist ja bereits verwiesen worden. Beim Tode Friedrichs waren von den ursprünglich acht Hofchargenstellen sechs nicht besetzt,[44] darunter die des Oberhofmarschalls, des Oberschenks und des Oberjägermeisters.[45] Letzteres verwundert wenig, da Friedrich im Gegensatz zu seinem Vater überhaupt kein Interesse an der Jagd zeigte. Vor allem jedoch waren auch unter den anderen Hohenzollernmonarchen vor 1806 Hofchargenpositionen immer wieder über längere Zeiträume vakant: Friedrich Wilhelm I. hatte 1713 einige davon gestrichen, aber auch später wieder besetzt. Am Hofe Friedrich Wilhelms III. blieb die Stelle des Oberjägermeisters nach 1799 unbesetzt, und als 1805 auch das Oberhofmarschallamt vakant fiel, war fast genau der Zustand von 1786 wiederhergestellt, während gleichzeitig die höfische Festkultur in Berlin einen neuen Höhepunkt erreichte. Unter dem im Gegensatz zu Friedrich Wilhelm II. immer wieder als besonders »sparsam« bezeichneten »Melancholiker auf dem Thron«[46] nahmen nämlich die Hofausgaben weiter – wenn auch nur leicht – zu, und die Zahl des Hofpersonals erreichte einen neuen Höchststand.[47] Für den Hof Elisabeth Christines lässt sich im Vergleich zu ihren Vorgängerinnen und Nachfolgerinnen Ähnliches feststellen.[48]

Höfische Konjunkturen: Veränderungen im Lauf von Friedrichs Regierung

Diese Befunde relativieren die in der Literatur häufig hervorgehobenen Brüche von 1740 und 1756/1763, aber auch jene von 1786 und 1797: Das Bild des friderizianischen Hofes ist vielmehr von einem nur auf den ersten Blick erstaunlichen Maß an Kontinuität geprägt. So sind die Veränderungen zu Beginn von Friedrichs Regierung – die Neubesetzung der Hofchargen, die Vergrößerung des Hofes der Königin und die Einstellung von etwa 150 Livreebediensteten[49] – kein quantitativer Kontrast zum Regime des Vorgängers, der gegen Ende seiner Regierung ähnlich viel für den Hof ausgab wie Friedrich, nimmt man einmal dessen Ausgaben in Höhe von etwa 210 000 Talern für Musik und Oper aus. Vielmehr erscheint Friedrichs Hofpolitik als eine Fortführung des Hofausbaus seines Vaters, die freilich durch neue Schwerpunktsetzungen in Genre (Musik und Oper) und Ästhetik (friderizianisches Rokoko) dem neuen Regiment angepasst wurde – ein Befund, der im Einklang mit anderen Politikfeldern zu stehen scheint, etwa dem repräsentativen Ausbau der Hauptstadt Berlin oder selbst der Politik gegenüber den Habsburgern, denen ja bereits Friedrich Wilhelm I. in seinen letzten Jahren zunehmend kritisch gegenübergestanden hatte. Auch haben jüngere Forschungen zu Architektur und Kunstgeschichte bestätigt, dass Friedrich zwar auf Personen- und Reiterdenkmäler verzichtete, aber ansonsten »die traditionellen Gepflogenheiten absolutistischer Herrscher- und Herrschaftsrepräsentation« beibehalten hat.[50] Auch kann von einem Einbruch der Hofausgaben nach dem Siebenjährigen Krieg nicht die Rede sein. Vielmehr bewegten sie sich auch in der zweiten Hälfte der Regierung Friedrichs in einem Größenbereich, der den Berliner Hof wenn nicht in eine Reihe mit Wien oder Versailles, so doch mit anderen mittleren und größeren Höfen Deutschlands stellte.

In Gesandtenberichten aus Berlin wird bis zum Ende von Friedrichs Regierung immer wieder sein Rang- und Prestigestreben hervorgehoben, seine »amour de la célébrité«, wie es der französische Gesandte Graf d'Esterno noch im Juli 1786 nannte.[51] Dieses war von Titel- und Präzedenzfragen nicht zu trennen. Noch nach Ausbruch der Französischen Revolution suchten deutsche Fürsten – verstärkt in den letzten Jahren des Alten Reiches, als die durch die Neuordnung des Reiches bedingte erhöhte Mobilität neue Gelegenheiten bot – Titel- und Rangerhöhungen durchzusetzen.[52]

Auch nach 1763 musste der Rang der preußischen Monarchie also immer wieder in der höfischen Öffentlichkeit bestätigt werden, selbst wenn sich in der zweiten Jahrhunderthälfte – etwa in der geringeren Bereitschaft der Monarchien, große Summen für Titel- und Rangerhöhungen auszugeben – »ein allmählicher Bedeutungsverlust der geschilderten hierarchischen Elemente im europäischen Staatensystem feststellen« lässt.[53] So wies Friedrich den Oberhofmeister der Königin mehrfach auf die Bedeutung hin, die die genaue Beachtung von »respect« und Etikette an ihrem Hof für den Staat und für ihn selbst habe. Besonders im diplomatischen Verkehr nahm Friedrich die Frage des Vorrangs ernst. 1766 empfahl der britische Gesandte Sir Andrew Mitchell dem Earl of Chatham im Zusammenhang mit dem geplanten Besuch eines britischen Diplomaten auf der Durchreise nach Russland, Friedrichs ironische Distanzierungen von Zeremoniell und Präzedenz nicht für bare Münze zu nehmen, denn er wolle nie jemandem nachstehen: Er sei geprägt von

»vanity, and a desire on every occasion to have the lead, or, at least, to seem to have it. [...] The nomination of an ambassador to Russia, who is only to call upon him en passant, may make him jealous of the preference given to that Court, for, though upon some occasions he laughs at all formalities, yet no man is more tenacious of them in whatever he thinks touches his rank, dignity, and consideration.«[54]

Im Zuge der Ersten Teilung Polens von 1772, die West- und Ostpreußen unter der Herrschaft der Hohenzollern »wiedervereinigte«, bestand Außenminister Hertzberg darauf, im Besitzergreifungspatent den königlichen Titel von dem Friedrich I. 1701 zugestandenen »König in Preußen« gegen das die volle Souveränität über ganz Preußen ausdrückende »König von Preußen« auszutauschen – zu einem Zeitpunkt, als auch die Hofausgaben einen Höhepunkt erreichten.

Tatsächlich waren die Jahre nach dem Friedensschluss von Hubertusburg 1763 nicht von der von Adolph von Menzel um 1840 künstlerisch fixierten Abwendung des »Alten Fritz« von höfischen Traditionen gekennzeichnet, sondern vom parallel zum »Retablissement« des verwüsteten Landes vollzogenen Neuaufbau der durch den Krieg ebenfalls arg in Mitleidenschaft gezogenen Berliner Hoflandschaft. Mit dem »höfischen Retablissement« der 1760er Jahre scheint diese institutionell wie finanziell, vom baulichen Zustand wie der Innenausstattung her um 1770 einen neuen Höhepunkt erreicht zu haben.[55] Darunter fiel neben einer intensivierten Personalpolitik eine Vielzahl von Investitionen in Bauprojekte, die Ausstattung der königlichen Schlösser und die Oper, auf die hier nicht im Detail eingegangen werden kann.

Sogleich nach 1763 wurde das Personal der Höfe von König und Königin aufgestockt: Die Zahl der Kammerherren am Hof des Königs, die den personellen Umfang des Hofes maßgeblich bestimmte und die kriegsbedingt auf sieben zurückgegangen war, wurde schrittweise von acht (1764) auf über 30 zu Beginn der 1770er Jahre aufgestockt und stieg dann bis zum Ende der Regierung Friedrichs auf 61 an.[56] Die Höfe der Königinmutter Sophie Dorothea und des Prinzen von Preußen August Wilhelm – beide während des Siebenjährigen Krieges verstorben – wurden mit einigen Jahren Verspätung 1763/1764 aufgelöst. Dafür wurden die Höfe der Königin, der Geschwister des Königs und der Nebenlinie Schwedt auf einen neuen Stand gebracht. Die Königin residierte nach dem kriegsbedingten Aufenthalt in der Festung Magdeburg wieder dauerhaft im Berliner Schloss sowie sommers in Schönhausen, das ihr bereits 1740 zur Verfügung gestellt worden war. An ihrem Hof wurden zwischen 1764 und 1767 die wichtigen Chargen von Oberhofmeister, Hofmarschall und Oberhofmeisterin mit Vertrauensleuten des Königs neu besetzt.

Gleichzeitig wurde auch Schloss Schönhausen nicht nur renoviert, sondern beträchtlich um- und ausgebaut.[57] In Sanssouci war gleich nach Kriegsende der Bau der Bildergalerie abgeschlossen und mit der Realisierung des bereits seit längerem geplanten Neuen Palais begonnen worden. Der Umbau des Orangeriegebäudes in ein Gästeschloss – die Neuen Kammern – begann 1771. Den Geschwistern des Königs wurden in Berlin repräsentative Stadtpalais zur Verfügung gestellt, die dafür umgebaut und neu ausgestattet wurden: Prinz Ferdinand bezog das Johanniter- und Ordens-Palais (1763) beziehungsweise

Schloss Friedrichsfelde als Sommerresidenz (1762), Prinzessin Amalie das Palais Verzenobre (1769), und das Prinz-Heinrich-Palais schräg gegenüber der Oper, dessen Um- und Ausbau sich länger hingezogen hatte, wurde nun beschleunigt fertiggestellt und 1766 am Geburtstag des Königs mit einem großen Maskenball eingeweiht, an dem mehr als 2 000 Gäste teilnahmen.[58] Erst jetzt also, gegen Ende der 1760er Jahre, besaßen alle Mitglieder der Dynastie jeweils sowohl ein repräsentatives Stadtpalais wie eine Sommerresidenz außerhalb der Hauptstadt; eine im Vergleich zu anderen deutschen Dynastien der Zeit zumindest baulich durchaus großzügige Ausstattung, die das Verhältnis von Potsdamer Stadtschloss und Sanssouci im Kleinen spiegelte.

Schlossbauten und ihre Ausstattung

Diese Schlossbauten sind im Zusammenhang zu sehen mit dem ebenso rasanten wie ausgedehnten Bauprogramm, mit dem der König Potsdam und – besonders in der zweiten Hälfte seiner Regierungszeit – die Hauptstadt Berlin mit einer Anzahl von Immediatbauten verschönern ließ, die explizit am italienischen Barock orientiert waren, den Friedrich als europäischen Standard auffasste. In den acht Jahren nach 1769 ließ der König allein in Berlin 149 Häuser mit barocken Prunkfassaden errichten, zwischen 1778 und 1785 sogar 421. Auch die Gestaltung kompletter Plätze wie des noch vor Friedrichs Tod 1785 vollendeten Gendarmenmarktes und die Vollendung des Forum Fridericianum wurde vom König selbst in Auftrag gegeben. Die Königliche Bibliothek gegenüber der Oper wurde 1775 bis 1780 errichtet; mehrere der bis dahin großteils hölzernen Brücken der Stadt wurden in Stein neu ausgeführt, Spittel- und Königsbrücke zwischen 1776 und 1780 mit den triumphbogenartigen Kolonnaden Gontards geschmückt.[59] Überhaupt wurde die seit 1701 in Preußen besonders ausgeprägte Triumphbogentradition in der Architektur auch von Friedrich II. weitergeführt: Noch 1786 wurde der Befehl zur Umgestaltung dreier Tore der Hauptstadt gegeben, die mit Obelisken geschmückt beziehungsweise zum Triumphtor ausgebaut werden sollten.

Auch die Ausstattung der königlichen Schlösser, die überhaupt erst ihre zeremonielle Nutzung etwa bei der Tafel ermöglichte, wurde von Friedrich mit genauer Berechnung der Außenwirkung vorgenommen: Bereits wenige Wochen nach seiner Rückkehr nach Berlin gab der König im April 1763 ein goldenes Tafelservice in Auftrag, das aus den Goldbeständen der verstorbenen Königinwitwe gefertigt wurde. Es ergänzte das bereits vorhandene, im Dezember 1741 gefertigte erste Service, mit dem Friedrich gleich nach dem Regierungsantritt und der Annexion Schlesiens »seinen Anspruch geltend [gemacht hatte], auch an der Tafel den bedeutendsten Höfen Europas ebenbürtig zu sein«.[60] Im August 1763 kaufte Friedrich die überschuldete Porzellanmanufaktur Gotzkowskys auf, wandelte sie in die »königliche« um, bestand jedoch zugleich auf Verwendung des Kurzepters aus dem Mittelschild des brandenburgischen Wappens als Manufakturzeichen – hierin ist sicherlich ein Stich gegen die sächsischen Kurschwerter des Meissener Porzellans zu sehen. Das Kurzepter verweist aber zugleich auf die Würde Friedrichs als Kurfürst des Reiches, der bei der gerade diskutierten Wahl des Erzherzogs Joseph zum Römischen König ein gewichtiges Wort mitzusprechen hatte. In den Jahren nach dem Friedensschluss bestellte Friedrich eine Reihe aufwendiger Porzellanservices für umworbene Monarchenkollegen wie Katharina II. ebenso wie für seine eigenen Schlösser, deren Themen und Dekoration genau auf Empfänger beziehungsweise Schlossräume abgestimmt wurden. Zwischen 1763 und 1786 gab der König über 2 000 000 Taler allein für Porzellane aus. Genannt seien hier die Service-Anfertigungen für das noch im Bau befindliche Neue Palais (1764–1765), für das Breslauer Schloss (1766–1767), für das Chinesische Haus im Park Sanssouci (1768–1769) und für Schloss Charlottenburg (1770–1772).[61] Mit Tafelgold, -silber und -porzellan investierte Friedrich somit in Kernbereiche interhöfischer Wahrnehmung und Kommunikation, in denen neben dem Schauwert immer auch der Geld- und Prestigewert zählte.[62]

Nach sieben Jahren kriegsbedingter Pause wurde zum Karneval 1763/1764 mit sechs Opern und Operetten auch der Spielbetrieb der Berliner Oper wieder aufgenommen, dem Friedrich verstärkt auch sein unmittelbares persönliches Engagement widmete, bis hin zu Redaktion und Autorschaft der Libretti. Die Oper, in deren Gebäude Unter den Linden mit den Redouten ein wesentlicher Teil der Hoffeierlichkeiten stattfand, setzte sich bis in die 1780er Jahre hinein beständig mit den neuesten Entwicklungen des europäischen Musikbetriebes auseinander, und auch der vielzitierte zunehmende Rückgriff auf ältere

THOMAS BISKUP

IIIᵐᵉ Qvadrille du Carousselle de Berlin. 1750. le ¹⁹/₃₀ Aoust.

Conduit par S.A. Royale le Prince Henric.

Opern sollte nicht einfach als Zeichen des Verfalls gedeutet werden, sondern lässt sich auch als ein Schritt hin zum – in anderem Kontext gern als modern gepriesenen – Repertoire interpretieren.[63] Jedenfalls hob die Anstellung des Kastraten Giovanni Carl Concialini 1765 und der Sopranistin Gertrud Elisabeth Schmeling 1771 den Opernbetrieb wieder auf das glanzvolle Niveau der frühen 1750er Jahre.[64] Nach dem Bayerischen Erbfolgekrieg reiste der König immer seltener zu Opernaufführungen nach Berlin (zuletzt 1781), der Opernetat blieb jedoch auf hohem Niveau erhalten. Zudem wurde im Neuen Palais in Potsdam ab 1768 ein eigener Musikbetrieb aufgebaut, zu dessen besonderen Aufführungen bis 1785 auch auswärtige Musiker anreisten, während zum Karneval alle Musiker in Berlin beschäftigt waren. Bei Besuchen auswärtiger Fürsten wie des schwedischen Prinzen Carl 1770 waren Konzerte und Opernaufführungen stets zentraler Bestandteil des Programms.[65]

Pomp als Politik: Das »Carrousel« von 1750 und der Empfang des russischen Thronfolgers 1776

Wie Friedrich sich auch zeremoniell in vorderster Linie auf der Bühne der europäischen Höfe zu verorten suchte, soll im Folgenden kurz an zwei Beispielen verdeutlicht werden: dem sogenannten »Carrousel« von 1750 und dem Besuch des russischen Thronfolgers 1776.

Im 1748 geschlossenen Frieden von Aachen, der den von Friedrich vom Zaun gebrochenen Österreichischen Erbfolgekrieg beendete, war die preußische Eroberung Schlesiens erstmals von allen europäischen Mächten akzeptiert worden. Nach den »heroischen« Taten Friedrichs als erfolgreicher Feldherr im Krieg, die ihm 1745 erstmals das Epitheton »der Große« eingebracht hatten, galt es nun, sich auch im Frieden durch Prachtentfaltung als wahrhaft königlich und groß zu erweisen, wie eine offiziöse, vermutlich von Friedrichs Zeremonienmeister Pöllnitz verfasste Schrift von 1750 betonte.[66] Der Besuch des Bayreuther Markgrafenpaars – dessen eine Hälfte, Wilhelmine, in der Literatur immer wieder als »Lieblingsschwester« des Königs erscheint – im August 1750 bot Friedrich erstmals nach dem Friedensschluss die Gelegenheit, um über eine wochenlange Folge von Feierlichkeiten, die sich über die gesamte Berlin-Potsdamer Schlösserlandschaft erstreckten, die Aufmerksamkeit der europäischen Höfe auf seine gerade fertiggestellten beziehungsweise umgebauten Schlösser von Sanssouci, Potsdam und Charlottenburg zu lenken. Den Höhepunkt bildete ein »Carrousel« genanntes Reitturnier – die aufwendigste und daher seltenste Form höfischer Festlichkeit im frühneuzeitlichen Europa, die im 17. und frühen 18. Jahrhundert an den Höfen zu Paris, Wien und Dresden perfektioniert worden war – im Berliner Lustgarten, an dem bis auf den König die prominentesten Mitglieder des Hofes persönlich teilnahmen (Abb. 2). Vier als Römer, Karthager, Griechen und Perser verkleidete Reitergruppen wurden dabei von den Brüdern Friedrichs sowie dem Markgrafen von Schwedt angeführt, wobei der Thronfolger als Sieger aus dem offensichtlich nicht ganz offenen Wettkampf hervorging, gefolgt vom nächstälteren Prinzen und weiteren nahen Verwandten des Königs auf den Plätzen.[67]

Friedrich orientierte sich in der choreographischen Ausgestaltung seines »Carrousels« nicht an den Modellen seiner reichspolitischen Konkurrenten in Wien und Dresden, sondern an den Turnieren Ludwigs XIV., die dieser nach dem erfolgreichen Friedensschluss mit Spanien 1662 und 1664 veranstaltet hatte. Ludwig XIV. war auch sonst der wichtigste Bezugspunkt Friedrichs in diesem Jahr. Im Juli 1750, also pünktlich zum Bayreuther Besuch, hatte er Voltaire nach Potsdam gelotst, den er neben Zeremonienmeister Pöllnitz zum wichtigsten Multiplikator seiner Festfolge machte: Nicht nur zog der gefeierte Schriftsteller und französische Hofhistoriker, der wenige Jahre zuvor noch den französischen Sieg bei Fontenoy gefeiert hatte, die Aufmerksamkeit des literarischen Europa auf Friedrichs Hof; vielmehr berichtete Voltaire auch selbst nach Paris, wie Friedrich in Berlin ein dem ludovizischen Paris würdiges Fest auf die Beine gestellt habe.[68]

»[Das] Carousel ich eben gesehen habe, […] vereinte das Carousel von Ludwig XIV. mit einem chinesischen Laternenfest. Nicht die geringste Verwirrung, kein Lärm, alle saßen bequem, aufmerksam und ruhig, wie in Paris. […] All dies hat ein einziger Mann zustande gebracht. Seine fünf Siege und der Dresdner Frieden bildeten ein schönes Ornament für dieses Spektakel.«

In der Korrespondenz mit den Pariser »philosophes«, deren Urteil Friedrich eine maßgebende Wirkung auf seine spätere Stellung in der Geschichte beimaß, interpretierte Voltaire das »Carrousel« als Ausdruck einer weitergehenden zivilisatorischen Leistung des Königs. Damit hob er den Preußenkönig auf eine Stufe mit Ludwig XIV., dessen Regierungszeit er wenige Monate später mit seinem in Berlin publizierten »Siècle de Louis XIV« als den Höhepunkt der Geschichte der Menschheit preisen sollte, die Voltaire in Abwendung von einer älteren Dynastie- und Kriegsgeschichte nicht nur als Folge militärischer Konflikte und Eroberungen sah. Vielmehr sei die Geschichte seit der griechisch-römischen Antike fortgeschritten, indem in den bedeutenden Epochen von perikleischem Athen, augusteischem Rom, mediceischer Renaissance und ludovizischer Klassik durch das Zusammenwirken von Völkern und bedeutenden Herrschern neue Kulturstufen erreicht worden seien. In diesen weltgeschichtlichen Kontext sollte nun auch das friderizianische Preußen eingefügt werden. Das »Carrousel« von 1750 diente Friedrich also nicht nur dazu, seine neue politische Stellung als Bezwinger des Hauses Habsburg zeremoniell zu befestigen; es sollte ihn auch in eine Reihe mit jenen Monarchen stellen, die von der aufgeklärten Historiographie als Maßstab echter herrscherlicher Größe eingeführt wurden.

Der Besuch des russischen Thronfolgers Paul 1776 (Abb. 3) fiel in jene »zweite Regierung Friedrichs« nach dem Ende des Siebenjährigen Krieges, mit der gemeinhin das Bild des in Potsdam isolierten »Alten Fritz« verbunden wird.[69] Hier wird deutlich, dass der preußische Hof auch nach 1763 zu »fallweisem Prunk« fähig blieb, wie es Wolfgang Neugebauer genannt hat.[70] Russland erschien Friedrich spätestens seit den Erfahrungen des Siebenjährigen Krieges als besondere Bedrohung. Daher suchte er diesen möglichen Gegner bereits 1764 in einem Allianzvertrag an sich zu binden, der im Lauf der 1760er und 1770er Jahre auch durch den Austausch von Geschenken symbolischen Ausdruck fand. Hier wurde neben Porträts und Pelzen auch das von Friedrich vielfältig genutzte Porzellan mit einem extra für die Zarin angefertigten Prunkservice prominent eingesetzt.[71] Trotzdem fürchtete der im Winter 1775/1776 erkrankte Friedrich, dass Österreich gemeinsam mit Russland seinen möglichen Tod zu einer Invasion in Sachsen und Preußen ausnutzen würde. In dieser Situation war die Verlobung des russischen Thronfolgers mit Sophie Dorothea von Württemberg in Berlin von höchster Bedeutung. Großfürst Paul wurde von Prinz Heinrich begleitet, der gerade von seiner erfolgreichen diplomatischen Mission aus St. Petersburg zurückkehrte.[72] Die Berliner Höfe entfalteten zu diesem Anlass einen Prunk, wie ihn – so ein zeitgenössischer Beobachter – Berlin seit Jahrzehnten nicht mehr gesehen habe; der Hofmedailleur Abramson fertigte zwei Prunkmedaillen an, und im folgenden Jahr wurde, wie von Friedrich erhofft, das preußisch-russische Bündnis bis 1788 verlängert.[73]

Ein beträchtlicher Teil dieses zeremoniellen Aufwandes wurde von den Höfen der Königin und der Geschwister des Königs getragen. Die wichtige Rolle des Prinzen Heinrich in den bereits vorher angeknüpften Verhandlungen mit Katharina II. und auch während des Besuchs des Großfürsten Paul wurde ergänzt durch die für das Zeremoniell eminent wichtige Funktion der Königin. Ihr Hof wurde in der zweiten Regierungshälfte Friedrichs mehr noch als in der ersten zum – wie auch Thiébault später konstatierte – tatsächlichen Hof des Landes und übernahm die gesamte Routine wie auch die außerordentlichen Ereignisse des Hoflebens. Die Courtagen fanden einmal wöchentlich bei der Königin statt, und Geburtstage und Taufen, Jahrestage und Konfirmationen, Verlobungen und Hochzeiten wurden hier ebenso gefeiert wie die offiziellen Empfänge auswärtiger Gesandter und Fürsten hier abgehalten wurden.[74]

Der Besuch des Großfürsten Paul war typisch für alle dynastischen Großereignisse: Abgesehen von den Paraden in Potsdam wurden nahezu alle Festlichkeiten vom Hof der Königin ausgerichtet, Friedrich reiste nur ein einziges Mal für einen Empfang in den Räumen der Königin im Berliner Schloss an und kehrte binnen 24 Stunden wieder nach Potsdam zurück. Dieses Muster war seit der Übersiedlung Friedrichs nach Potsdam um 1750 angelegt und wurde für die zweite Regierungshälfte bestimmend. Allerdings fuhr Friedrich bis zum Schluss fort, wichtige dynastische – allerdings niemals religiöse – Feierlichkeiten am Berliner Hof zu begleiten; übrigens nicht in Uniform als »Alter Fritz« verkleidet, sondern stets in Galarobe gekleidet. Die diplomatische wie zeremonielle Nutzung der anderen Mitglieder der Dynastie war in der friderizianischen Monarchie insofern systembedingt, da Friedrichs Hof allein gar nicht fähig gewesen wäre, den höfischen Anforderungen des preußischen Großmachtstatus Rechnung zu tragen.[75]

Einer Großmacht würdig?

Auswärtigen Beobachtern, die den preußischen Hof in einem europäischen Kontext sahen, fiel der Berliner Hof weder als außergewöhnlich klein noch als schlecht ausgestattet auf: »The Queen's court resembles the other courts of Europe«, schreibt ein britischer Beobachter 1780 am Ende seiner Rundreise durch Mitteleuropa, setzt hingegen den Hof von Sanssouci als »upon quite a new plan« ab.[76]

Ein Vergleich mit anderen deutschen Territorien bestätigt, dass die Besonderheit des Berliner Hofes nach 1763 weniger in einer auffälligen Frugalität als vielmehr gerade darin bestanden zu haben scheint, dass er nicht den Sparmaßnahmen unterworfen wurde, die nach dem Siebenjährigen Krieg viele andere Höfe des Reiches trafen. Bemerkenswert erscheint insbesondere, dass die Ausgaben für Kapelle und Oper bis 1786 mindestens konstant blieben, selbst in finanziellen Krisenjahren wie 1767/1768, als die Staatseinnahmen noch unter den Durchschnitt der Kriegsjahre sanken. Zweifellos war Musik für Friedrich, der selbst musizierte und komponierte, auch ein wichtiges Mittel zur Zerstreuung und Entspannung, aber die eigene musikalische Tätigkeit darf nicht isoliert vom Opernapparat gesehen werden.[77] 1786 umfasste die Königliche Kapelle neben Kapellmeister Reichardt und der unbesetzten Stelle des »Hofpoeten« 57 Positionen, darunter neben den acht Sängern und Sängerinnen der Berliner Opfer fünf weitere, die den Potsdamer Musikbetrieb aufrechterhielten.[78]

Wirklich kostspielig waren sowohl im friderizianischen Berlin als auch an anderen Höfen nicht die zumeist relativ geringfügig ausfallenden personellen Veränderungen und nicht einmal die in diesem Zusammenhang zu häufig zitierte höfische Festkultur, sondern vielmehr die Jahr für Jahr anfallenden Summen, die für die Besoldung und Ausstattung von Orchester, Sängern und Tänzern aufgewendet werden mussten. In Preußen wurden hier für die gesamte Regierungszeit Friedrichs hindurch jährlich 50 000–60 000 Taler veranschlagt.[79] Die Kosten für höfische Feste hingegen wälzte Friedrich gern auf andere Mitglieder seines Hauses und Höflinge ab. So wurde ein Großteil der Kosten des »Carrousels« von 1750, das einen Höhepunkt der höfischen Festkultur im Preußen des 18. Jahrhunderts bildete, nicht von Friedrich selbst getragen, sondern von den teilnehmenden einheimischen und auswärtigen Prinzen und Adligen.[80]

Gerade im Bereich von Theater und Musik ließen sich also in Zeiten finanzieller Engpässe besondere Einsparungen erzielen. Nachdem der Siebenjährige Krieg nicht nur alle Großmächte, sondern auch viele der kleineren deutschen Territorien an den Rand des Staatsbankrotts geführt hatte, fielen Theater und Musik nach 1763 vielerorts erheblichen Kürzungen zum Opfer. Der Höhepunkt der Krise war dabei in vielen Territorien häufig erst am Ende der 1760er Jahre erreicht, also zu einer Zeit, in der auch in Preußen die längerfristigen finanziellen Auswirkungen des Kriegs ihre volle Wirkung entfalteten. Nach dem Siebenjährigen Krieg sahen sich viele Territorien gezwungen, einerseits einen radikalen Sparkurs einzuschlagen und andererseits die Einnahmenseite zu erhöhen, etwa durch die »Vermietung« von Soldaten.[81] Gerade Letzteres war freilich mit dem Selbstverständnis Preußens als unabhängige Macht unvereinbar.

Als Beispiel sei Braunschweig-Wolfenbüttel genannt: Dort zwangen die kumulierenden Auswirkungen von enormen Hofausgaben und hohen Kriegsschulden den regierenden Herzog (und Schwager Friedrichs II.) Karl I., 1768 erstmals seit über 80 Jahren wieder einen Landtag einzuberufen, damit wenigstens ein Teil der Schuldenlast von den Ständen übernommen werden konnte. Damit einher gingen drastische Einschnitte bei Hof; das Hoforchester wurde aufgelöst, Oper und französisches Theater wurden geschlossen.[82] Nach Ausbruch des Amerikanischen Unabhängigkeitskrieges wurden einige Regimenter an die britische Regierung vermietet. Der Braunschweiger Hof behalf sich in der Folge mit – preiswerterem – deutschem Theater und nutzte hierfür den gerade angestellten Lessing, dessen Bibliothekarsgehalt nur einen Bruchteil des Salärs des entlassenen italienischen »Directeur des spectacles« Nicolini ausmachte.[83] In den 1780er Jahren musste der bis dahin als besonders glanzvoll geltende Braunschweiger Hof mit nur 110 000 Talern im Jahr auskommen, was, wie Volker Bauer feststellte, »schon die Grenze fürstlichen Decorums streifte« – das war nicht einmal das Doppelte dessen, was Friedrich II. zur gleichen Zeit allein für seine königliche Kapelle ausgab.[84] Ähnliche Entwicklungen wie bei den Wolfenbütteler Verwandten Friedrichs gab es auch in anderen deutschen Territorien, wie Ute Daniel gezeigt hat.[85] Ein Effekt dieser Kürzungen war, dass innerhalb weniger Jahre die Dominanz französischer Theaterkultur an den deutschen Höfen verschwand, da der Erhalt der stehenden französischen Theatertruppen besonders kräftig zu Buche schlug. Friedrich hingegen achtete darauf, dass der Spagat zwischen Großmachtambitionen und eingeschränkten

Ressourcen, der seine wie auch die Politik seiner Nachfolger prägte, auch in finanziell besonders schwierigen Zeiten nicht auf Kosten des Hofes ging, an dessen Glanz auch seine Reputation stets gekoppelt blieb.

Schluss

Eine ganze Reihe preußischer Herrscher – genannt seien hier Friedrich Wilhelm III. oder Wilhelm I. – zog es vor, nicht im Berliner Schloss selbst zu wohnen. Aber die eben nicht nur räumliche Distanz, die Friedrich II. mit seiner Residenznahme in Potsdam zwischen sich und den Hof legte, war selbst im innerpreußischen Vergleich extrem und bescherte Friedrich eine ganze Reihe von Problemen. Schließlich blieb er auf die höfischen Strukturen in Berlin angewiesen, um überhaupt dynastische Politik betreiben zu können, aber dem Hof der Königin waren schon durch seine finanzielle Ausstattung recht enge Grenzen gesetzt. Auch das Verhalten des Königs selbst spielte eine Rolle, denn die Höflinge beobachteten den Monarchen genauestens und registrierten jede Gunst- und Missgunstbezeugung: So unterminierte Friedrich die von ihm als so wichtig eingestufte Position der Königin selbst, indem er seine Gemahlin nicht ein einziges Mal in seiner gesamten Regierungszeit nach Potsdam lud.[86] Kein Wunder, dass selbst die Höflinge der Königin es wiederholt an genau jenem Respekt fehlen ließen, den der König zwar immer wieder in Ermahnungsschreiben einforderte, aber selbst vermissen ließ. Gegen Ende der Regierung Friedrichs trat in diesem Gefüge paralleler und miteinander rivalisierender Höfe besonders der Hof des Kronprinzen Friedrich Wilhelm in den Vordergrund. Gerade in der höfischen Gesellschaft gab es nicht nur Bewunderer für Friedrichs Verhalten, zumal es auch Ende des 18. Jahrhunderts noch mit einem Rückzug vor dem Volk gleichgesetzt werden konnte: Graf Lehndorff etwa setzte in traditioneller Weise Hof und Land gleich, indem er bemerkte, Friedrich verberge sich durch seine permanente Abwesenheit von Hofe vor den Augen des Volkes. Ein König könne sich ein ruhiges, zurückgezogenes Leben nicht leisten, denn: »Er gehört seinen Untertanen an, er muss sie hören und mit ihnen leben.« Derartige Kritik wurde freilich die gesamte Frühe Neuzeit über auch an andere über mehrere Jahrzehnte herrschende Monarchen gerichtet, die sich im Alter häufig immer mehr vom Hof in enger umgrenzte Räume zurückzogen, so etwa an Philipp II. in seinen letzten 15 Lebensjahren.[87]

Festzustellen bleibt, dass die sonst so genauen Historiographen des 19. und frühen 20. Jahrhunderts wie beispielsweise Koser die Funktion des Hofes für das friderizianische Preußen erheblich, vielleicht sogar systematisch unterbewertet haben. Es scheint, dass die Berlin-Potsdamer Hoflandschaft in der zweiten Hälfte der Regierungszeit Friedrichs sowohl im diachronen als auch im synchronen Vergleich weniger solitär war als in der Literatur behauptet.

3 Christian Bernhard Rode, *Allegorie auf den Besuch des Großfürsten Paul von Russland 1776 in Berlin*, 1776, Radierung, London, British Museum, 1854, 1020.593. – Die Radierung gibt das Gemälde auf der dem Großfürsten Paul 1776 errichteten Ehrenpforte wieder: Die Personifikation der Stadt Berlin bringt anlässlich des Besuchs des russischen Thronfolgers ein Opfer dar.

Friedrichs häufig in beißenden Spott gekleidete verbale Distanzierung vom Hof war weder eine programmatische Absage an dynastische Politik an sich, noch war sie unter den Dynasten der Frühen Neuzeit einzigartig, die während der vermeintlichen Blütezeit höfischen Lebens um 1700 ebenso wie 100 Jahre später häufig über die Belastungen höfischer Feste und fürstlicher Besuche klagten.[88] Auch die Bewertungen der Rolle des Hofes etwa in Friedrichs Politischen Testamenten spiegelten weniger ein grundsätzlich neues Herrscherbild als vielmehr die für alle Fürsten im frühneuzeitlichen Protestantismus wichtige Norm des »Maßhaltens« wider, wie sie auch gut hausväterlich gesinnte deutsche Regenten des 17. Jahrhunderts ihren Nachfolgern anempfahlen.[89] In den dynastischen Netzwerken der Zeit wurde Friedrich als herausragen-

PRO SALUTE HOSPITIS PAULI PETROWITZ M.D. RUSS.

der Herrscher, die Berliner Hoflandschaft jedoch nicht als Ausnahme von der höfischen Regel wahrgenommen, während in der preußisch-patriotischen Publizistik der Zeit bereits eifrig am Bild des »Alten Fritz« gearbeitet wurde.[90] Sowohl in den Briefen von Friedrichs Verwandtschaft als auch in den Gesandtenberichten ist kaum vom einsamen »Philosophen von Sanssouci« die Rede. Im Gegensatz zur französischen Öffentlichkeit, die sich immer wieder von der Figur des Philosophenkönigs faszinieren ließ, zeichnete die französische Diplomatie ein wesentlich differenzierteres Bild Friedrichs als Monarch und beurteilte auch seinen »cercle intime« kritisch.[91]

Von den in der zweiten Hälfte des 18. Jahrhunderts von vielen Herrschern bevorzugten Formen neuer höfischer Geselligkeit und schlichterer Garderobe beziehungsweise Uniform, vom teilweisen Verzicht auf Zeremoniell und höfische Adelsdienste darf nicht einfach auf einen »Niedergang« höfischen Lebens geschlossen werden.[92] Tatsächlich haben sich nicht einmal Friedrichs größte Bewunderer unter den europäischen Monarchen vom Hof abgenabelt: Selbst Friedrichs Lieblingsneffe, Herzog Karl Wilhelm Ferdinand von Braunschweig, der die in Potsdam praktizierte französische Konversationskultur bis ins frühe 19. Jahrhundert weitertrug, verzichtete nicht auf ein Regieren aus der Mitte seines Hofes heraus, den er sogleich wieder ausbaute, nachdem die im Gefolge des Siebenjährigen Krieges angehäuften Schulden zu Beginn der 1790er Jahre abgetragen waren.[93] Auch Friedrichs habsburgischer Bewunderer Joseph II., der nach Übernahme der Alleinregierung 1780 als »fanatical apostle of the state and enemy of court flummery« die Zahl der Hofzeremonien erheblich einschränkte, tat dem Decorum der höfischen Gesellschaft Genüge: Er hatte Schönbrunn ostentativ den Rücken gekehrt, musste den Palast aber nach nur einem Jahr wiedereröffnen, um dem wenige Jahre zuvor von Friedrich so großzügig empfangenen Großfürsten Paul nun auch einen würdigen Empfang bereiten zu können. Für Mitglieder anderer deutscher Fürstenhäuser wurde von Joseph ein ähnlicher Aufwand betrieben.[94] Der Wiederausbau des Wiener Hofes unter seinen Nachfolgern Leopold II. und Franz II. erfolgte parallel zur Erhöhung der Hofausgaben im Preußen Friedrich Wilhelms II. und im Braunschweig Karl Wilhelm Ferdinands. Tatsächlich scheint es gerade das Dezennium der Französischen Revolution zu sein, in dem die Höfe wieder verstärkt ausgebaut werden. Dass dieser Trend im folgenden Jahrzehnt im Gefolge des imperialen Prunks, den Napoleon nach seiner Krönung 1804 in Paris entfaltete, europaweit noch einmal einen Schub bekam, ist inzwischen bekannt.[95]

Freilich zeigt sich auch, dass der friderizianische Hof insgesamt im Rahmen der mittleren Höfe des Reiches zu verorten ist. Friedrichs Versuche, sich um 1750 in die erste Reihe auch der höfischen Könige zu katapultieren, wurden mit dem Siebenjährigen Krieg abgebrochen. Im Gegensatz zu anderen deutschen Territorien konnte der preußische Hof die mit diesem Krieg verbundene längerfristige Krise erfolgreich meistern, ohne dass die militärische Schlagkraft oder die innenpolitische Dominanz der Krone geschwächt wurden; er reichte aber zu keiner Zeit an die Höfe von Wien oder Versailles heran. Der preußische Hof entwickelte auch nur wenig Anziehungskraft für die europäische Aristokratie oder auch nur den Reichsadel: Bis auf die Braunschweiger Verwandten Friedrichs hielten sich kaum Mitglieder regierender Häuser dauerhaft am preußischen Hof auf. Die beiden herausragenden zeremoniellen Ereignisse in der zweiten Hälfte von Friedrichs Regierungszeit betrafen mit der islamischen Türkei, deren Gesandtschaft 1763 den Wiedereintritt Preußens in die diplomatische Welt markierte, und dem orthodoxen Russland zwei Randstaaten mit unsicherer dynastischer Erbfolge, deren Zugehörigkeit zum Kreis der europäischen Monarchien lange umstritten war.[96]

Als aufschlussreich erweist sich in diesem Zusammenhang eine Bemerkung Friedrichs in seinem Politischen Testament von 1768, bezeichnenderweise nicht zu adligem und höfischem »Aufwand«, sondern zum Rang Preußens auf der europäischen Bühne. Die Geschichtsschreibung sieht bekanntlich spätestens mit dem Frieden von Hubertusburg den Rang Preußens als eine der fünf Großmächte bestätigt. Friedrich hingegen schrieb noch 1768, während der Neuaufbau der Berliner Hoflandschaft in vollem Gange war, dass »vier Großmächte, die allen anderen überlegen seien und auf [...] der Welt die erste Rolle spielen«, ins Auge sprängen: Frankreich, England, die Habsburger-Monarchie und Russland. Sein eigenes Preußen, das er im Folgenden nur als Verbündeten Russlands aufführt, zählte er nicht dazu.[97] Dieser Befund spiegelt sich in Gestalt und Ausstattung von Friedrichs Hof wider. Zugespitzt ließe sich formulieren: Der Hof Friedrichs war eben der Hof eines außerordentlich erfolgreichen Herrschers einer Mittelmacht, deren Institutionen er ganz auf seine eigenwillige Herrschaftstechnik zugeschnitten hatte. Wie die prekäre Stellung des ressourcenarmen Preußen in der ersten Reihe der europäischen Mächte langfristig erhalten werden könne, war ein Problem, dem sich Friedrichs Nachfolger unter den Bedingungen der Revolutions- und napoleonischen Kriege vergeblich zu stellen suchten. Friedrich hatte sich um die Kontinuität seiner Schöpfung über seinen Tod hinaus kaum gekümmert. Wie auch am Ausbau seines Hofes zu beobachten ist, war es ihm vor allem um seinen eigenen Rang bestellt – in der zeitgenössischen »société des princes« wie in der Geschichte.

1   Roscher, 1874, S. 380 f. – Auf die vielfältigen Diskussionen zum Absolutismusbegriff kann hier nicht näher eingegangen werden. Es genüge der Verweis auf zwei Beiträge. Absolutismus als Epochenbegriff ersetzen möchte: Duchhardt, 2007. – Ganz gegen den Begriff Absolutismus wenden sich Meumann/Pröve, 2004, S. 11–49.
2   Birtsch, 1987, S. 9–47.
3   Paradigmatisch: Hintze, 1962, Bd. 1, S. 275–320. – Hintze, 1967, Bd. 3, S. 419–428.
4   Hintze, 1916, S. 257–264 u. 321–401. – Koser, 1903, S. 1–37, hier S. 37. – Zur Friedrichrezeption im 19. und 20. Jahrhundert ausführlich: Hahn, 2007, S. 29–78. – Zur Marginalisierung von Hof und Frauen in der Historiographie siehe auch: Biskup, 2004, S. 300–321, hier S. 301–303. – Zur Etablierung der Kategorie Geschlecht für den deutschen Nationalismus: Hagemann, 2002.
5   Völkel, 1999, S. 211–229, hier S. 228 f. – Kunisch, 2005, S. 251–319 u. 452–455. – Blannings Kapitel zu Preußens Weg in die Moderne erwähnt den Hof überhaupt nicht (Blanning, 2002, S. 194–232).
6   Koser, 1903, S. 4.
7   »Der alte Kern, die klassische Tafelrunde von Sanssouci, war zersprengt« (Koser, 1963, Bd. 3, S. 175). – »Seine Arbeitskraft blieb unermüdlich; sein Wille hielt eine Welt in Atem und brachte eben damals im inneren Staatsleben neue große Unternehmungen auf die Bahn« (Hintze, 1916, S. 343).
8   Clark, 2006, S. 193.
9   Oppeln-Bronikowski, 1936, S. 200.
10 Daniel, 2005, S. 308–314. – Duindam, 2003. – Ventzke, 2002. – Mansel, 1988. – Siehe auch: Carl, 2008, S. 169–184.
11 Daniel, 2005.
12 Hellmuth, 1996, S. 5–24. – Brewer/Hellmuth, 1999. – Von den zahlreichen Arbeiten Neugebauers sei hier nur genannt: Neugebauer, 2001c.
13 Fontius/Holzhey, 1996. – Seifert/Seban, 2004. – Lottes/D'Aprile, 2006. – Insgesamt differenzierter, aber vor allem auf literatur- und kunstgeschichtliche Aspekte fokussiert: Wehinger, 2005. – Siehe hier insbesondere den perspektivenreichen Beitrag von Jens Häseler, der dafür plädiert, das Verhältnis von Politik und Wissenschaft am Hof Friedrichs II. als eine im Vergleich zu früheren Höfen neuartige Konstellation zu betrachten (Häseler, 2005, S. 73–81).
14 Bauer, 1993, S. 70–73.
15 Dazu: Neugebauer, 1999. – Neugebauer, 2000, S. 138–169. – Die Ergebnisse dieses Aufsatzes sind zusammengefasst in: Neugebauer, 2001b, S. 89–111.
16 Neugebauer sucht erstmals überhaupt Zugang zu den erhaltenen Hofakten des Geheimen Staatsarchivs Preußischer Kulturbesitz (Neugebauer, 2000, S. 138–169). – Weit über den im Titel benannten Bereich hinaus wichtig: Falcke, 2006. – Unter den Katalogen der SPSG seien hervorgehoben: Ausst.-Kat. Sophie Charlotte, 1999. – Ausst.-Kat. Prinz Heinrich von Preußen, 2002. – Die konventionellen Elemente in Friedrichs Hofhaltung betont auch: Hahn, 2007, S. 212–220.
17 »Die Vergnügungen der Helden gehen die Nachwelt allerdings etwas an. Es ist nicht genug, daß sie dereinst die preiswürdigsten Helden-Thaten Friedrichs, des andern, wisse; daß sie seine Siege überzäle [sic!] und daß ihr alles dasjenige bekannt sei, was er, zur Wolfart seines Volks, im Frieden unternommen habe. Sie muß auch noch die Freude genüßen, es zu begreifen, daß dieser Monarch, wenn er der tapferste und weiseste unter den Königen war, zu gleicher Zeit der prächtigste wurde« (Historische Nachricht, 1750, S. 3).
18 Stollberg-Rilinger, 1997, S. 145–176. – Eine »Necessität« nannte Friedrich I. selbst seine Schlossbautätigkeit (Neugebauer, 1999, S. 33).
19 Mertens, 2003.
20 Den taktischen Aspekt betont vor allem Neugebauer mit Verweis auf spätere Äußerungen Friedrich Wilhelms I. (Neugebauer, 2000, S. 145–147). – Die Zahlen des Hofstaats-Etats sind vollständig aufgeschlüsselt in: GStAPK, I. HA Rep. 36, Nr. 69–102.
21 Diese falschen Zahlen für die Kürzungen von 1713 finden sich noch bei: Reinhard, 1999, S. 83 f. – Bereits der Bruch von 1713 fiel fiskalisch weniger dramatisch aus als er symbolisch durch die Streichung von Hofchargen wie der besonders prominenten des europaweit anerkannten Oberzeremonienmeisters von Besser, der dann auch gleich nach Dresden wechseln konnte, inszeniert wurde. Die Zahlen für die Jahre 1713 bis 1716 in: GStAPK, I. HA Rep 36, Hofstaats-Etats für 1713/1714, Nr. 69, (unpag.), für 1715/1716, Nr. 70, Bl. 35 u. 1716/1717, Nr. 71, Bl. 35. – Unter Friedrich Wilhelm I. wurden für den Hof folgende Summen ausgegeben: Für die Königin 20 000 Taler 1714 und 38 000 im Jahre 1730, für den Kronprinzen 10 000 (1714) bzw. 20 000 (1730) sowie weitere 6 000 bzw. 10 000 für den Unterhalt. Der Hofstaat des Königs selbst erhielt zwischen 134 000 (1713) und 185 000 Taler (1730). Apanagen in Höhe von 26 000 bzw. 32 000 Talern sowie weitere Zahlungen in Höhe von 45 000 Talern fielen an für die Markgrafen von Brandenburg, das Haus Anhalt-Dessau und Brandenburg-Kulmbach. 1730 kam noch eine »Extraordinarien-Casse« dazu, die immerhin 350 000 Taler umfasste. Weitere 107 000 bzw. 148 000 Taler waren Salaria und Pensionen (Behre, 1905, S. 90–92).
22 Neugebauer, 1999, S. 36.
23 Mertens, 2003. – Zur späten Bau- und Kunstpolitik von König Friedrich Wilhelm I.: Biskup/Schalenberg, 2007, S. 21–40.
24 Neugebauer, 1999, S. 38. – Die geretteten Bestände des Rittersaalbuffets befinden sich heute im Kunstgewerbemuseum Schloss Köpenick. Immer noch wichtig: Seidel, 1896, S. 2–35. – Die wichtige Rolle der Silberbestände wird auch durch die Ausgaben für die Silberkammer deutlich, deren Jahresetat regelmäßig 8 000 Taler betrug und deren sieben Bedienstete mit zusammen genommen knapp 2 000 Talern vergütet wurden (GStAPK, I. HA Rep 36, Nr. 71, Bl. 22 u. 35).
25 Keisch, 1997, S. 32 f. u. 35–40. – Seidel, 1896, S. 51 u. 58–60.
26 Die Höfe der bereits 1757 und 1758 verstorbenen Mitglieder des Hauses wurden erst nach 1763 aufgelöst. Mit dieser Aufrechterhaltung der Hofstaaten verstorbener Dynastieangehöriger wurde eine Tradition fortgesetzt, die für die Königinnen des 18. Jahrhunderts von 1705 bis 1818 reicht, als der Hof der bereits 1810 verstorbenen Luise endgültig aufgelöst wurde. Einen Überblick bietet hier: Konter, 1991, S. 284.
27 Konter, 1991, S. 268–272.
28 Giersberg, 2005, S. 7–89, hier S. 28–38 u. 47–79.
29 Tatsächlich finden sich gerade die Inhaber der eigentlichen höchsten Hofämter im Allgemeinen nicht unter den Mitgliedern der Tafelrunde, ebenso wenig enge Vertraute des Königs wie der Geheime Kämmerer und Obertresorier Michael Gabriel Fredersdorf. Die mächtigen (aber deutschbürgerlichen) Kabinettssekretäre, die Prinzen von Geblüt, Minister und Kanzler von Carmer waren nicht Teil der Tafelrunde, ebenso wenig (bis auf eine Ausnahme) die Erzieher der königlichen Prinzen, obwohl sie als

aus Frankreich oder der Schweiz stammende Akademiemitglieder (Beispiel: Nicolas Beguelin) einen ähnlichen Hintergrund hatten wie viele Mitglieder der Tafelrunde. Die Tafelrunde wurde offenbar von politischen Diskussionen und Entscheidungen ferngehalten und war vornehmlich der Ort, an dem die französische Konversationskultur gepflegt wurde. Diese beruhte – wie Jochen Schlobach und Brunhilde Wehinger betont haben – eben nicht vor allem auf der Diskussion politisch-sozialer Theorien oder gar politischer Projekte, sondern bildete vor allem ein Modell religiöser Toleranz und Konversation jenseits des Politischen, hierin nicht unähnlich dem Zirkel von Sophie Charlotte. – Zur Rolle der französischen Konversationskultur an deutschen Höfen des 18. Jahrhunderts immer noch wichtig: Schlobach, 1993, S. 175–194. – Wehinger, 2005. – Zur Kabinettsregierung: Neugebauer, 1993, S. 69–115. – Neugebauer, 2001b, S. 121.

30 Der Hofstaatsetat war unter Abzug der Ausgaben für nicht zum Hof gehöriges Personal mit etwa 213 000 Talern veranschlagt, zu denen noch etwa 50 000 Taler für die Kapelle, Tänzer und Schauspieler hinzukamen (GStAPK, I. HA Rep. 36, Nr. 115, Bl. 37 u. Bl. 44).

31 GStAPK, I. HA Rep. 36, Nr. 131, Bl. 36. – GStAPK, I. HA Rep. 36, Nr. 138, Bl. 17 f., Bl. 34 u. Bl. 22 f. – Gleich nach Regierungsantritt Friedrich Wilhelms II. stiegen die Ausgaben für den Hof auf etwa 460 000 Taler an (für das Jahr 1787/1788), bis 1795/1796 um weitere 100 000 Taler auf 553 655, um sich dann unter Friedrich Wilhelm III. auf etwa gleicher Höhe bei 564 928 Talern einzupendeln (Neugebauer, 2000, S. 164 f.).

32 Beales, 2006, S. 79–104, hier S. 80–83. – Zedler, Bd. 13, S. 405–412, hier S. 405.

33 So ist im Hofstaatsetat für das Finanzjahr 1750/1751 nicht der Etat für Kapelle, Tänzer und Schauspieler enthalten, die einen wichtigen Teil der Hofveranstaltungen bestritten, obwohl bestimmte andere Ausgaben für die Kapelle darin sehr wohl auftauchen. Bereits Neugebauer weist darauf hin, dass darin jedoch über 8 700 Taler für »andere Königl. Bediente, so nicht zur Hoff-Staat gehören«, aufgeführt sind, darunter Cocceji, Knobelsdorff, Maupertuis und der Friedrich-Vertraute Fredersdorf (Neugebauer, 2000, S. 164, Anm. 96. – GStAPK, I. HA Rep. 36, Nr. 115, Bl. 24). – 1771/1772 werden die Kammerherren unter den Ehrenämtern, 1785/1786 jedoch als überhaupt nicht zum Hof gehörig klassifiziert (GStAPK, I. HA Rep. 36, Nr. 131, Bl. 22 u. Nr. 148, Bl. 12).

34 GStAPK, I. HA Rep. 36, Nr. 149, Bl. 23. – Dieser Ausgabenposten betrug immerhin über 12 000 Taler. Die Hofstaatsausgaben unter Friedrich Wilhelm II. schwankten zwischen jährlich 460 000 und 553 000 Talern. Hinzugerechnet werden müssen hier jedoch erhebliche Zusatzausgaben: So fielen allein für den vier Jahre dauernden Umbau der sogenannten Königskammern im Berliner Schloss von 1787 bis 1791 Ausgaben von etwa 660 000 Talern an (GStAPK, I. HA Rep. 36, Nr. 149. – Peschken/Klünner, 1982, S. 74–99).

35 Die Einnahmen aus den neuen Auflagen flossen direkt in das der unmittelbaren Verfügung des Königs unterstehende Dispositionskassensystem, sodass allein Friedrich II. und sein Hofstaatskassen-Rendant Buchholtz diese Summen kannten. Es ist also nicht »bekannt, wieviel der König aus den zu seiner Verfügung stehenden Mitteln für Militär-, wieviel er für Zivilzwecke ausgab« (Behre, 1905, S. 101 f.). – Etabliert wurde dieses System nach 1763 unter anderem mit Geldern aus den Höfen verstorbener Familienmitglieder (GStAPK, I. HA Rep. 36, Nr. 576 u. 593).

36 Jeroen Duindam hat dies jüngst wieder zu Recht betont (Duindam, 2003, S. 45–89).

37 Dazu immer noch: Behre, 1905.

38 Giersberg, 1986, S. 82.

39 Koser, 1903, S. 3.

40 Völkel, 1999.

41 Zu Wien: Hengerer, 2004, S. 78–152.

42 Kommentar Friedrichs II. in einem Schreiben an Wilhelmine von Bayreuth vom 16. Oktober 1751 (zit. nach: Koser, 1903, S. 3).

43 So waren von den 31 Kammerherren, die der Hof des Königs 1772 zählte, 24 abwesend (Adres-Calender [sic!], 1772, S. 4 f.). – Zur Problematik der Anwesenheit und des »virtuellen Hofes« neben dem tatsächlich präsenten Hof: Hengerer, 2004, S. 23, Anm. 76 sowie S. 78–80 u. 111 f. – Zu Lucchesini und von der Goertz: Kunisch, 2005, S. 462 u. 527.

44 Nicht vier, wie es bei Völkel heißt (Völkel, 1999, S. 228).

45 Die Zahlen im Adres-Calender (Adres-Calender, 1786, S. 9 f.) weichen von den Angaben im Hofstaatsetat ab (GStAPK, I. HA Rep. 36, Nr. 138 f.). Diese Diskrepanz könnte damit zusammenhängen, dass Friedrich nur wenige Ausgabenpositionen auch offiziell strich und stattdessen die Personalgelder vakanter Stellen weiter auszahlen ließ, um damit seine eigenen Dispositionsgelder aufzufüllen.

46 Stamm-Kuhlmann, 1990, S. 275–319. – Stamm-Kuhlmann, 1992.

47 Konter, 1991, S. 283–290.

48 Die Zahl der Kammerherren und Hofdamen von Elisabeth Christine schwankte im gleichen Zeitraum zwischen drei und fünf, fiel aber auch nie aus dem Rahmen des in Preußen Üblichen: So hatte die Mutter Friedrichs, Sophie Dorothea, die gleiche Anzahl Hofdamen zur Verfügung gehabt, und nach 1786 hatten auch die Königinnen Friederike Luise und Luise nicht mehr. Die Zahl der Pagen war unter Luise sogar wesentlich geringer als unter Elisabeth Christine. Freilich müsste auch hier – wie bei den Kammerherren – noch näher geklärt werden, welche Funktionen die Hofdamen eigentlich hatten. Für den in dieser Hinsicht überhaupt gut untersuchten Wiener Hof des 17. Jahrhunderts leistete dies jüngst: Keller, 2005, bes. S. 135–154.

49 Die Änderungen im Zuge des Regierungswechsels von 1740 hätten sich in Grenzen gehalten, vielmehr seien auch hier bereits Ämter am Hof der (neuen) Königin neu besetzt worden (Koser, 1903, S. 3).

50 Badstübner-Gröger, 1999, S. 29–71, hier S. 68.

51 Zit. nach: Volz, 1907a, S. 270–274, hier S. 271.

52 Zum Beispiel Graf zur Lippe, der ab Herbst 1789 auf die Erringung des Reichsfürstentitels setzte (Arndt, 2003, S. 59–90, hier S. 59 f.).

53 Schnettger, 2003, S. 179–195, hier S. 194.

54 Bisset, 1850, Bd. 2, S. 363 f. – Zur Rangerhöhung im Zuge der Polnischen Teilung: Olschewski, 2006, S. 359–384, bes. S. 365 f.

55 Mit dem Bau des Gästehauses in Sanssouci und dem Kauf des Charlottenburger Porzellanservice war die 1763 begonnene Reihe von Investitionen in Schlossbauten und ihre Ausstattung erst einmal abgeschlossen. So investierte der König erst ein Jahrzehnt später erneut in eine Reihe von Porzellanen, zuletzt gab er noch im Juli 1786 ein Service in Auftrag (Keisch, 1992, S. 300).

56 An anderen Höfen freilich belief sich die Zahl der Kammerherren zumindest in der ersten Hälfte des Jahrhunderts auf mehrere hundert, so auf etwa 2 000 in Bayern um 1700, auf 460 in Dresden und auf über 2 000 in Wien (Duindam, 2003, S. 71–75. – Bauer, 1993, S. 90 f.). – Für Preußen: Adres-Calender, 1763, S. 3 f. – 1764, S. 3 f. – 1772, S. 3–5. – 1773, S. 3–5. – 1785, S. 3–6. – 1786, S. 13–19.

57 Finkemeier / Rollig, 1998, S. 51–92.

58 Dorst/Schimmel, 2002, S. 265–271, hier S. 267. – 1763–1764 wurde die Verwaltung der dem Prinzen Ferdinand zustehenden Güter und Einkünfte aus der prinzlichen Gesamtkammer herausgelöst und eine eigene Domänenkammer geschaffen (GStAPK, I. HA Rep. 36, Nr. 3834). – Vielfältige Ausgaben für Reparaturen, Umbauten und Neueinrichtungen der königlichen und prinzlichen Schlösser sind ab 1763 dokumentiert, so etwa für seidene Tapeten und Möbelstoffe vor allem für das Berliner Schloss und das häufig zeremoniell genutzte Charlottenburg (GStAPK, I. HA Rep. 36, Nr. 1909, 2954/1, 2955 u. 2057). – Zu Bauarbeiten und zur Einrichtung des St. Johanniterordens-Palais 1763/1764: GStAPK, I. HA Rep. 36, Nr. 2957/1. – Zu den Potsdamer Umbauten: GStAPK, I. HA Rep. 36, Nr. 3064–3066.

59 »Bei den meist auf königliche Kosten errichteten Häusern [...] achtete man nicht auf Ansprüche und Bequemlichkeit der Bewohner; die Verschönerung der Straßen und Plätze war für den königlichen Bauherren maßgeblich« (Giersberg, 1992, S. 52–82, hier S. 54).

60 Baer, 1992, S. 286–297, hier S. 286. – Seidel spricht von den beiden vereinigten Services als dem »Hauptglanzstück königlicher Prachtentfaltung« (Seidel, 1896, S. 58).

61 Seidel, 1913, S. 1–69, hier S. 18. – Keisch, 1992, S. 298–328, hier S. 298–301.

62 Zur Bedeutung des Tafelzeremoniells: Aust.-Kat. Die öffentliche Tafel, 2002. – Einen neuen Überblick über das Königliche »Monopolunternehmen« KPM bietet für die Jahre 1763 bis 1786: Siebeneicker, 2002, S. 20–29. – Zur »Semantik des Materials«: Falcke, 2006, S. 265–272. – Mit der zeremoniellen Nutzung von Porzellanen, die im Gegensatz zu Gold und Silber traditionell als geringerwertig veranschlagt wurden, setzte Friedrich durchaus einen eigenen Akzent in der höfischen Welt.

63 Dazu erarbeitet derzeit Claudia Terne (Berlin) eine Dissertation. Zum vielfältigen höfischen Theaterleben insgesamt, in dem Schauspiel und Musik vielfach verschränkt waren, siehe auch: Rösler, 1992, S. 13–46.

64 Zur Wiederaufnahme des Redouten- und Spielbetriebs der Oper 1763/1764: GStAPK, I. HA Rep. 36, Nr. 2660 f. – Der Schriftwechsel des Sekretärs Stiegel mit der Schmeling sowie den Sängern Cori und Verona über die Vorbereitungen zu den Karnevalsaufführungen 1774–1775 ist dokumentiert in: GStAPK, I. HA Rep. 36, Nr. 2774. – Vgl. dazu auch: Allihn, 1999, S. 138–149, hier S. 142. – Keineswegs war die »Blütezeit der Musik am Hofe unter Friedrich II. [...] ebenso kurz wie intensiv« und bereits 1756 zu Ende, wie noch Goldhan behauptete (Goldhan, 1992, S. 355–362, hier S. 355). – Noch am 15. Juli 1785 wurde in Potsdam ein Kammerkonzert vor dem König gegeben (GStAPK, I. HA Rep. 36, Nr. 2686).

65 Henzel, 1999a, S. 72–80, hier S. 76. – Die Kosten für Musikkopien und Instrumentenreparaturen fielen nach dem Krieg offenbar geringer aus, was nach Henzel für eine Verringerung der musikalischen Aktivitäten spricht, jedoch müssten hier neben den Schatullausgaben noch andere Ausgabenposten systematisch durchgesehen werden.

66 Historische Nachricht, 1750, S. 3.

67 Rangström, 1993, S. 89–120. – Zur Einordnung des Berliner »Carrousels« in die europäische Tradition: Watanabe-O'Kelly, 1992.

68 Mervaud, 1985, S. 178.

69 Scott, 2000.

70 Neugebauer, 2001b. – Dazu auch: Luh, 2002, S. 123–125, hier S. 123 f. – Pachamova-Göres, 2002, S. 177–189. – Biskup, 2004, S. 312 f.

71 Falcke, 2006, S. 183–201. – Zur Funktion des Geschenkwesens im zeremoniellen Verkehr überhaupt: Falcke, 2006, S. 293–311. – Zur Nutzung von Kunstwerken durch Friedrich II. im Kontext der Verhandlungen vgl.: Frank, 2005, S. 246–270, hier S. 257–270.

72 Gembruch, 1988, S. 89–120, hier S. 106 f.

73 McGrew, 1992, S. 96–98. – Morane, 1907, S. 173–178. – Zu den Medaillen: Hoffmann, 1927, S. 103–105. – Die Zeremonien sind beschrieben in: Oelrichs, 1776.

74 Thiébault, 1804, S. 21–28.

75 Neugebauer hingegen bezeichnet besonders Prinz Heinrichs herausgehobene Rolle als »systemwidrig« und geht damit noch über Gembruch hinaus, der von »systemfremd« spricht (Neugebauer, 2000, S. 161. – Gembruch, 1988, S. 107). – Tatsächlich lässt sich eine ähnliche Rolle des Hofes der Königin bis auf Friedrich Wilhelm I. zurückverfolgen, der – ebenso in durchaus bescheidenem Rahmen – der Königin besondere Funktionen in der Hofhaltung zumaß.

76 Moore, 1780, S. 179. – Ähnliche Zitate finden sich auch in den Berichten französischer Gesandter (vgl.: Volz, 1907a).

77 Auch Theodor Schieder erwähnt die Berliner Oper nur am Rande (Schieder, 1998, S. 424–426). – Helm betont vor allem die Abneigung des späten Friedrich gegen neuere Musikrichtungen, wie sie Haydn und Mozart verkörperten (Helm, 1960, S. 70 f.).

78 Adres-Calender, 1786, S. 13–15.

79 Neugebauer, 2000, S. 153 u. 164. – Zur zentralen Rolle der Oper vor dem Siebenjährigen Krieg: Henzel, 1997, S. 47–53.

80 Die Brüder des Königs, Prinz Heinrich und Prinz Ferdinand, trugen jeweils 37 000 bis 40 000 Taler zur Ausstattung bei, während der König nur den Aufbau der Tribünen und das Diner zahlte (Schlözer, 1856, S. 114 f.).

81 Wilson, 1996, S. 757–792.

82 Biskup, 2007a, S. 61–87, hier S. 67–69.

83 Stern, 1921, S. 45. – Lessings »Emilia Galotti« etwa wurde am Geburtstag der Herzoginmutter am Hoftheater uraufgeführt (Mauser, 1990, S. 177–194, hier S. 177–180). – Zur Vielgestaltigkeit von Lessings Aufgaben in Hofnähe bis hin zu Schätzungen von Kunstwerken siehe auch: Reifenberg, 1995, insbes. S. 36–40.

84 Bauer, 1993, S. 96.

85 Daniel, 1995, S. 100 f. – Vieles von dem, was für die Jahrzehnte nach 1763 als »aufgeklärter Absolutismus« bezeichnet worden ist, war nicht zuletzt eine Krisenbewältigungsstrategie mit den Zielen Ausgabenreduzierung und Einnahmenerhöhung. Preußen konnte und wollte seine Soldaten nicht vermieten wie andere Territorien, »Retablissement« und Priorität der Militärausgaben erlaubten aber keinen Spielraum für weitere Ausgaben.

86 Biskup, 2004, S. 315 f.

87 Redworth/Checa, 1999, S. 43–65, hier S. 57 u. 61.

88 So habe Sophie Charlotte bei der Königskrönung von 1701 gegähnt – nach einer bestimmten historiographischen Lesart ist dies ebenso Ausdruck ihrer grundsätzlichen Kritik an höfischem Prunk wie die Sottisen Friedrichs II. Sophie Charlottes Austausch mit Leibniz und Toland wird dementsprechend gegen den Hof Friedrichs I. in Stellung gebracht, Lietzenburg-Charlottenburg wird so zum Sanssouci »avant la lettre« und Sophie Charlotte zur »vollkommene[n] philosophische[n] Königin« (Ghayegh-Pisheh, 2000, S. 246). – 1810 bemerkte Augusta von Sachsen-Coburg-Gotha anlässlich der Hochzeitsreise von Theresa von Sachsen-Hildburghausen in ihrem (unveröffentlichten) Tagebuch, es gebe nichts Ermüdenderes als einen Staatsbesuch, der viel Herumgerenne, inhaltslose Unterhaltungen und Kleiderwechsel mit sich bringe und einen Tag wie zehn andere erscheinen lasse. Ich verdanke diesen Hinweis Clarissa Campbell-Orr (Cambridge).

89 So etwa Äußerungen Friedrichs in seinem Politischen Testament von 1768, das nach der Scheidung seines präsumptiven Nachfolgers Friedrich Wilhelm (II.) von seiner ersten Frau verfasst wurde. Hier fasst der König seine Warnungen vor »Geldausgeben«, »Wohlleben« und »Luxus« zusammen mit der Mahnung: »Bleiben wir bei der Mäßigkeit, erhalten wir uns unseren Adel und unsere guten Eigenschaften, oder wenn Ihr wollt, unsere deutschen Tugenden« (Oppeln-Bronikowski, 1936, S. 190). – Zur Zentralität des »Maßhaltens« in Herrscherbild und Fürstenspiegeln bis in die Ära der Französischen Revolution: Duchhardt, 1991, S. 26–42. – Mühleisen/Stammen/Philipp, 1997, S. 521–734.

90 Zu Letzterem insbes.: Komander, 1995, S. 250–347.

91 Externbrink, 2006, S. 61–71 u. 154–220. – Immer noch wichtig zum Preußenbild in Frankreich 1763–1786: Skalweit, 1952, S. 101–177.

92 Dieser Gefahr scheint Michael Stürmer zu erliegen: Stürmer, 2002, S. 112–117.

93 Biskup, 2007a, S. 82–85.

94 Beales, 2006, S. 84 u. 101–104. – Der Umfang des Wiener Hofes wurde generell nicht so radikal verringert, wie die persönliche Austerität des Kaisers vermuten ließe (Duindam, 2003, S. 73).

95 Carl, 2008.

96 Volz, 1907b, S. 17–54.

97 Oppeln-Bronikowski, 1936, S. 219.

CLAUDIA TERNE

FRIEDRICH II. VON PREUSSEN UND DIE HOFOPER

1 Georg Wenzeslaus von
Knobelsdorff, *Berliner Opernhaus*,
Querschnitt, 1742, Feder in Braun,
grau, braun und rosa laviert, SPSG,
GK II (1) 5400, Blatt h

Einführung

Noch bevor Friedrich II. am 31. Mai 1740 den preußischen Thron bestieg, formulierte er seinen Standpunkt zur Rolle der Kulturpolitik im Staat: »Nichts gibt einem Reich mehr Glanz«, schrieb der Kronprinz im »Antimachiavell«, »als wenn die Künste unter seinem Schutz erblühen.«[1] Unmittelbar nach der Übernahme der Regierungsgeschäfte begann er seine Vorstellungen von der tragenden Rolle der Künste in der Staatsrepräsentation zielgerichtet in die Tat umzusetzen. Der Errichtung eines Opernhauses in Berlin und dem Aufbau eines leistungsfähigen Ensembles sollte dabei eine zentrale Bedeutung zukommen.

Die italienische Oper, deren Institutionalisierung seit der Mitte des 17. Jahrhunderts, ausgehend vom Wiener Hof, vor allem an den politisch aufstrebenden mittel- und nordeuropäischen Höfen voranschritt,[2] hatte in Brandenburg-Preußen zu Beginn des Settecento noch keine feste Pflegestätte. Zwar war die Aufführung von italienischsprachigen und deutschen Opern beziehungsweise Singspielen am Hofe Friedrichs I., des ersten preußischen Königs, und seiner Gemahlin Sophie Charlotte bereits ein wichtiger Bestandteil der Divertissements und Festivitäten.[3] Die Kosten für den Bau und Unterhalt einer stehenden Hofoper hat Friedrich I. aber offenbar gescheut. Sein Sohn Friedrich Wilhelm I. verzichtete in den Jahren seiner Regentschaft gänzlich auf eine repräsentative Hofmusik.[4]

Dagegen hatte Friedrich schon als Kronprinz Pläne für ein künftiges eigenes Opernunternehmen.[5] Während eines Aufenthaltes am Dresdner Hof im Jahre 1728 hatte er erstmals die Aufführung einer italienischen Oper erlebt und seither eine Vorliebe für die »Opera seria«, die »ernste Oper«, entwickelt.[6] Die Popularität dieser Gattung in der höfischen Musikkultur des 18. Jahrhunderts ergab sich aus deren besonderer Eignung für die »repraesentatio maiestatis« im Sinne einer künstlerisch-ästhetischen wie politisch-ökonomischen Vergegenwärtigung und Legitimation der Königsmacht.[7]

Konzeption und Bau der Hofoper

Unmittelbar nach dem Regierungsantritt Friedrichs erhielt Georg Wenzeslaus von Knobelsdorff als leitender Architekt den Auftrag zur Errichtung eines Operngebäudes in Berlin (Abb. 1–3).[8] Der Komponist und Kapellmeister Carl Heinrich Graun wurde mit dem Aufbau eines Musikerensembles betraut.[9]

Die Hofoper sollte nach dem Wunsch des Königs als das erste Gebäude eines städtebaulichen Projektes, des sogenannten »Forum Fridericianum«,[10] eines zentralen, jedermann frei zugänglichen Platzes mit Repräsentationsbauten, realisiert werden. Architektur und Ikonographie des Bauwerkes sollten der Geisteshaltung Friedrichs Ausdruck verleihen und den Aufbruch Preußens in ein neues, ein apollinisches Zeitalter manifestieren.[11]

Nahegelegt wurde dem Betrachter dieser Anspruch bereits in der äußeren Gestalt des Gebäudes, das an einen antiken Tempel erinnert und an der Kolonnadenfront zum Boulevard »Unter den Linden« die Widmungsinschrift an Apoll und die Musen trägt: »Fridericus Rex Apollini et Musis« (Abb. 2). Es ist bemerkenswert, dass Friedrich die Oper – obwohl sie von ihm als höfisches Musiktheater konzipiert wurde – in räumlicher Entfernung zum Berliner Schloss erbauen ließ. Das war ein Novum. Üblicherweise waren die Hofbühnen und Residenztheater architektonisch in die Schlossanlage einbezogen und ein Zugang somit ausschließlich dem Hof und seinen Gästen – also einer sehr eingeschränkten Öffentlichkeit – vorbehalten.[12]

Der Berliner Neubau sollte hingegen grundsätzlich allen Berlinern und den auswärtigen Besuchern der preußischen Hauptstadt zugänglich sein. So heißt es in einem Artikel zur Eröffnung des Berliner Karnevals im Jahre 1743, dem ersten nach der Fertigstellung des Gebäudes, in den »Berlinischen Nachrichten«: »Den Fremden so wohl, als den Einheimischen, von was vor Stande sie sind, wird erlaubt seyn, ohne Endgeld, sich bey denen Opern, Comödien, und masquirten Bällen, einzufinden.«[13]

Der Eintritt in die Oper war unentgeltlich, aber an den Erwerb von Billets gebunden, über deren Vergabe die Theater-Intendantur entschied.[14] Reisenden und ausländischen Gesandten wurden bevorzugt Karten zugesichert, was bereits viel über das auf Außenwirkung gerichtete Interesse des Königs verrät. Bedienstete des Hofes begaben sich in den Tagen vor den Opernvorstellungen in Berliner Gasthöfe, um sich nach Fremden zu erkundigen und ihnen Eintrittskarten zu überbringen.[15] Viele Berliner gingen bei der Verteilung der Karten indes leer aus. Berichte über einen schwunghaften Kartenhandel liegen aus den Anfangszeiten der Oper bis in die letzten Regierungsjahre Friedrichs vor.[16]

Der Innenraum des Opernhauses entsprach dem eines hierarchisch gegliederten italienischen Logentheaters (Abb. 3).[17] Die Zuschauer im Saal wurden entsprechend der sozialen Rangordnung Preußens platziert. Susanne Schrader hat in ihrer Studie zur Architektur der barocken Hoftheater in Deutschland darauf hingewiesen, »dass die Bezeichnung ›Rang‹ im doppelten Sinne des Wortes zu verstehen ist, d. h. als Rang im Sinne einer Logenreihe als auch eines gesellschaftlichen Status, wobei die Bedeutungen aneinander gebunden sind und sich in ihrem ›Niveau‹ bedingen«.[18]

Demgemäß war in Berlin der erste Rang mit der »Loge de la reine« für die (weiblichen) Mitglieder der Königsfamilie und den Hofadel reserviert. Der zweite Rang war den Ministern und der höheren Beamtenschaft sowie dem bei Hofe nicht zugelassenen Adel vorbehalten. Die niedere Dienerschaft und das bürgerliche Publikum saßen im dritten Rang. Ebenso fanden sich die Berliner bürgerlichen Standes auch in den Logen des Parterres ein, die vorzugsweise aber den auswärtigen Gästen zur Verfügung gestellt wurden. Der König selbst saß mit den Prinzen im vorderen Teil des Parterres, in unmittelbarer Nähe zum Orchester. Dahinter versammelten sich die Offiziere und Militärangehörigen und verfolgten die Opernaufführung stehend.[19]

Trotz Friedrichs scheinbar notorischer Abneigung gegen zeremonielle Auftritte am Hof und in der Öffentlichkeit war die Oper eine Institution, die auf die Herrschaftsrepräsentation ausgerichtet war. Dementsprechend war der König als höchster Repräsentant des Staates *die* zentrale Persönlichkeit im Opernhaus. Auf seinen Auftritt konzentrierte sich die Aufmerksamkeit des versammelten Publikums: »In den

2 Georg Wenzeslaus von Knobelsdorff, *Berliner Opernhaus*, *Fassade*, 1742, Feder in Braun, grau laviert, SPSG, GK II (1) 5400, Blatt c

FRIDERICUS REX APOLLINI ET MUSIS.

Façade qui donne sur la grande Rue.

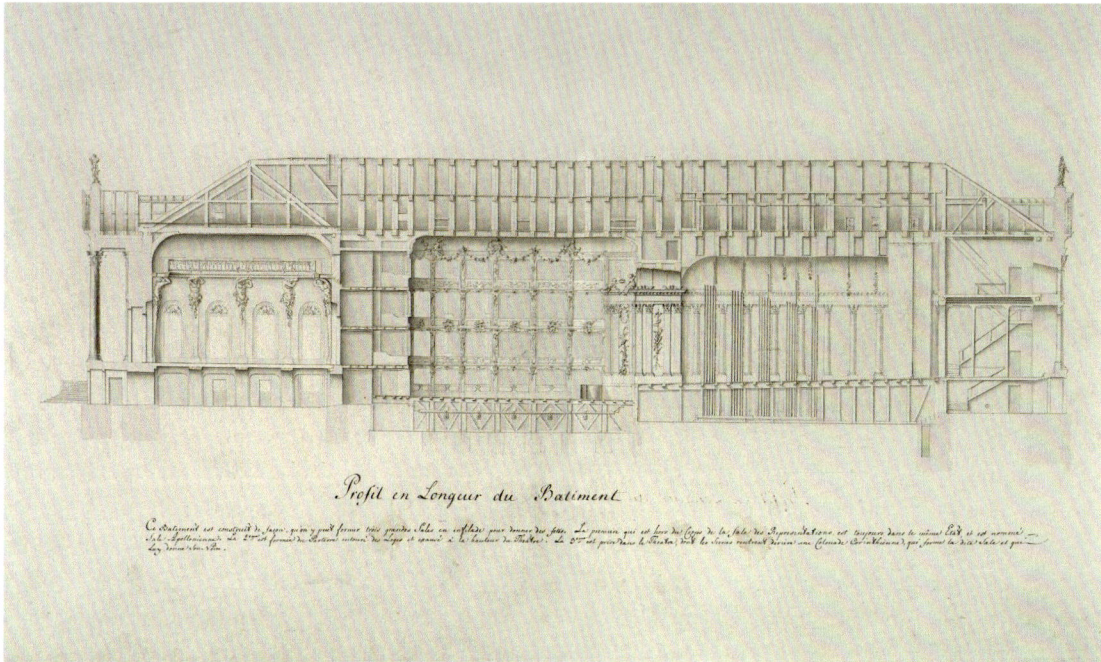

3 Georg Wenzeslaus von Knobelsdorff, *Berliner Opernhaus, Längsschnitt*, 1742, Feder in Braun, grau laviert, SPSG, GK II (1) 5400, Blatt f

äußersten Logen des dritten Ranges zunächst der Bühne waren die Trompeter und Pauker der Garde du Corps und des Regiments Gens d'armes aufgestellt, welche beim Eintritt des Königs und am Ende der Oper Tusch bliesen. Auf dem Proszenium, rechts und links an beiden Seiten der Bühne, standen zwei Grenadiere der Potsdamer Garde mit Gewehr bei Fuß, welche jedes Mal im Zwischenacte abgelöst wurden und der ganzen Vorstellung vor den Augen des Publikums zusahen; welcher Gebrauch aber auch nach dem siebenjährigen Kriege ganz abkam. Um 5 Uhr wurde das Publikum eingelassen, die Militärpersonen im Paradeanzuge, die Civilbeamten und Damen im Couranzuge. Selbst bei dem Publikum des dritten Ranges wurde auf sorgfältige Toilette gesehen. Der König trat durch die Partherrethür links neben dem Orchester ein, grüsste bei dem Tusch das Publikum und setzte sich sofort auf seinen Armsessel. Graf von Gotter, als Intendant des Spectacles, stand hinter dem Stuhle des Königs und gab dem wartenden Capellmeister das Zeichen zum Beginn der Ouvertüre, sobald Seine Majestät sich gesetzt hatte. Die Königin und die Prinzessinnen befanden sich auf der Königl. Mittelloge, und zwar schon vor der Ankunft des Königs. Alles empfing Seine Majestät stehend und setzte sich erst bei Beginn der Ouvertüre.«[20] Auf diesem Ablauf bestand Friedrich II. bis in die letzten Jahre seiner Regentschaft.[21]

Friedrich wollte in der Oper allerdings nicht nur als Monarch, sondern auch als »Spiritus rector«[22] wahrgenommen werden. Das erklärt, weshalb er nicht in der Mittelloge des ersten Ranges Platz nahm, die für die Mitglieder der königlichen Familie vorgesehen war, sondern den Aufführungen in unmittelbarer Nähe des Orchesters beiwohnte. Von dieser Position aus wurde er als höchster Repräsentant des Staates und der Kultur nicht nur besser gesehen als in der Loge, er konnte das Bühnengeschehen auch besser kontrollieren. So beobachtete der englische Musiker und Schriftsteller Charles Burney noch 1771: »Der König steht fast beständig hinter dem Kapellmeister, welcher die Partitur vor sich hat; er sieht fleißig hinein und ist wirklich ein so guter Generaldirektor hier, als Generalissimus im Felde.«[23]

In den 46 Jahren seiner Regierungszeit hat sich Friedrich II. auf sehr vielfältige Weise für die Belange der Berliner Hofoper engagiert und – was bei seiner Persönlichkeit kaum verwundert – bis hin zu Detailfragen Einfluss auf die Personalpolitik, den Spielplan und die Produktion einzelner Opern genommen. Bereits der enorm forcierte Bau des Musiktheaters verdeutlicht die große Bedeutung, die Friedrich seinem Opernprojekt beimaß. Offenbar erhoffte er sich die Fertigstellung und Bespielbarkeit des Gebäudes bereits für den Zeitpunkt seiner Rückkehr aus dem ersten Schlesienfeldzug.[24] In einem Schreiben Georg von Knobelsdorffs vom 12. August 1741 lässt sich nachlesen, dass »des Königs Majestät den Bau des Opernhauses sehr pressiren und Allergnädigst befohlen haben, daß selbiges binnen 2 Monaten zur Perfection gebracht werden soll [...]«.[25] Erst im Monat zuvor, am 17. Juli 1741, war der Baugrund abgesteckt worden.[26]

Als abzusehen war, dass das Gebäude bis zum Ende des Jahres 1741 nicht fertiggestellt sein würde, veranlasste der König die Einrichtung eines Provisoriums im Alabastersaal des Berliner Schlosses.[27] Dort fand am 13. Dezember 1741 die Uraufführung von Carl Heinrich Grauns Oper »Rodelinda, Regina dei Longobardi« statt.[28] Über den Fortschritt der Bauarbeiten am Opernhaus wollte Friedrich II. regelmäßig unterrichtet werden. So heißt es in einem Brief an Charles Étienne Jordan:

»Sorgen Sie doch dafür, daß mir der dicke Knobelsdorff schreibe, wie sich mein Opernhaus und meine Gärten befinden! Ich bin in diesem Stück ein Kind. Es sind die Puppen, mit denen ich spiele [...].«[29]

Am 7. Dezember 1742 wurde das Opernhaus offiziell eröffnet, obwohl die Arbeiten an der Außenfassade und im Inneren des Gebäudes noch nicht abgeschlossen waren.[30]

Die Kosten

Mit der Errichtung des Opernhauses und der Neuorganisation des Musiklebens am Hofe sollte der Anschluss Preußens an das allgemeine Niveau der Festkultur und der höfischen Musikpflege erreicht und schließlich der Eintritt in den Kreis der europäischen Kulturmächte manifestiert werden.[31] Dies sollte zunächst vor allem durch den Aufbau eines leistungsfähigen Ensembles renommierter Sänger, Instrumentalisten und Tänzer gelingen.

In einem Brief vom 18. Juli 1742 an den Italiener Francesco Algarotti, einer der engsten Berater des Königs in musikalischen und künstlerischen Belangen, schrieb Friedrich gut ein halbes Jahr vor der Eröffnung des Opernhauses ebenso optimistisch wie ambitioniert: »Ich erwarte Alles, was von italienischen Sängern Gutes zu haben ist, und werde die besten Singe-Kapaune in ganz Deutschland haben.«[32] Das Engagement berühmter Gesangsvirtuosen – dabei handelte es sich fast ausschließlich um Italiener – bedeutete für den jeweiligen Hof und sein Musiktheater einen enormen Prestigegewinn.

Diesem Bemühen war in Berlin allerdings zunächst nur ein mäßiger Erfolg beschieden. In der Mehrzahl verließ das von Carl Heinrich Graun in Italien angeworbene Gesangspersonal den Berliner Hof nach kurzem Aufenthalt wieder, denn die sängerischen und darstellerischen Leistungen wie auch das Renommee entsprachen zumeist nicht den Erwartungen des Königs.[33] Friedrich II. vermochte die Sänger hinsichtlich ihrer Stimme durchaus mit Kennerschaft zu beurteilen.[34] Besonders die Suche und Anwerbung geeigneter Kastraten gestaltete sich anfangs schwierig. Immerhin konnte bereits zur dritten Spielzeit, der Karnevalssaison 1743/1744, mit dem Sopran-Kastraten Felice Salimbeni, der bis 1751 in Berlin blieb, einer der größten Sänger seiner Zeit engagiert werden. Bald darauf folgten der ebenfalls erstklassige und hochgeschätzte Alt-Kastrat Pasquale Bruscolino, genannt Pasqualino, und die Primadonna Giovanna Astrua. Ihnen wie den meisten anderen Mitgliedern des Sängerensembles wurden vergleichsweise hohe Gehälter gezahlt.[35]

So erhielt Felice Salimbeni eine Jahresgage von 4400 Talern, sein Nachfolger Giovanni Carestini mit einem Gehalt von 4725 Talern sogar ebenso viel wie die Primadonna Astrua.[36] Das war mehr als das Doppelte dessen, was der Hofkapellmeister Graun oder Johann Joachim Quantz, Friedrichs Flötenlehrer und musikalischer Berater, aus dem Kapelletat erhielten. Das Grundgehalt der beiden Musiker betrug 2000 Taler im Jahr.[37]

Die Personalkosten für die Mehrzahl der Ensemblemitglieder wurden zum größten Teil aus einem jährlich festgesetzten Hofkapelletat bestritten. Während dieser im Rechnungsjahr 1742/1743 knapp 42400 Taler betrug, erhöhten sich die Kosten binnen eines Jahres durch die Einstellung weiteren Personals auf 46000 Taler.[38] Im Rechnungsjahr 1745/1746 belief sich der Kapelletat auf etwa 49600 Taler. Legt man dieser Summe die 10720000 Taler für den preußischen Staatshaushalt des Rechnungsjahres zugrunde, entsprach das einem Gesamtkostenanteil von lediglich 0,46 Prozent. Die Militärausgaben in diesem Friedensjahr beliefen sich mit 8150000 Talern hingegen auf etwa 76 Prozent. Zehn Jahre später, im Rechnungsjahr 1755/1756, betrug der Etat der Hofkapelle 56606 Taler, was einer leichten Steigerung seines Anteils an den gesamten Haushaltskosten auf 0,53 Prozent entsprach. Freilich hatten sich auch die Ausgaben für das Militär erhöht. Sie betrugen mit gut 8310000 Talern nun 79 Prozent des Gesamtstaatshaushalts. Auch im Kriegsjahr 1758/1759 belief sich der Hofkapelletat auf 56606 Taler. Allerdings erhielten die Ensemblemitglieder ihr Gehalt nur zum Teil in voller Höhe ausgezahlt.[39] Nach dem Siebenjährigen Krieg wurde der Etat zunächst nicht erhöht und lag im Rechnungsjahr 1764/1765 wie in den Jahren zuvor bei 56 606 Talern. In den 1770er Jahren stiegen die Personalkosten – allerdings nicht die einzelnen Gehälter – noch einmal an. Für das Rechnungsjahr 1776/1777 betrug der Kapelletat 57 601 Taler. Dennoch sank der Anteil der Ausgaben für die Hofkapelle am Gesamtstaatshaushalt des Jahres, der 13 420 000 Taler betrug, auf 0,43 Prozent. Im letzten Regierungsjahr 1785/1786 blieb die Höhe des Kapelletats gegenüber 1776/1777 unverändert, machte aber nur noch 0,30 Prozent des auf 19 340 000 Taler gestiegenen Staatshaushaltes aus.[40] Wie der Musikwissenschaftler Christoph Henzel in einer Untersuchung der Handgelder Friedrichs II., Rechnungen aus der sogenannten Schatulle, detailliert offengelegt hat, bestritt der König darüber hinaus einen Teil der Personalkosten auch aus privaten Mitteln.[41] So kam er für Reise- und Urlaubsgelder sowie Gehaltszulagen auf, die nicht über den Etat der Hofkapelle abgedeckt wurden. Auch die Gagen einiger teurer Spezialkräfte, wie etwa die des Theaterarchitekten Giuseppe Galli Bibiena, der von 1753 bis zu seinem Tod im Jahre 1757 in Berlin arbeitete, wurden vom König zeitweise aus der eigenen Kasse beglichen.[42] Dieses finanzielle Engagement aus Privatmitteln zeigt das ganz persönliche Interesse Friedrichs an der Gewährleistung hoher Opernkunst, zumal es sich auch auf Sonderausgaben zu einzelnen Opern erstreckte und hier beispielsweise Mehrkosten für Kulissen, Kostüme oder zusätzliche Vorstellungen deckte.[43] Ein Großteil des Opernetats, des Geldes für die laufenden Produktionen und Neuinszenierungen, entstammte – wie auch der Kapelletat – der Hofstaatskasse. Die finanziellen Aufwendungen für die Opernproduktionen schwankten von Rechnungsjahr zu Rechnungsjahr. Die Kosten und der Bedarf etwa für die Kostüme und Dekorationen, aber auch die Anzahl der Vorstellungen waren in den einzelnen Spielzeiten recht unterschiedlich. Als Durchschnittswert kann eine Summe von etwa 18 000 Talern angenommen werden. Damit betrugen die Gesamtausgaben für die preußische Hofoper im Durchschnitt etwa 70 000 Taler pro Rechnungsjahr.[44]

Friedrich trennte strikt zwischen einer staatsrepräsentativen und einer eher privaten Musikpflege. Die Kosten für die berühmten Kammerkonzerte, zu denen nur ein kleiner Kreis von Besuchern Zugang hatte und die vornehmlich der Zerstreuung und Unterhaltung dienten, wurden ausschließlich aus Privatmitteln bestritten.[45]

Bei den Aufwendungen für die Hofkapelle und die Opernproduktionen war Friedrich trotz seines hohen Qualitätsanspruchs auf Verhältnismäßigkeit bedacht. Der Opernbetrieb war am Repräsentationsbedürfnis eines mittelgroßen, politisch und kulturell aufstrebenden Staates ausgerichtet. Die Organisation und Finanzierung der Oper entsprach der eines höfischen Theaterunternehmens. Jedoch vertraute er bei der Regelung von Personalangelegenheiten und der Realisierung einzelner Opernproduktionen nicht allein auf die von ihm eingesetzten Intendanten oder Fachkräfte. Er kümmerte sich – zumindest zeitweise – auch selbst. Davon zeugt zum Beispiel die Korrespondenz Friedrichs mit seinem Kammerdiener Michael Gabriel Fredersdorf. Gleichsam offenbart sich hier der Ärger, den ihm die Gehaltsforderungen, Sonderwünsche und Streitereien der Ensemblemitglieder untereinander bereiteten, so etwa im niedergeschriebenen Seufzer: »Die Opern-Leute sind solche Canaillen-Bagage, daß ich sie tausendmal müde bin.«[46]

Vorbilder und Spielplan

Friedrich II., der lebenslang der italienischen Oper zugeneigt war, ist bekanntlich niemals selbst in Italien gewesen. Bei der Planung und Profilierung der Berliner Hofoper orientierte er sich deshalb erkennbar am Dresdner Hof. Spätestens seit der Thronbesteigung des sächsischen Kurfürsten Friedrich August II. 1733, in Personalunion als August III. auch König von Polen, zählte die Dresdner Oper zu den renommiertesten Spielstätten der »Opera seria« nördlich der Alpen.[47] Hier wirkte der von Friedrich II. hoch geschätzte Komponist und Kapellmeister Johann Adolph Hasse mit seiner Gemahlin, der Primadonna Faustina Bordoni. Somit war die italienische Oper in Dresden Maßstab und Konkurrenz.

Bereits in der Anfangszeit lässt sich ein starker Bezug zur Dresdner Opernkultur feststellen. Dies betrifft zum einen den Aufbau der Berliner Hofkapelle nach dem Dresdner Vorbild, zum anderen die Spielplangestaltung.[48] Friedrich erwies dem Dresdner Kapellmeister seine Reverenz, indem er von Hasse komponierte »Opere serie« auf der Berliner Bühne aufführen ließ und ihn in Potsdam empfing.[49] Zugleich wurden mehrere Libretti des in Rom geborenen Operndichters Antonio Pietro Metastasio und des Venezianers

Apostelo Zeno, die Hasse zum Teil bereits mit Erfolg vertont hatte, durch Carl Heinrich Graun, Christoph Nichelmann und den seit 1751 in Berlin tätigen Johann Friedrich Agricola musikalisch neu interpretiert.[50] Der Rückgriff auf Werke Zenos und Metastasios, den beiden maßgebenden Librettisten ihrer Zeit, war dabei keinesfalls allein dem Umstand geschuldet, dass nach dem frühzeitigen Ausscheiden des ersten italienischen Hofdichters Giovanni Gualberto Bottarelli im Jahre 1743 die Berliner Hofoper für einen Zeitraum von mehr als vier Jahren über keinen eigenen Librettisten verfügte.[51] Vielmehr lässt sich aus dem Spielplan der Gründungszeit auch ein Geltungsanspruch herauslesen: Trotz zweier geführter Kriege war man in Preußen nicht nur dazu in der Lage, ein aufwendiges Bauprojekt wie das Musiktheater binnen kurzer Zeit zu vollenden, sondern auch fähig, an eine Opernpflege anzuschließen, wie sie an den Höfen der Kulturmächte des Reiches und Europas überwiegend Standard war, anzuschließen. Dabei ist auffällig, dass Friedrich II., dessen ausgeprägte Vorliebe für die französische Kultur, Sprache, Dichtung und Philosophie bekannt ist, seit seiner Jugend die italienische Oper und Musiktradition gegenüber der französischen favorisierte, obwohl er Letztere durchaus zur Kenntnis nahm.

Allerdings greift die Begründung, Friedrichs musikalische Präferenzen seien vor allem durch sein frühestes Opernerlebnis im Jahre 1728 in Dresden initiiert worden, zu kurz.[52] Die Entscheidung, dem italienischen Stil in der Ausrichtung der eigenen Hofmusik den Vorrang zu geben, sollte auch im Kontext einer europaweit geführten musikästhetischen Diskussion um die Charakteristika der jeweiligen Gattungen und als Chiffre im Sinne einer kulturellen, außenpolitischen und dynastischen Selbstverständigung betrachtet werden.[53]

Mit Ausnahme Frankreichs fand die italienischsprachige »Opera seria« als signifikanter Bestandteil der »repraesentatio maiestatis« im 18. Jahrhundert an allen großen Höfen zwischen St. Petersburg und Lissabon Verbreitung. Obwohl sie ihren Ursprung in Neapel hat, muss sie als eine – insbesondere die Fest- und Musikkultur des Hochadels krönende – europäische Gattung angesehen werden. Auch wenn Italiener den Opernbetrieb an den meisten Höfen personell dominierten, variierte die kulturelle Einflusslage an den einzelnen Spielstätten entsprechend den institutionellen und personalpolitischen Gegebenheiten vor Ort.

An der Berliner Hofoper Friedrichs II. waren die Italiener vor allem als Gesangssolisten vertreten.[54] Ebenso kamen die als Librettisten beschäftigten Hofdichter[55] und die Mehrzahl der Bühnenbildner und Maschinisten aus Italien.[56] Die Mitglieder des Corps de Ballet, vor allem aber die Ballettmeister, waren hingegen Franzosen.[57] Der überwiegende Teil der Orchestermusiker stammte aus dem deutschsprachigen Raum und aus Böhmen.[58] Auch die Hofkapellmeister beziehungsweise Hofkomponisten waren Deutsche.[59] Das ist auffällig, denn üblicherweise wurde gerade diese bedeutende und prestigeträchtige Position an einen Italiener oder einen in Italien ausgebildeten Musiker vergeben. Friedrich vertraute die Leitung der Berliner Hofmusik hingegen den Brüdern Carl Heinrich und Johann Gottlieb Graun an, die er bereits als Kronprinz kennengelernt und engagiert hatte.

Auffallend und in besonderem Maße prägend für die künstlerische wie inhaltliche Profilierung der Oper im friderizianischen Berlin war aber vor allem die persönliche Mitarbeit des Königs. Friedrich II. hat auf sehr vielfältige Weise aktiv in den Entstehungsprozess der Opern eingegriffen: Er komponierte selbst einzelne Arien und sinfonische Stücke,[60] unterbreitete Reformvorschläge zur musikalischen Neugestaltung der »Opera seria«,[61] und er nahm die Auswahl von Dekorationen und Garderoben vor.[62] In keinem Bereich zeigt sich Friedrichs Bestreben, der Berliner Hofoper ein eigenes Profil zu geben, jedoch so deutlich wie in seiner Tätigkeit als Koautor und Librettist. Als Gründe hierfür muss man zum einen sein eher persönliches Interesse an der Verbesserung des zeitgenössischen italienischsprachigen Musikdramas metastasianischer Prägung sowie literarisch ambitionierte Experimentierfreude vermuten, zum anderen aber auch das Kalkül des Staatsmannes, die Oper als Mittel der »repraesentatio maiestatis« auf möglichst vielfältige Weise und über unterschiedliche Kanäle zu nutzen.

Die Funktion und Bedeutung der »Opera seria« in der Herrschaftsrepräsentation

Eine Symbiose von Herrschaftsrepräsentation im Stil des Ancien Régime und »Opera seria« ergab sich durch den zeremoniellen Rahmen der Veranstaltung, die aufwendigen gestalterischen Komponenten dieser Operngattung (Gesang, Orchestrierung, Bühnenbild, Maschinerie, Kostümausstattung, Ballett und Komparserie) und deren Zusammenwirken auf der Bühne sowie inhaltlich durch die Wahl der Sujets. Gattungstypisch wurden dabei Standespersonen – in den Libretti Zenos und Metastasios waren das überwiegend Herrscher und Helden der Antike, der Mythologie oder des mittelalterlichen Ritterepos – in beispielhaften Situationen gezeigt, allgemein im Konflikt zwischen Pflicht und Neigung.[63] Die Dramenhandlung zielte auf eine Legitimation des tugendhaften und somit rechtmäßigen Herrschers ab und endete üblicherweise in einem »lieto fine«, einem versöhnlichen Handlungsabschluss.[64]

Im zweiten Drittel des 18. Jahrhunderts erreichte die europaweite Popularität der »Opera seria« ihren Zenit. Mit der großen Verbreitung und Beliebtheit ging auch eine lebhaft geführte Diskussion über die Stärken und Schwächen dieser in hohem Maße standardisierten Operngattung einher. Die Reformideen waren dabei großenteils auf die formale und inhaltliche Gestaltung des Librettos bezogen.[65] Zeno und Metastasio hatten sich bemüht, die Libretti der »Opera seria« im Aufbau, in der Themenwahl und im literarischen wie moralischen Anspruch der klassischen französischen Tragödie anzunähern.[66] Deren umfangreiches Regelwerk – die sogenannte »Doctrine classique« – hatte zum Ziel, das Drama in seiner Struktur und seinen Intentionen einfach und klar zu gestalten. Diesem Anspruch folgten die Operndichter der Aufklärungszeit.

Die »Opera seria« war ein Gemeinschaftswerk mehrerer Künste und Künstler: Librettist, Komponist, Bühnenarchitekt, Kostümbildner und Ballettmeister waren dabei für die Produktion verantwortlich. Von den Leistungen der Sängerinnen und Sänger, des Orchesters und des Balletts war der Erfolg oder Misserfolg einer Aufführung gleichermaßen abhängig. Aus diesem Kontext erklärt sich Friedrichs vielschichtige Beschäftigung mit der Musikdramatik und der Aufführungspraxis der Zeit.

Friedrich II. als Koautor und Librettist

Friedrich begann sich bereits als Kronprinz, nachweislich seit Mitte der 1730er Jahre, mit Fragen der Wirkungsästhetik von Drama und Musik zu beschäftigen. Dies zeigen die Briefwechsel mit seiner älteren Schwester, der Markgräfin Wilhelmine von Bayreuth, und dem französischen Dichter und Philosophen Voltaire, der zu Lebzeiten vor allem als Dramatiker verehrt wurde.[67]

Bereits vor der Eröffnung der Hofoper 1742, so lässt es sich in einem Brief des Kapellmeisters Graun nachlesen, musste der Hofdichter Giovanni Gualberto Bottarelli das Libretto zur Oper »Cleopatra et Cesare« wegen der zahlreichen und wiederholten Einwände Friedrichs mehrfach abändern.[68] Welche Korrekturen der König anmahnte, darüber gibt Graun keine Auskunft. Jedoch kann die Briefzeile als Beleg dafür gelten, dass sich Friedrich spätestens seit der Gründung des Musiktheaters intensiv mit der Abfassung und Aussagekraft von Libretti auseinandergesetzt hat. Man kann sogar davon ausgehen, dass der König den Entstehungsprozess jeder in Berlin neu aufgeführten Oper intensiv begleitete, die Stoffauswahl vornahm und sich das letzte Wort bei der Gestaltung und Realisierung vorbehielt. In welchem Umfang er darüber hinaus an einzelnen Werken mitgearbeitet hat, lässt sich aus den heute zugänglichen Quellen nur teilweise eruieren. Handschriftliche Entwürfe, wie sie für die Oper »Silla« und die Hochzeitsoperette »Il tempio d'Amore« noch vorliegen, stehen nur in Ausnahmen zur Verfügung.[69] Der größte Teil seiner Original-Entwürfe scheint verloren. In der von Johann David Erdmann Preuß besorgten Ausgabe der »Œuvres de Frédéric le Grand« findet sich neben den Entwürfen der Silla-Oper und der Operette »Il tempio d'Amore« noch Friedrichs ebenfalls zur musikalischen Aufführung vorgesehene Bearbeitung von Voltaires Drama »Merope«.[70] Außerdem steht fest, dass Friedrich II. das Textbuch zur Oper »Montezuma« schrieb und am Libretto des »Coriolano« mitgearbeitet hat.[71]

Darüber hinaus konnte in der Forschung noch keine Einigkeit in der Frage erzielt werden, an welcher der weiteren Berliner Opern der König mitgewirkt hat und wie groß der Anteil seiner Arbeit im Einzelnen war. Neben den bereits genannten Werken wird Friedrich II. als Koautor mit den Operndichtungen »Cinna«, »Iphigenia in Aulide«, »Fetonte«, »Il Mithridate«, »Armida«, »Britannico«, »L'Orfeo«, »Semiramide«, »I fratelli nemici« und »Il Giudizio di Paride« in Verbindung gebracht, also Musikdramen, die vor allem im Zeitraum zwischen 1747 und 1756 aufgeführt worden sind.[72]

Tatsächlich lässt sich eine Autorschaft Friedrichs II. beziehungsweise der Anteil seiner Mitarbeit an den einzelnen Opern nur schwer bestimmen: Zum einen war am preußischen Hof die Abfassung eines Librettos ein arbeitsteiliger Prozess, der die Mitarbeit und das Zusammenwirken verschiedener Fachleute notwendig machte,[73] zum anderen sind die Libretti in Sujet, Aufbau und Intention recht unterschiedlich. In den meisten Fällen stützen sich die Zuordnungen einzelner Werke auf verstreute Bemerkungen in der Korrespondenz des Königs. Offensichtlich hat er darüber hinaus wenig Wert darauf gelegt, namentlich als Librettist in Erscheinung zu treten. In den Vorworten zu den Textbüchern werden gewöhnlich nur die Hofpoeten genannt. Allein in den Vorworten der Libretto-Drucke zu den Opern »Silla« und »Montezuma« wird auf die Autorschaft des Königs verwiesen.[74]

Bei einer Gesamtschau der Werke, die an der Berliner Hofoper Friedrichs II. zur Aufführung kamen, lässt sich ein breites Spektrum in der Auswahl und Bearbeitung der Stoffe ausmachen. Seit dem Ende des Zweiten Schlesischen Krieges 1745 wurden nur noch wenige Herrscherdramen Metastasios adaptiert und aufgeführt.[75] Stattdessen wurde meist direkt auf Dramen des französischen Klassizismus zurückgegriffen. Das waren zum einen die Tragödien Pierre Corneilles, Jean Racines und Voltaires, die Friedrich seit der Jugendzeit zu seinen Lieblingswerken zählte,[76] zum anderen die für die »Tragédie en musique«, die französische Oper, verfassten Libretti Philippe Quinaults.[77] Darüber hinaus trat Friedrich auch als Verfasser von zwei Libretto-Entwürfen hervor, »Silla« und »Montezuma«, die kein direktes literarisches Vorbild erkennen lassen.[78]

Die Gestaltung der einzelnen Vorlagen und Stoffe erfolgte in unterschiedlicher Weise. Ein einheitliches Konzept bei der Umarbeitung lässt sich nicht erkennen: Tendenziell wurde in den 1750er Jahren stärker als zuvor darauf geachtet, sich bei der Abfassung der Libretti möglichst nah am literarischen Original zu orientieren.[79]

Eine der auffälligsten und am konsequentesten durchgeführten Neuerungen der friderizianischen Oper war die Konzeption als Tragödie, also die Abkehr von einem versöhnlichen Handlungsschluss, wie er in den »Opere serie« allgemein üblich war.[80] Ab dem Jahr 1750 endeten nahezu alle in Berlin aufgeführten Werke – mit Ausnahme der Hochzeits- beziehungsweise Sommeropern – ohne »lieto fine«. Für die Opern »Coriolano«, »Il Mithridate«, »Britannico«, »Semiramide«, »Montezuma«, »I fratelli nemici« und »Merope« wählte man statt der zeitgenössischen Gattungsbezeichnung »dramma per musica« jeweils den Untertitel »tragedia per musica«. Bei den Opern »Angelica e Medoro«, »Fetonte« und »Orfeo«, die einen mythologischen Handlungshintergrund haben, wurde zwar die Bezeichnung »Dramma per musica« beibehalten, aber auch sie weisen keinen versöhnlichen Abschluss im Sinne eines »lieto fine« auf. Der Grund für diese Neuerung könnte darin liegen, dass auf diese Weise ein unvermittelt eintretender und somit konstruiert wirkender positiver Handlungsabschluss vermieden wurde. Der Plot behielt so eine stärkere innere »Wahrscheinlichkeit«. Friedrich II. richtete auf eine »vernünftig und gut geführte Handlung« besonderes Augenmerk.[81] Deshalb wurden komplizierte, beziehungsreiche Intrigenkonstruktionen vermieden und ein konzentrierter, spannungsreicher Handlungsverlauf angestrebt. Im Vergleich zu den Libretti des Metastasio standen nicht Konflikte erotischer, sondern moralischer Natur im Vordergrund.[82] Der Anteil der – für die »Opera seria« typischen – Amouren und Liebeshändel wurde deutlich reduziert. Dagegen waren die Frauenfiguren selbstbewusster gestaltet. Sie traten häufig aus den ihnen üblicherweise zugedachten »Schattenrollen« an der Seite der Haupthelden und Herrscher heraus.[83]

Eine weitere Besonderheit der friderizianischen Oper bestand in der Verwendung der Libretti des französischen Dichters Philippe Quinault und in der Aufwertung visueller Elemente auf der Opernbühne. Seit der Spielzeit 1746/1747 wurden in Berlin nicht nur anlässlich des Karnevals, sondern auch zum Geburtstag der Mutter des Königs am 27. März neue Opern aufgeführt. In Erweiterung des Spielplans der Karnevalszeit kamen an den Geburtstagen wie auch zu den Familienfesten im Sommer Opern zur Aufführung, deren Handlung häufig einer mythologisch-pastoralen Stofftradition folgte.[84] Für die Libretti bildeten die »Metamorphosen« des Ovid ebenso eine Grundlage wie Ariostos »Orlando furioso« und Tassos »Gerusalemme liberata«.[85] Entsprechend den Topoi erfolgte eine Aufwertung des »Wunderbaren« und damit der szenischen Elemente in der Oper.[86] In der »tragédie classique«, dem französischen Sprechdrama, und den »Opere serie« mit historisch-heroischem Handlungsrahmen galten der Auftritt und die Intervention von Göttern auf der Bühne als Verstoß gegen die »Wahrscheinlichkeitsregel«. Dass man für die friderizianische Bühne auch Sujets und Elemente der französischen Oper adaptierte, steht unmittelbar im Zusammenhang mit der Bedeutung, die der Dekoration innerhalb der Oper in Berlin beigemessen wurde. Eine prachtvolle Szenerie diente ebenso der »repraesentatio maiestatis« wie der Illustration des Handlungsverlaufs. Darüber hinaus lässt sich ein genereller Innovationswille ableiten. Die Überlegungen, die Francesco Algarotti in seiner Abhandlung zur Opernkunst »Saggio sopra l'opera« (1755) niedergeschrieben hat, fassen wesentliche Aspekte der Berliner Bestrebungen zur Erneuerung des Opernwesens in dieser Zeit zusammen.[87] Algarotti hatte vorgeschlagen, dem »meraviglioso« (dem »Wunderbaren«) in der Oper genug Raum zu lassen und die visuellen, szenischen Elemente des Musiktheaters stärker zu betonen und inhaltlich zu verflechten. Für die Handlung wurde historische Treue auch bei der Gestaltung der Kostüme und Bühnenbilder gefordert. Die Ballette sollten stärker in die Handlung integriert werden.[88] Nicht zuletzt sollten neben der stimmlichen Brillanz der Sänger auch deren schauspielerische Fähigkeiten optimiert werden.

Die Möglichkeiten des Musiktheaters gegenüber denen des Sprechtheaters wurden in Berlin konkret durch die Bearbeitung einzelner Sprechdramen erprobt. So wurde mit der Tragödie »Semiramis« ein Theaterstück Voltaires als Oper inszeniert, das – für die französische Tragödie atypisch – mehrere übernatürliche Erscheinungen behandelt, unter anderem den Auftritt eines Geistes ähnlich dem in Shakespeares »Hamlet«.[89] Die Tragödie Voltaires, die bereits vor Lessings Kritik in der »Hamburgischen Dramaturgie« kontrovers diskutiert wurde[90] und beim Theaterpublikum der Zeit ein vielstimmiges, tendenziell aber eher negatives Echo fand, eignete sich aus unterschiedlichen Gründen für eine Vertonung in Opernform. Voltaire hatte sich bei der Abfassung der Tragödie gleich über mehrere Regeln, die für das klassische französische Sprechtheater verbindlich waren, hinweggesetzt, wie etwa über die Vermeidung von Orts- beziehungsweise Kulissenwechseln oder Massenszenen. Der Auftritt eines auf Rache sinnenden Geistes im ersten Akt entsprach ebenso wenig der »vraisemblance«, der geforderten »Wahrscheinlichkeit« der Handlung, wie der Ruf einer Stimme aus den Wolken am Ende des Dramas.[91] Das war auch von Friedrich II. kritisiert worden, der die Eignung dieser Tragödie als Sprechdrama infrage stellte.[92] Dennoch hat er bereits früh über die Aufführung der »Semiramis« nachgedacht.[93] Die Realisierung als Oper und deren erste Aufführung am 27. März 1754 lässt sich somit auch als Beitrag zur Diskussion um die Wirkungsmöglichkeiten von Sprech- und Musikdramatik verstehen.

Wie groß der ideelle Anteil des Königs an der Gestaltung der Libretti war, wird sich im Detail nicht mehr für alle Opern klären lassen. Für die Einschätzung von Friedrichs Tätigkeit und Motivation als Librettist ist es jedoch aufschlussreich, nicht nur nach den politischen Intentionen des Autors zu fragen. Ebenso verdienen die literatur- und musikästhetischen Vorstellungen des Preußenkönigs und seine personalpolitischen Erwägungen bei der Komposition der Opern Beachtung.

In der Vergangenheit haben innerhalb der Libretto-Forschung allerdings die Opern mit historisch-vaterländischen Sujets eine größere Aufmerksamkeit erfahren. Die Libretti, denen mythologische Sujets zugrunde liegen, sind hingegen kaum untersucht worden. Auch die nach den Dramen Voltaires gestalteten Libretti der Opern »Semiramide« und »Merope« sind bisher kaum gewürdigt worden.[94] In diesem Zusammenhang wurde häufig das Bild eines preußischen Königs vermittelt, der Libretti schrieb und als Opern aufführen ließ, um damit die Bühne als Plattform zur Verkündigung seiner staatspolitischen Ansichten und Ziele oder zur Rechtfertigung seiner Realpolitik zu nutzen.[95] Dieses Bild deckt sich jedoch nicht völlig mit dem, was Friedrich in seiner Beschäftigung mit der Oper tatsächlich gesucht und gefunden hat. Als Librettist und Koautor konnte er verschiedene seiner Interessen miteinander verbinden. Bei der Auswahl und Bearbeitung der Stoffe waren für ihn deren geschichtliche und philosophisch-moralische Dimension ausschlaggebend. Er setzte sich mit den Möglichkeiten ihrer musikdramatischen Eignung und Bühnenwirksamkeit genau auseinander. Für Letztere hatte er auf die grundlegenden Gesetzmäßigkeiten der musikdramatischen Gestaltung zu achten – etwa die Eigenheiten der Sprache im Gesang oder die Unterschiede der Darstellung einer Handlung und des Gefühlsausdrucks in der Oper gegenüber dem Sprechdrama. Ebenso musste er sich in Bezug auf die Darstellung der einzelnen Figuren in den Libretti mit Besetzungsfragen auseinandersetzen. Die Rollen wurden in Berlin – wie auch anderswo – in Kenntnis der Stimmen und der schauspielerischen Fähigkeiten des Opernpersonals geschrieben und auf die gesangliche Darbietung zugeschnitten. Bei der Verteilung der Haupt- und Nebenrollen wurde das Ansehen der einzelnen Sängerinnen und Sänger, also die Hierarchie innerhalb des Ensembles, berücksichtigt.

Insgesamt spielten für Friedrich II. Fragen der Produktions- und Aufführungspraxis bei der Gestaltung der Handlung und des Rollenzuschnitts für die Opernhelden wohl eine weit größere Rolle, als bislang für die einzelnen Libretti von der Forschung herausgearbeitet worden ist. Besonders deutlich zeigt sich diese Auseinandersetzung im Begleitbrief zum »Coriolano«-Libretto, das Friedrichs II. 1749 an Francesco Algarotti schickte: »Hier haben Sie einen sehr zusammengedrängten Entwurf der Oper ›Coriolan‹. Ich habe mich den Stimmen unserer Sänger, der Laune des Decorateurs und den Regeln der Musik unterworfen. […] Sie werden sehen, dass ich nicht eine lange Oper machen wollte; wenn sie mit den Ballets drei und eine Viertelstunde dauert, so ist dies hinreichend. Ich bitte Sie, den Entwurf von Filati [Hofopern-dichter Villati, C. T.] ausführen zu lassen; allein ein Auge darauf zu haben, daß er außer in der fünften Scene des dritten Actes keine langen Recitative macht. Das Recitativ der Astrua im ersten Act darf nicht zu lang sein. Die Erzählung des Senator Benedetto am Ende der Oper muß rührend sein, ohne Begleitung, weil dieser Senator leidenschaftslos spricht, allein der Dichter muß alle die von mir angegebenen Punkte berühren. Was die Gedanken betrifft, so bitte ich Sie, ihn damit zu versorgen und es so zu machen, daß diese Oper sich einigermaßen dem französischen Trauerspiele nähert. Ich erlaube dem Dichter, alle schönen Stellen, die dem Gegenstande anzupassen sind, zu nehmen und sobald er meinen Entwurf nicht mehr braucht, soll er ihn an Graven [Graun, C. T.] geben, da ich darin eine Menge Dinge für die Arien angegeben habe, deren Detail ihn notwendig angeht.«[96]

Allerdings: Neben den gestalterischen und wirkungsästhetischen Komponenten lassen Themenwahl und Darstellung der Stoffe noch ausreichend Interpretationsspielraum hinsichtlich möglicher politischer Intentionen. Bei einem König, der so intensiv über das Herrschertum und die Möglichkeiten praktischen Handelns reflektiert hat, der Politik als »Kunst, mit allen geeigneten Mitteln stets den eigenen Interessen gemäß zu handeln«[97] betrachtete, liegt es nahe, dass seine Schriften stets eine politische Lesart finden. Allerdings dürfen die moralphilosophischen und ästhetischen Aspekte in diesen Arbeiten nicht übersehen werden. Politik und der Wille zur Gestaltung literarisch-ästhetisch anspruchsvoller Libretti müssen gerade bei Friedrich II. gleichermaßen bedacht werden.

Entwicklung der Oper nach dem Siebenjährigen Krieg

Das Jahr 1756 markiert mit dem Ausbruch des Siebenjährigen Krieges eine Zäsur in der Entwicklung der Berliner Hofoper. Während des Krieges kam der Spielbetrieb ganz zum Erliegen. Nach dem Friedens-schluss musste das Opernensemble wieder zusammengefügt werden. Friedrich II. stand nicht nur in der herrschaftsrepräsentativen Ausrichtung, sondern auch bei der Auswahl der Künstler und den Produktions-verfahren der Opern vor ganz neuen Herausforderungen. Es wurde versucht, an alte Erfolge anzuknüpfen. Für die inhaltliche Gestaltung der Libretti und des Opernspielplans bedeutete das wenig Innovatives. Vielmehr ging man dazu über, statt neu komponierter Werke die erfolgreichen Opern aus den 1740er und 1750er Jahren wieder aufzuführen. Außerdem wurde es zunehmend schwieriger, geeignete und namhafte Künstler zu engagieren. Ein großer Teil des Personals, das am Erfolg der Hofoper vor dem Krieg einen großen Anteil hatte, war verstorben, überaltert oder hatte Berlin verlassen. Dennoch kam es noch einmal zu einem Aufschwung. Mit der Primadonna Elisabeth Schmeling, dem Primo Uomo Giovanni Carlo Con-cialini und Giovanni Coli als weiterem Kastraten und Secundo Uomo konnten noch einmal hoch angese-hene und europaweit bekannte Gesangsvirtuosen für die Berliner Hofoper gewonnen werden.[98]

An das Prestige, das die friderizianische Oper in den 1740er und 1750er Jahren auch außerhalb Berlins genossen hatte, konnte man allerdings nicht mehr anknüpfen. Der Grund dafür lag nicht nur in der we-niger erfolgreichen Personalpolitik, dem im Verhältnis gesehen geringeren finanziellen Engagement und dem nachlassenden persönlichen Interesse an der Oper, wie es Friedrich zumindest nachgesagt wird,[99] sondern auch im Wandel und Niedergang der »Opera seria« in Deutschland und anderen europäischen Staaten. Die italienische Hofoper hatte an herrschaftsrepräsentativer Strahlkraft eingebüßt, und mit der Einstellung des Opernbetriebes an verschiedenen Höfen entfiel die in hohem Maße inspirierende und profilfördernde Konkurrenz.

Insofern bleibt zu fragen, in welcher Weise diese neuen Faktoren die finanzielle Ausstattung und den Spielplan der Berliner Oper in den letzten beiden Regierungsjahrzehnten Friedrichs II. mitbestimmten. Von verschiedenen Zeitzeugen wird die schlechte finanzielle Ausstattung der Oper beschrieben. Angeblich hat der König sogar die Vermietung des Operngebäudes erwogen, in die Tat umgesetzt hat er sie nicht.[100] Überliefert ist, dass der gealterte König die Berliner Oper in den letzten Jahren nicht mehr besucht hat.[101] Den Weg, die königliche Oper einem zahlenden Publikum zu öffnen, wie es an vielen anderen deutschen Höfen üblich geworden war, ist Friedrich nicht gegangen. Die Berliner Oper blieb bis zum Ende seiner Regierungszeit eine vollständig subventionierte Institution des Königs.

1 Antimachiavell (Werke, Bd. 7, S. 90).

2 Reimer, 1991, S. 87 f. – Leopold, 1992, S. 65–82, hier S. 72.

3 Zur Geschichte von Oper und Musik in Berlin bis zum Jahr 1713 siehe: Sachs, 1977. – Sievers, 1979, Bd. 1, S. 89–102.

4 Bezeichnend dafür ist die Auflösung der väterlichen Hofkapelle unmittelbar nach der Thronbesteigung. – Zum Berliner Musikleben zwischen 1713 und 1740 siehe: Allihn, 1994, Sp. 1417–1425, hier Sp. 1420. – Thouret, 1898, S. 9 f.

5 Richter, 1995, S. 11–46.

6 Zu beachten ist, dass es sich hierbei um Alberto Ristoris Oper »Callandro« und nicht um Johann Adolph Hasses Oper »Cleofide« gehandelt hat, wie fälschlich in mehreren Musiklexika zu lesen ist, so auch bei: Helm / McCulloch, 2001, S. 218. – Zu »Callandro« vgl.: Hochmuth, 1998, S. 34. – Hasses Oper wurde erst am 13. September 1731 am sächsischen Hofe aufgeführt.

7 Mücke, 2005, S. 217–227, hier S. 218.

8 Ein erster Hinweis auf den angekündigten Opernbau findet sich in einem Bericht des dänischen Gesandten Andreas August von Praetorius vom 6. Juli 1740 (siehe: Volz, 1926–1927, Bd. 1, S. 133). – Der eigentliche Baubeginn verzögerte sich wegen Problemen mit dem sumpfigen Baugrund, der Beschaffung von Baumaterialien und einem Streit um die Entschädigung der diversen Eigentümer des Baulandes. Die Grundsteinlegung fand deshalb erst am 5. September 1741 statt (vgl.: Schneider, 1852, S. 55–85).

9 Carl Heinrich Graun brach in seiner neuen Position als Hofkapellmeister bereits im Juli 1740 mit königlichem Auftrag zu einer Italienreise auf, um italienische Sängerinnen und Sänger nach Berlin zu engagieren (siehe: Matthesson, 1969, S. 428).

10 Zur Geschichte des Begriffs »Forum Fridericianum«, der zur Regierungszeit Friedrichs II. nicht gebräuchlich war: Engel, 2004, S. 12 f.

11 Zum Opernbau: Kadatz, 1998, S. 125–134. – Badstübner-Gröger, 1999, S. 29–71.

12 Dazu: Kathe, 1993, S. 174. – Ausführlich: Daniel, 1995.

13 Berlinische Nachrichten, 19. November 1743.

14 Als Intendanten »Directeurs des Spectacles« fungierten Baron Ernst Maximilian von Sweerts (1741/1742–1757) gemeinsam mit Gustav Adolf Graf von Gotter (1741/1742–1748); Karl Ludwig Freiherr von Pöllnitz (1763–1771) gemeinsam mit Graf Alex Golofkin (1764–1771); Graf Zierotin-Lilgenau (1771–1775) zusammen mit Baron Joachim Erdmann von Arnim (1775–1778). Nach dem Bayerischen Erbfolgekrieg (1778/1779) wurde der Posten nicht mehr offiziell besetzt. Die Leitung und Organisation der Hofoper übernahmen der Hofpoet Antonio Landi und Bühnenbildner Bartolomeo Verona (1779–1785/1786) (siehe: Plümicke, 1781, S. 138).

15 Dazu: Fetting, 1955, S. 26.

16 Gotthold Ephraim Lessing berichtet etwa im Jahr 1750 darüber in: Lessing, 1750, S. 123–136 u. 284–286. – Ein Anonymus schreibt 1785 in den »Briefe[n] eines Reisenden aus Berlin, im Dezember 1785 und Januar 1786 geschrieben«: »Da die Oper ganz auf königliche Kosten erhalten wird, so ist der Eintritt frei und wird nicht bezahlt. Indessen würde ein Fremder der hingehen wollte, ohne sich von einem Bekannten ein Billett besorgen zu lassen, nichts dabei gewinnen; denn die Aufschließer lassen sich in diesem Falle die Plätze welche sie besorgen sollen, sehr gut bezahlen« (Eyssenhardt, 1886, S. 138).

17 Das Gebäude war, wenn auch vorrangig als Musiktheater konzipiert, ein Mehrzweckbau und wurde als Ballsaal auch für die regelmäßig stattfindenden Redouten genutzt. Im Inneren war das Opernhaus in mehrere Säle unterteilt, den Zuschauerraum, den sogenannten »Corinthischen Saal« und den »Apollosaal«. Einen genauen Eindruck der inneren und äußeren Gestalt des Gebäudes vermittelt ein Artikel in den »Berlinischen Nachrichten von Staats- und Gelehrten Sachen« (Berlinische Nachrichten, 27. November 1742).

18 Schrader, 1988, S. 29.

19 In der Hausordnung erfolgt die Zählung der Logenränge ausgehend von den Parterrelogen. Siehe: Georg von Knobelsdorff: Einrichtung, wie es auf allergnädigst Königlichen Befehl bey denen vorstehenden Opern und Redouten soll gehalten werden, Berlin 1743 (GStAPK, I. HA Rep. 36, Nr. 2398. – Abb. auch in: Barenboim / Quander, 1992, S. 18).

20 Anonymus (zit. nach: Schneider, 1852, S. 87).

21 Siehe dazu etwa J. H. F. Ulrichs »Bemerkungen eines Reisenden durch die königlich preußischen Staaten in Briefen aus dem Jahre 1779« (Eyssenhardt, 1886, S. 137).

22 Henzel, 1997, S. 9–57.

23 Burney, 1985, S. 379.

24 Dass die Eile, mit der die Bauarbeiten vorangetrieben wurden, im Zusammenhang mit dem erwarteten siegreichen Abschluss von Friedrichs II. erstem Waffengang politisch motiviert war, zeigt der Briefwechsel zwischen Friedrich II. und Algarotti. Ursprünglich sollte im Widmungstext an der Eingangsfront des Gebäudes auch ein direkter Verweis auf Friedrich II. als Kriegsheld stehen: »Fridericus, Borussorum Rex, compositis armis, Apollini et Musis donum dedit« [Friedrich, der Preußen König, nachdem er die Waffen niedergelegt, Apollo und den Musen zum Geschenk] (siehe: Algarotti, 2008, S. 64).

25 Eingabe Georg von Knobelsdorffs vom 12. August 1741 aus dem Geheimen Ministerialarchiv (zit. nach: Schneider, 1852, S. 61).

26 Siehe: Berlinische Nachrichten, 20. Juli 1741.

27 Frenzel, 1959, S. 51 f.

28 Wolff, 1981, S. 195–211.

29 Schreiben Friedrichs II. an Jordan, 17. Mai 1742 (zit. nach: Rödenbeck, 1840–1842, Bd. 1, S. 68 f.).

30 Rösler, 1992, S. 13–46, hier S. 14.

31 Henzel, 2002, S. 138–144, hier S. 139.

32 Schreiben Friedrichs II. an Algarotti, 18. Juli 1742 (Algarotti, 2008, S. 66).

33 Anonymus, »Beyträge zur critischen Historie der deutschen Sprache, Poesie und Beredsamkeit«, 25. Stück, Leipzig 1741 (zit. nach: Mennicke, 1906, S. 458).

34 Vergleiche seine Anweisung zur Prüfung eines vorstelligen Sängers, Schreiben Friedrichs II. an Gabriel von Fredersdorf, Mitte Juli 1754: »den Contralt [Contra-Alt] muß Man hören, wie die Stime ist; er mus den Discant [die hohe Stimmlage] weder durch die Nase noch durch den hals Singen, eine egale [ausgeglichene] Stime haben, und helle [und] Clar, nicht Dumpfig [singen], sonst vil ich ihm nicht« (Richter, 1926, S. 306).

35 Zum Vergleich der Kapelletats, Gagen und Gehaltsstrukturen am Dresdner Hof siehe: Fürstenau, 1971, bes. S. 294–296. – Mücke, 2003, S. 46.

36 Alle Zahlen entstammen Christoph Henzels grundlegender Studie (Henzel, 1997, S. 24).

37 Siehe die Hofkapelletatlisten: GStAPK, I. HA Rep. 36 (Hofverwaltung), Nr. 2435 f. – Allerdings wurden beiden Musikern bestimmte Leistungen – im Falle von Graun etwa Gesangsunterricht, im Falle von Quantz die Fertigung von Flöten sowie einzelne Kompositionen – extra vergütet. Demnach spiegelt diese Zahl das jährliche Grundgehalt, aber nicht zwingend die realen Einkommensverhältnisse wider (siehe auch: Henzel, 2000, S. 175–209, insbes. S. 175–178).

38 Etatlisten der preußischen Hofkapelle (GStAPK, I. HA Rep. 36 (Hofverwaltung), Nr. 2435 u. 2437).

39 Etatlisten der preußischen Hofkapelle (GStAPK, I. HA Rep. 36 (Hofverwaltung), Nr. 2441, 2456 u. 2463). – Die Angaben zum Staats- und Militärhaushalt und die Prozentzahlen entstammen: Henzel, 1994, S. 21.

40 Henzel, 1994, S. 21.

41 Henzel, 1999b, S. 36–66. – Henzel, 2000.

42 In einzelnen Jahren (etwa 1747) wurden von Friedrich II. bis zu 13 Prozent der Personalkosten aus eigener Tasche finanziert (siehe: Henzel, 1999b, S. 47 f.).

43 Henzel, 2000, insbes. S. 178–183.

44 Henzel, 1997, S. 20.

45 Henzel, 2002, S. 139.

46 Schreiben Friedrichs II. an Fredersdorf, April 1745 (Richter, 1926, S. 277).

47 Mücke, 2005, S. 220.

48 Zur Vorbildhaftigkeit der Dresdner Kapelle siehe: Landmann, 1996, S. 41–48.

49 Von Johann Adolph Hasse komponierte Opern kamen vor 1756 drei zur Aufführung: »La clemenza di Tito« (EA = Erstaufführung 1743), »Arminio« (EA 1746) und »Didone abbandonata« (EA 1752). Nach dem Siebenjährigen Krieg wurden die Opern »Arminio« und »Didone« wiederholt und neun weitere Hasse-Opern erstaufgeführt. Das waren: »Leucippo« (1765), »Lucio Papirio« (EA 1766), »Cato in Utica« (1768), »Piramo e Tisbe« (1771), »L'Eroe Cinese« (1773), »Parthenope« (1775), »Attilio Regolo« (EA 1776), »Cleofide« (1777) und »Artemisia« (EA 1778). – Zum Empfang Hasses in Potsdam 1753 siehe: Berlinische Nachrichten, 7. April 1753.

50 Das betrifft Grauns Opern »Artaserse« (UA = Uraufführung 1743), »Catone in Utica« (UA 1744), »Alessandro e Poro« (UA 1744), »Lucio Papirio« (UA 1745), »Adriano in Siria« (UA 1746), »Demofonte« (UA 1746), »Cajo Fabricio« (UA 1746), Christoph Nichelmanns »Il Sogno di Scipione« (UA 1746) sowie dem Pasticcio »Il Re Pastore« (UA 1747), an dem als Komponisten neben dem Kapellmeister Graun auch Nichelmann und der König beteiligt waren.

51 Zu den Gründen seines Ausscheidens aus preußischen Diensten: GStAPK, I. HA (Geheimer Rat) Rep. 36 (Hof und Güterverwaltung), Nr. 2953: Die im Königl. Schloße zu Charlottenburg gestohlenen Tressen. – Schreiben Carl Heinrich Grauns an Georg Philipp Telemann, 22. Juni 1743 (Grosse/Jung, 1972, S. 271 f.).

52 Ausgehend von den frühen musikalischen Kurzbiographien zu Friedrich II. und häufig verbunden mit der falschen Behauptung, der Kronprinz habe dort Hasses Oper Cleofide gehört (siehe dazu: Plümicke, 1781, S. 130 f.).

53 Siehe dazu: Henze-Döhring, 2000, Bd. 1, S. 161–171. – Mücke, 2005, insbes. S. 219. – Lütteken, 2008, S. 79–98.

54 Bis zum Engagement der in Kassel geborenen Primadonna Elisabeth Schmehling im Jahre 1767 kamen die Sängerinnen und Sänger allesamt aus Italien. Eine Auflistung der am friderizianischen Hof aufgetretenen italienischen Sänger bei: Lukoschik, 2008, S. 335–337.

55 Hierzu: Maehder, 1999, S. 265–304. – Ergänzend: Terne, 2003, S. 62–70.

56 Nach dem Siebenjährigen Krieg gab es offenbar Schwierigkeiten, renommiertes Personal zu verpflichten. Deshalb wurden die Bühnenbilder zeitweise von deutschen Dekorateuren wie Carl Friedrich Fechhelm, einem ehemaligen Schüler und Assistenten Giuseppe Galli Bibienas, Johann Carl Wilhelm Rosenfeld und Friedrich Fischer übernommen (dazu: Müller, 1945. – Rasche, 1999, S. 99–131. – Terne, 2003, S. 49–58. – Dokumente zu den italienischen Bühnendekorateuren, Maschinisten und Pyrotechnikern siehe: Unfer Lukoschik, 2008, S. 275–298).

57 Theobald, 1997. – Ergänzend: Terne, 2003, S. 38–44.

58 Anonymus, »Nachricht von dem gegenwärtigen Zustande der Oper und Musik des Königs« (Marburg, 1974, Bd. 1, S. 75–84 u. 501 f.).

59 Als Hofkapellmeister bzw. musikalische Leiter der Hofkapelle fungierten Carl Heinrich Graun (1740–1759) Johann Friedrich Agricola (1759–1774), Carl Friedrich Fasch (1774–1776) und Johann Friedrich Reichardt (1776–1786) (siehe: Terne, 2003, S. 27–32).

60 Von den insgesamt sechs bekannten Arien-Kompositionen Friedrichs II. betreffen drei die Oper »Demofonte« (1746). Zu Friedrichs Kompositionen bzw. Auszierungen einzelner Arien in den Opern siehe: Goldhan, 1991. – Zur musikwissenschaftlichen Problematik um den Nachweis einer von Friedrich II. komponierten Arie im »Coriolano« siehe: Schleuning, 1997, S. 493–518, hier S. 504 f. – Zur Aria »Per il Paulino del Demofonte di Federico« siehe: Henzel, 2003, S. 31–98, hier S. 59. – Henzel, 2002, S. 140.

61 Die musikwissenschaftliche Diskussion kreist seit der Edition des »Montezuma« 1904 durch Albert Mayer-Reinach dabei vor allem um die Einführung der zweiteiligen Kavatine anstelle der bis dahin verwendeten dreigliedrigen Form der Da-capo-Arie, an welcher der König persönlich Anteil haben soll (siehe: Mayer-Reinach, 1899/1900, S. 446–529, insbes.

62 Siehe dazu: Kapp, 1927.

S. 498–503. – Zuletzt: Callela, 2002, S. 103–123, hier S. 120 f. – Henzel, 2002, S. 142.

63 Beliebt waren in der »Opera seria« Episoden aus dem Leben großer Feldherren wie Alexander dem Großen, Julius Caesar, des Kaisers Augustus und seiner Nachfolger Titus oder Hadrian. Alle genannten Herrscher sind zeittypisch als Opernhelden auch auf der Berliner Opernbühne vertreten, Alexander in »Alessandro e Poro« (1744), Julius Caesar in »Cleopatra e Cesare« (1742), Augustus in »Cinna« (1748), Titus in »La clemenza di Tito« (1743) und Hadrian in »Adriano in Siria« (1745). Auf die »Metamorphosen« Ovids gehen Opernstoffe wie »Orfeo« (1752) und »Fetonte« (1750) zurück. Ariosts »Orlando furioso« ist die literarische Grundlage für den vielfach bearbeiteten Roland-Stoff, in Berlin als »Angelica e Medoro« (1749) bearbeitet und aufgeführt. Tassos »Gerusalemme liberata« ist Quelle für den Armida-Stoff, der 1751 in einer Bearbeitung auf die Berliner Bühne kam.

64 Zum Libretto der »Opera seria« siehe: Gier, 1998, S. 68–81. – Zur Helden- und Herrscherdarstellung u. a.: Wiesend, 1991, S. 139–152.

65 Strohm/Dubowy, 1995, Bd. 2, Sp. 1452–1500, hier Sp. 1490.

66 Siehe dazu: Pietzsch, 1907. – Außerdem: Herklotz, 1985.

67 Dazu: Volz, 1924–1926, Bd. 1. – Pleschinski, 1992. – Ergänzend: Bauer, 1982, bes. S. 114 f. – Krückmann, 1998, S. 88–95. – Wolff, 1978, S. 257–272. – Ridgway, 1986, S. 125–154.

68 Kitzig, 1926/1927, S. 385–405, hier S. 404.

69 »Sylla«: Manuskript und Reinschrift mit eigenhändigen Verbesserungen Friedrichs II. in: GStAPK, I HA Rep. 96, C I, Nr. 7.

70 »Merope« (Œuvres de Frédéric le Grand, Bd. 14, S. 410–447).

71 Zur Autorschaft des »Montezuma« siehe: Volz, 1924–1926, Bd. 2, insbes. S. 266–270. – Algarotti, 2008, S. 112 f. u. 80–90 (zu »Coriolano«).

72 Johann David E. Preuß, der sich in seiner Arbeit zu Friedrich dem Großen als Schriftsteller (Preuß, 1837, S. 143 f.) meines Wissens als erster mit Friedrichs Libretto-Entwürfen beschäftigt hat, nennt neben »Coriolano«, »Montezuma« und »Silla« zunächst nur »Ifigenia in Aulide«, »Fetonte« und »Merope«, ergänzt in den Œuvres de Frédéric le Grand dann noch »Il tempio d'Amore« (siehe: Œuvres de Frédéric le Grand, Bd. 14, S. 361–447). – Der Graunforscher Albert Mayer-Reinach zählt das Libretto »I fratelli nemici« zu den Bearbeitungen von Friedrich II., nennt aber »Ifigenia in Aulide« und »Fetonte« nicht (siehe: Mayer-Reinach, 1899/1900, S. 470 f.). – Carl Mennicke nennt zusätzlich »Il Giudizio di Paride« (Mennicke, 1906, S. 470), das Mayer-Reinach allein Villati zugeschrieben hatte. Für die Oper »Semiramide« sieht u. a. Ronald S. Ridgeway Friedrich II. als Bearbeiter von Voltaires Drama (siehe: Ridgeway, 1986, S. 133 f.). – Michele Callela formuliert vage auch die Mitarbeit Friedrichs an »Il Mithridate«, »Armida«, »Britannico« und »Orfeo« sowie an der Bearbeitung des Metastasio-Librettos »Ezio« für die Berliner Bühne (siehe: Callela, 2002, S. 104 f.).

73 Neben Friedrich II. waren die Hofdichter Leopoldo di Villati (1747–1752) und Giampietro Tagliazucchi (1752–1756) und zeitweise auch Francesco Algarotti als Berater sowie der Komponist Carl Heinrich Graun an der Erarbeitung der Libretti beteiligt (dazu ausführlicher: Terne, 2003, S. 62–70 u. 85–93).

74 Vgl.: Silla Dramma per Musica. / Silla. Ein Singespiel, Berlin [Haude und Spener] 1753: Im Textbuch der Oper »Silla« wird vom Hofpoeten Tagliazucchi auf den Monarchen verwiesen, ohne ihn namentlich zu nennen. Das Vorwort zur Oper »Montezuma« hat der König möglicherweise selbst verfasst (SBBPK, Mus. Tg 884). – Montezuma. Tragedia per musica. / Montezuma. Ein musikalisches Trauerspiel, Berlin [Haude und Spener] 1755 (SBBPK, Mus. T 66).

75 Siehe: Oschmann, 1991, S. 173–193, hier S. 177 f.

76 Krieger, 1911, S. 168–216, hier S. 176. – Als Vorlage bzw. zur Adaption diente von den genannten Dramatikern Pierre Corneilles »Cinna«, die unter gleichem Titel als »Opera seria« mit der Musik Grauns 1748 uraufgeführt wurde. Es war zuvor als »La clemenza di Tito« in der sehr erfolgreichen Libretto-Version von Metastasio u. a. von Hasse vertont und auch

in Berlin aufgeführt worden (1743); das Drama »La mort de Pompée« (1644) diente als Vorlage für »Cleopatra e Cesare« (1742), Bearbeitungen Racinischer Dramen für die friderizianische Hofoper erfolgten für »Ifigenia in Aulide« (1748), »Il Mithridate« (1751), »Britannico« (1751), »La Thébaïde ou Les frères ennemies« und für »I fratelli nemici« (1756). Von Voltaires Werken wurden für die Berliner Opernbühne die Tragödie »Merope« (1756) sowie »Semiramide« (1754) bearbeitet und durch Carl Heinrich Graun vertont.

77 Von den Stücken Quinaults dienten drei unmittelbar als Vorlagen für friderizianische Opern: Die Musiktragödien »Phaëton« (»Fetonte«, 1750), »Roland« (»Angelica e Medoro«, 1749) und »Armide« (»Armida«, 1752).

78 Für beide Opern wird das Vorbild französischer Dramen vermutet, allerdings ist dies bisher unzureichend belegt. Für die Oper »Silla« (1753) werden Corneilles »Cinna« und Racines »Britannicus« bereits von Preuß als Vorbilder vermutet (Œuvres de Frédéric le Grand, Bd. 14, S. 27. – Ebenso: Klüppelholz, 1988, S. 131–146. – Oschmann, 1991, S. 182 f.). – Gerd Müller deutet »Silla« als freie Ausformung des Virginia-Stoffes (vgl.: Müller, 1985, S. 249–252, hier S. 251 f.). – Michele Callela nennt »Silla« eine Anlehnung Friedrichs II. an ein Drama des Duché de Vancy (vgl.: Callela, 2002, S. 109). – Das Libretto zur Oper »Montezuma« (1755) wird häufig als Anlehnung an Voltaires »Alzire« interpretiert. Der Voltaire-Forscher Ridgway nennt das Libretto sogar eine Adaption von Voltaires Theaterstück (Ridgway, 1986, S. 139). – Meiner Ansicht nach verbindet beide Dramen kaum mehr als das übergeordnete Thema der Eroberung Amerikas (Terne, 2003, S. 112 f.).

79 Gemeinsam ist den Bearbeitungen, dass die fünfaktigen französischen Dramen und Libretti an die dreiaktige Struktur der italienischen Oper angepasst wurden. Dabei wurde die Vorlage meist gekürzt und der Inhalt simplifiziert. Die Verse wurden ins Italienische übersetzt, oft aber auch nur übertragen. Die handlungstragenden Rezitative gingen mehr oder weniger direkt auf die Dramenvorlagen zurück. Die zugefügten Arien-Texte waren Dichtungen, die von den Berliner Hofpoeten oder Friedrich II. stammten. Das Verhältnis von Handlungs- und Textnähe der Libretti zu den jeweiligen literarischen Vorlagen ist sehr unterschiedlich: Von Jean Racines Drama »Iphigénie« wurde kaum mehr als das Handlungsgerüst übernommen. Die Tragödie »Merope« von Voltaire bemüht sich in der Bearbeitung als Libretto dagegen um eine Handlungs- und Textnähe zum Original, welche sich mit dem modernen Begriff der »Literaturoper« deckt.

80 Zum »lieto fine« bzw. zur allmählichen Durchsetzung des tragischen Opernschlusses im späten 18. Jahrhundert siehe: Gerhard, 1994, S. 27–65.

81 Als Kommentar zur Oper »Cinna« siehe: Schreiben Friedrichs II. an Wilhelmine, 13. Januar 1748 (Volz, 1924–1926, Bd. 2, S. 130).

82 Henzel, 2002, S. 139.

83 Zur Figur der Eupaforice, der Braut des Montezuma, schreibt Wilhelmine von Bayreuth nach der Lektüre von Friedrichs II. Libretto-Entwurf ihrem Bruder, 24. Mai 1754: »Das schöne Geschlecht ist Dir viel Dank schuldig; denn es kommt in Deiner Oper glänzend weg. Die Königin von Tlascala ist eine echte Heldin ohne Schwäche, voller Standhaftigkeit und um Mittel nie verlegen [...]« (Volz, 1924–1926, Bd. 2, S. 269 f.). – Bereits in der Oper »Coriolano« hatte das Autorenteam um Friedrich II. mit der Rolle der Volumnia eine selbstbewusste Frauenfigur geschaffen und sie einem eher wankelmütigen und blassen Titelhelden zur Seite gestellt.

84 Zu nennen wären hier die Festa teatrale »Le feste galanti« (1747) und die Opern »Angelica e Medoro« (1749), »Fetonte« (1750), »Armida« (1751) und »L'Orfeo« (1752). Daneben wurden sowohl Opern mit vaterländisch-heroischen Sujets gespielt, so »Silla« (1753) und »Ezio« (1755) als auch Libretti auf der Basis von Dramen Voltaires, so »Semiramide« (1755) und »Merope« (1756).

85 Den »Metamorphosen« Ovids entstammen die Dramenstoffe des »Fetonte« (1750) und des »Orfeo« (1752). Ariostos »Orlando furioso« ist die literarische Grundlage für den vielfach bearbeiteten Roland-Stoff, in Berlin als »Angelica e Medoro« (1749) bearbeitet und aufgeführt. Tassos

»Gerusalemme liberata« ist Quelle für den »Armida«-Stoff, der 1751 in einer Bearbeitung auf die Berliner Bühne kam.

86 Dazu: Callela, 2002, S. 110 f.

87 Algarotti, 1984, S. 73–80. – Wellesz, 1913/1914, S. 427–439.

88 Die Ballettkunst befand sich in der Mitte des 18. Jahrhunderts in einer Übergangsphase vom virtuosen barocken Schauballett zum Handlungs-ballett (Brockhaus, 1986, Bd. 2, S. 493).

89 In Szene I, 4 ertönt eine Stimme aus dem Grabmahl, die Blutrache fordert. Der Schatten des getöteten Königs Ninus steigt auf. In Shakespeare-Manier finden in »Semiramide« (1754) außerdem – für die »Opera seria« völlig untypisch – zwei Morde auf offener Bühne statt, und zwar der Selbstmord des Assuro und der Tod der Königin Semiramide, dieser durch eine schicksalhafte Verwechslung (III, 11). Michele Callela äußert in diesem Zusammenhang: »Das Grauen, das in der ›Opera seria‹ dieser Zeit gemieden wird, wird also in der friderizianischen Oper der frühen fünfziger Jahre oft plakativ dargestellt« (siehe: Callela, 2002, S. 114).

90 Gotthold Ephraim Lessing: Hamburgische Dramaturgie, 11. Stück, den 5. Junius 1767 (Kagarliski, 1989).

91 Vgl.: Semiramide, Dramma per musica / Semiramis. Ein musikalisches Trauerspiel, Berlin 1778 (SBBPK, Mus. T 66,1, Akt I, 4 bzw. Akt III, 11).

92 Vgl. dazu: Schreiben Friedrichs II. an Voltaire, Dezember 1749: »Ich ziehe es dennoch vor, diese Tragödie eher zu lesen als sie gespielt zu sehen, weil mir das Gespenst lachhaft vorkommt und weil dies der Pflicht zuwiderliefe, die ich mir selbst auferlegt habe, nämlich bei einer Tragödie zu weinen und zu lachen in der Komödie. [...] Mein Feingefühl leidet, sobald die heroischen Leidenschaften nicht mehr der Wahrschein-lichkeit entsprechen.«

93 Vgl.: Schreiben Friedrichs II. an Voltaire, 22. Februar 1747.

94 Grundlegend: Callela, 2002. – Henzel, 2007, S. 59–72.

95 Vgl. dazu etwa die Beiträge: Krieger, 2000, S. 125–145. – Detering, 1996, S. 196–214. – Schleuning, 1997, S. 493–518. – Maehder, 1992, S. 131–179. – Klüppelholz, 1988, S. 131–146. – Klüppelholz, 1986, S. 65–94. – Quander, 1981, S. 121–134.

96 Schreiben Friedrichs II. an Algarotti, 6. September 1749 (Algarotti, 2008, S. 80). – Zur Auslassung: »Die ergreifendste Scene ist die zwischen Paulino und seinem Vater, da indessen das Recitativ nicht seine Stärke ist, so muß man das am meisten Rührende der Astrua in den Mund legen, was dann ein Recitativ mit Accompagnement giebt.« Mit Paulino ist der Sopran-kastrat Paolo Bedeschi (1727–1784) gemeint, dessen schauspielerische Leistungen auch Lessing negativ bewertete. Giovanna Astrua, Prima-donna am Hof Friedrichs II., galt – wie auch Lessing in seiner »Nachricht von dem gegenwärtigen Zustande des Theaters in Berlin« berichtet – als eine der besten Sängerinnen ihrer Zeit (Lessing, 1750, S. 134).

97 Politisches Testament (1752) (zit. nach: Taureck, 1986, S. 50).

98 Plümicke, 1781, S. 133.

99 Die Behauptung, Friedrich II. habe nach dem Siebenjährigen Krieg zu-nehmend das Interesse an der Oper verloren, hält sich hartnäckig. Eine genaue Studie, die dieses Pauschalurteil be- oder entkräften könnte, steht indessen noch aus.

100 Schneider, 1852, S. 203.

101 Das letzte Mal soll Friedrich II. die Oper 1781 besucht haben (siehe: Schneider, 1852, S. 195).

FRANZISKA WINDT

KÜNSTLERISCHE INSZENIERUNG VON GRÖSSE

Friedrichs Selbstdarstellung im Neuen Palais

1 Amédée van Loo, *Die Einführung des Ganymed in den Olymp*, 1768, Öl auf Leinwand, Potsdam, Neues Palais, Marmorsaal, Deckengemälde, SPSG, GK I 8143, Ausschnitt

Friedrich Nicolai erzählt in seiner Anekdotensammlung 1788 eine Geschichte, die ihm als Beleg dient für die angebliche Zurückhaltung Friedrichs II. hinsichtlich einer Überhöhung seiner eigenen Person.[1] Der französische Hofmaler des preußischen Königs, Charles-Amédée Philippe van Loo, hatte 1768 das Deckengemälde für den Marmorsaal fertiggestellt, auf dem der Jüngling Ganymed durch Hebe an die Tafel der Götter zu Zeus geleitet wird. Hinter Zeus tragen Genien des Ruhmes eine Tafel heran (Abb. 1 u. 2). Laut Nicolai hat sie einst die Initialen Friedrichs gezeigt.

Bei der ersten Begutachtung des bereits an der Decke montierten Gemäldes soll Friedrich entrüstet die sofortige Entfernung dieser Buchstaben befohlen haben. Van Loo habe daraufhin ein grünes Tuch über die Tafel gemalt. Diese Begebenheit interpretierte Nicolai als ein »Denkmal der Bescheidenheit Friedrichs des Großen«.

Eine solche Bescheidenheit hatte der König nicht gezeigt, als es um einen von ihm geschätzten Vorfahren ging, seinen Urgroßvater. Zwischen 1749 und 1752 ließ Friedrich den Marmorsaal des Potsdamer Stadtschlosses, seiner damaligen Hauptresidenz, umgestalten.[2] Mit seinem Eingriff vollendete er diese schon von seinem Großvater, dem ersten König in Preußen, begonnene »Ruhmeshalle«[3] des Großen Kurfürsten. Der Saal war schon zu Lebzeiten des Großen Kurfürsten erbaut worden und offenbar zunächst mit Gemälden des niederländischen Malers Jan Marini ausgestattet gewesen, von denen bereits kurze Zeit später nichts mehr bekannt war.[4] Friedrich III./I. ließ den zentralen Saal 1694 und dann nach seiner Krönung noch einmal 1705/1706 von Schlüter neu ausschmücken (Abb. 3).

Wann genau die großen Leinwandgemälde, die die Taten des Kurfürsten Friedrich Wilhelm verherrlichten, in den Raum kamen, ist nicht bekannt. Es handelte sich um zwei Triumphdarstellungen des Großen Kurfürsten, gemalt vom Rubensschüler und -mitarbeiter Theodoor van Thulden, die Allegorie auf die Eroberung der Insel Rügen von Jacques Vaillant[5] und um den Triumphzug des Großen Kurfürsten von Paul Carl Leygebe.[6]

Friedrich der Große beauftragte Georg Wenzeslaus von Knobelsdorff, den Saal unter Einbeziehung der Stuckdekorationen Schlüters sowie der Gemälde weiter auszugestalten.[7] Er ließ seinen Architekten den Saal mit Wandverkleidungen, Kolossalpilastern und einem Fußboden aus farbigem schlesischen Marmor schmücken und die allegorischen Gemälde durch die vergoldeten Reliefs von Benjamin Giese nach den Tapisserien von Philippe Mercier mit den Schilderungen der Siege des Großen Kurfürsten ergänzen.

Wie die geschmückten Kartuschen unter den Gemälden van Thuldens anzeigen (Inschriften »REGIA PROGENIES MDCLVII«, 1657, von königlicher Abstammung, und »PAX FACTA MDCLXXIX«, Friedensschluss 1679), interpretierte Friedrich das eine Gemälde offensichtlich als Allegorie auf den Frieden von Wehlau, in dem 1657 dem Kurfürsten die Souveränität über das Herzogtum Preußen garantiert wurde, und auf die Geburt Friedrichs III./I., der diese Souveränität 1701 nutzte, um sich zum »König in Preußen« zu krönen.[8] Im anderen Bild sah er eine Allegorie auf den Frieden von Saint-Germain 1679, mit dem der Große Kurfürst seine kriegerische Laufbahn abschloss.[9]

Als Bekrönung dieser Triumphbilder ließ Friedrich Amédée van Loo das Deckengemälde mit der Erhebung des Großen Kurfürsten in den Olymp malen.[10] Der König deutete und ergänzte also das Programm seiner Vorfahren in seinem Sinne und vollendete es mit dieser Apotheose (Abb. 4).[11]

Sich selbst auf eine so direkte Weise zu verherrlichen und zu vergöttlichen, wäre Friedrich mit Sicherheit zu plump erschienen und hätte der von ihm propagierten Herrschertugend der Bescheidenheit widersprochen. Eine Filiation zu einem »göttlichen« Urgroßvater zu schaffen, von dem er in seinen »Denkwürdigkeiten zur Geschichte des Hauses Brandenburg« schreibt, er sei »des Namens des Großen würdig [gewesen], den seine Völker und die Nachbarn ihm einmütig verliehen haben« und dass »Seine hervorragenden Fähigkeiten sich immer den jeweiligen Umständen an[passten], sodass sein Wesen bald heldenhaft-erhaben, bald milde und hilfreich erschien«,[12] diente ihm jedoch indirekt als Legitimation des eigenen Handelns.[13]

Eine Herrscherfolge, in die er selber aufgenommen wurde, konstruiert der König etwas später direkt vor dem Potsdamer Schloss mit dem Obelisken, den er 1755 auf dem Marktplatz aufstellen ließ. Der Obelisk zeigte auf seinen vier Seiten Tondi mit den Brustbildern der Herrscher »seit Friedrich dem Großen [hier gemeint: der Große Kurfürst Friedrich Wilhelm, F. W.] bis auf Se. Jetzt Regierende Königl. Majestät. Unter jedem dieser Brustbilder lieget eine Sphinx als Bild der Weisheit«, weiß die »Berlinische Privilegierte

2 Amédée van Loo, *Die Einführung des Ganymed in den Olymp*, 1768, Öl auf Leinwand, Potsdam, Neues Palais, Marmorsaal, Deckengemälde, SPSG, GK I 8143

Zeitung« zu berichten.[14] In diesem von Knobelsdorff errichteten Monument bildet das Konterfei Friedrichs zusammen mit denen seiner Vorfahren also schon ein Denkmal der Beständigkeit und der Weisheit.

Entgegen dem durch Nicolais Geschichte genährten Urteil, in seiner Bescheidenheit habe Friedrich darauf verzichtet, seine eigenen Verdienste herauszustellen, hat der König auf seine Weise versucht, sich selbst durch die Gestaltung seiner Residenzen und über die Bildersprache in den Kreis der Großen der Geschichte einzureihen.

Ausgangspunkt der weiteren Überlegungen zu Friedrichs Vorgehen ist seine Bestellung eines Gemäldes direkt bei Pompeo Batoni. 1763 gab der König bei diesem von Zeitgenossen hoch gerühmten Künstler, den er gerne als Hofmaler nach Preußen geholt hätte, ein Bild in Auftrag, das Alexander den Großen vor dem Zelt der Frauen des Darius darstellen sollte. Als das Gemälde 1775 endlich fertiggestellt und geliefert worden war, ließ Friedrich es in der Blauen Kammer anbringen, dem ersten Vorzimmer seiner Wohnung im Neuen Palais (Abb. 5).

Das Gemälde scheint schon früh für diesen Ort bestimmt gewesen zu sein, denn der Gemäldeinspektor Matthias Oesterreich spart in seinem 1768 gedruckten Hängeplan für diesen Raum den Platz aus. In seinem Gemäldekatalog von 1773 beschreibt er das noch nicht vollendete Bild mit den Worten: »Alexander der Große bey der Familie des Darius. Die Erfindung dieses Gemäldes, welches im Jahr 1763. auf Befehl Sr. Majestät gemahlet worden, ist sehr reich. Es ist überhaupt schwer, ein Gemählde vom Battoni zu bekommen«[15] (Abb. 6 u. 7).

Tatsächlich lieferte Batoni schließlich ein figuren- und variationsreiches Gemälde.[16] Dargestellt ist die von verschiedenen Autoren beschriebene Begebenheit nach der Schlacht von Issos im Jahre 333 v. Chr. Damals wollte Alexander zusammen mit seinem Freund Hephaistion das Zelt der Familie des Darius besuchen, um ihr seinen Schutz zuzusichern und ihr persönlich mitzuteilen, dass sein Gegner, der König, noch lebe. Die beiden Krieger waren gleich gekleidet, Hephaistion jedoch war der größere und schönere der beiden.

Quintus Curtius, dessen Geschichte Alexanders des Großen offenbar die Vorlage für Batonis Gemälde lieferte, schreibt: »Daher hielten die Königinnen ihn für den König und fielen nach ihrer Sitte vor ihm nieder. Als hierauf einige von den gefangenen Eunuchen ihnen zeigten, wer Alexander sei, warf sich

3 Potsdam, Stadtschloss, *Marmorsaal*, Aufnahme vor 1945

FRANZISKA WINDT

Sisygambis [die Mutter des Darius; F. W.] zu seinen Füßen und entschuldigte ihren Irrtum damit, dass sie den König nie zuvor gesehen hätte, doch dieser richtet sie mit der Hand empor und sprach: ›Du hast Dich nicht geirrt, Mutter, denn auch dieser ist Alexander‹.«[17] Weiterhin berichtet Curtius, dass Alexander, der eine Schwäche für schöne Frauen gehabt habe, sich entgegen ihrer Erwartung der Gattin und der Mutter seines Feindes gegenüber respektvoll verhielt. Er gab ihnen ihre persönlichen Besitztümer und ihren Hofstaat wieder und versprach ihnen, für die Familie zu sorgen.

Diese Episode war seit der Antike bekannt und wurde seit dem Mittelalter zunehmend populär.[18] An der Figur des Alexander wurden verschiedene Herrschertugenden exemplifiziert; er galt immer als Vergleichsgröße. Die Tradition setzte sich bis ins 18. Jahrhundert fort.[19] Auch Friedrich wurde schon früh mit diesem Großen

verglichen. So war seine Schwester Wilhelmine sich schon 1734 sicher, Friedrich würde einmal der größte Fürst werden, der je regierte.[20] Aber auch in der Öffentlichkeit wurde diskutiert, ob und inwiefern Friedrich mit Alexander konkurrieren könne. Eine Reaktion auf den Vergleich eines Unbekannten von Friedrich mit Alexander ist beispielsweise die 1758 in Amsterdam erschienene deutsche Druckschrift mit dem Titel »Erweis daß der preußische Monarch Friederich der Gröste mit Alexander dem Großen nicht könne verglichen werden«.[21] Der anonyme Autor führt hier am Beispiel von Friedrichs großmütigem Verhalten einem Gefangenen gegenüber aus, was den wahren, weil tugendhaften Helden ausmache, und setzt dagegen den als unmäßig charakterisierten Herrscher Alexander ab.[22]

Friedrich selbst beschäftigte sich intensiv mit dem Leben des antiken Eroberers[23] und nahm in seinen Schriften mehrfach auf ihn Bezug. Beispielsweise verglich er in seiner »Geschichte des Siebenjährigen Krieges« die Verdienste seines Neffen Friedrich August von Braunschweig mit denen des antiken Helden.[24]

Dieser Sohn von Friedrichs Schwester Philippine Charlotte, Herzogin von Braunschweig, war seit 1763 Generalleutnant in preußischen Diensten und begleitete Friedrich bei seinen Manövern. Außerdem betätigte er sich, wahrscheinlich dem Beispiel seines Onkels folgend, als Schriftsteller und verfertigte ein Werk über den antiken Herrscher: 1765 wurden seine zunächst auf Italienisch verfassten »Kritischen Reflektionen zu Alexander dem Großen« auf Französisch veröffentlicht. Friedrich August benannte dort die Qualitäten, die ein Herrscher aufweisen müsse, und kommentierte diese auch am Beispiel von Alexanders Verhalten der Familie des Darius gegenüber. Die Verwechslung der Sisygambis, die den größer gewachsenen Freund des Alexander für den Herrscher hielt, veranlasst ihn, über die nachgeordnete Bedeutung eines imposanten Äußeren vor den Qualitäten des Geistes und des Herzens zu reflektieren, die Könige und große Prinzen von anderen Menschen unterscheiden.[25] Er kritisiert, dass Alexander sich als Sohn Jupiters hatte anreden lassen, und bezweifelt den Nutzen dieser Hybris, denn es sei mehr Wert, als Mensch eine große Aufgabe zu bewältigen denn als ein Gottessohn.

Diese Einstellung zeigt einen spürbaren Wandel zur Epoche des Barock[26] beziehungsweise der Zeit des französischen Königs Ludwig XIV. oder Kaiser Karls VI. Beide hatten sich sogar als Jupiter selbst darstellen lassen.[27] Die Kritik Friedrich Augusts lässt sich sicherlich auch auf die Selbstdarstellung in Herrscherallegorien übertragen.

Die Alexander-Episode wurde bereits im 17. Jahrhundert in der Bildenden Kunst zu einem beliebten Beispiel für verschiedene Herrschertugenden entwickelt. Eines der am weitesten verbreiteten Bilder der Zeit stammte von Charles Le Brun, dem »premier peintre« Ludwigs XIV.[28] Seine Darstellung des Alexander vor dem Zelt der Familie des Darius bildete auch den Ausgang für das Gemälde von Batoni (Abb. 8).

Le Brun wurde in Frankreich als der Neuerer der Künste gefeiert, als ein Maler, der erstmals sogar italienische Meister wie Michelangelo überflügelt habe. Le Bruns Darstellung aus dem Leben des Alexander wird schon in der Kunstliteratur der Zeit ausführlich besprochen und im Streit der Rubenisten gegen die Poussinisten als eine beispielhafte Weiterentwicklung der von Poussin entwickelten künstlerischen Grundsätze bewertet.[29]

5 Potsdam, Neues Palais,
Friedrichwohnung, *Blaue Kammer*

Zur damaligen Bekanntheit der »Frauen des Darius« trugen auch die Entstehungsumstände bei. Das Gemäl-de war unter den Augen Ludwigs XIV. 1660/1661 in Fontainebleau entstanden. Der König nahm es mit in sein »Grand cabinet« in die Tuilerien und dann in die Paraderäume der »Grands appartements« nach Ver-sailles und stellte es dort zusammen mit Paolo Veroneses »Emmausmahl« im »Salon de Mars« aus.[30]

Für die Verbreitung der Darstellung sorgte er, indem er sie zusammen mit weiteren von Le Brun ge-malten Episoden aus dem Leben Alexanders in der Manufacture des Gobelins als Staatsgeschenk herstellen ließ.[31] Die Verbreitung war auch deshalb sehr wirkungsvoll, weil eine Serie von Stichen nach den Gemäl-den entstand. Mit dem Bildtitel »Il est d'un Roy de se vaincre soy mesme« (»Es ist eine königliche Eigen-schaft, sich selbst zu besiegen«) lieferte der Stich nach dem »Zelt der Frauen des Darius« auch gleich die intendierte Botschaft mit.[32] Ein wichtiges Beispiel für den künstlerischen Einfluss des Gemäldes bis in das 18. Jahrhundert hinein bildet das um 1737 entstandene Gemälde von Francesco Trevisani für die »Sala de las empresas« (Audienzsaal) im königlichen Palast de la Granj von San Ildefonso.[33]

FRANZISKA WINDT

Auch in Friedrichs unmittelbarer Umgebung lässt sich der Nachhall dieses Bildes ausmachen. In der Berliner Königlichen Kunstkammer befand sich eine Kopie der »Gefangennahme der Familie des Darius von Alexander dem Großen, von den Gebrüdern Huot, nach dem Original des Lebrun in Email gemalet«.[34] Eine 1717 im Berliner Schloss erwähnte Tapisserieserie mit der Alexandergeschichte könnte ebenfalls den Entwürfen Le Bruns gefolgt sein.[35] Sophie Dorothea, die Mutter Friedrichs, besaß einen gestickten Kaminschirm mit Abwandlungen dieser und weiterer Szenen nach Le Brun.[36] Ebenso hatte sich die Schwester Friedrichs, Wilhelmine von Bayreuth, bei der Neuausstattung des Alten Schlosses in der Eremitage in Bayreuth nach 1735 an den Erfindungen des französischen Künstlers orientiert. Im Vorzimmer des Markgrafenflügels bemalte Rudolf Heinrich Richter eine Tapete mit Szenen aus dem Leben Alexanders des Großen nach Le Brun.[37] Da Friedrich das Schloss 1743 und 1754 bei seinen Besuchen in Bayreuth gesehen hatte, war ihm dieser Zyklus also mit Sicherheit bekannt.[38] Richter hatte sehr wahrscheinlich Stiche nach den Gemälden als Vorlage für diese Darstellung benutzt.[39]

Jean Baptiste de Boyer, Marquis d'Argens, Kammerherr des Königs, Direktor der Klasse für »Schöne Literatur« an der Königlichen Akademie der Wissenschaften in Berlin und einer von Friedrichs Gesprächspartnern in Sachen Kunst, beschreibt das Bild Le Bruns 1765 in seiner in Berlin erschienenen »Histoire de l'esprit humain« als eines der schönsten Gemälde der Welt. Er tut dies in seinem Vergleich der Kunst des Michelangelo mit der Le Bruns mit dem Ziel, die künstlerische Leistung des Franzosen herauszustellen. Die »Familie des Darius« führt er als besonders charakteristisches Beispiel für Le Bruns Überlegtheit an, der in seinen Werken immer die »convenance« beachtet habe. Diese Schicklichkeit oder Angemessenheit der Darstellung beträfe nicht nur die Darstellung der Kostüme, sondern alles, was dazu dienen könne, den Charakter, den Zustand, die Funktion und die Herkunft der Personen zu zeigen.[40]

Friedrich hatte also die Erfindung Le Bruns mit ziemlicher Sicherheit als Reproduktion vor Augen, kannte wohl die Umstände der Entstehung des Gemäldes und der »Freundschaft« des Königs zum Künstler und wusste von der Diskussion um das Werk, als er Batoni mit einem Gemälde zu diesem Thema beauftragte. Mit dieser Bestellung wollte der preußische König sich offensichtlich als Auftraggeber »quali-

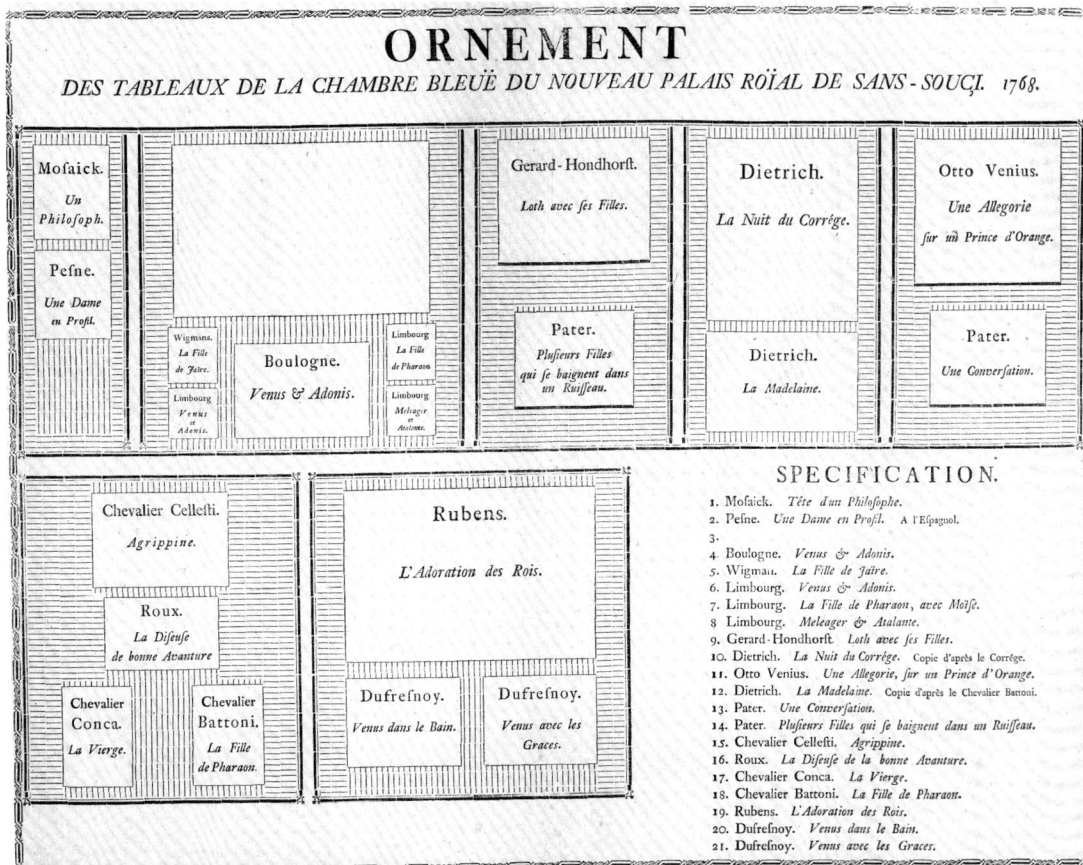

6 Matthias Oesterreich, *Hängeplan der Blauen Kammer*, 1768, GStAPK, I. HA Rep. 96 C Sammlung Itzenplitz, Nr. 12, Bl. 14

fizieren« und einen eigenen Beitrag zu dem künstlerischen Wettstreit beisteuern, den das Werk Le Bruns ausgelöst hatte. Der Vergleich der beiden Darstellungen des Themas zeigt, dass auch Batoni zumindest eine Reproduktion nach dem Gemälde von Le Brun gekannt haben muss.[41] Der italienische Künstler hat den Auftrag jedenfalls genutzt, um rund 100 Jahre später eine eigene künstlerische Interpretation der Geschichte zu geben.

In den großen Zügen folgt der italienische Künstler der Komposition des französischen. Umso bedeutsamer sind die Unterschiede. Eine wesentliche Veränderung betrifft die Haltung Alexanders. Bei Le Brun macht der Feldherr mit seinem rechten Arm eine Geste, die Hephaistion etwas in den Hintergrund schiebt, gleichzeitig mit dem Griff in dessen Überwurf aber zu sich heranzieht. Das Gesicht Alexanders und die Geste der geöffneten linken Hand wenden sich über die tief gegen den Boden geneigte Mutter des Darius hinweg an die mit aufrechtem Oberkörper knienden Frauen und deren Gefolge im Zelt.

Batonis Held dagegen wendet sich allein der Sisygambis zu. Direkt zu ihr blickend, reicht er ihr die Hand, um sie sanft aus ihrer Unterwerfung zu sich emporzuziehen. Dabei weist er mit der Rechten auf seinen Freund. Diese Geste der Freundschaft bekräftig der Maler dadurch, dass er Hephaistion seine Hand über das Handgelenk des Alexander legen lässt und die beiden so miteinander verschränkt. Auf diese Weise bringt er die von verschiedenen Autoren beschriebene intensive Beziehung der beiden sinnfällig zum Ausdruck.[42]

Die Gemahlin des Darius, Stateira, stellt Batoni – anders als Le Brun – nicht als eine kniend bittende und sich damit unterwerfende Figur dar. Er zeigt sie stehend, mit Diadem, in königlich-goldenem Gewand und leuchtend rotem Mantel und charakterisiert sie so als gleichrangig. Alexanders Verzicht auf diese junge, reizvolle Frau ist implizit ebenfalls dadurch dargestellt, dass er sie ignoriert, obwohl sie direkt vor ihm steht. Farblich vereint die Figur der Stateira die Töne des Mantels des Hephaistion mit dem des Alexander und bildet so kompositorisch ein Gegengewicht zu den beiden Heldenfiguren.

Der italienische Künstler des angehenden Klassizismus schafft einen inhaltlichen und kompositionellen Spannungsbogen zwischen der edlen Trauer der in aufrechter Haltung gezeigten Frau und der

7 Pompeo Batoni, *Die Frauen des Darius vor Alexander dem Großen*, 1775, Öl auf Leinwand, SPSG, GK I 2404

FRANZISKA WINDT

Szene der doppelten Großherzigkeit Alexanders – einerseits gegenüber der Mutter und der Familie seines Feindes, andererseits dem Freund gegenüber.

Die Größe seines Handelns vermittelt sich den in Haltung und Gemütsausdruck variierenden, Anteil nehmenden Gefangenen nicht über seine Worte wie bei Le Brun, sondern über Alexanders Hinwendung zur Königsmutter und der Zurückhaltung gegenüber der Frau des Darius. Bei Le Brun spricht der Held von einer erhöhten Position zur Menge der sich ihm aufgestaffelt unterwerfenden Familienangehörigen des Darius.

Es lässt sich leider nicht nachweisen, was Friedrich an dem Gemälde gefiel.[43] Sicher ist jedoch, dass das Gemälde zu seiner Zufriedenheit ausgefallen war. Er hätte es sonst nicht an einen derart prominenten Ort hängen lassen, an dem es jedem, der seine Wohnung im Neuen Palais betrat, sofort ins Auge fallen musste (Abb. 9). Auch hätte er wohl kaum seine weiteren Bestellungen bei Batoni bekräftigt, eine davon mit der Darstellung des Coriolan vor dessen Gattin Volumnia und seiner Mutter Veturia. Diese Darstellung eines Herrschers, der aufgrund der Fürsprache seiner Mutter auf Rache an seinem eigenen Volk für ein an ihm begangenes Unrecht verzichtet und sich dadurch selbst opfert, ist jedoch nie vollendet worden. Ebenso wenig eine weitere Bestellung, der »Großmut des Scipio«,[44] den Friedrich statt einer früheren Bestellung, nämlich »Venus und Adonis«, bei Batoni orderte.

Die Hängung des Alexandergemäldes, sozusagen als »Schlüsselbild« in seiner Wohnung im Neuen Palais, legt nahe, dass es etwas von dem »großen« Geiste zeigen sollte, der in diesen Räumen und im friderizianischen Preußen herrschte. Zugleich nahm er wohl in der Sprache der Malerei Bezug auf ein Ereignis während des Siebenjährigen Krieges, das ihn betroffen und publizistische Wellen geschlagen hatte. 1756 hatte der sächsische Hof dem König vorgeworfen, das Schloss in Dresden besetzt zu haben, obwohl sich die Königin und Prinzen darin befunden hatten.[45] Er habe ihnen damit den unter Fürsten angemessenen Respekt verweigert. Der preußische Hof bemühte sich daraufhin, herauszustellen, dass

8 Charles Le Brun, *Die Familie des Perserkönigs Darius nach der Schlacht bei Issos im Zelt Alexanders des Großen*, 1661, Öl auf Leinwand, Château de Versailles, MV 6165

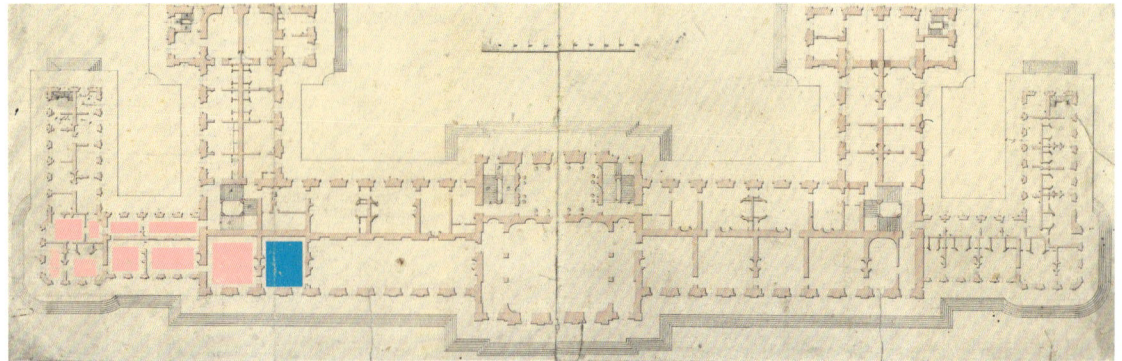

Friedrich bestrebt sei, »dem Könige in Polen mit aller der Achtung zu begegnen, die man gekrönten Häuptern schuldig ist [...]«, und führte aus: »Man schicket ihm [dem König in Polen, F. W.] alle Tage für seinen Tisch den nöthigen Vorrath und Erfrischungen. Man hat niemals Schwierigkeiten gemacht der Königin so viel Geld zu geben, als sie dessen verlanget hat.«[46] Bedacht auf seinen Ruf als »Großer«, versuchte Friedrich durch das Gemälde Batonis auch nach dem Krieg sein Bild als großmütiger und gerechter Sieger zu befestigen.

Die Bedeutung des Alexanderbildes wird noch deutlicher durch ein weiteres Gemälde im Neuen Palais, das man als Gegenbild zu diesem Herrscherideal lesen kann. In einem Vorzimmer der Gästewohnungen des Neuen Palais, also in einem Raum, der eine analoge Funktion zur Blauen Kammer hatte, hängt ein wandfüllendes Gemälde von Andrea Celesti (Abb. 10–12).[47]

Friedrich besaß mehrere Gemälde dieses damals hoch geschätzten Malers, unter anderem eines in der Blauen Kammer und mehrere in der Bildergalerie. Der Hofmaler Antoine Pesne soll sich in Venedig an Celesti orientiert und könnte am preußischen Hof von dessen Qualitäten berichtet haben.[48]

Das großformatige Historiengemälde, das um 1700 entstanden ist, hat wie das von Batoni das Verhalten eines Herrschers seinen gefangenen Gegnern gegenüber zum Thema (Abb. 12). Wie die Inschrift auf dem friderizianischen Rahmen anzeigt, stellt das Gemälde den zentralasiatischen Feldherrn und großen Eroberer Timur Lenk, oder Tamerlan genannt, sowie seinen Gegner dar, den osmanischen Herrscher Bajazet.

Bisher ist nicht bekannt, welche Quelle Celesti für seine Darstellung verwendet hat. Verschiedene Legenden oder literarische Bearbeitungen nennen jedoch immer wieder dieselben Elemente der Geschichte. Im 17. und 18. Jahrhundert war der Stoff durch Theaterstücke und Opern bekannt, etwa durch Jean Baptiste Racines »Bajazet« von 1672, Nicolas Pradons Schauspiel »Tamerlan, ou la mort de Bajazet« von 1675, das Francesco Gasparini 1711 in einer Oper verarbeitete, und Georg Friedrich Händels in den 1720er Jahren entstandene Oper »Tamerlano«.

Friedrich kannte auf jeden Fall Racines Stück sehr gut,[49] das auch bei seinem Besuch in Bayreuth 1743 unter anderem von Voltaire, der ihn begleitet hatte, und Wilhelmine aufgeführt worden war. Voltaire hat einige Elemente der Geschichte in seinem Essay über die »Sitten und [den] Geist der Nationen und über die historischen Fakten zwischen Karl dem Großen und Ludwig III.« von 1756 zusammengetragen und kommentiert.[50]

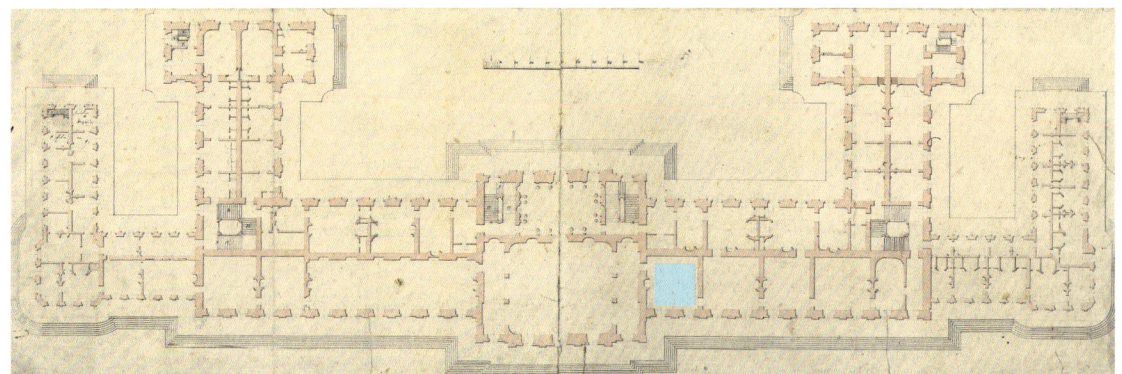

FRANZISKA WINDT

Er schildert die Überlieferung so: Bajazet, der fünf muslimische Prinzen enteignet und Konstantinopel besetzt hatte, wurde 1402 von Tamerlan im heutigen Ankara geschlagen und mit einem seiner Söhne, Musa, gefangengenommen. Auf diese Weise habe Tamerlan für eine Weile das Reich der Griechen gerettet und geholfen, das der Türken zu zerstören. Voltaire referiert auch die von persischen Autoren verbreitete Legende, Tamerlan habe Bajazet in einem Eisenkäfig gefangen gehalten und sich von der halbnackten Frau Bajazets beim Trinken bedienen lassen.

In anderen Quellen handelt es sich um die Tochter Bajazets, in die Tamerlan sich verliebt hat und die er zur Hochzeit zwingen will, obwohl sie schon einem anderen Prinzen versprochen ist. In vielen Überlieferungen und Bearbeitungen des Stoffes geht sie zum Schein auf das Werben Tamerlans ein, um diesen dann zu töten. Häufig wird diese Hingabe, obwohl Verstellung, mit dem Selbstmord Bajazets in Zusammenhang gebracht, der sich daraufhin den Kopf an einer Wand eingeschlagen haben soll.

Dass die Figuren zu dem Friedrich vertrauten historischen Personal gehörten, zeigen verschiedene Anspielungen in seinen Schriften. So führt er 1768 in seinem satirischen »Lob der Trägheit« für den Marquis d'Argens Timur Lenk als Beispiel für die Schädlichkeit des Aktionismus an und charakterisiert ihn als passionsgetriebenen Herrscher eines barbarischen und gewalttätigen Volkes, der den Globus mit seinen Soldaten überschwemmt habe.[51] Bajazet nennt er in einem Gedicht über die »Standhaftigkeit und Geduld« von 1757 als Negativbeispiel für einen unbeherrschten Gefangenen, da er sich an einer Wand den Kopf eingeschlagen haben soll.[52]

Die außerordentlich vielfigurige, orientalisch bunte und etwas unübersichtliche Szene, die Celesti darstellt, ist nicht leicht vollständig zu entschlüsseln, ohne die genaue Vorlage zu kennen. Sie spiegelt sicherlich auch die Verworrenheit der durch vielfache Intrigen geprägten Geschichte. Auf dem Gemälde deutlich erkennbar ist jedoch, dass der unter einem Baldachin sitzende siegreiche Tamerlan sich von einer halb entblößten, durch Turban mit Krone als fürstlich gekennzeichneten Frau bedienen lässt. Inmitten einer Art Triumphzug, der von den verschiedensten Instrumenten begleitet wird, wird in einem Käfig der wütend drohende Bajazet herangeführt.

Es ließ sich bisher nicht nachweisen, wo und wann genau Friedrich das Bild von Celesti erworben hat. Es taucht zuerst in Oesterreichs Hängeplan von 1768 auf, auf dem es schon an der heutigen Stelle eingezeichnet ist (Abb. 13).

11 Potsdam, Neues Palais, *Vorzimmer der Fürstenwohnung* beziehungsweise *Tamerlanzimmer*

12 Andrea Celesti, *Tamerlan und Bajazet*, um 1700, Öl auf Leinwand, SPSG, GK I 5033, Ausschnitt

Vergegenwärtigt man sich noch einmal die Orte der Anbringung der beiden Gemälde im Neuen Palais, so drängt sich die Vermutung auf, dass sie einer sorgfältig überlegten Inszenierung folgten und dass die Gemälde als Gegenstücke konzipiert waren (Abb. 14). Batonis Gemälde scheint als Antwort auf die Darstellung des Malers aus Venetien gedacht gewesen zu sein.

Dies gilt nicht nur für die dargestellten Inhalte, sondern auch für die künstlerische Interpretation der Themen. Die klassizistische Malerei Batonis zeichnet sich durch ihre klare Komposition, die vielfältige, genau studierte Gestik und Mimik der Personen und durch die leuchtende Lokalfarbigkeit aus. Celesti dagegen vertritt eine malerische Auffassung in venezianischer Tradition, die beispielsweise Tizian oder Veronese folgt, die der Maler mit Anregungen aus den Niederlanden – besonders ist hier Rembrandt zu nennen – mischt. Mit lockerem Pinsel fügt er eine Vielzahl von bewegten Figuren in den unterschiedlichsten Kostümen zu orientalischer Pracht. Uns werden also Paradebeispiele für unterschiedliche künstlerische Auffassungen der römischen und der venezianischen Schule vorgeführt. Gemeinsam ist beiden Künstlern das Bemühen um die Darstellung unterschiedlicher Charaktere, das auch von zeitgenössischen Beobachtern besonders hervorgehoben wird.[53]

Sicherlich ist es bedeutsam, dass der Besucher die »Antwort« auf das Gemälde Celestis in den Räumen zu sehen bekam, die mit der Person des Königs am engsten verbunden waren. Diese räumliche Nähe zum König verleiht dem Batoni-Gemälde seine programmatische Aussage. Es bedient sich dabei einer Ikonographie und einer Bilderfindung, die bereits eingeführt war. Da man im 18. Jahrhundert mit deren Bekanntheit rechnen konnte, war es auch möglich, ihr eine erkennbar eigene Nuance hinzuzufügen. Durch die Art der Darstellung und die Hängung scheint Friedrich dem Besucher diejenigen Herrschertugenden vor Augen führen zu wollen, die in seinen Augen historische Größe ausmachen und die er implizit für sich beansprucht. Diese sind Güte und Großmut gegenüber dem Feind und der Respekt vor dessen menschlicher Würde, Zügelung der Leidenschaften und Verzicht auf Vorteilnahme gegenüber Unterlegenen, wahre Freundschaft, die sogar den Ruhm teilt und diesen nicht für sich allein beansprucht. Der Kontrast zu dem Gemälde Celestis, in dem diese Tugenden drastisch missachtet werden, lässt diese Werte hier noch deutlicher hervortreten. Eine solche indirekte Veranschaulichung der von ihm für sich beanspruchten Werte ist typisch für den preußischen König.

Eine Darstellung der eigenen Größe über eine bildliche Schilderung seiner militärischen Erfolge, wie dies noch Ludwig XIV. beispielsweise in der Spiegelgalerie getan hatte, kann man bei Friedrich nicht erwarten. Das Fehlen einer direkten Darstellung der eigenen Verdienste sollte jedoch auch nicht als Bescheidenheit gewertet werden. Wie wir am Beispiel der Gemälde in den beiden Vorkammern des Neuen Palais gesehen haben, ging Friedrich subtiler vor. Er setzte auf Anspielungen, die gebildete Zeitgenossen durchaus zu deuten vermochten. So etwa sollte wohl auch des Königs Auftraggeberschaft seine Größe zeigen. Denn eine seiner Bestrebungen war es, die damals wichtigsten zeitgenössischen Künstler für sich arbeiten zu lassen.

Dieser Aspekt spielt auch im Marmorsaal des Neuen Palais eine wichtige Rolle (Abb. 15). Für diesen Ort, der in der künstlerischen Folge des als Ruhmeshalle für den Großen Kurfürsten konzipierten Marmorsaales des Potsdamer Stadtschlosses steht,[54] bestimmte Friedrich Gemälde, die er schon einige Zeit früher von den modernsten französischen Künstlern hatte schaffen lassen.[55] Wie für ein Gäste- und damit Lustschloss üblich, ist das Programm kein explizit politisches. 1757 vollendeten Jean Restout, der Rektor der Académie royale de peinture et de sculpture, den Triumphzug des Bacchus und der Ariadne,[56] Carle van Loo der Ältere, der viel für den französischen Hof und für Madame Pompadour malte, die Opferung der Iphigenie,[57] 1759 der »premier peintre« des duc d'Orléans, Jean-Baptiste Marie Pierre, das Urteil des Paris,[58] und Christian Bernhard Rode das von Antoine Pesne begonnene Gemälde mit dem Raub der Helena.[59] Die in Frankreich entstandenen Gemälde präsentierten die Künstler in verschiedenen Salonausstellungen, bevor sie sie nach Preußen schickten. Besonders das Gemälde von Carle van Loo entfachte nach der Ausstellung im Herbst 1757 – sicherlich zur Freude Friedrichs – eine rege Diskussion, an der unter anderem auch Voltaire und Grimm beteiligt waren.[60] Bekrönt werden sollten diese Werke 1768 von dem Deckengemälde des Neffen von Carle van Loo, Charles-Amédée van Loo, der anstelle des von Friedrich erwünschten Onkels nach Preußen gekommen war.[61]

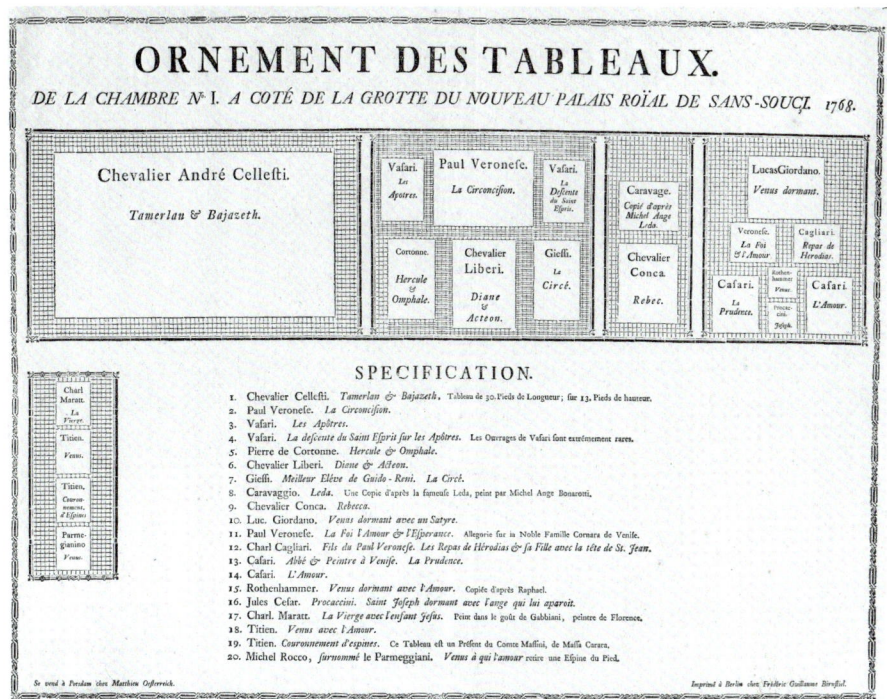

13 Matthias Oesterreich, *Hängeplan des Tamerlanzimmers*, 1768, GStAPK, I. HA Rep. 96 C Sammlung Itzenplitz, Nr. 12, Bl. 15

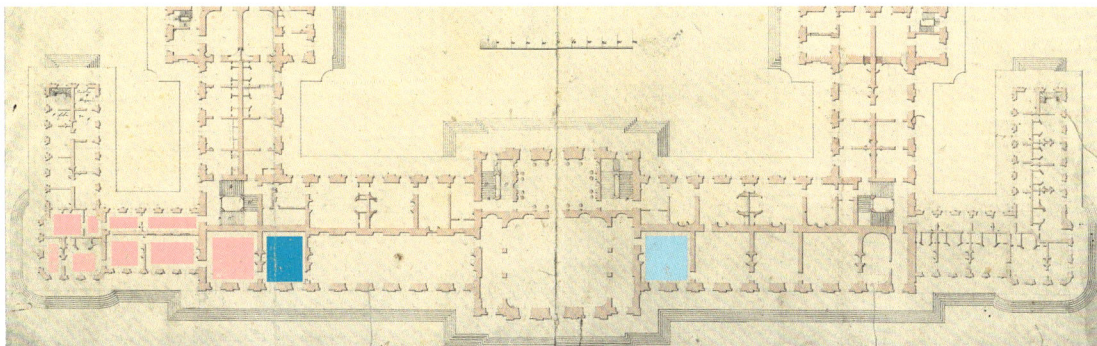

14 Carl von Gontard, Potsdam, *Neues Palais, Grundriss des Erdgeschosses* (mit farbig gekennzeichneten Vorzimmern), um 1766/1767, Feder in Schwarz, mehrfarbig laviert, SPSG, GK II (1) 729, Ausschnitt

Die Architektur des Saales und sein Gemäldeschmuck widersprechen der Interpretation als »Denkmal der Bescheidenheit«, wie Nicolai es darstellt. Das Deckengemälde, auf das Nicolai diese Aussage bezieht, ist in dieser Hinsicht besonders interessant (Abb. 2).

Schauen wir noch einmal genauer auf dieses Gemälde. Was ist dort eigentlich dargestellt? Passend zur Bestimmung des Raumes als Speisesaal malte van Loo ein Göttermahl (Abb. 16).[62] Dieses verknüpfte eine Handlung mit der Schilderung der an einer langen Tafel speisenden olympischen Götter. Diese ist ins Zentrum der Darstellung gerückt, wo Zeus (Jupiter) und Hera (Juno) einander zugewandt gegenübersitzen. Die anderen Götter an der Tafel bekommen eine untergeordnete Rolle zugewiesen.

Neben Zeus (Jupiter) sitzen zwei keusche Göttinen: Pallas (Minerva) beobachtet ihn scheinbar skeptisch, begleitet von Artemis (Diana), die eine Rose emporhält, die sie von den Blumen streuenden Genien über ihr empfangen hat. Zu diesen beiden stößt eine Früchte bringende geflügelte Figur, wohl eine Abgesandte von Demeter (Ceres). Diese Gruppe wird von dem hinter Hera sitzenden Apoll abgeschlossen, der als einzige Figur auf den Betrachter herabschaut. Die Figur des Hermes (Merkur) mit dem Flügelhelm vermittelt zu einer weiteren Gruppe: Am weitesten entfernt von Zeus sitzt Aphrodite (Venus) und scheint einer Erzählung ihres Geliebten Ares (Mars) zu lauschen. Dabei werden die beiden von Poseidon (Neptun) und einem Begleiter beobachtet. Aphrodites unbeobachteter Sohn Amor zielt derweil mit seinem Pfeil auf die Erde hinab und droht dort wieder einmal eine der Leidenschaften auszulösen, die verheerende Wirkung haben können, wie die Gemälde im Saal unten zeigen. Über der Tafel schwebt die von Blumen streuenden Genien begleitete Iris mit dem Regenbogen, und ihr gegenüber am anderen Rand des Himmelsovals sorgt eine Gruppe von Musen für Tafelmusik; seitlich gerahmt wird die Szene links von Flora und Demeter, die Blumenschmuck und Früchte herantragen lassen, und rechts von Dionysos (Bacchus), der mithilfe von Genien für den Wein sorgt.

Die zentrale Szene zeigt Zeus, der sich an seine Gemahlin wendet, indem er auf Hephaistos (Vulkan) weist, der unterhalb auf den Wolken lagert. Dieser hässliche Sohn und Schmied war einst aus dem Olymp verstoßen worden. Gleichzeitig greift Zeus zu einer Trinkschale, die ihm Ganymed reicht. Mit dieser Geste nimmt er diesen von ihm selbst in Gestalt des Adlers entführten sterblichen Königssohn in den Olymp auf. Dort wird der »schönste der Sterblichen« ihm in ewiger Jugend Nektar und Ambrosia reichen – gegen den Willen der eifersüchtigen Hera. Laut Ovid war Zeus für den jungen Ganymed in Liebe entbrannt.[63] Auf dem Gemälde van Loos wird der neben Zeus kniende, nackte Ganymed begleitet und unterstützt von einer Tochter des Zeus und der Hera, Hebe (Iuventas), der »Göttin mit den Rosenwangen«. In der antiken Literatur wird berichtet, dass sie bis zu einem Missgeschick und ihrer Hochzeit mit Herkules das Amt des Mundschenks versah.[64] Das Ganymed und Hebe gemeinsam dienen, ist als Motiv allerdings ungewöhnlich. Die Figuren der zwei Famen hinter der Personengruppe machen deutlich, dass es sich hier um einen feierlichen Akt handelt. Sie tragen den Schild heran und scheinen kurz davor zu sein, das ihn verdeckende Tuch zu entfernen (Abb. 18).

Die oben geschilderte Anekdote Nicolais knüpft sich an diesen Schild und seine Verhüllung. Interessanterweise erwähnt der Autor jedoch nicht den Inhalt der Darstellung, auf den sich die Inschrift mit den Initialen des Königs hätte beziehen müssen. Zieht man diesen und die sich mit ihr eröffneten Interpretationsmöglichkeiten in Betracht, so erscheint der von Nicolai geschilderte Ärger des Königs zunächst sogar nachvollziehbar. Der Schild bezieht sich ja eindeutig auf die Erhebung des Ganymed in den Olymp und seine Einfüh-

15 Potsdam, Neues Palais, *Marmorsaal*

rung bei Zeus. Aus seinem Exemplar der »Mythologie ou l'histoire des dieux«, in der Dupuy in lexikalischer Form verschiedene Quellen zu mythologischen Figuren zusammenstellte, kannte Friedrich sicherlich auch den Mythos, laut dem Ganymed als Sternzeichen des Wassermanns, das auch sein eigenes ist,

an den Himmel versetzt worden sein soll.[65] Bei genauerer Betrachtung jedoch erscheint Nicolais Schilderung der Umstände immer unwahrscheinlicher.

So ist es kaum vorstellbar, dass der König nicht schon früher von dem Motiv des Schildes mit den Initialen Kenntnis gehabt haben soll. Normalerweise ließ er sich künstlerische Entwürfe zur Genehmigung vorlegen, bevor er sie freigab, und so ist es auch in diesem Falle gewesen, wie eine Quelle belegt.[66] Vielleicht zeigte der Künstler ihm sogar die Skizze, die sich heute in der Stiftung Preußische Schlösser und Gärten Berlin-Brandeburg befindet (Abb. 17). Auf dieser ist der Schild dargestellt, auf dem die Initialen des Königs eindeutig zu erkennen sind.[67] Auf Grundlage dieser Skizze hätte Friedrich also schon vor der Fertigstellung des Gemäldes eine Änderung, zum Beispiel das Weglassen des gesamten Triumphmotives, fordern können.

Dass Friedrich die Skizze tatsächlich kannte und Änderungen forderte, ist wahrscheinlich. Das ausgeführte Deckengemälde weist nämlich weitere Unterschiede auf, die mit großer Wahrscheinlichkeit auf die Wünsche des Königs zurückzuführen sind. So sind etwa die Figuren der Hebe und des Hephaistos (Vulkan) hinzugekommen. Während sich das Fehlen des Hephaistos auf der Skizze noch mit deren knapperem Bildausschnitt erklären lässt, handelt es sich bei dem Hinzukommen der Figur der Hebe eindeutig um eine inhaltlich gewollte Änderung. Aber welchen Grund könnte diese Änderung haben? Was verband der König überhaupt mit der dargestellten Thematik?

Eventuell kommt man den Vorstellungen Friedrichs näher, wenn man sich die Quellen zu dem mythologischen Stoff anschaut, die er zur Verfügung hatte. In seiner Bibliothek besaß Friedrich verschiedene Bücher, in denen die antiken Texte wie die »Metamorphosen« des Ovid oder Homer kommentiert und zum Teil christlich umgedeutet werden. So schwächt beispielsweise Pierre Du-Ryer in seinem Kommentar zu Ovid das Liebesmotiv ab und interpretiert die sagenhafte Schönheit des Knaben Ganymed als Schönheit des Geistes. Diese sowie die Weisheit und Klugheit, die mit dem griechischen Namen Ganymed verbunden seien, hätten Zeus bewogen, ihn in den Himmel zu holen.[68]

Ganymed sei die schöne Seele und versinnbildliche die Klugheit des Menschen, die Gott zu sich in den Himmel hole.[69] Es ist wahrscheinlich, dass diese zeitgenössischen Deutungen in das Gemälde einge-

18 Amédée van Loo, *Die Einführung des Ganymed in den Olymp,* 1768, Öl auf Leinwand, Potsdam, Neues Palais, Marmorsaal, Deckengemälde, SPSG, GK I 8143, Ausschnitt

FRANZISKA WINDT

flossen sind beziehungsweise dass man sich ihrer bei der Betrachtung erinnerte. Das Liebesthema bekäme damit eine moralische Überhöhung und eine Wandlung ins Transzendente, die zu diesem herausgehobenen Ort passt.

In der ausgeführten Fassung des Gemäldes bilden Ganymed und Hebe eine harmonische, gleichsam geschwisterliche Gruppe. Wenn Friedrich eine Identifikation seiner Person mit der Figur des Ganymed nahelegte, so könnte man vorsichtig in dieser zweiten Figur einen Hinweis auf seine bereits »verewigte« Schwester Wilhelmine lesen.

Der unterhalb der Szene auf den Wolken liegende hässliche Sohn des Zeus, Hephaistos, dagegen, auf den der Göttervater weist, bildet die Kontrastfigur zu Ganymed und Hebe. Während diese nackt oder in ein helles Gewand gekleidet sind, fällt er durch seine derbe Kleidung und sein ungeschlachtes Arbeitsgerät auf. Durch seinen Beruf als Schmied – häufig von Kriegsgerät, etwa für den trojanischen Krieg –, für den er das unterirdische Feuer der Vulkane nutzt, gehört er einer materielleren, irdischeren Ebene an. Durch diese Figur wirkt die Erhebung des Ganymed und damit Friedrichs in den Olymp noch deutlicher als Überwindung irdischer Konflikte.

Es bleibt die Tatsache, dass die Inschrift auf dem Schild und damit der unverhohlene Bezug auf den König auf dem Deckengemälde verdeckt ist. Aber spricht aus dieser Änderung wirklich Bescheidenheit? Passt dieses Verhüllen nicht vielmehr sehr gut zu Friedrich? Ein Hinweis auf seine Person ist damit ja nicht vollständig getilgt, denn wessen Initialen, wenn nicht seine, sollten auf der Kartusche zum Vorschein kommen? Es bleibt aber der Phantasie des Betrachters und seiner Vorstellungsgabe überlassen, diese Verbindung herzustellen. Tut er es, dann kann er die Darstellung als Erhebung des Königs in den Olymp deuten; tut er es nicht, sieht stattdessen nur die Verhüllung und hört von der dahinterstehenden Geschichte, wird Friedrichs Bescheidenheit zur Größe. Das war vom König klug bedacht.

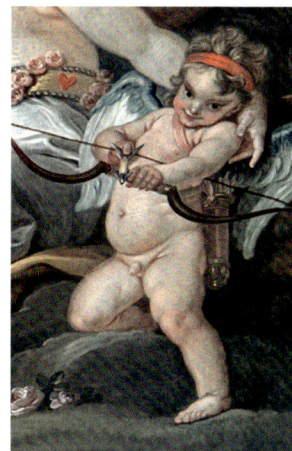

19 Amédée van Loo, *Die Einführung des Ganymed in den Olymp*, 1768, Öl auf Leinwand, Potsdam, Neues Palais, Marmorsaal, Deckengemälde, SPSG, GK I 8143, Ausschnitt, Aufnahme 1943

1   Nicolai, 1889, S. 121.

2   Architekt war Georg Wenzeslaus von Knobelsdorff. Zum Umbau siehe: Seidel, 1904, S. 143–174, hier S. 157–158. – Giersberg, 1998, S. 72–77.

3   So schon: Galland, 1893, S. 157 f.

4   Offenbar arbeitete Marini noch 1674 daran (Seidel, 1904, S. 150. – Bartoschek, 1988, S. 137).

5   Das Gemälde trug auf der Pyramide die Inschrift »Suecico milite insula Rugia ejecto…« (Abb.: http://www.zi.fotothek.org/obj/obj19004145/8450_0001/Einzelbild <11.7.2010>). – Das Ereignis fand 1678 statt. Vaillant starb 1691.

6   Das Gemälde von Leygebe wird meist um 1695 datiert (Abb.: http://www.zi.fotothek.org/obj/obj19004146/8450_0001/Einzelbild <11.7.2010>). – Zu den Gemälden siehe die Ausführungen von Gerd Bartoschek (Bartoschek, 2004, S. 637 f.). – Die Gemälde von Thulden wurden oben vergrößert, offenbar um sie den Maßen des Raumes anzupassen. Die beiden späteren Gemälde hatten von Beginn an diese Maße. Die Gemälde in Potsdam sind alle im Krieg verbrannt.

7   Seidel, 1904, S. 158. – Oberbaudirektor Jan Bouman machte am 8. Oktober 1748 einen Kostenvoranschlag für die Arbeiten am Marmorsaal (GStAPK, BPH Rep. 36, Nr. 2809/1, fol. 34–36). – Im selben Jahr wurde bestimmt, die »4. Tablous anzunehmen, die Löcher zu zu machen zu repariren, mit Fürnitz zu überziehen auf zu spannen und ein zu setzen überhaupt« (fol. 35r). Eine Transkription der Quellen stellte freundlicherweise Christoph-Martin Vogtherr zur Verfügung. Offenbar wurden die Gemälde erst 1750 zur »Reparation« auf dem Schiffsweg nach Berlin gebracht und 1751 wieder zurücktransportiert (Bartoschek, 2004, S. 637 f., mit Quellenangaben). – Im Mai 1751 erfolgten Arbeiten an den Rahmen (GStAPK, BPH Rep. 36, Nr. 3451, fol. 78 u. fol. 197).

8   Bartoschek bezeichnet das Gemälde (GK I 4200) als »Allegorie auf die Erwerbung von Magdeburg und die Geburt des Markgrafen Ludwig von Brandenburg« (geboren am 8. Juli in Kleve) und datiert es auf 1666 (Bartoschek, 2004, S. 637 f.). – Die Abbildungen der Gemälde von Thulden auf S. 638 sind offenbar vertauscht (Abb.: http://www.zi.fotothek.org/obj/obj19004147/8450_0001/Einzelbild <11.7.2010>). – Das Gemälde könnte jedoch auch anders gedeutet werden. Es könnte sich um eine Allegorie auf die Taufe des Erstgeborenen Wilhelm Heinrich am 23. Juli/2. August in der Schwanenburg in Kleve handeln (geb. 21. Mai 1648 in Kleve; gest. 24. Oktober 1649). Das Wappen des Herzogtums Kleve auf der Wiege des Kindes verweist auf den Geburtsort. Einen zusätzlichen Hinweis auf den Ort könnte der Schwan hinter der Abundantia geben, der das Wappentier Kleves ist. Auf die Jahreszeit deutet der am Himmel erscheinende Löwe, der als Tierkreiszeichen gelesen werden könnte (23. Juli–23. August). Im Jahre 1648 bekam der Große Kurfürst außerdem im Westfälischen Frieden Hinterpommern, Halberstadt, Minden und die Anwartschaft auf das Herzogtum Magdeburg zugesprochen. Die Frauenfigur am linken Bildrand mit dem Hermelin(Kurfürsten-?)mantel trägt auf diesem die Inschrift VNIO. Sie könnte auf die Vereinigung der verschiedenen Landesteile unter dem Kurfürsten verweisen. Auf dem altarartigen Sockel unterhalb des Kurfürsten steht die Inschrift »DEDI/ET/ACCEPI«.

9   Bartoschek publizierte das Gemälde (GK I 4201) unter dem Titel »Allegorie auf den Frieden von Oliva« und datiert es versuchsweise auf 1660 (Bartoschek, 2004, S. 639. – Abb.: http://www.zi.fotothek.org/obj/obj19004148/8450_0001/Einzelbild <11.7.2010>). – Es scheint sich jedoch eher um eine Allegorie auf den Frieden von Wehlau 1657 zu handeln. Der Vertrag wurde durch den Erzherzog Leopold von Österreich vermittelt. Dafür unterstützte Kurfürst Friedrich Wilhelm diesen bei der Königs- und Kaiserwahl. Auf dem Gemälde zeigt der vor dem mit dem kurfürstlichen Wappen gekennzeichneten Triumphtor auf einem Pferd sitzende Kurfürst auf einen Adler, der in einer Klaue eine Krone, in der anderen das österreichische Wappen trägt. Vor ihm steht eine Frauenfigur mit einer Kartusche, die das Reichswappen mit dem doppelköpfigen Adler trägt. Beide Allegorien sind vor einem von einem Baldachin bekrönten goldenen Thron platziert, der auf die Kaiserwürde hinzudeuten scheint.

10 Die Arbeiten an dem Plafondgemälde zogen sich offensichtlich etwas länger hin. Das erste Mal wird der Auftrag an van Loo 1748 erwähnt

(GStAPK, BPH Rep. 36, Nr. 2809/1, fol. 35r). 1752 bekommt der Künstler – neben seiner jährlichen Pension – noch eine Summe (GStAPK, BPH Rep. 36, Nr. 3449, ohne Fol., Eintrag zum 5. April 1752: »Van Loo. – Vor den Plafon zu mahlen« 1500). – Eine Transkription der Quellen stellte freundlicherweise Christoph-Martin Vogtherr zur Verfügung.

11 Er stellte sich damit auch in die Tradition der Amalie von Solms in Huis ten Bosch. Die Schwiegermutter des Großen Kurfürsten hatte hundert Jahre zuvor (1649–1652) ihren verstorbenen Gatten, den Statthalter Friedrich-Heinrich von Nassau-Oranien, im Oranjezaal verherrlichen lassen. Auch zu diesem Programm hatte damals Theoodor van Thulden Gemälde beigetragen (Den Haag, Huis ten Bosch, Oranjezaal, 1649–1652). Das Programm enthält unter anderem von Jacob Jordaens, Friedrich Heinrich als Triumphator, Gerard von Honthorst, Allegorie auf die Heirat von Henriette Luise mit dem Großen Kurfürsten sowie Gemälde von Theoodor van Thulden, Thomas Willeboirts, Pieter de Grebber, Salomon de Bray, Caesar van Everdingen, Pieter Soutman und Jacob van Campen, von dem auch das Programm stammt.

12 Denkwürdigkeiten zur Geschichte des Hauses Brandenburg (Werke, Bd. 1, S. 54 u. 84).

13 So interpretiert den Raum auch Ulrich Schütte (Schütte, 2008, S. 107–125, hier S. 118–121).

14 Berlinische Privilegierte Zeitung, 1755 (Für den Hinweis auf diese Quelle danke ich Alfred P. Hagemann). – Zu DDR-Zeiten wurden statt der Herrschertondi Reliefbilder von Knobelsdorff, Gontard, Schinkel und Persius in den Obelisken gesetzt, die sich noch heute dort befinden.

15 Oesterreich, 1990, S. 9, Nr. 3. – Über den schleppenden Fortgang der Arbeiten waren sowohl der König als auch Oesterreich informiert. Zur Geschichte des Gemäldes siehe: Kerber, 2008, S. 68–85.

16 GK I 2404, Öl auf Leinwand, 223 × 270 cm.

17 »Inde ex captivis spadonibus, quis Alexander esset, monstrantibus Sisigambis advoluta est pedibus eius, ignorationem numquam antea visi regis excusans. Quam manu adlevans rex, ›Non errasti‹, inquit, ›mater, nam et hic Alexander est‹« (Curtius, 1765, Buch 3, Kap. 12).

18 Noll, 2005.

19 Dazu u. a. und mit besonderem Gewicht auf der Musikgeschichte: King, 1996, S. 34–63.

20 Siehe: Luh, 2009, <20>.

21 Erweis, 1758.

22 »Ein wahrer Held haßt nicht Menschen, sondern das Laster. Er verteidigt die Tugend.« Friedrich hat »die von denen Feinden Gefangene nicht nur wohl verpflegen und die Bleßierte verbinden lassen, sondern er hat sie auch in ihren Quartieren besucht, denenselben aus recht königlicher Großmuth tröstlich zugesprochen, sie zu geduldiger Ertragung ihrer Gefangenschaft ermahnet, und ihnen zu baldiger Befreiung Hoffnung gemacht.« Ein Offizier, den Friedrich besuchte, habe ausgerufen: »O Sire! wie ungleich sind Sie und wie sehr unterschieden Sie sich von dem Alexander dem Großen. Denn dieser ließ die Gefangenen martern; Sie aber gießen Öl in ihre Wunden.« Auch später noch wird er als »Alexander des Nordens« (zum Beispiel von Bonomo Algarotti) bezeichnet.

23 In den Bibliotheken Friedrichs befanden sich die Ausgaben von Arrian: Des guerres de Alexandre, übersetzt von Nicolas Perrau, Paris 1652, und gleich drei verschiedene von Quintus Curtius Rufus: De la vie et des action d'Alexandre le Grand, de la traduction de [Claude Favre de] Vaugelas, von 1653, 1680 u. 1727. Diese Darstellung des Lebens des Alexander empfahl Voltaire in seinem Werk »Das Zeitalter Ludwigs XIV.« wegen seiner Sprache. – Der preußische König wiederum nennt Voltaire den Quintus Curtius Ludwigs XIV. (vgl.: Œuvres de Frédéric le Grand, Bd. 7, S. 68). – Friedrich besaß außerdem eine Ausgabe der Römischen Geschichte des griechischen Historikers Diodorus Siculus, aus der er sich vorlesen ließ. Dort ist die Begebenheit ausführlich im Buch VIII, Vers 37 beschrieben. Auch das Stück von Jean Racine, »Alexandre le Grand«, von 1665 war dem König bekannt.

24 »Ainsi Alexandre, au sortir de l'enfance, dans l'armée de son père Philippe battit les Athéniens avec l'aide de cavalerie, qu'il commandait«

(Œuvres de Frédéric le Grand, Bd. 5, S. 164 f.). – Den schwedischen König Karl XII. verglich er häufiger mit Alexander, zum Beispiel in seinen »Mémoires pour servir à l'histoire de la maison de Brandebourg« (Œuvres de Frédéric le Grand, Bd. 1, S. 125). – Siehe dazu auch: Sachse, 2008, mit Quellenangaben.

25 Herzog von Braunschweig, 1765, S. 48.

26 So jetzt Heinz Duchhardt in Auseinandersetzung mit dem Begriff Absolutismus (Durchhardt, 2007, S. XIII).

27 Die Allegorie auf den Sieg über die Aufstände der »Fronde« (1648–1653) mit Ludwig XIV. als Jupiter eines unbekannten Malers in Versailles, MV 8073 (Abb.: http://www.culture.gouv.fr/Wave/image/joconde/0018/m502004_93de752_p.jpg <11.7.2010>). – Karl VI. als Jupiter im Stift St. Florian, Kaisersaal mit einem Fresko nach Entwurf Martino Altomontes (um 1723).

28 Öl auf Leinwand, 298 × 453 cm, Musée du Château, Versailles. – Zu dem Gemälde von Le Brun gibt es seit seiner Entstehung eine sehr umfangreiche wissenschaftliche Auseinandersetzung. Folgende Titel mit weiterführender Literatur: Bajou, 1998, S. 80. – Michalski, 2003, S. 107–126. – Zur literarischen Vorlage von Le Brun u. a.: Birkenholz, 2002.

29 Zuerst von: Félibien, 1663. – Die Literatur zu dieser Diskussion ist umfangreich. Unter anderem dazu: Anders, 1992, S. 141–151.

30 Zur Geschichte der vergleichenden Hängung des Gemäldes durch Ludwig XIV.: Habert / Milanovic, 2004, S. 63–72, 118 f.

31 Die Alexanderserie wurde acht Mal in der Pariser Manufacture des Gobelins gewebt. Eine der Serien gelangte beispielsweise 1699 an den Herzog Leopold von Lothringen (heute Wien). Le Bruns Kartons dienten nicht nur der Pariser Manufaktur als Vorlage, Stiche nach seinen Werken wurden auch von anderen Manufakturen verwendet, wie der Werkstatt des Marcus de Vos in Brüssel. Hier ließ Herzog Bernard I. von Sachsen-Meiningen 1687 eine Serie von Alexandertapisserien nach Le Brun für seine Residenz in Meiningen weben (Vanhoren, 1999, S. 61–76. – Demandt / Jacob, 1997). – Vanhoren zählt allein neun Tapisserien mit dem Zelt des Darius aus Brüsseler Manufakturen auf. Die Würzburger oder die Frankfurter Serie könnte Friedrich durchaus gekannt haben (Aufenthalt in beiden Städten auf der Durchreise nach Bayreuth im August 1740). Eventuell befand sich eine Serie sogar im Berliner Schloss (siehe: Bachmann / Seelig, 1997, S. 37).

32 Die Komposition gespiegelt mit dem Bildtitel von Gérard Edelinck. Seitenrichtig gibt sie als Druck: Jean Baptiste Monicart: Versailles immortalisé Ou Les Merveilles Parlantes De Versailles, Paris 1730.

33 Heute befindet sich das Gemälde im Escorial, eine Skizze dazu im Louvre, eine weitere in Genf. Zur direkten Nachfolge gehörte das Gemälde des Le-Brun-Konkurrenten Pierre Mignard.

34 Nicolai, 1769, S. 797. – Die auf Gold gemalte signierte Miniatur kam 1690 in die Kunstkammer (Kugler, 1838, S. 280). – Bei den Künstlern handelt es sich um die Genfer Miniaturmaler Jean-Pierre und Amy Huaut, die nacheinander zwischen 1685 und 1700 als Hofmaler nach Berlin kamen.

35 Mit Angabe der Quelle: Kat. Stickereien, 2000, S. 42.

36 Kat. Stickereien, 2000, S. 37–44, mit Abb. – Bergemann vermutet, dass die Stickereien in ihrer besonderen thematischen Gestaltung – die Rolle der Frauen ist besonders hervorgehoben – in Zusammenhang mit der Hochzeit von Friedrich Wilhelm I. und Sophie Dorothea 1706 stehen könnten.

37 Bachmann / Seelig, 1997, S. 37. – Die Tapete ist nicht erhalten.

38 Ein Brief Friedrichs aus Bayreuth belegt, dass er im Juni 1754 in der Ermitage war (Œuvres de Frédéric le Grand, Bd. 27 / 1, S. 276).

39 Ein solcher Stich hat wahrscheinlich auch als Vorlage für das heute verlorene Supraportengemälde in der Königlichen Mittelstube von Schloss Schlobitten gedient. In der Königlichen Vorstube waren Supraporten mit den Schlachten Alexanders zu sehen. Da die Familie der Dohna in diesem Schloss die Hohenzollern auf dem Weg nach Königsberg beherbergten, hat Friedrich es hier sehen können (Abb.: http://www.zi.fotothek.org/obj/obj19052098/8450_0001/Einzelbild <17.7.2010>).

40 D'Argens, 1765, S. 67–78, über die »Familie des Darius« S. 75 f. – Sehr ähnlich bereits: D'Argens, 1752. – Früher schon werden Antoine Pesne,

FRANZISKA WINDT

Wenzeslaus von Knobelsdorff und Francesco Algarotti Friedrich aus Paris berichtet haben.

41 Interessanterweise scheint der Künstler sich an dem auf Veranlassung Ludwigs XIV. für den neuen Standort verkleinerten Gemälde Le Bruns zu orientieren und nicht an dem originalen Zustand, den die Stiche zeigen.

42 Curtius (3, 12, 16) beschreibt Hephaistion als »omnium amicorum carissimus« des Königs. Plutarch (47,10) berichtet, Alexander habe ihn als »Philalexandros« (Freund des Alexander) bezeichnet. Er wird von Alexander leidenschaftlich geliebt.

43 Jedenfalls konnte der König sich bei seiner Bestellung offenbar sicher sein, dass er ein Werk erhalten würde, das seinem Geschmack entsprach. Ein Gemälde Batonis führte er während des Siebenjährigen Krieges mit sich, nämlich die »Vermählung der Psyche« (Eckardt, 1979, S. 9, Anm. 17). Friedrich hatte das Gemälde 1756 durch Feldmarschall James Francis (Jakob) Keith bei Batoni ordern lassen. Der Brief, in dem die Bestellung erwähnt wird, ist an dessen Bruder, den Lordmarschall George Keith (Schreiben Friedrichs II. an George Keith, 17. März 1756) gerichtet (Œuvres de Frédéric le Grand, Bd. 20, S. 295). Eckardt wies auf den Folgebrief hin, in dem sich Friedrich für die Verwechslung mit dem Bruder entschuldigt. – Das Gemälde ist seit 1764 in der Bildergalerie in Sanssouci dokumentiert und befindet sich seit 1830 in der Gemäldegalerie in Berlin. Nach Erhalt des Gemäldes ließ Friedrich 1763 durch George Keith bei Batoni anfragen (Schreiben Friedrichs II. an George Keith, 24. April 1763), ob dieser die durch den Tod Pesnes freigewordene Stelle eines Hofmalers annehmen wolle (Œuvres de Frédéric le Grand, Bd. 20, S. 327). – Batoni lehnte ab, war aber bereit, weitere Aufträge des Königs entgegenzunehmen.

44 Offenbar waren die Gemälde 1778 schon weit fortgeschritten. Das Gemälde »Der Großmut des Scipio« hat Heinrich Wilhelm Tischbein 1780 in Rom gesehen (Eckardt, 1990, S. 17).

45 Verfolgung, 1756.

46 Mémoire zur Rechtfertigung, 1756, S. 7 u. 13. – In einer zweiten Flugschrift mit nahezu identischem Text: Betragen Sr. Königl. Majestät, 1756, S. 16.

47 SPSG, GK I 5033, Öl auf Leinwand, 369 × 800 cm. – Zu Celesti siehe: Pallucchini, 1993, Bd. 1, S. 365–368, hier S. 366. – Marelli, 2000.

48 Pesne hielt sich wohl zwischen 1706/1707 und 1710 in Venedig auf. Er könnte Celesti eventuell 1708 dort getroffen haben. In diesem Jahr wird Celesti in den Akten der Malerzunft in Venedig genannt. Zu den Aufenthaltsorten Celestis im Veneto siehe: Marelli, 2000.

49 Werke, passim. – Wilhelmine berichtet, dass »Tamerlan und Bajazet« (wahrscheinlich von Racine) 1733 in Berlin gespielt wurde (Volz, 1924–1926, Bd. 1, S. 122).

50 Œuvres complètes de Voltaire, 1828–1834, Bd. 16 u. Bd. 2, S. 470–478, hier S. 472–474.

51 Lob der Trägheit (Werke, Bd. 8, S. 192–198, hier S. 194 f.). – In diesem Text führt Friedrich auch Alexander als »Negativbeispiel« an (S. 194). Der antike Held »hätte nicht so viel Unrecht begangen, nicht so viel Blut vergossen, hätte es seiner Seele nicht an Kraft der Trägheit gefehlt«.

52 Œuvres de Frédéric le Grand, Bd. 14. – Épître sur la fermeté et sur la patience (Œuvres de Frédéric le Grand, Bd. 14, S. 43–49, hier S. 48).

53 Zu Batoni: Jagemann, 1789, Bd. 2, S. 177–205, hier S. 198 f., der außer »der wunderbaren Grazie der Komposition«, die »auf den Gesichtern der Gefangenen abgemalten Leidenschaften[,] [die] dem Alter und Stande eines jeden genau angemessen sind«, lobt. – Zu Celesti schreibt Oesterreich, der Verwalter der königlichen Sammlung: »[...] die Charaktere derer Nationen sind sehr gut, ungezwungen und naiv ausgedrückt; führnehmlich aber die Wuth des Bajazeth [...]« (Oesterreich, 1990, S. 16 f.).

54 Darauf, dass die Architektur des Marmorsaales auf diejenige des Potsdamer Stadtschlosses zurückgriff, die als Ruhmeshalle für den Großen Kurfürsten konzipiert war, verwiesen schon Seidel und Giersberg (Seidel, 1904. – Giersberg, 1998, S. 74). – Die Errichtung dieses dem Großen Kurfürsten gewidmeten Saales könnte als Antwort Friedrichs II. auf das künstlerische Programm der Paradekammern des Berliner Schlosses in-

terpretiert werden, in denen Friedrich I. seine Erhebung zum »König in Preußen« hatte feiern lassen.

55 Es ist nicht bekannt, für welchen Kontext genau Friedrich die Gemälde bei seiner Bestellung vorgesehen hatte. Zu diesem Zeitpunkt plante er noch, sein Gästeschloss an anderer Stelle bauen zu lassen. – In seinem Vortrag im Rahmen des Colloquiums zu Friedrich300 hat Christoph-Martin Vogtherr 2008 die Bedeutung der Gemäldeausstattung des Marmorsaales erläutert und sie einerseits als Beitrag des Königs im Wettstreit der Gemäldeschulen sowie als prestigeträchtiges Auftragswerk gedeutet, andererseits die Figur des Ganymed als einen Verweis auf Homosexualität interpretiert.

56 Jean Restout, Triumphzug des Bacchus und der Ariadne, GK I 5227.

57 Carle van Loo der Ältere, Opferung der Iphigenie, GK I 5230 (Abb.: http://bpkgate.picturemaxx.com/preview.php?WGSESSID=8c65b5ec6e1c776ac1a02392e79c11f.&UURL=daab9cd932701c27acd3088f.c8e1df0&IMGID=00049219 <11.7.2010>).

58 Jean-Baptiste Marie Pierre, Urteil des Paris, GK I 5228.

59 Antoine Pesne und Christian Bernhard Rode, Raub der Helena, GK I 5229.

60 Direkt an Friedrich und andere Adelskreise war die Kritik von 1756 in der handschriftlich im kleinen und geheimen Kreis verbreiteten »Correspondance littéraire« gerichtet. Dort wird von einem anonymen Autor die Wahl der Themen kritisiert, die schon von größeren Meistern behandelt worden seien (Grimm/Diderot, 1812, Bd. 1, S. 501–503). – Nach der Vollendung des Gemäldes folgte eine heftige Diskussion über die unverhüllte Darstellung der Trauer des Agamemnon durch Carle van Loo (siehe dazu in jüngerer Zeit: Tunstall, 2006).

61 GK I 8143, Öl auf Leinwand, 1250 × 2265 cm, signiert unten links: A. Vanloo [/]. 1768.

62 Antoine Pesne hatte schon im Speisesaal des Charlottenburger Schlosses ein Göttermahl dargestellt. Auf diesem im Krieg verlorenen Gemälde stand der Wettkampf der drei Göttinnen Juno, Venus und Minerva, deren Streit mit dem Urteil des Paris endet, im Vordergrund der Darstellung.

63 Zum Beispiel: Ovid, X, 143–161. – Friedrich besaß verschiedene Ausgaben der »Metamorphosen« von Ovid, u. a.: Les metamorphoses d'Ovid en latin. Traduit par Pierre Du-Ryer avec des nouvelles explications à la fin de chaques fable, Nouv. éd. I-IV, Den Haag 1744.

64 So referiert die Geschichte: Dupuy, 1731, Bd. 2, S. 158. – Friedrich II. besaß dieses Buch in seiner Bibliothek. Aus dieser Quelle könnte auch das Motiv des Blumenkranzes auf dem Haupt der Hebe kommen (vgl.: Dupuy, 1731, Bd. 1, S. 61).

65 Dupuy, 1731, Bd. 2, S. 158.

66 Dass der König den Entwurf auch in diesem Falle gesehen hat, legt die folgende Quelle nahe, in der er van Loo auffordern lässt, ihm den Entwurf für das Deckengemälde der Galerie (?) zu schicken. Vgl.: Friedrich II. an Amédée van Loo: »Au Peintre Van-Loo. à Berlin. Le Roi sur la soumission du Peintre Van-Loo du 3e de ce mois lui fait savoir, qu'il n'a qu'envoyer à La [!] Majesté les dessins du Plafond de la Gallerie dont il marque qu'il les a achevés: et pour ce qui est de la demande du dit Van-Loo, de garder pour atelier la grande Salle où il a travaillé les deux tableaux, La Majesté ne lui sauroit accorder cette Salle, en aiant besoin d'ailleurs. à Potsd. le 6e Août, 1766« (GStAPK, BPH Rep. 96b, Nr. 69, Minüten, 205). – Die Transkription der Quelle stellte mir freundlicherweise Christoph Martin Vogtherr zur Verfügung.

67 Skizze von Amédée van Loo, SPSG, GK I 51188, Öl auf Leinwand, 70 × 91 cm. Die Skizze wurde 2004 angekauft.

68 Du-Ryer in seinem Kommentar zu Ovid (siehe: Dupuy, 1731, S. 316). – Du-Ryer zitiert für diese Interpretation Xenophon.

69 Ähnlich auch: Dupuy, 1731. – Der Autor schließt seinen Eintrag zu Ganymed mit der Bemerkung, diese Geschichte zeige, dass Tugend mit dem Himmel belohnt werde.

ALFRED P. HAGEMANN

DAS NAUENER TOR IN POTSDAM

Der »roi philosophe« und das Gothic Revival

1 Johann Poppel nach M. Kurz,
Das Nauener Tor in Potsdam,
um 1850, Radierung, Potsdam
Museum – Forum für Kunst und
Geschichte, V 80/375 K 2a

Das Nauener Tor in Potsdam (Abb. 1) wurde 1754/1755 auf ausdrücklichen Wunsch Friedrichs II. »in gothischem Geschmacke« erbaut. Führt man sich vor Augen, dass der Beginn der deutschen Neugotik allgemein erst mit Goethes Schrift über das Straßburger Münster »Von deutscher Baukunst« (1772) und mit dem Baubeginn des Gotischen Hauses in Wörlitz (1773) angesetzt wird, gehört das Nauener Tor ohne Frage zu den architekturhistorisch bemerkenswertesten Bauten Potsdams. Auch wenn es im 18. Jahrhundert im Sakralbau verschiedene frühere Rückgriffe auf die Gotik gegeben hat, so bleibt die Aussage Alfred Neumeyers unbestritten, dessen Arbeiten am Beginn der Forschung zur deutschen Neugotik stehen: Das Nauener Tor ist das »früheste und noch vereinzelt dastehende Monument« der deutschen, ja der kontinentalen Neugotik.[1] Mehr noch als das frühe Entstehungsdatum hat aber die Person des Auftraggebers immer wieder Verwunderung ausgelöst: »it may seem strange that the first genuine example of neo-Gothic architecture in Germany should owe its existence to one of the most uncompromising Anti-Goths of the eighteenth century.«[2]

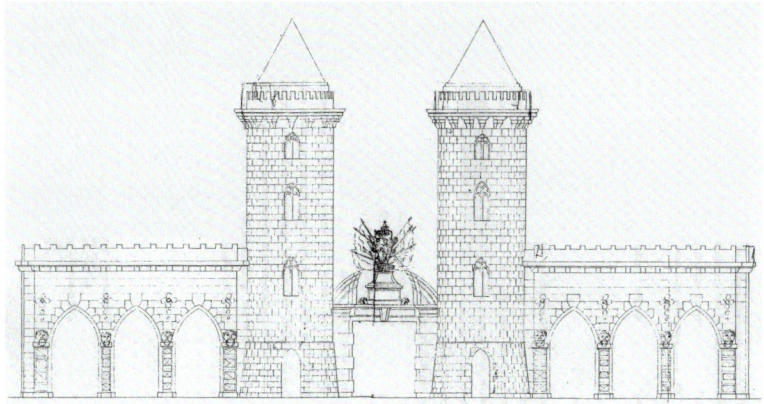

2 Baurat Redtel, *Nauener Thor in Potsdam*, um 1845, Zeichnung, BLHA, Rep. 2 A Regierung Potsdam I Hb, Nr. 1197, Bl. 222

Im Folgenden soll versucht werden, Friedrichs Gotik- und Mittelalterbild zu verstehen, um so mögliche Beweggründe für die Errichtung des Tores in gotischen Formen zu benennen und es in den Kontext der friderizianischen Architektur einzuordnen.

Ursprüngliches Aussehen

Die kunsthistorische Bedeutung des Nauener Tores erschließt sich heute erst auf den zweiten Blick. Das Tor erhielt sein heutiges Aussehen bei einem Umbau 1867 und stellt in dieser Form ein konventionelles Beispiel der »normännischen« Neugotik dar, wie sie in Potsdam auch an anderen Orten zu finden ist. Seine Anlage mit den beiden charakteristischen Kegel-Türmen und den spitzbogigen Arkaden stammt jedoch vom Ursprungsentwurf, den Friedrich 1754/1755 durch Johann Gottfried Büring umsetzen ließ. Es ist daher unerlässlich, die friderizianische Form des Tores zu rekonstruieren, um zu einer tragfähigen Interpretation seiner stilgeschichtlichen Bedeutung zu gelangen. Das erste Tor an dieser Stelle war ein Barocktor, das nach der zweiten Stadterweiterung 1733 unter Friedrich Wilhelm I. errichtet worden war.[3] Friedrich II. ließ dieses 20 Jahre später in den Neubau der Toranlage integrieren. Obschon das friderizianische Tor als »gotisch« verstanden wurde, war es von der Neugotik des mittleren 19. Jahrhunderts so weit entfernt, dass man 1867 beschloss, eine »stylgemäße Herstellung des Nauen'er Thores zu Potsdam« durchzuführen.[4] Dabei wurden zwar die Bausubstanz und Struktur des Gebäudes beibehalten, sämtliche Oberflächen und Baudetails aber neu geschaffen.

Durch den Vergleich bauzeitlicher Beschreibungen[5] mit bildlichen Darstellungen vor dem Umbau kann man sich jedoch ein klares Bild vom friderizianischen Zustand verschaffen.[6] Die wenigen Widersprüche, die die verschiedenen bildlichen Darstellungen im Detail aufweisen, lassen sich durch die bei der Sanierung des Tores 1992–1996 erfolgten Bauuntersuchungen auflösen.[7] Alles in allem kann man die Darstellung von Baurat Redtel (um 1845) als die getreueste des friderizianischen Bestandes ansehen (Abb. 2). Redtel zeigt das vertraute Bild der Arkadenhallen links und rechts mit den beiden Kegeltürmen, zwischen denen sich das Barocktor von 1733 sehr eigentümlich ausnimmt. Die Rundtürme zu beiden Seiten sind vierstöckig, wobei das Erdgeschoss leicht angeböscht ist. Spitzbogige Fenster mit Maßwerk gliedern die gequaderten Flächen. Den oberen Abschluss bilden über einem flachen Zinnenkranz Spitzkegel, die man bei Redtel für Dächer halten könnte. Im Vergleich mit anderen Abbildungen und dem Baubestand zeigt sich jedoch eindeutig, dass es sich immer um steinerne Helme handelte. Nach Westen schließen sich drei Arkadenbögen an, hinter denen sich die Wohnung des Torschreibers befand; nach Osten lag in gleicher Form die Wache.[8] In den Arkadenzwickeln fallen als einziger plastischer Bauschmuck Fratzenköpfe auf, die Ringe im Maul tragen. Diese sind – wenn auch stark ergänzt – der einzige Teil der friderizianischen Oberflächengestaltung, der bis heute erhalten ist.[9]

Zeitgenössische Wahrnehmung

Man versteht, warum dem 19. Jahrhundert eine »stylgemäße« Überarbeitung angemessen erschien, und schon die Zeitgenossen im 18. Jahrhundert waren über die Zusammensetzung der stilistischen Elemente verwundert. Heinrich Ludwig Manger, der als Baubeamter Friedrichs in seiner »Baugeschichte von Potsdam« von 1789 eine unersetzliche Quelle darstellt, schreibt über das Nauener Tor: »Nach der Skize des Königs sollte es in gothischem Geschmacke seyn; ich weiß aber wirklich nicht, ob es bey der Ausführung nach dem zierlichen oder groben gothischen Geschmacke gerathen ist. Vielleicht ist es zu Gothisch, nämlich das Gothische mit so vielem Modernen vermischt, daß man nicht eigentlich weiß, was es seyn soll.«[10] Tatsächlich mischen sich am Tor Formen, die man heute im stilistischen Sinne als »gotisch« beschreiben würde, mit solchen, die nur allgemein burgenhaft-mittelalterlich sind. Dazu kommen Elemente des klassischen Formenrepertoires wie Diamantrustika an den Pfeilern oder die Formen des Turmgebälks. Die Integration des Barocktores macht das Stilgemisch schließlich perfekt.[11]

In dieser Form steht das Tor für die ambivalente Bedeutung des Wortes »gotisch« im mittleren 18. Jahrhundert und der sich daraus ergebenden Unsicherheit des mit dem Bau beauftragten Architekten Büring. Dieser war erst 1754 nach einem längeren Studienaufenthalt aus Italien zurückgekehrt und hatte, wie Manger berichtet, »gleichsam auf die Vorschriften des Palladio geschworen, dessen treuer Nachahmer er war«.[12] Aus der Sicht der palladianischen Architekturlehre war »gotischer Geschmack« ein Ausdruck des Barbarischen und der Begriff »gotisch« daher viel mehr ein derogatives Adjektiv als ein Stilbegriff.[13] So verband Büring Elemente, die aus seiner Sicht Ausdruck einer unregelmäßigen, primitiven Architektur waren (Spitzbogen, Maßwerk und Zinnen) mit Formen der klassischen Architektursprache wie der Rustika, die als »einfach und unverfeinert« galten.

In Mangers Beschreibung von 1789, als die Neugotik in Deutschland bereits Fuß gefasst hatte, wird der Begriff »gotisch« noch so ambivalent verwendet, dass er zwischen dem »zierlichen« und »groben gotischen Geschmack« unterscheidet. Mit Ersterem umschreibt er die neue Mode, (Park-)Gebäude im gotischen Stil zu errichten, die ähnlich der China-Mode einen exotischen, irregulären Charakter aufweisen. Der »grobe gotische Geschmack« hingegen bezeichnet den hergebrachten, derogativen Gotikbegriff der palladianischen Architekturschule, der »regelwidrig« meint.

Friedrichs Gotikbegriff

Wenn es nun dem Architekten schwerfiel, ein »gotisches« Tor zu bauen und noch Manger Jahrzehnte später Mühe hatte, das Tor einzuordnen – was mag dann der Auftraggeber, Friedrich II., 1754 mit dem »gothische[n] Geschmacke« gemeint haben? Untersucht man die Verwendung des Wortes »gothique« in Friedrichs Werken und Briefen, so wird deutlich, dass es sich generell um ein derogatives Adjektiv handelt. 1754 bezeichnet er beispielsweise ein Schauspiel, das ihm missfiel, als »gothique et vandale«,[14] und noch 1771 sagt er, dass zur Aufklärung des Nordens die Bekämpfung der »pédanterie gothique dont [sic!] les universités«[15] notwendig sei.

Im Zusammenhang mit der Architektur verwendet er den Begriff nur selten. Am programmatischsten ist eine Passage in der »Historie de mon temps« von 1746. Hier beschreibt er den zivilisatorischen Aufschwung, den Deutschland seit dem Beginn des Jahrhunderts genommen habe, und führt unter anderem die Architektur als Beispiel an:

»Ce qu'on voit de belle architecture dans le Nord, date environ du même temps: le château et l'arsenal de Berlin, la chancellerie de l'Empire, et l'église de Saint-Jean-Borromée à Vienne, le château de Nymphenbourg en Bavière, le pont de Dresde, et le palais chinois à Dresde, le château de l'électeur à Mannheim, le palais du duc de Würtemberg à Louisbourg. Quoique ces édifices n'égalent pas ceux d'Athènes et de Rome, ils sont pourtant supérieurs à l'architecture gothique de nos ancêtres.«[16]

Man erkennt hier zum einen, dass Friedrich unter »architecture gothique« alle nichtklassischen Stile (also auch die deutsche Renaissance) subsumiert. Zum anderen wird nicht nur in der Auswahl der positiven Beispiele, sondern sogar in der Formulierung die Prägung seines Architekturverständnisses durch franzö-

ALFRED P. HAGEMANN

sische Autoren deutlich. Er folgt seinem Vorbild so eng, dass die Quelle genau benannt werden kann. Nicolas-François Blondel beschreibt in der »Cours d'architecture« von 1675 »cette façon de bâtir enorme et insupportable, et dont nos Pères se sont longtemps servis sous le nom d'Architecture Gothique«.[17] Diese Abhängigkeit von der französischen Architekturtheorie des 17. Jahrhunderts teilt Friedrich ebenso mit der gesamten deutschen Architekturtheorie der Zeit wie den daraus resultierenden negativen Gotik-begriff. So schreibt die Encyclopédie 1757 über die gotische Architektur: »Son principal caractère est d'être chargée d'ornements qui n'ont ne goût ne justesse«, während das Deutsche Kriegslexikon im gleichen Jahr definiert: »Gotisch wird in der Baukunst alles genannt, was ohne Geschmack, ohne Regeln, ohne rechte Anordnung der Profile und äußeren Proportionen aufgeführt ist.«[18]

Ein weiteres Indiz für Friedrichs Gotikverständnis ist der Entwurf für ein Bühnenbild der 1755 urauf-geführten Oper »Montezuma«.[19] Friedrich hatte dieses Thema selbst gewählt und das Libretto entworfen. In dem Bühnenbildentwurf ist der Kerker dargestellt, in dem der (hier negativ konnotierte) spanische Eroberer Cortez den friedliebenden (aber naiven) mexikanischen Herrscher Montezuma gefangen hält. In großer Monumentalität sind gotische Bögen zu einer beklemmenden Kulisse getürmt. Die gotischen Formen stehen hier für das Grobe, Schreckerregende und sind Metapher der barbarischen Handlungsweise des Cortez.[20]

Friedrich und der Englische Palladianismus

Dieser negative Gotikbegriff Friedrichs fügt sich nahtlos in sein allgemeines Architekturverständnis der Jahre vor dem Siebenjährigen Krieg. Direkt nach der Thronbesteigung 1740 ließ Friedrich ein Gebäude errichten, das aller Welt in programmatischer Weise seine ästhetischen und philosophischen Überzeugun-gen klar vor Augen führen sollte. Das von Georg Wenzeslaus von Knobelsdorff errichtete Opernhaus Unter den Linden war das erste Gebäude des Palladianismus in Deutschland. Das Motiv des Hexastyl-Portico im »piano nobile« mit Freitreppe weist auf das Vorbild der Programm-Bauten des englischen Palladianismus: Lord Burlingtons Chiswick House (1720–1730), Colen Campbells Entwürfe für Wan-stead (1714) und Stourhead (ab 1721).[21]

Friedrichs enge Anlehnung an den englischen Palladianismus als architektonische Ausdrucksform des »roi philosophe« ist eine wenig beachtete Tatsache, da Friedrichs Frankophilie ein alles andere über-deckender Allgemeinplatz geworden ist. Doch bei genauerem Hinsehen ergibt sich die große Bedeutung Englands aus der Haltung seiner einflussreichsten Berater, Voltaire und Algarotti. Voltaires Philosophie war seit seiner Englandreise 1726–1728 tief vom englischen Liberalismus geprägt, und er war ein Freund des bedeutenden englischen Staatstheoretikers Lord Bolingbroke. Dieser erkannte im preußischen Kronprin-zen eine mögliche Verkörperung eines aufgeklärten Herrschers und widmete Friedrich daher seine Arbeit »Ideal of a patriot king« (1738). In diesem Konzept des »patriot king« liegt die Wurzel des »roi philoso-phe«, als der sich Friedrich sah.[22] Wie stark Friedrich in diesen Jahren von der englischen Philosophie geprägt war, unterstreicht seine Aufzählung der wichtigsten Philosophen in der »Historie de mon temps«: Er nennt fünf Engländer, aber nur drei Franzosen und lediglich einen Deutschen.[23] Auch der Dichter Thomas Gray erkannte 1760 im »Œuvre« Friedrichs die englischen Wurzeln: »all the scum of Voltaire and Bolingbroke, the crambe recocta of our worst freethinkers tossed up in German-French rhyme.«[24]

Die architektonische Form dieses englischen Liberalismus war der Palladianismus, der als Ausdruck einer liberalen Adelskultur (wie in Venedig zur Zeit Palladios) im Gegensatz zum streng monarchischen Regime von Versailles gesehen wurde.[25] Diese spezifische Verbindung von Philosophie und Kunst wurde Friedrich durch den Venezianer Algarotti vermittelt. Wie Voltaire war er in den 1720er Jahren in England gewesen und hatte in den Jahren um 1750, als er in Diensten Friedrichs stand, noch immer direkten Kon-takt zu Lord Burlington, dem Kopf des englischen Palladianismus. Wie eng dieser Kontakt war, zeigt ein Brief Algarottis an Burlington: »Now it rests with you to show his Majesty [Friedrich II.], that you are in this country the restorer of true architecture.«[26] Algarotti war also bestrebt, Friedrich zum Exponenten der »wahren Architektur«, also des Palladianismus, auf dem Kontinent zu machen. So gelangten 1751 auch die nötigen Vorlagenwerke durch Algarottis Vermittlung direkt von Burlington an Friedrich: »J'ai reçu en même temps, Sire, une lettre d'Angleterre par laquelle on me mande qu'on doit avoir envoyé à V. M. les

Thermes de Palladio, le palais de Chiswick et la salle égyptienne bâtie en York, que j'avais demandés à mylord Burlington pour V. M.«[27]

In der Folge entstanden in den 1750er Jahren die bekannten Kopien von Fassaden nach Entwürfen Palladios, deren Vorlagen Algarotti für Friedrich besorgte und die Friedrich eigenhändig in Fassadenskizzen für Potsdamer Bürgerhäuser umsetzte. Dass es bei diesem Palladianismus weniger um Italophilie als um den Transfer von Gedankengut aus England ging, machen auch die Fassaden nach englischen Vorbildern deutlich, die in Potsdam zur Ausführung kamen: 1755 ein eigenhändiger Entwurf Burlingtons für ein Londoner Bürgerhaus (ehemals Blücherplatz 2), dessen Zeichnung wiederum Algarotti Friedrich vorlegte,[28] und noch 1769 mit den Hillebrandt'schen Häusern ein Entwurf des frühen englischen Palladianers Inigo Jones. Algarotti zeigt sich in all dem als sendungsbewusster, glühender Palladianer. Vitruv und Palladio repräsentierten für ihn die einzig gültigen und zeitlosen Regeln der Schönheit in der Architektur. In Algarottis eigenem architekturtheoretischen Werk »Saggio sopra l'architettura« von 1756 zieht er folgerichtig gegen alle Versuche der zeitgenössischen Architekturlehre zu Felde, Abweichungen von den vitruvianischen Regeln zu legitimieren.[29] Er lehnt jede zeitgenössische oder historische Architekturform ab, die nicht diesen Regeln folgt, also sowohl den Barock als auch die Gotik.[30]

Die geistigen Hintergründe der Neugotik in England und Deutschland

Nach allem, was wir aus den schriftlichen Äußerungen Friedrichs und über sein intellektuelles Umfeld wissen, verstand der König unter »gotisch« in jeder Hinsicht das Regelwidrige, Rohe und Barbarische. Vor diesem Hintergrund hebt sich die Außerordentlichkeit des Nauener Tors noch deutlicher ab – denn warum sollte Friedrich bewusst eine von ihm geringgeschätzte Architekturform in Auftrag geben?

Um den Wunsch Friedrichs nach einem solchen Gebäude nachvollziehen zu können, soll die Motivation für den Bau anderer neugotischer Gebäude in England, aber auch für die Errichtung der späteren Beispiele in Deutschland beleuchtet werden. Dabei ist festzuhalten, dass die Wiederbelebung gotischer Formen in England zur Zeit der Erbauung des Nauener Tores schon auf eine längere Tradition zurückblicken konnte. Waren neugotische Formen seit den 1720er Jahren zunächst als eine Spielart exotischer Staffagen zur Bereicherung der frühen Landschaftsgärten errichtet worden, so bildete sich bald ein spezifischer Sinngehalt der Gotik heraus. Als Symbol einer mittelalterlichen angelsächsischen Freiheit wurde die Gotik gezielt in einem antihöfischen Diskurs zur Wirkung gebracht. Dabei stützte man sich auf die Schriften des französischen Aufklärers Montesquieu, der das gotische Mittelalter und die germanische Tradition als die Quelle der Freiheit in Europa lobte. Michael Niedermeier hat eindrücklich gezeigt, wie insbesondere das einflussreichste englische Vorlagenbuch der Neugotik, Batty Langleys »Ancient Architecture, Restored, and Improved« von 1742, vor diesem politisch-patriotischen Hintergrund zu verstehen ist. Dabei wurde die Gotik zum formalen Ausdruck einer indigenen englischen Architektursprache – und damit zum Gegensatz des importierten Palladianismus: »Langley, der ein eifriger Gegner von Kent, Inigo Jones und den Burlingtonians, ja des Palladianismus war, propagierte, was diese verachteten: die Gotik.«[31] Diese anti-palladianische Stoßrichtung war der Versuch, die ästhetisch-philosophische Deutungshoheit des Burlington-Umfeldes zu brechen und die Macht der Höflinge gegenüber dem landsässigen Adel einzudämmen.[32]

Vor einem ganz ähnlichen Hintergrund sind, wie Bernhard Korzus nachgewiesen hat, auch die ersten neugotischen Gebäude in deutschen Landschaftsparks seit den 1770er Jahren zu sehen. Hier ging es allerdings um die Souveränität und Unabhängigkeit der kleineren reichsfreien Fürsten, die sich gegen die Machtansprüche und territorialen Ambitionen der größeren Reichsstände zur Wehr setzten und daher den Fortbestand des Alten Reiches stützten.[33] So ist der gotische Kiosk im Bagno-Park in Steinfurt als ein Symbol des Unabhängigkeitswillens seines Erbauers zu verstehen, des Reichsgrafen Karl zu Bentheim-Steinfurt. Nachdem er bereits mehrmals Teile seines Territoriums an Preußen eingebüßt hatte, zog er unter Berufung auf die Reichsverfassung auf kaiserlicher Seite gegen Friedrich in den Siebenjährigen Krieg. In seinem Kiosk ließ er in diesem Kontext eine Folge von Reliefs anbringen, die den heroischen Freiheitskampf Hermann des Cheruskers gegen die Übermacht Roms zum Thema hatte.[34]

ALFRED P. HAGEMANN

Friedrichs Mittelalterbild

Niedermeier und Korzus haben gezeigt, dass die Neugotik in England eine anti-palladianische Ausrichtung hatte und sowohl dort wie auch in Deutschland von einer Betonung adeliger Freiheit und Unabhängigkeit motiviert wurde, die in einem positiven Mittelalter- und Germanenbild begründet war. Nachdem bereits die Analyse des Gotikbegriffes Friedrichs im architekturgeschichtlichen Kontext erfolgt ist, soll nun bewertet werden, inwieweit sein Mittelalterbild eine Rezeption der Gotik erklären könnte. Dabei wird schnell deutlich, dass Friedrich auch hier von seinem intellektuellen Vorbild Voltaire abhängig blieb, der für das positive Mittelalterbild Montesquieus nur Spott übrig hatte. Voltaire charakterisiert in seinem »Essay sur les mœrs« das Mittelalter als die Zeit des zivilisatorischen Niedergangs nach der Antike, des Rückfalls in die Barbarei, wobei vor allem der katholischen Kirche die Hauptverantwortung für das jahrhundertelange Verharren im Dunkel zugeschrieben wird. Erst mit dem Beginn der Renaissance habe die Zivilisation eine Chance erhalten, sich zu erholen. So überrascht es wenig, dass auch Friedrich diesem Urteil seines Mentors folgte und weder von seinem negativen Mittelalterbild abwich, noch von Montesquieus Gotenideal beeinflusst wurde.[35]

So galt Friedrich das Heilige Römische Reich, dessen alte Rechte zu schützen gerade den Protagonisten der Neugotik in Deutschland am Herzen lag, als eine überholte, dysfunktionale Konstruktion. Er schreibt 1775 an Voltaire: »Tout ce que vous dites de nos évêques teutons n'est que trop vrai. […] Mais vous savez aussi que dans le Saint-Empire romain, l'ancien usage, la bulle d'or, et telles autres antiques sottises, font respecter les abus établis.«[36] In der Korrespondenz Friedrichs taucht das Wort »gothique« nur ein einziges Mal in direktem Zusammenhang mit dem Mittelalter auf. Maria Antonia von Sachsen schreibt 1772 an Friedrich bezüglich einer geplanten Italienreise: »J'avoue encore que la statue de Marc-Aurèle sera plus intéressante à voir que la gothique effigie de Charlemagne.« Friedrich antwortet fast wortgleich: »J'avoue, madame, que la simarre de Charlemagne et l'église d'Aix-la-Chapelle ne doivent entrer en aucune comparaison avec le tombeau de saint Pierre et la basilique qui le contient.«[37] Aufschlussreich in unserem Kontext ist einerseits die Betonung der Überlegenheit der antiken italienischen Kunst gegenüber jedem Werk des deutschen Mittelalters; andererseits ist das »encore« Maria Antonias vielsagend. Es legt nahe, dass beide Korrespondenten sich zu diesem Zeitpunkt in ihrer Ablehnung des Mittelalters von der öffentlichen Meinung bereits in die Defensive gedrängt fühlten, aber dennoch an ihrer Auffassung festhielten. Ähnlich resistent gegen den Zeitgeist zeigt sich Friedrich 1784 beim Projekt der Herausgabe des Nibelungenliedes. Während Fürst Friedrich Franz von Anhalt-Dessau (der Erbauer des gotischen Hauses in Wörlitz) und der Prinz von Preußen zu den Subskribenten der Berliner Ausgabe »Der Niebelungen Liet. Ein Rittergedicht aus dem 13. oder 14. Jahrhundert« gehörten, lässt König Friedrich den Herausgeber des Buches wissen, einem solchen Werk messe er – trotz der Widmung an ihn – keinen Wert bei, und er werde es in seiner Bibliothek nicht dulden.[38] Man kann daher ausschließen, dass Friedrich ein positives Mittelalter- oder Gotikbild hatte. Selbst in den 1770er und 1780er Jahren, als der Zeitgeist eine positive Bewertung geradezu erforderte, blieb er bei seiner strikten Ablehnung des Mittelalters und der Gotik. Dazu passt Korzus' Beobachtung, dass die wichtigsten Gebäude der frühen Neugotik in Deutschland geradezu als anti-preußische Denkmale errichtet wurden, da man in Friedrich die Verkörperung eines frankophilen, unpatriotischen Herrschers sah.[39]

Bedeutung des Nauener Tores im Kontext des Potsdamer Städtebaus unter Friedrich

Wenn das Nauener Tor also kein Ausdruck eines positiven Bezuges auf die mittelalterliche Vergangenheit ist, war es dann nur eine gestalterische Laune? Weder im Umfeld des englischen Palladianismus noch bei Friedrich waren andere Stilvarianten je ausgeschlossen, und die Gotik könnte eine Spielart der Exotismen sein, die in den Gärten Friedrichs für Abwechslung sorgten. Dagegen spricht, dass sich Abweichungen vom palladianischen Kanon allgemein auf den Bereich der Innenraumgestaltung und auf Gartenstaffagen beschränken, die im englischen nicht umsonst Folly – also Narretei – genannt werden. Das Nauener Tor ist aber kein Staffagegebäude im Park, es ist ein öffentliches Gebäude mit hoheitlichen Funktionen als Wachhaus und Steuereinnehmerwohnung. Gerade Torgebäude sind öffentliche Statements, die den Geist der Stadt, die man betritt, vor Augen führen. Insofern kann man bei einem Torgebäude eine programmatische

3 Albert Trippel, *Das Nauener Tor in Potsdam*, 1840/1850, Bleistiftzeichnung, Staatliche Museen zu Berlin, Kupferstichkabinett, SZ Trippel 8

Bedeutung voraussetzen. Aus diesem Grund liegen bei repräsentativen Stadttoren die Schauseiten auch gewöhnlich nach außen, dem ankommenden Reisenden zugewandt. Auch in Potsdam haben die beiden wichtigsten Zugänge zur Stadt, das unter Friedrich 1752/1753 als Triumphtor erbaute Berliner Tor und das Brandenburger Tor von 1764, ihre Schauseiten stadtauswärts.

Die gotische Schauseite des Nauener Tors hingegen ist nach innen gerichtet, als Point de vue der damaligen Nauener Straße, und es ist diese Ansicht, die in allen bekannten Darstellungen gezeigt wird. Von der Feldseite des Nauener Tores hingegen gibt es keine Abbildungen. Glücklicherweise gewährt eine Straßenszene des 19. Jahrhunderts von Albert Trippel einen seitlichen Blick auf die Feldseite. Es überrascht, dass diese sich vergleichsweise schlicht und keineswegs gotisch präsentiert: Die Ansicht für den aus Norden Kommenden bestand aus dem barocken Tor, der fensterlosen Stadtmauer und den Dachflächen der beiden Flügel. Die Seitenwände waren zudem mit volutenförmig eingerollten Giebelabschlüssen barock gestaltet (Abb. 3). Das Tor bot Ankommenden also keine Schauseite und erweckte sogar den Eindruck eines Barocktores. Die programmatische Geste war dem vorbehalten, der sich innerhalb der Stadt bewegte oder sie verließ. So gesehen war das Tor nicht als Zugang nach Potsdam gestaltet, sondern als Ausgang, als Tor in die umliegende Mark. Das Gotische fungierte demnach nicht als pars pro toto für Potsdam, sondern für das, was den erwartete, der die Stadt verließ.

Führt man sich eingedenk dieser Beobachtung Friedrichs Urteil über Deutschland als Ganzes und Brandenburg im Besonderen vor Augen, so fügt sich dieses in sein Gotik- und Mittelalterverständnis und verdeutlicht somit die Funktion des Tores als Sinnbild des Potsdamer Umlandes. 1746 schreibt Friedrich an seine Schwester Wilhelmine von Bayreuth: »Nous sortons de la barbarie, et nous sommes encore au berceau; mais les Français ont déjà fait du chemin, et ils ont surtout plus d'un siècle d'avance en toute sorte de succès.«[40] Die Vorstellung, in Potsdam auf einer Art Insel inmitten der »barbarie« zu leben, wurde auch durch das zeitgenössische Landschaftsbild der Umgebung befördert, die von offenen Sandflächen geprägt war. Ein Besucher schreibt 1787: »Man fährt in einem ganz sandigen Boden und die Aussicht auf die unfruchtbaren Ebenen wird durch keinen angenehmen Gegenstand unterbrochen. [In Potsdam, A. H.] ist der Sand auch hierherum zu Hügeln angehäuft, die mit Bäumen, Äckern und Bauernhäusern besetzt sind, die man in einer so dürren Gegend nimmermehr erwartete.«[41]

Antithetische Architekturzitate

Die Idee, Friedrich habe bewusst eine »schlechte« Architektur in Auftrag gegeben, ist weniger ungewöhnlich, als es zunächst erscheinen mag. Eine These erfordert zwangsläufig stets die Antithese, um zur Wirkung zu gelangen, und so taucht in Städtebau und Gartengestaltung unter Friedrich immer wieder das Gegensatzpaar Kultur – Barbarei auf, um die zivilisatorische Leistung Friedrichs zu akzentuieren.

Das soll an zwei Beispielen verdeutlicht werden, dem Alten Markt in Potsdam und dem Ruinenberg bei Sanssouci. Der Alte Markt wurde von Friedrich im Verlauf der 1740er und 1750er Jahre Schritt für Schritt in eine begehbare Vedute umgewandelt, die aus einem Capriccio von Architekturzitaten zusammengesetzt ist.[42] Verschafft man sich einen Überblick, wird schnell klar, dass die Auswahl der Fassaden für die einzelnen Gebäude nicht nur rein ästhetischen Beweggründen unterlag. Zunächst führte der kontinuierliche Umbau des königlichen Schlosses 1745 – 1751 zu einer Palladianisierung der Hauptplatzseite.

ALFRED P. HAGEMANN

Dazu wurde das Fortunaportal des Großvaters mit Portiken gerahmt, die wie beim Berliner Opernhaus dem Vorbild Stourheads folgten.[43] Darauf folgte 1753–1755 das Rathaus für die bürgerliche Verwaltung nach dem Vorbild eines unausgeführten Palladio-Entwurfes für den Palazzo Angarano.[44] Neben weiteren Palladio-Kopien für Wohnhäuser errichtete Friedrich auf dem Platz gleichzeitig einen Obelisken als dynastisches Denkmal, das seinen drei kurfürstlich-königlichen Vorgängern und ihm selbst gewidmet war.[45] So wie im Italien der Renaissance die antiken Obelisken als Symbol der wiedererlangten Kultur wieder aufgerichtet wurden, inszenierte Friedrich sich und seine Dynastie hier als Träger und Überbringer höherer Kultur. Der preußische Staat und die Dynastie werden am Alten Markt also mit Antike und Renaissance identifiziert; sie bereiten der Barbarei gewissermaßen ein Ende.

Gegenüber dem Schloss hingegen ließ Friedrich 1752–1755 der Nikolaikirche eine Fassade vorblenden, die nicht dem Kanon palladianischer Architektur entsprach. Es handelte sich um einen beinahe zeitgenössischen Architekturentwurf, Ferdinando Fugas 1743 errichtete Westfassade von Santa Maria Maggiore in Rom. Sie repräsentiert eine Form des römischen Barock, wie ihn Algarotti ablehnte, weil er mit seinen verkröpften Gebälken, gesprengten Giebeln und seiner hohen Plastizität die Regeln der vitruvianisch-palladianischen Architektur übertrat.[46] Hätte an dieser Stelle einzig das Ästhetische im Vordergrund gestanden, so hätte Friedrich durchaus kanonische Vorbilder finden können – wofür die Pantheonfassaden der von Friedrich protegierten Kirchenbauten stehen, der Hedwigskirche in Berlin oder der Potsdamer Französischen Kirche. Die Fassade ist jedoch als bewusster Gegensatz zum königlichen Schloss zu verstehen. Staat und Dynastie stehen mit palladianischen Architekturformen für die Rationalität der Aufklärung – die Kirche wird hingegen negativ mit einer regelwidrigen Architektur konnotiert. Die (protestantische) Gemeinde war indessen wenig begeistert von der Vorblendung ausgerechnet der Fassade der Hauptmarienkirche Roms vor ihr Gotteshaus. Doch wagte man nicht, deshalb zu protestieren, sondern beschränkte sich auf sachliche Argumente: Manger überliefert die Klage der Gemeinde über die starke Verdunklung der Kirche durch den Portalvorbau und die umlaufenden Arkaden, worauf der König geantwortet haben soll: »Selig sind, die nicht sehen, und doch glauben.«[47]

Diese Anekdote unterstreicht die spöttisch-verächtliche Haltung Friedrichs gegenüber der Kirche, wie sie sich formal in der Assoziation von »römischem Barock« mit »Kirche/Klerus« ausdrückt. Eine Wieder-

4 Johann Friedrich Meyer, *Alter Markt in Potsdam mit Nikolaikirche*, 1771, Öl auf Leinwand, SPSG, GK I 5750

holung dieser Verbindung in unmittelbarer Nähe zeigt, dass es sich wohl um ein Prinzip handelte. Auch das zweite Beispiel einer zeitgenössischen römischen Barockarchitektur, die in Potsdam kopiert wurde, war der Kirche zugewiesen. Es handelt sich um das Pfarrhaus der Nikolaikirche (1752), ebenfalls am Alten Markt. Die Fassade wurde nach Ferdinando Fugas Palazzo della Consulta (1735–1737) kopiert.[48] Dieser Palazzo beherbergte die von Friedrich verachtete und mit der Inquisition in Verbindung gebrachte päpstliche Verwaltung und die päpstlichen Gerichte. Es scheint also kein Zufall zu sein, dass die Kirche in Potsdam gleich zweimal mit päpstlichen, barocken Architekturformen gekennzeichnet wurde. Die in Friedrichs Schriften nach Voltaires Muster allenthalben vertretene Gegenüberstellung des Staates als Motor der Aufklärung und der Kirche als Feindin des Fortschritts[49] ist so am Alten Markt unter bewusster Verwendung einer regelwidrigen Architektur in eine Antithese umgesetzt worden (Abb. 4).

Beim zweiten Beispiel einer antithetischen Gegenüberstellung in der Architektur handelt es sich um Sanssouci und die Gestaltung seiner Umgebung. Während die Überformung durch Lenné heute die malerisch-ästhetische Wirkung des Ensembles hervorhebt, zeigen Beschreibungen von Zeitgenossen, dass das Gegenüber von Weinbergschloss und Ruinenberg ursprünglich als starker Kontrast wahrgenommen wurde. So beschreibt der brandenburg-kulmbachische Resident Ernst Samuel Borchward 1749 zunächst die ausgesuchte Fruchtbarkeit der Weinbergseite:

»Die Haupt Fronte kehret das Schloß nach einer Seite zu, die ihm die gantze Stadt Potsdam ferner die längst der Havel gelegenen anmuthigen Gegenden, und endlich den gantzen Weinberg Zeiget. Beÿ diesem außerordentlich lusternen Anblick muß einem jedem Beschauer das: hier ist gut wohnen! [etc.] nothwendig einfallen. Man muß es selber sehen, wann man davon so starck als ich, gerühret seÿn will.«

Im Vergleich dazu fällt der Gegensatz zur Beschreibung der nördlichen Seite um so deutlicher aus:

»Von dieser Schloß=Seite præsentiret sich eine Gegend, die nicht eben so schön, als wild und einer Einöde ähnlich sieht. Sie bestehet theils aus einer sandichten Plaine, theils aus ein Paar Bergen mit alten knorrichten Eichen bewachsen. [...] Auf dem einen von den erwehnten Bergen nehmlich, welcher der obgedachten Säulen ordnung gerade gegen über liegt, hat man angefangen alte Rudera eines verfallenen Schloßes aufzuführen, welche dem Reisenden eine angenehme Bangigkeit verursachen, und ihm die jugendlichen Mährchens von Schloß=Versamlungen der Geister, und herumwanckenden Rittern, die er von seinen Ammen gehöret, in ein frisches Andencken bringen.«[50]

Das Gegenüber von Kultur und Ödnis, das hier so deutlich hervorgehoben wird, bringt hier bereits in den 1740er Jahren den gleichen Kontrast von Potsdam und seinem Umland zum Ausdruck, auf den auch das Nauener Tor 1755 abzielt. Es ist zudem aufschlussreich, wie wenig stilgeschichtlich Borchward denkt. Für ihn stehen die antiken Ruinen in allgemeiner Art für die Vergangenheit, und so kann er sich angesichts der Trümmer des Forum Romanum an schauerliche Rittermärchen erinnern. Die Ruine wird als allgemeines, überzeitliches Vanitas-Symbol wahrgenommen, dessen Hauptfunktion es ist, den Kontrast mit der blühenden Kultur Sanssoucis zu unterstreichen. Ebenso dürfte auch eine gotische Architektur sehr allgemein als pars pro toto des Unzivilisierten und Vergangenen gegolten haben.

Wie Borchwards Aussagen deutlich machen, hatten Ruinen im Landschaftsgarten zunächst eine kontrastierende Funktion, und Borchwards Vermischung von Antiken- und Mittelalterassoziationen lässt vermuten, dass das auch bei gotischen Formen der Fall war. Deshalb lohnt sich nochmals der Blick ins Ursprungsland des Landschaftsgartens, nach England. Es zeigt sich, dass die gotischen Gartenstaffagen der ersten Generation tatsächlich häufig als Antithese zu den palladianischen Häusern zu verstehen sind. Dem klassizistischen Haus standen eine gotische Ruine oder besonders häufig ein gotisches Tor in Sichtbeziehung gegenüber, die den Kontrast zwischen dem zivilisierten Park und dem Umland betonten.[51] Die Nutzung gotischer Formen, gerade auch bei William Kent in den 1730er Jahren, war also kein Zeichen der Wertschätzung der Gotik, sondern – im Gegenteil – eine ästhetische Strategie, um den Primat des Palladianismus zu untermauern: »They are sketches in stone, providing points of contrapositional references for the viewer and highlightening by contrast the carefully finished classicism of the principal garden features.«[52]

ALFRED P. HAGEMANN

Erst in der folgenden Generation, also zur Zeit der Erbauung des Nauener Tores, entwickelte sich in England die Gotik zu einer positiv besetzten Alternative zur palladianischen Doktrin, in der schließlich auch die Häuser selbst errichtet wurden – in Deutschland folgte diese Entwicklung aber erst zwanzig Jahre später mit dem Gotischen Haus in Wörlitz.

Form und Vorbilder des Nauener Tores

Nachdem eine These für die Motivation Friedrichs zur Errichtung des gotischen Nauener Tores als Antithese zu den palladianischen Architekturen der Residenz entwickelt wurde, können auch die Fragen nach der konkreten Form des Tores beantwortet werden. Es ist wenig verwunderlich, dass man die Vorbilder des Nauener Tores stets in England gesucht hat. Friedrichs Architekturpraxis war besonders stark vom Kopieren aus Vorlagenwerken geprägt, und in den 1750er Jahren existierte keine andere denkbare Quelle für neugotische Entwürfe als England. Da Friedrich zudem über Algarotti in engem Kontakt zur englischen Szene stand, erschien die Herkunft einer Vorlage aus England umso naheliegender. Dagegen spricht allerdings, dass Algarotti und seine englischen Kontakte als doktrinäre Palladianer wohl kaum als Vermittler von neugotischen Formen in Erscheinung getreten sein dürften. Auf der Suche nach einer konkreten, kopierten Vorlage ist man folglich bisher nicht fündig geworden. Zwar herrscht kein Mangel an turmbewehrten »Gothic Gates«, sie bleiben aber von Bürings Bau zu weit entfernt, um als direkte Vorbilder infrage zu kommen. Insbesondere die charakteristischen Kegeltürme mit den gemauerten Helmen des Nauener Tores kommen in englischen Vorlagenwerken nicht vor.[53] Das häufig angeführte Vorbild Inverary Castle in Schottland kann man, wie Korzus gezeigt hat, als solches ausschließen, da es in seiner ursprünglichen Form gar keine Kegeldächer besaß.[54]

Viel konkreter ist die charakteristische Gestalt des Nauener Tores hingegen an einem bisher unvermuteten Ort zu finden, für den zweifelsohne spricht, dass er Friedrich ganz sicher bekannt war (Abb. 5). Für die erste Ausgabe seiner eigenen Werke ließ der König 1750 Illustrationen von dem bedeutenden Stecher Georg-Friedrich Schmidt anfertigen. Die Vignette zur »Éloge de Jordan« des dritten Bandes zeigt im Hintergrund eine von Kolonnaden gesäumte (Stadt-)Mauer, die durch ein von Rundtürmen mit Spitzhelmen flankiertes Tor unterbrochen wird. Die Kombination der Kolonnaden, der spitzbehelmten Rundtürme und des dazwischenliegenden Tores präfigurieren das Nauener Tor wenige Jahre vor der Ausführung auf überzeugende Weise. Im Zusammenhang mit der Deutung des Nauener Tores ist auch die weitere Gestaltung der Vignette aufschlussreich.

Die »Éloge auf Jordan« rühmt die Verdienste des Charles Étienne Jordan um den Aufbau der Wissenschaften in Berlin, die er zunächst seit 1740 als Oberaufseher der Universitäten und dann von 1744 bis zu seinem frühen Tod 1745 als Vizepräsident der Berliner Akademie prägte. Dementsprechend zeigt der Vordergrund der Vignette rechts eine palladianische Architekturform, die als Akademiegebäude gekennzeichnet ist, vor dem sich Wissenschaftler und Philosophen versammeln. Dem Akademiegebäude stehen ein trophäengeschmückter Obelisk, ein Wandbrunnen, antike Säulentrommeln und eine Pinie gegenüber, die die Szene in einer italienischen Landschaft verorten. Die erwähnte Mauer und das Tor im Hintergrund schließen diese Szenerie schützend ab, während sich dahinter schroffe Berge andeuten. In unserem Zusammenhang ist es besonders aufschlussreich, dass dieser idealisierte Ort durch das Tormotiv gegenüber einer schroff-alpinen, das heißt »nördlichen«, Natur abgeschirmt ist. Das Motiv der Rundtürme erscheint dabei ebenso unpassend im Kontext der italienischen Architektur wie das Nauener Tor im Stadtgefüge Potsdams – es sei denn, man liest es auch hier als Verweis auf das Dahinterliegende,

5 Georg Friedrich Schmidt, *Vignette zur »Éloge de Jordan«* (aus: Friedrich II., Œuvres du Philosophe de Sans-Souci, Bd. 3, [Berlin,] Au Donjon du Château, 1750, S. 231), 1750, Radierung, SPSG, Signatur V 3, Ausschnitt

als den symbolischen Übergang zwischen Kultur und ungebändigter Natur. Unklar bleibt, ob die Gestaltung der Vignette mit diesen architektonischen Versatzstücken ein Entwurf Schmidts war oder ob schon hier Anregungen des Königs verarbeitet wurden. In jedem Falle belegt der Stich, dass Friedrich schon Jahre vor der Erbauung des Nauener Tores sowohl mit der architektonischen Grundform als auch mit der Idee einer antithetischen Funktion von Torbauten vertraut war.

Während die Vignette die Herkunft der Gestalt des Nauener Tores überzeugend herleitet, ist die konkrete, stilistisch gotische Ausformung bei Schmidt nicht angelegt. Es ist anzunehmen, dass die von Manger erwähnte Skizze des Königs für den Torneubau nicht viel mehr vorgab als die Disposition von Spitztürmen, Arkaden und Tor wie in der Vignette. Durch die Bezeichnung »gotisch« war es dann dem Architekten Büring überlassen, die Details zu definieren. Besonders die konkrete Gestalt der Türme hat in der Forschung zum Nauener Tor immer für Verwirrung gesorgt. Gibt die Vignette nur summarisch Rundtürme mit spitzen Dächern vor, so ist die gebaute Form mit den gemauerten Zylinderhelmen ausgesprochen spezifisch. Der sehr naheliegende Vergleich mit den in der Mark häufig anzutreffenden Rundtürmen mit gemauerten Kegeldächern wurde von Georg Dehio schon 1912 aufgebracht, aber von der weiteren Neugotikforschung abgelehnt.[55] Das ist verständlich, da die Rezeption der heimischen Gotik in Deutschland erst nach 1800 einsetzt.[56] Setzt man für eine formale Vorbildnahme eine inhaltlich-geistige Vorbildfunktion voraus, so erscheint die Rückbeziehung auf mittelalterliche Stadttore der Mark tatsächlich wenig überzeugend und verfrüht.

Die hier vorgestellte These, nach der das Nauener Tor als derogatives pars pro toto für die Mark verstanden wird, macht es hingegen gerade plausibel, dass Büring auf eine indigene, mittelalterliche Architekturform der Mark zurückgriff. Formal fällt es in jedem Fall leichter, ein überzeugendes Vorbild für die Türme des Nauener Tores in der mittelalterlichen Fortifikationsarchitektur Brandenburgs zu finden als in englischen Vorlagen. Insbesondere die gemauerten Kegelhelme auf einem zylindrischen Fußabschnitt sind eine im Wesentlichen auf Mittel- und Ostdeutschland beschränkte, dort aber gängige Form.[57] Eine Vorbildwirkung dieser Türme auf Büring wird neben der spezifischen Form auch durch eine Untersuchung der Konstruktion gestützt. So sind die Kegel des Nauener Tores über einer hölzernen Kaiserstielkonstruktion gemauert,[58] wie sie sich beispielsweise ganz ähnlich am Mitteltorturm in Prenzlau aus dem 14. Jahrhundert findet.[59]

Die Einordnung des Nauener Tores in den Kontext der Architektur Friedrichs hat gezeigt, dass dieses Gebäude nicht allein durch seinen frühen Entstehungszeitpunkt einen ganz eigenen Stellenwert in der Architekturgeschichte einnimmt. Das Nauener Tor ist mehr als eine vereinzelte Frühform der deutschen Neugotik. Vielmehr ist es in seiner Intention und Form scharf von den neugotischen Architekturen des letzten Viertels des 18. Jahrhunderts zu trennen. Während diese die Gotik als Alternative zum kanonisierten klassischen Formenrepertoire und als trotzigen Ausdruck der Wertschätzung der eigenen Vergangenheit und Kultur einsetzte, ist Friedrichs bewusstes Aufgreifen der gotischen Formen im Gegenteil Ausdruck seiner Verachtung für das Mittelalter. Eine Verringerung des zivilisatorischen Rückstandes von Deutschland und Preußen sah Friedrich nur in der Überwindung des »Gotischen« und im Nacheifern der Antike. Das Nauener Tor ist somit in seiner antithetischen Funktion kein im eigentlichen Sinne neugotisches Gebäude, sondern als rhetorische Figur ein extremer Exponent des friderizianischen Palladianismus.

1 Neumeyer, 1928, S. 161.
2 Robson-Scott, 1965, S. 30.
3 Mielke, 1991, S. 198.
4 Vgl.: Alexandra Restaurierungen, 1994, S. 12–17.
5 Hier vor allem: Manger, 1789, Bd. 1, S. 197–199.
6 Die wichtigsten sind: Bestandsaufnahme des Baurats Redtel: »Zeichnung vom Nauener Thore in Potsdam«, Stadtseite und Grundriss, wohl 1845, BLHA, Rep. 2 A Regierung Potsdam I Hb, Nr. 1197, Bl. 222. – Radierung Johann Poppel nach M. Kurz: »Das Nauener Tor in Potsdam«, Stadtseite,

um 1850, Potsdam Museum – Forum für Kunst und Geschichte, V 80/375 K 2A. – Albert Trippel: »Das Nauener Tor in Potsdam«, Seitenansicht, um 1840/1845, SMB, Kupferstichkabinett, SZ Trippel 8.
7 Alexandra Restaurierungen, 1994. – Böhm, 1992. – Liebe & Schellhase, 1995/1996. – Schellhase & Bernke, 1992. – Segner, 1994. – Ich danke dem Sanierungsträger Potsdam herzlich für die Möglichkeit der Einsichtnahme.
8 Manger, 1789, Bd. 1, S. 198 f.
9 Vgl.: Böhm, 1992, S. 5–9.

ALFRED P. HAGEMANN

10 Manger, 1789, Bd. 1, S. 197–199.

11 Diese Mischung bemerkt auch Manger, der den »simplen Kalkabputz auf Rustikart« und die »Fensteröffnungen darüber mit Spitzbogen« als die »gotischen« Elemente des Tores beschreibt, während ihm die Konsolen des Hauptgesimses »ziemlich modern« erschienen (Manger, 1789, Bd. 1, S. 198 f.).

12 Manger, 1789, Bd. 3, S. 544.

13 Zur Entwicklung des Gotikbegriffes gibt es umfangreiche Forschungen. Grundlegend noch immer: Frankl, 1960.

14 Schreiben Friedrichs II. an Wilhelmine, 4. Mai 1754 (Œuvres de Frédéric le Grand, Bd. 27/1, S. 274. – In diesem Beitrag zitiert nach der digitalen Ausgabe der Universitätsbibliothek Trier: http://friedrich.uni-trier.de).

15 Œuvres de Frédéric le Grand, Bd. 24. – Schreiben Friedrichs II. an d'Alembert, 4. (7.) April 1771 (Œuvres de Frédéric le Grand, Bd. 24, S. 592).

16 »Was man an guter Architektur im Norden sieht, stammt alles aus etwa der selben Zeit: das Schloss und das Zeughaus in Berlin, die Reichkanzlei und die Kirche St. Karl Borromäus in Wien, das Schloss Nymphenburg in Bayern, die Brücke in Dresden und das Chinesische Palais in Dresden, das Schloss des Kurfürsten in Mannheim, das Palais des Herzogs von Württemberg in Ludwigsburg. Wenn auch diese Gebäude denen von Athen und Rom auch nicht gleichwertig sind, so sind sie doch der gotischen Architektur unserer Vorväter überlegen« (Œuvres de Frédéric le Grand, Bd. 2, S. 44 f.).

17 Blondel, 1698, Bd. 1, S. 4.

18 Diderot/d'Alembert, 1757. – Eggers, 1757. – Zit. nach: Neumeyer, 1928, S. 161.

19 Bühnenbild zum 3. Akt der Oper Montezuma, verkleinerte Ölfassung von Karl Friedrich Fechhelm des Originalentwurfs von G. Galli da Bibiena, 1755, SPSG, GK I 12008.

20 Die Bedeutung von »Montezuma« als ein Lehrstück gegen die Barbarei der katholischen Kirche in Amerika drückt Friedrich in einem Schreiben an den Grafen Algarotti von 1753 unmissverständlich aus: »Vous sentez bien que j'intéresserai pour Montézuma, que Cortès sera le tyran, et que par conséquent on pourra lâcher, en musique même, quelque lardon contre la barbarie de la R. Cr.« (Œuvres de Frédéric le Grand, Bd. 18, S. 101).

21 Vgl.: Giersberg, 2001, S. 20.

22 Buttlar, 1982, S. 104–107.

23 »Locke fit tomber le bandeau de l'erreur, que le sceptique Bayle, son précurseur, avait déjà détaché en partie. Les Fontenelle et les Voltaire parurent ensuite en France; le célèbre Thomasius, en Allemagne; les Hobbes, les Collins, les Shaftesbury, les Bolingbroke, en Angleterre« (Œuvres de Frédéric le Grand, Bd. 2, S. 40).

24 Schreiben von Thomas Gray an Dr. Wharton, 22. April 1760 (Mitford, 1835, Bd. 3, S. 241).

25 Diesen engen Zusammenhang zwischen staatsphilosophischem Liberalismus und dem architektonischen Palladianismus hat Adrian von Buttlar überzeugend nachgewiesen (Buttlar, 1982, S. 22).

26 Schreiben Algarottis an Lord Burlington (zit. nach: Buttlar, 1982, S. 42).

27 Schreiben Algarottis an Friedrich II., 13. Dezember 1751 (Œuvres de Frédéric le Grand, Bd. 18, S. 91).

28 Vgl.: Kania, 1909, S. 23.

29 Vgl. die erste deutsche Ausgabe: Algarotti, 1769.

30 Algarotti verwendet folglich auch das Wort »gotisch« als derogativen Ausdruck für unmodische, veraltete Formen. So fragt Algarotti Friedrich 1742 scherzhaft, was dessen Vorfahren wohl zu Friedrichs Siegen sagen würden: »Si ses augustes ancêtres [...] levaient leurs têtes sacrées et poudreuses du fond de leurs respectables tombeaux [...] ils diraient de V. M., en style à la vérité un peu gothique, la valeur à peu près de ce que Virgile disait d'Auguste: Imperium terris, animos aequabit Olympo« (Œuvres de Frédéric le Grand, Bd. 18, S. 53–56).

31 Niedermeier, 2004, S. 104.

32 Niedermeier, 2004, S. 98. – Vgl. auch: Korzus, 2008, S. 28.

33 Korzus, 2008, S. 27.

34 Korzus, 2008, S. 30–36.

35 Ullrich Sachse hat das Mittelalterbild Friedrichs einer aufschlussreichen Analyse unterzogen, der ich für diese Ausführungen verpflichtet bin (Sachse, 2008, S. 47–54).

36 Schreiben Friedrichs II. an Voltaire, 13. August 1775.

37 Schreiben Maria Antonias von Sachsen an Friedrich II., 15. März 1772 (Œuvres de Frédéric le Grand, Bd. 24, S. 262 f.). – Friedrichs Antwort vom 22. März 1772 (Œuvres de Frédéric le Grand, Bd. 24, S. 264 f.).

38 Knoll, 2005, S. 91–95.

39 Korzus, 2008, S. 30, 36, 42 u. 47.

40 Schreiben Friedrichs II. an Wilhelmine, 16. November 1746 (Œuvres de Frédéric le Grand, Bd. 27/1, S. 167 f.).

41 Der Teutsche Merkur, 1788 (zit. nach: Hoeftmann/Noack, 1992). – Schreiben Friedrichs II. an Voltaire, 10. Januar 1776: »J'avoue que, excepté la Libye, peu d'États peuvent se vanter de nous égaler en fait de sable.«

42 Vgl.: Becker, 2005, S. 211–224.

43 Becker, 2005, S. 216.

44 Becker, 2005, S. 215.

45 Vgl. dazu die Ausführungen Mangers in den entsprechenden Jahren (Manger, 1789, Bd. 1).

46 Manger kritisiert die Fassade scharf. Sie sei unruhig, überladen und daher sowohl für das Auge ermüdend als auch für das nordeuropäische Klima ungeeignet (Manger, 1789, Bd. 1, S. 148).

47 Manger, 1789, Bd. 1, S. 150.

48 Manger, 1789, Bd. 1, S. 137 f.

49 Épître à mylord Baltimore, sur la liberté. – In seiner Epistel an Lord Baltimore schildert Friedrich, wie Wahrheitsliebe und Weisheit von Griechenland auf Rom übergingen, aber schließlich von der katholischen Kirche unterjocht wurden. Seither, so Friedrich, stehen Madrid und Paris im Rausch des Fanatismus, während auch Deutschland vom Klerus in der Dunkelheit gehalten werde (Œuvres de Frédéric le Grand, Bd. 14, S. 81–87).

50 Borchward, 2012 (Bayerisches Staatsarchiv Bamberg). – Diese neu entdeckte Quelle wird zur Zeit ediert und parallel zu diesem Band 2012 erscheinen. Ich danke Herrn Rashid Sascha Pegah für die Möglichkeit der Auswertung.

51 Diese unterschiedlichen Phasen der Gotikrezeption sieht Korzus auch in den Bauphasen des Gotischen Hauses in Wörlitz: »War der erste Wörlitzer Bau mit der vorgeblendeten gotischen Kirchenfassade [...] eher ein pittoreskes Kontrastelement zum neuen klassizistischen Schloss, so ist dieses neue, auf der Gartenseite angefügte Gebäude [...] geradezu eine politische Signalstation« (Korzus, 2008, S. 36).

52 McCarthy, 1987, S. 32.

53 Es sei darauf verwiesen, dass im Gesamtwerk des britischen Barockarchitekten John Vanbrugh Beispiele von Türmen mit Kegeldächern zu finden sind: zum einen bei seinem eigenen Haus in Greenwich von 1717 (vgl.: Curl, 1993, S. 50) und zum anderen bei dem nie ausgeführten Entwurf für Inverary Castle (vgl.: Macaulay, 1975, S. 52). – Obwohl eine Rezeption von Vanbrughs Castle Howard beim Bau des Neuen Palais in Potsdam angenommen werden kann (zuerst vermutet in: Kania, 1926, S. 22), ist eine konkrete Kenntnis der Vanbrugh'schen Türme in Potsdam bisher nicht nachzuweisen, da diese nicht zu den im »Vitruvius Britannicus« publizierten Werken des Architekten gehören. Da aber belegt ist, dass Friedrich über den in seinen Diensten stehenden schottischen General Keith direkt mit Entwürfen des Engländers William Chambers versorgt wurde, ist es immerhin nicht auszuschließen, dass auch das Motiv der Kegeltürme über diese Quelle in Potsdam bekannt wurde (Dorst, 2010, S. 173–185).

54 Korzus, 2008, S. 6–8.

55 Vgl.: Kamphausen, 1952, S. 4. – Giersberg, 1981, S. 213.

56 Die früheste Verarbeitung eines Vorbildes der Backsteingotik in Preußen ist der Rindviehstall auf der Pfaueninsel von 1802 (Mielke, 1991, S. 471).

57 Vgl.: Nova, 1909, S. 64 f.

58 Segner, 1994.

59 Nova, 1909, S. 71.

TOBIAS SCHENK

FRIEDRICH UND DIE JUDEN[1]

»… den hier muß ein jeder nach seiner Fasson selich werden«?
Zur Rolle der Juden im Denken Friedrichs des Großen

»Friedrich und die Juden« – begreift man diese Themenstellung im engeren Sinne, fragt man also nach der Rolle der Juden im Denken des Preußenkönigs, so fällt es nicht leicht, dieser Beziehungsgeschichte neue Facetten abzugewinnen. Stattdessen könnte man es dabei bewenden lassen, sich auf Christian Wilhelm von Dohm zu berufen (Abb. 1). Als dieser 1819, ein Jahr vor seinem Tod, publizistisch auf die vorangegangenen Jahrzehnte zurückblickte, die er in verschiedenen Positionen im preußischen wie im westfälischen Staatsdienst mitgeprägt hatte, resümierte er, Friedrich habe gegenüber den Juden »alle Gesinnungen des Landesvaters verläugnet«.[2] Mehr als 35 Jahre zuvor, als junger Kriegsrat und Freund Moses Mendelssohns, hatte Dohm mit seinen Überlegungen »Über die Bürgerliche Verbesserung der Juden«[3] (1781) die Programmschrift der einsetzenden Emanzipationsdebatte in Deutschland verfasst. Im Fokus seiner Ausführungen standen dabei vor allem die restriktiven Judenordnungen der Territorien des Alten Reiches, die Dohm als eigentliche Ursache für die moralische Verdorbenheit der jüdischen Minderheit ausmachte und von deren schrittweiser Aufhebung er sich eine Integration der bislang ausgegrenzten, jedoch prinzipiell »verbesserungsfähigen« Minderheit erhoffte.

Während über Preußen hinaus eine Debatte über seine Thesen einsetzte, begann Kaiser Joseph II. seine von Widersprüchen gewiss nicht freie, von zahlreichen aufgeklärten Juden jedoch enthusiastisch gefeierte Toleranzgesetzgebung ins Werk zu setzen. Doch wenn vor dem Hintergrund dieser Wandlungsprozesse, die der späteren staatsbürgerlichen Emanzipation den Weg bereiteten, das Jahr 1781 in den gängigen Handbuchdarstellungen als Zäsur im Rahmen der deutsch-jüdischen Geschichte der Neuzeit erscheint,[4] muss darauf hingewiesen werden, dass all diese Entwicklungen am König von Preußen nahezu spurlos vorübergingen, obwohl der »roi philosophe« zweifellos zu den Adressaten von Dohms Schrift zu rechnen ist.

Denn Friedrich hegte gegenüber den Juden zeitlebens eine tiefe Aversion, die häufig aktenkundig geworden ist und darüber hinaus auch in programmatischen Schriften wie den Politischen Testamenten von 1752 und 1768 ihren Niederschlag fand.[5] Danach sollten sich Juden im preußischen Staat lediglich in dem Maße entfalten können, in dem sie sich (vornehmlich durch ihren Osteuropahandel mit preußischen Manufakturwaren) in der Lage zeigten, den ambitionierten Zielen des friderizianischen »Fabrikensystems«[6] zu dienen. Dieser Befund müsste angesichts der Bemühungen Friedrichs um eine Bewahrung der überkommenen, ständisch geprägten Sozialordnung und den damit einhergehenden utilitaristisch geprägten Rollenzuweisungen noch keine Besonderheit darstellen, besaß bei näherem Hinsehen aber doch einzigartige Qualität. So entwickelte der König nicht nur Pläne zu großangelegten Zwangsumsiedlungen von Juden an die polnische Grenze, sondern sprach einem erheblichen Teil der eingesessenen Judenschaft überhaupt die Niederlassungsberechtigung ab. Arme oder auch nur gering vermögende Juden galten dem Monarchen als »gantz unnöthig« und sollten mitsamt ihren Familien »nach aller Möglichkeit […] weggeschaffet«[7] werden.

Über die Ursprünge dieser den Postulaten der Aufklärung widersprechenden Gesinnung sind viele Vermutungen angestellt worden. Neben Prägungen durch den Vater wurde dabei insbesondere dem Ein-

1 Karl Christian Kehrer, *Christian Conrad Wilhelm von Dohm*, 1795, Öl auf Leinwand, Halberstadt, Gleimhaus, A 094

fluss Voltaires eine bedeutende Rolle zugeschrieben. Dem französischen Dichter erschien aus deistischer Perspektive nicht nur das Christentum als unvereinbar mit den Werten der Aufklärung. Auch das Judentum figurierte bei ihm »als Religion des Aberglaubens mit grausamen, Gott zugeschriebenen Geboten, mit einer manipulativen Priesterherrschaft und barbarischen Verhaltensmaßregeln, die mit Humanismus und Moral nicht in Einklang zu bringen seien«.[8] Doch dürfte die Genese von Friedrichs Aversionen gegenüber den Juden daraus kaum überzeugend zu erklären sein. Relevanter erscheint ohnehin die Frage nach den Auswirkungen auf die davon Betroffenen. Denn wenn ein Landesherr wie Friedrich der Große, der den preußischen Staat beinahe ein halbes Jahrhundert hindurch autokratisch regierte, den Juden dermaßen ablehnend gegenüberstand, konnte dies kaum ohne schwerwiegende Folgen bleiben. Es gilt also, die Perspektive strukturgeschichtlich von »Friedrich und die Juden« hin zu »Der preußische Staat und die Juden« zu erweitern – um den Titel von Selma Sterns Monumentalwerk zu zitieren, das den Forschungsstand bis heute maßgeblich prägt.[9] Doch bevor vom preußischen Staat die Rede ist, soll der andere Teil jenes historischen Beziehungsgeflechts charakterisiert werden: die Juden, die in diesem Staat lebten.

Juden in Preußen – eine Minderheit mit vielen Gesichtern

In der Mitte der 1740er Jahre, nach der Eroberung Schlesiens, lebten groben Schätzungen zufolge rund 14 000 Juden unter dem Zepter Friedrichs des Großen. Das waren etwa 0,5 Prozent der rund vier Millionen zählenden preußischen Untertanen und 20 Prozent aller Juden im Alten Reich. Beim Tode Friedrichs im Jahre 1786 waren es bereits 32 000, von denen viele erst durch die Annexion Westpreußens und des Netzedistrikts im Zuge der ersten Teilung Polens (1772) zu »Preußen« geworden waren.[10] Was hatten jene 32 000 Menschen miteinander gemein, deren Siedlungsgebiete sich vom Niederrhein bis nach Litauen und

2 Jean Pierre Antoine Tassaert, *Moses Mendelssohn*, 1785, vergoldete Bronze, Staatliche Museen zu Berlin, Alte Nationalgalerie, B I 245

damit über eine Distanz von rund 1 200 Kilometern erstreckten? Auf der einen Seite standen vielfältige Kulturkontakte, welche die polnische Judenheit mit ihren Religionsgenossen im Westen verband. Man denke lediglich an die Migration polnischer Schulmeister, von denen der spätere Philosoph Salomon Maimon nur der bekannteste ist. Auch auf zahlreiche jüdische Kaufleute aus Osteuropa übten die aufstrebende Metropole Berlin sowie die Handels- und Messestädte Königsberg, Breslau und Frankfurt an der Oder eine starke Anziehungskraft aus, die durch die restriktive friderizianische Handelspolitik allerdings oft geschwächt wurde.

Dennoch: Wenn unlängst unter starker Fokussierung auf die Verhältnisse in Berlin die These vertreten wurde, es seien »die« preußischen Juden trotz aller durch den König getroffenen Gegenmaßnahmen aus jener Zeit »auf bemerkenswerte Weise gestärkt«[11] hevorgegangen, so wäre zunächst danach zu fragen, wer mit den preußischen Juden überhaupt gemeint ist. Denn zwischen den Juden der einzelnen preußischen Landesteile, die sich wie in anderen Territorien in Landjudenschaften organisiert hatten, bestanden erhebliche ökonomische und kulturelle Unterschiede, die während der Regierungszeit Friedrichs des Großen eher an Brisanz gewannen, als dass sie abgebaut worden wären. Nicht nur lagen zwischen der Wirtschaftstätigkeit westfälischer Viehhändler und Berliner Manufakturunternehmer buchstäblich Welten. Auch kulturell wuchsen die Abstände zwischen der Provinz und der Hauptstadt, wo sich nach dem Siebenjährigen Krieg (1756–1763), unterstützt durch das Mäzenatentum der im Krieg zu großem Reichtum gelangten »Münzjuden«, ein Staunen erregendes »Haskala milieu«[12] herausbildete. Berlin avancierte in den Folgejahren zum insbesondere mit dem Namen Mendelssohns (Abb. 2) verbundenen

Zentrum der jüdischen Aufklärung in Europa – während zu gleicher Zeit aus dem Netzedistrikt rund 6 000 Juden auf Befehl Friedrichs aus ihrer angestammten Heimat vertrieben wurden; beinahe doppelt so viel, wie Berlin jüdische Einwohner hatte.[13]

Innovation und Tradition, Reichtum und nackte Armut, gesellschaftlichen Aufstieg und Vertreibung – dies alles findet, wer sich mit jüdischer Geschichte in Preußen befasst. Besonders schwer zu beantworten ist deshalb die Frage, wie sich die beinahe ein halbes Jahrhundert während Regentschaft Friedrichs auf diese so heterogene Minderheit auswirkte. Falls der Preußenkönig daranging, seine durch ökonomisches Kalkül nur teilweise überlagerte Aversion gegenüber den Juden in praktische Politik umzusetzen, muss man unter Einbeziehung des wirtschaftshistorischen Forschungsstandes schwerwiegende Folgen vermuten. Denn von einem »importierten jüdischen Ersatzbürgertum«,[14] das zahlreiche Publikationen noch immer prägt, kann auf Basis der wichtigen Studien Rolf Straubels »weder für Berlin noch Magdeburg, weder für Frankfurt noch Halberstadt gesprochen werden«.[15] Allein in Frankfurt überstieg das Durchschnittsvermögen christlicher Kaufleute um 1765 dasjenige ihrer jüdischen Konkurrenten um mehr als das Vierfache und belief sich auf 4 985 Reichstaler gegenüber 1 191 Reichstalern[16] Noch dazu ist im Falle Frankfurts von einer auf den Fernhandel orientierten Messestadt die Rede, deren Judenschaft in ihrer finanziellen Potenz deutlich vor unzähligen anderen Gemeinden rangierte. Sofern der König seine vornehmlich wirtschaftspolitisch definierten Vorstellungen des Judengeleits in die Praxis umsetzte, musste angesichts solcher Rahmenbedingungen nahezu zwangsläufig eine wachsende Zahl von Familien in existenzielle Schwierigkeiten geraten.

Das Revidierte Generalreglement von 1750

Den ersten grundlegenden legislativen Schritt Friedrichs auf dem Feld der Judenpolitik bildete das »Revidierte Generalreglement« von 1750, das an die Stelle jener Judenordnung trat, die sein Vater 1730 erlassen hatte.[17] In unzähligen Paragraphen, die das Regelwerk von 1730 allein quantitativ um ein Mehrfaches übertrafen, formulierte der Monarch den Anspruch, zum Schutze der christlichen Untertanenschaft die demographische und ökonomische Entwicklung der jüdischen Minderheit in feste Bahnen zu lenken und einer stetigen Überwachung zu unterwerfen. Eine umfassende Würdigung dieses Dokuments ist an dieser Stelle weder intendiert noch möglich. Allein jene Flut von Verboten und Einschränkungen, welche die Handelstätigkeit und den Immobilienbesitz von Juden betrafen, wären eine eigene Darstellung wert. Stattdessen sei lediglich auf einige grundlegende Neuerungen auf dem Feld der Geleitvergabe verwiesen. Hierbei ist gewissermaßen vom normenpolitischen Kern die Rede, von der Vergabe beziehungsweise Vererbung von Schutzbriefen, die ihren Empfängern die Niederlassung im Lande sicherten und somit direkt mit der demographischen Entwicklung der jüdischen Minderheit in Verbindung standen – jeder preußische Jude geriet im Laufe seines Lebens mit diesen Paragraphen in der einen oder anderen Weise in Berührung.

Eingeführt wurde nun 1750 eine Differenzierung zwischen ordentlichen und außerordentlichen Schutzjuden. Letztere besaßen keinerlei Recht zur Etablierung ihres Nachwuchses. Und selbst den ordentlichen Schutzjuden wurde – eine bedeutende Verschärfung gegenüber den bisherigen Regelungen – lediglich die Vererbung ihres Schutzrechts an ein Kind gestattet, sofern dieses nachweislich über ein Vermögen von 1 000 Reichstalern verfügte. Das Etablissement zweiter oder gar dritter Kinder sollte hingegen »gar nicht mehr gestattet werden« (§ V, Abs. 2). Bestätigt wurde damit ein Rechtszustand, den Friedrich bereits durch landesherrliche Reskripte vom Oktober 1747 und Mai 1749 geschaffen hatte.[18] Auch bei oberflächlicher Lektüre dieser Paragraphen müsste die Zielsetzung des Reglements eigentlich jedem Leser deutlich werden. Und für den Fall, dass hier tatsächlich Missverständnisse entstehen sollten, spricht die Vorrede des Reglements selbst offen aus, was mit alldem bezweckt wurde: Die »überhand nehmende Vermehrung« der Juden sollte gestoppt werden.

Unter Berücksichtigung der angedeuteten Vermögensverhältnisse musste das Reglement selbst für die ältesten Söhne aus jenen Familien eine immense Brisanz entfalten, die ihren Nachwuchs nicht mit 1 000 Reichstalern ausstatten konnten – wobei von weiten Teilen der gesamten Judenschaft die Rede ist. Den Betroffenen war all dies vollkommen klar. Mehrere Jahre hindurch kämpften ihre Ältesten verzweifelt gegen die Publikation des verhängnisvollen Reglements, doch verhindern konnten sie es schließlich nicht.[19]

Dem Historiker stellt sich somit zwangsläufig eine klassische Frage der Absolutismusforschung, nämlich jene nach der Normdurchsetzung. Doch bevor zu erkunden ist, wie tief die 1750 formulierten Restriktionen in die Lebensläufe der Betroffenen einschnitten, müssen einige wissenschaftsgeschichtliche Überlegungen erfolgen. Denn trotz ihrer restriktiven Stoßrichtung findet die Judenpolitik des preußischen Staats im Ancien Régime in der Forschung bislang – einzelner kritischer Stimmen zum Trotz[20] – mehrheitlich eine positive Würdigung.

Der preußische Staat – ein »lieu de mémoire« deutsch-jüdischer Geschichtsforschung?

Ursächlich für diese im Lichte der bisherigen Ausführungen überaus bemerkenswert erscheinende Interpretation ist die Art und Weise, in der die Leistungen des abstrakt gedachten preußischen Staates gewichtet werden. So hätten es die Beamten bereits seit dem frühen 18. Jahrhundert aus naturrechtlicher Opposition heraus unternommen, »die Befehle des Königs aufzuschieben oder seine Verbote abzuschwächen«.[21] Derartige Vorstöße seien »eher typisch als singulär«[22] gewesen und hätten dazu beigetragen, dass sich innerhalb der Administration geradezu eine »Tradition der Solidarisierung«[23] habe herausbilden können. Entgegen der Intention Friedrichs des Großen sei es deshalb zu »einer gewissen Minderung des Drucks« in der zweiten Hälfte des 18. Jahrhunderts gekommen.[24]

Darüber hinaus habe sich auch auf dem Feld der Judenpolitik die allgemeine Tendenz einer Verrechtlichung der Herrschaftsstrukturen ausgewirkt – »einheitliche Kodifizierung und Rationalisierung« hätten die Reichweite monarchischer Machtsprüche begrenzt: »Die Reduktion der Judenverfassung auf zentrale, damit vergleichbare Maßstäbe objektivierte die rechtlichen Konditionen, was für die Betroffenen zu kontrollierbaren, das heißt einforderbaren Ansprüchen beziehungsweise anfechtbaren Entscheidungen führte.«[25] Insofern »öffnete die spätabsolutistische Minderheitenpolitik ein wichtiges Tor zur bürgerlichen Moderne: Sie löste auch die Juden aus dem Zustand persönlicher Duldung heraus und forcierte ihre konsequente Einbeziehung in den Untertanenverband. Sie markierte einen weiteren Schritt zur Verrechtlichung ihrer Existenz und versuchte erstmals, über Politik und Gesetzgebung eine soziale Einbindung der Juden in den Staat zu erwirken.«[26]

Jener Staat, von dem hier die Rede ist, stellt allerdings nicht nur ein Thema dar wie andere auch. Er bildete während weiter Teile des 19. und 20. Jahrhunderts einen »lieu de mémoire der deutschen Geschichtsschreibung«,[27] dessen Wirkmächtigkeit kaum zu überschätzen sein dürfte. Gerade mit Blick auf die Literatur zur Geschichte der Juden sollte man sich deshalb in Erinnerung rufen, was Klaus Neitmann vor geraumer Zeit für die allgemeine Preußenforschung hervorhob. So betonte er, dass »die heutige Forschung mehr, als sie offen einzugestehen bereit ist, auf den großen Quellenarbeiten des 19. und frühen 20. Jahrhunderts, insbesondere auf denen der eigentlich klassischen Epoche der preußischen Historiographie in der Zeit des Kaiserreiches«[28] beruhe. Es ist zwar richtig, dass sich die »offizielle« Preußenhistoriographie zur Zeit des Kaiserreiches für die »israelitische« Minderheit kaum interessiert hat – umso intensiver beeinflussten ihre Wertmaßstäbe jedoch jene jüdisch-akademischen Außenseiter im Umkreis der »Wissenschaft des Judentums«, denen die Erforschung jüdischer Geschichte weitestgehend vorbehalten blieb. Wie unlängst treffend bemerkt wurde, waren deren Werke zumeist »durch eine emanzipatorische Absicht gekennzeichnet, da sie unterschwellig auf den Nachweis der Integrations- und Modernisierungsfähigkeit der deutschen Juden zielten«.[29]

Dass auf diese Weise Traditionslinien entstanden, die vielfach bis heute fortwirken, ohne wirklich problematisiert zu werden, kann hier lediglich mit Blick auf Selma Sterns Studie »Der preußische Staat und die Juden« angedeutet werden, die nach dem Ersten Weltkrieg im Umfeld der 1919 in Berlin gegründeten Akademie für die Wissenschaft des Judentums entstand. Eine angemessene wissenschafts- und rezeptionsgeschichtliche Würdigung dieser ersten Gesamtstudie brandenburgisch-preußischer Judenpolitik zwischen 1671 und 1786, also vom Großen Kurfürsten bis hin zu Friedrich dem Großen, bleibt eine Aufgabe der Zukunft und ist an dieser Stelle nicht zu leisten. Allerdings ist zu betonen, dass sich Sterns Anlehnung an die »Acta Borussica« nicht lediglich auf editionstechnische Fragen beschränkte. Denn wenn der Autorin angesichts der zunehmenden Verunsicherung durch den erstarkenden Antisemitismus der preußische Staat als »Folie der Erinnerung und emotionaler Fluchtpunkt«[30] diente, so waren es gerade die

Staatsdiener, in denen sich ihr idealisiertes Preußenbild personifizierte. Als »Anhänger des modernen Naturrechts und des aufgeklärten Wohlfahrtsstaates«,[31] so Stern 1938, hätten die Beamten maßgeblich zu einer zunehmenden Verrechtlichung jüdischer Existenz in der Hohenzollernmonarchie beigetragen.

An Sterns leitmotivischem Dreiklang »Rationalisierung – Verrechtlichung – Bürokratisierung« wären aus Sicht einer modernen Frühneuzeitforschung zahlreiche Kritikpunkte anzubringen. Hier stellt sich lediglich die Frage, inwiefern ein solches Interpretationsmuster dazu geeignet ist, die Auswirkungen preußischer Judenpolitik adäquat zu beschreiben. War für die Juden des ausgehenden 18. Jahrhunderts eine zunehmende Rationalisierung der sie betreffenden Rechtsnormen erkennbar? Und hatten solche Rationalisierungsmaßnahmen den positiven Nebeneffekt, trotz einzelner Zwangsmaßnahmen zu einer Integration in den Untertanenverband beizutragen, welche ihrerseits der staatsbürgerlichen Emanzipation des 19. Jahrhunderts Vorschub leistete? Eine Möglichkeit, sich diesem Problem anzunähern, besteht darin, erneut nach dem Schicksal jener nachgeborenen Kinder zu fragen, denen durch das Generalreglement von 1750 der Weg zur Niederlassung verbaut werden sollte – ein existenzielles Problem, das nahezu in jeder jüdischen Familie spürbar werden musste. Im Folgenden soll deshalb beispielhaft die Entwicklung der sie betreffenden Rechtsnormen von 1750 bis in die Zeit des Emanzipationsediktes von 1812 verfolgt werden.

Die Untersuchung geht von der Erkenntnis aus, dass entgegen den oben zitierten Thesen von einer »Kodifizierung« des Judenrechts durch das Generalreglement von 1750 keine Rede sein kann. Bereits 1814 hob Reichsgraf Henckel von Donnersmarck in seiner judenrechtlichen Normenkompilation rückblickend hervor, es falle schwer, »die eigentlichen Grundzüge der bürgerlichen Verfassung der Preuß. Juden aufzustellen, weil sie nirgends unabänderlich und vollständig aufgeschrieben sind. Man sucht in der That vergebens in den sie betreffenden gesetzlichen Bestimmungen Einheit, Zusammenhang, feste, folgerechte und folgereiche Grundsätze. Dagegen finden sich häufig genug darin Widersprüche, Rücksichten ohne Zahl und man möchte sagen so viel Ausnahmen als Regeln.«[32] Dies war keine Larmoyanz, sondern ein Faktum, um das auch die Rezensenten der in Halle erscheinenden »Allgemeinen Literatur-Zeitung« wussten. Dort hob man den Fleiß des Verfassers hervor, war doch das Thema nur »mit großem Fleisse aus zahlreichen Verordnungen und einer Menge Acten«[33] zu erarbeiten gewesen. Wer sich 200 Jahre später für das Schicksal der nachgeborenen Kinder jüdischer Familien interessiert, wird deshalb um die Lektüre zahlreicher Verordnungen und einer Menge Akten ebenfalls nicht herumkommen. Wie viel dabei vom Verrechtlichungsparadigma in den Niederungen des Alltags übrig bleibt, soll nun in einem Längsschnitt über einen Zeitraum von rund 60 Jahren verfolgt werden.

Das Verbot der Niederlassung zweiter Kinder (1747–1763)

Das 1747 erstmals ausgesprochene und 1750 bestätigte Niederlassungsverbot zweitgeborener Kinder wird in zahlreichen Studien nicht zur Kenntnis genommen.[34] Doch auch wenn sich der Monarch in § V, Abs. 4 des Generalreglements das Recht vorbehielt, zweiten und selbst dritten Kindern »reicher Juden« ein »besonderes Privilegium« zu verleihen,[35] um deren Vermögen nicht ins Ausland abwandern zu lassen, änderte dies an der Situation von 99 Prozent der nachgeborenen Kinder nicht das Geringste. Dass sich diese nach 1747 im Zustand einer »perspektivischen Chancenlosigkeit«[36] wiederfanden, stellt keine vage Vermutung dar, sondern lässt sich mühelos für alle Teile der Monarchie (lediglich mit Ausnahme Schlesiens) statistisch nachweisen. Pars pro toto sei hier auf die Grafschaft Mark verwiesen, wo die Ansetzung zweiter Kinder mit dem Etablissement von Seligmann Marcus in Hamm im Juni 1747 zum Erliegen kam.[37]

Wer nicht als Gemeindebediener unterkam oder das Glück hatte, eine Braut zu heiraten, die in Ermangelung von Brüdern das Schutzrecht ihres Vaters in die Ehe einbrachte, sah sich spätestens nach dem Tod der Eltern vor die einfache Wahl gestellt, im Haushalt eines anderen Schutzjuden zu dienen oder aber auszuwandern. Die Auswirkungen dieser obrigkeitlichen Eingriffe auf das Sozialgefüge jüdischer Gemeinden sind noch weitgehend unerforscht. Dass sich der Auswanderungsdruck für nachgeborene Söhne in den Jahren nach 1747 jedoch erheblich verstärkte, findet einen eindrucksvollen Beleg in der Tatsache, dass die Deputierten der Berliner Gemeinde sowie Vertreter mehrerer preußischer Landjudenschaften 1762 auf einer Generalversammlung in Spandau beschlossen, sich an den König zu wenden, um das Recht zur Niederlassung zweiter Kinder zurückzuerlangen – »es möchte auch kosten, was es wollte«.[38] Es sollte die preußische Judenschaft schließlich 70 000 Reichstaler und damit eine Summe kosten, die den Schutzgeldern in einem Zeitraum von beinahe fünf Jahren entsprach, dass Friedrich am 1. November 1763 das 16 Jahre zuvor verhängte Niederlassungsverbot für zweite Kinder wiederum aufhob.[39]

Modalitäten der Niederlassung zweiter Kinder (1763–1768)

Wenn sich der König vor dem Hintergrund der Finanz- und Wirtschaftskrise, welche die Monarchie in jenen Jahren erschütterte, aus opportunistischen Beweggründen zu einer normativen Abmilderung der Geleitpolitik bewegen ließ, ist damit jedoch noch nichts darüber ausgesagt, wie viele Juden hiervon überhaupt zu profitieren vermochten. Auf welche Abwege ein mangelndes strukturgeschichtliches Instrumentarium führt, wird beispielsweise bei einem Blick auf die jüdische Gemeinde im ostfriesischen Norden deutlich, wo das Durchschnittsvermögen jüdischer Hausväter in jenen Jahrzehnten auf 396 Reichstaler geschätzt wurde.[40] Kann hier pauschal von Juden die Rede sein, »die den Schutz an zwei ihrer Kinder weitergeben konnten«?[41] Auch nach 1763 hatte der preußische König relativ klare Vorstellungen davon, welche jüdischen Familien im Rahmen seiner Wirtschaftspolitik brauchbar waren und welche nicht. Hausväter mit einem Vermögen von 396 Reichstalern gehörten gewiss nicht dazu. Bereits im angeführten landesherrlichen Reskript vom 1. November 1763 war das Generaldirektorium angewiesen worden, im Rahmen jedes einzelnen Konzessionsverfahrens zu ermitteln, ob der Antragsteller »nicht nur gehörig bemittelt, sondern auch dem Publico nützlich sey«.[42]

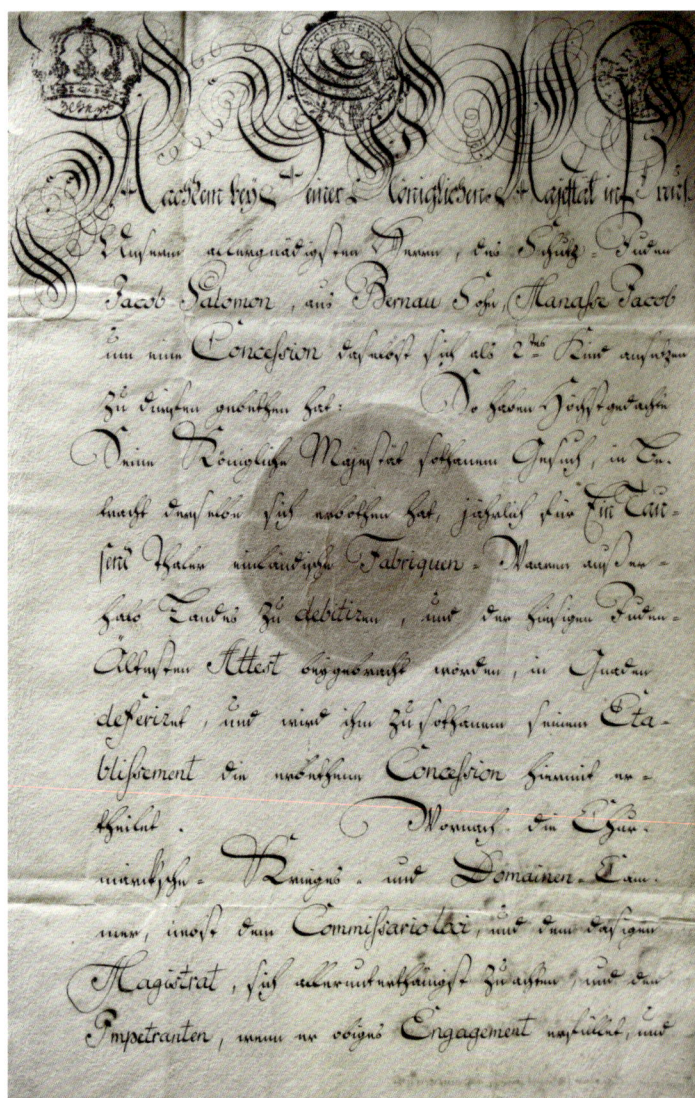

3 *Schutzbrief für Manasse Jacob* (Vorderseite), Berlin, 14. Mai 1766, Stadt Bernau bei Berlin, Stadtarchiv, Pertinenzbestand Juden Nr. 49, Nr. 11 r. – Für eine Transkription siehe Quellenanhang.

Um diese Nützlichkeit nachzuweisen, hatte ein zweites Kind eine ganze Reihe von Anforderungen zu erfüllen, von denen hier lediglich die wichtigsten genannt seien. Einerseits waren auf dem Rathaus 2 000 Reichstaler bar vorzuweisen und unter Rückgriff auf den diskriminierenden Judeneid als Eigentum zu erklären, wie dies beispielsweise für Pincus Joseph aus Frankfurt an der Oder überliefert ist, der sich diesem Prozedere im November 1770 zu unterziehen hatte.[43] Des Weiteren flossen vor Konzessionsvergabe Gebühren in Höhe von 100 Reichstaler an den Fiskus ab.[44] Ferner hatte der Antragsteller entweder aus dem Stand heraus eine Manufaktur zu gründen oder sich zu jährlichen Manufakturwarenexporten im Wert von etwa 1 000 bis 1 500 Reichstalern zu verpflichten.[45] Nicht nur in Ostfriesland waren diese Hürden für die große Mehrzahl der Familien vollkommen unüberwindbar. Walter Halama konnte beispielsweise nachweisen, dass sich in der anfangs rund 100 Familien zählenden Judenschaft Halberstadts zwischen 1763 und 1804 nicht mehr als sieben zweite Kinder zu etablieren vermochten. Nur jede 14. Familie brachte also die dazu nötigen Mittel auf.[46]

Kassationen von Schutzbriefen und fiskalisch motivierte Vertreibungen

Doch selbst bei jenen Kindern, denen der Schutzerwerb gelang, kann kaum von einer sich auch nur vage am Horizont abzeichnenden rechtlichen Integration in den Untertanenverband die Rede sein. Wie alle anderen Schutzjuden auch waren sie Privilegienempfänger, und über die Geschäftsbedingungen einer Privilegienvergabe konnten sich die Zeitgenossen in jeder beliebigen Enzyklopädie informieren. Bei Johann Georg Krünitz liest man noch 1811: »Es hören aber die Privilegia auf oder werden aufgehoben, wenn die Ursache der Verleihung aufhört.«[47] Im Falle der zweiten Kinder bildete neben den üblichen Bedingungen (beispielsweise

TOBIAS SCHENK

geleitmäßiges Verhalten oder Leistung der ordentlichen Abgaben) die verbindliche Zusage zur Förderung des Exports preußischer Manufakturwaren die Ursache der Verleihung. Wirtschaftliche Probleme führten deshalb zwangsläufig auch zu einer Gefährdung des Niederlassungsrechts.

Beispielsweise sei auf den Pferdehändler Moses Wulff hingewiesen, der 1765 in Königsberg in der Neumark etabliert wurde, nach einigen Jahren jedoch nicht mehr in der Lage war, die vereinbarten Exporte zu bewerkstelligen.[48] Generalfiskal Friedrich Benjamin d'Anières, welcher der Forschung seit Selma Stern als Exponent einer naturrechtlich opponierenden Beamtenfraktion gilt[49] und von dem es heißt, er habe für die friderizianische Judenpolitik lediglich »wohlgesetzte Ironie«[50] erübrigen können, plädierte hier wie in zahlreichen ähnlich gelagerten Fällen dafür, Wulff »des Privilegii für verlustig zu erklären und fortzuschaffen«.[51] Daraufhin wurde diesem der Schutzbrief in der Tat wieder abgenommen, seinem Sohn jedoch die Erlaubnis gewährt, sich als erstes Kind anzusetzen. Da dieser Hinweis allerdings einem Dokument von 1804 entstammt, bleibt offen, wie lange auch der Sohn in Gefahr schwebte, vertrieben zu werden.[52] Und Wulff war beileibe kein Einzelfall. So lässt sich zwischen 1765 und 1768 in den Provinzen Kur- und Neumark, Pommern und (Ost-)Preußen die Niederlassung von 54 zweiten Kindern nachweisen. In mindestens fünf Fällen (also beinahe zehn Prozent) wurde der Schutzbrief aufgrund von Verarmung später wieder entzogen.[53]

Und bei weitem nicht immer ließen es die Behörden bei drakonischen Ausweisungsanordnungen bewenden, wie sich unter anderem am Beispiel Manasse Jacobs belegen lässt, der 1766 in der brandenburgischen Kleinstadt Bernau auf den Schutzbrief seines seit Jahrzehnten in der Stadt ansässigen Vaters Jacob Salomon angesetzt worden war und im Gegenzug jährlich für 1 000 Reichstaler Manufakturwaren ausführen sollte.[54] Wirtschaftlich ging es jedoch abwärts mit ihm, sodass er 1771 im Rathaus beteuern musste, er »habe nichts, und wenn ihm seiner Frauen Familie [aus Berlin] nicht den Unterhalt gäbe, hätte er gar nichts zu leben, und da er nichts hätte, wüßte er ganz und gar hierin nicht sich zu helfen«.[55] Nach jahrelangem Hin und Her riss den Behörden 1778 der Geduldsfaden, und Jacob wurde an die Grenze zu Mecklenburg transportiert mit dem deutlichen Hinweis, sich nicht mehr in Preußen blicken zu lassen. Sein Schutzbrief hat im Bernauer Stadtarchiv die Zeiten überdauert (Abb. 3 u. 4). Wohin es seinen einstigen Inhaber verschlug, und ob er auf der Straße zugrunde ging, verschwimmt im Nebel jenseits obrigkeitlicher Überlieferung.

4 *Schutzbrief für Manasse Jacob* (Rückseite), Berlin, 14. Mai 1766, Stadt Bernau bei Berlin, Stadtarchiv, Pertinenzbestand Juden Nr. 49, Nr. 11 v. – Für eine Transkription siehe Quellenanhang.

Der Zwangsbetrieb der Templiner Manufaktur (1769 – 1812)

Doch kehren wir zur weiteren Entwicklung der für das Etablissement zweiter Kinder gültigen Rechtsnormen zurück, um zu verdeutlichen, wie abwegig die Rede von einer Rationalisierung der Judenpolitik erscheint. Von welch kasuistischen Erwägungen die Realität stattdessen geprägt war, sollte sich nur zu bald zeigen. So hatte die Kurmärkische Kriegs- und Domänenkammer 1765 in der uckermärkischen Ackerbürgerstadt Templin unter Herbeiziehung thüringischer Kolonisten eine Strumpfmanufaktur gegründet, die zunächst in staatlicher Direktion arbeitete, jedoch bald vor dem Bankrott stand.[56] Allerdings dachte Kammerpräsident Karl Ludwig von Siegroth und Schlawikau keineswegs daran, seine Karriere zu gefährden, und sann auf Abhilfe. Gegen Widerstände des Fabrikendepartements gelang es ihm 1768, den König davon zu überzeugen, die sich in Templin seit Monaten stapelnden Strümpfe, die anerkanntermaßen zum Teil bereits mottenfräßig geworden waren, zwangsweise und unter vollkommen überhöhten Preisen auf jene 23 zweiten Kinder zu verteilen, die sich zwischen 1765 und 1768 in Berlin und der Kurmark angesetzt hatten.

Zum Preis von nahezu 100 Reichstalern (was rund zwei Dritteln des durchschnittlichen Jahresgehalts eines Berliner Manufakturarbeiters entsprach[57]) erwartete die Adressaten eine böse Überraschung. Als beispielsweise Simon Hirsch aus Stendal sein Paket öffnete, fand er darin Strümpfe, die bereits »von Motten zerfressen und wieder gestopft«[58] worden waren. Diese Aussagen spiegelten nicht nur die in Suppliken üblicherweise zu lesenden übertriebenen Klagemuster, sondern deckten sich vollständig mit den verwaltungsintern angestellten Untersuchungen. Auf Betreiben der Kammer wurde demnach nicht nur die bislang geltende Wahlfreiheit der zweiten Kinder hinsichtlich der zu exportierenden Manufakturwaren annulliert. Darüber hinaus wurde ihnen auch noch verdorbene Ware aufgezwungen, die nirgends abzusetzen war. Mehr noch: Siegroth legte es darauf an, die Judenschaft förmlich zu erpressen, um den unliebsamen Betrieb in deren Direktion übergehen zu lassen. So wurde den Ältesten der Berliner Judenschaft bedeutet, dass mit der Zwangsabnahme der schadhaften Strümpfe »so lange bis sich ein Entrepreneur der Fabrique gefunden haben wird, continuiret werden solle«. Der billigend in Kauf genommene Ruin von rund zwei Dutzend jüdischen Familien wäre damit nur eine Frage der Zeit gewesen.

Sofern, wie häufig zu lesen ist, die friderizianische Judenpolitik für die Betroffenen zu einer zunehmenden Verrechtlichung ihrer Existenz führte, wäre es an der Zeit gewesen, solche Rechtsansprüche geltend zu machen. Ganz gleich ob sich nun die Berliner Ältesten oder die betroffenen Hausväter an die Behörden wandten[59] – sie alle wurden abgewiesen und blieben auf den mottenzerfressenen Strümpfen sitzen. Einer von ihnen war übrigens Manasse Jacob aus Bernau, bei dem der Verlust von 100 Reichstalern (die durch den städtischen Gerichtsdiener gewaltsam eingetrieben wurden) maßgeblich dazu beitrug, dass sein aktenmäßig rekonstruierbarer Lebenslauf irgendwo auf der Straße nach Mecklenburg endete.[60]

Unter dem Eindruck derartiger Bedrückungen, deren Ende nicht absehbar war, beugten sich die Berliner Ältesten schließlich den Forderungen der Kammer und erklärten sich in einem am 12. Januar 1769 durch den König unterzeichneten Vertrag bereit, die Manufaktur zu übernehmen, die angeworbenen Kolonisten zu versorgen und den fortdauernden Betrieb mit 20 Stühlen zu gewährleisten. Im Gegenzug sicherte der König zu, dass die sich künftig in der gesamten Monarchie mit Ausnahme Schlesiens etablierenden zweiten Kinder finanziell zum Betrieb der Manufaktur beitragen und dafür »von aller weitern Abnahme der Einländischen Fabric-Waaren und Debitirung eines Nahmentlichen Quanti derselben außerhalb Landes frey gelassen werden« sollten (§ 8, Abs. b).

Die Judenschaft erfüllte ihren Teil der Verpflichtung. So bestellten die Berliner Ältesten einen Subunternehmer aus ihren Reihen und bildeten einen Betriebsfonds, zu dem fortan sämtliche zweiten Kinder anlässlich ihres Etablissements beizutragen hatten. Dies geschah entweder auf dem Wege einer Individualzahlung in Höhe von 200 Reichstalern oder aber in Form von jährlichen Pauschalbeiträgen einzelner Landjudenschaften.[61] Wider jede ökonomische Vernunft bestanden die Behörden darauf, den defizitären Betrieb bis in die Zeit des Emanzipationsedikts von 1812 aufrechtzuerhalten, was die zweiten Kinder zwischen Kleve und Königsberg in mehr als 40 Jahren rund 50 000 Reichstaler gekostet haben dürfte. Für die Beibehaltung der Verbindlichkeiten war ausgerechnet jene Kurmärkische Kammer maßgeblich verantwortlich, von der man nach der Lektüre Sterns glauben müsste, sie habe »die schlechten Vermögensverhältnisse der Juden« bedauert und sei gegenüber König und Zentralbehörden für »größere Handelsfreiheit und Minderung der unerschwinglichen Abgaben«[62] der Juden eingetreten. Dies ist nur ein Beispiel für Sterns Tendenz, einzelne Schriftstücke aus ihrem Zusammenhang zu reißen und so weit zu pauschalisieren, bis die aktenmäßig belegbare Realität geradezu in ihr Gegenteil verkehrt wird. Über Jahrzehnte hinweg drang die Kammer bei unterschiedlichsten Anlässen entschieden darauf, die Juden hätten ihre Auflagen »buchstäblich« zu erfüllen, sofern sie sich »der ferneren Duldung im Lande auf irgendeine Weise zu erfreuen haben« sollten.[63]

Der Bruch des Templiner Vertrages durch die Administration (1769)

Während sich die Juden um die Erfüllung der ihnen erteilten Auflagen bemühten, wurde der zitierte § 8 durch die Obrigkeit gebrochen, kaum dass die Tinte der königlichen Unterschrift getrocknet war. Denn nur zwei Monate später führte der Monarch den »Porcellaineexportationszwang« ein, der die Erteilung von Konzessionen zur Niederlassung und zum Hausbesitz an die Ausfuhr von Porzellan der Königlichen Porzellanmanufaktur Berlin (KPM) im Wert von meist 300 Reichstalern band. In krassem Widerspruch zum Versprechen des Königs dehnte das Generaldirektorium diesen Befehl umgehend auch auf das Etablissement der zweiten Kinder aus. So wurde beispielsweise Heymann Joseph aus Goch im Herzogtum Kleve, der sich 1770 auf den Schutzbrief seines Vaters Joseph Moses ansetzte, zu einem (gemeinhin mit Verlusten von 50 Prozent und mehr einhergehenden) Porzellanexport im Wert von 300 Reichstalern gezwungen.[64] Wiederum ist die Darstellung an einem Punkt angelangt, an dem es den Vertretern der Judenschaft darum zu tun sein musste, verliehene (und teuer erkaufte) Rechtstitel in Erinnerung zu rufen.

Unter Hinweis auf den unzweideutigen Wortlaut des Templiner Vertrages verfassten die Berliner Ältesten dann auch eine Supplik an die Kurmärkische Kammer, die daraufhin vom Generaldirektorium instruiert wurde, Härte an den Tag zu legen. Denn man habe, so schrieben die Minister, »sehr misfällig ersehen, welchergestallt die Ober- und übrige Aeltesten der hiesigen Judenschafft Schwierigkeiten machen wollen«. Wenig später traten die Ältesten daraufhin erneut mit einer Supplik hervor und beschworen die Minister, es würde auf diese Weise »die Gültigkeit aller Verabredungen aufhören«. Ein weiteres Mal wies das Generaldirektorium, in dem sich insbesondere Friedrich Wilhelm von Derschau als Chef des Kurmärkischen Departements hervortat, die Kammer an, den Ältesten »diese abermalige unnütze Vorstellung ernstlich zu verweisen«. Alles, was die Vertreter der Judenschaft nach monatelangem zähen Ringen zu erreichen vermochten, war das Folgende: Für zweite Kinder wurden die Exporttarife von 300 Reichstalern auf 50, 75 und 100 Reichstaler gesenkt, wobei sich die Summe nach der Größe der zum Etablissement gewählten Stadt richtete. Mit einem »schlechten Gewissen« der Minister hatte dieser Schritt, von dem der König übrigens nichts erfuhr, jedoch nicht das Geringste zu tun. Die Administration befürchtete lediglich, dass anderenfalls die Niederlassung zweiter Kinder weitgehend zum Erliegen kommen und folglich auch der von den Ältesten verwaltete Manufakturfonds versiegen würde, was wiederum die Subsistenz der Templiner Kolonisten gefährdet hätte.

Die nachträgliche Änderung der Niederlassungsbedingungen und die anschließenden fiskalischen Zwangsmaßnahmen (1779–1786)

Neun Jahre später, im Frühjahr 1779, wurden auch die in den vorangegangenen Jahren etablierten zweiten Kinder von der gewaltigen, gleichwohl kaum erforschten fiskalischen Schockwelle erfasst, die über rund zehn Prozent der gesamten preußischen Judenschaft hinwegging. Das Generaldirektorium hatte nämlich aus ähnlichen Erwägungen, wie sie hier geschildert wurden, auch bei der Vergabe anderer Konzessionen zu Niederlassung und Hausbesitz die Exporttarife auf zumeist 50 bis 150 Reichstaler abgesenkt, ohne dass der König davon informiert worden wäre. Mit einer Parteinahme zugunsten der Juden hatte dies wiederum nichts zu tun, sondern illustriert eher die wachsende Distanz zwischen Generaldirektorium und monarchischem Kabinett.[65] Als Friedrich im Zuge des Bayerischen Erbfolgekrieges, der die KPM in eine kurzfristige Absatzkrise stürzte, eher zufällig von der jahrelangen Missachtung seiner Befehle erfuhr, war die Folge ein Erdbeben. Nicht nur bei der künftigen Konzessionsvergabe waren die ursprünglichen Exporttarife nunmehr starr einzuhalten. Auch bei rund 700 Konzessionen, die zwischen 1769 und 1779 zwischen Emden und Memel an Juden verliehen worden waren, wurde nun (binnen vier Wochen!) ein Porzellanexport in Höhe von zumeist 200 bis 250 Reichstalern nachträglich von den Empfängern eingefordert und unter Rückgriff auf Zwangsmaßnahmen einzutreiben versucht. Insgesamt ging es dabei um eine Summe von mehr als 200 000 Reichstalern, die größte Einzelforderung, die im Alten Preußen jemals den Juden gegenüber erhoben wurde.

Die Folgen dieser Maßnahmen, die über mehrere Jahre hinweg eskalierten, die Zwangsversteigerung von Häusern umfassten und sich mitunter bis zur Vertreibung ganzer Familien steigerten,[66] können an dieser Stelle nicht annähernd angemessen dargestellt werden. Festzuhalten bleibt lediglich, dass in jenen Jahren auch zahlreiche zweite Kinder erneut für eine Konzession zur Kasse gebeten wurden, die sie bereits mit Brief und Siegel erhalten hatten. Um lediglich ein Beispiel für viele zu nennen: Nachdem Elias Levi aus Frankfurt an der Oder 1771 anlässlich seines Etablissements für 75 Reichstaler Porzellan exportiert hatte, wurde er 1779 gezwungen, noch einmal für 225 Reichstaler Waren der KPM auszuführen.[67] Widerspruch war in allen Fällen dieser Art zwecklos. Generalfiskal d'Anières ließ keinen Zweifel daran, dass er nicht wünschte, mit den »unnützen Einwendungen der Juden« behelligt zu werden.[68]

Eine »Reform des Judenwesens«? Zur Entwicklung zwischen 1786 und 1812

Als Friedrich Wilhelm II. den Porzellanexportzwang 1788 gegen eine Abschlagszahlung in Höhe von 40 000 Reichstalern aufhob, hatten auch die zweiten Kinder ihren Beitrag zu leisten. Die dazu notwendigen Kredite sollten zahlreiche Gemeinden noch bis ins frühe 19. Jahrhundert belasten, sodass vielerorts von den Ältesten sogenannte »Porcellainegelder« bei der Niederlassung junger Juden erhoben wurden, die das Judenporzellan nicht in Vergessenheit gerieten ließen.[69] Doch machte sich wenigstens die vom neuen König gegen den Widerstand des Generaldirektoriums initiierte »Reform des Judenwesens« positiv bemerkbar?

1795 schränkte das Generaldirektorium zunächst die sozialen und ökonomischen Entfaltungsmöglichkeiten zweiter Kinder erheblich ein, indem es ihnen den Erwerb von Häusern schlichtweg untersagte. Lediglich die Bebauung wüster Stellen blieb davon unberührt.[70] Und noch zu Beginn des 19. Jahrhunderts gerieten die zweiten Kinder in den Fokus von Otto Karl Friedrich Freiherr von Voß als Chef des Kurmärkischen Provinzialdepartements sowie Friedrich Leopold Freiherr von Schroetter als Staatsminister für Ost- und Westpreußen. Beide Minister machten sich in jenen Jahren zu Wortführern einer nicht unbedeutenden Fraktion hoher Beamter, die das Wachstum der jüdischen Gemeinden möglichst einzuschränken gedachten und denen dabei Friedrich der Große als leuchtendes Vorbild vor Augen stand. Schroetter beklagte im April 1804, Königsberg erscheine mittlerweile als »neues Jerusalem« und betonte, er würde es begrüßen, wenn »fest und unabänderlich bestimmt würde, daß ohne die Königliche allerhöchste besondere Concession nie ein zweytes Kind als ordinairer Schutz Jude eingesetzt werden könnte«.[71]

Einer der prominentesten Vertreter der preußischen Administration, der wenige Jahre später in die Vorarbeiten zum Emanzipationsedikt eingebunden sein sollte, forderte also nichts anderes als die Kassation mit Brief und Siegel verliehener und teuer bezahlter jüdischer Rechtstitel. Und in einer Zeit, in der Friedrich Wilhelm III. gegenüber dem Generaldirektorium verlauten ließ, »die Idee einer bürgerlichen Verbesserung der Juden im Allgemeinen längst aufgegeben«[72] zu haben, fand dieser Vorstoß offenbar ausreichend Resonanz, um in die Tat umgesetzt zu werden. Mindestens bis 1809 verfolgte Schroetter eine Politik, nach der »verschiedene 2te Kinder der wirklichen ordinären Schutzjuden sich mit der Ansetzung gedulden müssen, bis das Schutz-Stellen durch Aussterben, Wegziehen oder Cassation des Schutzes […] vacant werden«.[73]

Damit ist der Überblick über die Reskripte und Verordnungen abgeschlossen, die zwischen 1747 und 1812 die Niederlassung zweiter Kinder verboten, erlaubten, einschränkten, erschwerten und an manchen Orten wiederum verboten. Welche strukturgeschichtlichen Schlussfolgerungen sind daraus zu ziehen?

Rationalisierung – Verrechtlichung – Bürokratisierung? Ein Fazit

Was bleibt nach einer Betrachtung der Entwicklung der Niederlassungsbedingungen zweiter Kinder zwischen 1747 und 1812 vom Verrechtlichungsparadigma noch übrig? Von einer Kodifikation der sie betreffenden Normen dürften die nachgeborenen Söhne jüdischer Familien kaum etwas bemerkt haben. Stattdessen bildeten autokratische Eingriffe in ihre Entfaltungsmöglichkeiten eine stets präsente Gefahr, denn auch bereits verliehene und zumeist teuer erkaufte Privilegien waren im Zweifelsfall keineswegs gesichert, wie anhand zahlreicher Beispiele verdeutlicht werden konnte. Ähnliche Entwicklungen ließen sich mühelos auch für andere Bereiche des Judenrechts nachzeichnen. Die Aussage, dass auch der preußische Absolutismus »keine umfassende, systematische Zusammenfassung der die Juden betreffenden Normen«[74] zustande brachte, hätte deshalb wohl die ungeteilte Zustimmung der Betroffenen gefunden. Sie wären denn auch schwerlich in jene »Andacht zum Staate«[75] verfallen, die Selma Stern mehr als 100 Jahre später (unter tragischen äußeren Bedingungen, was hier nicht geleugnet werden soll) dazu brachte, einen Stapel von sich nicht selten widersprechenden Edikten, Deklarationen von Edikten, Kabinettsordres und Reskripten zu einem »wissenschaftlich rationalen System« umzudeuten.[76]

Dass Juden im friderizianischen Preußen eine »Grundüberzeugung in die Rechtsstaatlichkeit«[77] hätten an den Tag legen können, muss deshalb für zahlreiche Regelungsbereiche des Judenrechts in Abrede gestellt werden. Die im vorliegenden Beitrag angestellten Beobachtungen weisen in Umkehrung des bekannten Diktums Gerhard Oestreichs[78] gewissermaßen auf das Absolutistische im Absolutismus und dürfen nicht länger durch eine perspektivische Ausrichtung auf den Emanzipationsprozess unterbewertet oder gar ignoriert werden. Als Privilegienempfänger hatten auch in Preußen die Juden damit zu rechnen, »daß es gegen Verfügungen des Landesherrn, die dieser in Ausübung seiner höchsten Gewalt getroffen hatte, einen Rechtsschutz nicht gab«.[79] Dies verdient umso mehr Beachtung, als jene in der Selbstdarstellung Friedrichs des Großen eine so prominente Rolle spielende Selbstbindung an das Recht de facto nur eine höchst brüchige war. Die bis heute in den Studien zu jüdischer Geschichte im Alten Preußen weitverbreitete und auf Stern zurückgehende Rede von einem abstrakt gedachten »Staatsrecht« hat diese verfassungsgeschichtlichen Realitäten lange Zeit verdeckt.

Dazu trug maßgeblich ein idealisiertes Bild der preußischen Beamtenschaft bei, die seit dem frühen 18. Jahrhundert die Judenpolitik entscheidend »humanisiert«[80] haben soll. Von alldem ist jedoch im administrativen Schriftgut selbst um 1780 oder 1790 kaum etwas zu finden. Mehr noch: Seit Reinhold Lewin müsste bekannt sein, dass die nach 1786 von Friedrich Wilhelm II. in die Wege geleitete »Reform des Judenwesens« vor allem am entschiedenen Widerstand von einflussreichen Kreisen der Beamtenschaft scheiterte. So führte Lewin 1913 aus: »Dem Generaldirektorium im ganzen war eine tolerante Lösung der Judenfrage nicht genehm. Es betrachtete sich als den Hort der Überlieferungen Friedrichs des Großen und setzte den Reformen des neuen Königs eine grundsätzliche Opposition entgegen.«[81] Auf die Frage, wie dieser Befund mit den chronologisch vorgelagerten, jedoch vollkommen entgegengesetzten Thesen Sterns zu vereinbaren sein soll, bleiben bislang sämtliche Studien, die sich weiterhin auf sie berufen, eine Antwort schuldig. An Sterns höchst selektiver Quellenauswahl und einer Fülle unzulässiger Pauschalisierungen kann jedoch kein Zweifel bestehen. Ungeachtet einzelner kritischer Stimmen war die Communis opinio innerhalb der Beamtenschaft noch vor dem Hintergrund der 1781 durch Dohm initiierten Debatte um die »Bürgerliche Verbesserung der Juden« eine ganz andere.

Die bei aller vornehmlich ökonomisch motivierten Detailkritik nicht in Zweifel gezogene Grundlage der Judenpolitik fasste beispielsweise der Potsdamer Steuerrat Richter im Jahre 1777 in die Formel, dass es dem Monarchen zustehe, Privilegien jederzeit »nach dem Nuzzen und Erfordernis des Staats abzuändern, auch wol gar aufzuheben«.[82] Vielfach wird sogar deutlich, dass das Vorbild Friedrichs des Großen noch Jahre nach seinem Tod zumindest in den konservativ gesinnten Kreisen der Administration stilbildend wirkte. So begründete der oben erwähnte Minister von Voß sein Festhalten am ökonomisch längst als widersinnig erkannten Zwangsbetrieb der Templiner Manufaktur im Jahre 1802 damit, das Etablissement zweiter Kinder sei auch zukünftig finanziell möglichst zu erschweren – »wie dies die unverkennbare Absicht des Königs Friedrich des II. Majestät wirklich gewesen ist«.[83]

Die – ohnehin nur von einer Minderheit getragene – Emanzipationsdebatte setzte nach 1780 eben nicht deshalb ein, weil die Judenpolitik beim friderizianischen Staat in guten Händen war, sondern weil eine jedes Maß verlierende Abgabenpolitik immer mehr jüdische Familien einer Verelendung aussetzte, die – über kurz oder lang – auf das engste mit einer Minderung des geleitrechtlichen Status verknüpft war. Dass einer schmalen Schicht jüdischer Großkaufleute und Manufakturunternehmer in jenen Jahren ein exzeptioneller Aufstieg gelang, soll damit in keiner Weise bestritten werden. Doch der generelle Trend wies in eine ganz andere Richtung, was spätestens deutlich werden muss, wenn man die jüdische Geschichte im Alten Preußen als Regionalgeschichte begreift. So ging allein in den Jahren zwischen 1779 und 1786, während derer die fiskalische Belastung von Niederlassungen ihren Höhepunkt erreichte, die Anzahl der an Juden verliehenen Privilegien in der gesamten Monarchie – mit Ausnahme Schlesiens – um rund ein Drittel zurück.[84]

Besonders dramatisch gestalteten sich die Einbrüche jenseits der prosperierenden Metropolen Berlin, Königsberg und Breslau mit ihren am obrigkeitlich geförderten Osteuropahandel partizipierenden Gemeinden. Während selbst in Berlin die demographische Entwicklung der jüdischen Gemeinde um 1780 in eine Phase der Stagnation geriet, konnten mehrere Studien für die preußischen Westprovinzen, aber auch für Halberstadt einen teilweise dramatischen Rückgang der Anzahl der Gemeindemitglieder im letzten Viertel des 18. Jahrhunderts nachweisen.[85] Derartige Entwicklungen, hinter denen sich die existenziellen Nöte Hunderter Familien verbergen, sorgten vor dem Hintergrund der einsetzenden Emanzipationsdebatte nicht nur für ein stetig wachsendes soziales Gefälle innerhalb der jüdischen Gemeinden. Sie lassen mit Blick auf den Gang der Judenemanzipation vor allen Dingen Zweifel daran aufkommen, dass das auf Selma Stern zurückgehende Verrechtlichungsparadigma weiterhin als geeigneter Analyserahmen zur Interpretation der »Sattelzeit« zwischen dem »Aufgeklärten Absolutismus« und der preußischen Reformperiode gelten kann.

Der Ansicht, es handele sich bei der preußischen Judenpolitik des 18. Jahrhunderts um ein »gründlich bearbeitetes Thema der historischen Fachwissenschaft«,[86] wird man demnach mit guten Gründen entgegentreten können. Im Vorfeld des Jahres 2012, in dem sich nicht nur der Geburtstag Friedrichs des Großen, sondern auch die Publikation des Emanzipationsedikts von 1812 mit einem runden Geburtstag ins Gedächtnis rufen wird, gilt hier vielmehr, was Heinz Duchhardt unlängst mit Blick auf die friderizianische Epoche im Allgemeinen konstatierte: Dieses Forschungsfeld ist »noch lange nicht erschöpft«.[87]

QUELLENANHANG
(s. Abb. 3 u. 4)

Schutzbrief für Manasse Jacob, Berlin 1766 Mai 14

Nachdem bey Seiner Königlichen Majestät in Preußen, Unserm allergnädigsten Herrn, des Schutz-Juden Jacob Salomon aus Bernau Sohn, Manasse Jacob, um eine Concession, daselbst sich als 2tes Kind ansetzen zu dürfen, gebethen hat: So haben Höchstgedachte Seine Königliche Majestät sothanem Gesuch in Betracht derselbe sich erbothen hat, jährlich für Ein Tausend Thaler einländische Fabriquen-Waaren außerhalb Landes zu debitiren und der hiesigen Juden-Ältesten Attest beygebracht worden, in Gnaden deferiret und wird ihm zu sothanem seinem Etablissement die erbethene Concession hiermit ertheilet. Wornach die Churmärcksche Krieges- und Domainen-Cam-

mer nebst dem Commissario loci[88] und dem dasigen Magistrat sich allerunterthänigst zu achten und den Impetranten, wenn er obiges Engagement erfüllet und sich sonst dem Reglement[89] gemäß geleitlich verhält, dabey zu schützen haben. Signatum. Berlin, den 14ten May 1766. Friedrich

Concession
für des Schutz-Juden Jacob Salomon aus Bernau Sohn Manasse Jacob Ansetzung als 2tes Kind unter der Bedingung, daß er jährlich für 1/m Taler einländische Fabriquen-Waaren außerhalb Landes debitiren müsse.
Valentin von Massow[90] [Joachim Christian] Blumenthal[91]

1 Der im vorliegenden Beitrag thematisierten Wechselwirkung zwischen finanzieller Potenz und dem Rechtsstatus jüdischer Hausväter widmet sich: Schenk, 2010. – Siehe auch: Schenk, 2008a, S. 449–482. – Schenk, 2008b, S. 435–467. – Schenk, 2008c, S. 185–223. – Schenk, 2006, S. 27–64.
2 Dohm, 1819, Bd. 4, S. 487.
3 Dohm, 1781.
4 Vgl. beispielsweise die Periodisierung der Reihe »Enzyklopädie deutscher Geschichte« (Battenberg, 2001). – Volkov, 2000.
5 Dietrich, 1986, S. 301 u. 315.
6 Zum Fabrikensystem: Kaufhold, 1994, S. 33–70, hier S. 55 f.

7 So 1753 in einem landesherrlichen Reskript an die Kammern in Königsberg, Küstrin und Stettin (zit. nach: Novum Corpus Constitutionum, 2003, Bd. 1, Sp. 563 f.).
8 Feiner, 2007, S. 19.
9 Stern, 1962–1975.
10 Zahlen kombiniert nach: Hintze, 1915, S. 385. – Toury, 1977, S. 139–242, hier S. 139. – Lewin, 1913, S. 74–98, 211–234, 363–372, 461–481 u. 567–590.
11 Bruer, 2006, S. 73.
12 Lowenstein, 1994, S. 5.
13 Bömelburg, 1995, S. 441.

14 Zum Begriff: Jersch-Wenzel, 1978, S. 21.

15 Straubel, 1995, S. 476.

16 Straubel, 1995, S. 321.

17 Abgedruckt bei: Freund, 1912, Bd. 2, S. 22–60.

18 Freund, 1912, Bd. 1, S. 17.

19 Geiger, 1871, Bd. 1, S. 55.

20 Etwa: Laux, 2005, S. 79–110, hier S. 97.

21 Schoeps, 2003, S. 141–160, hier S. 143.

22 Baumgart, 1983, S. 1–20, hier S. 15.

23 Heinrich, 2004, S. 813–887, hier S. 827.

24 Breuer, 1996, S. 85–247, hier S. 147.

25 Heinrich, 2004, S. 827.

26 Lässig, 2004, S. 77.

27 Vgl.: Berg, 2007, S. 171–195.

28 Vorwort zu: Straubel, 1998, S. 13.

29 Behm, 2002, S. 23.

30 Sassenberg, 2004, S. 202.

31 Stern, 1971b, S. 10.

32 Henckel von Donnersmarck, 1814, S. VII–VIII.

33 Allgemeine Literatur-Zeitung, 1814, Sp. 751–752.

34 Zuletzt beispielsweise: Meier, 2007, S. 89.

35 Freund, 1912, Bd. 2, S. 27.

36 So die treffende Formulierung bei: Laux, 2005, S. 101.

37 Schenk, 2006.

38 Zit. nach: Stern, 1971a, S. 52.

39 GStAPK, II. HA Kurmark, Materien, Tit. CCXXXII, Generalia, Nr. 9, Bd. 5, Bl. 1–2.

40 Vgl.: Kaufhold / Wallbaum, 1998, S. 87–98.

41 Fraenkel, 2006, Bd. 2, S. 1122–1139, hier S. 1125–1126.

42 GStAPK, II. HA Kurmark, Materien, Tit. CCXXXII, Generalia, Nr. 9, Bd. 5, Bl. 1–2.

43 BLHA, Rep. 2, Nr. S.4244, Bl. 5.

44 Novum Corpus Constitutionum, 2003, Bd. 3, Sp. 867.

45 GStAPK, II. HA Kurmark, Materien, Tit. CCXXXII, Generalia, Nr. 9, Bd. 5, Bl. 208. – GStAPK, II. HA Pommern, Materien, Judensachen, Nr. 9, Bl. 5. – GStAPK, II. HA Neumark, Materien, Judensachen, Generalia, Nr. 4, Bl. 13.

46 Halama, 2005, S. 220.

47 Krünitz, 1811, Bd. 117, S. 463.

48 GStAPK, II. HA Neumark, Materien, Judensachen, Generalia, Nr. 4, Bl. 13.

49 Vgl.: Schenk, 2008c.

50 Heil, 2002, S. 75–88, hier S. 87.

51 GStAPK, I. HA Rep. 104, IV A, Nr. 29.

52 BLHA, Rep. 3, Nr. 18560, Bl. 87–89.

53 Ein detaillierter Nachweis erfolgt in der Dissertation des Verfassers: Schenk, 2010.

54 GStAPK, II. HA Kurmark, Materien, Tit. CCXXXII, Generalia, Nr. 9, Bd. 5, Bl. 208.

55 Dies und das Folgende nach: StA Bernau, Pertinenzbestand Juden Nr. 49, Nr. 9.

56 GStAPK, II. HA Fabrikendepartement, Tit. CCXLI, Nr. 48, 4 Bde. – Sofern nicht separat nachgewiesen, sind die folgenden Zitate dieser Akte entnommen. Eine genauere Analyse kann in der Dissertation des Verfassers nachgelesen werden.

57 Vgl.: Krüger, 1958, S. 308.

58 GStAPK, II. HA Fabrikendepartement, Tit. CCXLI, Nr. 48, Bd. 1, Bl. 31.

59 GStAPK, II. HA Fabrikendepartement, Tit. CCXLI, Nr. 48, Bd. 1, Bl. 28, 45 u. 82–85. – BLHA, Rep. 2, Nr. S. 7582.

60 StA Bernau, Pertinenzbestand Juden Nr. 49, Nr. 9. – GStAPK, II. HA Fabrikendepartement, Tit. CCXLI, Nr. 48, Bd. 1, Bl. 102.

61 Vgl.: Schenk, 2006.

62 Stern, 1971a, S. 21 f.

63 GStAPK, II. HA Kurmark, Materien, Tit. CCXXXII, Generalia, Nr. 9, Bd. 5, Bl. 207.

64 GStAPK, II. HA Generaldepartement, Tit. LVII, Nr. 10, Bd. 2, Bl. 19. – Nach Bd. 1 dieser Akte auch die folgenden Zitate.

65 Neugebauer, 1993, S. 69–115.

66 Siehe: Schenk, 2006.

67 GStAPK, II. HA Generaldepartement, Tit. LVII, Nr. 10, Bd. 2, Bl. 20 u. 24.

68 So 1783 gegenüber den Magistraten: BLHA, Rep. 8 Drossen, Nr. 1062, Bl. 1.

69 Schenk, 2006.

70 Terlinden, 1804, S. 148 f.

71 Zit. nach: Freund, 1912, Bd. 2, S. 175–177.

72 Zuletzt thematisiert wurde dies in propagandistischer Absicht durch den NS-Judenforscher Josef Sommerfeldt (Sommerfeldt, 1942, S. 168).

73 Freund, 1912, Bd. 2, S. 201. – Vgl.: GStAPK, II. HA Fabrikendepartement, Tit. CCXLI, Nr. 48, Bd. 4, unpag.

74 So mit Blick auf die Territorien des Alten Reiches: Härter, 2007, S. 347–379, hier S. 352.

75 Oestreich, 1969, S. 179–197, hier S. 195.

76 Stern, 1971a, S. 73.

77 Meier, 2007, S. 120.

78 Vgl. dessen Plädoyer für die Erforschung des »Nichtabsolutistischen im Absolutismus« in: Oestreich, 1969.

79 Rüfner, 1962, S. 62.

80 Baumgart, 1983, S. 15.

81 Lewin, 1913, S. 93.

82 BLHA, Rep. 19 Steuerrat Potsdam, Nr. 2303.

83 GStAPK, II. HA Manufaktur- und Kommerzkollegium, Tit. CCXLI, Nr. 48, Bd. 3, Bl. 180 f.

84 Eine genaue Analyse der zugrundeliegenden Statistiken kann in der Dissertation des Verfassers nachgelesen werden (Schenk, 2010). – Die Veröffentlichung der Tabellenwerke ist im Internet erfolgt (Schenk, 2011).

85 Rachel, 1930, S. 175–196, hier S. 194. – Kaufhold/Wallbaum, 1998, S. 87–98. – Linnemeier, 2002, S. 765. – Halama, 2005, S. 227.

86 Heil, 2002, S. 75.

87 Duchhardt, 2007, S. 209.

88 Der Commissarius loci oder Steuerrat stand im preußischen Verwaltungsaufbau zwischen Kriegs- und Domänenkammern und Magistraten und nahm gegenüber Letzteren die Rolle eines »reisenden Kontrollbeamten« (Gustav Schmoller) ein. Für Bernau war in den für Manasse Jacob entscheidenden 1770er Jahren Johann Samuel Adler (ca. 1740–1799) zuständig. Er bearbeitete bei der Kurmärkischen Kammer das Städteressort und war hierdurch auch mit den Judensachen befasst.

89 Gemeint ist das Revidierte Generalreglement von 1750.

90 Valentin von Massow (1712–1775), seit 1763 Minister des Generaldirektoriums und Chef des kurmärkischen und magdeburgischen Departements.

91 Joachim Christian von Blumenthal (1720–1800), seit 1763 Minister des Generaldirektoriums und Chef des pommerschen und neumärkischen Departements, 1786 in den Grafenstand erhoben.

MICHAEL ECKERT

DER KÖNIG UND DIE NATURWISSENSCHAFT[1]

Prospect des Bassins, und der Ruinen, welche auf einem Berge, Sans-Soucy gegen über, befindlich.

1 Johann David Schleuen,
Potsdam, *Ruinenberg*, um 1774,
Radierung, SPSG, GK II (1) 353

Warum stellen wir uns überhaupt die Frage, wie es der Preußenkönig mit der Naturwissenschaft hielt? Wir würden uns diese Frage wohl bei keiner anderen Herrscherpersönlichkeit des 18. Jahrhunderts stellen. Warum also bei Friedrich? Friedrich gilt als der aufgeklärte Monarch schlechthin, und mit der Aufklärung assoziieren wir eben auch einen Aufschwung der Naturwissenschaften. Friedrich gefiel sich in der Rolle des Philosophenkönigs. Naturwissenschaft und Philosophie lagen im 18. Jahrhundert näher beisammen als heute. Unter Friedrichs Herrschaft gab es viele Reformen. Auch das lässt auf eine Wertschätzung von Wissenschaft und Technik schließen, soweit diese Reformen Belange aus diesen Sphären berührten. Die merkwürdige Verbindung von höfischer Kultur und »Wissenschaft« – was immer damit im Einzelnen gemeint war – verschaffte dem Preußenkönig ein besonderes Charisma, das ihn für das Studium der europäischen Kulturgeschichte besonders interessant macht.[2]

Auch nach seinem eigenen Bekunden hat Friedrich die Naturwissenschaft sehr hoch geschätzt. So hat er zum Beispiel 1772 in seiner Schrift »Über den Nutzen der Künste und Wissenschaften im Staate« ein Loblied auf Physik, Chemie und andere Naturwissenschaften gesungen: »Die Gesellschaft, die von einer Volksgemeinschaft gebildet wird, kann weder der Künste noch der Wissenschaften entbehren«, lesen wir da.

> »Die Physik hat sich mit der Analyse und mit der Erfahrung verbündet. [...] Wenn wir auch nicht zur Kenntnis der geheimen Urgründe gelangen können, die der große Weltenbaumeister sich selbst vorbehalten hat, so fanden sich doch mächtige Geister, die die ewigen Gesetze der Schwerkraft und der Bewegung entdeckt haben.«[3]

Grund genug also, Friedrichs Verhältnis zur Naturwissenschaft näher zu betrachten. Es gilt, insbesondere zwei Fragen, oder besser Fragenkomplexe, zu beantworten: Erstens, was motivierte Friedrich, sich im Unterschied zu anderen Monarchen so entschieden den Wissenschaften – und hier auch den Naturwissenschaften, insbesondere der Physik – zuzuwenden? Und wie wirkte sich zweitens das so erworbene Wissenschaftsverständnis des Königs in der Praxis aus? Gibt es konkrete Vorfälle, die uns hier als Messlatte dienen können, um Anspruch und Wirklichkeit zu vergleichen?

Was brachte Friedrich dazu, sich mit Naturwissenschaft abzugeben?

Die erste Anregung kam von Voltaire, der zur Zeit der Kontaktaufnahme gerade dabei war, Newton in Frankreich populär zu machen.[4] Während seiner Kronprinzenzeit 1736 bis 1740, als er meist in Rheinsberg lebte, unterhielt Friedrich mit Voltaire und dessen Geliebter, der Marquise du Châtelet, einen ausgedehnten Briefwechsel. Der junge Kronprinz gierte geradezu nach geistiger Nahrung, und er hatte sich Voltaire als seinen Lehrer auserkoren.[5] Vielleicht um den Kronprinzen nicht gleich bei der ersten Kontaktaufnahme mit den kontroversen Strömungen in der Aufklärung zu verwirren, nannte Voltaire in einem Atemzug »les Newton, les Leibniz, les Bayle, les Locke« als jene Geistesgrößen, an denen sich Friedrich orientieren könne.[6] Voltaire arbeitete um diese Zeit an den »Éléments de la philosophie de Newton«, jenem Werk, das wie kein anderes für die Verbreitung von Newtons Lehre auf dem Kontinent sorgte. »Ich erwarte die Philosophie Newtons mit großer Ungeduld«, schrieb Friedrich seinem Idol in einem der ersten Briefe.[7]

Als Friedrich im März 1738 das Newton-Werk endlich in Händen hielt, war von seiner großen Ungeduld aber nicht mehr viel zu verspüren. Er werde sich mit dem Studium noch etwas Zeit lassen, bis er die dafür nötige Konzentration aufbringen könne, schrieb er an Voltaire.[8] Beim Durchblättern scheint ihm der anfänglich bekundete Studieneifer aber abhandengekommen zu sein, denn auch mehr als zwei Monate später wusste er noch nichts darauf zu antworten.[9] Als er dann Voltaire endlich seinen ersten Eindruck offenbarte, tat er dies eher aus Verlegenheit. Dass es in der Physik Newtons ein Vakuum gebe, erschien ihm wunderlich. Auch »über das von der Anziehung verursachte Hin- und Herfließen des Meeres, über den Grund der Farben, etc. etc.« müsse ihn Voltaire gelegentlich aufklären. Jetzt müsse er verreisen, aber nach seiner Rückkehr werde er ihm all die Zweifel unterbreiten, die er der Newtonschen Lehre gegenüber empfand.[10]

Voltaire war von der lauwarmen Reaktion Friedrichs enttäuscht. An den mathematischen Wahrheiten der Newtonschen Theorie sei nicht zu rütteln, schrieb er dem Kronprinzen. Allein damit sei es schon gelungen, Regeln für die Planetenbewegung zu formulieren, Finsternisse vorherzusagen und anderes mehr.[11]

Im Sommer 1738 war bei Voltaire die Physik noch aus einem anderen Grund besonders aktuell: Die Pariser Akademie der Wissenschaften hatte in diesem Jahr als Preisaufgabe das Thema »Über die Natur des Feuers und seine Ausbreitung« ausgeschrieben, und Voltaire unternahm den Versuch, sich mit diesem Thema selbst als aktiver Naturwissenschaftler zu profilieren. Er werde sich den Rest des Jahres der Physik widmen, schrieb Voltaire im Mai 1738 nach Rheinsberg, insbesondere der Experimentalphysik.[12]

Für eine Weile war in den zwischen Cirey und Rheinsberg ausgetauschten Briefen jetzt immer wieder von physikalischen Fragen die Rede. Aber von Beginn an war erkennbar, dass dieses Thema dem Kronprinzen nicht recht behagte. Auch die Marquise du Châtelet nahm lebhaften Anteil daran, da sie – zunächst ohne Wissen Voltaires – an einer eigenen Preisschrift über die Natur des Feuers arbeitete.[13] Sie versuchte, Friedrich mit ihrer Begeisterung darüber anzustecken. »Ich weiss«, schrieb sie dem Kronprinzen, »dass sich Ihr Genie auf alles erstreckt«, da dürfe auch das Studium der Natur nicht fehlen – »um des Glücks der Menschen willen«, wie sie in aufklärerischem Pathos hinzufügte.[14]

Friedrich war um diese Zeit sehr empfänglich für alles, was aus Cirey kam. Er bat den Vertrauten Voltaires und der Marquise du Châtelet, Nicolas Claude Thieriot, der zu einer Art Botschafter zwischen Cirey und Rheinsberg wurde, ihn über alles zu informieren, was in Cirey vorging. Er wollte Bescheid wissen über »die Beschäftigungen des verehrungswürdigen Voltaire und der Marquise, worüber sie sich unterhalten, schließlich alles was Sie behalten können von dem, was sie sagen«, schrieb er an Thieriot. Er forderte ihn sogar dazu auf, Tagebuch zu führen, damit ihm ja nichts entging, »seien Sie der Korsar aller Fragmente und Notizzettel, wo immer Sie welche finden, von diesem verehrungswürdigen und grossen Mann«.[15] Was Friedrich am meisten interessierte, war Voltaires schriftstellerische Aktivität, denn er wollte sich in diesen Jahren auch selbst als Dichter mit aufklärerischen Schriften profilieren. Voltaire und die Marquise begegneten dem künftigen König Preußens mit vorgespielter Bewunderung, sodass sich Friedrich mit jedem Brief aus Cirey in seinen literarischen Ambitionen weiter bestätigt sah. Thieriot gegenüber machte die Marquise aber keinen Hehl daraus, was sie von den Versen hielt, die ihnen da aus Rheinsberg ins Haus flatterten. »Ich wollte ihn zur Physik inspirieren und ihn von der Manie des Verseschmiedens abbringen«, schrieb sie, »denn man könne ganz gut ein mittelmäßiger Physiker sein, nicht aber ein schlechter Poet.«[16]

Die Pariser Preisaufgabe über das Feuer wurde im Herbst 1738 tatsächlich zum Anlass für Friedrich, sich noch weiter auf die Physik einzulassen.[17] Das sei bestimmt keine Sache, mit der er sich langweilen werde, versicherte er der Marquise, als sie ihm ihre Preisschrift zusandte. Er hätte dem weiblichen Geschlecht nicht zugetraut, dass es zu »so weitreichenden Kenntnissen, peniblen Forschungen, soliden Entdeckungen« fähig sei, wie sie in »Ihrem schönen Werk« enthalten seien.[18] »Ich habe mit Bewunderung und mit Erstaunen das Werk der Marquise über das Feuer gelesen«, schrieb Friedrich auch an Voltaire. Er beneide ihn, ein solches Genie an seiner Seite zu haben. Bei einigen Ausführungen äußerte er Zweifel, doch er hoffe, dass Voltaire ihm auch in physikalischen Fragen ein Lehrer sein werde.[19] Er wolle sich demnächst selbst Hals über Kopf in die Physik stürzen, versicherte er, das sei er der Marquise schuldig. Für kurze Zeit war es ihm damit durchaus ernst, denn er bekundete sogar die Absicht, in seinem Schloss in Rheinsberg zu experimentieren.[20]

Argumente und Experimente über den leeren Raum

Vor allem die Frage nach der Existenz des leeren Raumes scheint Friedrich beschäftigt zu haben. Er plane »Experimente mit der Luftpumpe«, schrieb er nach Cirey. Unter anderem wollte er »eine Uhr ohne Gehäuse in eine Pumpe legen, um zu sehen, ob ihre Bewegung sich beschleunigt, verlangsamt, gleich bleibt oder zum Stillstand kommt«. In einem zweiten Experiment sollte aufgezeigt werden, ob Luft für das Wachstum von Pflanzen notwendig sei. »Man schließe etwas Erde mit einer eingepflanzten Erbse in einem Rezipienten ein und pumpe die Luft ab«, so skizzierte er diesen Versuch. Er vermutete, »dass die Erbse aufhört zu wachsen, denn ich weise der Luft diese wachstumsfördernde Eigenschaft und diese Kraft zu, welche bei der Pflanzenzucht eine Rolle spielt«.[21]

Auch über die Natur des Windes, die in der Preisschrift der Marquise über das Feuer thematisiert worden war, stellte er eigene Überlegungen an. Er habe diesbezüglich auch »unsere Akademiker« befragt, schrieb er an Voltaire. Er vermutete, dass der wechselnde Abstand zwischen der Sonne und den Planeten die Luft unterschiedlich stark zusammendrücke und so mehr beziehungsweise weniger Wind verursache. Wenn sich Erde und Sonne am nächsten seien, sei »bedingt durch das inverse Abstandsquadrat«, die Luftbewegung am stärksten. Da die Sonne außerdem viel Feuchtigkeit aus dem Boden ziehe, die dann aufsteige und sich in der Luft ansammle, trage dies auch zu Verwirbelungen und Winden bei. Er habe den Astronomen Christfried Kirch mit diesbezüglichen Beobachtungen beauftragt. »Monsieur Kirch beobachtet gegenwärtig die genaue Lage unserer Erde mit Bezug auf die Welt der Planeten; er registriert auch die Wolken und prüft sorgfältig, ob die von mir angezeigte Ursache der Winde zutrifft.«[22]

Ob die angekündigten Experimente in Rheinsberg tatsächlich ausgeführt wurden, geht aus der weiteren Korrespondenz nicht hervor. Madame du Châtelet schrieb ihm aber wenig später, dass über solche Experimente 1704 in den »Philosophical Transactions« in London berichtet worden sei. Das Abpumpen der Luft habe keinerlei Veränderung im Gang von Uhren zur Folge gehabt. Das sei »ein schöner Beweis« gegen die Auffassung Descartes', wonach jede Bewegung durch die »subtile Materie« vermittelt werden sollte, die den Raum zwischen den Körpern ausfülle.[23]

Dieser »Beweis« gegen Descartes war Wasser auf die Mühlen der Newtonianer. Auch Voltaire versicherte Friedrich, dass durch das Abpumpen der Luft der Uhrengang nicht verändert werde. Man habe das Experiment noch einmal in Cirey wiederholt und keinerlei Änderung festgestellt. Er argumentierte auch gegen Friedrichs Auffassung über die Natur des Windes, in der ebenfalls der Cartesische Glaube an die Raumerfüllung zum Ausdruck kam. Wenn eine »subtile Materie« im Weltall für die Entstehung der Winde auf der Erde verantwortlich wäre, müsste man annehmen, dass der Wind durch plötzliche Engstellen zwischen Sonne und Erde entsteht, »so wie das Wasser schneller unter den Pfeilern einer Brücke hindurchfließt«. Dass solche kosmischen Verengungen den irdischen Wind verursachen sollten, fand Voltaire völlig abwegig.[24]

Danach scheint der Kronprinz von eigenen Exkursionen ins Reich der Naturwissenschaft Abstand genommen zu haben, auch wenn er noch eine ganze Weile gegenteilige Absichten bekundete.[25] Vor allem in seinen Briefen an die Marquise hielt er noch eine Weile den Anschein aufrecht, das Studium der Physik weiter pflegen zu wollen. Ihr Vorbild, so schmeichelte er, ermutige ihn zu »dieser neuen Karriere«, doch leider sei er durch Krankheit bisher daran gehindert worden. Wenn er sich »ganz geheilt« fühle, werde er »unter der Anleitung Ihres göttlichen Genies« dieser Wissenschaft nähertreten. Er habe sich vorgenommen, die Abhandlungen der Pariser Akademie der Wissenschaften zu studieren, sodann die Physik Musschenbroecks, und am Ende solle Voltaires Newton-Werk stehen.[26]

Voltaire gegenüber gab er nicht vor, sich noch weiter mit der Physik zu befassen. Die Kritik an seiner Auffassung vom Entstehen des Windes nahm er so gelassen entgegen, dass es nicht den Anschein hat, als sei ihm dies besonders wichtig gewesen. Nur in einem Punkt erbat er sich noch einmal Aufklärung: Nach Newtons Lichttheorie müsse man doch annehmen, dass der Raum von Lichtteilchen erfüllt sei. Da werde doch nur eine Art der Raumerfüllung durch eine andere ersetzt. »Was wird dann aus der Leere? Danach werden Sie von mir kein Wort mehr über Physik hören.«[27]

Voltaire unternahm danach noch einmal einen Versuch, den Kronprinzen an die Lehre Newtons heranzuführen. Zur Frage nach der Raumerfüllung durch Licht entgegnete er, dass die Sonne in einem Jahr gerade einmal etwa zwei Kubikfuß Materie ins All ausstoße. Das sei weit davon entfernt, raumfüllend zu wirken. Wenn das Weltall mit anderer Materie erfüllt sei, würde das Sternenlicht so stark abgebremst, dass es niemals die Erde erreichen könne. Man wisse aber, dass das vom Sirius ausgesandte Licht auf dem Weg zur Erde ebenso wenig abgebremst wird wie das der Sonne. »Wenn das nicht beweist, dass der Raum leer ist, dann weiß ich nicht, was es beweisen könnte.«[28]

Die Marquise wollte den Kronprinzen beim Wort nehmen, sich unter ihrer Anleitung weiter in die Geheimnisse der Physik zu vertiefen, doch Friedrich entzog sich diesem Ansinnen. »Sie attackieren mich, Madame, wegen der Physik, und ich finde mein Heil nur in der Flucht«, räumte er ein.[29] Wo er nicht mit Ausflüchten aufwarten konnte, versuchte er es mit Galanterie: »Gestatten Sie mir, Madame, in meinem Alter der Lebendigkeit der Gefühle den Vorzug zu geben vor dem trägen Charme einer Korrespondenz über Physik«, schrieb er im August 1739 nach Cirey.[30] Als ihm die Marquise wenig später ihr neuestes Werk, »Les Institutions Physiques«, übersandte, hatte sich Friedrichs Verhältnis zur Marquise und auch zur Physik schon in Abneigung verwandelt.[31]

Akademiepläne

Auch was die Organisation der Wissenschaften angeht, erhielt Friedrich Anregungen aus Cirey. Zwar hatte Leibniz Berlin schon zu Beginn des Jahrhunderts eine Akademie beschert, doch unter der Regentschaft von Friedrich I. war daraus keine den Pariser oder Londoner Gelehrtenvereinigungen ebenbürtige Einrichtung geworden.[32] Doch Voltaire verhieß dem Kronprinzen schon im ersten Jahr ihrer Korrespondenz: »Berlin wird unter Ihrer Herrschaft das Athen Deutschlands, vielleicht sogar Europas.«[33] Dass Voltaire von dem Pariser Vorbild wenig hielt, wo immer noch Descartes und nicht Newton hoch im Kurs stand, versteht sich fast von selbst. Und Friedrich stimmte zu. Überhaupt sei es um die Wissenschaftseinrichtungen in Europa schlecht bestellt. »Unsere Universitäten und unsere Akademie der Wissenschaften befinden sich in einem traurigen Zustand«, schrieb er an Voltaire; »es hat den Anschein, als ob sich die Musen aus diesem Klima zurückziehen wollen.«[34]

Wenn sich Berlin zu einem Athen an der Spree entwickeln sollte, dann bedurfte es vor allem einer Erneuerung der Berliner Akademie. Dies wurde Friedrich, wie seine Korrespondenz mit Voltaire zeigt, schon während seiner Kronprinzenzeit zur Gewissheit. Und aus Cirey erhielt er auch die Empfehlung, wem er die Präsidentschaft der neuen Akademie anvertrauen solle. Er habe sicher »das ausgezeichnete Buch von Mr. de Maupertuis« gelesen, schrieb Voltaire 1738 nach Rheinsberg. »Ein Mann wie er würde, wenn er die Gelegenheit dazu erhielte, in Berlin eine Wissenschaftsakademie gründen, die der von Paris überlegen wäre.«[35]

Pierre Louis Moreau de Maupertuis war zu einer Berühmtheit geworden, nachdem er in Lappland durch geodätische Messungen den Nachweis erbracht hatte, dass die Erde an den Polen abgeplattet ist. Dies wurde als eine glänzende Bestätigung der Newtonschen Theorie angesehen, wonach durch die von der Erdrotation erzeugte Fliehkraft am Äquator die Massen weiter vom Erdmittelpunkt entfernt sein sollten als an den Polen. Nach Descartes wurde umgekehrt der Erdkörper in den Äquatorregionen zusammengedrückt, sodass die Pole weiter vom Erdmittelpunkt entfernt seien.[36] Maupertuis war außerdem der Physiklehrer und immer wieder um Rat gefragte Brieffreund der Marquise. Auch sie fand, Maupertuis sei der richtige Kandidat, um den preußischen Kronprinzen »auf den rechten Weg« zu bringen; Friedrich sei ein miserabler Physiker, aber ein guter Metaphysiker, schrieb sie an Maupertuis.[37]

Mit Maupertuis, so hoffte man 1738 in Cirey, würde der Newtonianismus auch in Preußen verbreitet. Später hat Voltaire diese Empfehlung bereut und wäre gerne selbst Akademiepräsident geworden. Zwischen ihm und Maupertuis entwickelte sich schon bald eine heftige Rivalität.[38]

Friedrich folgte jedenfalls, als er im Sommer 1740 König wurde, der Empfehlung Voltaires und erkor Maupertuis zum Präsidenten seiner neuen Akademie. »Ich habe den Grundstein zu unserer neuen Akademie gelegt«, schrieb er kurz nach der Thronbesteigung an Voltaire. »Ich habe Wolff gewonnen, Maupertuis, Vaucanson, Algarotti. Ich warte auf Antwort von 's Gravesande und Euler.«[39]

Es würde zu weit führen, an dieser Stelle näher auf die Persönlichkeiten einzugehen, die der Berliner Akademie zu einer neuen Blüte verhelfen sollten. Was Mathematik und Physik betraf, gaben Maupertuis als Präsident und Leonhard Euler als Direktor der mathematisch-physikalischen Klasse der neuen Akademie jenes Ansehen, das sich Friedrich schon als Kronprinz im Verein mit seinen Beratern aus Cirey so sehr gewünscht hatte. Aber bis es so weit kam, dauerte es noch ein paar Jahre. Da der frisch gekrönte König schon kurz nach seinem Regierungsantritt den Ersten Schlesischen Krieg entfesselte, stand die Akademie nicht ganz oben auf seiner Prioritätenliste. Im Januar 1741 vertröstete er Maupertuis und schrieb ihm aus Breslau: »Sobald ich die Gestalt Schlesiens geregelt habe [eine Anspielung darauf, dass Maupertuis die Gestalt der Erde aufgeklärt hatte, M. E.], werde ich nach Berlin zurückkehren und wir werden von der Akademie träumen.«[40]

Als die neue Akademie nach dem Zweiten Schlesischen Krieg 1746 endlich in Gang kam, wurde der König selbst, so der Chronist Harnack, »der fleißigste und beste Arbeiter in der Klasse der Belles-Lettres«. Allerdings hat er nie persönlich an Akademiesitzungen teilgenommen, sondern seine Abhandlungen von anderen vorlesen lassen. Der Akademiesekretär Formey hat erst im 39. Regierungsjahr den König persönlich getroffen. Der Berliner Kreis der Akademiker und die Umgebung des Königs in Potsdam, die Minister, Generale und Schöngeister, wirkten in getrennten Sphären. Nur Maupertuis gehörte beiden Sphären an, und d'Argens, der Direktor der Klasse der Belles-Lettres. Was die Ernennung von Mitgliedern und andere entscheidende Belange betraf, verließ Friedrich sich voll und ganz auf seinen Akademiepräsidenten. »Sie sind der Papst unserer Akademie«, sagte er zu Maupertuis.[41]

Wie aber, um auf die zentrale Frage nach dem Verhältnis des Königs zu den Naturwissenschaften zurückzukommen, stand Friedrich zu Euler, der ja schon 1740 zu den ersten Kandidaten gehörte, die er nach Berlin berufen wollte. Maupertuis genoss beinahe dieselbe Wertschätzung wie Voltaire; er gehörte zum Kreis der von Friedrich so bewunderten französischen Aufklärer. Aber Euler hatte sein Ansehen als Genie auf dem Gebiet der Mathematik und Physik erworben und konnte nicht als eloquent parlierender Schöngeist glänzen. Am Verhältnis zu Euler deutete sich schon bald an, dass Anspruch und Wirklichkeit in Sachen Wissenschaft am Hof des Preußenkönigs bisweilen weit auseinanderlagen.

»... nützlich, aber sonst alles andere als glänzend«

Euler war vor seiner Berufung nach Berlin Mitglied der russischen Akademie der Wissenschaften. Er hatte sich schon früh einen Ruf als Gelehrter mit Sinn für praktische Anwendungen erworben, ein für die Akademien des 18. Jahrhunderts durchaus wesentlicher Gesichtspunkt. Dennoch gehörte Euler nicht wie Maupertuis zum Kreis der Vertrauten des Königs. Euler war in Russland auf einem Auge erblindet, sodass er nicht die ästhetischen Ansprüche Friedrichs erfüllte. Hinzu kam die Abneigung des Königs gegenüber der Mathematik, die er schon als Kronprinz in einem Brief an die Marquise offenbart hatte.[42] Jetzt wurde Euler zur personifizierten Zielscheibe dieser Abneigung. »Seine Epigramme bestehen in Berechnungen neuer Kurven, irgendwelcher Kegelschnitte oder astronomischer Messungen«, schrieb Friedrich seinem Bruder 1746 über Euler. »Unter den Gelehrten gibt es solche gewaltige Rechner, Kommentatoren, Übersetzer und Kompilatoren, die in der Republik der Wissenschaften nützlich, aber sonst alles andere als glänzend sind. Man verwendet sie wie die dorischen Säulen in der Baukunst. Sie gehören in den Unterstock, als Träger des ganzen Bauwerks und der korinthischen Säulen, die seine Zierde bilden.«[43]

Und genauso behandelte der König Euler, seit dieser 1741 aus Petersburg nach Berlin übersiedelt war. Die erhaltene Korrespondenz zwischen beiden bringt dies deutlich zum Ausdruck.[44] Die Briefe Friedrichs an Euler beinhalten in der Regel kurze, förmlich gehaltene Äußerungen von Wünschen und Dankesbekundungen für die Erledigung eines Auftrags. Nur selten übersteigt die Länge dieser Schreiben zehn Zeilen. In keinem einzigen Fall lässt die Antwort des Königs darauf schließen, dass er sich inhaltlich mit Eulers Analyse auseinandergesetzt hat. Umgekehrt hat Euler die Anfragen des Königs nicht nur brieflich in großer Ausführlichkeit behandelt, sondern sie vielfach zum Gegenstand von wissenschaftlichen Akademieabhandlungen gemacht.

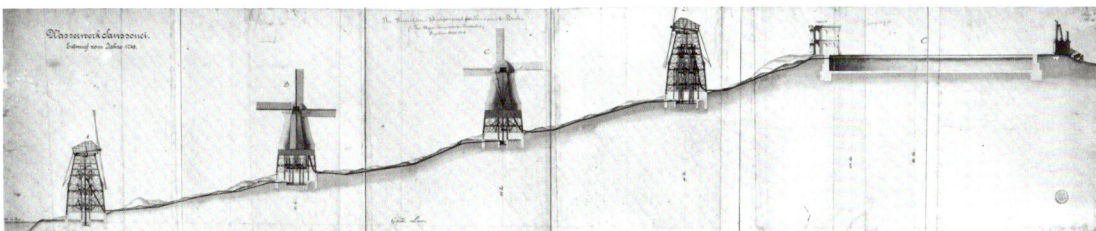

Wasserspiele für Sanssouci

Nun wäre es von einem Regenten vielleicht zu viel verlangt, dass er auf die Inhalte der jeweiligen naturwissenschaftlich-technischen Projekte eingeht, von denen da die Rede war. Es ging um so verschiedene Dinge wie Ballistik, Wahrscheinlichkeitsrechnung für eine Lotterie, die Schiffbarmachung eines Kanals und anderes. Wie sollte sich da ein Nicht-Fachmann, und sei er noch so aufgeschlossen für Neuerungen aller Art, ein Urteil anmaßen?

Tatsächlich hat der König in einem Fall über eine Arbeit Eulers ein Urteil abgegeben. Es ging um die Wasserspiele für Sanssouci, ein gescheitertes Projekt – und Friedrich hat Euler für das Scheitern verantwortlich gemacht. Er schrieb darüber an Voltaire: »Ich wollte in meinem Garten einen Springbrunnen anlegen; Euler berechnete die Leistung des Räderwerks, damit das Wasser in ein Bassin hinaufgelänge, über Kanäle wieder abfließe, um in Sans-Souci aufzusteigen. Meine Mühle wurde nach allen Regeln der

2 Unbekannter Zeichner, Potsdam, *Ruinenberg, Entwurf zu einem Vier-Mühlen-Wasserpumpwerk*, 1748, Feder in Schwarz, grau und rosa laviert, SPSG, GK II (1) 351

Mathematik gebaut, und sie konnte keinen einzigen Wassertropfen weiter als fünfzig Schritt unter das Bassin hinaufpumpen. Eitelkeit der Eitelkeiten! Eitelkeit der Mathematik!«[45]

Das Prinzip, nach dem die Springbrunnen funktionieren sollten, war einfach (Abb. 2). Das Wasser für die Brunnen kam von der Havel. Es wurde durch einen Kanal zu einer Pumpenstation am Rand des Schlossparks geleitet. Dort sollten Pumpen, die von einer Windmühle angetrieben wurden, das Wasser durch Röhren in ein hochgelegenes Reservoir auf dem Ruinenberg befördern. Von dort aus würde es aufgrund des Höhenunterschiedes mächtige Fontainen im Park erzeugen – 100 Fuß hoch, so wünschte es sich Friedrich, höher noch als in Versailles.

Das war der Plan. Aber das Projekt schlug fehl, und zwar – wie der König in seinem Brief an Voltaire suggerierte – deshalb, weil die Theorie Eulers nicht mit der Praxis in Einklang zu bringen war. So jedenfalls ging der Fall in die Geschichte ein, als Paradebeispiel für die Hybris der Naturwissenschaftler. Der König habe sich mit dieser Passage »in köstlicher Weise lustig« gemacht über das Scheitern der Mathematik vor der praktischen Herausforderung der Wasserspiele in Sanssouci, schrieb der Technikhistoriker Klemm.[46] Der Fall wurde zum Symbol für das Auseinanderklaffen von Theorie und Praxis schlechthin. »Wenn die Welt nicht zu Eulers Analysis passte, dann lag für ihn der Fehler stets bei der Welt«, urteilte ein Mathematikhistoriker.[47] Ein Physiker vermutete, die Vernachlässigung der Reibung sei der Grund für die »peinlichen praktischen Konsequenzen« in Sanssouci gewesen.[48]

Glücklicherweise gibt es aus der Feder Heinrich Ludwig Mangers, eines Architekten Friedrichs, der nach dem Siebenjährigen Krieg, bevor man es aufgab, kurz mit dem Projekt befasst war, eine ausführliche Baugeschichte der Stadt Potsdam. Darin ist auch von dem fehlgeschlagenen Springbrunnenprojekt die Rede, sodass wir nicht auf bloße Vermutungen darüber angewiesen sind, was sich im Schlosspark von Sanssouci zugetragen hat.[49]

Die Baumaßnahmen für die Wasserkunstanlage begannen 1748. Zunächst lief alles nach Plan. Binnen eines Jahres wurden der Kanal von der Havel zum Südrand des Schlossparks, die Windmühle, die Pumpe und das Hochreservoir auf einem Hügel hinter dem Schloss (der auf Wunsch des Königs mit künstlichen römischen Ruinen bebaut wurde, was ihm die Bezeichnung »Ruinenberg« eintrug) und die etwa 1 km lange Rohrleitung zwischen Pumpe und Hochreservoir gebaut. Diese Rohrleitung wurde aus 800 Fichtenstämmen zusammengesetzt, die zu schmalen Bohlen zersägt und nach Art von Holzfässern mit eisernen Bändern zu Holzröhren zusammengefügt wurden. Als man jedoch einen ersten Test unternahm, platzten die Rohre am unteren Ende, lange bevor das Wasser beim Reservoir angekommen war. Jetzt ersetzte man diese aus Bohlen zusammengefügten Holzrohre durch ausgebohrte Fichtenstämme. Das Hochreservoir wurde mit besonderer Sorgfalt gegen das Versickern des hochgepumpten Wassers abgedichtet. Doch der ganze Aufwand war vergeblich, denn auch bei einem neuen Test platzten die Rohre, als man das Wasser auf etwas mehr als die halbe Steighöhe pumpte.

Das Fiasko mit der Wasserspielanlage zog sich bis zum Beginn des Siebenjährigen Krieges im Jahr 1756 hin. Dann wurde das Projekt zunächst unterbrochen und später ganz aufgegeben, da der König angesichts der schon vergeblich aufgewendeten Ausgaben die horrenden Kosten scheute, die für eine Neuanlage veranschlagt wurden. Das Problem war die Rohrleitung zwischen den Pumpen und dem hochgelegenen Reservoir. Man verstand nicht, warum die Rohre einem viel höheren Druck ausgesetzt waren als nach dem Höhenunterschied zwischen Pumpe und Reservoir zu erwarten war.

Euler wurde mit der Analyse des Projekts im Herbst 1749 betraut, als die hölzerne Rohrleitung zum ersten Mal platzte. Seine Theorie zeigte, wie der Druck in der Rohrleitung von der Dimensionierung der Rohre und der Pumpenleistung abhängt. An einem numerischen Beispiel führt er anhand der für die Pumpe vorgesehenen Leistung vor, dass bei einer Länge der Steigleitung von 3000 Fuß und einem Höhenunterschied von 60 Fuß der Druck am Anfang der Rohrleitung fünfmal größer ist als im hydrostatischen Fall. Diese dynamisch bedingte Druckerhöhung war entscheidend von der Dimensionierung der Rohre und der Pumpenleistung abhängig. Euler empfahl auch, Bleirohre zu verwenden, deren Wandstärke man zuvor durch Experimente bestimmen sollte. Aber seine Empfehlungen wurden nicht zur Kenntnis genommen. Als man die ungeeigneten Holzrohre schließlich doch durch Metallrohre ersetzte, waren diese falsch dimensioniert. Es ist richtig, dass Euler die Reibung nicht berücksichtigt hat, aber daran ist das Projekt nicht gescheitert. Das Projekt schlug nicht fehl, weil Euler falsch gerechnet hatte, sondern weil seine Ratschläge ignoriert wurden.[50]

Warum wurde Eulers Rat nicht befolgt? Es lag gewiss nicht daran, dass Euler seine Empfehlung nicht an höchster Stelle vorgebracht hätte, denn er hat darüber ausführlich mit dem Akademiepräsidenten, Maupertuis, korrespondiert.[51] Auch dem König selbst teilte er seinen Befund in deutlicher Sprache mit. Am 17. Oktober 1749 schrieb er ihm über die kritische Frage der Leitungsrohre zwischen Pumpe und Hochreservoir: »Ich habe Berechnungen über die ersten Versuche angestellt, bei denen die Holzrohre geplatzt sind, sobald das Wasser auf eine Höhe von 70 Fuß angehoben wurde. Ich finde, dass die Rohre tatsächlich einem Druck ausgesetzt waren, der einer 300 Fuß hohen Wassersäule entspricht. Das ist ein sicheres Anzeichen dafür, dass die Maschine noch weit von einem perfekten Zustand entfernt ist.« Was die Dimensionierung der Rohre betraf, fand er, »dass man unbedingt größere Leitungsrohre verwenden muss [...]. Bei ihrem gegenwärtigen Zustand ist es ziemlich sicher, dass man niemals einen Tropfen Wasser bis zum Reservoir hochbringen wird, und die ganze Pumpenkraft nur dazu aufgewendet wird, die Maschine und die Rohre zu zerstören.«[52] Es sei dahingestellt, welche Konsequenzen der König aus dieser Warnung vor weiterem Pfusch gezogen hat. Aber er muss sie zur Kenntnis genommen haben, denn er hat Euler dafür ausdrücklich gedankt.[53]

Dass Eulers Analyse ignoriert wurde, lag mit Sicherheit auch nicht daran, dass sie in einer für Praktiker unverständlichen Form abgefasst war. Euler trug seine Rohrströmungstheorie nämlich nicht nur der Berliner Akademie vor, wo sie später als wissenschaftliche Abhandlung publiziert wurde, sondern er machte sich auch die Mühe, Regeln für den praktischen Gebrauch aufzustellen, sodass man keine Mathematik brauchte, um seinen Rat zu befolgen. Es hätte schon gereicht, diese Regeln zur Kenntnis zu nehmen. Auf einen ganz einfachen Nenner gebracht, lauteten diese: Die Rohrleitung zum Ruinenberg sollte möglichst kurz sein und einen möglichst weiten Innendurchmesser haben. Diese Regeln waren erfahrenen Wasserbauern vermutlich schon lange als Erfahrungswissen vertraut, denn sie wurden bei vielen praktischen Wasserförderanlagen befolgt. Ein Blick in das 1737–1739 publizierte Standardwerk der Wasserbautechnik, Bélidors »Architecture hydraulique«, hätte Friedrich und den Praktikern im Park von Sanssouci zeigen können, dass vergleichbare Anlagen die Regeln Eulers weitgehend bestätigten.[54]

Interessanterweise wird Euler in Mangers Bericht, der ansonsten penibel alle »Wasserkünstler« von Sanssouci namentlich aufführt, gar nicht erwähnt. Das ist durchaus plausibel, denn Euler war nur wenige Wochen im Herbst 1749 mit dem Projekt befasst, während sich das gesamte Fiasko über viele Jahre hinzog. Wenn den »Theoretiker« Euler auch nur ein Hauch von Schuld daran getroffen hätte, dass das Unternehmen fehlschlug, hätte sich der »Praktiker« Manger die Gelegenheit sicher nicht entgehen lassen, ihn dafür namhaft zu machen. Denn Manger ging auch sonst nicht sehr zimperlich mit denen um, die er für Versager hielt. Bei der »Anlage zu den Wasserwerken im Sans-Souci«, so lesen wir bei Manger, waren »verschiedene Künstler und Nicht-Künstler, theils unter Furcht und Hoffnung, theils aber, wie sich nicht anders urtheilen läßt, mit vorausgesetzter allzu großen Ueberzeugung von Geschicklichkeit« am Werk.[55] Dem extravaganten Wunsch des Königs nach einer 100 Fuß hohen Fontäne stand die mangelnde Bereitschaft gegenüber, dafür die notwendigen Mittel aufzuwenden. In Mangers Bericht über die Potsdamer Bauprojekte finden sich noch weitere Beispiele solch einer Mischung aus Extravaganz und Knauserigkeit.[56]

Als Friedrich sich am Ende das Scheitern des Projekts eingestehen musste, dürften ihn vor allem die verschleuderten Summen geärgert haben; dass er dafür einen Sündenbock suchte und dabei zuletzt an sich selbst dachte, ist kaum verwunderlich. Aber warum schob er ausgerechnet Euler die Schuld in die Schuhe? Und dies auch noch fast mit denselben Worten, mit denen Euler den Pfusch im Schlosspark kritisiert hatte: Wenn das bisherige Vorgehen nicht entscheidend geändert würde, werde man »niemals einen Tropfen Wasser bis zum Reservoir hochbringen«, hatte Euler 1749 vorhergesagt; Friedrich verkehrte diese Warnung drei Jahrzehnte später in seinem Brief an Voltaire ins Gegenteil, als er Euler und seine Mathematik dafür verspottete, dass sie »keinen einzigen Tropfen Wasser weiter als fünfzig Schritt unter das Bassin hinaufpumpen« konnten.

Spott gegen Naturwissenschaft und Mathematik

In seinem Briefwechsel mit Euler übte der König nie Kritik an dessen Fähigkeit, Theorie und Praxis miteinander zu verbinden. Ganz im Gegenteil! Er beauftragte ihn auch nach der Sanssouci-Studie von 1749 immer wieder mit Gutachten und lobte ihn auch zehn Jahre danach noch ausdrücklich dafür, dass er sich so sehr um die Anwendungen der Wissenschaft auf praktische Belange verdient mache.[57]

Dass der König später so gehässig über den Direktor der mathematisch-physikalischen Klasse seiner Akademie schrieb, hängt vermutlich mit ihrem Zerwürfnis nach Maupertuis' Tod im Jahr 1759 zusammen. Euler hoffte, dass nun er das Präsidentenamt übernehmen könne, das er de facto in den 1750er Jahren schon lange ausübte, da Maupertuis krank und die meiste Zeit gar nicht in Berlin war. Er sah sich in dieser Hoffnung aber bitter enttäuscht.[58] 1766 zog Euler daraus die Konsequenz und folgte einem Ruf zurück an die Petersburger Akademie.[59]

Wenn aus der Berliner Akademie eine herausragende Wissenschaftsinstitution wurde, so eher trotz als wegen der Haltung des Königs gegenüber der Mathematik und den Naturwissenschaften. »Mit Vorschlägen, die Zahl der Mathematiker und Geometer zu vermehren, musste Maupertuis zurückhaltend sein«, schreibt der Akademiehistoriker Harnack; »denn es war bekannt, dass der König kein Freund der Mathematik war und gerne auf die Mathematiker stichelte«.[60] Selbst im Verhältnis zu d'Alembert, den Friedrich als Franzosen und Schöngeist hoch schätzte und den er gerne als Nachfolger Maupertuis' nach Berlin geholt hätte, gab es anfänglich »kleine Plänkeleien zwischen dem königlichen Poeten und dem Geometer«.[61]

Das nach außen verbreitete Bild des »aufgeklärten Monarchen«, des »roi philosophe«, war freilich ein anderes. »Künste und Wissenschaften reichen sich die Hand«, so der König in seiner eingangs erwähnten Schrift. Dass man »den Wahn von Zauberern, Besessenen, Goldmachern und andere ebenso kindische Albernheiten« als Dummheit und Aberglauben durchschauen könne, »verdanken wir der tieferen Naturerkenntnis«, heißt es da.[62] Aber Anspruch und Wirklichkeit klafften weit auseinander. Tatsächlich folgte Friedrich bei der Planung der Springbrunnen von Sanssouci nicht der »tieferen Naturerkenntnis« Eulers, sondern den Versprechungen inkompetenter Möchtegern-Wasserkünstler. Einer von ihnen, ein gewisser Johann Valentin Pfannenstiehl, scheint durchaus die Eigenschaften jener »Besessenen« und »Goldmacher« gehabt zu haben, vor denen sich Friedrich gefeit wähnte.[63]

Die Wirklichkeit im Park von Sanssouci selbst also strafte den König Lügen, wenn er sich in der Pose des Monarchen gefiel, an dessen Hof sich »Künste und Wissenschaften« die Hand reichen. Wenn er im Kreis seiner Tafelrunde – zu der Euler nie geladen wurde – über Naturwissenschaftler redete, geschah dies beiläufig und sprunghaft, oft mit einer Mischung aus Spott und Verachtung. Davon geben uns die Tagebuchaufzeichnungen einen Eindruck, die Girolamo Marchese Lucchesini, in den 1780er Jahren ein häufiger Teilnehmer der Tafelrunde des Königs in Sanssouci, zu Papier gebracht hat. »Es machte ihm wenig Kummer, Euler abgehen zu sehen, und das Verdienst von La Grange schlägt er nicht eben hoch an«, heißt es da.[64] »Die Wissenschaften, welche sich auf die Erfahrung gründen, sind dem Könige unbekannt«, schrieb Lucchesini nach einem weiteren Gespräch. »Das ist seine wissenschaftliche Achillesferse.« Und bei anderer Gelegenheit, nach einem Gespräch über Geometrie und Astronomie als nützliche Wissenschaften für die Schifffahrt: »Der König versteht von beiden Wissenschaften nichts, will aber seine Unwissenheit mit seiner Geringschätzung derselben rechtfertigen und behauptet deshalb, diese Wissenschaften hätten der Schifffahrtskunde keinen Beistand geleistet.«[65]

Fazit

Das Unverständnis des Königs, wenn es um Mathematik und Naturwissenschaften ging, könnte als eine Marginalie abgetan werden, wenn es nicht bis in die heutige Wissenschafts- und Technikgeschichte hinein fragwürdige Vorstellungen über das Verhältnis von Theorie und Praxis im 18. Jahrhundert hervorgerufen hätte. Damit ist natürlich nicht gesagt, dass Theorie und Praxis gut miteinander harmonierten. Das ist bis heute ein höchst spannungsgeladenes Verhältnis. Aber das Wie und Warum dieser Spannungen ist eine komplexe Angelegenheit, und wir sollten den König, der davon wenig verstand, nicht zu unserem Kronzeugen machen.

Aber die Akademie, könnte man einwenden, hat er die Berliner Akademie nicht zu einer der bedeutendsten Wissenschaftsorganisationen des 18. Jahrhunderts gemacht? Was Mathematik und Naturwissenschaften angeht, verdankt die Akademie diesen Ruf vor allem Euler. Ihren Aufschwung erlebte die Berliner Akademie genau während jener zwei Jahrzehnte seines dortigen Wirkens.[66] Er war es auch, der den Nützlichkeitsaspekt der Akademie mit zahlreichen praxisnahen Arbeiten illustrierte. Dass Friedrich ausgerechnet Euler in dieser Hinsicht zum Sündenbock gemacht hat, ist mehr als nur eine Ironie der Geschichte.

Alles in allem blieb die Haltung des Königs zu Mathematik und Naturwissenschaften zwiespältig: Sie beeindruckten ihn, wenn sie einhergingen mit Esprit und Poesie, wie bei dem von ihm über alles bewunderten Voltaire. Wo das Schöngeistige fehlte, betrachtete er sie nur als »nützlich, aber sonst alles andere als glänzend«. Je nach Umstand und Person konnte er für naturwissenschaftliche Fragen große Bewunderung oder aber spöttische Verachtung empfinden.

1 Im folgenden Beitrag werden alle Briefe ausschließlich mit Angabe des Datums zitiert; sie sind in verschiedenen Editionen sowie in Auswahl auch in verschiedenen Übersetzungen zugänglich.
2 Häseler, 2005, S. 73–82.
3 Über den Nutzen der Künste und Wissenschaften im Staate, am 27. Januar 1772 in der Berliner Akademie verlesen (Werke, Bd. 8, S. 54–61, hier S. 56 u. 58).
4 Hall, 1975, S. 233–250. – Dobbs / Jacob, 1995. – Gandt, 2001.
5 Veit Elm: Ein Königreich für Newton. Wissenschaft und Literatur in der Korrespondenz Mme. du Châtelets und Voltaires mit Friedrich II. von Preußen. – Ich danke Veit Elm für die Übersendung des noch unpublizierten Manuskripts dieser Arbeit, in der aus literaturwissenschaftlicher Perspektive die von Cirey ausstrahlende Wirkung auf Friedrich untersucht wird.
6 Schreiben Voltaires an Friedrich II., 26. August 1736.
7 Schreiben Friedrichs II. an Voltaire, 3. Dezember 1736.
8 Schreiben Friedrichs II. an Voltaire, 31. März 1738.
9 Schreiben Friedrichs II. an Voltaire, 10. Juni 1738.
10 Schreiben Friedrichs II. an Voltaire, 17. Juni 1738.
11 Schreiben Voltaires an Friedrich II., 15. Juli 1738.
12 Schreiben Voltaires an Friedrich II., 20. Mai 1738.
13 Jolly, 2001, S. 212–238.
14 Schreiben Châtelets an Friedrich II., 26. August 1738.
15 Schreiben Friedrichs II. an Thieriot, 29. August 1738.
16 Schreiben Châtelets an Thieriot, 9. Dezember 1738.
17 Schreiben Friedrichs II. an Châtelet, Oktober 1738.
18 Schreiben Friedrichs II. an Châtelet, 9. November 1738.
19 Schreiben Friedrichs II. an Voltaire, 22. November 1738.
20 Schreiben Friedrichs II. an Voltaire, 8. Januar 1739.
21 Schreiben Friedrichs II. an Voltaire, 3. Februar 1739.
22 Schreiben Friedrichs II. an Voltaire, 3. Februar 1739.
23 Schreiben Châtelets an Friedrich II., 27. Februar 1739.
24 Schreiben Voltaires an Friedrich II., 28. Februar 1739.
25 Schreiben Friedrichs II. an Voltaire, 8. März 1739.
26 Schreiben Friedrichs II. an Châtelet, 8. März 1739.
27 Schreiben Friedrichs II. an Voltaire, 22. März 1739.
28 Schreiben Voltaires an Friedrich II., 15. April 1739.
29 Schreiben Friedrichs II. an Châtelet, 15. April 1739.
30 Schreiben Friedrichs II. an Châtelet, 20. August 1739.
31 Schreiben Friedrichs II. an Jordan, undatiert.
32 Brather, 1993. – Grau, 1993. – Dank der ausführlichen Quellenzitate ist auch die Akademiegeschichte Harnacks nach wie vor unverzichtbar: Harnack, 1900, 3 Bde.
33 Schreiben Voltaires an Friedrich II., Dezember 1736.
34 Schreiben Friedrichs II. an Voltaire, 6. Juli 1737.
35 Schreiben Voltaires an Friedrich II., 1. Juli 1738.
36 Terrall, 1992, S. 218–237. – Terrall, 2002.
37 Schreiben Châtelets an Maupertuis, 21. Juni 1738.
38 Siehe dazu: Harnack, 1900, Bd. 1, S. 257.
39 Schreiben Friedrichs II. an Voltaire, 27. Juni 1740.
40 Schreiben Friedrichs II. an Maupertuis, 3. Januar 1741: »[…] dès que j'aurai achevé de régler la figure de la Silésie, je reviendrai à Berlin et nous

songerons à l'académie. Adieu, cher Maupertuis, un peu de patience et Vous serez contenté sur tout ce que vous souhaitez« (zit. in: Harnack, 1900, Bd. 1, S. 259). – Ähnlich in einem Schreiben an Algarotti, 17. Januar 1741: »Ich habe angefangen, Preußen eine Figur zu geben; der Umriß wird nicht ganz regelmäßig sein, denn ganz Schlesien ist erobert, bis auf einen armseligen Winkel, den ich vielleicht bis zum nächsten Frühjahr blockiert halten werde« (Algarotti, 2008, S. 40).
41 »Vous êtes le pape de notre Académie« (Harnack, 1900, Bd. 1, S. 317 f.).
42 Schreiben Friedrichs II. an Châtelet, 8. März 1739.
43 Schreiben August Wilhelms an Friedrich II., 28. Oktober 1746. – Schreiben Friedrichs II. an August Wilhelm, 31. Oktober 1746 (zit. in: Juškevič / Winter, 1959, T. 1, S. 3).
44 Euler, 1986.
45 Schreiben Friedrichs II. an Voltaire, 25. Januar 1778.
46 Klemm, 1983, S. 138.
47 Bell, 1967, S. 150.
48 »Unfortunately, he omitted the effects of friction, with embarrassing practical consequences. When Euler applied his equations to design a fountain for Frederick the Great of Prussia, it failed to work« (Perkovitz, 1999, S. 38).
49 Manger, 1789.
50 Eckert, 2002.
51 Euler, 1986, S. 138.
52 »Ayant fait le calcul sur les premiers essais de cette machine, où les tuyaux de bois sont crevés, dès que l'eau fut élevée à la hauteur de 70 pieds, je trouve que les tuyaux ont alors effectivement souffert la pression d'une colonne d'eau de plus de 300 pieds de hauteur: ce qui est une marque certaine, que la disposition de la machine étoit encore fort éloignée de son état de perfection […]. Mais je trouve qu'il faut absolument rendre plus larges les tuyaux de conduite [...]. Car sur le pied qu'elles se trouvent actuellement, il est bien certain, qu'on n'élèveroit jamais une goutte d'eau jusqu'au réservoir, et toute la force ne seroit employée qu'à la destruction de la machine et des tuyaux« (Euler, 1986, S. 322).
53 Als Faksimile abgedruckt in: Euler, 1986, S. 277.
54 Bélidor, 1737–1739.
55 Manger, 1789, Bd. 1, S. 91.
56 Manger, 1789, Bd. 3, S. 547.
57 »[...] je loue le soin que vous prenez, de rendre utile aux hommes la Théorie, que vous fournit votre étude, et votre application aux sciences« (Euler, 1986, S. 377).
58 Winter, 1957, S. 26.
59 Fellmann, 2007, S. 106–113.
60 Harnack, 1900, Bd. 1, S. 325.
61 Harnack, 1900, Bd. 1, S. 359.
62 Über den Nutzen der Künste und Wissenschaften (Werke, Bd. 8, S. 54–61).
63 Manger, 1789, Bd. 1, S. 102–106.
64 Bischoff, 1885 (Eintrag vom 19. Juni 1782).
65 Bischoff, 1885 (Einträge am 30. Juni 1780, 7. Juli 1780, 18. August 1780 u. 13. September 1780. Dies die richtige Zuordnung, 1783 ist falsch).
66 Winter, 1957, S. 26.

ARCHITECTURA FRIDERICIANA – DER KÖNIG UND DAS BAUWESEN

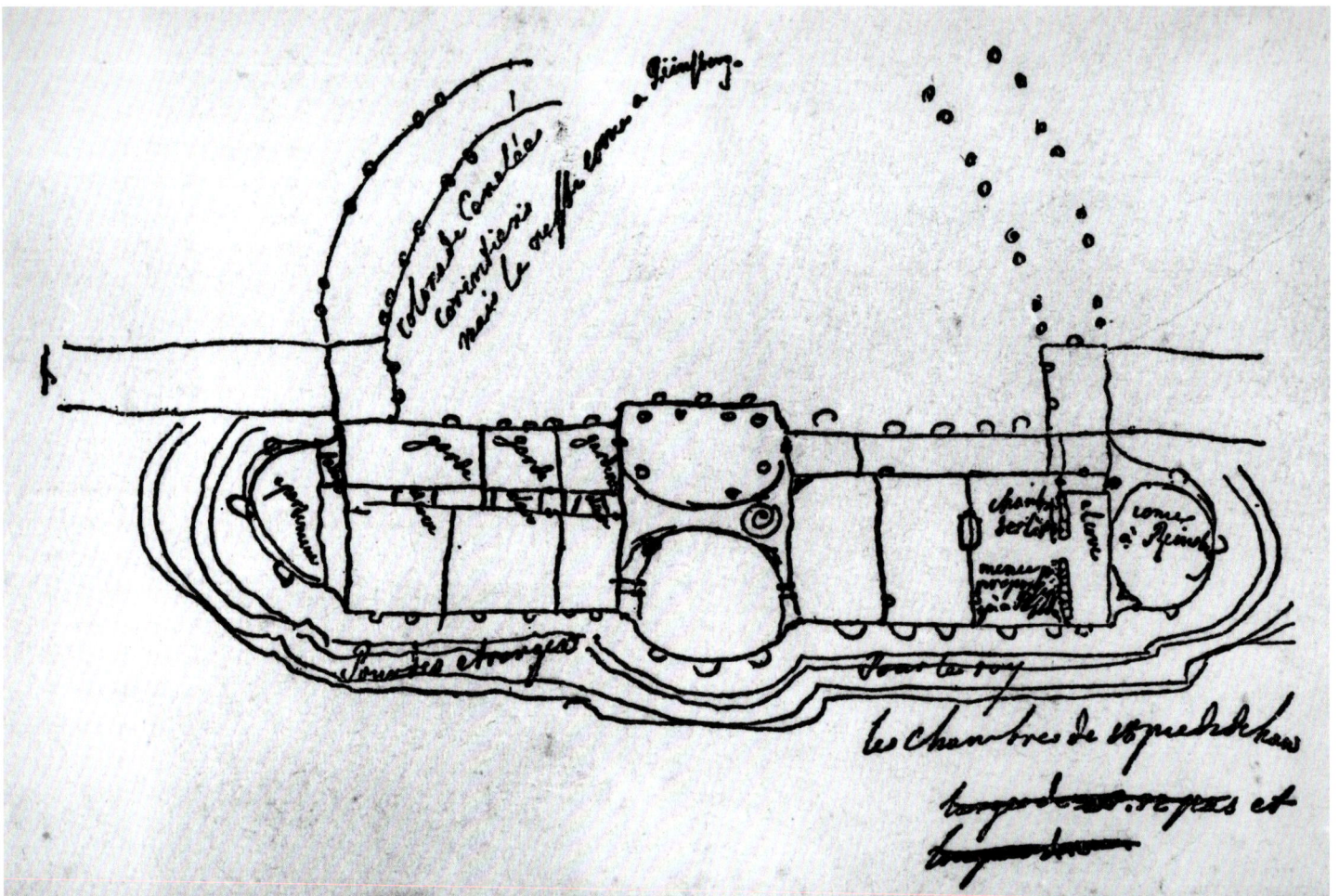

1 Friedrich II. von Preußen, *Schloss Sanssouci, Zweiter Entwurf zum Grundriss*, 1744 (oder um 1758), Federzeichnung, ehemals Hohenzollernmuseum, verschollen (Abb. aus: Hohenzollern-Jahrbuch, 1899, S. 133)

»Die Anlage der beyden Treppen im Hauptvestibüle gegen den Hof, verzögerte sich etwas, und zwar aus folgenden Ursachen. Der König hatte v. Gontard Seine Idee vorgezeichnet. Dieser aber glaubte, daß solche ohne Mißstand nicht wohl auszuführen sey, und machte daher eine Zeichnung nach seiner Einsicht und wahren Konvenienz. Es ward solche verworfen, und eine andere gefordert, die aber auch nicht recht war. Endlich folgte v. Gontard gänzlich der ersten Vorschrift, und diese ward genehmiget. Man fing den Bau an; aber sobald nur etwas davon sichtbar wurde, so mußte jedermann sagen, daß es unschicklich seyn würde; denn man hätte durch eine kleine Oefnung um einen Pfeiler herumklettern müssen, ehe man auf die eigentlichen Treppenstufen gekommen wäre. Der König bemerkte dieses gar bald, ließ alles Gemachte wieder abtragen, und erklärte sich nunmehr deutlicher, daß zwischen diesen beyden Haupttreppen unten und oben ein geschlossen Vestibül bleiben sollte, von dem man die Treppen nicht sehen könnte. Es entstunden also die nunmehrigen Treppen, die zwar noch Breite genug haben, für ein so großes Gebäude aber doch zu unbedeutend sind. Das Abtragen und Verändern hatte viele Kosten verursacht, die dem König übertrieben vorkamen, und Er war über diesen Vorfall so entrüstet gewesen, daß er sogar nach der völligen Beendigung den damaligen Baudirektor Boumann in Berlin befehligte, anher zu kommen und deren Richtigkeit durch seine Unterschrift zu bezeugen, ehe solche bezahlet würden.«[1]

Jene Begebenheit beim Bau des Neuen Palais aus dem Jahr 1768, die Heinrich Ludwig Manger in seiner »Baugeschichte von Potsdam« beschreibt, zeigt sehr anschaulich, unter welchen Bedingungen die Bauten Friedrichs II. entstanden, und charakterisiert den König in dieser Hinsicht sehr treffend. Sie beschreibt keine Ausnahmesituation, sondern eher den Regelfall: Der König griff aktiv in die Planung und Durchführung der Bauten ein und hatte genaue Vorstellungen davon, wie die Gebäude zu gestalten seien. Dabei war er ein Laie auf dem Gebiet der Architektur, der sich noch dazu jeder Form von fachkundiger Beratung verweigerte.[2] Seine Ungeduld war gepaart mit einer ausgeprägten Sparsamkeit. Aus diesem Blickwinkel betrachtet, liegt es nahe, zu fragen, wie viel von dem, was wir heute als friderizianische Architektur bezeichnen, Ausdruck eines künstlerischen Gestaltungswillens und was nur ein Zufallsprodukt zahlreicher Umstände ist, die zweifelsfrei eng mit der Person Friedrichs II. verbunden sind. Oder etwas pointierter formuliert: War Friedrich Förderer oder eher Behinderer der Baukunst? Um auf diese Fragen eine Antwort zu finden, muss man sich zunächst etwas näher mit der Rolle Friedrichs als Bauherr beschäftigen.

Der König als Künstler

Seit dem späten 17. Jahrhundert herrschte ein regelrechter Bauboom in ganz Europa. Vorbilder waren hier Ludwig XIV. und Peter der Große, die mit ihren prachtvollen Bauten die Repräsentation ihres Herrschaftsverständnisses befördern und sich darüber hinaus ein Andenken in der Nachwelt erhalten wollten. Um ihren Machtanspruch zu demonstrieren, nahmen sie auf die Gestaltung der Bauwerke persönlichen Einfluss. Auch für Friedrich II. war das Bauen eine der wichtigsten Aufgaben eines Herrschers, der in seinen Augen nicht nur über die Politik bestimmen, sondern auch auf dem Gebiet der Landeskultur beispielhaft vorangehen und eine Vorreiterrolle einnehmen sollte. Seine erklärte Absicht war es, durch sein Vorbild die zeitgenössische Baukunst zu prägen. Insbesondere in Potsdam sollte eine ganze Stadt nach seinen Vorstellungen entstehen, weshalb er auch zahlreiche Immediatbauten in der Stadt nach seinen Vorgaben errichten ließ.[3]

Friedrich wurde selbst kreativ tätig und machte seinen Baumeistern genaue gestalterische Vorgaben für ihre Bauten, wie in zahlreichen Quellen belegt ist. Seine Vorstellungen waren stark von äußeren Anregungen und Einflüssen geprägt. So inspirierten ihn die Gespräche mit seinen Stil- und Kunstberatern Voltaire und Algarotti, der ihn zudem mit aktueller Literatur zu zeitgenössischer und antiker Architektur versorgte. Seine Bibliotheken enthielten unter anderem Abbildungen antiker Bauten (zum Beispiel Veduten von Giovanni Battista Piranesi), aktuelle französische Architekturwerke (zum Beispiel von Jacques-François Blondel) und historische Architekturtraktate (wie von Andrea Palladio).[4] Aus diesem Fundus bediente sich der König und nutzte die Abbildungen als Vorlagen für seine Bauten. Friedrich machte das Kopieren zum Programm. Gegenüber seinem Vorleser Heinrich Alexander de Catt äußerte er 1758: »Ich habe die Pläne der schönsten Bauwerke Europas, insbesondere Italiens ausgewählt und lasse sie im kleinen und meinen Mitteln entsprechend ausführen.«[5]

Ihn interessierten dabei meist nur die äußere Wirkung und die Fassaden. Die Gebäude selbst waren daher häufig ungünstig geschnitten oder schlecht belichtet. Die Grundrisse standen selten in Einklang mit dem äußeren Erscheinungsbild, zum Teil befanden sich hinter einer monumentalen Straßenfassade mehrere kleine Bürgerhäuser. Die Vorlagen wurden in der Regel nicht direkt an die Baumeister weitergegeben, sondern der König fertigte auf ihrer Grundlage eigene Skizzen an und versah diese mit weiteren Anmerkungen wie »Palladio«, »Vitruv« oder mit Farbangaben.[6] Manger berichtet, dass er sogar Skizzen anderer Baumeister kopierte und als die seinen ausgab.[7] Friedrich hat aber auch selbst Gebäude, Gärten und Inneneinrichtungen entworfen und dabei zahlreiche Skizzen angefertigt, von denen allerdings nur noch sehr wenige erhalten sind. Auch sie dienten als Vorgaben für die Baumeister und stellten meist Fassaden und Wandabwicklungen dar. Grundrissskizzen aus der Feder des Königs sind nur für Schloss Sanssouci (Abb. 1) und die Hedwigskathedrale überliefert. Für das Neue Palais gab es Innenraumentwürfe, die allerdings nicht mehr erhalten sind.[8]

Die erhaltenen Skizzen lassen zwar keine zeichnerische Begabung, wohl aber eine architekturtheoretische Vorbildung erkennen. Der König scheint sich intensiv mit den Architekturtraktaten beschäftigt zu haben, sodass er sich eine gewisse Sicherheit in Formensprache und Proportionen aneignete. In der Methodik der Kopie spiegelt sich seine konservative Grundhaltung wider, die er auch in anderen Bereichen pflegte. Bewährte architektonische Lösungen wurden übernommen und wiederholt, was dazu führte, dass er sich sogar selbst kopierte. So findet sich das Vorbild für die Bibliothek im Schloss Sanssouci in Rheinsberg. Über die Dauer seines Wirkens ist keine wesentliche Weiterentwicklung seiner Architektursprache zu erkennen. Ausländische Künstler wurden von ihm grundsätzlich höher eingestuft als einheimische. Daher modifizierte er bevorzugt ältere italienische Vorbilder und nutzte sie als Vorlagen für seine Neubauten.[9] Besonders eindrucksvoll wird dies bei dem Entwurf für das »Säulenhaus« (ehemals Nauensche Straße 26/27 in Potsdam) von Carl von Gontard deutlich, der bis ins Detail einer Radierung von Giovanni Battista Piranesi gleicht. Friedrich II. besaß außerdem eine Vorliebe für bestimmte Architekturmotive, die in seinen Gebäuden immer wieder auftauchen, so zum Beispiel das Pantheon als »Tempel aller Götter« und als Symbol für Toleranz.

Ein Dilettant in der Baukunst

Bei aller architekturtheoretischen Vorbildung war Friedrich im Bereich der Baukunst dennoch ein »Dilettant«, wie er sich auch selbst bezeichnete. Dieser Begriff wurde damals wertfrei verwendet und beschrieb jemanden, der einer Beschäftigung in seiner Freizeit und nicht zum Broterwerb nachging. Bauen diente ihm zur Zerstreuung, er sammelte Bauwerke wie Skulpturen und Gemälde. 1742 schrieb er an seinen Sekretär und Vertrauten Charles Étienne Jordan, er spiele »mit Gebäuden und Gartenanlagen wie ein Kind mit seinen Puppen«.[10] Dabei missachtete er jedoch häufig grundlegende technische Regeln, da es ihm in erster Linie auf die Gestaltung ankam. Die praktische Umsetzung blieb seinen Baumeistern überlassen.

Manger, der selbst am Bau des Neuen Palais in Potsdam beteiligt war, berichtete von der Baustelle folgende Anekdote: Er selbst habe bewusst ein hohes Sockelgeschoss für das Schloss geplant, da bekannt war, dass der Untergrund sehr feucht war. So sollte ein ausreichender Abstand des Erdgeschosses vom an diesem Ort sehr hohen Grundwasserspiegel gewährleistet sein, sodass aufsteigende Feuchtigkeit nicht in die Schlossräume eindringen könne. Als die Außenwände des Sockelgeschosses bereits standen, befahl der König den Rückbau, da ihm der hohe Sockel nicht gefiel. Manger jedoch, dessen Einsprüche kein Gehör fanden, ließ nur die oberen zwei Steinlagen abtragen, bis der König die Baustelle verlassen hatte, und kaschierte die restliche Höhe des Sockels durch Anschütten von Erdreich.[11] Er sollte recht behalten: Später stand sehr häufig das Grundwasser raumhoch im Sockelgeschoss. Erst nach einer grundlegenden Grundwasserabsenkung im späten 20. Jahrhundert hat sich der Zustand normalisiert, doch auch heute noch sind die Folgen der extremen Feuchtigkeit im Sockelgeschoss des Schlosses spürbar.

Friedrich hat sich bei seinen Bauten um viele Einzelheiten selbst gekümmert. Seine Entscheidungen waren unumstößlich, auch wenn sie sich als falsch herausstellten. Bei der Konstruktion der Decke zwischen dem Grotten- und dem Marmorsaal – den beiden Festsälen im Neuen Palais – führte dies zu folgendem Problem: Aufgrund der großen Spannweiten von bis zu 18,50 m empfahlen die Baumeister dem König dringend, eine Gewölbekonstruktion aus Mauerwerk bauen zu lassen, da eine Holzkonstruktion unter den bestehenden Bedingungen keine genügende Tragfähigkeit und Haltbarkeit versprach. Dafür hätten im Grottensaal im Erdgeschoss Pfeiler als Auflage für die Gewölbe errichtet werden müssen. Dies lehnte der König ab und bestand auf einer hölzernen Decke. Daraufhin wurde eine extrem flache Konstruktion mit einer Schubverzahnung entwickelt, die die große Spannweite mit einer sehr geringen Bauhöhe von nur einem Meter überspannen konnte. Sofort nach dem Einbau senkte sich der Fußboden, da der darauf verlegte Marmorboden zu schwer war. Hinzu kam, dass das verbaute Holz aufgrund des Termindrucks nicht genügend ausgetrocknet war und beim Schleifen des Marmorfußbodens zusätzliche Nässe in die Decke eindrang und das Holz schädigte. Bereits acht Jahre nach Fertigstellung musste die gesamte Konstruktion saniert werden. Der gesamte Fußboden wurde geöffnet, eine Sekundärkonstruktion (ebenfalls aus Holz) neben die bestehende gelegt und der Marmorfußboden neu verlegt, diesmal in trockener Bauweise. Aber schon 1785 stellte Manger erneute Schäden fest, da das neue Holz von den Pilzen der alten Konstruktion befallen wurde.[12] Eine erneute Sanierung wurde geplant, aber erst ab 1791 ausgeführt.

Die beschriebenen Entscheidungen Friedrichs resultierten zum einen sicherlich aus einem gewissen Eigensinn, vor allem aber aus seinem unvermittelt auftretenden Geiz. Er legte Wert darauf, die absolute Kontrolle über seine Finanzen zu behalten. So musste vor jeder Planung ein Kostenanschlag vorgelegt und von ihm genehmigt werden. Jeweils im September wurde eine Planung für die Baumaßnahmen des kommenden Jahres aufgestellt.[13] Ab 1754 musste dann jeder Bau auch gesondert abgerechnet werden. Dieses System kann durchaus als Vorgänger der heute üblichen mittelfristigen Finanzplanung der Bauverwaltungen gesehen werden. Friedrichs Sparsamkeit nahm nach dem Siebenjährigen Krieg noch zu. Auch das Misstrauen gegenüber seinen Baubeamten steigerte sich mit der Zeit. Regelmäßig unterstellte ihnen der König Verschwendung und Betrug. So ließ er seine Baumeister Gontard und Manger 1774 mehr als sechs Wochen festsetzen, während eine Kommission aus Berlin alle Baurechnungen prüfte.[14] Unregelmäßigkeiten wurden freilich nicht gefunden, was den König aber nicht davon abhielt, auch andere Baumeister wie Johann Gottfried Büring und Christian Ludwig Hildebrandt zeitweise festzuhalten.

Eine Intervention mit Folgen: Die Kolonnade am Neuen Palais

Nach dieser kurzen Charakterisierung des Bauherrn Friedrich, die wir in erster Linie dem Zeitgenossen Heinrich Ludwig Manger, dann aber vor allem den Forschungen von Friedrich Mielke und Hans-Joachim Giersberg verdanken, sollen nun anhand eines Beispiels die konkreten Auswirkungen dieser Verhaltensweisen dargestellt werden: der Umplanung der Kolonnade am Neuen Palais. Der erste Entwurf aus dem Jahr 1764 geht auf Jean Laurent Le Geay zurück. Er sieht zwischen den beiden Commun-Gebäuden eine halbrunde Kolonnade vor, die sich in zwei viertelkreisförmige Säulengänge gliedert, die seitlich von zwei Pavillons und mittig von einem überhöhten Triumphtor gefasst werden. Skizzen von Friedrich, die als Gestaltungsvorlage hätten dienen können, sind in diesem Fall nicht bekannt. Der im Vergleich zum Neuen Palais sehr moderne Entwurf missfiel dem König allerdings, woraufhin er den Baumeister kurzerhand entließ. Le Geay ging nach England; 1765 übernahm Carl von Gontard die oberste Leitung für den Bau des Neuen Palais. Dabei fertigte er auch eine Überarbeitung der Pläne für die Communs und die Kolonnade an. Er nahm keine Änderung an der Grundstruktur vor, griff aber stark in die Fassadengestaltung der Communs und der Kolonnade ein. Er modifizierte die Ansichten im Sinne des Königs hin zu einem konservativeren Erscheinungsbild.[15] Die Pavillons und das Triumphtor, die bei Le Geay noch jeweils mit einer Art Gloriette als Aufbau bekrönt waren, erhielten nun Obelisken als Abschluss. Auch wenn es keinen schriftlichen Beweis gibt, muss man davon ausgehen, dass Friedrich diesen Entwurf genehmigt hat, bevor er umgesetzt wurde. Der obligatorische Kostenanschlag aus dem Jahr 1766 ist erhalten. Manger verzeichnet für das Jahr 1769 folgenden Eintrag:

> »Die Kolonnade war völlig aufgerichtet, und das Gerüste weggenommen, als dem König der hohe mittlere Obelisk zwischen den beyden niedrigern an den Seiten misfiel. Er ließ ihn also wieder abbrechen, und die jetzige niedrige oben offene Kuppel aufsetzen.«[16]

2 Umkreis von Carl von Gontard, Potsdam, *Aufriss der Kolonnade am Neuen Palais*, um 1787, Feder in Schwarz, laviert, SPSG, GK II (1) 1210, Ausschnitt

Hier spielte sicherlich die bereits erwähnte Liebe des Königs zum Pantheon-Motiv eine entscheidende Rolle. Seine Anweisung stellte Gontard aber vor folgende Probleme: Er musste eine runde Kuppel auf einen rechteckigen Grundriss aufsetzen, was bedeutete, dass diese nur einen sehr kleinen Durchmesser haben konnte. Aufgrund der halbkugelartigen Form der Kuppel hieß dies wiederum, dass ihre Höhe ebenfalls begrenzt war. Das Ergebnis war ein unglücklich proportioniertes Triumphtor mit einer Kuppel, die vom Neuen Palais aus kaum zu sehen war, da sie vom Tympanon des Tors größtenteils verdeckt wurde (Abb. 2).

Der notwendige Rückbau des Pyramidenstumpfes zu einer Unterkonstruktion für die Kuppel führte aber auch zu konstruktiven Problemen. Durch die rechteckige Form des Unterbaus bedingt, war für die Kuppel kein umseitiges Auflager auf dem Mauerwerk vorhanden, sodass eine hölzerne Unterkonstruktion erstellt werden musste, die die Lasten verteilte. Zudem entstanden in der Dachkonstruktion große Restflächen, die nicht von der Kuppel überspannt wurden und für die eine Lösung gefunden werden musste. Ein weiteres Problem stellte die Untersicht der Kuppel dar. Manger berichtet, dass der König eine »offene Kuppel« (wie im Pantheon) wünschte. Dies hätte nun bedeutet, dass man die Öffnung der Kuppel von unten aus hätte sehen müssen. Aufgrund der großen Wandstärken, die ursprünglich dafür konzipiert waren, eine steinerne Unterkonstruktion für einen Obelisken zu tragen, wäre es hier zu so großen Überschneidungen mit dem Rund der Kuppel gekommen, dass eine vernünftig proportionierte Innenkuppel mit Verbindung zum oberen Kuppelauge nicht zu konstruieren gewesen wäre. Hier wäre mit Sicherheit eine Unterdecke erforderlich gewesen, die wiederum den Durchblick nach oben behindert hätte. Durch die Öffnung der Kuppel wäre zudem Feuchtigkeit eingedrungen, die dann die Unterdecke geschädigt hätte. Wie Gontard dieses Problem gelöst hat, ist nicht bekannt, da die Kuppel samt Unterkonstruktion im Zweiten Weltkrieg zerstört wurde.

Konstruktion und Form der ursprünglichen Kuppel sind durch eine umfangreiche Bauforschung inzwischen hinreichend bekannt. Auch die Baunaht vom Rückbau des Obelisken konnte gefunden werden, was den Bericht Mangers letztlich bestätigt. Die nachträglich eingebrachten Auflagertaschen für die Unterkonstruktion der Kuppel sowie der Unterdecke wurden ebenfalls entdeckt. Ihrer Lage, Größe und der noch messbaren Winkel der Abdrücke der Konstruktionshölzer wegen konnte daraus die Form und Konstruktion der Unterdecke ermittelt werden. Ob sie allerdings eine Öffnung hatte und wie gegebenenfalls die Lichtführung ausgesehen hat, lässt sich nicht mehr nachvollziehen. In der Kaiserzeit wurde die Öffnung der Kuppel geschlossen und mittig ein Fahnenmast aufgesetzt. Auch dies könnte ein Hinweis auf Bauschäden durch eindringende Feuchtigkeit sein.

Perspektive

In diesem Fall muss man also den kreativen Eingriff des Königs sowohl aus ästhetischen als auch aus baukonstruktiven Gründen kritisch hinterfragen. Für eine Bewertung ist eine rein kunsthistorische Quellenanalyse nicht ausreichend, man muss sich vielmehr eingehend mit den baukonstruktiven Details befassen. Dies ist die Aufgabe der Stiftung Preußische Schlösser und Gärten im Rahmen der künftig anstehenden Baumaßnahmen, die nur durch eine umfassende bauvorbereitende und baubegleitende Bauforschung vollbracht werden kann. Erst dann können wir die Fragen beantworten: Wie viel »Friedrich« steckt in den einzelnen Gebäuden und wie ist die jeweilige Einflussnahme künstlerisch zu bewerten?

Heinrich Ludwig Manger hat die Frage für sich bereits 1790 beantwortet: »Die drey Schlösser: in der Stadt, zu Sanssouci, und besonders das neue Schloß, beweisen hinlänglich, daß alles durchaus nach der einmal gefaßten Idee des Königs mußte ausgeführt werden. Hätte Knobelsdorff nicht die alten Fenster des Schlosses gegen den Lustgarten beybehalten müssen, und hätte er dem Lustschlosse Sanssouci ein höheres Erdgeschoß geben dürfen, so würde Ersteres eine viel regelmäsigere Eintheilung haben erhalten können, und das Zweyte würde sich nicht auf einem Berge zu verstecken scheinen. Und hätte Büring die Widerhaken, die kreuzförmigen Vorlagen, und die Figuren vor den Pilastern weglassen dürfen, hätte er an einigen Orten Säulen am Mittel-Portale anbringen, und sowohl die untern als die obern elliptischen Fenster mit den Engelsköpfen, desgleichen die Kuppeln verändern können; so würde kein so sonderbarer Steinklumpen entstanden seyn, auf dessen Balüstrade gleichsam Jahrmarkt mit Puppen gehalten wird.«[17]

1 Manger, 1789, Bd. 2, S. 311.
2 Siehe allgemein auch: Richter, 1926, S. 52.
3 Mielke, 1981, S. 47.
4 Algarotti, 2008, S. 98 u. 99.
5 Kania, 1939, S. 266–268, hier S. 267.
6 Giersberg, 1986, S. 43.
7 Manger, 1789, Bd. 1, S. 170 f.
8 Giersberg, 1986, S. 316 f.
9 Giersberg, 1986, S. 306 f.

10 Giersberg, 1986, S. 307.
11 Manger, 1789, Bd. 2, S. 256 f.
12 Manger, 1789, Bd. 2, S. 301 f.
13 Giersberg, 1986, S. 26.
14 Manger, 1789, Bd. 3, S. 562.
15 Drescher/Badstübner-Gröger, 1991, S. 138 f.
16 Manger, 1789, Bd. 2, S. 320.
17 Manger, 1789, Bd. 3, S. 547.

SUSANNE EVERS

BERLINER SEIDENGEWEBE IN DEN SCHLÖSSERN FRIEDRICHS II.

Einleitung

Die preußische Seidenherstellung unter Friedrich II. ist bereits seit dem späten 19. Jahrhundert Gegenstand wissenschaftlicher Forschung. Eine dreibändige Quellenedition der Verwaltungsakten zur preußischen Seidenindustrie im 18. Jahrhundert, 1892 in der Reihe »Acta Borussica« erschienen, bietet detaillierte Informationen zur Entwicklung dieses Gewerbezweiges und zu einzelnen Unternehmen.[1] Zusammen mit den dort ebenfalls publizierten eigenhändigen Randbemerkungen Friedrichs II. belegen diese Akten darüber hinaus Art und Umfang der Einflussnahme durch den König. Im 20. Jahrhundert ist die Seidenherstellung zunächst besonders unter wirtschaftsgeschichtlichen Gesichtspunkten untersucht worden.[2] Die Erzeugnisse dieses Gewerbes, ihre Qualität und Verwendung, rückten durch die kenntnisreichen Äußerungen Heinrich Jakob Schmidts von 1935 und 1958 sowie die Publikationen Karola Paepkes in den Blick der Öffentlichkeit. Paepke stellte 1982 in dem Bildheft »Seiden in Sanssouci« bedeutende Beispiele der in den Potsdamer Schlössern verwendeten Gewebe vor. Die Frage nach der Abhängigkeit beziehungsweise Eigenständigkeit friderizianischer Seidenmuster und damit nach der kunsthistorischen und stilistischen Einordnung wurde aber bisher nicht erschöpfend beantwortet.[3]

So bleibt bis heute die Einschätzung Otto von Falkes in seiner 1913 erschienenen »Kunstgeschichte der Seidenweberei« unwidersprochen, dass die Muster in Berlin wahrscheinlich nur so weit von den französischen Vorbildern abwichen, als das Können der Zeichner und Weber hinter dem der Franzosen zurückstand. Er räumte allerdings ein, dass noch zu wenig örtlich gesicherte Gewebe bekannt seien, als dass man den Spuren »nationaler Musterbildung« nachgehen könnte.[4] Durch umfangreiche Bestandsuntersuchungen konnte diese Lücke mittlerweile geschlossen werden. Die Herkunft der wichtigsten Ausstattungsgewebe des ab 1763 prachtvoll ausgestalteten Neuen Palais im Park von Sanssouci ist nun nachgewiesen.[5] Auf dieser Grundlage ist eine Untersuchung der kunsthistorischen Bedeutung der Gewebe heute möglich. Waren die Entwerfer in Preußen um eine reine Übernahme der vorherrschenden französischen Vorbilder bemüht oder sind Anzeichen einer gewissen Eigenständigkeit erkennbar? Gibt es Abweichungen in der Formensprache oder im Mustercharakter? Sind diese konkret an Raumlösungen im Neuen Palais gebunden oder kann man möglicherweise sogar von der Ausprägung eines friderizianischen Seidenstils sprechen? Im Folgenden sollen zunächst die königlichen Bemühungen um die Seidenproduktion und die textile Ausstattung friderizianischer Schlösser von 1740 bis 1756 skizziert werden, um den beachtlichen Qualitätssprung der Seidengewebe nach 1763 erkennbar werden zu lassen. Den Aufschwung bezeugen dann sieben hochwertige Ausstattungsstoffe in den Räumen des Neuen Palais, aus deren Analyse sich eine einordnende Bewertung der preußischen Seidenkunst unter Friedrich II. ergeben wird.

1 *Broschierter Lampas*, Berlin, um 1765, Potsdam, Neues Palais, Friedrichwohnung, Schlafzimmer, SPSG, Muster G. 11, IX 1856, Detail

2 Potsdam, Schloss Sanssouci, *Audienzzimmer, Raumtextilien aus grauviolettem (gris-de-lin-farbenem) Damast*

Förderung der Seidenproduktion durch Friedrich II.

Die preußische Seidenweberei und -herstellung erlebte unter Friedrich II. in wirtschaftlicher und künstlerischer Hinsicht ihre Blütezeit. Ein wichtiger Motor für den Aufschwung war das persönliche Engagement des Königs, der die Seidenproduktion von Anfang an systematisch unterstützte. Davon legt eine große Anzahl überlieferter Dokumente Zeugnis ab. So erging zum Beispiel nur drei Monate nach der Thronbesteigung Friedrichs folgende Kabinettsordre an den Minister Samuel von Marschall: »Weil ich gerne die Manufacturen und Fabriken zu Berlin vermehret wissen will, so sollet Ihr Euch umthun, aus Italien mehrere Sammet-Fabricanten, auch Leute, so Satin, Gros de Tours und Seidendamast machen, zu bekommen und solche nach Berlin zu ziehen [...].«[6] In erster Linie sollten aber Spezialisten aus der französischen Seidenmetropole Lyon angeworben werden, notfalls auch über Umwege: Im Oktober 1740 versah der König den Bericht des Kopenhagener Botschaftssekretärs mit der Bitte eines aus Lyon stammenden Seidenfabrikanten, sich in Berlin niederlassen zu dürfen und einen Vorschuss zur Existenzgründung zu erhalten, mit der Randbemerkung: »gut. Soll ihn nur herschicken.«[7] 1746 lobte Friedrich II. in einer Kabinettsordre an Marschall dessen Bemühungen um die Ansiedlung von Fabriken und Manufakturen und ergänzte: »[...] dasjenige aber, was Ich Euch darunter vorjetzo am meisten hauptsächlich recommendire, seind die Seidenfabriquen, als deren Etabliren und Vermehrung Ihr Euch mit allem möglichsten Fleiß angelegen sein lassen sollt, weil diese jetzo hierunter Mein Hauptaugenmerk seind [...]«.[8]

Als Teil der protektionistischen Maßnahmen möchte man annehmen, dass der König die neuen Seidenmanufakturen durch Aufträge für die Ausgestaltung seiner Schlösser stützte. Erstaunlicherweise liefern die zahlreichen Dokumente aber kaum Informationen über die königlichen Seidenkäufe der Jahre 1740 bis 1750. Einer der wenigen frühen Hinweise betrifft eine Bestellung von »3 Stück Etoffes« beim Seidenfabrikanten Cuissart im Januar 1745, damit dieser seine Schulden bezahlen konnte.[9] Die königlichen Schatullrechnungen der 1740er Jahre verzeichnen im Verhältnis zu späteren Eintragungen auffallend wenige Zahlungen für Ausstattungsstoffe. Die mit Abstand kostspieligste Erwerbung waren »4 Stücken

3 Potsdam, Schloss Sanssouci, *Drittes Gästezimmer, Raumtextilien aus rot-weiß gestreifter Satinade*

SUSANNE EVERS

oben links
4 Potsdam, Stadtschloss, *Arbeits- und Schlafzimmer Friedrichs II.*, Aufnahme vor 1940, Bildarchiv Foto Marburg

5 Potsdam, Stadtschloss, *Konfidenztafelzimmer*, Aufnahme vor 1940, Bildarchiv Foto Marburg

Etoffes« für 2 000 Reichstaler, erworben im November 1747 von dem Händler Michelet.[10] Zusammen mit seinem Compagnon Girard hatte dieser nur zwei Monate zuvor in Berlin eine »Seidenfabrique« gegründet, die noch bis ins frühe 19. Jahrhundert zu den wichtigsten Hoflieferanten gehörte.[11] Zweimal erhielt der schon erwähnte Cuissart Zahlungen von jeweils circa 500 Reichstalern für »reiches Zeug« beziehungsweise »1 blömourant Stück Etaf mit Silber«.[12] Schließlich sind 1745 und 1750 geringe Summen für Samt und ein Stück grünen Damast verzeichnet.[13]

Dekorationsseiden in Schloss Sanssouci, Schloss Charlottenburg und im Berliner Schloss

Ein Blick auf die textile Ausstattung der frühen friderizianischen Wohnungen bestätigt den anhand der Aktenlage gewonnenen Eindruck, dass der ungewöhnlich hohe persönliche Einsatz des Königs für die Wirtschaftskraft der Seidenmanufakturen in seinem Lande noch nicht zu einer deutlichen Qualitätssteigerung der produzierten Ausstattungsstoffe geführt hatte. Einfache Gewebe herrschten vor, die punktuell durch Tressenbesatz oder Stickereien nobilitiert wurden.

In den Jahren nach der Regierungsübernahme 1740 ließ Friedrich Appartements im angebauten Neuen Flügel von Schloss Charlottenburg, im neu errichteten Sommerschloss Sanssouci, im Berliner Schloss und im Potsdamer Stadtschloss dekorieren und einrichten. Durch die seidenen Wandbespannungen und Möbelbezüge erhielten die Wohnungen jeweils einen spezifischen Charakter: Im Schloss Sanssouci sowie in Charlottenburg sind für einen großen Teil der Räume Ausstattungen mit einfachen Seidengeweben wie Damast, Satin, Taft oder Satinade überliefert, im Berliner Schloss ist hauptsächlich Samt dokumentiert, im Potsdamer Stadtschloss dagegen hat es eine größere Anzahl reicher Gold- und Silbertapeten gegeben.

Die Seidenbespannungen an Wänden, Möbeln und Fenstern des Schlosses Sanssouci sind seit den 1740er Jahren wiederholt erneuert worden. Während Farbe und Stoffqualität der heutigen modernen Gewebe weitgehend mit den Raumtextilien der Erstausstattung übereinstimmen, sind die ursprünglichen Damastmuster nicht sicher zu ermitteln (Abb. 2 u. 3). Für das Schloss Charlottenburg können Informationen über die textile Ausstattung zu friderizianischer Zeit wegen der häufigen Veränderungen in Raumnutzung und Ausstattung nur den archivalischen Nachrichten entnommen werden: Wie in Sanssouci herrschten Damaste und Atlas vor.[14]

Die Ausstattung der Wohnung Friedrichs II. im Berliner Schloss ist schon wenige Jahre nach dessen Tod vollständig verändert worden, sodass wieder nur Schriftquellen Auskunft geben: In diesen vom König selten genutzten Räumen hat es kaum seidene Wandbespannungen gegeben. Nur das Arbeits- und das Audienzzimmer waren jeweils mit Samttapeten ausgeschlagen.[15]

Die textile Ausstattung des Potsdamer Stadtschlosses

Ganz anders liegt der Fall beim Potsdamer Stadtschloss. In beiden für Friedrich umgebauten und neu eingerichteten Wohnungen im ersten Obergeschoss des Corps de logis befanden sich reich mit Textilien ausgestattete Räume. Zum Teil blieben die Stoffe bis zu den Zerstörungen im Zweiten Weltkrieg erhalten und sind uns daher nicht nur aus den zeitgenössischen Beschreibungen bekannt, sondern auch in historischen Fotographien überliefert. Das Arbeits- und Schlafzimmer des Königs, 1744 nach Entwürfen von Johann August Nahl geschaffen, war mit einem reich mit Tressen besetzten blaugrundigen Silberstoff tapeziert (Abb. 4).

Für das dahinter gelegene, nur durch den königlichen Alkoven zugängliche Konfidenztafelzimmer mit einer versenkbaren Tischplatte im Zentrum ist eine Wandbespannung aus rotem Samt dokumentiert, eingefasst von tressenbesetzten Banden (Abb. 5).

Das schon 1801/1802 vollständig umgestaltete Audienzzimmer war laut Friedrich Nicolai mit gelbem Samt ausgeschlagen, dieser reich bestickt, wie auch das Gemälde der Aufbahrung Friedrichs des Großen aus dem Jahre 1786 bestätigt (Abb. 6).[16]

Die textile Ausstattung einiger Räume für fürstliche Gäste in der ursprünglich ebenfalls für den König eingerichteten Westwohnung lässt sich aus schriftlichen Quellen rekonstruieren: Ein Zimmer war mit einem Silberstoff mit goldenen Tressen tapeziert, zwei Schlafkammern hatten grün- beziehungsweise rotgrundigen Goldstoff an den Wänden, außerdem gab es weitere Samtbespannungen.[17] Drei Räume wiesen

6 Friedrich Wilhelm Bock, *Aufbahrung Friedrichs des Großen im Audienzzimmer des Potsdamer Stadtschlosses*, 1786, Öl auf Leinwand, SPSG, GK I 10175, Eigentum des Hauses Hohenzollern, SKH Georg Friedrich Prinz von Preußen

SUSANNE EVERS

Tapeten von einfarbigem Atlas auf, die von den Hofgoldstickern Pailly und Mathias Immanuel Heynitschek mit figürlichen Stickereien versehen worden waren.[18] Von den gestickten und bemalten Wandbespannungen des Chinesischen Zimmers haben sich zwei Ornamentzeichnungen erhalten (Abb. 7 u. 8); alle anderen Raumtextilien sind nicht bildlich überliefert.

7 Unbekannter Zeichner (Mathias Immanuel Heynitschek?), Potsdam, Stadtschloss, *Entwurf für die Dekoration des Chinesischen Zimmers*, 1752, Feder in Grau, blassgrün, rosa und grau laviert, SPSG, GK II (7) 79

8 Unbekannter Zeichner (Mathias Immanuel Heynitschek?), Potsdam, Stadtschloss, *Entwurf für die Dekoration des Chinesischen Zimmers*, 1752, Feder in Grau, blassgrün, rosa und grau laviert, SPSG, GK II (7) 78

9 Antoine Pesne, *Sophie von Preußen mit ihrem Gemahl Markgraf Friedrich Wilhelm von Brandenburg-Schwedt*, um 1734, Öl auf Leinwand, SPSG, GK I 1021

Damit ergibt sich folgendes Bild für das Potsdamer Stadtschloss: In den Räumen der friderizianischen Ausstattungsperiode bis 1755 herrschten Wandbespannungen aus Samt oder glattem Atlas vor, zum Teil mit Tressen besetzt oder reich bestickt. Außerdem waren insgesamt vier Räume mit Gold- beziehungsweise Silberstoff tapeziert. Da sich eine dieser reichen Wandbespannungen bis 1945 erhalten hatte, können wir uns heute ein Bild von der Qualität eines solchen Silberstoffes machen (Abb. 10). Trotz der kostbaren Materialien war das Gewebe technisch sehr einfach gestaltet: Ein einzelner Schussfaden aus Silberlahn bildete das gesamte Muster. Mit großer Wahrscheinlichkeit handelt es sich bei diesem Gewebe um das in den königlichen Schatullrechnungen von 1746 erwähnte »blömourant Stück Etaf mit Silber« des Seidenfabrikanten Cuissart.[19] Die drei weiteren Tapeten aus Gold- und Silberstoff stammten wahrscheinlich aus dem oben erwähnten besonders kostspieligen Ankauf von 1747 bei der neu etablierten Manufaktur Girard und Michelet.[20]

10 Potsdam, Stadtschloss, *Arbeits- und Schlafzimmer Friedrichs II.*, Detail der Wandbespannung, Berlin, 1746, Aufnahme vor 1940

Der Charakter textiler Raumausstattung in den königlichen Schlössern 1740 bis 1756

Die Wohnungen Friedrichs II. in Sanssouci, Charlottenburg und im Berliner Schloss wurden in den ersten Jahren seiner Regierung hauptsächlich mit einfarbigen Damasten und glatten ungemusterten Seiden ausgestattet. Deutlich repräsentativer war die textile Ausstattung der bevorzugten Residenz des Königs, des Potsdamer Stadtschlosses: Dort wurden Samte, glatte Seiden und einfach gewebte Gold- und Silberstoffe angebracht, die zum Teil mit Stickereien oder mit Tressenbesatz aufgewertet wurden. Es blieben aber dennoch einfache Gewebe. In vielen Räumen griff man auf die altmodische Dekorationsform des Tressenzimmers zurück, das bereits 1709 im Schloss Charlottenburg verwirklicht worden war. In Italien, Holland und England dagegen, besonders aber in Frankreich, dominierten in diesen Jahren sogenannte naturalistische Gewebe. Solche farbigen Stoffe mit großen, der Natur entlehnten Motiven waren zwar auch am Berliner Hof bekannt, wie das Kleid der Sophie von Preußen zeigt, mit dem sie Antoine Pesne um 1734 gemeinsam mit ihrem Gemahl Markgraf Friedrich Wilhelm von Brandenburg-Schwedt porträtierte (Abb. 9), zur Dekoration der Innenräume wurden sie jedoch nicht genutzt.

Ganz offensichtlich erstreckte sich der Einfluss des Königs nicht nur auf die wirtschaftliche Förderung der Seidenweberei, sondern auch auf die Produktpalette. Er hielt die Fabrikanten und Manufakturisten an, zunächst nur einfache Gewebe herzustellen; mit den reichen Stoffen dagegen müsse »ganz piano gegangen« werden.[21] In einer Kabinettsordre vom 15. August 1746 heißt es:

> »[...] dass bei uns noch zur Zeit nicht sowohl reiche Etoffes, sondern vielmehr Damaste, Satins, Gros de Tours, und dergleichen ordinäre Seidenstoffe mehr, [...] gemacht werden, damit wir uns nicht nur dergleichen auswärts fabricierte Etoffes passieren, sondern auch selbst unsere Nachbarn und Auswärtigen davon fournieren können; als dann und wann dieses alles erst im rechten Zuge ist, man schon von selbsten mit Fabricierung der reichen Etoffes anfangen und zu Stande kommen wird«.[22]

Fünf Jahre später scheint alles dann in rechtem Zuge zu sein, wie in einer Kabinettsordre vom 23. Juli 1751 zu lesen ist:

> »[...] dass bereits so gute und schöne, ordinäre sowohl als reiche Etoffes in denselben [den Berliner Fabriken, S. E.] gemachet und vor so billigen Preis verkaufet werden können, als solche nur jemalen auswärtig zu haben seind [...].«[23]

Die Beschränkungen, die der König aus wirtschaftlichen Erwägungen und produktionstechnischer Vorsicht den Seidenmanufakturen auferlegte, respektierte er auch für seinen eigenen Gebrauch. Anstatt seine Schlösser mit den modernsten repräsentativen Seidenstoffen aus Lyon auszustatten, ließ er einheimische Gewebe verwenden, auch wenn diese noch verhältnismäßig wenig entwickelt waren. Langfristiges Ziel blieb es jedoch, trotz der bescheidenen künstlerischen Anfänge das Niveau der führenden französischen Seidenzentren zu erreichen. Noch fehlten die webtechnischen Voraussetzungen in Preußen, um französische Vorbilder nachahmen zu können. Auch wenn die Künstler in der Lage gewesen wären, Musterzeichnungen zu adaptieren, hätte man sie noch nicht weben können. Daher warb man sämtliche am Herstellungsprozess beteiligten Spezialisten aus Frankreich an. Dabei wurde peinlich genau auf deren gute Ausbildung und auf ihr Renommee geachtet. Unter den französischen Einwanderern waren nicht nur Seidenweber und -arbeiter, sondern auch die für die künstlerische Qualität des Entwurfs entscheidenden Färber und Musterzeichner, die »dessinateurs«.[24]

Aufschwung nach 1763: Seiden für das Neue Palais

Nach der für alle Luxusindustrien retardierenden Zwangspause des Siebenjährigen Krieges erreichte die preußische Seidenproduktion in der zweiten Hälfte der 1760er Jahre technisch und künstlerisch eine neue Qualitätsstufe. Die breit angelegte Aufbauarbeit entfaltete nach über 20 Jahren ihre Wirkung. Davon zeugen noch heute die Tapeten, Möbelbespannungen und Vorhänge des Neuen Palais im Park von Sanssouci, die sich zum Teil erhalten haben, zum Teil aber auch um 1900 unter Kaiser Wilhelm II. weitgehend originalgetreu kopiert wurden. Die partiell ebenfalls erhaltenen Aktenhinweise und Rechnungen zur Ausstattung dieses Schlosses können mit den Kunstwerken selbst in Beziehung gesetzt werden, sodass ein deutlich höherer Erkenntnisgewinn zu erwarten ist als im Falle der nur durch Schriftquellen und bestenfalls durch historische Fotos dokumentierten Gewebe der frühen friderizianischen Zeit. Anhand der insgesamt sieben reich broschierten Gewebe des 18. Jahrhunderts, die in den Räumen des Neuen Palais erhalten sind, kann die Aussage Otto von Falkes überprüft werden: Sind die Abweichungen von den französischen Vorbildern tatsächlich nur den mangelnden Fertigkeiten der Berliner Seidenweber geschuldet oder hat sich auf Grundlage des französischen Vorbilds ein eigenständiger friderizianischer Stil in der Seidenkunst des 18. Jahrhunderts entwickelt?

Die erste Stoffbestellung für das Neue Palais, die bereits ab Oktober 1763 aktenkundig wird, ist der rot-goldene Droguet für das »kleine Speisezimmer« der Königswohnung (Abb. 11), wie der Raum in den Inventaren fast durchgängig genannt wird. Der Ankauf ist außergewöhnlich gut dokumentiert. Bauinspektor Heinrich Ludwig Manger betonte in seiner Baugeschichte von Potsdam, dass diese Tapeten in Berlin hergestellt wurden.[25] Die Schatullrechnungen des Königs weisen von Oktober 1763 bis August 1764 regelmäßige Zahlungen an den »Seidenfabricant Puis für ein Stück reichen Ètoff« aus. Insgesamt wurden 6 370 Reichstaler bezahlt.[26] Dass es sich bei diesem Gewebe um den vorliegenden Droguet handelt, lässt

12 *Droguet*, Berlin, 1764, Potsdam, Neues Palais, Speisezimmer der Friedrichwohnung, Detail der Wandbespannung, SPSG, Muster G. 12. – Im oberen Abschnitt, der ehemals lichtgeschützt war, hat sich die ursprüngliche Farbigkeit erhalten.

11 Potsdam, Neues Palais, *Speisezimmer der Friedrichwohnung*

SUSANNE EVERS

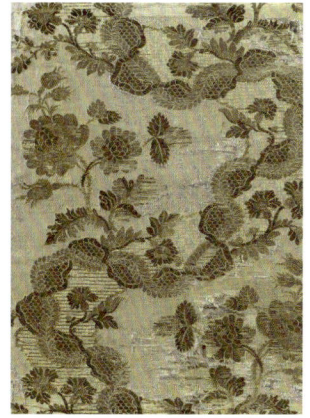

14 *Broschierter Rips*, Berlin, um 1765, Potsdam, Neues Palais, Schlafzimmer der Friedrich-wohnung, Detail der ursprüng-lichen Wandbespannung, SPSG, Muster G. 11

13 Potsdam, Neues Palais, *Schlafzimmer der Friedrich-wohnung*

sich aus anderen Schriftquellen erschließen. Eine Aufstellung aus der zweiten Hälfte der 1760er Jahre listet den Mengenbedarf an Raumtextilien für das königliche Speisezimmer auf: Für die Wandbespannung, die Gardine für ein Fenster und den Bezug von zwölf Stühlen wurden 316 ½ Ellen benötigt. Mit anderer Schrift ist vermerkt: »Carmoisin und Gold, von Puis«.[27] Ein weiteres etwa gleichzeitig entstandenes Schrift-stück dokumentiert die Lieferungen verschiedener reicher Stoffe, die aufgrund der Beschreibung und der

16 *Broschierter Lampas*, Kopie nach dem Berliner Gewebe um 1765, Lyon, 1895, Potsdam, Neues Palais, Rosa Kammer der Friedrich-wohnung, Detail der Wandbe-spannung, SPSG, Muster G. 10

15 Potsdam, Neues Palais, *Rosa Kammer der Friedrich-wohnung*

18 *Broschierter Atlas*, Berlin, um 1765, Potsdam, Neues Palais, Kammer vor der Bibliothek in der Friedrichwohnung, Detail der Wandbespannung, SPSG, Muster G. 13

17 Potsdam, Neues Palais, *Kammer vor der Bibliothek in der Friedrichwohnung*

Mengenangaben zum großen Teil der Friedrichwohnung im Neuen Palais zugeordnet werden können. Hier wurde festgehalten, dass Puis ungefähr 350 Ellen dunkelroten Goldstoff geliefert hat.[28]

Das Gewebe ist also ein Berliner Fabrikat, das jedoch aufgrund des für Droguet typischen kleinteiligen Musters (Abb. 12) üblicherweise für Herrenkleidung verwendet wurde. Möglicherweise handelte es sich um einen königlichen Stützkauf, denn die Nachricht von der kurze Zeit später erfolgten Übernahme der Seidenmanufaktur des Jean-Baptiste Puis durch die Gebrüder Baudouin zeugt von ihrem wirtschaftlichen Niedergang.[29] Ebenso vorstellbar wäre aber eine bewusste Entscheidung des Königs, sein »kleines Speisezimmer« gegen alle Konventionen mit einem Herrenmodenstoff ausstatten zu lassen. Droguet war in den 1760er Jahren in ganz Europa als Herrenkleiderstoff hochmodern, sodass Transferbewegungen von Frankreich nach Preußen hier schwer auszumachen sind und auch Eigenständigkeit nicht konstatiert werden kann.

Die Frage der künstlerischen Inspiration stellt sich eher im Falle dreier weiterer Ausstattungsgewebe der Friedrichwohnung im Neuen Palais, die sich in technischer Ausführung und im Mustertyp ähneln. Die landläufig als Silberbrokat bezeichneten Gewebe werden in den Inventaren meist »drap d'argent« genannt. Sie folgen dem Mustertyp der in Wellen aufsteigenden Spitzenbänder, begleitet von blütenbesetzten Ranken. Trotz der Übereinstimmungen im Grundmuster hat jeder Stoff sein eigenes Gepräge.

Im Schlafzimmer der Königswohnung befindet sich an den Wänden die Gewebekopie von 1901, während der Stoff des 18. Jahrhunderts auf den Sitzmöbeln zu finden ist (Abb. 13). Friedrich hatte laut Ausweis der Quellen persönlichen Anteil an der textilen Ausstattung seines Schlafzimmers im Neuen Palais: »Die blauen Tapeten mit Silber hatte der König Selbst zu Berlin bey Girard und Michelet bestellt, und wurde auch von Ihm besonders bezahlt.« So berichtet Heinrich Ludwig Manger 1789 in seiner »Baugeschichte von Potsdam«.[30] Damit hebt er diese Wandbespannung unter den Raumtextilien des Neuen Palais, die er sonst in der Beschreibung der Innenräume nur an wenigen Stellen knapp erwähnt, besonders hervor. Die Auswertung der Schatullrechnungen Friedrichs aus den 1760er Jahren zeigt jedoch, dass die Bestellung von Tapeten auf eigene Rechnung kein Einzelfall war. Ab 1763 sind fast monatlich teils beträchtliche Summen für Textilien dokumentiert, die leider nur selten bestimmten Raumausstattungen zugeordnet werden können.[31]

Auf hellblauem Seidengrund ist das Muster mit drei verschiedenen Silberfäden und weißer Seide broschiert (Abb. 14). Ein Spitzenband läuft senkrecht in S-Schwüngen über die Gewebebahn, begleitet von einem stärker geschwungenen und regelmäßig in sich gedrehten weiteren pelzartigen Band. Aus den Rändern wachsen Rosen- und Nelkenranken in den Grund. Weitere Gewebebahnen sind so angefügt, dass

SUSANNE EVERS

die geschwungenen Bänder parallel zueinander laufen. Das Musterprinzip stimmt mit dem Dekor französischer Stoffe der 1760er Jahre überein: Bezeichnend für diese Dekade sind zwei sich parallel über die Stoffbahn nach oben windende Bänder, aus denen Sträuße naturalistischer Blumen entspringen (Abb. 19).[32]

In der Rosa Kammer, in zeitgenössischen Dokumenten häufig als Paradekammer bezeichnet, befindet sich der sogenannte Chenillebrokat als Kopie des späten 19. Jahrhunderts (1895) an den Wänden (Abb. 15). Gewebefragmente des 18. Jahrhunderts werden im Depot der Stiftung Preußische Schlösser und Gärten Berlin-Brandenburg aufbewahrt. Die schon erwähnte Aufstellung aus der zweiten Hälfte der 1760er Jahre nennt einen Stoffbedarf von insgesamt 355 Ellen und dokumentiert als Lieferanten die Seidenfabrikanten Girard und Michelet.[33] Matthias Oesterreich hebt in seiner Beschreibung des Neuen Palais von 1773 die textile Ausstattung des Raumes gegen seine Gewohnheit hervor und nennt die Hersteller Girard und Michelet ausdrücklich.[34] Die Berliner Provenienz ist damit gesichert.

Das Muster zeigt silberne Bänder, die Spitze imitieren sollen, auf ehemals hellrotem, jetzt beige-rosa Silberlamé-Grund (Abb. 16). Sie laufen wellenartig schräg nach links oben, jedes Band wird auf deranschließenden Gewebebahn weitergeführt. Aus den Rändern der Spitzenbänder wachsen Blütengruppen in den Mustergrund hinein. Wieder stimmt das Grundprinzip mit den zeitgenössischen französischen Musterentwicklungen überein (Abb. 19). Im europäischen Vergleich einzigartig ist dagegen der Richtungswechsel von der üblichen vertikalen Führung der Wellenranken hin zur diagonalen Entwicklung. Hier laufen die Bänder über die Bahnen hinweg quer über die gesamte Wandfläche (s. Abb. 15). Mit dieser gestalterischen Neuerung werden Schwung und Dynamik erzeugt. Ein in dieser Hinsicht vergleichbarer Ausstattungsstoff des Wellenrankentypus ist bisher nicht bekannt.

Das dritte broschierte Gewebe mit wellenartig emporsteigenden Spitzenbändern und Blumenranken befindet sich noch in seiner Erstfassung an den Wänden der Kammer vor der Bibliothek der Friedrichwohnung (Abb. 17). Wer den Silberstoff lieferte, ist nicht eindeutig nachgewiesen, jedoch liegt es nahe, dass es sich bei den 300 Ellen »Carmoisin und Silber, Atlasgrund, von Bernhard«, die zusammen mit den Stoffen für das Arbeitszimmer, das Speisezimmer und das Konzertzimmer der Friedrichwohnung in einer Aufstellung der zweiten Hälfte der 1760er Jahre erscheinen, um dieses Gewebe handelt.[35] Der Lieferant wäre somit die Berliner Manufaktur von Isaac Bernhard.[36]

Auf karmesinrotem Atlasgrund ist das asymmetrische Muster in Silber broschiert (Abb. 18). Zwei Wellenbänder laufen in sanften Schwüngen parallel über die Gewebebahn. Sie werden jeweils gekreuzt von einer im Gegenschwung aufsteigenden, in sich gedrehten Ranke, aus der in den Bögen verschieden große Nelkenblüten und -blätter erwachsen, die den Schwung der Bänder aufnehmen. Eine Blüte und zwei kleine Blätter springen dabei so weit nach außen, dass sie bereits dem nächsten Rapport angehören. Wieder ist das Grundprinzip mit den in Frankreich zeitgleich vorherrschenden Dekoren vergleichbar (Abb. 19).

Zwei weitere reiche Gewebe Berliner Provenienz wurden außerhalb der Friedrichwohnung in den Fürstenquartieren verwendet. Der broschierte Seidenatlas mit Chrysanthemenmuster diente in

19 *Französisches Seidengewebe, broschiert (Panama liseré, à liage repris)*, 3. Viertel 18. Jahrhundert, München, Bayerisches Nationalmuseum, T 1923

20 *Broschierter Atlas*, Kopie nach dem Berliner Gewebe um 1765, Lyon, 1893, Potsdam, Neues Palais, Damenschlafzimmer im Unteren Fürstenquartier, Detail der Wandbespannung, SPSG, Muster G. 24

21 Heinrich Wilhelm Spindler (Ebenist), Johann Melchior Kambly (Bronzegießer), *Eckschrank*, 1768, Ebenholz, Ahorn, vergoldete Bronze, Potsdam, Neues Palais, Damenschlafzimmer des Unteren Fürstenquartiers, SPSG, IV 399

den Damenschlafzimmern des Oberen und Unteren Fürstenquartiers als Raumausstattung (Abb. 20). Matthias Oesterreich betont 1773, das Gewebe sei in der Berliner Fabrik von Girard und Michelet entstanden.[37]

Der mit Silberlahn, Chenille und Seide broschierte Lampas, mit einem Muster aus knorpeligem Astwerk mit Eichenlaub und Anemonen, schmückte die Jagdkammer im Oberen Fürstenquartier (Abb. 22). Hier fehlen die schriftlichen Dokumente zur Herkunft; stattdessen liegt der unmittelbare Herstellernachweis in Form einer Signatur im Anschuss zweier Bahnen vor: FBF À BERLIN, aufzulösen in Frère Baudouin Fils à Berlin. Das Jagdkammergewebe ist also in der 1763 gegründeten Manufaktur der Gebrüder Baudouin gefertigt worden.[38] Solche Signaturen haben sich in der Seidenkunst des 18. Jahrhunderts äußerst selten erhalten. Hier ermöglicht sie die eindeutige Zuschreibung.[39] Das Musterprinzip beider Fürstenquartierstoffe unterscheidet sich partiell von dem der drei eben vorgestellten Gewebe in der Friedrichwohnung, indem die aufsteigenden Wellenbänder hier ausschließlich von Blütenranken und Astwerk gebildet werden und auf die Unterstützung von Spitzenbändern verzichten.

Stilistische Einordnung der Seiden im Neuen Palais

Welchen Platz nehmen diese technisch aufwendigen und künstlerisch anspruchsvollen Berliner Stoffe im europäischen Vergleich ein? Auf den ersten Blick passen sich die Musterbildungen in die von Frankreich bestimmte kunstgeschichtliche Entwicklung der Seidenweberei ein. Bis zur Jahrhundertmitte herrscht der

Seidenstil des Naturalismus vor, geprägt von dem »dessinateur« Jean Revel mit seiner Vorliebe für üppige, nach der Natur gezeichnete Blumen- und Früchtegruppen (vgl. Abb. 9). Diese meist großflächigen und vielfarbigen Entwürfe, die zur Bildung motivischer Gruppen neigen, werden abgelöst von leichteren, kleinteiligeren und in vertikale Systeme gebundenen Mustern.[40]

Vor allem in den 1760er Jahren – also der Zeit der Berliner Seidenentwürfe – ist eine deutliche Hinwendung zu wellig aufsteigenden Blüten- und Blattranken und zu rhythmisch bewegten Streublumenzweigen zu beobachten (Abb. 19). Das Musterprinzip findet sich auch in den drei in der Friedrichwohnung verwendeten Berliner Seiden mit den Wellenbändern wieder. Während sich der blaue Lampas des Schlafzimmers sehr eng an den französischen Vorbildern orientiert (Abb. 1), sind an den beiden anderen Stoffen Abweichungen zu konstatieren, die auf einen eigenständigen Entwurf deuten könnten.

Der Seidenentwurf des sogenannten Nelkenbrokats (Abb. 18) zeigt sich in jeder Hinsicht komprimiert und reduziert: Farben und Materialien beschränken sich auf den karmesinroten Seidengrund und die silbernen Broschierungen. Die Wellenranke besteht nicht, wie sonst üblich, aus verschiedenen Blüten und Knospen, sondern nur aus Nelken. Durch den ehemals strahlenden Glanz des Silbers und den festlichen Charakter des glatten roten Grundes entstand jedoch ein besonders eindringlicher Effekt.[41] Diese Intensität durch Beschränkung scheint besonders angemessen für einen so kleinen Raum wie die Kammer vor der Bibliothek. Das Seidenmuster ist also vermutlich bewusst für diesen Ort ausgewählt oder sogar entworfen worden. Ob hier außerdem auf dessen mögliche Funktion als Ort geistiger Konzentration im Zusammenhang mit der nebenan gelegenen Bibliothek Rücksicht genommen wurde, bleibt Spekulation.

Das Ausstattungsgewebe der Rosa Kammer (Abb. 15 u. 16) fügt sich mit seinen wellig geführten Spitzenbändern und den daraus erwachsenden Blütenranken in den französischen Seidenstil ein. Die eigenständige Leistung des Entwerfers liegt hier aber in der Entscheidung, die Wellenranken nicht horizontal – wie allgemein üblich –, sondern diagonal anzuordnen, sodass sie auf der jeweils angrenzenden Gewebebahn fortgeführt werden. Dies führt zu einer Dynamisierung der Wandfläche, die noch verstärkt wird durch den plastischen Effekt der dreidimensional wirkenden Verschlingungen der Bänder und Ranken.[42] Das Muster kann seine Wirkung umso besser entfalten, je mehr Bahnen nebeneinander angeordnet sind. Daher liegt hier wiederum die Vermutung nahe, dass der Seidenentwurf eigens für die Paradekammer der Friedrichwohnung angefertigt oder zumindest ausgesucht wurde. Denn hier befindet sich die großflächigste ungeteilte Wand der gesamten Königswohnung. Wieder scheint ein grundsätzlich dem gängigen französischen Stil verpflichtetes Muster den Bedingungen des Raumes entsprechend abgewandelt worden zu sein.

Das Muster des Chrysanthemengewebes (Abb. 20) ist von französischen Vorbildern gleichzeitig inspiriert und emanzipiert. Der Entwurf kombiniert die kraftvollen Blütendarstellungen des vorausgehenden Naturalismus, ohne jedoch deren typische Motivgruppenbildung zu übernehmen. Stattdessen zeigt sich die Ranke den zu ihrer Entstehungszeit in Frankreich aktuellen Wellenmustern verpflichtet. Da jedoch das übliche begleitende Spitzenband

22 *Broschierter Lampas*, Manufaktur Gebrüder Baudouin, Berlin, um 1765, Potsdam, Neues Palais, Jagdkammer des Oberen Fürstenquartiers, Bahn der Wandbespannung, SPSG, Muster G. 14, IX 3628

23 Potsdam, Neues Palais, Oberes Fürstenquartier, *Jagdkammer, Detail der Raumdekoration*

24 Johann Wilhelm Meil nach Johann Michael Hoppenhaupt d. Ä., *Entwurf für eine Wanddekoration, benutzt für die Jagdkammer des Oberen Fürstenquartiers im Neuen Palais*, 1753, Staatliche Museen zu Berlin, Kunstbibliothek, Ornamentstichsammlung, OS 3970, 5

gegenüberliegende Seite
25 *Broschierter Atlas*, Holland, um 1760, Potsdam, Neues Palais, beide Schlafzimmer der Heinrichwohnung, Detail der ursprünglichen Wandbespannung, SPSG, Muster G. 9

fehlt, kann die Blütenranke allein auf dem glatten Atlasgrund eine intensive illusionistische Wirkung entfalten. Dies unterstreicht den Charakter des Stoffes als Ausstattungsgewebe. Auch hier finden sich enge Bezüge zum Raum, in dem das Gewebe zum Einsatz kam. Im Duktus und in der Formensprache ähneln die Chrysanthemenranken den Blumenintarsien des Eckschrankes von Heinrich Wilhelm Spindler (Abb. 21), der von Anfang an im Schlafzimmer des Unteren Fürstenquartiers dokumentiert ist, und den in ähnlicher Art und Weise wellenförmig ausgeführten Blütenranken des Deckenstucks. Es erscheint möglich, dass der Entwerfer der Innenraumdekoration auch für die Möbel- und Seidenentwürfe verantwortlich war.

Das Jagdkammergewebe erinnert in seiner vegetabilen Motivik und in dem durch die samtähnlichen Chenillebroschierungen hervorgerufenen plastischen Effekt an naturalistische Gewebe aus der Mitte des 18. Jahrhunderts; der Gesamtentwurf folgt allerdings dem für die 1760er Jahre typischen Wellenranken-Dekor. Das Gewebe kombiniert das moderne Muster mit einer schon länger in anderem Zusammenhang erprobten Materialkombination. Musterentwurf und Materialeinsatz orientieren sich weniger an konkreten textilen Vorbildern als an der angestrebten Wirkung in einem Raum, der seine gesamte Dekoration in den Dienst eines Themas stellt. Die Ornamentik aus Eichenlaub, Anemonen und knorrigem Astwerk fügt sich ikonographisch und motivisch in die der Jagd und dem Wald gewidmete Raumausstattung. So werden die Türen jeweils von geschnitzten Eichenbäumen begleitet, und knorrige Äste mit Blüten rahmen die Wandfelder (Abb. 23). Der Entwurf für die Wanddekoration von Johann Michael Hoppenhaupt d. Ä., überliefert durch einen Stich von Johann Wilhelm Meil, entstand bereits 1753 und wurde 20 Jahre später von Johann Christian Hoppenhaupt d. J. als Grundlage seiner Raumgestaltung herangezogen (Abb. 24). Die Zeichnung beschränkt sich auf Tür- und Kaminachsen, sodass die Wandbespannung ausgespart bleibt. Neben den später sehr ähnlich ausgeführten bildhauerischen Ornamenten liefert sie aber auch einen Vorschlag für das Muster der Möbelbezüge. Erkennbar ist ein schematisch angelegtes Rautenmuster, das vielleicht an Jagdnetze erinnern sollte. Im endgültigen Entwurf für die Raumtextilien wurde das nun als silberlanciertes Grundgewebe realisierte Rautenmuster mit einbroschiertem Eichenast- und -laubwerk kombiniert, das sich auf die bildhauerische Wand- und Möbelgestaltung bezieht. Der Entwurf für die Seidenmanufaktur kann daher Hoppenhaupt d. J. zugeschrieben werden.[43] An einer Herstellung des Gewebes für die Jagdkammer ist kaum zu zweifeln.

SUSANNE EVERS

Während die bisher untersuchten broschierten Seidengewebe des Neuen Palais trotz der Nähe zu den führenden französischen Stilströmungen eine Eigenständigkeit entwickelt haben, die eng mit dem Ort ihrer Anbringung verbunden ist, fällt ein weiterer reicher Ausstattungsstoff im Neuen Palais in jeglicher Hinsicht aus diesem Rahmen: das sogenannte Chinesengewebe der beiden Schlafzimmer der Heinrichwohnung (Abb. 25). Als einziges broschiertes Gewebe des Neuen Palais folgt es nicht dem Musterprinzip der aufsteigenden Wellenbänder; es ist das einzige Muster mit figürlichen Bestandteilen, und es zeigt in seiner Webtechnik einige Abweichungen. Während alle anderen im Neuen Palais verarbeiteten Seiden des 18. Jahrhunderts eine Webbreite von circa 54 cm aufweisen, misst der Chinesenstoff circa 80 cm in der Breite. Damit ist eine Herkunft aus Lyon sehr unwahrscheinlich, da dort ein Reglement die Webbreite auf 54 cm festlegte. Ein ähnliches Reglement trat in Berlin 1766 in Kraft.[44] Breitere Bahnen wurden jedoch in Holland gewebt. Eine Gruppe von holländischen Geweben mit chinoisen Motiven zeigt sehr ähnliche technische Besonderheiten und mustermäßige Ausprägungen.[45] Der Ausstattungsstoff der Schlafzimmer in der Heinrichwohnung kann dieser Gruppe zugeschrieben werden. Eine Erklärung für die Sonderstellung dieses Gewebes könnte sich aus der Tatsache ergeben, dass keinerlei Kostenanschläge oder Rechnungen überliefert sind. Möglicherweise stammte dieser Stoff aus dem persönlichen Besitz des Prinzen Heinrich, der ihn vielleicht während seiner Reisen nach Holland als Geschenk erhalten hatte. Außerdem wurde das Chinesengewebe zu einem bisher noch nicht genau datierbaren Zeitpunkt zwischen 1789 und 1810 im Schlafzimmer der Heinrichwohnung im Potsdamer Stadtschloss angebracht, was dafür spricht, dass es von Heinrich besonders geschätzt wurde.[46] Seine holländische Herkunft macht dieses Gewebe zum einzigen Luxusimport unter den Seiden des Neuen Palais und damit zu einem Außenseiter unter den Stoffen der friderizianischen Epoche aus Berliner Produktion.

Resümee

Webtechnik und Grundmuster der um 1765 entstandenen Seidengewebe im Neuen Palais sind gleichermaßen der damals führenden Seidenproduktion in Frankreich verpflichtet. Die Ausformung der Muster lässt jedoch in fast allen Fällen Züge erkennen, die von den heute bekannten französischen Vorbildern abweichen. Die naheliegende Vermutung, dass diese Eigenständigkeit auf mangelnde künstlerische oder technische Fähigkeiten der Entwerfer und Weber in Berlin zurückzuführen sei, konnte im Rahmen der Untersuchung nicht bestätigt werden. Festgestellt werden kann vielmehr eine Verbindung oder Beziehung der Dessins zu den örtlichen und raumkünstlerischen Gegebenheiten im Neuen Palais. Einzelne Musterbestandteile der französischen Vorbilder wurden mit anderen künstlerischen Ideen kombiniert und damit betont in den Dienst der Gesamtwirkung der Schlossräume gestellt.

Eine solche »Raumbezogenheit« ist für die Musterentwürfe der Seidengewebe in der zweiten Hälfte des 18. Jahrhunderts ungewöhnlich. Sie ist bemerkenswert für das Zusammenspiel der Künste, begründet aber noch keinen eigenen friderizianischen Stil. Zeitgenössische Hinweise oder Quellen, die auf ein Streben nach künstlerischer Eigenständigkeit hindeuten könnten, sind nicht bekannt. Ziel war es vielmehr, dass sich die Berliner Gewebe mit der Qualität der französischen Seidenkunst messen konnten, um im Vergleich mit dem Marktführer nicht zurückzustehen. Ein Briefwechsel zwischen Friedrich und seiner Schwester Philippine Charlotte von 1769, in dem es um ein Geschenk des Königs aus der Berliner Seidenmanufaktur geht, belegt diesen Wettbewerb. Philippine Charlotte zeigte sich überrascht von der Qualität: »Der Stoff ist so gut, dass man ihn nicht von den englischen oder französischen unterscheiden kann; ich hatte Freude daran, die zu täuschen, denen ich ihn gezeigt habe – sie haben ihn alle für einen ausländischen Stoff gehalten«.[47] Eigenständigkeit war demnach nicht beabsichtigt. Man wollte Produkte herstellen, die in ihrer hohen Qualität möglichst nicht unterscheidbar von den ausländischen Seiden waren. Dieses Ziel wurde offensichtlich erreicht. Trotzdem sind eigenständige Musterausprägungen zu beobachten, die in direkter Beziehung zur Raumkunst im Neuen Palais stehen. Die außergewöhnlich rege und detaillierte Anteilnahme des Königs sowohl an der wirtschaftlichen und künstlerischen Entwicklung der preußischen Seidenmanufakturen als auch an der Ausstattung des Neuen Palais lässt vermuten, dass auch die Seidenentwürfe für dieses Schloss in enger Abstimmung mit Friedrich II. entstanden. Die stilistischen Eigenheiten der französisch inspirierten Stoffe sind somit weniger allgemein unter der Rubrik »friderizianischer Stil« einzuordnen, sondern vielmehr konkret als eine von Friedrich geprägte »Variante Neues Palais« eines europäischen Stils zu verorten.

Die preußische Seidenproduktion der folgenden Jahrzehnte konnte den im Neuen Palais verwirklichten hohen Standard nicht lange halten. Während in Frankreich in den 1770er Jahren mit den Entwürfen von Philippe de Lasalle eine neue Blütezeit für die Ausstattungsseiden ihren Höhepunkt erreichte, wurden in Preußen nur noch wenige reiche Dekorationsseiden gefertigt. Zwar erhöhte sich die Anzahl der in Berlin und Potsdam betriebenen Webstühle gegen Ende des Jahrhunderts noch einmal, da man die französischen Produktionsausfälle infolge der revolutionären Wirren zu nutzen verstand. Aus dieser Zeit sind jedoch keine Gewebe überliefert und kaum Hinweise auf Herstellung oder Erwerb kostbarer und aufwendig gewebter Ausstattungsseiden erhalten. Um 1800 ist schließlich hierzulande ein abrupter Rückgang der Produktion zu verzeichnen. Zeitgleich mit den großen Ausstattungskampagnen im napoleonischen Frankreich, für die noch einmal im großen Stil prachtvolle Seidenstoffe entstanden, wandelte sich in Preußen der Geschmack bei Hofe hin zu schlichteren Wanddekorationen. Nach den schon im späteren 18. Jahrhundert immer beliebter gewordenen bemalten Seiden nach chinesischem Vorbild, den sogenannten Pekingtapeten, und den Wandbekleidungen aus bedruckter Baumwolle ersetzten zunehmend Papiertapeten die reich broschierten seidenen Wandbespannungen. In der bürgerlichen Wohnkultur zunächst als preisgünstigeres Surrogat verbreitet, hielt die Papiertapete auch in den Adelspalais und am preußischen Hof Einzug. Sie galt aufgrund ihrer Anpassungsfähigkeit an veränderte Einrichtungsideale und ihres bürgerlichen Charakters als modern und zukunftsweisend. So blieb die Blütezeit der Berliner Seidenkunst unter Friedrich II., die sich im Potsdamer Neuen Palais in einzigartiger Weise dokumentiert, eine sehr fruchtbare, aber doch kurze Episode.

1 Schmoller/Hintze, 1892, 3 Bde.

2 Siehe u. a.: Rachel, 1931, S. 111–170. – Scherf, 1959, H. 1, S. 43–65. – Jersch-Wenzel, 1978. – Aktueller Forschungsstand bei: Meyer, 2007.

3 Schmidt, 1934/1935, S. 19–22. – Schmidt, 1958, S. 411–417. – Paepke, 1982. – Paepke, 1987, S. 260–274. – Paepke, 2000, S. 197–209.

4 Falke, 1913, Bd. 2, S. 131.

5 Kat. Seiden, 2012.

6 Kabinettsordre vom 31. August 1740 an Samuel von Marschall, Etatminister und Vorsteher des am 27.6.1740 neugegründeten »V. Departements für Commercien, Manufacturen und Colonistensachen« (vgl. dazu: Schmoller/Hintze, 1892, Bd. 1, S. 51).

7 Kabinettsordre vom 11. Oktober 1740 an Samuel von Marschall (Schmoller/Hintze, 1892, Bd. 1, S. 52).

SUSANNE EVERS

8 Kabinettsordre vom 29. August 1746 an Samuel von Marschall (Schmoller/Hintze, 1892, Bd. 1, S. 110).

9 Kabinettsordre an Samuel von Marschall vom 29. Januar 1745 (Schmoller/Hintze, 1892, Bd. 1, S. 93). – Ein Stück wird nachweislich der monatlichen Schatullrechnungen des Königs im Oktober 1746 bezahlt (GStAPK, BPH Rep. 47, Nr. 899, fol. 12). – »Etoffe« oder Stoff wurde im 18. Jahrhundert anders als heute nicht als Sammelbegriff verwendet, sondern als Bezeichnung für ein reiches Gewebe mit Blumenmuster. »Stoff, Estoffe, Etoffe ist ein seidenes ein- oder vielfärbiges Gewebe, mit allerhand Blumen und Rancken überschlagen [...]« (Zedler, Bd. 44, Sp. 301).

10 GStAPK, BPH Rep. 47, Nr. 900, fol. 18.

11 Zur Gründung der Seidenfabrik im September 1747 siehe: Schmoller/Hintze, 1892, Bd. 1, S. 118–120. – Noch in den ersten Jahrzehnten des 19. Jahrhunderts erscheinen Girard und Michelet als Seidenfabrikanten in den Akten. So ist zum Beispiel 1811 ein Schriftwechsel über Forderungen für gelieferte Prachtroben dokumentiert (GStAPK, I. HA Rep. 151, IA, 3212).

12 Im März 1744 werden laut Schatullrechnungen für 28 Ellen »reiches Zeug« 500 Reichstaler bezahlt, im Oktober 1746 für »1 blömourant Stück Etaf mit Silber« 451 Reichstaler (GStAPK, BPH Rep. 47, Nr. 897, fol. 3 u. Nr. 899, fol. 12).

13 GStAPK, BPH Rep. 47, Nr. 898, fol. 3 u. Nr. 903, fol. 31.

14 GStAPK, I. HA Rep. 21, Nr. 197, Fasz. 17, Inventarium Von Mobilibus, im Königl. Schloße Charlottenburg, o. J. (vor 1780). – Siehe auch: Kühn, 1970, S. 105–124.

15 Ausgewertet von: Eggeling, 1982, S. 69–73.

16 Nicolai, 1786, Bd. 3, S. 1144.

17 Gästewohnzimmer (Raum 15): »mit Silberstück tapeziert, worauf vergoldete Leisten und Tressen«; Gäste-Schlafkammer (Raum 17): »Goldstoff auf grünem Grunde«; Schlafzimmer (Raum 20): »mit goldenem Stück auf rotem Grunde tapeziert«; Wohnzimmer (Raum 21): »von blauem ungeschnittenem Samt« und Schlafzimmer Heinrich (Raum 28): »gelbsamtene Tapete mit silbernen Tressen besetzt« (vgl.: Nicolai, 1786, Bd. 3, S. 1144–1147).

18 Wohnzimmer (Raum 31): »mit apfelgrünem Atlas tapeziert, worauf mit Gold erhöhte Decorationen, und Fruchtgehänge von Blumen mit natürlichen Farben sehr reich und schön von Pailly in Berlin gestickt«; ein Nebenzimmer (Raum 32): »Tapete von perlfarbnem Atlas, worauf chinesische Verzirungen, von Heinitscheck, erhoben mit Gold gestickt sind: eine sehr schöne Zeichnung, mit nach der Natur gestickten Blumen durchflochten«; ein Kabinett (Raum 33): »[...] Die Füllungen zwischen den Pilastern sind mit weißem Taft tapeziert, worauf bunte chinesische Figuren und Lusthäuser von Heinitscheck erhaben gestickt sind. Das Wasser, die Luft und der Hintergrund ist gemalt, so daß diese Zusammensetzung von Malerey und Stickerey eine sehr gute Wirkung thut« (Nicolai, 1786, Bd. 3, S. 1147 f.). – Die Hugenottenfamilie Pailly hat drei Hofgoldsticker hervorgebracht, Vater Elie (1664–1751) und die Söhne Étienne (1703/1706–1778) und Jean (1710–1775). Da in den Quellen nie Vornamen genannt werden, ist eine Zuschreibung einzelner Werke schwierig.

19 GStAPK, BPH Rep. 47, Nr. 899, fol. 12.

20 GStAPK, BPH Rep. 47, Nr. 900, fol. 18.

21 Schmoller/Hintze, 1892, Bd. 1, S. 156.

22 Schmoller/Hintze, 1892, Bd. 1, S. 109.

23 Schmoller/Hintze, 1892, Bd. 1, S. 237.

24 Dies zeigt sich bei der Lektüre der die preußische Seidenindustrie betreffenden Akten an unzähligen Stellen (Schmoller/Hintze, 1892, 3 Bde.).

25 Manger, 1789, Bd. 2, S. 289.

26 GStAPK, BPH Rep. 47, Nr. 912 u. 913.

27 »Zu dem Königl. Speiße Saal des neuen Palais erfordern an Tapeten 254 Ellen, eine Jardien nebst Crantz 50½, 12 Stühle a 1 Elle 12 Ellen«, weiterhin Atlas (50½ Ellen) und Taft (42 Ellen) zur Fütterung der Gardinen (GStAPK, I. HA Rep. 36, Nr. 3276, o. fol.).

28 GStAPK, I. HA Rep. 36, Nr. 3276, o. fol.

29 Schmoller/Hintze, 1892, Bd. 1, S. 519.

30 Manger, 1789, Bd. 2, S. 288 f.

31 Nachdem für die Zeit des Siebenjährigen Krieges nur wenige Ausgaben dokumentiert sind, beginnt im April 1763 offensichtlich eine rege Liefertätigkeit (GStAPK, BPH Rep. 47, Nr. 912 f.).

32 Thornton, 1965, S. 129.

33 GStAPK, I. HA Rep. 36, Nr. 3276, o. fol.

34 »Das Ameublement ist sehr reich und von einen großen Geschmack, und ist zu Berlin verfertigt worden (Anm. In der Fabrique der Herren Girard, Michelet und Bodevins, Stoff- und Seidenfabriquanten in Berlin)« (Oesterreich, 1990, S. 14). – Auch Manger nennt die Hersteller: »Im anstoßenden Paradezimmer Nr. 7 rosenroth mit blauen Blumen und silbernem Grunde [...]. Die Tapeten sind auch aus der Girard'schen Fabrik zu Berlin« (Manger, 1789, Bd. 2, S. 289).

35 Zwei weitere Positionen dieser Aufstellung sind nicht eindeutig zuzuordnen: 199 Ellen »blau und gold von Bernhard à la turc« und 147 Ellen »blau und silber«. Bei Letzterem handelt es sich eventuell um den Schlafzimmerstoff, obwohl die Mengenangabe fraglich ist (GStAPK, I. HA Rep. 36, Nr. 3276, o. fol.).

36 Ausführlich zu dieser Seidenfabrik: Meyer, 2007, S. 87–133.

37 Oesterreich, 1990, S. 26.

38 Schmoller/Hintze, 1892, Bd. 1, S. 519.

39 Das auf dem Lyoner Vorbild von 1737 beruhende »Reglement für die Gold- und Silberetoffes- auch Seiden- und Sammetfabriken in Berlin« von 1766 legt im Artikel 29 fest, dass allen Erzeugnissen am Anfang und am Ende eines Stückes der Name des Verlegers oder selbständigen Meisters eingewirkt werden solle (Schmoller/Hintze, 1892, Bd. 1, S. 482).

40 Zum Naturalismus in der Seidenkunst: Thornton, 1965, S. 102–134. – Jolly, 2002.

41 Wegen der Verschwärzungen der Silberfäden ist diese Wirkung heute jedoch abgemildert.

42 Vor den massiven Farbveränderungen war dieser Effekt sicher deutlich auffälliger.

43 Leider bleibt diese Zuschreibung vorerst ein Einzelfall, denn die bisher bekannten Dokumente geben keine Auskunft über die Entwerfer der Berliner Gewebe.

44 Schmoller/Hintze, 1892, Bd. 1, S. 473–487.

45 Jolly, 2007, S. 115–126. – Colenbrander/Browne, 2007, S. 127–138.

46 Hierzu ausführlich: Kat. Seiden, 2012.

47 Schreiben Philippines Charlottes von Braunschweig an Friedrich II., 30. Juli 1769: »[...] les remercîments très-humbles que je vous dois, quoique imparfaits, pour le beau satin dont vous m'avez fait la galanterie. Il mérite de toute façon mon admiration, comme venant de vos mains, et étant fait sous vos auspices, à Potsdam, me le rend plus cher et agréable. [...] L'étoffe en est si bonne, qu'on ne la distinguera point d'avec celles d'Angleterre ou de France; j'ai eu le plaisir de tromper ceux à qui je l'ai fait voir, qui l'ont prise pour une étoffe étrangère. Je suis charmée que votre industrie ait si bien réussi par les progrès de vos fabriques, qui ne démentent point l'œil du maître. Ce sera mon habit de fête pour cet hiver; je me trouverai plus parée qu'une sainte de Lorette, étant vêtue par mon saint, que j'honore et vénère seul [...]« (Œuvres de Frédéric le Grand, Bd. 27/1, S. 392 f.).

HENRIETTE GRAF

DIE FRIDERIZIANISCHEN SCHILDPATTMÖBEL

Vorbild, Transponierung und Innovation eines Möbeltyps am Hof Friedrichs des Großen

Einleitung

Friedrich der Große begann unmittelbar nach seinem Regierungsantritt im Jahr 1740 mit der Umgestaltung und Neueinrichtung von Räumen und Raumfolgen in den Schlössern in Berlin und Potsdam. In dieser ersten Möblierungsphase sowie bei der Ausstattung von Schloss Sanssouci spielten Schildpattmöbel zunächst keine Rolle.

Erst 1756, im Zuge der Neueinrichtung seines Schreibkabinetts im Potsdamer Stadtschloss, bestellte der König bei dem Bildhauer Johann Melchior Kambly zwei Möbel mit Schildpattfurnier: einen Schreibtisch mit Espagnolettes, die »Vier Jahreszeiten« darstellend (Abb. 2 u. 3), sowie einen Eckschrank (Abb. 7 u. 8). Für das Neue Palais schließlich, 1763–1769 unmittelbar nach dem entbehrungsreichen und glücklich bendeten Siebenjährigen Krieg erbaut, ließ Friedrich für seine Königswohnung und ausgewählte Prunkräume der Fürstenquartiere mehrere Schildpattmöbel anfertigen, für die er Höchstpreise aus seiner Privatschatulle zahlte. Diese Prachtmöbel sind in den Schlossbeschreibungen erwähnt; die Namen der Ebenisten sind dabei mit angegeben worden. Damit sind sie als Kunsthandwerker in den Rang bildender Künstler erhoben, was eine außerordentliche Nobilitierung bedeutet.[1] Dieser Umstand kann nicht genug hervorgehoben werden, denn die Namen französischer Ebenisten wie André Charles Boulle oder Jean-Henri Riesener, die für den Hof in Paris arbeiteten, waren selbst in Paris kaum geläufig.

Boullemöbel in Paris – das Vorbild der Epoche König Ludwigs XIV.

André Charles Boulle und seine Handwerkskunst am Hof König Ludwigs XIV. waren Vorbild für eine ganze Schar von Epigonen an den europäischen Fürstenhöfen. Boulle fertigte besonders kunstvolle Marketerien, technisch aufwendig mit Schildpatt und Messing eingelegte Möbel. Zu deren Herstellung wurden zwei Lagen Material aufeinandergeleimt und mit der Laubsäge gemeinsam ausgeschnitten. Dabei entstanden zwei Marketerie-Sets: Messingmuster in Schildpattgrund und Schildpattmuster in Messinggrund, was letztlich zur Entstehung von Möbelpaaren führte. König Ludwig XIV. erteilte ihm 1672 das königliche Privileg, eine Wohnung im Louvre zu beziehen, und Finanzminister Jean-Baptiste Colbert empfahl ihn als »den Kunstfertigsten seines Metiers in Paris«,[2] was dazu führte, dass Boulle noch im selben Jahr zum »ebeniste, ciseleur, doreur et sculpteur du roi« ernannt wurde. In seinem Können vereinte er die Fertigkeiten des Ebenisten, Ziseleurs, Vergolders und Bildhauers und gelangte dadurch zu völlig neuen Interpretationen in der Möbelkunst.

Boulle fertigte mithilfe der Materialkombination von transluzidem, leuchtend farbig oder mit glitzerndem Goldstaub hinterlegtem Schildpatt und hochglänzend polierten Messingeinlagen nach graphischen

Entwürfen zeitgenössischer Ornamentstecher, vor allem nach Jean Berain, neuartige Möbel. Mit vergoldeten Bronzeappliken an die Möbelkonturen betonenden oder verschleifenden Positionen gab er ihnen einen skulpturalen Charakter, der ihre Funktion als kostbarste Luxusproduktionen zur Hebung von Rang und Prestige des Besitzers noch unterstützte.

Merkwürdigerweise lieferte Boulle nur wenige Möbel an den König, obwohl er – wie seine erhaltenen Zeichnungen belegen – mehrere neuartige Möbeltypen wie das Bureau Plat, den zweitürigen Bibliotheksschrank, den Toilettekoffer auf einem Gestell und die höfische Kommode geschaffen hat. Der Grand Dauphin jedoch gehörte ebenso zu seinen besten Kunden wie zunehmend auch der Pariser Hochadel und etliche europäische Fürstenhäuser.

Als sich etwa die bayerischen Prinzen aus dem Hause Wittelsbach im Oktober 1725 zur Hochzeit Ludwigs XV. in Paris aufhielten, führte sie der Direktor des königlichen Bauamtes Robert de Cotte durch den Louvre, um dort die verschiedenen Hofwerkstätten zu präsentieren. Die »grande magnificence« der Arbeiten Boulles war derart berühmt, dass erst ein Atelierbesuch die Bildungstour der deutschen Gäste vollkommen machte.

Prestigekäufe von Boullemöbeln durch deutsche Prinzen

Pariser Ankäufe von Boullemöbeln durch deutsche Fürsten sind für Kurfürst Joseph Clemens von Köln, seinen Bruder Max Emanuel, Kurfürst von Bayern, Kurfürst Johann Wilhelm von der Pfalz und Kurfürst August den Starken bekannt und beschrieben.[3] Zusätzlich sei an die Uhr des Jean-Pierre Latz erinnert, die Friedrich der Große auf der Auktion nach dem Tod der Madame de Pompadour in Paris ankaufen ließ,[4] sowie das kleine Bureau Mazarin.[5] Ein eindrückliches Beispiel für die immens hohe Bewertung von Boullemöbeln sind die Erwerbungen von Toilettekoffern auf ausladenden Untergestellen, aufgestellt etwa im Paradeschlafzimmer des Dresdner Schlosses,[6] die zur Aufbewahrung und Präsentation, gerade auch zu verschenkender Juwelen, verwendet wurden. Um 1720 war der von dem französischen »Ebeniste du Roi« geprägte Möbelstil zum idealen Medium herrscherlicher Selbstdarstellung geworden.[7] Und dies gilt mit wenigen Unterbrechungen bis heute, wie die Forschungen Ronforts und Augardes klar herausstreichen.[8]

Beispielsweise hatten sich in der ersten Hälfte des 18. Jahrhunderts an den Höfen in Wien, München und Düsseldorf Kunsthandwerker niedergelassen, die Boullemöbel in eigenwilliger Interpretation schufen, wie etwa das Paar Doppelschreibschränke für Kurfürst Max Emanuel im Bayerischen Nationalmuseum oder die Münzschränke des Johann Anton Lautenschein.[9] In der zweiten Hälfte des Jahrhunderts ging die Zahl der Eigenkreationen zurück, stattdessen wurden die noch existierenden Möbel von der Hand Boulles restauriert oder dann bald reproduziert. Dies veranschaulicht der Schreibtisch für Kurfürst Max Emanuel, eine der vielen Kopien französischer Boullemöbel in der Wallace Collection.[10]

In Potsdam gab es in friderizianischer Zeit zwei Möbelkünstler, die in der Lage waren, mit Schildpatt furnierte und marketierte Möbel herzustellen: Johann Melchior Kambly und Heinrich Wilhelm Spindler. Wie der Kultur- und Techniktransfer tatsächlich ablief, ist bisher nicht geklärt. Als Anschauungsmaterial aus Paris konnten in Bezug auf die Boulletechnik die große Standuhr des Jean-Pierre Latz oder der kleine Schreibtisch aus dem Besitz Königin Sophie Dorotheas dienen, wobei hier nur eine Anregung erfolgt sein kann, sind doch die entstandenen Stücke davon formal völlig unabhängig.

Die Schildpattmöbel des Johann Melchior Kambly

Kambly, aus einer Züricher Patrizierfamilie stammend, lernte zunächst die Bildhauerkunst in Schaffhausen und beschäftigte sich daneben mit Tischler- und Goldschmiedearbeit.[11] Er erhielt damit eine ähnliche handwerkliche Ausbildung wie Boulle. Friedrich der Große warb ihn wie auch andere Kaufleute, Künstler und Handwerker an. Als Anreiz versprach er, »die bereits übliche Exemtion von den bürgerlichen Lasten« und eine »zweyjährige Servis- und Accise-Freiheit« zu garantieren.[12] Im Jahr 1743 fand sich Kambly in Potsdam ein,[13] 1744 heiratete er in Berlin Elisabeth Brisko und siedelte sich mit ihr in Potsdam an. 1748 erwarb er in der Stadt ein großes Haus, das repräsentativ genug war, um es zwischen 1750 und 1756 an Prinz Heinrich von Preußen zu vermieten. Im Februar 1752 erhielt er die Erlaubnis, eine »fabrique von bronce doré Arbeit« zu gründen. Da es keine einheimische Konkurrenz gab und keine Importe getätigt wurden, muss Kambly den Löwenanteil der Bronzedekorationen in den Schlossneubauten ausgeführt haben. Man geht davon aus, dass seine Werkstätten auf dem rückwärtigen Grundstück seines Hauses lagen.[14]

Während des Siebenjährigen Krieges hatte er Aufträge, die nicht nur ans Königshaus gebunden waren. So arbeitete er an der Innenausstattung des Schlosses in Mirow und fertigte 1761 eine Reihe kostbarer Geschenke für den türkischen Sultan Mustapha III. Mit seiner Schweizer Heimat blieb er zeitlebens in Verbindung; er erneuerte 1750 die väterliche Schmiedezunftzugehörigkeit und 1772 das Zürcher Bürgerrecht für sich und seine Söhne. Ob er je in Paris war und die Boulletechnik kennenlernte, ist nicht bekannt.

Im Zusammenhang mit Bildhauerarbeiten für Schloss Sanssouci, darunter Sitzmöbel und Eckverzierungen von Tapetenleisten, wird er erstmals im Jahr 1746 in den Potsdamer Akten erwähnt.[15] Ab diesem Zeitpunkt ist sein Name regelmäßig in den Abrechnungen zu lesen, die sein vielseitiges bildhauerisches Talent beleuchten. Seine letzten Möbel für den preußischen Hof fertigte er wohl 1772.[16] Er arbeitete in Stuck, Holz, Stein und Metall, an großen Statuen und kleinen Bronzeapplikationen. Das Spektrum reichte von Säulen- und Pilasterkapitellen, Attikavasen und Fensterverzierungen sowie figürlichen Plastiken über Pietra-dura-Arbeiten und Bronzegüsse mit Vergoldung oder Versilberung, Beleuchtungskörper, geschnitzte Möbel wie etwa Konsoltische, Stühle und Sessel, Spiegel- und Gemälderahmen bis hin zu Uhren und eben Schildpattmöbeln, die sich bis auf wenige Verluste erhalten haben.

Für den Bau der schildpattfurnierten Möbel waren Fachkenntnisse erforderlich, die sich vier verschiedenen handwerklichen Bereichen zuordnen lassen. Die Möbel bestehen aus einem Holzkorpus sowie dem Furnier aus Schildpatt, für dessen Verarbeitung spezielles Wissen vonnöten ist. Hier dürfen wir von mindestens zwei ausführenden Personen ausgehen. Zusätzlich fallen die gegossenen und vergoldeten Bronzen auf sowie die Tischplatten, die in den meisten Fällen in Pietra-dura-Arbeit hergestellt sind; zuweilen sind sie zusätzlich graviert. Die Werkstätten mussten demnach in enger Abstimmung zusammenarbeiten, wollten sie den Auftrag zufriedenstellend erledigen. Auch wenn die Möbelentwürfe nicht zwingend allein auf ihn zurückzuführen sind, so kann es letztlich nur auf Ideen Kamblys beruht haben, exakt diese Materialien und Techniken an einem Möbel zu vereinen. Denn nur er konnte als Bildhauer, Kunsttischler und Goldschmied diesen dreifach hohen Anforderungen an das kunsthandwerkliche Geschick überhaupt gerecht werden.

Mitarbeiter der Werkstatt Kamblys

Aus inzwischen verlorenen Quellen wissen wir von fünf Pariser Kunsthandwerkern, die für Kambly tätig waren: der Vergolder Nicolas Morel, der vertraglich gebunden wurde, die Vergoldungen »sous la direction de Mr. Kambly avec la dernière perfection« auszuführen, der Ziseleur Geoffroy L'Ainé, der Vergolder Jean Audibert, der Modellbildhauer Coussinet und der Gießer Daniel Valy.[17] Sie tauchen namentlich in den Akten, teils auch mit Signaturen an den Objekten auf. Über die Produktion der Bronzefabrik Kambly ist im Einzelnen bisher nichts bekannt. Die Qualität der Potsdamer Bronzen aus dieser Zeit kommt den französischen Arbeiten durchaus nahe. Kriterien sind dabei etwa der scharfkantige Guss und die feine Ziselierung der Oberflächen, die verantwortlich ist für die Anmutung von Inkarnat oder das zarte Changieren vegetabiler Stofflichkeit wie in Form der Blütenblätter. Dazu kommt die Feuervergoldung, deren Technik nach bisherigen Erkenntnissen sicher aus Frankreich übernommen wurde.

Ob Kambly selbst die Schildpattfurniere verarbeiten konnte, ist nicht bekannt. Denkbar ist allerdings, dass er nach Anfertigung erster Möbel 1756 von einem Mitarbeiter Spezialwissen und Erfahrungen erworben hatte, die ihn in die Lage versetzten, später dann auch für Heinrich Wilhelm Spindler die Schildpattarbeiten auszuführen. Die Bronzen jedenfalls hat er für die Möbel der Gebrüder Spindler in mehreren Fällen geliefert.

Der Vier-Jahreszeiten-Schreibtisch

Der Vier-Jahreszeiten-Schreibtisch (Abb. 2 u. 3) stand von 1756 bis zum Zweiten Weltkrieg im Schreibkabinett Friedrichs im Potsdamer Stadtschloss. Nicolai erwähnt ihn 1786 in seiner Beschreibung: »Der Schreibtisch, wie auch ein Eckschrank, von Schildkröte mit vergoldeten Zierrathen von Bronze«.[18] Der

Schreibtisch wurde mit 800 Talern abgerechnet, eine geringe Summe im Vergleich zu den 2 800 Talern für den Eckschrank und den 1 200 Talern für ein Schildpatt-Bücherbord.[19] Für ein Bureau Plat ist der Schreibtisch vergleichsweise klein, folgt aber gestalterisch den französischen Vorbildern. Die vier schlanken Beine auf dreieckigem Querschnitt verlaufen fast gerade, die Sabots deuten unten eine kleine Bewegung nach innen an. Bronzeprofile, die sich vom Bein über die Zarge zum gegenüberliegenden Bein fortsetzen, begleiten die Kanten, wodurch die Kontur des Möbels betont wird. Einen Kontrapunkt bilden die Espagnolettes. Büsten der vier Jahreszeiten, die Damen in zeitgenössischer Tracht, blicken mit elegant gewendeten Köpfen zum Sitzenden (Frühling und Sommer) beziehungsweise Herantretenden (Herbst und Winter). Im Unterschied zu den Bronzen Boulles, dessen Espagnolettes an einem Möbel immer gleich sind, sitzen die vier Köpfe dreidimensional vor einem nach hinten schwingenden C-Bogen. Ähnliche Lösungen finden sich an den Kommoden Charles Cressents und auch am französischen, Jean-Pierre Latz zugeschriebenen Bureau Plat, das Friedrich 1746 für Sanssouci angekauft hatte.[20] Diese plastischen Köpfchen wurden dann auch von Johann Michael Hoppenhaupt d. Ä. rezipiert; an seinen Möbel-Entwürfen sind sie von Muscheln hinterfangen (Abb. 5).[21]

An der niedrigen Seite der schräg gestellten Platte befindet sich eine breite Schublade in der Zarge (Abb. 3). Sie ist mit einem flachen Bronzeprofil umkantet, zwei zierliche Handhaben mit scheinbar bewegten, fedrigen Blättern und Schlaufen flankieren das Schlüsselschild. Die asymmetrische Rocaille zeigt das viel verwendete Motiv des Flügels. Bedingt durch die schräg gestellte Platte ist die Frontzarge höher als die gegenüberliegende, mithin die zu gestaltende Fläche etwas größer. Hier findet sich der im Friderizianischen fast unvermeidliche, schräg gestellte Blumenkorb (Abb. 2), dessen Blütenpracht – je nach Schräglage – eben nicht dem Betrachter entgegenzukippen scheint. Ein direkter Bezug besteht hier zwischen Möbel- und Wanddekoration, findet sich das Körbchen doch mehrmals in den Wandschnitzereien des Schreibkabinetts.[22]

Das Schildpattfurnier ist rot unterlegt, an einigen Stellen fehlt der rote Grund. Ob es sich um Farbverluste der Pigmente aufgrund natürlicher Alterung oder UV-Schäden oder um andere Ursachen handelt, ist bisher nicht genügend untersucht. Das Furnier setzt sich aus einzelnen Schildpattstücken zusammen, die jeweils ein gleichmäßiges Bild liefern. Lediglich entlang der unteren Zargenkante verläuft die Marketerie wie ein Schmuckband parallel zur Möbelkontur. Formal ist das Schildpatt wie Holzfurnier verwendet, wodurch die friderizianischen Möbel deutlich hervorstechen.

2 Johann Melchior Kambly, *Vier-Jahreszeiten-Schreibtisch*, 1756, Schildpatt, vergoldete Bronze, SPSG, IV 638, Ansicht

HENRIETTE GRAF

3 Johann Melchior Kambly, *Vier-Jahreszeiten-Schreibtisch*, 1756, Schildpatt, vergoldete Bronze, SPSG, IV 638, Rückseite

Das Schreibkabinett (Abb. 4) entstand als letzter der persönlichen Wohnräume Friedrichs des Großen im Potsdamer Stadtschloss. Sein Kammerdiener Michael Gabriel Fredersdorf schrieb am 1. Februar 1755, dass der Stuckateur die Arbeit »nach den desseins, welches Ew. Königl. Majesté allergnädigst entworfen« ausführen werde. Der König vermerkte dazu Folgendes am Rand: »Ich wollte das Cabinet neben meiner Schlafcamer machen lassen, allein es gehet mit der Arbeit [in Stuckmarmor, Anm. H.J. Giersberg] nicht an, ich muß es in holtz machen lassen.«[23] Die Schnitzereien stammten von Johann Michael Hoppenhaupt d. J., die Blüten bemalte Augustin Dubuisson, der Schwager und Schüler Antoine Pesnes, in die Natur imitierenden Tönen und Farbschattierungen. Zu sehen waren ausschließlich einheimische Blumen: Sonnenblumen, Tulpen und Pfingstrosen, Margeriten, Nelken, Strohblumen und Winden, kleine Rosen und Ranunkeln, Kornblumen, Clematis und Levkojen, die sich auch in den anderen friderizianischen Schlössern immer wieder finden.

4 Potsdam, Stadtschloss, *Schreibkabinett Friedrichs II.*, Aufnahme 1941

5 Johann Michael Hoppenhaupt, *Entwurf einer Kommode*, um 1755, Kupferstich, Staatliche Museen zu Berlin, Kunstbibliothek, Ornamentstichsammlung, OS 1197, 12

Der eintürige Eckschrank

In der Ecke des Schreibkabinetts stand der Eckschrank (Abb. 7 u. 8), der zusammen mit dem Schreibtisch geliefert wurde. Er hat einen unregelmäßig dreieckigen Grundriss: Die rechte Rückwand ist 105 cm breit, wohingegen die linke nur 68 cm Breite aufweist – bedingt durch die Position des Möbels im Schreibkabinett. Der Schrank war optimal zwischen Zimmertür und Fenster positioniert und wirkte damit deutlich raumbestimmend.

Die stark eingezogenen, gedrungenen Füßchen tragen den querrechteckigen Unterbau mit gerade geführten, schräg stehenden Kanten. Die untere Tür lässt sich mit einem mittigen Schloss öffnen, ein unregelmäßiges Rocaillemotiv sitzt in

6 Johann Melchior Kambly, *Eckschrank*, Nussbaumwurzelfurnier, teils vergoldet, Sarasota / Florida, The John and Mable Ringling Museum of Art, SN 1185 / SN 1186

7 Johann Melchior Kambly, Nicolas Morel (Bronzebeschläge), *Eintüriger Eckschrank*, 1756, Schildpatt, vergoldete Bronze, SPSG, IV 639

dem unmerklich geschweiften und gebauchten Füllungsfeld. Die Auswahl der relativ großen, sternförmigen Schildpatteile unterstützt die plastische Wirkung. Das Füllungsfeld ist doppelt umkantet, die Ecken sind eingezogen, kräftige Gesimse trennen den Unterbau vom hohen Aufsatz.

Hier dominiert der einteilige Spiegel, der wie das Füllungsfeld mit vergoldeten Bronzeprofilen gerahmt ist. Wuchtige Halbsäulen betonen die schräg gestellten Ecken des Korpus. Im unteren Drittel bilden Akanthus, Muschelrand und langgezogene Bögen die Basismotive für die mit Stockrosen umwundenen Schäfte. Am oberen Abschluss öffnet sich ein gesprengter Segmentbogen, um ein ausladendes Gefäß aufzunehmen, aus dem ursprünglich Blätter und Blüten aus vergoldeter Bronze quollen (Abb. 8). Die beiden plastischen Putten, die so wagemutig an der Kante sitzen, spielen mit den Ranken.

Aufschlussreich ist der Vergleich mit einer zweiten Version des Schrankes (Abb. 6). Im John and Mable Ringling Museum of Art in Sarasota, Florida, befindet sich ein mit Nussbaum furnierter und mit geschnitzten und vergoldeten Applikationen versehener Eckschrank.[24] Er gleicht bis ins Detail dem Schildpattschrank. Allerdings ist die bekrönende Vase geschnitzt und furniert und nicht mit den perspektivischen vergoldeten Rippen versehen, die der Schildpatt-Version eine größere Tiefenwirkung verleihen. Damit zeigt sich eine der künstlerischen Absichten Kamblys, die seine Werke in Schildpatt offenbaren: seinen Möbeln eine skulpturale Wirkung zu verleihen.

Der zweitürige Eckschrank

Hand in Hand mit dem Baufortschritt von Süden nach Norden wurden die Räume des Neuen Palais umgehend möbliert. Das Schreibkabinett der südlichen Königswohnung gehörte mit zu den ersten fertiggestellten Räumen; im Spätsommer 1765 gab der König dort eine erste kleine Gesellschaft.[25] Auch wenn sich keine Rechnungen zu den Möbeln erhalten haben, so war der zweitürige Eckschrank (Abb. 9) 1773 sicherlich bereits am vorgesehenen Standort, da er von Matthias Oesterreich beschrieben wurde.[26] Er befindet sich seither dort.

Auch dieses Möbel fügt sich mit seinen Maßen exakt in die Raumhülle. Die Rückseite ist gerundet, was der gerundeten Raumecke geschuldet ist. Das Möbel ist mit rot unterlegtem Schildpatt furniert und muss einen kräftigen Farbkontrast zu dem gelb und silbern lackierten Kabinett geboten haben. Die Seitenteile des Unterbaus schwingen seitlich aus, die Eckstollen sind zur Raummitte hingewendet. Ein versilbertes Bronzeprofil betont die Konturlinie der unteren Zarge in Armbrustform, ein parallel verlaufendes Profil führt den Schwung der Seitenfelder weiter. Die beiden Türen mit Gitterwerk setzen oberhalb an, ein mittiger Zierbeschlag antwortet dem Tablier. Ähnlich wie beim eintürigen Schrank begrenzen Halbsäulen die beiden verspiegelten Türen des Aufsatzes. Sie sind nicht mit versilberten Bronzeappliken eingefasst, denn hier soll das Schildpatt allein

8 Johann Melchior Kambly, Nicolas Morel (Bronzebeschläge), *Eintüriger Eckschrank*, 1756, Schildpatt, vergoldete Bronze, SPSG, IV 639, Aufnahme 1927–1929

Zierde sein. Der obere Abschluss in Segmentbogenform folgt einem Entwurf des Architekten Johann Wenzeslaus von Knobelsdorff sehr genau, wie auch der in den 1740er Jahren entstandene Zedernholzschrank.[27] Hat der frühere Schrank ein Reliefmedaillon aus vergoldeter Bronze, das das schräge Blumenkörbchen zeigt, mit einem kurzen Sockel darüber, so weicht der Kambly-Schrank hier ab. Das oft verwendete Motiv einer Pflanzenknospe öffnet sich nach oben und führt den Blick zu dem darüber aufragenden strigillierten Sockel für eine Caesarenbüste. Die starke Abhängigkeit von dem etwa 20 Jahre früheren Entwurf reiht sich ein in die Beobachtung, dass viele der in den Potsdamer Schlössern verwendeten Motive eine ganze Generation lang immer wieder Anwendung fanden. Außer der persönlichen Vorliebe des Königs hat sich bisher keine schlüssige Erklärung dafür finden lassen. Adolf Feulner[28] meinte hier die Selbständigkeit Kamblys im Entwurf erkennen zu können. Das Pflanzenmotiv ist jedoch in vielen ausgeführten Varianten bekannt und begegnet auch in den Zeichnungen von August Nahl und Johann Michael Hoppenhaupt. Die gerade aufplatzende Frucht birgt einen durchaus symbolischen Gehalt – sie gibt im Zustand größter Fruchtbarkeit ihren Samen frei, worauf unmittelbar die Verwesung folgt. Die barocke Gegenüberstellung von Sinnlichkeit und Tod findet hier in einer sehr ästhetischen Phantasieform ihren Ausdruck.

Höfische Eckschränke im 18. Jahrhundert

Hohe Eckschränke sind selten in der Möbelkunst, sei es bei Hofe oder im bürgerlichen Bereich.[29] Die Eckschränke sind mehrteilige Aufsatzmöbel, die typologisch aus dem Kabinett hervorgegangen sind, nicht aus dem monolithen, einteiligen Schrank.[30] Der Urtypus war ein Schreibkästchen, das zunächst ohne Untergestell auf einen beliebigen Tisch gestellt werden konnte. Philipp Hainhofer gab in Augsburg zu Beginn des 17. Jahrhunderts kunstvolle Kabinette voller Preziosen in Auftrag, die er in ganz Europa verkaufte.[31] Den dazu angewandten künstlerischen Techniken waren keine Grenzen gesetzt: Ob Pietra-dura, Holzmarketerien aller Art, Lackarbeiten, Egerer Reliefs oder Boulle-Arbeit, wichtig war der repräsentative Charakter der Möbel, die ihren kuriosen Inhalt und sich selbst zur Schau stellten. Sie dienten nicht einem Schranke gleich dem Aufbewahren von Gebrauchsgegenständen des Alltags, sondern dem Präsentieren von Besonderem, was sich vor allem an den Standorten der Möbel in den jeweiligen Räumen des Schlosses erkennen lässt.

Die friderizianischen Schildpatt-Eckschränke sind aus einem Halbschrank mit Aufsatz zusammengesetzt. Die meisten Möbel dieser Art sind im Oberteil nicht verspiegelt, sondern verglast und dienen damit der Ausstellung von Objekten. Die friderizianischen Schildpatt-Eckschränke aber waren immer verspiegelt, sodass das Präsentieren von Objekten nicht die vorrangig intendierte Nutzung gewesen sein kann. Es besteht eher eine Verwandtschaft zu den französischen Encoignuren, also Eckkommoden, die angefertigt wurden, um den Raum zu gestalten, genauer: die Raumecken abzurunden und als Pendants einem Gesamtentwurf zu entsprechen. Analog dazu lässt sich das Einpassen der Eckschränke in spezifische Raumsituationen anführen, was ihren Charakter als Raumskulpturen unterstreicht.

Die Kommode im Kleinen Speisezimmer

Oesterreich beschreibt die Kommode in seinem Führer: »Eine mit Schildkröte und vergoldeter Bronze incrustirte Kommode. Der Tisch derselben ist von mosaischer Arbeit, in dem Geschmacke der Florentinischen Tische, durch Melchior Kambly verfertiget.«[32] Die kleine Schildpattkommode mit zwei Schubladen ist betont horizontal gegliedert, kräftige Bronzeprofile rahmen die Schubladen und inneren Reserven (Abb. 10). Die Handgriffe und die mittleren Rocaillen lockern dieses Schema auf. Die Schürze schwingt nach unten aus und bietet einem Ornament aus verschlungenen Linien und Pflanzenranken Platz. Diese Gliederung findet man vor allem an französischen Kommoden aus den 1730er und frühen 1740er Jahren; später lockert die Front auf zugunsten von Entwürfen, die die gesamte Frontfläche einnehmen. Gemessen an ihrer Entstehungszeit um 1765 ist eine solche Gliederung als altmodisch einzuschätzen.

Das Möbel ist geschweift und gebaucht. Die Seitenstollen weisen ähnlich den Boulletischen den dreikantigen, sehr organisch anmutenden Querschnitt auf. An den seitlichen Flächen finden sich Buckelkartuschen. Sie sind in merkwürdiger Weise mit Profilen geschmückt, die ein zweiteiliges Oval bilden, und

9 Johann Melchior Kambly, *Zweitüriger Eckschrank*, um 1765, Schildpatt, versilberte Bronze, SPSG, IV 311

sie korrespondieren wenig mit dem Abschlussmotiv. Die Ausklinkung der Seitenflächen für die Beine ist sehr hoch, die Proportionen sind wenig harmonisch.

Das Schildpatt ist stark braun pigmentiert und nicht farbig hinterlegt, weshalb an vielen Stellen das Konstruktionsholz durchscheint. Die Platte schweift an den Ecken stark aus, ein Bronzeprofil umkantet die Kontur, die in zwei Lagen aufliegt. Auf der Platte sind Melonen, Trauben, Kirschen, Zwetschgen und Pfirsiche inkrustiert. Diese Kombination aus Pietra-dura-Arbeit mit Bronzerahmen dürfte ein Unikat sein.

Kommode mit Reihermotiv

Stammen die bisher betrachteten Möbel aus den Privaträumen des Königs, so folgen nun Beispiele, die für die Gästegemächer angefertigt wurden. Die Kommode (Abb. 11) gehört zur Erstausstattung des Tressen-zimmers im Neuen Palais:

»In demselben befindet sich auch eine sehr schöne Commode von Schildkröte gearbeitet und reichlich mit ver-goldeter Bronze gezieret, durch Melchior Kambly zu Potsdam verfertiget; auf derselben liegt eine Florentinische Tischblatte von Mosaique, eines der schönsten Stücke, so man in dieser Art sehen kann. Es gehörte selbiges ehe-dem dem Prinzen Moritz von Sachsen, Marschall von Frankreich.«[33]

Die Beine sind kurz und in Form eingerollter Akanthusblätter gestaltet. Die Kontur der Kommode er-scheint wie nach unten gesackt. Die beiden Schubladen sind mit kräftigen vergoldeten Bronzeprofilen gerahmt, die Handgriffe verschmelzen mit der Gesamtkomposition und sind in ihrer Funktion kaum zu erkennen. Die Kantenprofile in Form von Blättern und Ranken stehen den Bronzen des eintürigen Eck-schranks (Abb. 7) sehr nahe. Wie angehängt läuft die Schürze in ein schwebendes Körbchen aus. Haupt-motiv ist das Bronzerelief auf der unteren Schublade: Ein schlanker Putto sitzt auf einem Bogen und hält einen überdimensionierten Traubenzweig in der Hand. Ihm gegenüber steht ein Reiher. Er hat eine Traube im Schnabel, sein nach hinten gewendeter Kopf bildet das kompositorische Pendant zum Traubenzweig. Die Figur des Reihers taucht auf beiden, nach vorne gewölbten Kommodenseiten wieder auf. In einem typisch friderizianischen, ovalen Rahmen steht er mit gespreizten Beinen auf einem Zweig und beugt sei-nen langen Hals nach unten, wohl um an eine der Trauben zu gelangen.

Das Schildpattfurnier ist nach demselben System angebracht, wie man es an Holzfurnieren findet. Breite Streifen begleiten die Kontur der Schubladen, ebenso finden sie sich an den Seiten. Um die Vorwölbung der Fläche zu betonen, ist das Schildpatt so ausgewählt, dass die Flecken einer Bewegung vom Zentrum nach außen zu folgen scheinen, was die plastische Wirkung erhöht. Das rot hinterlegte Schildpatt ist unterschiedlich in der Helligkeit, die Rahmen sind dunkler als die helleren Füllungen. Das Schlüsselloch ist nicht gefasst, es gibt keine Buchse und kein Schild. Das Möbel ist mit nahezu 90 cm ungewöhnlich tief, ursprünglich lag eine inkrustierte Marmorplatte darauf, die bereits 1787 nach Berlin transportiert worden ist. Durch seine Größe ist das Möbel sehr schwer. Um es besser tragen zu können, befinden sich an den Seiten je zwei Griffe.

Kommode mit Lapislazuli-Platte

Die Kommode (Abb. 13–15) stand seit ihrer Anfertigung in der Blauen Kammer, dem ersten Vorzimmer zur Wohnung Friedrichs. Oesterreich lässt ihr reichlich Lob angedeihen: »Eine sehr schöne Kommode. Der Tisch derselben ist mit Lapis Lazuli incrustiret, und Blumen von couleurtem Golde gezieret. Die Commode ist von Schildkrötenarbeit, sehr reich und mit vielem Geschmack in der Zeichnung, mit im Feuer vergoldeter Bronzearbeit gezieret. Dieses Stück ist zu Potsdam durch Melchior Kambly gemacht worden, wie auch das Uhrgehäuse, so aus Schildkröte verfertiget und mit vielem Geschmack mit vergoldeter Bronze verzieret ist.«[34]

Das vergoldete Bronzerelief der Front zeigt zwei nackte Knaben, die sich vergnügt auf einem von Akanthus getragenen Podest tummeln. Sie halten Blütengirlanden in den Händen. Diese Girlanden be-

11 Johann Melchior Kambly, *Kommode mit Reihermotiv*, um 1768, Schildpatt, vergoldete Bronze, SPSG, IV 459

12 Johann Michael Hoppenhaupt, *Entwurf einer Kommode*, um 1755, Kupferstich, Staatliche Museen zu Berlin, Kunstbibliothek, Ornamentstichsammlung, OS 1197, 10

13 Johann Melchior Kambly, *Kommode mit Lapislazuli-Platte*, um 1765, Schildpatt, vergoldete Bronze, SPSG, IV 625

schreiben ein Queroval, das den Rahmen der Klappe nachzeichnet. Ansätze von Treillagemotiven rufen eine stark dreidimensionale Wirkung hervor, die von der Pigmentierung des Schildpatts noch unterstützt wird, sodass im Zusammenklang mit der bewegten Fläche eine räumliche Komposition mit einem regelrechten Tiefensog entsteht. Wie an den bisher betrachteten Kommoden sind auch hier zur Betonung der Konturen des Möbels die Kantenprofile kräftig ausgeführt. Die geschweiften und gebauchten Seitenflächen zieren vergoldete Bronzeappliken in Form von schräg gestellten Körbchen, gefüllt mit Blüten und überfangen von einem Treillagemotiv.

Die Konturen der geschweiften und gebauchten Kommode sind eng angelehnt an einen Entwurf Hoppenhaupts (Abb. 12). Übernommen worden sind die Konturen der gerippten Seitenstollen, die leicht geschwungene Linie der unteren Zarge[35] sowie das Motiv des kleinen Maskarons in der Mitte der Plattenkante, freilich in veränderter Form. Die Stiche Hoppenhaupts stammen aus den frühen 1750er Jahren und bleiben alle der horizontalen Frontgliederung verhaftet. Kambly überwindet dieses Schema, indem er – nach der Einziehung im oberen Viertel (sie nimmt die schmale, quer durchlaufende Schublade auf), die in ihrer Höhe etwa der Beinhöhe entspricht – die mittlere Partie mit einer Klappe konstruiert. Dadurch bildet sich eine breit gelagerte Binnenfläche, die er nun als Ganzes gestalten kann. Französische und auch deutsche Kommoden der Zeit sind in der Regel ohne sichtbare Traverse gebaut, um eine gleichmäßige Gestaltungsfläche zu erhalten. Diese Forderung mit dem Einbau einer Klappe zu erfüllen, kann nur auf Kambly selbst zurückzuführen sein. Vergleichbares findet sich an mehreren seiner Stücke und kann als Charakteristikum der friderizianischen Schildpatt-Kommoden gelten.

14 Johann Melchior Kambly, *Kommode mit Lapislazuli-Platte,* um 1765, Schildpatt, vergoldete Bronze, SPSG, IV 625, Detail der Platte

Die ausgesprochen seltene Klappenkonstruktion zeigt sich an wenigen frühen Exemplaren aus Frankreich um 1720 bis 1735.[36] Nicht zuletzt der mangelnden Bequemlichkeit, der ungenügenden »commodité«, ist das seltene Auftreten dieses Typus geschuldet. Denn das nur nach unten hin mögliche Öffnen bedeutet, dass man sich vor die schwere Klappe knien muss, damit sie nicht auf den Boden aufschlägt. Das Innere der Klappe ist – wie auch die beiden innen liegenden Schubladen – mit farblich nahezu authentisch erhaltenen Marketerien gearbeitet (Abb. 15).[37]

Schon Adolf Feulner fiel eine Verwandtschaft mit den Entwürfen François Cuvilliés' auf.[38] Die zweite Folge seiner Vorlagen, gestochen von Albert de Lespilliez, lässt sich zwischen den 12. Februar 1742 und den 20. Januar 1745 datieren, denn die Blätter sind Kaiser Karl VII. gewidmet. Auch Cuvilliés blieb in seinen Entwürfen der horizontalen Gliederung der Kommodenfronten durch Betonung der Schubladenkanten verhaftet. Erst in seinen später ausgeführten Stücken aus den Jahren um 1760 löste sich Cuvilliés davon und entwarf Fronten ohne Traversen, wie sie in Frankreich um die Jahrhundertmitte verbreitet waren.[39] Im Unterschied zu Kambly weisen die Möbel Cuvilliés keine ausgesprochene Tiefenstaffelung auf, vielmehr liegt eine flache Ornamentschicht dem glatten Grund auf. Es ist vor allem die Tiefenwirkung des Schildpatts in Verbindung mit den räumlich angelegten Ornamenten, die die fast aufdringliche räumliche Präsenz der Kambly-Kommoden ausmacht.

Bei dieser Kommode besteht die Platte aus Lapislazulistücken, die einem Steinkern aufliegen (Abb. 14). Die feinen Einlagen sind aus ehemals vergoldetem Silber. Die Platte ist in den Partien, die in der Nähe der Wand liegen, umfangreich restauriert, die helleren Ausbesserungen sind nicht zu übersehen. Die Beschädigungen dürften von Gefäßen jeglicher Couleur – ob aus Porzellan, Halbedelsteinen oder vergoldeter Bronze – stammen, die üblicherweise auf Kommoden und Konsoltischen standen und die Kunstsammlungen repräsentierten.

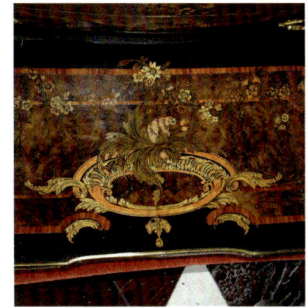

15 Johann Melchior Kambly, *Kommode mit Lapislazuli-Platte,* um 1765, Schildpatt, vergoldete Bronze, SPSG, IV 625, Inneres der Klappe

Die Boullemöbel Heinrich Wilhelm Spindlers

Waren die Möbel Kamblys mit Schildpatt furniert und mit applizierten vergoldeten Bronzen versehen, so erfuhr die Technik mit den Brüdern Spindler eine wesentliche Veränderung. Im Hinblick auf deren schon öfter publizierte Biographie[40] sei hier nur so viel erwähnt, dass sie ab Herbst 1765 in den Archivalien fassbar werden. Sie arbeiteten sowohl für den Hof als auch als zünftige Handwerker in Potsdam, wobei Heinrich Wilhelm Spindler sich nach Erfüllung der Aufträge im Zuge der Ausstattung des Neuen Palais ab 1770 um die Genehmigung bemühte, seine Möbel auch in Berlin, Frankfurt an der Oder oder

Stettin verkaufen zu dürfen. Sie wurde ihm prompt erteilt. Mit den Gebrüdern Spindler kam die Technik der Marketerie nach Potsdam, ihre Spezialität waren farbige Einlegearbeiten in Holz mit Blumen- und Früchtemotiven, Girlanden, Sträußen, Körben sowie Schäferszenen und Ruinenlandschaften. Heinrich Wilhelm Spindler war zwar in allen Belangen seinem älteren Bruder Johann Friedrich unterstellt, jedoch war er der erfindungsreichere und konnte noch dazu mit Ebenholz umgehen sowie in Boulletechnik arbeiten.

Die Drei-Grazien-Kommode (Abb. 16) gehört zu den bekanntesten deutschen Möbeln des 18. Jahrhunderts. Sie ist mehrfach in der kunsthistorischen Literatur publiziert und ziert das Titelbild des zweiten Bandes des 1970 bei C. H. Beck erschienenen Standardwerks »Die Kunst des deutschen Möbels« von Heinrich Kreisel und Georg Himmelheber. Sie gehört zur Erstausstattung des Oberen Konzertzimmers des Neuen Palais und wurde 1773 von Oesterreich beschrieben: »Das Zimmer gelb und Silber [...]. Eine schöne mit Schildkröte und Perlmutter ausgelegte Commode, reich mit Silber geziert, zu Potsdam durch Spindler den jüngeren verfertiget, welcher von Bayreuth dahin gekommen ist.«[41]

Die Kommode hat ihren Namen von der Darstellung der drei Grazien an ihrer Front, die von Perlmuttblüten in einem Auf- und Abschwung begleitet werden. Zu ihren Füßen sitzen vier musizierende, lorbeerbekränzte Kinder. Es ist eine Einlegearbeit in Boulletechnik aus Elfenbein, Horn und Perlmutt in Schildpatt. Die Kontur des Möbels folgt den Entwürfen Hoppenhaupts nur noch ansatzweise. Deutlich macht sich der französische Einfluss bemerkbar, der sich erst nach der Ankunft der Bayreuther Spindler-Brüder in Potsdam erkennen lässt.[42]

Die Bayreuther Kommoden zeichnen sich, darin den Entwürfen Hoppenhaupts ähnlich, durch kurze Beine, eine nur leicht gewellte untere Zarge, gerade geführte Seiten und eine kräftige Einziehung unterhalb der Platte aus. Nach Quellenlage ist davon auszugehen, dass Heinrich Wilhelm Spindler im Jahr 1756 derjenige »Spintler« ist, der im Atelier des Pariser Ebenisten Pierre Migeon mit Wohnadresse rue Faubourg-Saint-Antoine auftaucht.[43] Es ist auffällig, dass die späteren Potsdamer Kommoden ganz in französischer Manier höhere Beine aufweisen, was zu leichteren Proportionen des gesamten Möbels führt, sowie die nach unten gezogene Zarge, auch Tablier oder Schürze genannt. Dieser Schwung ist Teil einer Kompositionslinie, die von einem Bein zum andern führt, vom Boden über die Front, die betonte Schürze und zum andern Bein. Sie ist wesentliches Gestaltungsmittel. Dazu kommt die als Ganzes begriffene Frontfläche, die mit einer zusammenhängenden Marketerie überzogen wird. In Paris könnte er auch die komplizierten Techniken der Marketerie kennengelernt haben, die nicht nur in farbigen oder eingefärbten Holzarten en vogue war, sondern auch die Boulle-Marketerie.

16 Heinrich Wilhelm Spindler, *Drei-Grazien-Kommode*, um 1768, Schildpatt, Perlmutt, Elfenbein, versilberte Bronze, SPSG, IV 621

Der ausgewogene Schwung der Seitenstollen mit moderater Einziehung unterhalb der Platte, betont durch versilberte Appliken in Form von blütenbesetzten Liktorenbündeln, die in Voluten auslaufen, unterscheidet sich von den behäbig-bauchigen Modellen Hoppenhaupts. Die eckige Kontur der Frontklappe rahmen Flechtband- und Rautenfriese, die im unteren Bereich zu Treillagen und Mäandern mutieren. Eingefasst werden die mannigfach schillernden Motive von einem versetzten Hahnentrittmuster, das auch die Kartuschen an den Seitenflächen rahmt. Dort finden sich Vasen, Blumen- und Blütenmotive, flankiert von sich windenden Pfeilern mit Ranken, die ihrer architektonisch tragenden Funktion enthoben sind. Es ist nicht zuletzt der starke Glanz des Perlmutts in Kombination mit dem weniger glänzenden Silber, der das Erkennen der einzelnen Motive erschwert und zu einem flirrenden Eindruck beiträgt.

17 Potsdam, Neues Palais, Oberes Fürstenquartier, *Oberes Konzertzimmer*

Hinter der Klappe verbergen sich zwei Schubladen. Sie sind mit kleinteiliger, flächig wirkender Rautenparketterie furniert, die den Mustern der Roentgen-Werkstatt nicht nachsteht, sie vielmehr sogar übertrifft, da in jedem Feld die Hell-Dunkel-Kontraste wechseln. Zur besseren Benutzbarkeit lässt sich die Klappe nach dem Öffnen horizontal nach hinten schieben, sodass sich die Schubladen bedienen lassen. Diese mechanische Vorrichtung fehlte bei der Kommode mit Lapislazuli-Platte, was möglicherweise die Ursache dafür ist, dass der Mechanismus nur wenigen bekannt war und die Klappe mehrmals an ihrer am weitesten vorgebauchten Stelle, den Drei Grazien, auf den Boden aufgeschlagen ist. Die Drei-Grazien-Einlage ist vielfach restauriert und wohl auch verändert worden. Die Kommode gehörte ab der zweiten Hälfte des 19. Jahrhunderts bis 1918 zur Einrichtung des Arbeitszimmers Kaiserin Victorias und auch Kaiserin Auguste Victorias. An Gelegenheiten, sie zu öffnen, fehlte es also nicht.

Das obere Konzertzimmer gehört zum Oberen Fürstenquartier (Abb. 17), dessen Innenausstattung – Bildhauer- und Malerarbeiten – in den Akten gut belegt ist. Von Januar bis Mai 1768 stellten die Kunsthandwerker die Kostenvoranschläge auf, im September des Jahres lagen die ersten Rechnungen für abgeschlossene Arbeiten vor, bis Mai 1769 waren die Boiserien, die versilberten oder vergoldeten Konsoltische und die Sitzmöbel im Wesentlichen am Ort. Das Obere Konzertzimmer lag Friedrich besonders am Herzen, er wollte es mit höchster Sorgfalt ausgeführt wissen.[44] In seinem Farbklang, silbern und gelb zusammen mit feurig rot hinterlegten Schildpattmöbeln, entspricht es dem seines Schreibkabinetts, was dem König sehr gefallen haben muss. Johann Christoph Frisch lieferte das Deckengemälde der »Diana« sowie die vier Putten-Tondi mit Jagdmotiven. Die dem Bildhauer Johann Heinrich Kromberg zugebilligten 2 000 Reichstaler für die gesamte Wandvertäfelung, Türen, Sitzmöbel und den Konsoltisch überstiegen sogar noch die 1 800 Reichstaler, die Kambly für die Bildhauerarbeiten im Unteren Konzertzimmer erhielt.[45] Die Schatullrechnungen Friedrichs weisen für den Juli 1769 2 800 Reichstaler an »Spindler« aus[46], ein Betrag, der wohl für die Drei-Grazien-Kommode gezahlt wurde. Dies ergibt sich aus der Tatsache, dass in derselben Abrechnung die Deckenmalereien Frischs aus demselben Raum für 1 200 Taler aufgeführt sind, sowie aufgrund des hohen Preises, der auf ein Möbel verweist, das mit kostbaren Materialien ausgeführt worden sein muss.

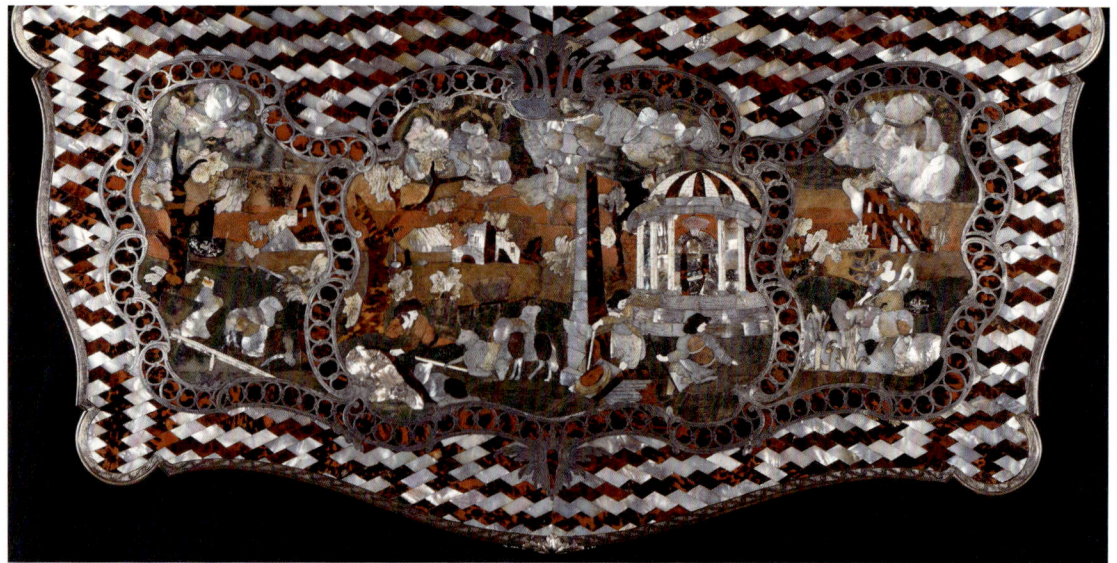

Die Drei Grazien

Die figürliche Darstellung der Drei Grazien ist im Gesamtwerk der Spindler singulär; sie findet sich aber an mehreren Stellen innen und außen am Gebäude des Neuen Palais, was eine Interpretation als Leitmotiv zulässt. Die meisten antiken Quellen nennen wie Hesiod drei Chariten beziehungsweise Grazien (von der jüngsten zur ältesten): Aglaia »die Glänzende«, in der Ilias und bei Hesiod Gemahlin des Hephaistos, Euphrosyne »der Frohsinn« und Thalia »die Festfreude«. Schon von weitem sichtbar, bekrönt die monumentale Figurengruppe der eine Krone tragenden »Drei Grazien«, entworfen wohl von Carl von Gontard, modelliert von Johann Christoph Wohler und ausgeführt von Friedrich Jury, das Neue Palais. Im Oberen Vestibül ist das Deckengemälde von Johann Christoph Frisch Venus und den Drei Grazien gewidmet, und am Kamin des Oberen Konzertzimmers findet sich eine Kamee der Drei Grazien. Das Wiederkehren dieses Motivs an der Kommode desjenigen Raumes, den Friedrich besonders sorgfältig ausgeführt wissen wollte, ist als Kulminationspunkt anzusehen, der den Inhalt ein weiteres Mal transportiert: die Drei Grazien als diejenigen, die nach dem gewonnenen Krieg nun den Frieden begleiten und das Zeitalter des Glanzes, des Frohsinns und der Festfreude einleiten.

Bildvorlagen

Wie für gute Einlegearbeiten seit der Renaissance und auch bei den Spindler-Brüdern charakteristisch, wird mittels Struktureigenheiten des verwendeten Materials Bildwirkung erzeugt, wie zum Beispiel der Anschein von Baumrinde durch fleckiges Schildpatt. Es ist das Verdienst Volker Jutzis, sich mit den Bildmotiven der Marketerien Spindlers im Kabinett in Schloss Fantaisie bei Donndorf intensiv auseinandergesetzt zu haben.[47] Seine Vergleiche von Stichmotiven und umgesetzten Einlegepartien zeigen deutlich, wie unmittelbar und genau die Transponierungen erfolgten. Vergleicht man die Donndorfschen Einlegearbeiten mit denen der Drei-Grazien-Kommode, so fallen die wenig überzeugende perspektivische Anlage, die ungelenken Figuren und die kaum zu erkennenden Tiergruppen auf (Abb. 18). Die Verunklärungen sind nun einerseits den vielfachen Ausbesserungen mit nicht der Umgebung angepassten Materialien geschuldet. Andererseits ist nicht zu übersehen, dass nicht nur die Technik weniger kunstvoll ausgeführt ist. Auch der Entwurf weist Unstimmigkeiten auf. So offenbart die Komposition der Mittelkartusche deutliche Schwächen: Der Tholos (Monopteros mit Cella) ist ganz an den Bildrand gequetscht, der rechte Hirte sitzt in der Luft, als Rückenfigur ist er kaum zu erkennen, dem stehenden Hirten fehlt Körperlichkeit, angedeutete Treppen fügen sich nicht in die Topographie. Der lagernde Hirte am linken Rand ist umgeben von schemenhaften Schafen, der Baum hinter ihm ist überhaupt erst bei sehr genauem Hinsehen auszumachen. Hans Huth beobachtete 1958, »dass solche figürlichen Motive doch außerhalb der künstlerischen Reichweite Spindlers waren«,[48] obwohl er die wunderbaren szenischen Marketerien des Schreibtischs kannte.[49] Dort sind die figürlichen

Einlagen durchaus überzeugend in ihrer Bildwirkung. Ob es sich bei der Drei-Grazien-Kommode wirklich um eine Marketerie Heinrich Wilhelm Spindlers handelt, muss daher hinterfragt werden.

Restaurierungsgeschichte

Schon das Inventar von 1784 verzeichnet die Kommode als »schadhaft«, jenes von 1799 und 1811 ebenso, 1828 wird sie dann als »sehr schadhaft« bezeichnet. Das nächste Inventar, das uns überliefert ist, wurde 1895 angelegt.[50] Die Kommode ist unverwechselbar beschrieben, nun mit dem Zusatz »Hergestellt von Maschinenmeister Friedrich auf der Pfaueninsel«.

An der Kommode findet sich insgesamt elf Mal die Schlagmarke »J. F. fec.«. Sie bezieht sich auf Joseph Friedrich.[51] Er muss eine bekannte Persönlichkeit gewesen sein, beschrieb ihn doch Theodor Fontane als »ein Düftelgenie, einer aus der großen Familie der perpetuum-mobile-Erfinder«. Aufgrund seiner vielseitigen Fähigkeiten wurde er 1822 am Königstädtischen Theater als »Kgl. Maschinist und Versenkungskünstler« angestellt.[52] Auf der Pfaueninsel bekleidete er später den Posten des »Kgl. Maschinenmeisters« und hatte zudem die Aufgabe, Reparaturen an den Möbeln und Einrichtungen vorzunehmen. Außerdem fertigte er kleine Modelle von Berliner und Potsdamer Bauten, die teils aus 10 000 bis 12 000 einzelnen Perlmutt- und Elfenbeinteilchen bestehen. Sie wurden auf den Berliner Akademie-Ausstellungen gezeigt und trugen ihm 1832 den Titel eines »Akademischen Künstlers« ein.[53] Unterstützung erhielt er möglicherweise von dem seit 1830 auf der Pfaueninsel lebenden Südseeinsulaner Harry Maitay.[54] Dank der Interpolationen des Privatforschers Charles Foerster im Inventar von 1811 wissen wir, dass Joseph Friedrich die stark beschädigte Kommode im Jahr 1864 restaurierte.[55] Es gibt mehrere Ausbesserungen an dem Möbel, die sich nicht in die ursprüngliche Anlage integrieren (Abb. 18, im rechten Bildfeld, rechts von der Figur). Wegen der exotischen Tiere und der Kleinteiligkeit der Einlagen geht man davon aus, dass diese Ausbesserungen auf Joseph Friedrich und Harry Maitay zurückzuführen sind.

Die Kommode mit Papageienmotiv

Die größte und prächtigste Kommode Heinrich Wilhelm Spindlers gehört zur Erstausstattung der Rosa Kammer im Neuen Palais (Abb. 19). Entsprechend dem Baufortgang war die Rosa Kammer – in den Textilrechnungen und bei Manger wird sie auch Paradezimmer genannt – um 1765 in Bezug auf Boiserie, Konsoltisch und Sitzmöbel fertig möbliert. Da die Brüder Spindler erst im Herbst 1765 nach Potsdam kamen, kann die Kommode erst danach entstanden sein. In den Schatullrechnungen lässt sich keiner der dort vermerkten Ausgabenposten mit der Kommode in Zusammenhang bringen. Oesterreich beschreibt sie 1773: »Eine schöne Commode von Schildkröte und Perlmutter, mit Silber ausgelegt, von einer sehr

19 Heinrich Wilhelm Spindler, *Kommode mit Papageienmotiv*, nach 1765, Schildpatt, versilberte Bronze, SPSG, IV 327

schönen Zeichnung. Es ist selbige die Arbeit des jüngeren Spindlers, der von Bareuth nach Potsdam gekommen ist.«[56]

In breit gelagerten Proportionen steht sie auf geschwungenen Beinen, die versilberten Bronzeappliken dürften wieder aus der Werkstatt Kamblys stammen. In das rot hinterlegte Schildpatt sind Marketerien aus Perlmutt und Elfenbein eingelegt. Die Front, wieder als Klappe konstruiert,[57] ist nun ohne Binnengliederung kühn als Gesamtfläche komponiert. Thema der Marketerie ist die Musik. Die zentrale Trophäe bündelt eine Laute, eine Fanfare, eine Querflöte und eine Oboe mit Notenblättern. Sie hängen an einem Band, das vom Schlüsselloch ausgeht und an seinem oberen Ende in einer dreidimensionalen Schleife aus Silber endet. Der nach unten gezogene Tablier wird von einem versilberten Profil begleitet, in das Anspielungen auf die Musik integriert sind. Unterhalb der Trophäe befindet sich in Relief ein gelocktes Köpfchen, hinterfangen von Notenblättern, seitlich tummeln sich nackte Knaben mit je einem Saiteninstrument auf den Knien. Die Eckfiguren unterhalb der Platte sind ebenfalls der Musik gewidmet: Die nackten Knaben spielen verschiedene Instrumente. Luftige Blütengirlanden und Trophäen füllen die Frontflächen.

Ihren Namen hat die Kommode von der großen Papageiendarstellung auf der Platte (Abb. 1). Ein langschwänziger Ara sitzt in einem Ring und blickt über seine rechte Schulter. Darunter finden sich erneut Musikalien: ein Dudelsack, eine kleine Lyra mit einem Abschlussmedaillon in Form eines Apoll im Strahlenkranz. Oboe, Querflöte und Notenblätter runden das Ensemble ab.

Die unverkennbar der Musik gewidmete Ikonographie der Kommode mutet eingedenk ihres Aufstellungsortes in der Rosa Kammer des Neuen Palais nicht ganz schlüssig an. In diesem Zimmer empfing der König wohl morgens seine Kabinettssekretäre. Nördlich grenzt das Konzertzimmer an, zu dem das Möbel thematisch viel besser passen würde. Dort gibt es einen Wandschrank, in dem noch viele Jahre nach dem Tod Friedrichs seine Musikalien aufbewahrt wurden. Man kann nur spekulieren, ob hier eine Planänderung stattgefunden hat. Entweder war das Möbel ursprünglich für das Konzertzimmer bestimmt, oder der König wollte im Paradezimmer ein besonders auffälliges und kostspieliges Möbel zur Schau stellen. Das Thema ist dem ausgesprochenen Konzertliebhaber in jedem Fall angemessen.

Kamblys Schreibtischkommode

Das wohl ausgefallenste deutsche Möbel des 18. Jahrhunderts ist die Schreibtischkommode Kamblys aus dem Schreibkabinett Friedrichs des Großen (Abb. 20–22).[58] Das Schildpattfurnier ist nicht hinterlegt, an vielen Stellen ist das Konstruktionsholz zu erkennen, die Beschläge sind aus versilberter Bronze.

Diesen Typus gibt es in zwei Ausformungen. Es existiert ein Pendant in Zedernholz beziehungsweise Wacholderfurnier[59] mit vergoldeten Bronzen, das 1989 von Klaus Pelz restauriert wurde.[60] Oesterreich beschreibt das Schildpattmöbel 1773 nicht, obwohl der Eckschrank im selben Raum durchaus Erwähnung

20 Johann Melchior Kambly, *Schreibtischkommode*, nach 1773, Schildpatt, versilberte Bronze, SPSG, IV 312, Ansicht

findet; selbst Nicolai führte es 1786 nicht auf. Das Inventar von 1784 listet ihn auf als »1 Schreibtisch von Schildkröte mit versilberter Bronze«. Die Zuschreibung an Kambly erfolgte auf Grundlage der Rechnung, die Paul Seidel 1895 noch vorlag. Sie bezieht sich auf das Wacholder-Modell, und Seidel geht davon aus, dass die Schildpatt-Variante die Wiederholung darstellt.[61] Foerster beschreibt den Schreibtisch dann im Amtlichen Führer[62] von 1923 als eine Arbeit von Kambly. Es lässt sich jedoch nicht eindeutig nachweisen, dass sich die Rechnung auf den Schreibtisch im Neuen Palais bezieht, es könnte ebenso ein Schreibtisch aus einem anderen Schloss gemeint sein. Die Schildpatt-Variante wurde bisher aufgrund des Baufortgangs im Neuen Palais mit »um 1765« datiert. Das Pendant in Zedernholz wurde im Februar 1768 abgerechnet. Hier eine Gleichzeitigkeit der Entstehung zu postulieren, erscheint mir nicht zwingend.[63] Nach Quellenlage kam der Schildpatttisch erst in das Schreibkabinett, als Nicolai seine Recherchen für die dritte Auflage seines Buches bereits abgeschlossen hatte, demnach kurz vor 1784, dem Jahr der Inventarisierung.

Die vier sanft geschwungenen Stollen weisen einen Querschnitt auf, wie er von den Bureaux Plat Boulles bekannt ist. Die schräg gestellten Kanten sind weit in die Diagonale gezogen, die Schultern sind ebenso wie die nach oben folgende Einziehung betont, was dem Möbel Eleganz und Ausgewogenheit verleiht. Die versilberten Bronzen unterstützen den Eindruck. Die nach vorne öffnende Klappe hat kein sichtbares Schloss; dahinter verbergen sich keine Schubladen, sondern Fächer, um etwa Bücher hineinzustellen. Zur Benutzung muss die schwere, weil mit versilberten Bronzen beschlagene Klappe gehalten werden, von Bequemlichkeit kann nicht die Rede sein.

Die Gestaltung der Frontfläche (Abb. 20) bedient sich bekannter Elemente der zeitgenössischen Graphik. Unter einem durchbrochenen Baldachin sitzen zwei nackte Knaben auf einem Terrain. Der linke hat ein Heft im Schoß, in der rechten Hand hält er einen Federkiel. Sein Gegenüber hält ihm ein Tintenfass hin. Der Verweis auf die Funktion des Möbels ist unmissverständlich. Schräg gestellte Pfeiler tragen das Dach, ihre geriffelte Binnenstruktur ist ein verbreitetes Element sowohl der Graphik als auch von Möbelbronzen um 1775, erinnert sei etwa an die »mille raies« des David Roentgen. Die flankierenden Travéen sind unterschiedlich und nicht symmetrisch. Sockelformen, Pfeilerstrukturen und Kapitelle sind einfallsreich, die Blütengirlanden verbinden die Komposition. Die Fläche ist nur leicht geschweift und gebaucht. Der gezielte Einsatz der Schildpattflecken in ihrer Richtung wie auch im Hell-Dunkel evoziert eine gewisse Dynamik im Hintergrund, die der Komposition eine starke Plastizität verleiht. An der Seite des Sitzenden sind drei Schubladen angebracht (Abb. 21).

Die das Möbel an den Seiten verbindende Zarge verläuft in einem kühnen gegenläufigen Schwung, der nicht mit funktionalen Überlegungen zu erklären ist (Abb. 22). Hans Huth hat 1958 darauf hingewiesen, dass die eigentümliche Form des Möbels »vielleicht Kamblys eigene Erfindung«[64] sei, und mutmaßte, dass der Typus der Verbindung von Kommoden- und Tischform als »Vorläufer jener heutigen Schreibtische gelten [könne], deren Knieloch vorn geschlossen ist«.[65] Er erinnert damit an die Bureaux Mazarin, die zu beiden Seiten des Knielochs Schubladen haben, was gerade, blockartige Seitenpartien zur Folge hatte. Sie waren selten zur Aufstellung im Raum mit einer gestalteten Front konstruiert.

Vielmehr kommt hier doch die geübte Hand des Künstlers, des Bildhauers zum Ausdruck. Dieser Schwung verbirgt nicht die dahinterliegende Konstruktion, vielmehr passt sich die Konstruktion dem Schwung an. Diese rhythmisierte Linie, die einer Synkope nahekommt, ist einmalig in der Möbelkunst.

21 Johann Melchior Kambly, *Schreibtischkommode*, nach 1773, Schildpatt, versilberte Bronze, SPSG, IV 312, Rückseite

22 Johann Melchior Kambly, *Schreibtischkommode*, nach 1773, Schildpatt, versilberte Bronze, SPSG, IV 312, Seitenansicht

Kamblys Tätigkeiten, die in den Abrechnungen zutage treten, beziehen sich vor allem auf Bildhauerarbeiten: Bilderrahmen, Konsoltische, Sitzmöbelgarnituren und Uhrengehäuse, auch Steinvasen und -figuren, feuervergoldete Bronzen und als Besonderheit: inkrustierte Tischplatten. Es sei daran erinnert, dass auch Boulle Bildhauer und Bronzier war. Da Kambly wohl der Einzige war, der in Potsdam mit Schildpatt umgehen konnte – er lieferte ja schon 1756 die Schildpattmöbel für das Stadtschloss in Potsdam –, liegt die Vermutung nahe, dass Kambly auch die Schreibtischkommode angefertigt hat. Dass er auch den Entwurf lieferte, ist wahrscheinlich, denn die Vorlagen Hoppenhaupts kommen nicht mehr zum Tragen. Angeregt durch Heinrich Wilhelm Spindlers Kommode mit Papageienmotiv löste er sich zwar nicht von seiner bisherigen Klappen-Konstruktion, doch er fand zu der in ihrer ganzen Fläche als Einheit gestalteten Front.

Fazit

Die Verwendung von exotischem Schildpatt und vergoldeten Bronzen transportierte den Topos des Glanzes und der schimmernden Reflexe auf der polierten Oberfläche, der die Kunstepoche des Spätbarock beherrschte. Friedrich der Große reihte sich damit in den Ausstattungsmodus seiner Zeitgenossen ein und übertraf sie nicht nur durch schiere Menge.

Waren die ersten Möbel noch sehr am französischen Vorbild Boulles orientiert, so gelang es Kambly bei seinem spätesten Möbel, sich sowohl von den lokalen Entwürfen Hoppenhaupts als auch von den französischen Vorgaben zu lösen. Die plastischen, vor einen Hintergrund gesetzten Espagnolettes des Vier-Jahreszeiten-Schreibtischs waren auch von Hoppenhaupt d. Ä. bereits rezipiert worden (Abb. 5). Doch hielt Kambly lange an der horizontalen Gliederung der Kommodenfronten fest. Erst mit dem Auftreten Heinrich Wilhelm Spindlers, dem in Paris geschulten Bayreuther Ebenisten, nahmen die Kommoden mehr französische Anregungen auf, wie beispielsweise das Tablier und die einheitliche Frontgestaltung. Bei seinem wohl spätesten Möbel gelangte Kambly zu einer freien Komposition, denn die Schreibtischkommode ist ein innovatives, einzigartiges Kunstmöbel. Die Verwendung von Schildpatt mit seiner Tiefenwirkung entspricht seiner bildhauerischen Auffassung und kommt seiner Interpretation von Raumskulptur entgegen, vertieft es doch die Dreidimensionalität des Kunstwerks.

Aufschlussreich wäre eine systematische Untersuchung, an welchen deutschen Höfen in welchem Ausmaß französische Möbel Boulles angekauft wurden beziehungsweise Schildpattmöbel vorhanden waren. Am preußischen Hof kamen zu den neun hier vorgestellten Möbeln zwei weitere, mehrere große Standuhren und mindestens drei Notenpulte in Schildpatt.[66] Am Münchner Hof gab es einige Stücke aus der Regierungszeit Kurfürst Max Emanuels. Seine beiden Nachfolger, Kurfürst Karl Albrecht und Kurfürst Max III. Joseph, kauften weder in Paris noch ließen sie in München Schildpattmöbel für ihre Residenzen herstellen.

Diese Menge an Schildpattmöbeln im Neuen Palais stellt einen ungeheuren Luxus dar, der, so auch in Form der vielen Kristallleuchter und der in keinem anderen deutschen Schloss in so großer Anzahl vorhandenen Meißener Schneeballvasen, den Führungsanspruch des preußischen Königs unmissverständlich deutlich machen sollte.

1 Die früheste Beschreibung des Neuen Palais stammt von Friedrich Nicolai, herausgegeben in erster Auflage 1769; die Raumbeschreibungen wurden aber wohl bereits 1765/1766 verfasst, als »in diesem linken Flügel hintenaus […] die sämtlichen Zimmer fertig« waren (Nicolai, 1769, S. 536). – 1773 folgt Matthias Oesterreich: Beschreibung aller Gemählde, Antiquitäten, und anderer kostbarer und merkwürdiger Sachen, so in denen beyden Schlössern von Sans-Souci wie auch in dem Schloße zu Potsdam und Charlottenburg enthalten sind (Oesterreich, 1990). – Im Jahr 1779 erschien die 2. Auflage von Nicolais Werk, in dem er die Schildpattmöbel großteils erwähnt, am vollständigsten dann in der 3. Auflage von 1786.
2 Pradère, 1990, S. 67.

3 Sangl, 2011, S. 13–32. – Tilmann, 2009, S. 153–165, hier S. 154–157.
4 Kiesant, 2011, Bd. 2, S. 85–93, Nr. 16.
5 Bureau Mazarin, Furnier: Schildpatt, Paris, um 1720, ehemals Hohenzollern-Museum im Schloss Monbijou in Berlin (SPSG, HM 3254), seit 1945 verschollen.
6 Tillmann, 2009, Abb. 4.
7 Tillmann, 2009, S. 164.
8 Augarde, 2009, S. 120–137 u. Abb. 452. – Siehe auch: Graf, 1997, S. 287–289. – Graf, 1999a, S. 1113–1115. – Graf, 1999b, S. 2207–2209.
9 Siehe hierzu: Ausst.-Kat. Prunkmöbel, 2011, Nr. 7 u. 8, 13 u. 14.
10 Kat. Furniture, 1996, Bd. 2, S. 795–809 u. Nr. 170.
11 Sommer, 2010, S. 7–31. – Manger, 1789, 3 Bde.

12 Eggeling, 1993, S. 25–31, hier S. 26.
13 Sommer, 2010, S. 8, Anm. 15.
14 Sommer, 2010, S. 12.
15 Manger, 1789, Bd. 1, S. 65.
16 Manger, 1789, Bd. 2, S. 368.
17 Seidel, 1895, S. 48–60, hier S. 57.
18 Nicolai, 1786, S. 1141.
19 Seidel, 1895, S. 59, Anm. 3.
20 SPSG, IV 21. – Vgl. dazu: Schick, 2008a, Abb. 24 u. 25.
21 SMB, Kunstbibliothek, OS 1197,12.
22 Zum Beispiel auch in Schloss Charlottenburg, Neuer Flügel, im Goldenen Saal und an den unteren Spiegelrahmen im Schreibkabinett der Zweiten Wohnung Friedrichs des Großen sowie vielfach im Neuen Palais.
23 Zit. nach: Giersberg, 1998, S. 73.
24 Collection of The John and Mable Ringling Museum of Art, The State Museum of Florida, U.S.A., SN 1185/SN 1186, Ankauf 1951. Ich danke Dr. Ulrich Leben für den Hinweis auf den Schrank.
25 »Das ganze Meublement allhier war schon so zeitig in Ordnung, dass der König bereits früh im Herbst sich des Nachmittags allda aufhalten und nebst seiner Begleitung Kaffee trinken konnte« (Manger, 1789, Bd. 2, S. 290).
26 »In einem Winkel von demselben hat man einen Schrank von Schildkröte gesetzt, so reich mit Silber geziert und durch Melchior Kambly verfertiget worden ist« (Oesterreich, 1990, S. 15).
27 SPSG, IV 2841. Er befindet sich in Schloss Charlottenburg.
28 »Diese Einzelheiten [unter anderem Zentralmotiv im Aufsatz] verraten, daß doch selbständige Entwürfe von Kambly zu Grunde liegen« (Feulner, 1980, S. 214).
29 Jutta Nicht stellte die These auf, dass die bürgerliche Möbelkunst um die Mitte des 18. Jahrhunderts Einfluss auf höfische Möbel gehabt habe und führt die Eckschränke als Beispiel auf (Nicht, 1980, S. 3, Anm. 1).
30 Der einteilige Schrank ist sozialhistorisch tatsächlich mehr dem städtischen Großbürgertum zuzuordnen. Man denke an die norddeutschen Schapps oder den Frankfurter, Leipziger oder Augsburger Schrank.
31 Mundt, 2009.
32 Oesterreich, 1990, S. 15.
33 Oesterreich, 1990, S. 24.
34 Oesterreich, 1990, S. 12.
35 An den Hoppenhaupt-Stichen fällt auf, dass an den übrigen Kommoden die untere Zargenkontur völlig gerade verläuft und nicht dem französischen Geschmack eines Tabliers folgt.
36 Wie etwa an den beiden Lackkommoden »en bahut« in der Residenz München, angefertigt von Bernard II. van Risamburgh, deren Fronten große Lackpaneele aufnehmen (vgl. hierzu: Kat. Die Möbel der Residenz München, 1995, Bd. 1, Nr. 15 u. 16).
37 Nach bisherigen Erkenntnissen sind die Marketerien nicht den beiden Brüdern Spindler zuzuweisen, die in dieser Zeit allerdings die meisten marketierten Möbel anfertigten. – Ich danke Susanne Alimoradian, Restauratorin der SPSG, Potsdam, für die Mitteilung ihrer diesbezüglichen Beobachtungen.
38 Feulner, 1980, S. 213, Abb. 333a.
39 Kat. Die Möbel der Residenz München, 1995, Bd. 1, Nr. 58.
40 Schick, 2008b. – Bergemann, 2010, S. 192–210.
41 Oesterreich, 1990, S. 37. – Kreisel/Himmelheber vertreten die These, dass Kambly auch in Bulletechnik gearbeitet habe (Kreisel/Himmelheber, 1983, Bd. 2, S. 247), was wohl zu revidieren ist. Sie stützen sich auf Feulner, dort jedoch nicht explizit (Feulner, 1980, S. 213). – Zur Werkstatt der Brüder Spindler vgl.: Schick, 2008b. – Bergemann, 2010, S. 192–210.
42 Sangl, 1991, S. 22–66 u. Abb. 324.
43 Salverte, 1927, S. 325.
44 »[…] parce que le Roi a dit qu'elle doit devenir bien propre« (SPSG, Hist. Akten, Akte 381, fol. 215).
45 SPSG, Hist. Akten, Akte 383, fol. 49.
46 Schatullrechnung pro Julio 1769: »14. An Spindler eine Commode 2800« (GStAPK, BPH 47 G9, Bd. 21–25).
47 Jutzi, 2008.
48 Huth, 1958, S. 30.
49 Schreibtisch aus der Rosa Kammer, SPSG, IV 326 (abgebildet bei: Huth, 1958, Abb. 26).
50 Dazwischen fehlen die Inventare mindestens von 1853 und 1873, die Charles Foerster vor 1945 noch vorlagen.
51 Keferstein, 2001, S. 25.
52 Fontane, 1987, Bd. 3, S. 226f. – Zit. nach: Keferstein, 2001, Anm. 47.
53 Sie sind im Neuen Pavillon von Charlottenburg in Berlin zu besichtigen.
54 Keferstein, 2001, S. 26.
55 »{7} Eine Commode von Schildkröte und Perlemutter mit versilberter Bronze decorirt. / schadhaft /{sehr schön} {1784 das Blatt als schadhaft bezeichnet. 1853: ›sehr schadhaft‹. 1873: ›hergestellt von Maschinenmeister Friedrich‹ (auf der Pfaueninsel) (1864)}« (SPSG, Hist. Inventare 400, Inventar des Neuen Palais, 1811, fol. 113).
56 Oesterreich, 1990, S. 14.
57 Dahinter liegen zwei einfache Schubladen aus Wacholderholz.
58 Seidel bezieht sich bei seiner Klassifizierung als »reizvollstes Möbel des XVIII. Jahrhunderts« allerdings auf die Zedernholzvariante (Seidel, 1895, S. 59. – SPSG, IV 3018).
59 Jörg Weber weist nach, dass das im 18. Jahrhundert als Zedernholz angekaufte Furnier tatsächlich Virginia-Wacholder ist (Weber, 2010, S. 391–404).
60 Das Möbel hatte als verschollen gegolten und kam 1972 zusammen mit einigen sehr wertvollen Kunstgegenständen in den Bestand des Kunstgewerbemuseums Berlin (Ost). Da die vergoldeten Bronzen der Front fehlten, wurden diejenigen der Schildpattversion als Vorlage für den Abguss herangezogen (vgl.: Pelz, 1992, S. 117–125).
61 Rechnung Kamblys vom 28. Februar 1768 »Schreibtisch von Cedernholz, Metall Decorationen en d'or moulu vergoldet und das Blattwerk Sammet belegt – 800 Taler« (Seidel, 1895, S. 59, Anm. 4). – Zum Vergleich: Heinrich Wilhelm Spindler erhielt für die mit Ebenholz marketierte und mit vergoldeten Bronzen versehene Kommode 800 Taler (SPSG, IV 623).
62 Foerster, 1923, S. 41.
63 Locker, 2008, S. 42, Anm. 235 u. S. 45, Anm. 243.
64 Huth, 1958, S. 27.
65 Huth, 1958, S. 27.
66 Die Schildpattmöbel Johann Daniel Sommers kamen erst Ende des 19. Jahrhunderts nach Berlin.

ASTRID DOSTERT

FRIEDRICH DER GROSSE ALS SAMMLER ANTIKER SKULPTUR*

1 Potsdam, *Bildergalerie*, Innenraum, Blick auf die westliche
Eingangstür

Zu Forschungsstand und Quellenlage

In den beiden vergangenen Jahrzehnten haben sich Kunsthistoriker und Archäologen verstärkt der Sammlungsgeschichte, der Provenienzforschung und der Rezeptionsgeschichte gewidmet, sodass auch zu den preußischen und speziell zu den friderizianischen Sammlungen inzwischen einige Arbeiten vorliegen, die das Thema aus unterschiedlichen Perspektiven beleuchten. Für die Antiken sind dabei vor allem die grundlegenden Forschungsergebnisse von Klaus Parlasca sowie von Huberta und Gerald Heres zu nennen.[1] Detlev Kreikenbom hat in einem wichtigen Aufsatz zur Aufstellung antiker Skulpturen in den Anlagen und Bauten des Schlossparks Sanssouci Überlegungen zu den Intentionen des Königs und dessen Anspruch bei der Auswahl und Präsentation vorgelegt.[2] Die Münchener Ausstellung »Friedrich der Große. Sammler und Mäzen« hat das Thema in einen größeren Kontext gestellt.[3] Das ist angesichts der knappen Äußerungen des Königs zum Thema von großer Bedeutung. So liefern beispielsweise die Ergebnisse, die mit Blick auf Friedrichs Gemäldesammlung erarbeitet wurden, wertvolle Hinweise zur Frage, wie stark Vorgaben des Königs bei der Erwerbung und Verwendung von Antiken eingeflossen sein könnten.[4]

Überlegungen zur Bildergalerie und ihrer Stellung in der Geschichte des Museums sind jüngst von Tobias Locker resümiert worden.[5] Im Rahmen des umfangreichen Projekts zur Dokumentation der Sammlungen der Stiftung Preußische Schlösser und Gärten Berlin-Brandenburg in Bestandskatalogen wird zusätzlich zur Erfassung der einzelnen Objekte auch deren Sammlungsgeschichte erforscht.[6]

Während schriftliche Quellen zur persönlichen Auseinandersetzung des Königs mit seiner Antikensammlung und zu seinen Intentionen bei ihrer Verwendung sehr rar sind, ist die Quellenlage zu den Aufstellungskontexten in den preußischen Schlössern und Gärten gut. Wir können uns auf die Beschreibungen und Kataloge des Galerieinspektors Matthias Oesterreich stützen, der seit 1772 mehrere »Beschreibungen« publiziert hat, die Stück für Stück die Bestände in den Schlössern und Gärten erfassen.[7] Ein Katalog der Skulpturen erschien 1774 in französischer und ein Jahr später auch in deutscher Sprache.[8] Wir erfahren daraus Standort, Provenienz, Sujet, Material und Größe der Objekte. Bisweilen macht Oesterreich zusätzlich einige Bemerkungen zum dargestellten Thema oder zu einer Besonderheit, die sich mit dem Stück verbindet. Gemeinsam mit den Inventaren der Schlösser bilden seine Kataloge die Grundlage zur Identifizierung der Skulpturen und zur Verfolgung ihrer Standorte.

Darüber hinaus existieren publizierte Beschreibungen der Sammlungen für Reisende, wie jene von Friedrich Nicolai, die ab 1769 erschienen sind.[9] Auch wenn einige der Sammelobjekte heute verschollen sind, gewinnt man dank dieser einschlägigen Quellen eine umfassende Vorstellung von Friedrichs Antikensammlung.

Die Schriften Friedrichs sind in vollem Umfang publiziert worden. Im Rahmen eines Projekts der Universität Trier ist die dreißigbändige Edition der Schriften Friedrichs II., die von Johann D. E. Preuß zwischen 1846 und 1856 besorgt wurde, im Internet einer Stichwortsuche zugänglich gemacht worden.[10]

Antikenerwerbungen

Für die preußische Sammlung antiker Kunst ist bezeichnend, dass sie durch den wiederholten Ankauf bereits bestehender Sammlungen gewachsen ist. Sie entstand also in Schüben, nicht im Verlauf einer kontinuierlich gepflegten Sammlungstätigkeit. Das gilt bereits für den Bestand, den Friedrich II. bei seinem Regierungsantritt vorfand. Dieser ging im Wesentlichen auf den Ankauf der prominenten römischen Sammlung Bellori auf Betreiben des Antiquars Lorenz Beger im Jahre 1698 zurück.[11] Mit der »Kurfürstlichen Antiken-, Kunst- und Naturalienkammer« im Berliner Schloss beschäftigte sich der Gelehrte Beger, der die Objekte ab 1696 im »Thesaurus Brandenburgicus« publizierte.[12] Die Antiken der Sammlung wurden im Berliner Stadtschloss untergebracht, manche der Stücke vermutlich auch in den Repräsentations- und Wohnräumen des Kurfürsten. Nach der Jahrhundertwende erhielt die Sammlung neue Räume zu beiden Seiten des Rittersaales, in dem selbst auch einige wenige unterlebensgroße Statuen und Büsten aufgestellt wurden. In der Hauptsache umfasste diese Sammlung Kleinkunst, Bronzen, Terrakotten, Gefäße, Münzen und Medaillen, erst recht nachdem ein Teil der Skulpturen in den 1720er Jahren nach Dresden abgegeben worden war.[13] Die beträchtliche Vergrößerung der preußischen Sammlung antiker Kunst unter Friedrich dem Großen beruht auf insgesamt vier bedeutenden Zuwächsen.

Den ersten stellt der Erwerb der Sammlung des Kardinals Melchior de Polignac im Jahr 1742 in Paris dar.[14] Nach dem Tode des Kardinals erschien ein Verkaufskatalog seiner Skulpturen, der auch Renaissance- und Barockarbeiten sowie Tischplatten und Piedestale aufführt.[15] Insgesamt umfasste die Sammlung mehr als 300 Objekte, die Friedrich geschlossen erwarb. Auf diese Weise gelangten rund 60 Statuen und Statuetten, mehr als 100 Büsten und Köpfe, rund 20 Reliefs und Gefäße sowie über 50 inkrustierte Tischplatten und Postamente nach Preußen, dazu rund 25 neuzeitliche Bildwerke, darunter Arbeiten von Lambert-Sigisbert Adam.[16] Friedrich profitierte bei diesem Ankauf von den relativ unkomplizierten Ausfuhrbestimmungen in Paris – anders als dies zur gleichen Zeit für Ankäufe aus Rom gegolten hätte.

Der Ankauf fällt in die Frühzeit seiner Regentschaft, in der er offen seiner persönlichen Vorliebe für die zeitgenössische französische Kunst folgte. Er erwarb Gemälde von Watteau, Lancret und Pater, den Malern der »fêtes galantes«, sowie Statuen und Skulpturengruppen französischer Bildhauer, um damit eine typisch französische, galant gestimmte Atmosphäre in seiner Umgebung zu schaffen. Auch beim Ankauf der Sammlung Polignac spricht vieles dafür, dass Friedrich nicht nur die antiken Stücke selbst zu erwerben trachtete, sondern zugleich auch etwas von der Kultur transferieren wollte, die eine solche Sammlung in Paris ermöglicht hatte und in Preußen nicht in dem Maße heimisch war wie in Frankreich oder Italien. So schreibt er anlässlich des Eintreffens der Sammlung in einem Brief an Voltaire:

»Pourquoi remuer à grands frais / Les décombres de Rome entière, / Ce marbre et cette antique pierre? / Et pourquoi chercher les portraits / De Virgile, Horace, et d'Homère? / Leur esprit et leur caractère, / Plus estimables que leurs traits, / Se retrouvent tous dans Voltaire. [...] Le cardinal apostolique, qui pouvait vous posséder, avait donc grand tort de ramasser tous ces bustes; mais moi qui n'ai pas cet honneur-là, il me faut vos écrits dans ma bibliothèque, et ces antiques dans ma galerie.«[17]

Jenseits aller epochentypischen Höflichkeitsbezeugungen legen diese Zeilen wie viele andere, versprengte Anmerkungen des Königs die Vermutung nahe, er habe in den Antiken zuallererst Zeugnisse einer immateriellen Kultur gesehen, an der er weit mehr als an ihren Relikten interessiert war, da er sie als vorbildlich empfand. Seine Wertung ist dabei unmissverständlich: Der »esprit« als solcher ist ihm wichtiger als seine sichtbaren Zeugnisse, und beide werden in den Schatten gestellt von der lebendigen Präsenz eines intellektuellen Gesprächspartners wie Voltaire.

Einige Monate zuvor hatte der König mit Blick auf die geplante Aufstellung der Sammlung an seinen Berater und engen Vertrauten Charles Étienne Jordan geschrieben: »Ce sera pour Charlottenbourg un ornement de plus, et qui vous amusera autant que votre bibliothèque.«[18] Auch hier wählte Friedrich eine Formulierung, die zeigt, dass für ihn von den Antiken eine Büchern vergleichbare Inspiration ausging. Die Herkunft der Stücke aus der Sammlung eines bedeutenden Kardinals, der als Diplomat, Gelehrter und Mäzen zu beträchtlichem Ansehen gelangt war, spielte für den König sicherlich auch eine wichtige Rolle. Voltaire hatte Polignac schon zu Lebzeiten als einen Kenner der antiken Mythologie und Philosophie geradezu verherrlicht: In dem 1733 erschienenen »Temple du Goût« präsentiert sich Voltaire bei seinem Rundgang durch den Parnass als Begleiter des Kardinals, den er als den eigentlichen Bewahrer der dort versammelten Schätze, als den »vrai pape de cette église« preist.[19] Zudem waren die Skulpturen auch durch ihre Fundortangabe, geschichtsträchtige antike Stätten wie der Palatin in Rom, die Villa Hadriana bei Tivoli oder die sogenannte Mariusvilla bei Frascati, mit der antiken Geisteswelt verbunden.

Den nächsten entscheidenden Zuwachs verzeichnete die Antikensammlung Friedrichs während des Siebenjährigen Krieges. Im Jahre 1758 erbte er die Sammlung seiner Schwester Wilhelmine, der Markgräfin von Bayreuth.[20] Anhand eines Inventars, das nach ihrem Tod erstellt wurde, lässt sich erschließen, dass die Sammlung aus 130 Objekten bestand.[21] Sie enthielt Statuen, Büsten, Reliefs, Bronzen und Gebrauchsgegenstände wie Öllampen oder Vasen, ferner Architekturfragmente. Auch hier dürfte der Wert der Sammlung für Friedrich stärker von der Person der Sammlerin bestimmt gewesen sein als vom Interesse an den Einzelstücken. Ihn und seine Schwester verband eine enge Beziehung, wie ihre Korrespondenz zeigt. Dabei kamen sie gelegentlich auch auf die Antike zu sprechen, gerade zur Zeit der Italienreise Wilhelmines 1754/1755. So schreibt Friedrich auf ihren ersten Brief aus Rom:

»J'ai bien cru que les antiquités de Rome vous feraient plaisir: ces monuments des vainqueurs du monde semblent nous rapprocher de leur temps; il semble même que l'on participe à leur gloire et à leurs sentiments lorsqu'on se trouve sur les lieux qu'ils ont habités, et où ils ont fait de si grandes choses.«[22]

Bekanntlich blieb Friedrich zeit seines Lebens eine Reise nach Italien verwehrt.

Die besondere Bedeutung, die in diesem Zusammenhang seiner Schwester zukommt, wird auch in dem ungewöhnlichen Arrangement deutlich, das Friedrich zur Erinnerung an sie im westlichen Rehgarten in Potsdam 1768 bis 1770 schaffen ließ: der Freundschaftstempel, in dem wenig später ihre überlebensgroße Sitzstatue aufgestellt wurde. Er bekam sein Pendant im Antikentempel, dem Kulminationspunkt seines eigenen Umgangs mit antiken Objekten, insbesondere antiker Skulptur.[23]

Eine dritte bedeutende Erwerbung des Königs stellt die 1764 angekaufte Gemmensammlung des Baron Philipp von Stosch dar.[24] Auch diese Sammlung genoss schon damals öffentliche Anerkennung, zum einen durch die Person des Sammlers, zum anderen dank einer Publikation, die Johann Joachim Winckelmann ihr 1760 gewidmet hatte.[25]

Die vierte und letzte bedeutende Vergrößerung der Sammlung geht auf gezielte Erwerbungen für die Ausstattung des Neuen Palais und des Halbrondells auf seiner Gartenseite zurück. Hier wurden monumentale Statuen benötigt, wie es sie in den Vorräten des Königs nicht mehr gab. Man hat sie deshalb seit 1766 auf dem römischen Markt eigens erworben.[26] Die vierzehn Statuen für die symmetrisch angelegte Aufstellung im Halbrondell wurden in Rom teilweise bei dem Bildhauer Bartolomeo Cavaceppi beschafft, teilweise auch mit Unterstützung des Geheimen Rats Giovanni Lodovico Bianconi aus anderen Sammlungen wie der des Pietro Natali erworben.[27] Rund 30 weitere Bildwerke für das Neue Palais, Statuen wie Büsten, kamen im Laufe dieser späten Phase des Erwerbs noch hinzu.

Darüber hinaus sind noch einige kleinere Zuwächse an Antiken zu verzeichnen. So wurden bei der Versteigerung der Sammlung Jean de Juliennes 1767 in Paris gemeinsam mit kunsthandwerklichen Gegenständen laut Benennung im Verkaufskatalog eine Drususbüste und eine Cicerobüste aus Grünschiefer erworben, wobei es sich bei der Ersteren um ein Augustusbildnis und bei der Letzteren eigentlich um einen Caesarkopf handelt; auf sie wird noch zurückzukommen sein.[28] Als herausragende Einzelerwerbung einer schon damals berühmten Antike ist auch die Bronze des »Betenden Knaben« 1747 mit Unterstützung des Fürsten Wenzel von Liechtenstein in die königliche Sammlung gelangt.[29] Sie befand sich zuvor bereits im Besitz einer ganzen Reihe namhafter Sammler wie Nicolas Fouquet in Vaux-le-Vicomte und gehörte zuletzt dem Prinzen Eugen von Savoyen.

Verwendung der erworbenen Bestände unter Friedrich II.

Die Genese der Sammlung hat zur Bildung von Vorräten geführt, die nach und nach in anspruchsvollen Aufstellungskontexten Verwendung fanden. Auch die Bestände, die Friedrich beim Regierungsantritt antraf, verblieben zunächst im Berliner Schloss, bevor sie später anderweitig verwendet wurden. Darüber, wie Friedrich dabei Regie geführt hat, wissen wir nahezu nichts. Doch die unterschiedlichen Verwendungskontexte legen immerhin einige Vermutungen nahe.[30]

Bevor ich mich exemplarisch drei Projekten zuwende, bei denen in großem Umfang die vorhandenen Bestände an antiker Skulptur Verwendung fanden, soll hier das Augenmerk zunächst einigen wenigen Skulpturen gelten, die Friedrichs spezielle Aufmerksamkeit genossen haben müssen, wie aufgrund ihrer besonderen Aufstellungsorte gefolgert werden kann.

Da ist zunächst die oben bereits erwähnte Bronze einer heute als »Betender Knabe« bezeichneten Jünglingsdarstellung mit ausgebreiteten Armen, die zu Friedrichs Zeiten als Darstellung des Antinous interpretiert wurde, eines Geliebten Kaiser Hadrians. Die Bronze wurde auf der Terrasse vor dem Schloss Sanssouci so platziert, dass sie vom Bibliothekszimmer des Schlosses gesehen werden konnte.[31] Ob der König dies selbst veranlasst hat, ist nicht bekannt. Allerdings kann die Aufstellung der Figur an so herausgehobener Stelle kaum ohne Anordnung des Königs erfolgt sein. Auf die Bronze wartend, soll Friedrich geschrieben haben: »Je l'attends avec impatience, et je me fais d'avance un plaisir de voir un des plus beaux morceaux que nous ayons de l'antique.«[32] Ob Friedrich die Deutung der Bronze als Antinous teilte, ist unbekannt. Dennoch ist vermutet worden, die Statue verdanke ihre Aufstellung an exponierter Stelle homosexuellen Neigungen des Königs.[33]

In der Bibliothek des Schlosses selbst – und damit an einem bevorzugten Aufenthaltsort des Königs – waren die Büsten des »Blinden Homer« sowie des Sokrates neben denen des Apoll und eines griechischen Philosophen aufgestellt.[34] Homer und Sokrates sind stets wiederkehrende Anknüpfungspunkte für Friedrichs Verehrung der Antike, wie auch die Schriften des Königs vielfach belegen.

In der Bibliothek des Neuen Palais stand eine Büste aus Grünschiefer, die seinerzeit als Bildnis Ciceros angesehen wurde, heute aber als ein Porträt Caesars gilt.[35] Friedrich sah in Cicero aufgrund von dessen Vielseitigkeit eine vorbildliche Ausnahmeerscheinung:

»Cicéron, ce consul orateur, défenseur et père de la patrie, est le seul qui ait réuni des talents et des connaissances diverses: il joignait au grand art de la parole, qui le rendait supérieur à tous ses contemporains, une étude approfondie de la philosophie, telle qu'elle était connue de son temps; c'est ce qui paraît par ses Tusculanes, par son admirable traité de la Nature des dieux, par celui des Offices, qui est peut-être le meilleur ouvrage de morale que nous ayons. Cicéron fut même poëte: il traduisit en latin les vers d'Aratus, et l'on croit que ses corrections perfectionnèrent le poëme de Lucrèce.«[36]

Diese Zeilen schrieb der König in seiner Éloge auf Voltaire, um zu zeigen, wie lange die Welt warten musste, um in Voltaire einem Cicero vergleichbaren Charakter zu begegnen. Die Büste mag ihm insofern als ein Ebenbild des Freundes erschienen sein, den er später auch selbst von dem Pariser Bildhauer Jean-Antoine Houdon porträtieren ließ.

Im Arbeits- und Schlafzimmer des Königs im Schloss Sanssouci stand auf dem Kaminsims eine aus der Sammlung Wilhelmines stammende Büste Marc Aurels – zumindest wurde sie im 18. Jahrhundert als Bildnis des Philosophenkaisers gedeutet.[37] Eine neuzeitliche, verkleinerte Bronzekopie der antiken Reiterstatue des Marc Aurel befand sich in der Bibliothek von Schloss Charlottenburg.[38] Auch diese historische Persönlichkeit ist ein von Friedrich oft zitiertes Vorbild. In seiner Widerlegung Macchiavellis, in der er seine Ansprüche an Regierende formulierte, zählt er den römischen Kaiser zu den glücklichen Souveränen, die in der Lage waren, jene Wissenschaften auch selbst zu praktizieren, die zur kulturellen Blüte ihrer Zeit beigetragen haben: »Marc-Aurèle, un des plus grands empereurs de Rome, était non moins heureux guerrier que sage philosophe, et joignait la pratique la plus sévère de la morale à la profession qu'il en faisait.«[39]

Auf die besondere Bedeutung, die diese Werke für Friedrich gehabt haben dürften, weist einzig ihr Aufstellungsort hin, im Falle der Bildnisse ebenso die Wertschätzung, die Friedrich in seinen schriftlichen Äußerungen den von ihnen dargestellten Persönlichkeiten entgegenbrachte.

Aufstellung von Antiken im Kontext großer Projekte

Die weitaus meisten Antiken der Sammlung Friedrichs sind für große Ausstattungsprogramme verwendet worden, wobei aus dem vorhandenen Vorrat geschöpft wurde – mit einer Ausnahme allerdings: dem Halbrondell und einigen Sälen des Neuen Palais. Dabei lässt sich entsprechend seiner Sammeltätigkeit in der Malerei auch hier eine frühe Phase, die bis in die 1750er Jahre reicht, von einer späteren unterscheiden.

In der ersten Phase waren die wichtigsten Aufstellungsorte für antike Skulptur Schloss Charlottenburg und Schloss Sanssouci mit seiner Terrasse sowie einzelnen Bereichen seines Gartens wie der Hauptallee, die vom Obeliskportal zur Großen Fontäne führt. Detlev Kreikenbom hat für das Schloss Sanssouci gezeigt, wie die Skulpturenausstattung gemeinsam mit der Malerei an der leitmotivischen Evozierung einer eigenen Geisteswelt durch die Bilderwelt der Mythologie und des ländlichen, unbeschwerten Lebens mitwirkte.[40] So antworte in der Kleinen Galerie von Schloss Sanssouci die mythologische Welt der Statuen des Apoll, des Dionysos, der Athena und des Marsyas auf die Vergegenwärtigung eines musisch-ländlichen Ambientes in den dort gehängten Gemälden. Im Vestibül standen Mars und Merkur, vielleicht als Anspielung auf die militärische und wirtschaftliche Potenz des Königreiches.

Der verspielte, selbstbezogene Charakter dieser frühen Programme wird von Friedrich in der späteren Phase seiner Herrschaft zugunsten eines an barocker Tradition orientierten Repräsentationsstils aufgegeben, wie er von den dann aktuellen Projekten angestimmt wird.[41] Christoph Martin Vogtherr hat im Zusammenhang der Gemäldesammlungen davon gesprochen, Friedrich habe sich »vom königlichen Privatsammler zum sammelnden König« gewandelt.[42] Drei herausragende Beispiele der Antikenpräsentation dieser Phase seien hier herausgegriffen: die Bildergalerie, die 1763 fertiggestellt wurde, der Antikentempel, der 1770 vollendet war, und die Anlage des Neuen Palais mit dem Rehgarten, die etwa 1770 insgesamt fertiggestellt gewesen sein dürfte.

Die Bildergalerie

Die Planungen für die Bildergalerie wurden durch den Architekten Johann Gottfried Büring schon vor dem Siebenjährigen Krieg begonnen, und ihre Umsetzung wurde vom König auch während der Kriegsjahre vorangetrieben. Das Gebäude ist der früheste eigens errichtete und freistehende Museumsbau im deutschsprachigen Raum.[43] Schon der Fassadenschmuck des langgestreckten Galeriegebäudes weist auf seine Funktion hin: Zwölf allegorische Figuren zwischen den Fensterachsen verweisen auf Künste und Wissenschaften, während über den Fensteröffnungen die Bildnisköpfe von zwölf Künstlern erscheinen.[44] In der Mittelachse figuriert mit Apelles der große Maler der Antike. Als weiterer Künstler der Antike vertritt Phidias die Skulptur. Die übrigen Künstler gehören der Neuzeit an, wobei es sich dem Thema des Bauwerks entsprechend stets um Maler handelt, einzig Michelangelo wird zugleich als Bildhauer vorgestellt.

In den Jahren 1755 bis 1770 wurden zahlreiche Gemäldeankäufe für die Bilderwand der Galerie über die Agenten Johann Ernst Gotzkowsky und Louis-François Mettra getätigt. Bei den Gemälden handelt es sich nicht mehr um die Werke der Maler der »fêtes galantes«, für deren Wertschätzung der König von seinem Berater, dem Marquis d'Argens, 1752 öffentlich kritisiert worden war und die bei der Ausstattung von Schloss Sanssouci noch Vorrang hatten.[45] Nun wurden Werke bevorzugt, die dem akademischen Anspruch oder dem anerkannten Zeitgeschmack entsprachen und somit der höfisch-repräsentativen Aufgabe gerecht werden konnten. Zum Zuge kam vor allem niederländische, italienische und französische Historienmalerei[46] (Abb. 1).

Obwohl das Gebäude ausdrücklich der Malerei gewidmet ist, spielt die Skulptur darin eine wichtige Rolle. Der Bestand, eine Mischung aus antiker und neuzeitlicher Skulptur, lässt sich dank der Beschreibungen des Galerieinspektors Matthias Oesterreich nahezu vollständig rekonstruieren. An den Schmalseiten wurde jeweils zu beiden Seiten der Portale eine großformatige, zeitgenössische französische Skulptur aufgestellt: im Westen eine Statue der Diana von Louis-Claude Vassé und eine des Apoll von Jean-Baptiste Lemoyne.[47] Im Osten, ihnen gegenüber, stehen eine Statue des Mars und zum Fenster hin eine der Venus, beide von Guillaume Coustou d. J. Über den Portalen der Schmalseiten wurden antike Sarkophagreliefs in die Wand eingelassen, im Westen ein Relief mit der Darstellung der Drei Grazien, im Osten eines, das Dionysos und Ariadne umgeben von Figuren des dionysischen Thiasos zeigt. Die vier Statuen waren eigens für diesen Aufstellungskontext bei den französischen Künstlern in Auftrag gegeben worden. Die beiden antiken Reliefs stammen aus der Sammlung des Kardinals Polignac und waren bis zur Vermauerung in der Bildergalerie offenbar in keinen Aufstellungszusammenhang eingebunden. Diese Reliefs sind heute die einzigen antiken Bildwerke der Galerie, die bereits zur ursprünglichen Ausstattung gehört haben.[48]

An der Nordwand, also den Gemälden gegenüber, wurden zwölf antike Büsten auf Holzkonsolen aufgestellt, die – jeweils Fensteröffnungen rahmend – Paare bildeten. Ausgewählt für die

2 *Liegende Mänade*, römische Statue um 150 n. Chr. nach einem Vorbild des späten 2. Jahrhunderts v. Chr., Marmor, Staatliche Museen zu Berlin, Antikensammlung, Sk 209

Platzierung in der Bildergalerie wurden die Skulpturen aus dem schon vorhandenen Bestand, ein früherer Standort ist für sie nicht überliefert. Für die Identifizierung der Büsten stellt die Publikation der »Antiquités dans la collection de sa Majesté le Roi de Prusse à Sanssouci« von Andreas Ludwig Krüger aus dem Jahr 1772 einen großen Glücksfall dar.[49]

Er zeichnete die zwölf Büsten und bezeichnete sie mit den damals gültigen Identifizierungen. Sie zeigen Persönlichkeiten der griechischen und römischen Geschichte. Es handelt sich jedoch nicht um eine der suetonischen Kaiserreihen, wie sie in Galerieräumen des Barock sehr beliebt waren, sondern um eine deutlich losere Zusammenstellung vornehmlich von Gewandbüsten, deren Identifizierungen sich im Übrigen nicht durchgängig als zutreffend erwiesen haben (im Folgenden steht die heutige Benennung jeweils in Klammern hinter der zeitgenössischen Bezeichnung).

Das erste Paar rechts der westlichen Eingangswand bilden Antigonus von Makedonien (Kopf eines griechischen Strategen) und Claudius Septimius Albinus (bärtiges Privatporträt eines Römers mit ergänzter Gewandbüste); das zweite Paar zeigt zwei Kaiser, Antoninus Pius en habit consulaire (Antoninus Pius) und Hadrien (griechisches Philosophenporträt auf nicht zugehöriger Panzerpaludamentbüste); das dritte Paar bilden die einzige weibliche Büste der Reihe, Julia Soemia (römisches Privatporträt auf ergänzter Gewandbüste), und eine Muse (Porträt des Antinous mit Flügeln im Typus Mondragone). Im Ostflügel setzt sich die Reihe mit Lucius Annius Antoninus, dictus Aelius Commodus (Marc Aurel auf ergänzter Büste) und einer Buste Consulaire (römisches Privatporträt auf Togabüste) fort; es folgen Lucius Aurelius Antoninus Commodus (Marc Aurel im 3. Typus auf Panzerpaludamentbüste) und Septimius Severus (Hadrian auf nicht zugehöriger, stark ergänzter Panzerpaludamentbüste); die Reihe beschließen Marc Antoine en habit consulaire (römisches Privatporträt auf Büste mit contabulierter Toga) und Antinous (Antinousbildnis im Typus Mondragone).

In der Reihe dieser Identifizierungen des 18. Jahrhunderts sind also vom hellenistischen König über Marcus Antonius nur Herrscher des zweiten und dritten nachchristlichen Jahrhunderts vertreten, sowie eine weibliche Angehörige des Kaiserhauses, des Weiteren Antinous, der verstorbene Geliebte Hadrians, und eine Muse. Diese Benennungen sind jene, die Oesterreich aufführt und die Andreas Ludwig Krüger sicherlich in enger Absprache mit dem Galerieinspektor wählte. Ob sie auch mit den Deutungen des Königs übereinstimmten, ist unbekannt. Die Zusammenstellung der Büsten wirkt willkürlich: Weder die Maße noch die Büstenformen oder der Erhaltungszustand ergeben ein einheitliches Erscheinungsbild.[50]

Zwar befinden sich darunter vier oder fünf Gewandbüsten in gutem Erhaltungszustand, doch hätte man in den Magazinen weitere gut erhaltene Büsten römischer Kaiser oder Privatpersonen finden können. Fragt man nach den inhaltlichen Kriterien der Zusammenstellung, fällt die Antwort nicht anders aus, will man nicht bei abwegigen Verbindungen Zuflucht suchen, zum Beispiel dem Umstand, dass die Dargestellten beider Büsten eines Paares in Ägypten und damit am selben Fluss, dem Nil, zu Tode gekommen sind, wie das bei Marcus Antonius und Antinous möglich wäre.

Vor den Fensterzwischenräumen wurden antike Bildwerke auf prachtvollen Tischen mit inkrustierten Marmorplatten platziert (Abb. 2–4). Von West nach Ost waren dies eine kleine, so bezeichnete Bacchantin auf einem Tigerfell aus der Sammlung Wilhelmines,[51] die Knöchelspielerin aus der Sammlung Polignac,[52] des Weiteren die damals als Göttin des Reichtums bezeichnete Figur eines Kindes,[53] das auf einem übergroßen Füllhorn sitzt, und ein kleiner sitzender Bacchus mit Satyr und Tiger.[54] Für diese Platzierungen wurden jeweils sitzende, kindliche, höchstens lebensgroße Figuren ausgewählt, sodass hier das formale Kriterium der annähernd vergleichbaren Größe für die Wahl ausschlaggebend scheint. Die Bacchantin und der Bacchus auf den beiden

äußeren Tischen schließen sich zudem inhaltlich zusammen, während bei der Knöchelspielerin und der sitzenden Fortuna als ein weiterer Gesichtspunkt ein besonderer künstlerischer Wert hinzukommt. Die Knöchelspielerin war seit ihrer Entdeckung 1731 in Rom berühmt und wurde hoch geschätzt, während der antike Kindertorso noch in Rom von dem gefeierten Edmé Bouchardon zu einer Fortuna ergänzt worden war. Auf diesen Umstand weist Oesterreich in seiner Beschreibung auch ausdrücklich hin.

Im Mittelraum der Galerie standen neben der zentralen Eingangstür westlich die Statue einer weiblichen Gewandfigur (Abb. 6),[55] die damals als eine Tochter der Niobe gedeutet wurde, und auf der anderen Seite die kolossale Gewandstatue einer Frau (Abb. 5),[56] die beide Arme zum Gebet erhoben hat und im 18. Jahrhundert als Julia, Tochter des Kaisers Augustus, angesprochen wurde. Die Auswahl gerade dieser beiden Figuren scheint vorrangig aufgrund formaler Kriterien erfolgt zu sein: So ist die Orantin, die ein Porträt der Kaiserin Sabina trägt, mit einer Höhe von 211 cm deutlich überlebensgroß. Von ihrem Pendant, der 189 cm hohen Niobetochter, wird sie fast erreicht. Zudem handelt es sich beide Male um Gewandfiguren, deren Körperhaltung und Gestik Bewegung und Emotionalität zum Ausdruck bringen. Friedrich verfügte in seiner Sammlung nur über wenige überlebensgroße Figuren. Als prominenteste dieser Zeit

5 *Orantin* mit nicht zugehörigem Porträtkopf der Kaiserin Sabina (130/140 n. Chr.), Torso römische Kopie des späten 1. Jahrhunderts n. Chr. nach einem Vorbild des 1. Jahrhunderts v. Chr., Marmor, Staatliche Museen zu Berlin, Antikensammlung, Sk 496

können Asklepios und Hygieia aus der Sammlung Polignac gelten, die im Vestibül von Schloss Charlottenburg die Besucher empfingen.[57] Die Figur der Niobetochter hatte Friedrich erst wenige Jahre vor Einrichtung der Bildergalerie von seiner Schwester Wilhelmine geerbt, sodass sie offenbar wie die Orantin aus der Sammlung Polignac noch nicht in einen Kontext eingefügt worden war und daher für die Bildergalerie zur Verfügung stand.

Den vier auf Tischen und den beiden frei stehenden antiken Figuren der Galerie ist gemeinsam, dass sie eine Art Handlung darstellen und sich einem erzählerischen, mythologischen Kontext zuordnen lassen, womit sie den Historiengemälden an der gegenüberliegenden Wand eine Entsprechung boten. So schüttet etwa die sitzende Fortuna ihr Füllhorn aus und hält dem Betrachter eine Blume entgegen, während die in sich versunkene Figur der Knöchelspielerin die soeben geworfenen Knöchel vor sich betrachtet.

Es lässt sich also festhalten: Die Ausstattung des Gebäudes mit Skulptur ist aufwendig, erst recht, wenn man noch die figürlichen Stuckaturen dazunimmt. Die antike Skulptur spielt beim Gesamteindruck des Raumes eine gewichtige Rolle. Eine derart systematische Auswahl, wie sie die Hängung der Gemälde bestimmt, lässt sich bei den Antiken allerdings nicht erkennen, auch wenn sie dem gebildeten Betrachter assoziativ gewiss eine Fülle an Gesprächsthemen geboten haben werden. Hier wird weder ein historischer Überblick über die Skulptur angestrebt, noch sind inhaltliche Bezüge offensichtlich. Die Gravität der Antike prägt jedoch den Ort entschieden mit und monumentalisiert ihn ganz im Sinne einer Abwendung von rokokohafter Unbeschwertheit, die aus dem Bau selbst und seiner zeitgenössischen Bauskulptur noch spricht.

Der Antikentempel

Im Neuen Garten ließ Friedrich zwei aufeinander Bezug nehmende Rundbauten erstellen, den sogenannten Freundschaftstempel mit einer Sitzstatue seiner verstorbenen Schwester Wilhelmine von Bayreuth und – in unserem Zusammenhang entscheidender – den Antikentempel (Abb. 7). Mit der Planung und Durchführung war Carl von Gontard beauftragt worden, der den Rundbau 1768/1769 realisierte, nachdem der Freundschaftstempel stand. Durch die Pendantbildung wird auf die bereits erwähnte Bedeutung angespielt, die die Beziehung von Bruder und Schwester auch für das Verhältnis des Königs zur Antike hatte. Im Übrigen verdankte Friedrich einen bedeutenden Teil seiner Sammlung dem Erbe, das Wilhelmine ihm vermacht hatte. Allein die Ausstattung des Antikentempels speiste sich hieraus zu etwa einem Drittel. In einem Brief an Voltaire erwähnt Friedrich den Freundschaftstempel: »Soit faiblesse, soit adulation outrée, j'ai exécuté pour cette sœur ce que Cicéron projetait pour sa Tullie. Je lui ai érigé un temple dédié à l'Amitié; sa statue se trouve au fond, et chaque colonne est chargée d'un mascaron contenant le buste du héros de l'amitié. Je vous en envoie le dessin. Ce temple est placé dans un des bosquets de mon jardin. J'y vais souvent me rappeler mes pertes, et le bonheur dont je jouissais autrefois.«[58] Auch wenn uns eine ähnliche schriftliche Äußerung Friedrichs zum Antikentempel nicht bekannt ist, so kann doch vermutet werden, dass er ihn in enger Beziehung zu seiner Schwester gesehen hat.

Der Entwurf des Innenraums ist offenbar in Anlehnung an das römische Pantheon entstanden, das Vorbild für eine Rotunde schlechthin. Typologisch steht der Tempel jedoch in der Tradition der Tholos, des griechischen Rundtempels, erweitert um einen quadratischen Annex. Wie Detlev Kreikenbom ausgeführt hat, dürften auch palladianische Vorbilder die Planungen nicht unwesentlich beeinflusst haben, vermittelt über die englische Gartenarchitektur, etwa den Rundtempel von Stourhead, der ebenfalls antike Skulptur beherbergte.[59]

Man kann in dieser schlicht mit grauem schlesischem Marmor ausgekleideten Rotunde ein Gegenstück zur Bildergalerie sehen, das ganz der Präsentation antiker Kunst gewidmet ist. In der Mitte stand eine Gruppe aus zehn Statuen, an den Wänden thronten fünfzig Büsten, über der Eingangstür und über der Tür zum angrenzenden Kabinett waren Reliefs und ein Mosaik in die Wand eingelassen. Davon hat sich heute nur noch eine Antike am originalen Anbringungsort erhalten: Das über der Eingangstür vermauerte Reiterrelief, dessen Reiter damals als Kaiser Trajan interpretiert wurde.[60] Zwei weitere historische Persönlichkeiten waren als kleine reliefierte Profilbildnisse im Tempel präsent: Alexander der Große und Messalina. Mit einer modernen Darstellung des Raubes der Proserpina und einem Relief mit Satyrn in der Schmiede des Vulkan, das aus der Sammlung Polignac stammte und sich heute im Louvre befindet, war darüber hinaus der Bereich des Mythos im Relief vertreten.[61] Seit 1921 befinden sich Sarkophage von Familienmitgliedern der Hohenzollern in dem Bauwerk.

Als prominenteste Antiken in der ursprünglichen Ausstattung des Antikentempels können die zehn Statuen der sogenannten Lykomedesgruppe gelten, die ebenfalls aus der Sammlung Polignac stammen.[62] Die Gruppe befand sich bis dahin im Speisesaal von Schloss Charlottenburg. Erst durch ihre Ergänzungen bildeten die einzelnen Statuen ein Ensemble, das die Entdeckung Achills durch Odysseus unter den Töchtern des Lykomedes auf Skyros wiedergibt. Odysseus bediente sich dabei einer List: Er bot am Hof des Königs als Kaufmann verkleidet Schmuck, Kleider und Waffen an. Achill, der sich als Mädchen verkleidet unter den Töchtern des Lykomedes versteckt hielt, griff spontan zu den Waffen, womit er sich als Mann zu erkennen gab – anders als die Mädchen, die sich für den Schmuck und die Toilettengegenstände interessierten. Die Gruppe stellt den Moment der Entdeckung Achills dar. Die Restaurierung und Zusammenstellung zu einer Gruppe wurde von Lambert-Sigisbert Adam durchgeführt, wohl in enger Abstimmung mit seinem Auftraggeber, Kardinal Polignac, sowie den Künstlern und Antiquaren in Rom um 1730.

6 *Weibliche Gewandfigur*, im 18. Jahrhundert als Tochter der Niobe bezeichnet, Kopf 120–140 n. Chr., nach einem Vorbild des 3. Viertels des 5. Jahrhunderts v. Chr.; Torso 140–160 n. Chr., nach einem Vorbild des späten 2. Jahrhunderts v. Chr., Marmor, Staatliche Museen zu Berlin, Antikensammlung, Sk 585

7 Potsdam, Park Sanssouci, *Antikentempel*, Innenansicht, Blick von der Eingangstür auf die Tür zum Kabinett, Aufnahme vor 1945

Die Anregung zu dieser Interpretation und Ergänzung ging neben der Überlieferung des Themas bei dem römischen Dichter Statius sowie auf römischen Sarkophagen möglicherweise von der Statue des Apoll/Achill im langen Kitharoedengewand aus, der offenbar leicht als »verkleidet« interpretiert werden konnte.[63]

Die Anordnung der fünfzig Büsten in drei versetzten Reihen an den Wänden lässt kein klares Auswahlkriterium erkennen. Alles war hier vertreten – die Spannweite reicht von griechischen Göttern und Heroen über griechische Philosophen bis zu römischen Kaisern und Privatpersonen. Selbst die Bronzebüste Richelieus nach Gianlorenzo Bernini aus der Sammlung Polignac wurde eingereiht. Diese Zusammenstellung erscheint noch willkürlicher als jene der Bildergalerie. Als formales Anbringungskriterium ist erkennbar, dass in der oberen Reihe eher die größeren Stücke platziert worden sind. Schon bei Oesterreich liest sich die Reihung sehr uneinheitlich, wie das folgende Beispiel zeigt: »eine Colossal Halb-Büste – eine Venus – der Kaiser Severus – Büste eines Unbekannten – eine sehr schöne Büste eines unbekannten Frauenzimmers – Faustine – Agrippine, Gemahlin des Claudius – Kaiser Claudius – Büste eines Unbekannten – halbes Bruststück eines Unbekannten – junger Faunus«.[64]

Obwohl Oesterreich die Ausstattung des Antikentempels auflistet, lassen sich die Büsten teilweise nicht mehr mit den in den Sammlungen erhaltenen identifizieren, da viele nicht eindeutig genug benannt sind. Auch der Abgleich mit den Schlossinventaren bringt hier keine endgültige Sicherheit, zumal die Büsten zum Teil auch innerhalb des Tempels wanderten oder wiederholt durch andere ersetzt wurden.[65]

Zu der bereits genannten umfangreichen Ausstattung mit Skulptur kamen noch Bestände von Kleinkunst. So lagen auf der heute noch vorhandenen umlaufenden Holzkonsolbank, die fast einen halben Meter tief ist, frei und durcheinander unterschiedlichste Gegenstände: Bronzen, Terrakotten, Gefäße, Gerätschaften wie Werkzeuge oder Lampen, außerdem Marmorstücke und Inschriften.[66] Dabei wird deutlich, dass hier bewusst auch Objekte Eingang fanden, die als Gebrauchsgegenstände Zeugnis von der Alltagskultur der Antike geben sollten. Dieser Aspekt hatte bereits die Sammlung der Wilhelmine von Bayreuth gekennzeichnet.[67]

Gegenüber der Eingangstür öffnet sich der Tempel zu einem Kabinett mit drei Fenstern, das in den Inventaren als »Musaeum« bezeichnet wird, in dem sich laut Oesterreich »sämmtliche Medaillen und geschnittenen Steine in vier prächtigen Schränken« sowie weitere Gegenstände der Kleinkunst befanden.[68] Zwei der Schränke haben sich in den Sammlungen erhalten. Bei den hier untergebrachten Gegenständen der Kleinkunst, den Münzen und Gemmen, handelte es sich zum einen um den gesamten Bestand der Antikenkammer im Berliner Schloss, der auf Befehl des Königs in den Tempel gebracht worden war, und zum anderen um die von Baron Philipp von Stosch erworbene Gemmensammlung. Außerdem war hier die antiquarische Literatur – die Fachliteratur zu den materiellen Hinterlassenschaften der Antike – des Königs untergebracht.

Auf diese Weise errichtete der König eine Art Zentrum für antike Kunst und Kultur, das die ganze Spannbreite antiker Bildwelt zusammenführte. Über das tatsächliche Ausmaß seiner persönlichen Anteilnahme wissen wir allerdings kaum etwas, auch wenn Oesterreich schreibt, dass der König die Ordnung der Büstenaufstellung vorgegeben habe, und auch bekannt ist, dass Friedrich die Verlegung von Sammlungsteilen aus dem Stadtschloss veranlasst hat.[69] Doch selbst unter diesen Umständen ist klar: Bei der Konzeption eines zentralen Ortes der Antikensammlung in einem antik anmutenden Gebäude, das als Pendant zum Freundschaftstempel der besonderen Beziehung zu seiner Schwester Ausdruck verleiht, wird Friedrich entscheidend mitgesprochen haben. Die Kombination aus repräsentativ in Szene gesetzter antiker Plastik, dem Einzelstudium zugänglicher Kleinkunst einschließlich antiker Gerätschaft, der wertvollen Münz- und Gemmensammlung sowie der einschlägigen Literatur wirft die Frage auf, ob dieser Ort dem

ASTRID DOSTERT

Studium der Antike und der Gelehrsamkeit dienen sollte. Ob Friedrich sich hier der Antike zumindest gelegentlich gewidmet hat, wissen wir nicht. Eine ausgesprochen wissenschaftliche Beschäftigung mit den Antiken des Königs – an diesem dafür prädestinierten Ort – ist weder für ihn selbst noch für Antiquare und Gelehrte seines Umkreises nachweisbar. Im Gegenteil: Friedrich scheint die wissenschaftliche Aufarbeitung seiner Sammlung nicht eben großzügig gefördert zu haben, vermisst doch Oesterreich die Ermutigung des Königs in Dingen der Dokumentation und Publikation.[70]

Neues Palais

Abschließend streifen wir noch kurz das monumentalste Beispiel der Aufstellung antiker Skulptur aus Friedrichs Regierungszeit. Gegenüber dem Neuen Palais, auf dessen Gartenseite, ließ Friedrich ein an der Mittelachse des Palais orientiertes Halbrondell anlegen, das von vierzehn antiken Statuen auf hohen Marmorsockeln eingefasst war (Abb. 8), auf das wiederum Alleen zuführten, die von antiken Büstenreihen gesäumt waren. Für dieses Arrangement mussten – wie bereits erwähnt – Antiken erst eigens beschafft werden, da es in den Magazinen an großformatiger Skulptur fehlte, die man für die Aufstellung auf den hohen Sockeln benötigte. Vierzehn lebensgroße antike Statuen fanden auf diese Weise Verwendung. Um 1825 wurden sie ins Museum überführt und Mitte des 19. Jahrhunderts durch Kopien ersetzt, die von Bildhauern der Rauchschule angefertigt worden waren.[71]

Die inhaltlich motivierte, paarweise Aufstellung lässt den Wunsch erkennen, formale Entsprechungen zu finden, zumindest die Größe beachtend, obwohl sich selbst das nicht wirklich bewerkstelligen ließ. In der Hauptsache handelt es sich nach Oesterreich um Götterfiguren und mythologische Darstellungen wie Apoll und Marsyas, Asklepios und Juno, aber auch eine Cleopatra und ein Athlet standen im Halbrund. So gilt auch hier: »Eine thematische Ordnung oder gar ein Programm lässt sich nicht erkennen.«[72] Das große Format erzeugt auf jeden Fall einen außerordentlich repräsentativen, herrschaftlichen Eindruck. Gleichzeitig wurden in der Marmorgalerie des Neuen Palais weitere Ankäufe aus Rom neben den beiden Kaminen zu Zweiergruppen zusammengestellt, die miteinander korrespondierten. Gemeinsam sind den vier Figuren ihre Höhe und ein eher ruhiges Standmotiv.[73] Apoll (eigentlich ein neuzeitlich zum Apoll ergänzter Torso des sogenannten Narkissos) und Diana bilden ein Paar, ein zweites formen der Gott Asklepios und eine Bacchantin. Auch hier zeigt sich, dass der Fokus der späten Antikenerwerbungen Friedrichs deutlich von ihrem Verwendungszweck und ihrer Einbindung in festgelegte Kontexte bestimmt wurde – nämlich der repräsentativen Aufstellung als dekorative Objekte, die durch ihre antike Herkunft geadelt und gleichsam wertvoll waren.

Friedrich als Sammler antiker Kunst

Der Abriss zeigt, dass Friedrich durchaus erhebliche Mittel in die Beschaffung und Präsentation von Antiken investiert hat. Damit kehren wir zu unserer Ausgangsfrage nach der Bedeutung der Sammlung und des Sammelns für Friedrich zurück. Die Entstehung der Sammlung macht deutlich, wie rational der König gesammelt hat: Die Übernahme größerer Sammlungen, die zudem durch ihre Vorbesitzer bereits geadelt waren, erlaubte es ihm, eine umfangreiche Antikenkollektion zusammenzustellen, ohne sich dem Sammeln laufend widmen zu müssen.[74] Ein ausgesprochenes Interesse für individuelle Stücke ist dabei – von den oben genannten Ausnahmen abgesehen – nicht erkennbar. Möglicherweise spricht

8 Potsdam, Park Sanssouci, Gartenseite des Neuen Palais, *Blick in das Halbrondell mit den Kopien der antiken Statuen aus dem 19. Jahrhundert*

aus dem wiederholten Ankauf von Sammlungen renommierter Sammler, etwa eines Polignac oder Stosch, auch eine gewisse Unsicherheit des Königs gegenüber dem Wert einzelner Stücke, den zu beurteilen er sich vielleicht nicht zutraute, ja womöglich selbst seinen Beratern nicht. Man wird ihn also nicht als leidenschaftlichen Sammler bezeichnen können, der um des Sammelns willen große Ausgaben tätigte, so wie es zum Beispiel die Kardinäle Melchior de Polignac und Alessandro Albani oder der sächsische König August der Starke taten.

Soweit es aus den Schriftquellen hervorgeht, hat sich Friedrich mit diesem Thema auch nicht durchgehend beschäftigt. Wenn er auf Antiken eingeht, dann meist nur knapp und faktisch. Ausführlicher wird Friedrich dort, wo er auf die Antike im Allgemeinen zu sprechen kommt und ihren Vorbildcharakter für seine eigene Herrschaft und die Zeit hervorhebt, in der er lebt. So schreibt er an die Kurprinzessin Maria Antonia von Sachsen: »Non, madame, je n'entre point dans la catégorie des héros; les Agamemnon et les Achille étaient d'un siècle supérieur au nôtre, et je ne crois pas que les habitants des bords de la Baltique, descendants des Obotrites, puissent jamais se comparer aux habitants de l'ancienne Grèce, qui était jadis la vraie patrie des grands hommes et des héros.«[75] Angesichts dieses grundsätzlichen Nachteils erscheint es ihm opportun, sich zumindest der Mittel zu bedienen, die schon der Antike probat schienen: »Les grands hommes de l'antiquité se formèrent sous la tutelle des lettres, si je puis me servir de ce terme, avant que d'occuper les dignités de l'État; et ce qui sert à éclairer l'esprit, à perfectionner le jugement et à étendre la sphère des connaissances, forme certainement des sujets propres à toute espèce de destinations.«[76] So liegt es nahe, sich und die Einwohner seines Landes mit Dingen zu umgeben, die geeignet sind, den Geist zu fordern und zu verfeinern. Dabei schwingt immer auch ein utilitaristisch-pädagogischer Impuls mit. Deshalb machte er seine Sammlungen auch weitgehend dem interessierten Publikum zugänglich.[77] Auch die Einbindung der Antike in zahlreiche Ausstattungsprogramme wird dadurch verständlich. Sie ist kein Zeichen eines oberflächlich desinteressierten Umgangs mit den Antiken, sondern ein Mittel, ihnen eine starke Präsenz in seiner Umgebung zu verschaffen. Denn ganz offensichtlich glaubte Friedrich daran, dass die materiellen Zeugnisse dieser Kultur ihren Geist lebendig werden lassen, wie sein oben zitierter Brief an seine Schwester zeigt, die gerade Rom besuchte.[78]

Diese Überzeugung dürfte die Sammeltätigkeit Friedrichs eher erklären als eine Orientierung an den Sammlungen und Unternehmungen anderer Fürsten, etwa Augusts II. von Sachsen. Friedrich kannte die Dresdner Sammlungen, war selbst dort gewesen und hatte verschiedene Berater, die mit den Dresdner Sammlungen in Beziehung standen. Hier ist vor allem Francesco Algarotti zu erwähnen, der für den sächsischen Hof als Kunstagent tätig war. Durch eigene Besuche waren ihm daneben lediglich die Bildergalerien von Salzdahlum und Pommersfelden bekannt.

Zugleich nutzte er ganz offensichtlich bewusst die Möglichkeit, durch seine Kunstsammlungen die Bedeutung des Preußischen Königreiches und seiner kulturellen Blüte demonstrativ zu veranschaulichen. Dies gilt insbesondere für die zweite Phase seiner Regentschaft. Dass er sich dabei in einem Wettbewerb mit anderen fürstlichen Sammlern Europas sah, kann durchaus vermutet werden. So erscheint der Umgang Friedrichs mit Antiken, von wenigen Ausnahmen abgesehen, sehr utilitaristisch. Auch hier versteht er sich augenscheinlich als Diener seines Volkes. Daher kann die Schlussfolgerung gezogen werden, dass Friedrich zwar Antikensammlungen erworben hat, aber selbst kein eigentlicher Antikensammler war.

* Nur geringfügig in den Anmerkungen ergänzte Fassung des verschriftlichten Vortrages, der 2007 gehalten und auf perspectivia.net veröffentlicht worden ist.
1 Parlasca, 1981, S. 211–229. – Heres/Heres, 1980, S. 105–146. – Heres, 1986, S. 64–66. – Heres, 1992, S. 84–86. – Zur späteren Entstehung des Museums: Heilmeyer, 2005, S. 9–43.
2 Kreikenbom, 1998, S. 43–98.
3 Ausst.-Kat. Friedrich der Große, 1992.
4 Prinz von Hohenzollern, 1992, S. 11–32. – Börsch-Supan, 1992, S. 96–103. – Börsch-Supan, 1988, S. 23–32. – Vogtherr, 2003, S. 41–55. – Vogtherr, 2005b, S. 201–210.
5 Locker, 2006, S. 217–242.
6 Kat. Antiken I, 2009. – Etliche meiner Ausführungen sind der Zusammenarbeit mit den Mitgliedern des Autorenteams, dem ich angehörte, Sepp-Gustav Gröschel, Saskia Hüneke, Kathrin Lange, Detlev Kreikenbom und Ulrike Müller-Kaspar, zu verdanken. 2011 erschien der Bestandskatalog zu den französischen Gemälden von Christoph M. Vogtherr. Im Jahr 2013 wird der Bestandskatalog zu den französischen Skulpturen von Rita Hofereiter erscheinen.
7 Oesterreich, 1772. – Oesterreich, 1773.
8 Oesterreich, 1774. – Oesterreich, 1775.
9 Nicolai, 1769.

10 Vgl.: www.friedrich.uni-trier.de.

11 Heres, 1977, S. 93–130. – Heres, 1978.

12 Gröschel, 1982, S. 227–245. – Wrede, 2006. – Zur Sammlung von Bronzen vgl. Bilddatenbank Friederichs: www.smb.museum/friederichs/index.htm.

13 Gröschel, 2009, S. 15–22.

14 Dostert, 2000, S. 191–198. – Dostert/Polignac, 2001, S. 93–151. – Ausführlich zur Sammlung Polignac vgl.: Dostert, 2012.

15 Etat et Description, 1742.

16 Dostert, 1999, Bd. 2, S. 35–49.

17 Schreiben Friedrichs II. an Voltaire, 18. November 1742.

18 Schreiben Friedrichs II. an Jordan, 10. Juni 1742 (Œuvres de Frédéric le Grand, Bd. 17, S. 247).

19 Dostert, 2001, S. 165–179. – Le Temple du Goût (Œuvres complètes de Voltaire, 1877–1885, Bd. 8, S. 555–580, hier S. 556).

20 Hüneke, 2009, S. 329–333. – Weber, 1996.

21 Weber, 1996, S. 50.

22 Schreiben Friedrichs II. an Wilhelmine, 28. Juni 1755 (Œuvres de Frédéric le Grand, Bd. 27/1, S. 302).

23 Zum Freundschaftstempel vgl.: Drescher/Badstübner-Gröger, 1991, S. 161–169. – Vogtherr, 2001, S. 231–246, hier S. 243f.

24 Gröschel, 1979, S. 52–66. – Zazoff, 1983, S. 131–133.

25 Winckelmann, 1760.

26 Im Bestandskatalog der antiken Skulpturen der Stiftung Preußische Schlösser und Gärten Berlin-Brandenburg werden diese Ankäufe von Ulrike Müller-Kaspar ausführlicher besprochen (Müller-Kaspar, 2009, S. 395–400).

27 Kreikenbom, 1998, S. 66.

28 Remy-Julliot, 1767, S. 273, Nr. 1264. – Parlasca, 1981, S. 218f. – Heilmeyer 2005, S. 26, Abb. 26.

29 Zimmer/Hackländer, 1997.

30 Überlegungen zum Zusammenhang von Inhalt und Aufstellung im Überblick bei: Kühn, 1979, S. 23–42, hier S. 33–40.

31 Zimmer/Hackländer 1997.

32 Nur in einer Abschrift erhalten, die den Museumsakten beigelegen haben soll (zit. nach: Friedländer, 1880, S. 1–31, hier S. 11).

33 Vogtherr, 2001, S. 231 u. 239. – Kunisch, 2005, S. 270.

34 Oesterreich, 1775, S. 24, Nr. 131, 132, 133 u. 134. – Kreikenbom, 1998, S. 58f. u. Abb. S. 60. – Kat. Antiken I, 2009, Nr. 54 (SPSG, Skulpt.slg. 192), 55 (SPSG, Skulpt.slg. 191), 56 (SPSG, Skulpt.slg. 190) u. 45 (SPSG, Skulpt.slg. 189).

35 Grassinger, 2007, S. 120f., Nr. 68.

36 Éloge auf Voltaire (Œuvres de Frédéric le Grand, Bd. 7, S. 57–77, hier S. 70).

37 Dabei handelt es sich um eine neuzeitliche unterlebensgroße Büste, die Bildniszüge des Kaisers Septimius Severus aufgreift und aus der Erbschaft Wilhelmines stammt (Nehls, 1999, S. 4–18. – Nehls, 2006, S. 15–17).

38 Die Bronzestatuette stammt aus der Sammlung Polignac (abgebildet bei: Kühn, 1979, S. 42, Nr. 36, mit Abb. S. 28).

39 Réfutation du prince de Machiavel (Œuvres de Frédéric le Grand, Bd. 8, S. 185–336, hier S. 305).

40 Kreikenbom, 1998.

41 Diese Formulierung zuerst bei: Börsch-Supan, 1988.

42 Vogtherr, 2005a, S. 89–96, hier S. 91.

43 Buttlar, 2006, S. 27–45. – Locker, 2006.

44 Hüneke, 1996a, S. 27–44.

45 Vogtherr, 2003, S. 50.

46 Das vermutlich unter dem Einfluss des Marquis d'Argens stehende Konzept der Hängung hat Christoph Vogtherr interpretiert (Vogtherr, 2003).

47 Hüneke, 1996b, S. 89–108, hier S. 90–93.

48 Vgl.: Dostert, 2009, Nr. 66 u. 68. – Hüneke, 1996b, S. 97, mit Abb.

49 Krüger, 1772. – Die Tafeln sind u. a. abgebildet bei: Hüneke, 1996b, S. 94f.

50 Dennoch wirkt die Zusammenstellung der Stiche nach den Antiken weit homogener als dies bei den zwölf Büsten und Medaillons der Fall ist, die Krüger in seinem ersten Band abbildete und die sich zu diesem Zeitpunkt an unterschiedlichen Aufstellungsorten befanden (Krüger, 1769).

51 Unterlebensgroße Statue einer liegenden Mänade, im Bayreuther Inventar als »Atalanthe« bezeichnet: SMB, Antikensammlung, Sk 209. – Kat. Antiken I, 2009, Nr. 226.

52 SMB, Antikensammlung, Sk 494. – Schade, 2000, S. 91–110. – Kat. Antiken I, 2009, Nr. 133.

53 SMB, Skulpturensammlung, Inv. Nr. 355. – Kat. Antiken I, 2009, Nr. 139.

54 Oesterreich, 1775, S. 19, Nr. 104. – Hüneke, 1996b, S. 98f., Anm. 31. – Die Skulptur ist seit 1946 verschollen.

55 SMB, Antikensammlung, Sk 585. – Weber, 1998, S. 58–64. – Kat. Antiken I, 2009, Nr. 227.

56 SMB, Antikensammlung, Sk 496. – Kat. Antiken I, 2009, Nr. 138.

57 Vgl.: Dostert, 2000, S. 195, Taf. 54, Abb. 1.2.

58 Schreiben Friedrichs II. an Voltaire, 24. Oktober 1773.

59 Kreikenbom, 1998, S. 72f. – Zum Antikentempel und zum Freundschaftstempel vgl.: Drescher/Badstübner-Gröger, 1991, S. 161–169. – Paulus, 2007, S. 16–19.

60 Der Kopf des Reiters, die Bodenleiste und die Holzrahmung sind zwischen 1729 und 1734 ergänzt worden (Kat. Antiken I, 2009, Nr. 67. – Nehls, 2001, S. 4–15).

61 Vgl.: Oesterreich, 1775, S. 76–78. – Parlasca, 1981, 215f. u. Abb. 1. – Der antike Ursprung des Reliefs hat sich nach einer vor wenigen Jahren durchgeführten Restaurierung bestätigt (vgl.: Martinez, 2008, S. 231, Nr. 143).

62 Vgl.: Heres/Heres, 1980. – Dostert, 2000.

63 Vgl.: Dostert, 2009, S. 75–80. – Zu den Neurestaurierungen im 19. Jahrhundert vgl.: Fendt, 2012.

64 Oesterreich, 1775, S. 66f., Nr. 417–430. – Die Aufzählung verdeutlicht, dass ideale Köpfe sich abwechselten mit Kaiserbildnissen und den Porträts von unbekannten Römern und Römerinnen.

65 Dies erschließt sich aus dem Studium der Schlossinventare, deren Abgleich untereinander und mit der Beschreibung Oesterreichs.

66 Das Inventar der aus dem Antikentempel in die Kunstkammer überführten Kleinkunst ist aufgelistet bei: Heres, 1977, S. 125.

67 Weber, 1998, S. 50.

68 Oesterreich, 1775, S. 65.

69 Oesterreich, 1775, S. 66.

70 »Ich war willens, solchergestalt alle Jahre 8 Theile davon, jeden von 12 Blatt, stechen zu lassen, welches mit der Zeit eine schöne Sammlung ausgemacht haben würde; ich habe aber die zu dergleichen Unternehmung erforderlichen Ermunterungen nicht gefunden« (Oesterreich, 1775, S. 17, Anm. zur Nr. 99).

71 Sieben Statuen des Halbrondells sind damals für die Rotunde des Alten Museums in Berlin ausgewählt worden – ein ebenfalls höchst repräsentativer Ort.

72 Fazit von Ulrike Müller-Kaspar, die im Rahmen des Bestandskataloges der antiken Skulpturen ausführlicher darauf eingeht (Müller-Kaspar, 2009, S. 395–400).

73 SMB, Antikensammlung, Sk 71, 224, 528 u. 534.

74 Zum Thema Sammeln in Masse und »en bloc« vgl.: Locker, 2006, S. 227, 240 u. Anm. 68.

75 Schreiben Friedrichs II. an Maria Antonia von Sachsen, 8. Januar 1777 (Œuvres de Frédéric le Grand, Bd. 24, S. 293).

76 Éloge de M. Jordan (Œuvres de Frédéric le Grand, Bd. 7, S. 3–10, hier S. 8).

77 Zur Öffentlichkeit der Sammlungen: Kreikenbom, 1998, S. 78–82. – Locker, 2006, S. 234–237.

78 Schreiben Friedrichs II. an Wilhelmine, 28. Januar 1755 (Œuvres de Frédéric le Grand, Bd. 27/1, S. 302).

MICHAEL KAISER

FRIEDRICHS BEINAME »DER GROSSE«

Ruhmestitel oder historische Kategorie?

Friedrich II. oder Friedrich der Große?

Wer sich mit dem Preußenkönig beschäftigt, gerät schon zu Beginn in eine heikle Situation: Er muss Farbe bekennen, er muss sagen, wie er zu der Persönlichkeit steht, die er untersuchen will. Nennt er den König »Friedrich II.« oder spricht er von »Friedrich dem Großen«? Unstreitig kann man mit der ersteren Variante nichts falsch machen, da dies die offizielle, staatsrechtliche Namensform darstellt. Die zweite Version ist hingegen zu Lebzeiten Friedrichs nie Teil seiner Titulatur gewesen – ein wichtiger Befund in der Vormoderne, in der sich an den Namen, Titeln und Benennungen immer auch der Rang, verschiedene Rechte und Ansprüche ablesen ließen. Gleichwohl hat die Bezeichnung des Königs als »Friedrich der Große« in der Geschichtsschreibung einen festen Platz. Ihre Verwendung wird als ein eindeutig positives Bekenntnis zum König gedeutet, während in die erste Version zumindest eine distanzierte, wenn nicht sogar kritische Haltung hineingelesen wird. Historiker, die sich mit Friedrich beschäftigt haben, sind deswegen immer wieder auch auf den Beinamen »der Große« eingegangen.[1]

Rasch wird deutlich, dass es an dieser Stelle keineswegs ein nur ästhetischer Streit um Worte ist. Bezeichnungen von historischen Persönlichkeiten und Phänomenen tragen immer besondere Bedeutungsnuancen und meist auch eindeutige Wertungen mit sich – über diese muss sich der Historiker erst einmal Gewissheit verschaffen, und erst nach jeweiliger Prüfung kann er sie tatsächlich in den eigenen Sprachgebrauch übernehmen. So ist der »Winterkönig« keineswegs ein ehrendes Epitheton, sondern ein Spottwort der siegreichen Propaganda, das Friedrich V. von der Pfalz, der nur einen Winter lang König von Böhmen war, 1620 auf seiner Flucht ins Exil noch lange Jahre hinterherhallte. Eindeutig positiv konnotiert ist der Begriff des »Sonnenkönigs« als Beiname für den französischen Monarchen Ludwig XIV. Doch auch in diesem Fall handelte es sich um einen Propagandabegriff, und so wird ein Historiker auch hier sorgfältig abzuwägen haben, in welchem Moment er für den französischen König ein solches Stichwort ludovizianischer Selbstinszenierung gebraucht.

Allein diese beiden Beispiele machen deutlich, dass die Problematik des Beinamens für den preußischen König weder ein Einzelfall noch in der Handhabung trivial ist. Auch für einen bekenntnisstarken Historiker wird es schwierig, wenn er a priori begrifflich auf ein bestimmtes Bewertungsraster festgelegt wird. Denn eine ergebnisoffene Herangehensweise – und so sollte ja Geschichtswissenschaft betrieben werden – ist durch die wertungsgebundene Begrifflichkeit, die bei den Benennungen »Friedrich II.« und »Friedrich der Große« mitschwingt, praktisch nicht möglich. Und genau dies ist im Umgang mit dem preußischen König der Fall.

Auch kann das Problem nicht umgangen werden, wenn man nach anderen Formulierungen Ausschau hält. Denn die Alternativen erweisen sich als kaum praktikabel. So ist die kumulative Lösung »Friedrich II., der Große« schwerfällig und sperrig: ein typischer Ausdruck der Registersprache, der genau dort auch seinen Platz finden sollte. Wieder andere Bezeichnungen variieren und steigern den Lobpreis auf den

1 Johann Friedrich Anthing, *Friedrich II. von Preußen*, vor 1791, Punktiermanier, Kupferstich, Radierung, SPSG, GK II (10) 1321

König: »Friedrich der Einzige« und »Friedrich der Größte« transportieren in ihrer offenen und schrankenlosen Bewunderung ein wenig zu viel Pathos. Zudem legen sie als Superlative den Verdacht nahe, dass auch der Positiv »Friedrich der Große« zumindest im Ursprung und potenziell der Sphäre höfischen Herrscherlobs entstammt, der vorurteilsfreien historischen Behandlung also eher im Weg stehen mag. Keinen Ausweg aus dem Dilemma bietet auch die Bezeichnung »Alter Fritz«. Dieser vor allem Volkstümlichkeit suggerierende Name erscheint doch sehr distanzlos und salopp; will man ihn angemessen verwenden, schränkt sich der Nutzen gleich ein. Zudem passt die Bezeichnung nur auf bestimmte Phasen der Biographie: Niemand wird etwa den Kronprinzen oder den König vor dem Siebenjährigen Krieg als »Alten Fritz« bezeichnen wollen. Und die Frage, für welchen Friedrich welche Bezeichnung jeweils treffend erscheint, pflanzt sich fort. Denn als »Großer« wird kaum ein Monarch geboren, und auch für einen jungen Mann, der noch nicht in Amt und Würden ist, erscheint der Beiname eigenartig. Gerade deswegen vermittelt die Formulierung »Friedrich der Große als Kronprinz« eine inhärente Spannung,[2] eben weil dem Kronprinzen geradezu präsumtiv ein Beiname attestiert wird, den er sich als Monarch erst noch erwerben musste.

Die in dieser Formulierung aufscheinende teleologische Betrachtungsweise kam nicht ohne Not auf. Vielmehr ist sie Indiz für den früh einsetzenden Kampf um die Deutungshoheit der preußischen Historie, die von maßgeblichen Strömungen als integraler Bestandteil der deutschen Geschichte vorgestellt wurde. Überhaupt berührte die Frage nach der Benennung Friedrichs auch den historischen Kulturkampf vor allem des 19. Jahrhunderts, als die borussische Schule der Geschichtsschreibung sich anschickte, die historische Forschung an deutschen Universitäten zu dominieren und damit auch die Meinungsführerschaft über historische Themen in Deutschland auszuüben. Integraler Bestandteil dieses Narrativs war auch die Figur Friedrichs des Großen.[3] Der Streit um die Benennung des Königs ist damit nicht nur Ausdruck eines gegenwärtigen »Gesinnungsdissenses«.[4] Vielmehr hat es die an der Größe des Königs zweifelnden oder überhaupt kritischen Stimmen immer schon gegeben, gerade auch in der Wahrnehmung der deutschen Geschichtswissenschaften.

Aber wie kann sich ein Historiker, der Friedrich den Großen und seine Zeit erforschen will, zu dieser durchaus verworfenen Situation verhalten – ohne von vornherein als Kritiker oder Verherrlicher Friedrichs zu gelten? An einer Historisierung dieses Phänomens führt kein Weg vorbei. Daher ist im Folgenden zunächst zu skizzieren, welche historischen Figuren im Verlauf der Geschichte überhaupt den Beinamen »der Große« erhalten haben und wie mit dieser Benennung umgegangen wurde. Im Speziellen soll dann nachgezeichnet werden, wie Friedrich zu dieser Bezeichnung kam und wie der Umgang mit seinem Beinamen vom 18. bis ins 20. Jahrhundert hinein verlief. Dies führt zur Frage nach den Kriterien, anhand derer historische Größe sich womöglich bemessen lässt. Wenn man einen solchen Fragenkatalog entwickeln kann, bleibt zu klären, ob die hier enthaltenen Kriterien für historische Größe jeweils zeitbezogenen Modifikationen und Schwankungen ausgesetzt sind. Verändern sich also die Ingredienzien dessen, was historische Größe ausmacht, oder sind die Indikatoren dafür absolut und überzeitlich? Schließlich bleibt die Frage, was überhaupt damit gewonnen ist, wenn eine historische Persönlichkeit als »groß« tituliert wird: Gibt es einen besonderen Erkenntnisgewinn, wenn jemand erst einmal als »der Große« identifiziert ist? Wenn sich dieser Punkt auch nur näherungsweise klären lässt, öffnet er möglicherweise den Weg zu einer bedächtigeren Haltung gegenüber der Frage, ob wir besser von Friedrich II. oder von Friedrich dem Großen sprechen.

Historisch Große – eine Bestandsaufnahme

Von Jacob Burckhardt stammt die einprägsame Formel, dass Größe ist, was wir nicht sind.[5] Größe geht demnach einher mit Einzigartigkeit und auch mit Exklusivität. Doch verträgt sich dies nur schwer mit dem Befund, dass die Zahl der Persönlichkeiten, denen das Epitheton »der Große« zugeschrieben wurde, immens ist. Im Laufe der Epochen sind offenbar nicht nur Dutzende, sondern Hunderte von Persönlichkeiten in dieser Form ausgezeichnet worden. Doch ist historische Größe tatsächlich ein Massenphänomen?

Historiker haben immer wieder Namen zusammengestellt und versucht, hierfür einen Überblick zu bieten.[6] Am Anfang jeder Liste steht Alexander. Seine Bedeutung als Archetyp eines historisch Großen ist derart gewaltig, dass man ihn als König Alexander III. von Makedonien fast gar nicht kennt; er ist nur noch

MICHAEL KAISER

als Alexander der Große bekannt. Nachahmer gab es bereits unter den Diadochen. Genannt sei an der Stelle der Seleukide Antiochos III. Selbst Herodes, König von Judäa, erhielt diesen Beinamen zugesprochen. Unter den Römern wurde zuerst dem Feldherrn Pompeius dieses Epitheton verliehen. Später war es dann Kaiser Konstantin, der als Großer apostrophiert wurde, in der Spätantike kamen noch Kaiser Theodosius wie auch der ostgotische König Theoderich hinzu. Zur Ikone historischer Größe im Mittelalter wurde der fränkische König Karl.[7] Für das deutsche Geschichtsbewusstsein wichtig war Otto I. In der Frühen Neuzeit und speziell im 18. Jahrhundert ergibt sich eine Häufung mit Peter dem Großen, Katharina der Großen, Friedrich dem Großen. Diese Namen alleine verwässern noch nicht die historische Größe zu einem allgemeinen Phänomen, doch sind all die genannten Namen umgeben von einer großen Zahl weiterer Herrscher, die ebenfalls das Epitheton des Großen trugen.

Die Dominanz von Herrschergestalten ist eindeutig, auch wenn neben diese noch einige andere Persönlichkeiten hinzutreten. Päpste stehen gerade im vormodernen Sinne Herrschern durchaus nahe, und tatsächlich sind auch einige von ihnen mit dem Epitheton eines »magnus« bedacht worden. Dies gilt für Leo I. und auch für Gregor I., der nicht nur der Große genannt, sondern auch heiliggesprochen wurde. Nicht als Papst, wohl aber als Kirchenlehrer ist mit Albertus Magnus, der eher selten Albert der Große genannt wird, ein Scholastiker des 13. Jahrhunderts einer der »Großen«.[8] Es fehlen hingegen Künstler, Dichter und Wissenschaftler. Auch Frauen sind nicht vertreten, was, folgt man Johan Huizinga, keine Überraschung ist, denn »[a]n der Vorstellung Größe, Heroismus, klebt nun einmal ein Stück männlichen Wahns«.[9] Die Zarin Katharina, die Huizinga übrigens gar nicht erwähnt, unterstreicht das Fehlen weiblicher Größe somit nur als Ausnahme.[10]

Schließlich fallen bei näherer Betrachtung all die Namen derer ein, die unbestritten als bedeutende Persönlichkeiten der Geschichte gelten, denen aber der Beiname eines Großen vorenthalten wurde. Caesar gehört zu den Nicht-Nominierten, ein schwierig zu erläuterndes Phänomen, das auch schon Burckhardt verwundert und ratlos gemacht hat, zumal er sich bei seinen grundsätzlichen Gedanken über historische Größe vielfach gerade auf den Römer bezieht.[11] Nicht minder merkwürdig ist, dass Napoleon, der Friedrich seinerseits als »Großen« apostrophiert hat,[12] letztlich selbst nicht als »der Große« in die Geschichte eingegangen ist – verwunderlich auch deswegen, weil gerade er, nach eigenem Selbstverständnis und entsprechender Selbststilisierung, sich durchaus in die Nachfolge Karls des Großen und Friedrichs des Großen zu stellen bemüht war.[13] Auch für die Nicht-Herrscher haben viele das Problem der verweigerten Größe gesehen, sei es für Papst Gregor VII. oder für Martin Luther.[14] Schon Burckhardt hat ungeachtet des fehlenden Beinamens nicht nur für Monarchen, sondern auch für Religionsgründer und Künstler, Dichter, Naturforscher, Musiker ihre mögliche Teilhabe an historischer Größe zu bemessen versucht.[15]

Dabei fällt rasch auf, dass es nur wenige eindeutige Fälle zu geben scheint, in denen der Beiname des jeweiligen Großen nicht infrage gestellt wird. Viele »Große« sind offenbar nicht kanonisch geworden, da die Akzeptanz des Beinamens nicht groß genug zu sein scheint. Überhaupt scheint ein Automatismus, dass der zu Lebzeiten gebräuchliche Name auch noch nach dem Ableben Bestand hat, nicht vorhanden zu sein. Theodor Schieder hat von einem »Erosionsprozeß« gesprochen, der historische Größe verkleinert.[16] Gemeint ist damit ein allgemeines Verblassen vergangener Glorie, das auch vor den Beinamen nicht haltmacht.

Dies trifft alle Herrscher, und es zeichnet einen Karl den Großen aus, dass sein Attribut diesem fortschreitenden Verfall immer noch trotzt und nicht infrage gestellt wird. Selbst die Hochschätzung eines Alexander blieb nicht unwidersprochen; der Römer Seneca hielt die Kriegstaten Alexanders nicht für ruhmeswürdig, vielmehr rückte der Stoiker den Makedonenkönig gerade aufgrund seiner ausufernden Feldzüge in die Nähe eines Geisteskranken.[17] Alexanders Ruhm und seinem Beinamen haben diese Anwürfe nicht geschadet; andere Monarchen hat es dagegen schwerer getroffen. Ihre ehrenden Attribute sind dem allgemeinen Bewusstsein längst entfallen. Ein durchaus prominentes Opfer eines solchen verfallenden Ruhms war beispielsweise Ludwig XIV. von Frankreich; Friedrich selbst sprach dem französischen König noch den Beinamen zu und wusste sich damit einer Meinung mit Voltaire – doch ist die Geschichtsschreibung bald darauf schon von dieser Benennung abgekommen.[18]

Die Vorstellung eines langsamen, fast unmerklichen Prozesses der Verwitterung, dem historische Größe anheimfällt, ist nicht ohne Reiz, hat aber ihre Schwächen. Der Ansatz weicht nämlich der Frage aus, wer hier Akteur im historischen Prozess gewesen ist. Wer hat die Auszeichnung eines Herrschers mit einer solchen Ehrenbezeichnung betrieben oder ihr entgegengearbeitet? Immerhin kennt die Geschichte auch Beispiele, in denen nach dem Tod das Ansehen eines Herrschers nicht von selbst verblasste, sondern dessen Verdunkelung aktiv betrieben wurde. Die bekannteste Form dieser Auslöschung eines Herrschergedenkens kannte die römische Kaiserzeit mit der sogenannten »damnatio memoriae«, die danach strebte, alle Spuren eines Verstorbenen zu tilgen und damit jedes Andenken an ihn zu unterbinden.

Der Tod eines Monarchen bedeutete für seinen Nachruhm, der sich nicht zuletzt auch in einem Beinamen wie »der Große« niederschlug, naturgemäß eine kritische Phase. Der Weg von der Herrscherpanegyrik noch zu Lebzeiten des Herrschers zur dauerhaften und dann kaum infrage gestellten Verherrlichung »post mortem« war schwierig. Es spricht zwar einiges für die Ansicht Huizingas, dass das Attribut der Größe, sollte es dauerhaft sein, an den Tod des Geehrten gebunden war; denn so wie kaum ein Mensch an sich »groß« sein konnte, war dieses Epitheton gewissermaßen Ausdruck einer Apotheose, die erst einem Toten zuteil werden konnte.[19] Doch ob der Beiname erhalten blieb, hing nicht zuletzt von den nachfolgenden Herrschern ab, die auf die »Memoria« ihrer Vorgänger erheblichen Einfluss nehmen konnten.

Dieser musste nicht immer nur negativ sein. In manchen Fällen kam der ehrende Titel erst nach dem Ableben der betroffenen Persönlichkeit auf und hat sich dann fest etabliert. Als ein Beispiel gilt Gregor der Große, der als Papst Gregor I. an der Schwelle zum 7. Jahrhundert den Pontifikat innehatte, seinen Beinamen aber scheinbar erst im Hochmittelalter erhielt.[20] Offenbar gab es auch noch spätere Generationen, die in ihm einen Großen zu erkennen meinten und dieses Bild mit ebenso großem Nachdruck wie Erfolg durchsetzten. Vielfach erscheint unklar, wann welche Herrscher tatsächlich den Beinamen des Großen dauerhaft erhalten haben. Und dies gilt unabhängig von dem Umstand, ob diese Monarchen bereits zu Lebzeiten das Epitheton »groß« bei ihrem Namen führten.

Dabei fällt jedoch auf, dass diese Titulierungen vielfach Herrscher adressierten, die als Reichsgründer auftraten oder überhaupt in Nationenbildungsprozessen eine Rolle spielten. Man wird hier an Alfred von Wessex denken, der für das englische Königtum bedeutsam war, an Wladimir I., Fürst von Nowgorod und Großfürst von Kiew, an Knut II. als König von England, Dänemark und Norwegen, an Kasimir III. von Polen oder Ludwig I. von Ungarn – Herrscher, die allesamt als groß bezeichnet wurden. Da diese Perspektive aber oftmals erst in späteren Jahrhunderten, ja womöglich erst im 19. Jahrhundert eine Rolle für die historische Wahrnehmung und auch die Traditionsbildung spielte, wird man erst in deutlich späterer Zeit die Kanonisierung der betreffenden Monarchen als Große annehmen können.[21] Eine national gefärbte Geschichtsschreibung, die ihre nationalen Gründungsheroen suchte und kreieren musste, dürfte in jedem Fall eine gewichtige Rolle gespielt haben – übrigens eine Konstellation, die auch die Debatten um Friedrich den Großen im 19. Jahrhundert geprägt hat.[22]

Doch nicht nur der nationale Diskurs beförderte die Etablierung von historischer Größe. Für die vormoderne Zeit wird man stattdessen ein dynastisches Kalkül vermuten können, demzufolge Herrscherhäuser zur Begründung und Steigerung ihres Renommees einen »Spitzenahn« zu stilisieren und mit entsprechendem Beinamen zu versehen bemüht waren; dabei musste es nicht immer nur das Epitheton der Größe sein, auch andere Beinamen dienten einem solchen Zweck. Zweifelsfrei profitierten die Dynastien davon, wenn einer aus ihrer Ahnenreihe herausgestellt und mit dem Beinamen »der Große« erhöht wurde. Damit wurde der eigenen Familie und der Herrschaft, die diese Dynastie innehatte, neuer Glanz verliehen. Das Streben oder zumindest der Wunsch der Dynastien nach einem »Großen« in ihren Reihen mag auch die große Zahl von »kleineren« Herrschern erklären, die allesamt »groß« sein wollten, ohne jemals über einen regionalen Rang hinauszukommen. Zu nennen ist hier etwa Arnulf I., der im 10. Jahrhundert Graf von Flandern war, aber auch den Beinamen des Großen erhielt, oder der Askanier Waldemar, Markgraf von Brandenburg zu Beginn des 14. Jahrhunderts.

Wir haben es also mit Herrscherbezeichnungen zu tun, die über einen längeren Zeitraum vergeben wurden, in manchen Fällen noch zu Lebzeiten, vielfach aber erst später. Dadurch verkompliziert sich deutlich die inhaltliche Bestimmung dessen, was unter historischer Größe im Hochmittelalter, in der Frühen Neuzeit oder im 19. und 20. Jahrhundert verstanden und aufgrund welcher Kriterien dieser Beiname angenommen oder verliehen wurde. Die Auffassung von historischer Größe wird nicht einfacher, wenn wir die Perspektive erweitern und den Schlagkreis der europäischen Geschichte verlassen: Auch in anderen – asiatischen und indianischen – Reichen wurden Herrscher als »groß« bezeichnet und hervorgehoben. Der Mogulherrscher Akbar gilt zwar unbestritten als Großer, doch ist nicht wirklich klar, welche speziellen Herrschaftsvorstellungen mit diesem Namen (oder auch der Titulatur) verknüpft waren. Einen Monarchen wie ihn mit Monarchen des europäischen Herrschaftsraumes gleichzusetzen, würde womöglich Besonderheiten in jeweiligen Konzeptionen von Größe verwischen und Titulaturen etwa des orientalischen und indischen Kulturkreises in eine europäische Nomenklatur einzupassen suchen – ein typischer Missgriff einer »interpretatio Europaeana«.[23]

Doch soll im Weiteren der Blick weder auf die »übersehenen« oder »vergessenen« Großen der Geschichte gelenkt werden, noch auf außereuropäische Kulturkreise. Selbst bei dieser Beschränkung erscheint die Auffassung von historischer Größe komplex genug. Bislang stellt sich der Kreis derjenigen, die den Beinamen »der Große« tragen, als nicht klar abgegrenzt heraus; neben einer Kerngruppe von unbestrittenen Großen – Burckhardt nennt neben Alexander noch Karl, Peter und Friedrich[24] – bleiben viele Zuschreibungen in erstaunlichem Maße unsicher, ja erscheinen mitunter willkürlich. Bevor es um die Konzeption von Größe selbst geht, soll deshalb zunächst der Frage nachgegangen werden, wie eine Persönlichkeit zu diesem Beinamen kam. Denn wer für die Vergabe eines solchen Epithetons eintrat und welche Mechanismen dabei griffen, ist keineswegs eindeutig – und dies nicht nur bei eher unbekannten Fällen, sondern eben auch bei prominenten Großen wie Friedrich.

Die Bestimmung historischer Größe oder: Wer legt historische Größe fest?

So klar und strahlend das Bild eines großen Herrschers erscheint, so dunkel und geheimnisvoll ist in den meisten Fällen der Ursprung dieser ihm zugeschriebenen Größe: Wer legte fest, dass ein Monarch als »Großer« tituliert wurde? Ein sehr frühes Exempel dafür, wie sehr diese Bezeichnung dem politischen Kalkül einer bestimmten historischen Konstellation entsprang, ist das Beispiel des Pompeius. Diesem wurde von Sulla, damals der starke Mann im Rom der ausgehenden Republik, der Beiname eines »Magnus« zugesprochen.[25] Damit gab der gealterte Diktator aber vor allem der Begeisterung nach, die dem jungen und erfolgreichen Feldherrn entgegengebracht wurde: Die Verleihung des Beinamens entsprach also der politischen Klugheit, indem der Diktator Sulla es vermied, sich der vorherrschenden Hochstimmung entgegenzustemmen, gleichzeitig aber einen Namen verlieh, mit dem weder Ämter noch Befugnisse verbunden waren. Pompeius seinerseits war klug genug, den Bogen nicht zu überspannen, und benutzte in dieser Phase seinen Ehrennamen kaum; erst Jahre später ließ er sich im Rahmen eines Triumphzugs von der Menge in Rom als »Großer« feiern.[26]

Die Episode um Pompeius Magnus lässt schlaglichtartig erkennen, dass historische Größe verordnet, ja geradezu gemacht wurde: Es war eine bewusste und gezielt eingesetzte Maßnahme, zu der die Akteure auch bei gleichzeitiger Abwägung anderer Mittel griffen. So wollte Sulla im Falle des Pompeius vermeiden, dass der beliebte Feldherr einen Triumph feiern konnte und damit eine offizielle Bestätigung seiner militärischen Leistungen erhielt. Dieser Befund steht durchaus im Gegensatz zur Einschätzung, dass historische Größe ein »Mysterium« sei (Burckhardt). Gerade mit Blick auf den preußischen König scheint sich zu bestätigen, dass – wie bei anderen Herrschern auch – im Falle Friedrichs der Titel eines »Großen« »von keiner anderen nachweisbaren Instanz als der anonymen Macht der Geschichte« verliehen wurde.[27]

So vermittelt die biographische Literatur zu Friedrich durchweg den Eindruck, dass der Beiname »der Große« spontan aufgekommen und dem König vom Volk angetragen worden sei. Die Episode spielte sich am 28. Dezember 1745 ab, als Friedrich nach dem Abschluss des Friedens zu Dresden, mit dem der Zweite Schlesische Krieg zugunsten Preußens beendet worden war, als Sieger in seine Hauptstadt Berlin zurückkehrte. Auf die Gestaltung seines Empfangs hätten weder der König selbst noch der preußische Hof Einfluss genommen. Weiterhin habe Friedrich die Ehrungen entgegengenommen, aber sich nicht weiter dazu geäußert; den neuen Beinamen habe er vielmehr – im Moment der Feierlichkeiten wie auch späterhin – »schweigend akzeptiert«.[28]

Die Grundlage für diese Schilderung ist eine Flugschrift mit dem Titel »Beschreibung des Triumphirenden Einzuges welchen Seine Königliche Majestat von Preussen Friedrich der Grosse am 28. Dec. 1745. in Dero Residentz-Stadt Berlin gehalten haben«. Bereits im Titel wird der Beiname Friedrichs aufgegriffen, und auf der dritten Seite der unpaginierten »Ausführliche[n] Beschreibung« wird der Vers zitiert, mit dem die Chorschüler den König begrüßten: »Vivat, Vivat Fridericus Rex, Victor, Augustus, Magnus, Felix, Pater Patriae!« Nicht nur Schieder hat sie benutzt, sondern bereits viel früher hat sich Preuß in seiner 1832 erschienen Biographie Friedrichs auf diese Publikation bezogen.[29] Auch wenn die Wirkung dieses Werks als eher begrenzt einzuschätzen ist,[30] kann Preuß für sich in Anspruch nehmen, mit seiner Schilderung das Fundament für die weitere historiographische Darstellung von Friedrichs Einzug im Dezember 1745 in Berlin gelegt zu haben.

Wenige Jahre später, 1840, erschien die Friedrich-Biographie Franz Kuglers, die in erweiterter Auflage 1856 neu herauskam und besonders durch die Illustrationen Adolph Menzels populär wurde. Auch in diesem weitverbreiteten und überaus erfolgreichen Werk wird die Rückkehr des Königs Ende 1745 entsprechend ausführlich dargestellt. Kugler berichtet dabei vom »Enthusiasmus des Volkes«, als Festzüge auf den Straßen zu sehen waren, wo Frauen und Mädchen Blumen streuten, die Häuser mit der Inschrift »Vivat Fridericus Magnus« verziert waren und allenthalben Rufe erschollen »Es lebe der König, es lebe Friedrich der Große!«, kurzum Feierlichkeiten veranstaltet wurden, die die ganze Nacht hindurch andauerten.[31] Menzel entwarf dazu eine Zeichnung, die Friedrich in offener Kutsche zeigte, umringt von einer ihm zujubelnden Volksmenge. Bei Kugler finden sich keine Einzelnachweise; dass aber die Schilderung von Preuß sehr wohl nachgewirkt hat, zeigt eine andere, einflussreiche Biographie: Thomas Carlyle bezieht sich in seiner Beschreibung ausdrücklich auf die oben angeführte Passage bei Preuß.[32] Des Weiteren führt Carlyle noch die Notizen aus dem »Geschichtskalender« von Rödenbeck an, der von »Vivat Friedrich der Große!«-Rufen zum Empfang des Königs berichtet.[33] Was bei Kugler und Menzel noch sehr anschaulich und auch visualisiert nachzuempfinden war, fällt einige Jahrzehnte später in der Darstellung Reinhold Kosers deutlich knapper aus. Er fasst die Episode in nur einen Satz, der jedoch dramaturgisch effektvoll den ersten Band seines vierbändigen Werks beendet: »So kehrte er [Friedrich, M. K.] in das errettete Vaterland zurück, von den dankbaren Untertanen schon jetzt mit dem Ruhmestitel des Großen begrüßt, den die Nachwelt anerkannt hat.«[34] Die Geschehnisse des 28. Dezembers 1745 waren zu Beginn des 20. Jahrhunderts längst zum festen und unhinterfragten Referenzpunkt geworden, was die erstmalige Ehrung Friedrichs als Großen betraf.

Allerdings darf man nicht übersehen, dass die von Preuß angeführte Flugschrift nicht das einzige Dokument ist, das über die Geschehnisse bei der Rückkehr des siegreichen Königs aus dem Krieg berichtet. Eine vierseitige Flugschrift unter dem Titel »Beschreibung derer bey Seiner Kön. Majest. in Preussen Ankunft aus Dreßden angestellten Freudens-Bezeugung und Illuminationen« war offenkundig zur selben Zeit erschienen, wenn auch ohne Angabe eines Druckers und Druckorts. Damit fehlte ihr der offiziöse Anstrich, den die andere Publikation für sich in Anspruch nehmen konnte, da jene bei Haude und Spener und damit bei einer alteingeführten Berliner Druckerei verlegt worden war, die vielfach vom Hof und der königlichen Akademie Druckaufträge erhielt. Diese anonyme Schrift war jedoch keineswegs königskritisch; man wird in ihr eine typische Publikation sehen können, mit der eine Druckerei auch ohne offizielle Erlaubnis auf ein aktuelles Ereignis reagierte, um vom öffentlichen Interesse an der Thematik profitieren zu können.

Der hier vorgestellte Bericht entspricht weitestgehend der Darstellung der Publikation von Haude und Spener. Nur an einer Stelle fällt ein Unterschied auf. Der Gesang des Schülerchorals lautete hier: »Vivat Vivat Vivat Fridericus // Rex Pius Augustus Pater Patriae.« In dieser Überlieferung fehlt also mit dem »Magnus« das entscheidende Epitheton. Liegt ein Druckfehler vor, sodass dieses Wort versehentlich ausgelassen wurde? Auszuschließen ist es nicht, doch erscheint es unwahrscheinlich, dass gerade in dieser Passage und bei diesem Terminus ein solcher Fehler unterlaufen sein soll. Nun geht es nicht darum zu entscheiden, welche Flugschrift recht und welche unrecht hat. Wichtig ist, zu sehen, dass der Befund uneindeutig ist, und möglicherweise waren die Rufe, die Friedrich als den Großen apostrophierten, gar nicht so stark und durchgängig zu vernehmen, wie es zunächst den Anschein hatte.

Einen weiteren Befund in diesem Kontext liefern autobiographische Aufzeichnungen des Berliners Johann Friedrich Heyde. Er war Bäckermeister und fand trotzdem Zeit für Notizen, die mit dem Regierungsantritt Friedrichs einsetzten und sich über die gesamte Regierungszeit des Königs fortsetzten. Dabei trennte er zwischen Aufzeichnungen, die eher das private Lebensumfeld berührten, und einer Chronik von Ereignissen, die sich »allhier in Berlin und sonsten in unsern Lande zugetragen«.[35] Sowohl in den Aufzeichnungen als auch in der Chronik verweist Heyde auf die militärischen Auseinandersetzungen und die Schlachten, die dem preußischen König dann den Sieg brachten. Weitere Berichte über die Rückkehr des Königs bietet Heyde jedoch nicht – was sehr verwundert, denn der Bäckermeister war interessiert an den Ereignissen der Politik. Außerdem zeigte er sich meist sehr gut informiert; wenn er beispielsweise vermerkt, dass der Friede mit Österreich und Sachsen im Januar 1746 geschlossen wurde, war dies aus der Sicht der Berliner nicht unbedingt ein Fehler: Tatsächlich wurde der Friedensschluss von Dresden erst am 12. Januar 1746 durch einen Herold »mit vielen Ceremonien« ausgerufen,[36] und damit wurde er auch für den aufmerksamen Bäcker kenntlich. Dass Heyde den großartigen Empfang bei der Rückkehr des Königs im Dezember 1745 auslässt, erstaunt – und erst recht merkwürdig ist, dass sich kein Hinweis auf den neuen Ruhmestitel des Königs findet.

Diese Befunde lassen die Lesart, dass der Beiname »der Große« Friedrich vom Volk verliehen wurde, wenig plausibel erscheinen. Carlyle selbst insistiert noch einmal darauf, dass der König »von seinem Volke und Anderen ausdrücklich so benannt« worden sei.[37] Doch wird man in Zweifel ziehen müssen, dass der Empfang am 28. Dezember 1745 aus eigenem Antrieb der Berliner Bevölkerung so gestaltet wurde. Nichts spricht dafür, dass der König dieses Ereignis in seiner Choreographie völlig aus der Hand gegeben hat. Dies hätte dem monarchischen Selbstverständnis der Zeit völlig widersprochen. Schieder selbst spricht von einem »triumphalen Adventus« und stellt damit den Bezug her zu einem klassischen Ereignis in der Beziehung zwischen Monarch und Untertanen in vormodernen Zeiten.[38] Beim Einzug des Herrschers spiegelten sich Machtverhältnisse wider, wurden Hierarchien bestätigt oder konnten je nach Machtkonstellation modifiziert werden; das geübte oder veränderte Zeremoniell war dabei ein zuverlässiger Gradmesser für Kontinuitäten oder Neuerungen. Die Einholung des Monarchen in die Stadt war somit auch ein kommunikativer Akt, dessen einzelne Elemente angesichts der hohen Bedeutung dieses Ereignisses weder spontan festgelegt noch dem Zufall überlassen werden konnten – und da der König bei diesen Vorgängen die Hauptperson darstellte, kann man davon ausgehen, dass Friedrich zumindest indirekt an der Inszenierung beteiligt war oder sie in seinem Sinne hat erfolgen lassen.[39]

Ähnliches gilt für die nachfolgenden Festlichkeiten, die bis in die Nacht angehalten haben sollen. Feierlichkeiten dieser Art und dieses Ausmaßes waren in jedem Fall ein Thema der öffentlichen Ordnung. Es ist auszuschließen, dass die preußische Obrigkeit weder von diesbezüglichen Vorbereitungen etwas mitbekommen noch in diese Planungen nicht involviert gewesen ist. Eine Bestätigung dessen findet sich auch in der anonymen Flugschrift, die die Beschreibung in großer Selbstzufriedenheit beschließt: »Von einem so ausserordentlichen Freuden Fest, das hier ohne Exempel ist, verdinet es wohl, wie es würklich an dem ist, noch zum Beschlusse hinzuzufügen, daß es ohne die allermindeste Unordnung vollbracht worden.«

Diese Überlegungen lassen sich durchweg anhand der beiden Flugschriften bestätigen, die den Einzug Friedrichs und den Empfang durch die Berliner beschreiben. Der gesamte Ablauf war viel zu elaboriert, als dass es sich um spontane und nicht gelenkte Aktionen hätte handeln können: Der Aufzug der verschiedenen städtischen Korporationen, die arrangierten Gesänge und Hochrufe, die zahlreichen Ausschmückungen in der Stadt waren kaum in einer spontanen Mobilisierung aufzubieten. Vielmehr steht zu vermuten, dass zumindest gezielte Hinweise der Obrigkeit an die Untertanenschaft die Feierlichkeiten in eine Richtung lenkten, die dem König genehm war.

So beinhaltete der Empfang, den die Compagnie der jungen Kaufleute zu Pferde dem König auf der Britzer Heide, also noch vor der Stadt, zuteil werden ließ, auch ein dreifaches »Vivat Friedrich der Grosse«. Die Flugschrift vermerkt dazu explizit, dass der König daraufhin seine »Zufriedenheit mündlich zu erkennen zu geben geruheten«: Offenbar ließ Friedrich diese Ehrenbekundungen, gerade auch hinsichtlich des neuen Beinamens, nicht an sich abperlen. Überhaupt hat die Flugschrift »Beschreibung des Triumphirenden Einzuges welchen Seine Königliche Majestat von Preussen Friedrich der Grosse am 28. Dec. 1745. in Dero Residentz-Stadt Berlin gehalten haben« einen deutlich offiziöseren Anspruch, als auf den ersten Blick zu erkennen ist. Denn keineswegs handelt es sich dabei um eine propagandistische Publikation, die einfach nur gegenüber der preußischen Öffentlichkeit deutlich sichtbar das »Magnus« zum Namen des Königs stellen will.

Vielmehr zeigt der Aufbau der Flugschrift, dass es sich um ein Druckwerk handelt, das den Untertanen zur Selbstvergewisserung ihrer Einbindung in Friedrichs Triumphzug dienen sollte. Nach einem knappen einleitenden Vorbericht wird zunächst vom Einzug des Königs und den hier inszenierten

2 Bartholomäus Hübner und Christian Halbauer nach Antoine Pesne und Gottfried Eichler, *Friedrich II. von Preußen mit Prinz Friedrich Wilhelm (II.)*, 1760, Kupferstich, Punktmanier, Radierung, SPSG, GK II (10) 1293

Ehrenbezeugungen berichtet; dieser Part endet mit dem Hinweis, dass zum Abend in der ganzen Stadt Illuminationen erstrahlten. Daraufhin habe Friedrich beschlossen, »durch die vornehmsten Strassen zu fahren, um diese merckwürdige Illumination selbst mit anzusehen«. Als ob sie dem König auf der Fahrt durch seine Residenzstadt folgen, beschreiben nun die folgenden Seiten, durchnummeriert und nach einzelnen Straßen gegliedert, protokollartig die Inschriften und die Art ihrer Präsentation. Die hier aufgenommenen Beschreibungen der Lobeshymnen veranschaulichen damit nicht nur, wie sehr Berlin (und auch Potsdam, für das eine eigene Beschreibung angefügt wird) seinen siegreichen König feierte, sondern sie dokumentieren vor allem, wer sich auf welche Weise und mit welchem Motto als treuer Untertan des Königs gezeigt habe: Die Flugschrift stellte sicher auch einen Rapport für den Monarchen dar, war aber mehr noch Bestätigung für die Berliner, denen eine königstreue Gesinnung bescheinigt wurde – kein Wunder, dass der Druck auf 88 paginierte Seiten angeschwollen war.

Gleichwohl stellte sich Friedrich bei diesen Feierlichkeiten eher verhalten dar. Man darf dies nicht als Bescheidenheitsgestus missdeuten. Denn wir müssen davon ausgehen, dass der König diese Inszenierung der Feierlichkeiten im Prinzip so gewollt und damit deren Aufführung auch so gebilligt hat. Anders konnte es auch nicht sein, dass ein Monarch mit dem herrscherlichen Selbstverständnis und Selbstbewusstsein, wie Friedrich es auszeichnete, die Verleihung eines Beinamens von einer Laune der Untertanen abhängig machte.

Man mag Müdigkeit nach der Reise und dem Krieg als Erklärung anführen, in jedem Fall ist eine der herrscherlichen Dignität geforderte Distanzierung von den Untertanen einzukalkulieren. Der Monarch wollte gefeiert werden, aber nicht mitfeiern. Er machte sich nicht gemein mit dem Volk, dessen Vivat-Rufe er gleichwohl hören wollte. Aus dieser Distanzwahrung eine Ablehnung der Ehrungen abzulesen, geht deswegen zu weit.

Wie die Reaktion des Königs auf die Feierlichkeiten zu seinen Ehren ausfiel, ist jedoch durchaus ein Thema in der Friedrich-Historiographie gewesen. So weiß Kugler mit viel Empathie davon zu berichten, in welcher Weise Friedrich beim Einzug auf die jubelnde Volksmenge reagierte: »Der König war ernst und tief bewegt; er grüßte nach allen Seiten, sprach mit Allen, die seinem Wagen nahe kamen, und bemühte sich sorglich, die Zudrängenden vor Schaden zu behüten.«[40] Schon hier wird Friedrich ganz die Rolle des sorgenden Landesvaters zugeschrieben. Ein anderer Aspekt taucht später am Abend auf, als Friedrich, wieder nach Kugler, das Schloss verlassen habe und erneut in die Stadt gefahren sei, »um noch einmal den Jubel seines Volkes in Augenschein zu nehmen«.[41] Tatsächlich aber ging es ihm nicht ums Feiern, vielmehr eilte Friedrich an das Sterbebett seines alten Lehrers Duhan, um Abschied zu nehmen. Kugler kontrastiert also die Ausgelassenheit des Volkes mit dem Ernst des Monarchen: Während die Berliner die Heimkehr des siegreichen und »großen« Königs die ganze Nacht hindurch feierten, ging es dem König um ein

MICHAEL KAISER

»schmerzlich theures Geschäft«: Tatsächlich verlor Friedrich mit Duhan einen Vertrauten, der ihm in der Zeit des Zerwürfnisses mit seinem Vater die Treue gehalten hatte. Nicht Teilnahme am ausgelassenen Treiben, sondern Pflichtbewusstsein, hier in Gestalt der »pietas« des Eleven gegenüber seinem alten Hauslehrer, tritt als von Kugler in Szene gesetzte Tugend des Königs auf.

Doch auch die Koinzidenz von Duhans Sterben und dem feierlichen Einzug des Königs in Berlin, wie Kugler sie betont, gibt keinen Anlass zur Annahme, dass Friedrich der Art und Weise seines Einzugs in die Residenzstadt indifferent gegenüberstand. Ganz im Gegenteil: Der Herrscher, der gleich am Beginn seiner Regentschaft zum »Rendezvous des Ruhms« ausgezogen war,[42] konnte gar nicht umhin, den auf dem Schlachtfeld erworbenen und durch den gerade geschlossenen Friedensvertrag bestätigten Ruhm auch mit angemessen orchestrierten Feierlichkeiten zu begehen. Und zu einer Form der Rangerhöhung, wie sie eben auch die Anerkennung des Königs als »Großen« darstellte, gehörten auch die Bekundungen durch das Volk dazu, möglicherweise vergleichbar der Einbeziehung des Volkes in die Feierlichkeiten einer Königskrönung.[43] Jedenfalls dürfte hier kaum die »anonyme Macht der Geschichte« (Schieder) am Werk gewesen sein. So wie sich Friedrich vielfach der Inszenierung seines Ruhms selbst angenommen hat, spricht vieles dafür, dass er auch selbst dafür sorgte, am Ende des erneut siegreichen Waffengangs um Schlesien als »Fridericus Magnus« verherrlicht zu werden.

Das Konzept historischer Größe oder: Was macht Friedrich groß?

Mit dem Abschluss des Zweiten Schlesischen Kriegs war »der preußische Fridericus Magnus geboren«.[44] War damit nun der Name des Königs fest mit dem Beinamen des »Großen« vereinigt? Begann erst jetzt die Debatte, was diese Größe eigentlich ausmachte? Welche Assoziationen und Erwartungen mit diesem Epitheton verbunden wurden, war nirgends fixiert und blieb denen überlassen, die den König als »Großen« apostrophierten. Die relative Freiheit, die historische Größe Friedrichs inhaltlich nach jeweiligem Gutdünken auszufüllen, beruhte nicht zuletzt darauf, dass sich der König selbst an der Definition von historischer Größe nicht beteiligte.

Dabei hatte Friedrich durchaus konkrete Vorstellungen davon, was einen großen König ausmachte. Bemerkungen dazu hat er immer wieder gemacht, unter anderem in den »Denkwürdigkeiten zur Geschichte des Hauses Brandenburg«. Bei der Würdigung des Großen Kurfürsten grenzte er zunächst Cromwell aus der Betrachtung aus, der ihm zu viele verbrecherische und tyrannische Züge aufwies. Vielmehr galt nach Friedrich: »Le nom de Grand n'est dû qu'à des caractères héroïques et vertueux.« Diese Feststellung nahm er dann als Auftakt für eine vergleichende Betrachtung seines Urgroßvaters Friedrich Wilhelm und des französischen Königs Ludwig XIV.; beiden billigte er am Ende historische Größe zu.[45] Für sich selbst definierte er damals den Weg zur Größe durchaus über militärischen Ruhm; bekannt ist das Diktum, mit dem er selbst rückblickend den Entschluss zum Krieg um Schlesien erläutert hat: »Der Ehrgeiz, mein Vorteil, der Wunsch, mir einen Namen zu machen, gaben den Ausschlag, und der Krieg ward beschlossen.«[46]

Die Geschichtswissenschaft hat hierin früh eine Grundlegung für die sich entwickelnde Größe gesehen, doch Friedrich selbst verfolgte nach wie vor auch andere Interessen, die er ebenfalls für geeignet hielt, historische Größe zu vermitteln. Dies galt gerade für die Phase des Zweiten Schlesischen Kriegs, wie der Marquis de Valory zu beobachten meinte, der sich in diesen Jahren als französischer Gesandter am preußischen Hof aufhielt. Ihm zufolge entwickelte Friedrich damals seine militärischen Talente, war aber gleichzeitig seinen künstlerischen Neigungen verpflichtet. Der Gesandte konnte nicht umhin, im König vor allem den Schöngeist zu sehen (»bel-esprit«), der ähnlich wie der Vater eigene Marotten zu entwickeln begann. Als Beispiel dafür führt Valory Friedrichs Auffassung von einem großen König an: »le poète, l'orateur, le musicien, absorbent le grand roi«. Gleichwohl sei Friedrich, wie Valory ihn charakterisierte, sehr darum bemüht, seinen Ruf und Ruhm nach außen hin zu manifestieren: »Il court après une réputation universelle.«[47] Man wird Friedrich beide Vorstellungen zubilligen müssen, sowohl das heroische, nach Ruhm lechzende Konzept als auch das des musisch versierten Philosophen-Königs; beides waren für ihn Wege zur historischen Größe. Die Zeitgenossen sind ihm auf diesen Wegen nicht immer gefolgt, haben stattdessen andere und eigene Vorstellungen entwickelt.

Von großer Bedeutung für die Charakterisierung von Friedrichs Größe sind moralische Qualitäten gewesen; dies sicher im Einklang mit den üblichen Tugendkategorien, wie sie auch Friedrich selbst an andere Herrscher angelegt hat.[48] Eine Flugschrift aus dem Jahr 1758 führt diesen Ansatz mit großer Konsequenz aus und nimmt dabei niemand Geringeren als Alexander den Großen zum Maßstab, um an ihm Friedrichs Größe zu bemessen. Auffällig ist, dass die rein militärischen Begabungen keine Rolle spielen. Vielmehr thematisiert die Flugschrift Eigenschaften wie Offenheit und Ehrlichkeit, Mäßigung im alltäglichen Leben, aber auch in den politisch-militärischen Aktivitäten; schließlich wird Religiosität als unabdingbar erkannt, immerhin moderiert von der Verstandeskraft. Speziell im Krieg zeige er seine »große Menschenliebe«, die nicht nur die vielen Toten bedauere, sondern sich konkret in der Sorge um die Blessierten äußere. So wie Friedrich diese Eigenschaften attestiert werden, findet sich Alexander mit dem Vorwurf konfrontiert, »Beispiel eines falschen Helden [zu] seyn, der nur geboren war, um zu verderben, zu rauben, stolz zu seyn, und daher billig verachtet zu werden«. Konsequenterweise scheut sich die Flugschrift nicht, den König »Fridericum maximum, oder Friedrich den Grösten« zu nennen.[49] Dass eine Publikation, die mitten aus dem Siebenjährigen Krieg datiert, mit propagandistischer Verve den König zum Helden stilisiert und damit seine Größe erweist, ist eigentlich nicht weiter auffällig; vielmehr war dies Bestandteil zeitgenössischer Propaganda, die das Kriegsgeschehen begleitete und europaweit rezipiert wurde.[50] Bemerkenswert an dieser Flugschrift ist jedoch, dass nicht aktuelle Kriegsgegner mit dem preußischen König verglichen werden, sondern Alexander als der Prototyp eines großen Königs. In dieser Sphäre allein erscheint Friedrich der Große seinen angemessenen Ort zu finden, nur hier finden sich Persönlichkeiten, die eines Vergleichs wert zu sein scheinen.

Die schon 1758 angesprochene Religiosität taucht auch andernorts auf, wenn es darum geht, Friedrichs Größe auf den Begriff zu bringen. Sehr konsequent hat dies Johann Friedrich Tiede, der evangelische Pfarrer zu Schweidnitz, in einer Rede einen Monat nach dem Tod Friedrichs umgesetzt. In dieser gab er zunächst der Trauer der Gemeinde und der Untertanen Ausdruck (»Die Krone unsers Haupts ist abgefallen«), um dann ausführlich die Größe Friedrichs zu preisen.[51] Ausgangspunkt für diese Ausführungen war die Bibelstelle aus dem 1. Buch der Chronik, 18, 8: »Ich habe dir einen Nahmen gemacht, wie die Grossen auf Erden Nahmen haben«, sodass Tiede aus der Feststellung von Friedrichs Größe rasch schlussfolgern kann: »Gott hat ihn groß gemacht.« Im Weiteren entwickelt er die »Hauptzüge seiner Größe«, zu denen er die Liebe der Untertanen, die Furcht der Feinde, seine Geistesgröße im Unglück – gemeint sind die militärischen Katastrophen im Siebenjährigen Krieg – und die Ehrungen der Nachwelt zählt. Anschließend erläutert Tiede, wie sehr göttliche Vorbereitung dieser Größe den Weg geebnet hatte: letztlich eine Melange aus Providenz, die den König in kritischen Situationen rettete, und entsprechender charakterlicher Disposition Friedrichs, die die bekannten Eigenschaften von der Verstandeskraft und Geistesgegenwart bis zur Duldsamkeit und Mäßigung umfasste. Insgesamt geht Tiede nicht so weit, die Größe Friedrichs religiös zu überwölben; die angesprochenen Elemente bleiben die üblichen Tugenden, wie sie von einem Großen erwartet werden. Ganz ähnlich ist ein Pastor verfahren, der in Dahl, einem Ort in der Grafschaft Mark, einen Trauergottesdienst anlässlich des Todes Friedrichs veranstaltete. Wie der in Schlesien tätige Tiede ging auch der Märker Boedeker von derselben Bibelstelle aus, um Friedrichs Größe anhand seiner Tugenden zu entfalten und darzulegen, »wie sich Gott bey diesem großen Nahmen Friedrichs verherlichet«.[52] Bei beiden Geistlichen besteht das religiöse Element vor allem in der Rückbindung von Friedrichs Tun an göttliches Wirken und göttliche Voraussicht.

In späteren Jahren und erst recht nach dem Tod Friedrichs drängte vor allem eine Idee vor, an der Friedrichs Größe sich messen lassen musste: der Patriotismus, dann schon bald auch ein deutlich formulierter nationaler Gedanke, teils auf Preußen, teils aber auch auf Deutschland insgesamt bezogen. Entsprechende Tendenzen hat es früh gegeben, die überhaupt nicht antimonarchisch ausgerichtet waren, sondern ganz im Einklang mit dem preußischen Königtum standen, ja die gerade Friedrich den Großen in den Fokus patriotischen Strebens stellten.[53]

In den 1780er Jahren löste dann Friedrichs Fürstenbundpolitik einen weiteren patriotischen Schub aus. Christian Friedrich Daniel Schubart verfasste einen Hymnus unter dem Titel »Friderich der Grose«, in dem er die Verdienste des Königs besang. Zu Beginn stellt Schubart die Kriegstaten Friedrichs heraus, doch dann führt er unter dem Leitgedanken, dass es Friedrichs Wunsch gewesen sei, »groß und glücklich

MICHAEL KAISER

zu machen sein Volk«, die Aufbauarbeit nach dem Siebenjährigen Krieg, die Bildungsbemühungen und die Blüte der Kultur an. Dass diese Kultur vor allem die deutsche sein sollte und der preußische König als Wächter der »Heldensprache« apostrophiert wurde, zeigt den Grad der Vereinnahmung, der dann am Ende im Appell kulminiert: »Sei unser Führer, Friedrich Hermann!« Die Größe des Königs wurde auf einmal zur Verpflichtung, patriotische Aufgaben zu übernehmen. Aber deren auszeichnendes Epitheton wurde von diesem historischen Vermächtnis des Römer-Bezwingers Hermann (Arminius) weggedrückt, der nun als neues Epitheton an die Stelle des Beinamens »der Große« rückte. Was hier in einem Gedicht kurz aufblitzte, verwies auf nationale Regungen, die schon kurze Zeit später auch die Debatte über Friedrich beeinflussen sollten.[54]

Dabei war das Friedrich-Bild kurz nach seinem Tod und in den Jahren des ausgehenden Ancien Régime durchweg positiv; gerade die Geistlichkeit scheint Träger dieser Pro-Friedrich-Stimmung gewesen zu sein, wie die obigen Beispiele der Pastoren Tiede und Baedeker nahelegen. Es gab überhaupt Züge kultischer Verehrung für »Friedrich den Einzigen«, dessen politische Klugheit, landesväterliche Sorge und kulturelle Förderung über das Maß gelobt wurden.[55] Geradezu eine Anleihe bei antiken Mythen, in denen verstorbene Heroen an den Himmel versetzt wurden, machte der Vorschlag, für Friedrich ein Sternendenkmal zu setzen. Ewiges Andenken galt es zu wahren, wobei die Ausgestaltung mit Schwert, Feder und Ölzweig seine Taten als »Helden, Weisen und Friedensstifter« versinnbildlichen sollten.[56] Die Idee eines Denkmals für Friedrich grassierte auch bei anderen, und auch wenn keines dieser Projekte realisiert wurde, gaben sie dem offenbar weitverbreiteten Wunsch Ausdruck, den großen König angemessen zu verherrlichen. Entwürfe gossen das Andenken an Friedrich in die Form eines Heiligtums, wobei diese Form der Verherrlichung des toten Königs immer auch eine Indienstnahme für Preußen bedeutete. Dass dies letztlich einer Nivellierung des Monarchen Vorschub leistete, indem dieser in der preußischen Staatsidee aufging, fiel weniger auf, da der Grundtenor eindeutig positiv, Friedrich der Große uneingeschränktes Vorbild und Leitstern Preußens war.[57]

Unabhängig von diesem positiven Friedrich-Bild gab es unverhohlene Kritik am preußischen Staat, dessen stark reglementierende Strukturen als beengend empfunden wurden. Mit der militärischen und politischen Katastrophe gegen das napoleonische Frankreich brachen sich diese Kräfte endgültig Bahn. Das Feindbild für die Reformer in Preußen wurde nun vorbehaltlos der Staat Friedrichs, dessen Scheitern 1806 manifest geworden war. Damit rückte nicht nur das staatliche System des 18. Jahrhunderts ins Visier der Kritiker, sondern auch der Monarch, der diesen Staat nicht nur ein knappes halbes Jahrhundert geführt, sondern ihn auch wie kein anderer geformt und geprägt hatte. Reformgeist und Kritik an Friedrich wurden eins.[58] Von der Größe des Königs war in diesem Moment wenig die Rede. Ein Beispiel, wie schwierig das Friedrich-Gedenken in dieser Phase war, bietet die Rede Johannes von Müllers anlässlich der Geburtstagsfeier für Friedrich im Januar 1807 in der Berliner Akademie der Wissenschaften. In ihr wurde Friedrich nicht mehr als »der Große« angesprochen, sondern nur als »unsterblicher Friedrich«, und Müller rückte am Ende Napoleon in die Nachfolge Friedrichs, wenn er feststellte, »daß der Sieg, die Grösse, die Macht immer dem folgt, die dir am ähnlichsten ist«. Dies war natürlich der Rücksichtnahme auf Napoleon geschuldet und stellte einen eleganten Versuch dar, »jene Franzosen, die du immer sehr liebtest, mit den Preussen, deren Ruhm du bist«, zusammenzuführen. Gleichzeitig zeigte es, dass die Zeit, in der Friedrich als der Große gelten konnte, scheinbar abgelaufen war.[59]

Johannes von Müller hatte zuvor immerhin noch mahnend wie tröstend festgehalten, dass sich ein Volk niemals aufgeben dürfe. Damit adressierte er eine Instanz, die nun stärker als je zuvor als eigentlicher politischer Akteur identifiziert wurde. Dass das Volk oder besser noch die Nation zum eigentlichen Bezugspunkt der historischen Bewertung wurde, ging einher mit dem Ende des Ancien Régime. Auch Monarchen wurden nun danach beurteilt, inwieweit ihr Tun dem Ziel und Zweck der Nation entsprach. Das Ergebnis dieser Beobachtungen fiel selten positiv aus. Auch gegen Friedrich erhoben sich kritische Stimmen, von denen hier mit Adam Heinrich Müller der vielleicht bedeutendste Vertreter der politischen Romantik zu Wort kommen soll. Müller hielt 1810 in Berlin öffentliche Vorlesungen, die unter dem Titel standen: »Ueber König Friedrich II und die Natur, Würde und Bestimmung der preussischen Monarchie«.[60]

Müllers Diagnose war so einfach wie erschütternd: Es war die Größe eines Monarchen, die kontraproduktiv wirkte, insofern sie die Entfaltung nationaler Kräfte behinderte.

»Nichts steht dem wahren Nationalgeiste so sehr im Wege, als der unfruchtbare Glaube, daß die Begründung, die Befestigung und die Rettung der Staaten nur von sogenannten großen Männern komme, welchen es von unsichtbarer Hand verliehen sei, mit einer seltenen Wunderkraft die Völker zu ergreifen und zu kneten. […] Hätten die großen Europäischen Staaten von Anbeginn an eine ununterbrochene Reihe sogenannter großer Männer zu Beherrschern gehabt, so wüßten wir noch jetzt nicht, und hätten nicht empfunden, was ein Staat, was eine Nation und was Freiheit ist.«[61]

Im Weiteren geißelt er den Gedanken, dass immer wieder noch der »Wunderglaube an sogenannte große Männer das Aufblühen wahren Nationalgeistes, und also der Nationalkraft« behindert.[62] Und wenig später fragt er mit konkretem Bezug zu Preußen:

»Woher diese nationale Selbstvergessenheit? Weil der Held Preussens und sein glückliches Werk uns zu nahe vor Augen standen und uns das eigentliche Vaterland verdeckten; weil das Gedächtnis unsers weltlichen Ruhmes, der sich an Friedrichs Namen knüpfte, lebhafter war, als das Gefühl unsrer National-Existenz.«[63]

Explizit taucht Friedrich hier als störendes Element in der nationalen Selbstfindung Preußens auf; ein knappes Vierteljahrhundert nach Schubarts Hoffnungen, die Friedrich geradezu als nationalen Erlöser apostrophiert haben, wird er nun als ein in der historischen Entwicklung geradezu überlebtes Element identifiziert. Müller äußert in seinen weiteren Ausführungen durchaus noch Lob für Friedrichs historische Leistung. Doch ändert dies nichts am Verdikt, dass die Leistungen Friedrichs als katastrophal beurteilt werden. Historische Größe war auf der Basis dieser Erkenntnis nicht mehr aufrechtzuerhalten.

Es dauerte noch einige Jahrzehnte, bis sich die Einschätzungen Friedrichs wieder nachhaltig wandelten.[64] Doch auch jetzt blieb der nationale Auftrag bestehen, nur dass preußische Historiker einen Weg gefunden hatten, Friedrich fest in den nationalen Diskurs einzubinden, ja ihn geradezu als Ikone für die preußisch-deutsche Nationalstaatsbildung aufzubauen. Selbstverständlich blieb Friedrich damit der Große – nicht unwidersprochen, wie antiborussische Geschichtskonzepte vor allem im 19. Jahrhundert nicht müde wurden zu betonen.[65] Wichtig ist jedoch zu sehen, dass die hier Friedrich zugewiesene Größe einen anderen Fluchtpunkt ins Auge fasste. Auch wenn immer noch sein militärischer Ruhm, seine Leistungen im Staatsaufbau und seine charakterlichen und moralischen Qualitäten zählten, so galten diese Befunde nicht für sich, sondern zählten nur im Kontext der nationalen Idee.

Die Geschichte um Friedrichs Beinamen »der Große« und damit die Frage, welche Vorstellungen von Größe hierauf angewandt wurden, lassen sich bis weit ins 20. Jahrhundert nachverfolgen.[66] Dies soll hier nicht mehr geschehen, denn schon jetzt dürfte deutlich geworden sein, dass die historische Größe, wie es sie im Verständnis vormoderner Zeit gegeben hat, schon vor dem Anbruch des 19. Jahrhunderts mehr und mehr zurücktrat. Friedrichs Größe war im 19. Jahrhundert eine andere als die, die der König selbst für sich kreiert hatte; dies war nicht so, weil es sich nun um eine posthume Größe handelte, sondern weil die politische Konstellation sich verschoben hatte: Zwar gab es noch Monarchen wie Kaiser Wilhelm I., den der Enkel zum »Großen« machen wollte, und es gab auch noch herausragende Persönlichkeiten wie einen Reichskanzler Bismarck. Größer noch als diese aber erschien die Nation; den Beinamen »der Große« zu vergeben oder gar sich zuzulegen, war nicht mehr vermittelbar.[67] Vieles spricht dafür, dass aus vergleichbaren Gründen schon Napoleon diesen Beinamen nicht erhalten hat. Insgesamt erscheint somit die späte Geschichte der historischen Größe vor allem als ihre Verfallsgeschichte.

Historische Größe als analytischer Maßstab oder: Wozu braucht man historische Größe?

Der Blick auf das Phänomen der historischen Größe hat, wie die obigen Ausführungen andeuten wollten, vor allem eine Geschichte von offenbar willkürlichen Zuschreibungen, Modifikationen, Umdeutungen und auch Verweigerungen von Größe enthüllt. Unklar bleibt vielfach eine verbindliche Norm, nach der historische Größe messbar und vor allem qualitativ fassbar wird. Daher stellt sich abschließend die Frage, wie man historische Größe als Analysekategorie der Geschichtswissenschaften nutzen kann.

Es fällt auf, dass sich die Forschung mit diesem Phänomen in methodischer Hinsicht wenig befasst. Einen frühen Versuch hat Gervinus unternommen, doch sind seine Ausführungen eher wissenschaftshistorisch von Belang, als dass sie heute noch methodische Anregung geben könnten.[68] Jüngere Arbeiten, die die Größe einzelner Persönlichkeiten thematisieren, deklarieren das Unterfangen gleich als »Versuch«[69]: offenbar Ausdruck eines Missbehagens, mit einer Kategorie zu hantieren, über deren Leistungsfähigkeit man sich nicht sicher ist. Dabei wird die Frage, was historische Größe ist, auch in Einführungen zur Geschichtswissenschaft nie aufgeworfen. In diesem derzeit durchaus blühenden Zweig der Wissenschaftsprosa gibt es dazu keine Aussagen, allein Schieder hat in den 1960er Jahren dazu Stellung genommen.[70] Seine Ausführungen sind geprägt vom Spannungsverhältnis zwischen einem Ansatz, der historische (Einzel-)Persönlichkeiten in den Mittelpunkt stellt, und einem strukturellen Ansatz, der soziale Konfigurationen als maßgeblich ansieht und die Bedeutung eines historisch Großen durch den Kontext verschiedenartigster Lebensbezüge relativiert. Wie sehr der Siegeszug der Sozialgeschichte die Kontroverse um die historische Größe geprägt hat, zeigt dann eine um 1980 geführte Debatte, in der vor dem Hintergrund einer dominierenden Strukturgeschichte die historische Größe an den Rand gedrängt zu werden drohte. Dass der krude Antagonismus Struktur kontra Persönlichkeit und Individualität auf der Suche nach dem Wesen historischer Größe nicht weiterhilft, wird gerade auch anhand der damaligen Beiträge klar.[71] Ausführlicher hat sich dann wiederum Schieder mit der historischen Größe befasst. Nachdem er sich bereits in seiner Einführung zur Geschichtswissenschaft mehrfach auf Friedrich bezogen hatte, ist es wenig überraschend, dass er im Rahmen seiner Friedrich-Biographie von 1983 auf das Thema der historischen Größe ausführlich und grundsätzlich zu sprechen kam. Gleichwohl reichen seine Ausführungen in ihrer Ausführlichkeit und Tiefe nicht an die Überlegungen heran, wie sie Jacob Burckhardt in seinen »Weltge-

schichtlichen Betrachtungen« dargelegt hat. Das darin enthaltene Kapitel über »Die Individuen und das Allgemeine (Die historische Größe)« darf ungeachtet der Tatsache, dass eine Veröffentlichung nicht vorgesehen und das Manuskript auch noch nicht endgültig durchgearbeitet war, als die bis heute intensivste Auseinandersetzung mit dem Thema gelten.[72]

Burckhardt selbst macht jedoch schon zu Beginn seiner Ausführungen wenig Hoffnung auf eine positive Antwort. Die ersten Stichworte zum Auftakt des Kapitels lauten: »Fraglichkeit des Begriffes Größe; nothwendiger Verzicht auf alles Systematische und Wissenschaftliche«.[73] Immerhin haben Burckhardts Bemühungen eine weitreichende Ausdifferenzierung von unterschiedlichsten Erscheinungsformen historischer Größe hervorgebracht. Gleichwohl bleibt es schwierig, überzeugende Abstrahierungen von Kriterien für Größe zu generieren; sofort sind Beispiele für bestimmte Phänotypen von Größe genannt. Auch wenn viele Beobachtungen und Zuweisungen einleuchten, bildet sich kaum ein tragendes Konzept von historischer Größe heraus. Es bleibt somit ein Steinbruch von unterschiedlichsten Exempeln, dazugehörigen Einordnungen und vorstrukturierenden Ansätzen. Zum Ende seiner Betrachtungen behandelt Burckhardt das Wesen der Größe.[74] Die hier folgenden Kriterien entsprechen körperlichen und noch mehr geistigen

Qualitäten; zu nennen sind Urteils- und Differenzierungsvermögen, Willenskraft, Seelenstärke, Seelengröße, kultureller Sinn. Vieles davon leuchtet ein, doch ist es nur schwer operationalisierbar.

Am schwierigsten erscheinen die Ausführungen dort, wo sie auf Grenzfälle stoßen. Dies ist besonders der Fall, wenn einem historisch Großen Gesetzesübertretungen, ja Verbrechen nachzusehen seien.[75] Gerade in der Beurteilung Friedrichs spielt dieser Punkt eine Rolle, da sich an der Einschätzung oder besser an der Gewichtung des preußischen Angriffs auf Schlesien auch die Frage entscheidet, ob man den König eines Verbrechens anklagt oder ihn, da er »groß« ist, von Schuld freispricht. Burckhardt ist sich dieser Untiefen durchaus bewusst, auch wenn er die Schwierigkeit, Größe von »bloßer Macht« zu unterscheiden,[76] offen benennt und damit auch dämonische Seiten dieser historisch Großen anspricht.

Welche Dimension die Grenzfälle von historischen Personen haben können, die mit großer Macht ausgestattet sind, hat nicht Burckhardt, sondern Thomas Mann erfahren. Historische Größe, zumal in der Person Friedrichs, war für ihn zunächst nicht zu hinterfragen; vielmehr erkannte er in dem König ein Vorbild, dessen Wert sich für ihn gerade im entfesselten Weltkrieg offenbarte: »Deutschland ist heute Friedrich der Große.«[77] Die Kategorie der historischen Größe erlebte Mann dann gut zwei Jahrzehnte später nachhaltig diskreditiert. In seinem Traktat »Bruder Hitler« von 1938 wehrte er sich dagegen, »daß man sich durch ein solches Vorkommnis [Hitler, M. K.] das Genie überhaupt, das Phänomen des großen Mannes verleiden läßt«.[78] Und anklagend fügte er hinzu, dass seine Zeit, der es gelang, »so vieles zu verhunzen«, auch »die Verhunzung des großen Mannes« gebracht hat. Bei Mann wird man auch ein großbürgerlich-intellektuelles Unbehagen gegen eine allzu starke Demokratisierung von historischer Größe erkennen, die als unheilvolle Profanierung verstanden wird. Doch die Aporie war nicht zu verhindern. Mochte es mit Blick auf Hitler auch mehr als gerechtfertigt sein, bei ihm nicht über historische Größe zu reden, ließ sich dahinter doch eine Entwicklung in der politischen Kultur ablesen, die mit historischer Größe als Kriterium nicht mehr viel und vor allem nicht mehr eindeutig etwas anzufangen wusste. Möglicherweise fiel nun auch das stillschweigende Eingeständnis leichter, dass es eben schwer zu entscheiden ist, was genau historische Größe ausmacht.

Beispielhaft ist an dieser Stelle auf Joachim Fest zu verweisen, dessen Hitler-Biographie mit der Frage nach historischer Größe einsetzt. Mit Berufung auf Burckhardt macht Fest weniger das moralische Kriterium geltend, sondern ein ästhetisches Moment, wenn er feststellt, dass »die unverkennbar ordinären Eigenschaften [bezogen auf Hitler, M. K.] [...] ein Element abstoßender Gewöhnlichkeit ins Bild [bringen], das von dem herkömmlichen Begriff der Größe nicht mehr gedeckt wird«.[79] So kommt Fest bei der Suche, ob es so etwas wie Größe bei Hitler geben könnte, immer wieder auf den Punkt, wie sehr dessen Persönlichkeitsbild vor allem von »nichtigen oder unansehnlichen individuellen Verhältnissen« und »individueller Armut« geprägt war.[80] Auf den ersten Blick erscheint es durchaus heikel, eine Hitler-Biographie mit diesem Aspekt zu beginnen. Und doch wird rasch klar, wie sperrig und unangemessen sich die Kategorie der historischen Größe zu einem Phänomen wie Hitler verhält – und wie es seit dem 20. Jahrhundert womöglich generell schwierig geworden ist, historische Persönlichkeiten als »groß« zu kennzeichnen.

Wie lassen sich diese Beobachtungen zusammenfassen? Das Unbehagen, das ein Thomas Mann verspürte, verweist exemplarisch auf die Probleme, die zwangsläufig entstehen, wenn man historische Größe als Bewertungsmaßstab benutzen möchte. Versuche der Geschichtswissenschaft, den Begriff operationalisierbar zu machen, können weitestgehend als gescheitert betrachtet werden. Übrig bleibt somit die historische Größe als ein Narrativ von herausragenden historischen Persönlichkeiten. Auch der Beiname »der Große« erscheint nach diesem Verständnis durchaus sinnvoll, wenn man in ihm vor allem das Ergebnis einer erfolgreichen Selbstinszenierung einer historischen (Herrscher-)Persönlichkeit sieht wie auch dessen Tradierung und Vereinnahmung in späteren Zeiten erkennt. Für Friedrich konkret bedeutet dies, dass er weiterhin »der Große« genannt werden kann – eben vor dem Hintergrund einer erfolgten Selbstzuschreibung, dass er sich als ein Großer stilisierte und so auch gesehen werden wollte. Nur darf die historische Forschung deswegen nach wie vor nicht aufhören, die Leistungen Friedrichs zu untersuchen.

MICHAEL KAISER

1 Am ausführlichsten tut dies: Schieder, 1983. – Das hierin enthaltene Kapitel über die historische Größe (S. 473–491) stellt eine etwas gekürzte und geänderte Version seines Akademie-Vortrages zum selben Thema dar (Schieder, 1984). Im Folgenden wird aus beiden Werken zitiert werden. – Siehe auch den Epilog bei: Kunisch, 2004, S. 541–547. – Vierhaus, 2004, S. 233–246. – Heinrich, 2009, S. 357–360.

2 Die Formulierung taucht in der älteren Literatur einige Male auf; am bekanntesten ist sicher die Arbeit von Reinhold Koser (Koser, 1886).

3 Zu dieser Thematik jetzt erschöpfend: Hahn, 2007.

4 Der Begriff nach: Schieder, 1983, S. 483.

5 Siehe: Burckhardt, 1982, S. 377–405, hier S. 377.

6 Viele Namen sind bei Burckhardt und bei Schieder genannt (Burckhardt, 1982. – Schieder, 1984). – Weitere Namen gelistet bei Otto Hintze, siehe: Brocke, 2006, S. 231–267, hier S. 266.

7 Lehmann, 1929, S. 215–239, hier S. 217 f.

8 Stehkämper, 1982, S. 72–93.

9 Huizinga, 1947, S. 61–72, hier S. 70.

10 Vgl. hierzu Michael Schippan, der auch auf die vielfachen negativen Bewertungen aufmerksam macht, mit denen Katharina bedacht wurde (Schippan, 2009).

11 Burckhardt, 1982, S. 397. – Vgl. dazu auch: Schieder, 1984, S. 13.

12 Napoleon I., 1881, S. 78.

13 Biskup, 2009, S. 172–190.

14 Schieffer, 1978, S. 87–107. – Maron, 1983, S. 743–753.

15 Burckhardt, 1982, S. 380–391.

16 Schieder, 1984, S. 16.

17 »Agebat infelicem Alexandrum furor aliena vastandi et ad ignota mittebat« (Seneca, 2007, XV, ep. 94, 62).

18 Mémoires pour servir a l'histoire de la maison de Brandebourg (Œuvres de Frédéric le Grand, Bd. 1, S. 111). – Voltaire, 1753, S. 242 f.

19 Dieser Gedanke schon bei: Huizinga, 1949, S. 72.

20 Lehmann, 1929, S. 220 f.

21 Bezeichnenderweise listet Otto Hintze in seiner Denkschrift vor allem diese Monarchen auf, die durchweg für die späteren Nationen als Reichsgründer verstanden werden konnten (vgl. Brocke, 2006, S. 266).

22 Außer auf Hahn sei verwiesen auf Karl Erich Born (Hahn, 2007. – Born, 1953).

23 Der knappe Hinweis bei Burckhardt zeigt, dass er sich dieser Problematik zumindest prinzipiell bewusst war, auch wenn er den Gedanken dann nicht weiter ausgeführt hat (Burckhardt, 1982, S. 379).

24 Burckhardt, 1982, S. 393. – Ihm folgt: Schieder, 1984, S. 13.

25 Plutarch: Bíoi parálleloi, Pompeius 13.

26 Livius, 1984, Bd. 34.2, Per. 103.

27 Schieder, 1983, S. 473.

28 Schieder, 1983, S. 478 f.

29 Preuß, 1832, Bd. 1, 1832, S. 220.

30 Hahn, 2007, S. 39.

31 Kugler, 1840, S. 240 u. 242. Die Illustration Menzels nimmt die ganze S. 241 ein.

32 Carlyle, 1858–1869, Bd. 4, S. 195.

33 Carlyle, 1858–1869, Bd. 4, S. 195. – Rödenbeck, 1840–1842, Bd. 1, S. 124.

34 Koser, 1921, Bd. 1, S. 538.

35 Schultz, 1988, S. 43.

36 Schultz, 1988, S. 45. – Die Nachricht über den Herold bei Rödenbeck (Rödenbeck, 1840–1842, Bd. 1, S. 129).

37 Carlyle, 1858–1869, Bd. 4, S. 202.

38 Schieder, 1984, S. 21.

39 Zu diesem Phänomen hat die jüngste Forschung einige Ergebnisse vorgelegt. Gleichwohl sei auch noch verwiesen auf Winfried Dotzauer, der längere historische Entwicklungen in den Blick nimmt, zudem Beispiele aus dem 18. Jahrhundert anführt (Dotzauer, 1973, S. 245–288). – Für die neueren Forschungsansätze jetzt: Johanek / Lampen, 2009. – Siehe auch die Fallstudie von Jan Brademann (Brademann, 2005).

40 Kugler, 1840, S. 242.

41 Kugler, 1840, S. 221.

42 So Friedrich gegenüber seinen Offizieren vor dem Ersten Schlesischen Krieg (siehe: Berney, 1934, S. 123).

43 Vgl. dazu die preußischen Beispiele in: Ausst.-Kat. Preußen 1701, 2001, Bd. 1, Kap. VI.

44 Schieder, 1984, S. 23.

45 Mémoires pour servir a l'histoire de la maison de Brandebourg (Œuvres de Frédéric le Grand, Bd. 1, S. 106–111, das Zitat S. 106).

46 Denkwürdigkeiten (1742) (Werke, Bd. 2, S. 6).

47 Valori, 1820, Bd. 1, S. 266.

48 Man kann dies vor allem in seinen historischen Schriften ablesen, etwa in den »Denkwürdigkeiten zur Geschichte des Hauses Brandenburg«.

49 Erweis, 1758, S. 12.

50 Siehe dazu etwa in Reaktion auf die Schlacht bei Zorndorf: Schreiben Algarottis an Friedrich II., 12. September 1758 (Œuvres de Frédéric le Grand, Bd. 18, S. 130, verfügbar unter: http://www.friedrich.uni-trier.de/de/oeuvres/18/130-o2/text/ (30.8.2011). – Für den Hinweis auf diesen Brief danke ich Hans-Ulrich Seifert, Trier).

51 Tiede, 1786 – Das Zitat findet sich tatsächlich im ersten Buch der Chronik, Kap. 17, 8.

52 Vogt, 2007, S. 280–285, das Zitat S. 284.

53 Schieder hebt vor allem Karl Wilhelm Ramler als Wortführer eines »spezifischen gesamtstaatlichen preußischen Patriotismus« hervor (Schieder, 1983, S. 23). Für die Phase des Siebenjährigen Kriegs muss auf Thomas Abbt verwiesen werden, der in seiner Schrift »Vom Tode für das Vaterland« einen monarchischen Patriotismus propagiert (Abbt, 1761).

54 Schubart, 1786, Bd. 2, S. 398–406.

55 Siehe dazu: Hellmuth, 1998, S. 23–54, hier bes. S. 27.

56 Bode, 1787, S. 187–190.

57 Hellmuth, 1999, S. 285–319.

58 Siehe knapp dazu: Kroll, 2001, Bd. 3, S. 620–635, hier S. 621 f.

59 Müller, 1807, die Zitate auf S. 19.

60 Müller, 1810.

61 Müller, 1810, S. 7.

62 Müller, 1810, S. 9.

63 Müller, 1810, S. 11.

64 Für das liberale und konservative Friedrich-Bild im Vormärz: Born, 1953, S. 10–51.

65 Zu diesen Kontroversen und Konflikten: Hahn, 2007, S. 11–44.

66 Neben den Abschnitten bei Hahn (Hahn, 2007, S. 79 f.) siehe auch: Duchhardt, 1990, S. 252–268.

67 Zum gescheiterten Versuch Wilhelms II., Kaiser Wilhelm I. den Beinamen »der Große« zu verleihen, siehe den Beitrag von Andreas Rose in diesem Band. – Sehr hellsichtig auch schon die Argumentation dazu von Otto Hintze (Hintze, 1915, S. 676).

68 Gervinus, 1838, Bd. 7, S. 137–160. Das Beispiel Friedrichs des Großen thematisiert er hier übrigens nicht.

69 Schieffer, 1978. – Stehkämper, 1982.

70 Schieder, 1968, S. 19, 102–106 u. 112 f.

71 Klett, 1980, S. 65–76. – Nitschke, 1980, S. 77–85.

72 Burckhardt, 1982. – Zur Werkgeschichte die Einleitung, bes. S. 58 f.

73 Burckhardt, 1982, S. 378.

74 Burckhardt, 1982, S. 394 f.

75 Burckhardt, 1982, S. 401 f.

76 Burckhardt, 1982, S. 397.

77 Mann, 1915, S. 16. – Dazu auch: Kunisch, 2006, S. 79–101.

78 Mann, 1956, Bd. 12, S. 772–779, hier S. 778 f.

79 Fest, 1976, Bd. 1, S. 20.

80 Fest, 1976, Bd. 1, S. 24.

D.Chodowiecki, inv: Sc. et exc. Berolini 1758.

FRIDERICUS MAGNUS
REX BORUSSIÆ.

RAINER MICHAELIS

FRIEDRICH DER GROSSE IM SPIEGEL DER WERKE DES DANIEL NIKOLAUS CHODOWIECKI

In seiner Werkstatt in der Berliner Brüderstraße, unweit des Stadtschlosses, schuf Daniel Nikolaus Chodowiecki im Jahre 1758 die erste selbständig komponierte Darstellung Friedrichs des Großen (Abb. 1).[1] Dieser trägt offensichtlich die Uniform seines 1. Bataillons Leibgarde – Infanterie Regiment Nr. 15a –, gebietet aber den Gardekürassieren. Sein Pferd springt nach links, zugleich wird es nach vorn aus dem Bild herausgelenkt, während die Blickrichtung des Reiters rechts in den Hintergrund führt. Die Komposition orientiert sich an einer manieristischen Formel des späten 16. Jahrhunderts, der »figura serpentinata«. Die unbeholfene, ja hölzerne Statik des springenden Tieres ist auch in der zeitgenössischen Malerei zu finden[2] und daher nicht als außergewöhnlich zu betrachten. Trotzdem »werden wir uns wohl dadurch überrascht fühlen, dass das Blatt […] einen entschiedenen Eindruck macht. Zum Teil wirkt wohl die Wucht der heftigen Bewegung in der dominierenden Hauptfigur, mehr jedoch das Gebietende in Friedrichs wohlgetroffenem Kopfe; und aus dem Ganzen spricht die Wärme und Weihe des Selbsterlebten«, so Chodowieckis Biograph Wolfgang von Oettingen.[3]

Das Porträt des Königs ist von Georg Friedrich Schmidts Kupferstich beeinflusst (Abb. 2),[4] der das berühmte Gemälde des preußischen Hofmalers Antoine Pesne[5] von 1739/1740 reproduziert. Es handelt sich dabei um das letzte authentische Bild des Königs für annähernd 25 Jahre. Zugleich sind sowohl Pesnes Gemälde als auch Schmidts Kupferstich von 1746 charakteristische Werke des friderizianischen Rokoko, einer Variante des internationalen Rokoko, das von der Forschung auf die ersten beiden Regierungsjahrzehnte des Königs begrenzt wird. In diesem stilistischen Milieu ist Chodowieckis Radierung von 1758 angesiedelt. Sogar die Typographie, der Inhalt der Unterschrift sowie der an Wattestruktur erinnernde Fond von Schmidts Blatt wurden übernommen. Trotzdem kann dem Kunstgelehrten Adam Weise beigepflichtet werden, der 1857 schrieb: »Von Manier oder Nachahmung Anderer wollte Chodowiecki nie etwas hören. Wie er sich selbst Alles verdankte, so fand er auch in sich die Mittel, jede Darstellung auf seine eigenthümliche Weise auszuführen, ohne sich dabei fremden Vorbildes zu bedienen.«[6] Der Autodidakt Chodowiecki hatte erst 1756 begonnen, sich mit der Radiertechnik zu beschäftigen. Da nimmt es nicht wunder, dass er sich mit der Arbeit an der 315 x 219 mm messenden Druckplatte schwertat. Zugleich handelt es sich dabei um sein erstes Blatt, das er für den Verkauf in hohen Stückzahlen vorsah. Das Blatt erfuhr allerdings nur eine geringe Verbreitung. Der Misserfolg fiel mitten in die Zeit des Siebenjährigen Krieges, in der an großzügige Aufträge für Künstler im unsicheren Berlin ohnehin nicht zu denken war. Immerhin aber lenkte diese Arbeit die Aufmerksamkeit des Publikums auf die Tätigkeit Chodowieckis.

2 Georg Friedrich Schmidt, *Friedrich der Große*, 1746, Kupferstich, Staatliche Museen zu Berlin, Kupferstichkabinett, 761-49 (Wessely Nr. 42)

gegenüberliegende Seite
1 Daniel Nikolaus Chodowiecki, *Friedrich der Große zu Pferde*, 1758, Radierung, Staatliche Museen zu Berlin, Kupferstichkabinett, 393-1907 (Bauer Nr. 11)

3 Daniel Nikolaus Chodowiecki,
Der Friede bringt den König wieder,
1763, Radierung, Staatliche
Museen zu Berlin, Kupferstich-
kabinett, 1483.208-1885
(Bauer Nr. 23)

Die Freude, ja die Euphorie über den Hubertusburger Friedensschluss im Jahre 1763 mag Chodowiecki schließlich zur Veröffentlichung einer Komposition veranlasst haben, die Friedrich den Großen als Sieger und Friedensbringer feiert (Abb. 3).[7] Freunde konnten Chodowiecki überzeugen, das als gelungen empfundene Blatt druckgraphisch zu vervielfältigen. In dieser Zeit hatte sich der Künstler vor allem durch seine fremden Vorbildern folgenden Miniaturporträts auf und in Tabakdosen einen Namen gemacht. Selbst der König war mit seinen Abbildern zufrieden – sicher auch ein Grund, der Chodowiecki im Jahre 1764 die Ehrenmitgliedschaft als Miniaturmaler in der Berliner Akademie einbrachte.

Die erwähnte Komposition auf Friedrich als Triumphator und Friedensbringer zieht alle Register des barocken Inventars »à la style Louis quatorze« und kommt so – vorsichtig betrachtet – formalästhetisch in die Nähe eines Gemäldes aus dem Alexanderzyklus[8] von Charles Le Brun. Das aber ist ein Problem, denn Chodowieckis Götter, Genien und Putten sind im Gegensatz zu denen des Versailler Meisters »von dieser Welt«. Alles besitzt einen gewissen Charme, ist eben nicht mehr »Kunst in Berlin«, sondern »Berliner Kunst«.

Wer möchte dergestalt – hart an der Grenze zur Karikatur – geschildert werden? Es ist daher verständlich, dass selbst der Musik- und Schauspielliebhaber Friedrich die Theatralik der gut gemeinten Komposition mit den oben links erkennbaren Initialen FR und der Figur der Fama (Abb. 3) entschieden missbilligte.

Christoph Friedrich Nicolai berichtet über eine Begebenheit aus dem Jahre 1768, die Friedrichs Haltung zur bildkünstlerischen Euphemie offenbart: »Im großen Marmorsaal im oberen Geschoß des neuen Schlosses bei Sanssouci malte Vanloo auf Befehl des Königs als Deckenstück eine Versammlung der Götter. Dieser Maler ließ sich einfallen, ein paar Famen darzustellen, die den Namenszug des Königs, mit Lorbeeren umkränzt, den versammelten Göttern darbringen. Der König besah dieses Deckenstück nicht eher, als bis der Saal schon beinahe fertig war. [...] als er aber seinen Namenszug erblickte, wurde er äußerst entrüstet. Er befahl, dass augenblicklich alles sich darauf Beziehende gelöscht werden sollte. [...] Vanloo konnte sich nicht anders helfen, als eine grüne Decke über den Namenszug zu malen. [...] Wer dieses Deckenstück betrachtet und die Umstände nicht weiß, wird nicht begreifen können, warum die Famen den Göttern etwas Verdecktes darbringen. Es ist ein Denkmal der Bescheidenheit Friedrichs des Großen.«[9] Bei Restaurierungsarbeiten 1966/1967 wurde diese Änderung am Plafond bestätigt.[10]

Wie er im Marmorsaal das FR übermalen ließ, so hatte der König auch die Druckplatte sowie sämtliche Abzüge der Komposition Chodowieckis aus dem Jahre 1763, deren er habhaft werden konnte, gekauft. Angeblich existierten 1857 noch zwölf Abzüge, was die Drucke natürlich zu begehrten Sammlerstücken machte.[11] Die beiden ersten autonomen Schilderungen König Friedrichs von Chodowiecki blieben daher marginal, von Kennern allerdings sehr geschätzt.

Im Jahre 1768 fertigte Chodowiecki eine Radierung an. Es ist eine seitenverkehrte Kopie eines Gemäldes des 1748 an den preußischen Hof berufenen Charles-Amédée Philippe van Loo.[12]

Der Maler hatte das Bildnis in seiner Werkliste ausdrücklich als Original bezeichnet – was wohl als eine stattgehabte Porträtsitzung des Modells zu verstehen ist – und dessen Fertigstellung am 21. Februar 1767 notiert.[13] Es ist eines der typischen Werke dieses tüchtigen savoyischen Malers, der gerne mit Lorbeer geschmückte ovale Gefüge vor Mauerwerk als fiktive Rahmen verwendete. Dies wiederholte Chodowiecki präzise bei klarer Zurückhaltung eigener stilistischer Ambitionen, wohl aber mit kleineren Veränderungen gegenüber dem Vorbild. Wir wissen zwar nicht, wer die Radierung veranlasste, bekannt ist aber Folgendes: »Das Bildnis des Königs, ähnlich und gut ausgeführt, wurde in bedeutender Anzahl verkauft, denn es

RAINER MICHAELIS

wurde zur Zimmerverziehrung benutzt und sogar einige Copien von anderen Künstlern fanden grossen Absatz.«[14]

Seit 1773 arbeitete Chodowiecki für Lavaters ambitioniertes Werk »Physiognomische Fragmente zur Beförderung der Menschenkenntnis und Nächstenliebe«,[15] das zwischen 1775 und 1778 in vier Bänden in Leipzig und Winterthur verlegt wurde. Lavater war durch Chodowieckis Radierung von 1767, »Der Abschied des Jean Calas«,[16] auf den Künstler aufmerksam geworden. Im Brief vom 10. Juli 1773 aus Zürich – Lavaters erste Kontaktaufnahme mit Chodowiecki – erwähnt er ausdrücklich das Blatt: »[...] die Leichtigkeit, womit Sie arbeiten, und die Güte Ihres Herzens, die aus Ihrem unvergleichlichen A Dieu de Calas hervorleuchtet – lässt mich hoffen [...].«[17] Zugleich bezeichnet er ihn dort als »den natürlichsten, den geistvollsten Zeichner unter den mir bekannten deutschen Meistern«.[18] Anschließend bittet Lavater den Berliner Künstler, anhand genauer graphischer Vorgaben einen »Christuskopf im Profil« anzufertigen. »Der Umriß müßte, ohne Härte – so bestimmt und scharf seyn, als möglich – alles bis auf jedes Haärchen müßte die überlegteste Bestimmtheit haben.«[19] Auch Porträts von Zeitgenossen wünschte Lavater derart ausgeführt. Am 4. Januar 1774 sandte Chodowiecki ihm daraufhin 116 Porträtzeichnungen auf 114 Bögen, unter denen sich auch das Abbild des preußischen Königs befand.[20] »Ob sie alle Physiognomisch richtig sind das kann ich nicht versprechen, aber die Mehresten sind recht sehr ähnlich«,[21] kommentierte der Künstler im Begleitbrief die Sendung.

Lavater wählte nur 14 Blätter aus. Im vierten Band der »Physiognomischen Fragmente« erschien 1778 schließlich das schön gezeichnete Profil Friedrichs des Großen (Abb. 4, links oben).[22] Es ist eine im Detail gelungene Weiterentwicklung des Blattes von 1758 (Abb. 1). Lavater integrierte die Komposition folgendermaßen in sein System: »Karrikatur oder Ideal? – Karrikatur, weil so viel von der Großheit; Ideal, weil so viel von den Zügen des Alters seiner natürlichen Physiognomie in diesem Gesichte mangelt. Großheit liegt immer noch, aber gewiß nicht genug auf dem beynahe geraden und dennoch so schiefen Umriß der Stirn und der Nase. Der Mund ist nicht wahr; versüßt; verkleinlicht.«[23]

Eine Ausnahme in dem hier untersuchten Feld stellt die 1776 gefertigte, 1777 als Titelvignette in Johann Gottlieb Tielkes »Mémoires pour servir à l'art et à l'histoire de la guerre de 1756–1763« veröffentlichte Radierung dar (Abb. 5).[24] Die monumental gestaltete Figur – einem Unwetter, der siegreichen gegnerischen Kavallerie und dem Unglück der sich abwendenden Nike trotzend – ähnelt dem Typus des Kriegsgottes Mars. Dass es sich dabei um Friedrich den Großen handelt, erschloss sich nur aus der ursprünglich vorhandenen Beischrift, die lautete: FRIEDRICH IM UNGLÜCK MDCCLIX. So erst gibt sich das Bild als Anspielung auf die fürchterliche Niederlage des preußischen Militärs – beigebracht durch österreichische und russische Soldaten in der Schlacht bei Kunersdorf in der Neumark am 12. August 1759 – zu erkennen. Die Beischrift ist schließlich nach wenigen Abzügen aus der Druckplatte geschliffen worden. Dass dies auf königlichen Wunsch geschah, wie gern behauptet wird, ist allein aufgrund der gewählten barocken Symbolik, die nämlich von »Größe im Unglück« berichtet, nicht vorstellbar. Auch existiert keine zeitgenössische Quelle, mit der sich eine solche Annahme stützen ließe.[25] Merkwürdig bleibt die Figurine trotzdem, ähnelt diese doch überhaupt nicht dem König. Vermutlich ist die Komposition dem Geschmack des Auftraggebers Tielke geschuldet.

Das Hauptwerk der Friedrich-Ikonographie Chodowieckis entstand allerdings schon 1772 (Abb. 6), bevor die Reproduktion fünf Jahre später dann für die eigentliche Popularität sorgte. Die Gouache (Abb. 6) befand sich 1777 im Besitz eines nicht näher zu ermittelnden Barons von Maltzan in Mecklenburg. Im Jahre 1908

4 Daniel Nikolaus Chodowiecki, *Zwölf Köpfe berühmter Männer* (zu: Johann Caspar Lavater, Physiognomische Fragmente, Bd. 4, Leipzig/Winterthur 1778), 1774/1775, Radierung, Staatliche Museen zu Berlin, Kupferstichkabinett, 299.208-1885 (Bauer Nr. 202)

erwarb sie der letzte deutsche Kaiser.[26] Streng profiliert, bestimmen Ross und Reiter das Zentrum der Komposition. Friedrich ist wie auf der Radierung von 1758 (Abb. 1) im Uniformrock (Interimsrock) des 1. Bataillons Leibgarde dargestellt. Der König inspiziert das in Front gegangene 2. Bataillon Leibgarde. Auf der rechten Seite hinter dem Monarchen erkennt man von links nach rechts: den Prinzen von Preußen, seit 1786 König Friedrich Wilhelm II., in der Uniform eines Generalmajors des angetretenen Bataillons, den General Friedrich Ehrenreich von Ramin, seit 1767 Gouverneur von Berlin, und schließlich den Husaren-general Hans Joachim von Zieten, daneben die Rückenansicht eines Adjutanten des Königs. Mit dieser Gruppe griff Chodowiecki tendenziell auf ein Kompositionsdetail vom rechten Rand des 1763 gedruckten Blattes zurück (Abb. 3).[27] Ramins Anwesenheit könnte auf ein »Marsfeld« bei Berlin, vielleicht sogar auf die bildkünstlerische Reflexion der Topographie des Tempelhofer Feldes als Kulisse des Geschehens hindeuten.

Die Figuren sind als trockene Addition auf den Fond appliziert. Beziehungen konnten und können nur mithilfe historiographischer Kenntnisse hergestellt werden. Das natürliche narrative Moment der Kompo-sition wurde weitgehend zugunsten einer fiktiven Beschreibung außerhalb des Bildes suspendiert.

»Ihr König von Preußen wird von jedermann bewundert«,[28] antwortete Lavater »franco Nürnbg.« am 15. Juni 1776 Chodowiecki nach Berlin. Er reagierte damit auf die Zusendung einer Zeichnung Chodo-wieckis, die dem Schweizer Kupferstecher Johann Heinrich Lips als Vorlage für eine Radierung diente (Abb. 7).

Veröffentlicht wurde diese Darstellung 1777 im dritten Band der »Physiognomischen Fragmente«. »Friedrich, der König von Preußen, zu Pferde«, lautet der Titel des Blattes, das Lavater mit folgenden Worten erläutert: »Mit unbeschreiblicher Neugier hab' ich vor zwölf Jahren den Moment erwartet, das Schrecken und Erstaunen von Europa von Angesicht zu Angesicht zu sehen. Aber die unzähligen Porträte von ihm in Eins zusammengeschmolzen standen vor mir bis auf den Moment, wo – der Große, Er selber, vorbey ritt! [...] ungefähr so, wie wir ihn hier erblicken. Wie die Sonne die Sterne verdrängt – weg auf einmal alle Bilder von ihm! [...] Von allen Menschengesichtern ist noch keins vor mein Auge gekommen – das so ganz eigentlich zum Königsgesichte geschaffen zu seyn schien [...]. ›Ein großer Mann!‹ [...] Die Stellung ist nicht des muthigen Helden. Lasten von Jahren und Thaten, von Sorgen und Entwürfen schei-nen auf seiner Schulter zu liegen [...]. Das Jahrhundert trägt sein Bild, wie seine Uniform: Jahrhundert ohne Zweifel die größte Lobrede seines Namens«.[29] Nur wenige Jahre später bezeichnete Immanuel Kant

5 Daniel Nikolaus Chodowiecki, *Friedrich im Unglück* (Allegorie auf die verlorene Schlacht von Kunersdorf am 12. August 1759), 1776, Radierung, Staatliche Museen zu Berlin, Kupferstichkabinett, 665-5 (Bauer Nr. 271)

FRIEDRICH IM UNGLÜCK MDCCLIX.

in der »Berlinischen Monatsschrift« vom Dezember 1784 im Zusammenhang mit seiner umfassenden Beantwortung der Frage »Was ist Aufklärung?« diese Periode sogar als »das Zeitalter der Aufklärung oder das Jahrhundert Friedrichs«.[30]

Noch im selben Jahr, am 30. Mai 1777, bestellte der Berliner Buchhändler Christian Friedrich Himburg für 250 Taler bei Chodowiecki in Gravur einen »König mit seiner Suite«.[31] Der Auftraggeber wünschte, dass diese der für den Baron von Maltzan 1772 gefertigten Gouache gleiche (Abb. 6). In den Monaten Juni und Juli 1777 arbeitete der Künstler an dem Blatt, das er für einen Taler mittels nummerierter Vorbestellung vertrieb. Es handelt sich dabei tatsächlich um die berühmteste Friedrich-Darstellung des 18. Jahrhunderts in Abhängigkeit von und im Wechsel mit dem Reiterbild in Lavaters »Physiognomischen Fragmenten« (Abb. 7). Wegen der großen Nachfrage erschien schon nach kurzer Zeit eine zweite Auflage. Kein Geringerer als Johann Gottfried Schadow brachte es in der 1849 veröffentlichten Autobiographie wieder einmal auf den Punkt: »Im Monat Mai waren der 20ste und 22ste die Tage der grossen Manöver [...]. Chodowiecki nahm da seinen König zu Pferde im Profil, das beste, was die totale Erscheinung wiedergibt.«[32] Seit 1777 gab es nun die volkstümlichste Darstellung des »Alten Fritz« (Abb. 7), nach Otto Hintze: »[...] wie er in der Seele des Volkes und in Hunderten von Anekdoten lebte, zu eindrucksvoller typischer Darstellung gebracht.«[33] Diese wurde von mehr als 30 Stechern wiederholt.[34] Damit war ein mächtiges Vertriebsnetz installiert. Die harte Linienführung des Reiters – einer Schablone ähnlich – bot darüber hinaus eine sehr gute Voraussetzung für Reproduktionen in verschiedenen Materialien. Chodowiecki verstand es, eine kommensurable Formel zu kreieren. Dadurch hatte er wesentlich zur Popularisierung Friedrichs und seiner Größe beigetragen!

8 Daniel Nikolaus Chodowiecki, *Reiterbild Friedrichs des Großen*, 1796, Federzeichnung, Staatliche Museen zu Berlin, Zentralarchiv, Autograph, Mappe 0220

Und: Knapp 20 Jahre später gelang ihm diese beachtliche Konzentration noch einmal mit einer Federzeichnung (Abb. 8).[35] Sie ziert einen Geschäftsbrief an den Freund Gottlieb Wilhelm Becker in Dresden. Der Adressat war ein eifriger Sammler von Chodowieckis Arbeiten, was vielleicht die Platzierung der Zeichnung erklärt. In brauner Feder mit kurzen, unruhigen Strichen ausgeführt, entwarf der »peintre-graveur« Chodowiecki eine vollendete Komposition, die einmal mehr seine souveränen künstlerischen Fertigkeiten demonstriert.

Am 28. Dezember 1784 berichteten die »Berlinischen Nachrichten« von dem hier dargestellten Ereignis (Abb. 9), das sich am 25. Dezember des Jahres im Berliner Stadtschloss zugetragen hatte.[36] Bei der Paroleausgabe verzichtet der König bei seinem verdienten Husarengeneral Hans Joachim von Zieten auf das sonst übliche militärische Reglement – das Strammstehen! In Front des Generalstabs sowie des Kronprinzen und der königlichen Prinzen plaudert Friedrich mit diesem treuen Veteran. Des Königs Profil ist dabei an der Zeichnung von 1774 orientiert (Abb. 4).

Am 27. Februar 1786 schrieb Chodowiecki der – die Pastell- und Ölmalerei ausübenden – Brieffreundin Christiane Luise Gräfin zu Solms-Laubach: »Ich habe meine große Platte seit 8 Tagen angefangen Zu radiren. Der König und Ziethen. Ich werde noch viel Plage damit haben eh sie fertig sein wird. Ich habe so viele Köpfe als Männer die Bey diesem Vorfall zugegen waren, mir haben sitzen wollen, nach dem Leben gezeichnet, Bisher finde ich diese weit Läufige Arbeit sehr unterhaltend.«[37] Die gekennzeichneten Umrisse der Köpfe radierte der Künstler auf einer Platte und fügte die Abzüge als Personenschlüssel bei.[38]

Mitte 1786 edierte Chodowiecki das Blatt, das er der seit Januar – Zieten war am 26. Januar 1786 verstorben – desselben Jahres »hinterlassenen Gattin des Helden ehrerbietigst gewidmet« hatte. Obgleich zum ungewöhnlich hohen Preis von einem Taler und 15 Silbergroschen angeboten, waren selbst auf Vor-

9 Daniel Nikolaus Chodowiecki, *Ziethen vor seinem Könige sitzend*, 1786, Radierung, Staatliche Museen zu Berlin, Kupferstichkabinett, 803-5 (Bauer Nr. 1225)

RAINER MICHAELIS

10 Daniel Nikolaus Chodowiecki, *Zwölf Darstellungen zu den Anekdoten und Charakterzügen Friedrichs II. von Preußen* (Gothaischer Hofkalender 1789), 1788, Radierung, Staatliche Museen zu Berlin, Kupferstichkabinett, 950, 208-1885 (E 600 / Bauer Nrn.: 1356 – 1367)

bestellung gute Abzüge nur schwer zu bekommen. Der Gewinn des Künstlers belief sich dabei immerhin auf 500 Taler. Die Komposition Chodowieckis erinnert an einen Theaterprospekt. Rechts rahmt der Vorhang, links ein Kammerhusar die Szene. Eine mehr oder weniger gelungene Ausleuchtung hebt die Akteure hervor. Auch dort ist die strenge Addition vorherrschend. Nur schwer sind Interaktionen erkennbar, am ehesten zwischen Zieten und dem König – dargestellt durch die sich treffenden Blicke sowie durch die Berührung der Schulter des Sitzenden.

Nach dem Tod des Königs am 17. August 1786 und der Herausgabe seiner nachgelassenen Werke, den Korrespondenzen mit Charles Étienne Jordan, Jean-Baptiste de Boyer, Marquis d'Argens, Jean-Baptiste le Rond d'Alembert und François Marie Arouet, genannt Voltaire, nahm das allgemeine Interesse an Friedrich sprunghaft zu. Dies zeigte sich vor allem an der nun produzierten Anekdotenliteratur, die den »Œuvres posthumes« folgte, sie quasi als willkommene Quellenedition nutzte. Zwei Sammelwerke ragen aus dem Genre hervor: die seit 1786 vom Berliner Verleger Johann Friedrich Unger veröffentlichten 19 Hefte der »Anekdoten und Charakterzüge aus dem Leben Friedrichs des Zweiten« sowie die von 1788 bis 1792 von

Christoph Friedrich Nicolai herausgegebenen sechs Hefte »Anekdoten von König Friedrich II. von Preussen, und von einigen Personen, die um Ihn waren«.[39]

Mit den Illustrationen nach Ungers Publikation im »Gothaischen Kalender« für 1789 beginnt die Reihe von Chodowieckis Anekdotenbildern im engeren Sinn (Abb. 10).[40]

Der Künstler war mit Belletristik, Historiographie, Philosophie sowie Theologie durch eigene Lektüre gut vertraut. Mit sicherer Hand wählte er daher die für die Bildkunst geeigneten Szenen aus. Die Darstellungen werden mit kurzen Erläuterungen versehen, um die Kongruenz zum Text nicht zu verlieren. Die Kompositionen sind gut beherrscht, Beziehungen zwischen den Handelnden hergestellt. »Bey dem Berliner und Gothaischen Calender ist es gebräuchlich, daß der Zeichner die erste Platte radirt, welche nachher, um die Menge der benöthigten Abdrücke zu bestreiten, von anderen etlichemahl copirt wird, und natürlicher Weise existieren als denn Original=Abdrücke«, erläuterte Chodowiecki bereits 1780.[41]

Nehmen wir gleich das erste Bild. Die geschilderte fiktive Anekdote spielt im Januar 1750. Ihr zufolge hatte Friedrich die Sarkophage seiner Vorfahren aus der alten Stiftskirche am Berliner Schloss in die Gruft des nach Plänen von Johann Boumann ab 1747 errichteten Doms am Berliner Lustgarten überführen lassen. Bei dieser Gelegenheit ließ der König den Sarg Friedrich Wilhelms, des Großen Kurfürsten, öffnen. Der durch den Bleimantel des Sarges konservierte Leichnam soll sich im selben Habit, wie er vor 62 Jahren bestattet worden war, den Augen der Anwesenden dargeboten haben. Chodowiecki lässt Friedrich die Hand seines bedeutenden Vorfahren berühren. Mit dem Dreispitz in der Rechten lässt er die umstehenden wissen: »Messieurs, der hat viel gethan« – und »Macht den Sarg wieder zu«, weist er die im Hintergrund den Deckel haltenden Männer an. Die Darstellungen dieses Almanachs können als eine Verschmelzung von brandenburgisch-preußischer Geschichte mit »Allzumenschlichem«, von Historienbild mit Genrebild betrachtet werden, was fortan bei vergleichbaren Veröffentlichungen lange Zeit tradiert wurde. Die Persönlichkeit des preußischen Königs ging gewissermaßen im Alltag auf. Die Wertschätzung, die dieser Art künstlerischen Schaffens entgegengebracht wurde, lässt sich auch an der Übernahme der Akademiedirektion durch Chodowiecki im Juli 1797 ablesen, denn erstmalig wurde mit dem Brauch gebrochen, diesen Posten mit einem Historienmaler zu besetzen.

Analog präsentieren sich seine Anekdotenillustrationen im »Historisch Genealogischen Kalender der Berliner Academie der Wissenschaften« von 1792[42] und 1794[43]. Noch im selben Jahr schmückten Chodowieckis Arbeiten zur Fridericiana den in Lauenburg und Frankfurt am Main verlegten »Königl. Grosbritanischen Genealogischen Calender«.[44] Im Todesjahr des Künstlers, 1801, erschienen in dem bei Unger gedruckten »Militärischen Kalender« acht Blätter zu Steins »Charakteristik Friedrichs II.«[45] Als Gegenstück zum 1786 entstandenen »sitzenden Zieten« (Abb. 9) schuf Chodowiecki im Jahre 1800 den »schlafenden Zieten« (Abb. 11).[46]

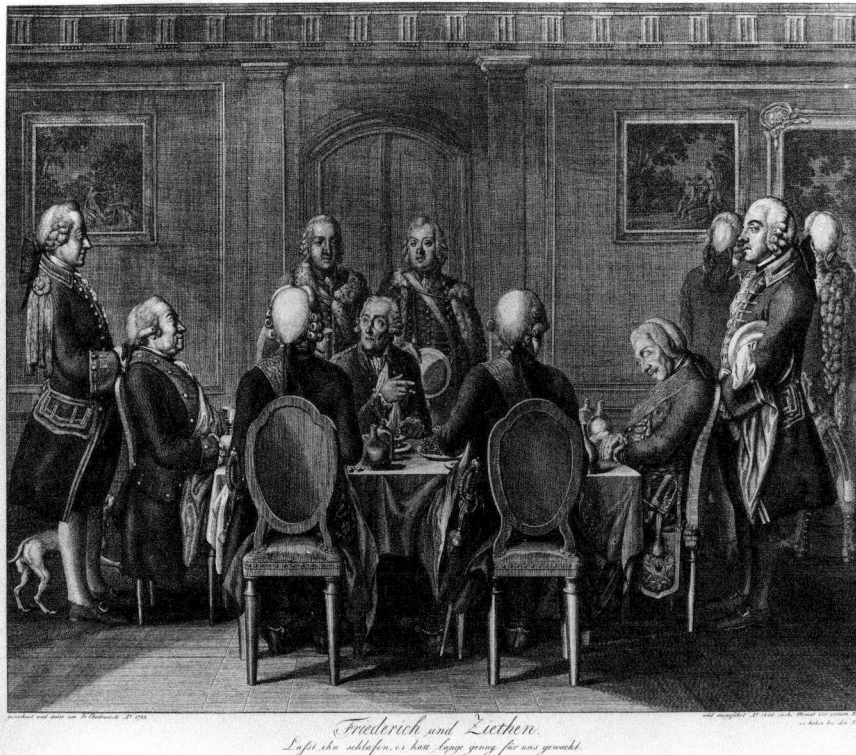

11 Daniel Nikolaus Chodowiecki, *Friederich und Ziethen: »Lasst ihn schlafen, er hatt lange genug für uns gewacht«*, 1800, Radierung, Staatliche Museen zu Berlin, Kupferstichkabinett, 802-5

Auch hier ist wieder ein Prospekt gewählt, der an ein Bühnenstück erinnert. Streng sind einerseits die Darsteller postiert. Zwei Kammerdiener flankieren den Raum, zwei Rückfigurinen schließen ihn nach vorn hin ab, zwei Husaren »sekundieren« dem dozierenden König, der die erstaunten Anwesenden darauf aufmerksam macht, dass Zieten schon lange wachsam war und ihm jetzt durchaus Ruhe zu gewähren sei – auch an der königlichen Tafel! Diese als häuslich zu bezeichnende Szene wird dadurch belebt, dass im rechten Hintergrund zwei Rückenfiguren bei ungezwungenen Betrachtungen von Gemälden –

offensichtlich sogar Götteramouren von Boucher – dargestellt sind. Dies ist eigentlich in mehrfacher Hinsicht als klarer Verstoß gegen die Etikette zu werten! Die seit 1786 von Chodowiecki gezeichneten Anekdoten reihen sich in einen Komplex ein, der die Vita Friedrichs des Großen auf vielfältige Weise bildkünstlerisch propagierte. Zu nennen wären da beispielsweise die Arbeiten von Edward Francis Cunningham, von Johann Christoph Frisch, von Christian Peter Jona Haas, von Johann Gottlieb Puhlmann oder von Christian Bernhard Rode.[47]

Chodowiecki schilderte den König in insgesamt 50 Kompositionen. Dazu kamen einige vom Künstler wiederholte Varianten. Eine vergleichsweise geringe Stückzahl, gemessen an Chodowieckis graphischem Gesamtwerk, das etwa 2100 Radierungen umfasst. Wirklich weltberühmt, weil treffend wie eine Formel, wurde jedoch nur der »Friedrich zu Pferde« (Abb. 6).

1 Oettingen, 1895, S. 95 f. – Bauer, 1982a, Nr. 11. – Wormsbächer, 1988, S. 2.
2 Vgl.: Consigli/Bertolucci/Zeri/Cavazzini, 1994, S. 149, Nr. 112.
3 Oettingen, 1895, S. 96.
4 Erstmalig wird hier der preußische König als »Friedrich der Große« deklariert. Dies war seit Ende des 2. Schlesischen Krieges im Dezember 1745 meist üblich geworden. Das populäre Blatt des preußischen Hofkupferstechers Schmidt steht damit am Beginn einer Tradition, die mit einiger Sicherheit durch den König direkt autorisiert wurde (vgl.: Wessely, 1887, Bd. 1, Nr. 42). – Daran nun orientierte Chodowiecki seine Komposition (vgl.: Bauer, 1982a, Nr. 11).
5 Bildnis Friedrichs des Großen, Öl auf Leinwand, 80,5 × 65 cm, SMB, Gemäldegalerie, Kat. Nr. 489 (vgl.: Michaelis, 2003, S. 14–17).
6 Engelmann, 1857, S. 46.
7 Oettingen, 1895, S. 97 f. – Bauer, 1982a, Nr. 23. – Wormsbächer, 1988, S. 3 f. – Engelmann, 1857, S. 39. – Geismeier, 1993, S. 86–91.
8 Charles le Brun, Alexander und Porus, 1673, Öl auf Leinwand, 470 × 1264 cm, Paris, Musée du Louvre, Inv. Nr. 2897. – In Chodowieckis Privatsammlung waren französische Zeichnungen des 17. und 18. Jahrhunderts besonders zahlreich vertreten (Janda, 1957, S. 293–298, hier S. 296).
9 Nicolai, 1789, Bd. 3, S. 120. – Es handelt sich dabei um: Charles-Amédée Philippe van Loo, Die Einführung des Ganymed in den Olymp (GK I 8143), bezeichnet und datiert 1768, Öl auf Leinwand, 2265 × 1250 cm (Potsdam, Neues Palais, Marmorsaal, Raum 256).
10 Bartoschek, 1976, S. 3 u. 6 u. Anm. 4, auch S. 28, Nr. 199 (GK I 8143).
11 Oettingen, 1895, S. 97 f. – Von der durch den König verschenkten Zeichnung erfahren wir durch Adam Weise (in: Engelmann, 1857, S. 39).
12 Bauer, 1982a, Nr. 51. – Wormsbächer, 1988, S. 7.
13 Möglicherweise ist das Vorbild identisch mit: Charles-Amédée Philippe van Loo, Bildnis Friedrichs des Großen, Öl auf Leinwand, 80 × 65 cm (Ausst.-Kat. Friedrich der Große, 1912, S. 40, Nr. 18 u. Tafel 15). – Vgl. auch: Oulmont, 1912, S. 139–150 u. 223–234.
14 Engelmann, 1857, S. 40.
15 Lavater, 1968/1969.
16 Diese Radierung war ein Schlüsselwerk (Bauer, 1982a, Nr. 50). – Ihm verdankte Chodowiecki seinen künstlerischen Durchbruch (Michaelis, 1987b, Bd. 26, S. 171–176).
17 Steinbrucker, 1919, S. 59.
18 Steinbrucker, 1919, S. 58 f.
19 Steinbrucker, 1919, S. 59.
20 Bauer, 1982a, Nr. 202. – Wormsbächer, 1988, S. 23.
21 Steinbrucker, 1919, S. 72.
22 Lavater, 1968/1969, Bd. 4, S. 410.
23 Lavater, 1968/1969, Bd. 4, S. 410.
24 Bauer, 1982a, Nr. 271. – Wormsbächer, 1988, S. 31. – Tielcke, 1777, Bd. 6.
25 Vgl. dazu: Wormsbächer, 1988, S. 31. – Bereits Oettingen wies 1895 darauf hin, dass es keine zeitgenössische Quelle gebe, die belege, dass Chodowiecki in besondere Ungunst beim König gefallen sei (Oettingen, 1895, S. 268, Anm. 7).

26 Daniel Nikolaus Chodowiecki, Friedrich der Große zur Besichtigung des 2. Bataillons Leibgarde reitend, 1772, Gouache, 36 × 49,8 cm, Doorn, Stichting Huis Doorn, HuD 1712 / GK II 9519. – Die folgenden Ausführungen dazu basieren auf der gründlichen Studie von Ingeborg Preuß (Preuß, 1987, S. 7–22).
27 Ausst.-Kat. Friedrich der Große, 1992, S. 112, Nr. 35.
28 Steinbrucker, 1919, S. 163. – Nagler, 1839, Bd. 7, S. 557, Nr. 55.
29 Lavater, 1968/1969, Bd. 3, S. 348 f.
30 Kant, 1986, S. 89–96, hier S. 95.
31 Bauer, 1982a, Nr. 409. – Das Blatt wird nachweislich erst seit Jacoby fälschlich als »Wachtparade in Potsdam« bezeichnet (Jacoby, 1808, Nr. 196). – Dieser nach Chodowieckis Tod verwendete Terminus technicus »verdeckt« die Tatsache, dass im Hintergrund immerhin das 2. Bataillon Leibgarde als konzentrierte bildkünstlerische Reflexion und nicht eine zahlenmäßig viel kleinere Schlosswache Aufstellung genommen hat (für diesen militärhistorischen Hinweis vom 25. September 2009 danke ich Jürgen Kloosterhuis). – Steinbrucker, 1919, S. 199–201. – Preuß, 1987, S. 13.
32 Eckardt, 1987, Bd. 1, S. 10.
33 Hintze, 1915, S. 409.
34 Campe, 1958, S. 13. – Schon 1808 notierte Jacoby zur »Wachtparade«: »Ein leichter Contur [...] bestimmt, mit Wasserfarben auszumahlen, welche sehr häufig verlangt werden« (Jacoby, 1808, Anm. 36 bei Nr. 200a). – Möglicherweise kann auch der Eintrag in das Eingangsjournal der Kunstkammer vom 27. April 1843 mit der Komposition in Verbindung gebracht werden: »Ein von H. Humann in Paris erworbenes, dem Museum geschenktes bronziertes Holzrelief, F. d. Große nach der Zeichnung von Chodowiecki« (SMB, Zentralarchiv, Nr. 2001, Akte Nr. 3, Kat. Nr. I. C. 342).
35 Michaelis, 2008, S. 18 f.
36 Volz, 1922, S. 167–178, hier S. 177. – Bauer, 1982a, Nr. 1225.
37 Steinbrucker, 1928, S. 79.
38 Bauer, 1982a, Nr. 1226.
39 Volz, 1922, S. 167–178.
40 Köhring, 1929, S. 59. – Zwölf Zeichnungen (Bleistift, Feder in Schwarz und Rot, je 8,8 × 5,4 cm) Chodowieckis von 1788 bewahrt das Berliner Kupferstichkabinett (KdZ 3043), die zur Vorbereitung der Illustrationsfolge dienten. Diese sind mit Korrekturen in den Kompositionen sowie in den Bildunterschriften versehen. Die miteinander identischen Seitenausrichtungen der Darstellungen in den Radierungen und Zeichnungen lassen vermuten, dass Letztere gespiegelt oder umgezeichnet wurden, um deren bessere Nutzung als Druckvorlagen zu ermöglichen (Ausst.-Kat. Chodowiecki, 2000, S. 71, Nr. 70).
41 Meusel, 1780, H. 4, S. 26–31, hier S. 29.
42 Bauer, 1982a, Nr. 1587–1598.
43 Bauer, 1982a, Nr. 1677–1688.
44 Bauer, 1982a, Nr. 1695–1700.
45 Bauer, 1982a, Nr. 2019–2026.
46 Bauer, 1982a, Nr. 2040.
47 Vgl. dazu: Michaelis, 1987a.

HUBERTUS KOHLE

ADOLPH MENZELS FRIEDRICH

Eine Apologie historischer Größe?

1 Adolph Menzel, *Friedrich II. und
die Seinen in der Schlacht bei Hochkirch
(14. Oktober 1758)*, 1856, Öl auf Leinwand, ehemals Staatliche Museen
zu Berlin, Alte Nationalgalerie, Kriegs-
verlust

Es ist noch nicht so sehr lange her, dass die in ihrer Hermeneutik zunächst ganz auf das Wort und in ihrer Zielrichtung auf das Ereignis konzentrierte Geschichtswissenschaft das Bild als historische Quelle entdeckt hat. Schien dieses auf den ersten Blick vom Gegenstand her und mit Rücksicht auf diejenigen, die für seine Produktion verantwortlich waren, wenig mit den eigentlichen historischen Prozessen der politischen und gesellschaftlichen Geschichte zu tun zu haben, so sieht man das inzwischen anders. Gerade für die Mentalitäts- und Sozialgeschichte hat ein Medium Bedeutung, das die Ereignisse eher kommentiert und reflektiert, das eher von den Beobachtern als von den Machern der Geschichte stammt. Und dies gilt insbesondere für die Gattungen der niederen Künste, weniger für die in den Schausammlungen der Museen aufbewahrten Hochkünste.

Gegenstand dieses Beitrages soll eines der sogenannten Friedrichbilder des preußischen Realisten Adolph Menzel sein, der 1815 geboren wurde und 1905 starb: Sein zwischen 1850 und 1856 entstandenes, 295 x 378 cm großes Bild »Friedrich und die Seinen in der Schlacht bei Hochkirch«, um das – in den Worten eines idealistischen Kritikers – »bekanntlich wie um ein Banner der neuen realistischen Richtung sich heftiger Kampf erhoben hat« (Abb. 1).[1] Viele kennen dieses oder doch wenigstens andere Bilder aus der Friedrichserie Menzels, ich erwähne hier noch das ungleich bekanntere »Flötenkonzert in Sanssouci« (Abb. 2). Vermutlich aber resultiert diese Kenntnis weniger aus dem Museum oder kunstgeschichtlich orientierten Publikationen, sondern aus Geschichtsdarstellungen, in denen sie das Zeitalter Friedrichs II. oder des Großen illustrieren. Übrigens eine typische Verfahrensweise von Historikern, die programmatisch den Kunstcharakter von Bildern vernachlässigen, das Bild als Fenster auf das historische Ereignis betrachten und damit – so die These – selber unhistorisch werden: Immerhin liegt zwischen der Wirkungszeit des preußischen Königs und des Malers fast ein ganzes Jahrhundert; die Friedrichbilder stammen aus den 1850er Jahren.

Menzel war nicht der erste, der sich in seiner Kunst dem Friedrichstoff widmete. Schon seit den 1820er, verstärkt seit den 1830er Jahren wird der »Alte Fritz« – wie man ihn schon damals liebevoll nannte – zu einem allgegenwärtigen Gegenstand in Kunst, Literatur und journalistischer Publizistik. Gerne stilisiert man ihn zu einem allmächtigen Heros, der sich von den zeitgenössischen Herrschern, und damit war in erster Linie Friedrich Wilhelm IV., der Romantiker auf dem Thron, gemeint, durch Weitblick, Entscheidungs- und Durchsetzungskraft unterschied. Menzel schloss hier an, differenzierte und modernisierte dieses Bild aber entscheidend. »Historische Größe« stellt sich bei ihm in einigermaßen idiosynkratischer Form ein. Darum soll es im Weiteren gehen.[2]

Das mit der Hochkirchschlacht thematisierte Ereignis fand 1758 statt; die Österreicher brachten Friedrich und seinen Truppen hier eine schmerzhafte Niederlage bei. Das Bild ist selber auf tragische Weise Opfer historischer Umstände geworden, es ist mit ziemlicher Sicherheit am Ende des Zweiten Weltkrieges im Berliner Friedrichshainbunker verbrannt. Vom Original gibt es noch nicht einmal eine Farbreproduktion.

Gezeigt wird also eine Schlacht – besser der Ausschnitt aus einer Schlacht. Bedeutsam für die Bildkonzeption ist die Tatsache, dass es sich um einen nächtlichen Überraschungsangriff der Österreicher handelt, also nicht um das – im 18. Jahrhundert übliche – Aufeinandertreffen zweier wohlgeordneter Schlachtreihen. Menzel zeigt ausschließlich die preußischen Reihen, die im verzweifelten Bemühen dargestellt sind, die Gegenwehr zu organisieren. Auszumachen ist vor allem eine in die Bildtiefe gestaffelte Linie links, die auf den imaginären Feind feuert, zudem im Vordergrund eine Reihe von Soldaten und Offizieren, die aus der Tiefe einen Abhang hinaufklettern, um sich gleichfalls zum Kampf zu formieren. In der Mitte weiter hinten, ein Stück nach rechts verschoben, ist König Friedrich zu erkennen, mit seinem Pferd nach vorne auf den Betrachter zugaloppierend und im Begriff, seine Männer anzufeuern und zu organisieren.

Schon die Tatsache, dass Menzel in dem übrigens einzigen Schlachtenbild seiner Friedrichreihe eine Niederlage der preußischen Truppen zeigt, eine Niederlage zudem, die durch geradezu fahrlässige Sorglosigkeit des großen Friedrich verursacht wurde, der relativ schutzlos das Nachtlager aufgeschlagen hatte, weil er nicht mit einem Angriff des zögerlichen österreichischen Feldmarschalls Daun rechnete, stößt beim Publikum vielfach auf Unverständnis. Im Geiste eines vor allem seit der 1848er Revolution noch einmal deutlich angestiegenen Nationalismus verlangt man nicht desillusionierende Niederlagen, sondern ermutigende Siege: »Unserer Ansicht nach sollte man dem Volke die Glanzpunkte und nicht die Schattenseiten seiner historischen Vergangenheit auf diesem Wege vor Augen führen«, heißt es entsprechend bei einem

Vertreter der Kritik,[3] es habe in Friedrichs heldenhafter Lebens- und Tatengeschichte schließlich durchaus genug an erinnerungswürdigeren Ereignissen gegeben. Ich werde im Folgenden übrigens immer wieder kunstkritische Reaktionen zitieren, insbesondere negative, denn diese zeugen weniger von Unverständnis, als dass sie implizit die Ästhetik des Bildes kennzeichnen.

Menzel setzt sich mit seinem Hochkirchbild aber nicht nur thematisch, sondern vor allem auch gestaltungsmäßig in mehrfacher Weise von der Tradition der Schlachtendarstellung ab, ganz unabhängig davon, dass seine Ansicht durchaus eine so weit eben möglich angemessene Darstellung des historisch Überlieferten geben mag. Die Unterschiede lassen sich insbesondere dort herausarbeiten, wo man die Konventionen der barocken und speziell friderizianischen Schlachtenmalerei vergleichend gegenüberstellt, die auch im 19. Jahrhundert teilweise durchaus noch ihre Geltung behalten.[4] Die hier einerseits übliche Überschauperspektive mit dem im erhöhten Vordergrund symbolisch dirigierend eingreifenden Schlachtenlenker – entweder dem König selber oder seinem Feldherren – ist ersetzt durch einen auch noch Mitte des 19. Jahrhunderts ganz ungewöhnlichen, relativ niedrigen Standpunkt, der den Betrachter auf die Höhe der postierten Soldaten bringt und ihn zu Friedrich aufblicken lässt. Der König ist aus der distanzierten, rein kontrollierenden und gleichzeitig ungefährdeten Überschausicht der »Kavalierperspektive« in das Geschehen hineinversetzt, behält zwar seine erhöhte Position bei, wird aber dadurch zum verwundbarsten Punkt in der Anordnung, da er über den Schlachtreihen seiner Soldaten agiert. Am auffälligsten ist natürlich der Größenunterschied: Bewegen sich im herkömmlichen Schlachtenbild des angesprochenen Typs gewöhnlich weit im Hintergrund kaum bestimmbare Massen einer wie an der Schnur gelenkten Heeresmaschinerie,[5] so ist bei Menzel eine Monumentalität der einzelnen Kämpferfiguren erreicht, die für die Wirkung des Bildes von ganz entscheidender Bedeutung scheint. Neben dem großen Friedrich treten hier auch dessen große Soldaten auf.

Ganz ungewöhnlich in der Disposition ist also zunächst einmal die Zuordnung des jeweiligen Personals zu Vorder- und Mittelgrund. Der Lenker wird zwar zentral dargestellt, aber nach hinten verschoben – dazu später mehr. Die einfachen Chargen dagegen besetzen die prominente Vordergrundposition, ohne zudem kompositionell auf den Feldherrn bezogen und ihm subordiniert zu sein, ein Fakt, der in der Rezeption auf deutliche Verstimmung stößt.[6] Diese Verstimmung resultiert wohl auch aus der bildstrukturell ganz ungewöhnlichen Rolle, die der Vordergrund einnimmt: Weist der üblicherweise hier postierte Lenker auf das im Mittel- und Hintergrund ablaufende Geschehen und führt er das Betrachterauge damit harmonisch in die Bildtiefe hinein, so schiebt sich die Kette der hinaufsteigenden Kämpfer bei Menzel eher wie ein Riegel vor die Bildtiefe; das Auge wird in gewisser Weise blockiert, es bleibt an den vorderen Figuren hängen und springt von da weiter nach oben beziehungsweise hinten. Es wird eben nicht »Friedrich in der Schlacht bei Hochkirch« gezeigt, sondern »Friedrich und die Seinen in der Schlacht bei Hochkirch«.

In der beschriebenen Desintegration der bildnerischen Formationen unterscheidet sich »Hochkirch« nun auch deutlich von einer anderen Tradition der Schlachtenmalerei, die etwas vor Menzel besonders prominent in der »Galerie des Batailles« in Versailles, aber auch in gewissen Bereichen etwa der Münchener Wandmalerei vertreten ist. In diesen Stücken ist der Schlachtenlenker nicht rein dirigierend im Vordergrund, weit vom eigentlichen Schlachtgetümmel entfernt dargestellt, sondern nimmt aktiv daran teil. Ein deutscher Zeitgenosse Menzels, der im Anschluss an die Münchener Monumentalmalerei der Zeit Ludwigs I. und auch an die Vorbilder aus Versailles die nationalistische Variante einer modernen

3 Feodor Dietz, *Die Erstürmung Belgrads*, 1852, Öl auf Leinwand, München, Bayerische Staatsgemäldesammlungen, Neue Pinakothek, WAF 209; Leihgeber: Wittelsbacher Ausgleichsfonds

Schlachtenmalerei entwickelt,[7] ist Feodor Dietz. In seinem 1852 entstandenen »Die Erstürmung Belgrads« durch Max Emmanuel am 06. September 1688 zeigt er den Fürsten im Anschluss an ein Fresko Karl Stürmers aus den 1820er Jahren für die Hofgartenarkaden zwar noch weiter in den Hintergrund gerückt, als das genau zeitgleich Menzel unternimmt; er gibt aber der Kritik trotzdem keinen Anlass, eine Verklärung des Helden zu beklagen (Abb. 3).[8] Denn Max Emmanuel verliert dadurch keineswegs seine charismatische Position im ideellen Bildzentrum, er erscheint als Lichtgestalt wie auf einer Wolke im Angesicht eines Feindes, der ihm gar nichts anhaben kann, obwohl er mit gezückten Waffen unmittelbar vor ihm steht. Die lange Reihe seiner Soldaten ist wie ein Mann auf den Anführer bezogen, in diesem gipfelt der Zug, in ihm schließt sich der Kreis einer Komposition, die im Detail realistisch, im Ganzen aber hochkonventionalisiert genannt werden muss. Bei Dietz haben wir es insofern mit einem Maler zu tun, der die Prinzipien der französischen Schlachtenmalerei in eine spezifisch deutsche Tradition übernimmt und den Entwürfen der Versailler »Galerie des Batailles« in vieler Hinsicht nähersteht als Menzel.[9]

Betrachten wir die kritischen Reaktionen auf die »Hochkirchschlacht«, so stellt man Hochachtung und Bewunderung für das monumentale Unternehmen fest, der Originalität der Konzeption aber wird meistens mit unüberhörbarem Unbehagen begegnet.[10] Durchweg fällt der spezifische Realitätscharakter der Darstellung ins Auge. Der zeitgenössische Betrachter formuliert nämlich bei diesem wie bei allen anderen Bildern des Malers meistens mit einem deutlichen Ausdruck von Überraschung, dass er sich vorkäme, als wäre er bei dem Geschehen zugegen, dass er nicht den Eindruck gedämpfter, sondern gar gesteigerter Wirklichkeit habe. Der eine fühlt sich »gepackt von der Realität der Erscheinungen, welche den Beschauer glauben machen, dass sich Alles ... genau so zugetragen habe«,[11] der andere behauptet, »die alten Krieger jener Zeit treten uns so lebendig entgegen, dass man mitten in dem Lärmen zu sein meint«.[12] Titus Ullrich, der Kunstkritiker der »Nationalzeitung«, verfällt in seiner Beschreibung vollständig der Suggestion von Schlachtengetümmel, um sich erst im Anschluss daran, »aus seinen Phantasien emportauchend«, wieder zu erinnern, dass er keine Wirklichkeit vor sich hat, sondern nur ein Gemälde.[13]

Wie gesagt, die beschriebene Erfahrung stellt sich für den hieran offensichtlich wenig gewöhnten zeitgenössischen Betrachter bei Menzels Friedrichbildern durchgehend ein. Alexander von Sternberg, ein mit Menzel gut bekannter Romancier, beschreibt den Eindruck mit besonderer Plastizität im Angesicht der »Tafelrunde« von 1850, wenn er sich selbst richtiggehend als Teilnehmenden empfindet (Abb. 4).[14] Schon im Anblick des »Flötenkonzertes« war einem seiner Kollegen aufgefallen, dass Menzel sich in dem Bild »von jedem sogenannten historischen Style ferngehalten und den Vorgang in lebendigster und drastisch-effektvollster Wahrheit zur Darstellung gebracht« hat.[15] Gemeint ist zweifellos die scharfe, zuweilen ans Karikaturale grenzende Charakterisierung einzelner Zuhörerfiguren und die dadurch erzielte tendenzielle Ironisierung der höfischen Szenerie.[16] Angespielt wird aber zweifellos auch auf den forcierten Augenblickscharakter der Darstellung, die einen in das Spiel seiner Kadenz vertieften König neben einer Schar von vorderhand innehaltenden Mitspielern zeigt, die gespannt auf ihren bevorstehenden Einsatz warten.

Es sei hinzugefügt, dass diese Rollenverteilung ikonographisch insofern interessant ist, als der monarchische Mitspieler üblicherweise selbst unbeschäftigt bleibt, während seine Begleiter aktiv sind. Menzel zeigt einen absorbierten König, eine Figur, die den zweifellos gegebenen zeremoniellen Rahmen des Bildes in seiner Versunkenheit relativiert. Er nimmt ihn damit aus einer Tradition heraus, die zwar vor allem im 18. Jahrhundert die gemalte Präsentation von musizierenden Hochadeligen kennt, dabei aber immer auf die repräsentative Betrachteransprache Wert legt und dem Musizieren selbst eine sozusagen nur akzidentielle Rolle zuweist.[17] Man wird nicht behaupten wollen, dass damit historische Größe aufgehoben erscheint, aber doch immerhin so viel, dass die repräsentative Herrscherfigur in einem Prozess der Vermenschlichung und der Psychologisierung ausgehöhlt wird.

Die Beschreibung von Bildwirklichkeit als »wirkliche Wirklichkeit« ist natürlich nicht neu und lässt sich mindestens bis auf Denis Diderots Vernet-Kritiken zurückführen. Sie muss aber trotzdem Anlass sein, die Modernität der Menzelschen Konzeption in den Blick zu nehmen. Ganz bezeichnenderweise wird bei dem zuletzt zitierten Rezensenten der »historische Stil« der »lebendigen Darstellung« entgegengesetzt.[18] Dass Menzel diese gepflegt und jenen vernachlässigt habe, wird ihm vom preußischen Kunstpublikum häufig angekreidet und hat sicherlich zur insgesamt mangelnden Anerkennung seiner Tätigkeit im Bereich des Geschichtsbildes beigetragen. Denn die Vermischung von Natur- und Kunstebene, die bei den erwähnten Bildbetrachtern zu der charakteristisch-emphatischen Reaktion führt und eine künstlerische Verarbeitung der phantasmagorischen Realität des Mythos Friedrich darstellt, kann dort nicht gefallen, wo man sich an eine Historienmalerei gewöhnt hat, deren Paradigmen geprägt sind vom cornelianischen Prinzip der akademisch orientierten Inventionskunst.[19] Als »Hochkirch« 1858 in Düsseldorf ausgestellt wird, reagiert ein dortiger Kritiker hierauf mit entschiedener Ablehnung:

> »Es ist zwar möglich, dass in der Wirklichkeit dieses Ereignis eine Szene darbot, wie die vom Künstler geschil
> derte, aber darauf kommt es nicht an. Die Kunst hat ihre eigenen Gesetze und nur zu oft vermag der Künstler
> der poetischen Wahrheit dadurch nahe zu kommen, dass er die thatsächliche verletzt. Darin besteht eben der
> Unterschied zwischen Prosa und Poesie, Realismus und Idealismus und über der Verkennung dieses Unter
> schiedes ist dem berühmten Künstler sein beabsichtigtes Geschichtsbild in ein Genrebild umgeschlagen.«[20]

Die geradezu fotografische Präzision der Wiedergabe, die Absicht des Künstlers, die Vergangenheit »ganz wie sie leibte und lebte« darzustellen, die auch einem weiteren Kollegen auffiel, konnte dort nicht behagen, wo die »Wahrheit« des Bildes – also seine ideale Dimension – noch immer über dessen »Wirklichkeit« stand.[21] Irritierend wirkte zudem vor allem die enorme Größe des Bildes, das hiermit einen Rang zu prätendieren scheint, der ihm nach geläufigen ästhetischen Gesichtspunkten im Grunde nicht zukam.[22]

Wortführer dieser idealistisch inspirierten Kritik ist Max Schasler, der gleichfalls am Hochkirchbild, das er wegen seiner Monumentalität in der Auffassung an sich weit über Menzels andere Werke stellt, einiges auszusetzen hat. Als störend empfindet auch er zuvorderst die genremäßige Auffassung der Figuren im Vordergrund und die wenig heldenhafte Stellung und Physiognomie Friedrichs.[23] Damit benennt er die beiden Punkte, an denen Menzel die gängige Historienbildkonvention am deutlichsten durchbricht. Die prominente Vordergrundposition wird von ganz unheroischen Soldaten besetzt, die noch schlaftrunken und halb bekleidet den Hügel heranstolpern, gleichzeitig werden sie ohne jede Distanz zum Betrachter gegeben, der sich im Verhältnis zu ihnen als Mitwirkender und nicht als Außenstehender empfindet.[24] Seine Involvierung wird dort ganz direkt anschaulich, wo er durch den am unteren Bildrand rechts hilfesuchend seine Hand nach oben werfenden und ihn entsetzt aus einem halb verschatteten Gesicht heraus anblickenden Soldaten fixiert wird. Eine solche Gestalt mit ihrer scharf herausgearbeiteten, prägnanten Individualität rechtfertigt die Bemerkung Paul Mantz', der das Bild anlässlich seiner Präsentation auf der Pariser Weltausstellung des Jahres 1867 als eine »réunion de portraits« beschreibt, in der demnach die Gewichtungsunterschiede zwischen Protagonisten und Assistenzfiguren nivelliert sind.[25] Gerade sie muss dem Verdikt unterliegen, das vor allem in den von Schasler herausgegebenen »Dioskuren« ad nauseam wiederholt wird und mit dem er und seine klassizistisch orientierten Kollegen allen realistischen Bestrebungen der 1850er und 1860er Jahre den Garaus machen wollen: In der hier vertretenen Konzeption nämlich zählt bei der Darstellung des Menschen nicht »die zufällige Existenz seiner individuellen Persönlichkeit«, sondern allein die Rolle, die er im historischen Prozess innehat.[26] Gefordert wird daher auch für das Geschichtsbild, »alle zufälligen, nur den genremäßigen Menschen betreffenden Spezialitäten« weg-zulassen und ihn einem Prozess der symbolischen Abstraktion zu unterwerfen, ihn »ohne partikulare Porträtwahrheit« zu zeigen.[27] Wenn in der gleichen Zeitschrift auch in dem wenige Jahre später entstan-denen Bild der Krönung König Wilhelms I. (1861) die »ungemeine Lebendigkeit im Detail, namentlich auch in den Physiognomien der Vordergrundfiguren« vermerkt, ihm gleichzeitig und eben deswegen »die Strenge des historischen Styls« abgesprochen wird, weil es »einen vorwaltend genremäßigen Charakter« besitze, so ist damit eine gleichlautende Einschätzung gegeben und wieder der entscheidende Einfluss der Vordergrundgestaltung benannt (Abb. 5).[28]

Friedrich selber wird zwar immer wieder als Lenker der Verteidigung beschrieben, doch wenn die Zeitgenossen gleichzeitig die Tatsache negativ vermerken, dass er sich im Bild viel zu weit im Hintergrund hält, ja fast verbirgt, anstatt kämpferisch hervorzutreten, dann wird die fehlende Berechtigung dieser Be-schreibung indirekt klar:[29] Der große König ist hier eher Spielball einer katastrophischen Situation als eigenmächtiger Handlungsträger und Beherrschender des Geschehens.[30] Ganz berechtigt ist die Beobach-tung eines dem Bilde sehr kritisch begegnenden Kommentators, der König gleiche »einem fahlen Gespenste«,[31] mindestens wird man einem eher positiv eingestellten Kollegen zustimmen, der vorsichtiger vermutet, »die Erscheinung des Königs mag nicht mächtig genug scheinen«.[32] Auch Moritz Carrière meint etwas Ähnliches, wenn er vermerkt, dass sich der Maler einseitig an das Charakteristische halte und dafür »lieber die Schönheit oder die historische Größe« opfere.[33]

Denn Heroisches lässt sich nun in der Tat nicht ausmachen.[34] Friedrich ist als eine gleichsam denkmal-haft erstarrte Reflexionsfigur gestaltet, in der das anbrandende Geschehen verinnerlicht erscheint, in der es aber keineswegs aufgipfelt. Er ist herausgehoben aus dem Geschehen, diese Heraushebung aber wirkt weniger als Heroisierung denn als Isolierung. Er wendet sich nicht gegen den von links angreifenden Feind, sondern hin zu den aus der Tiefe herbeieilenden Soldaten, scheint damit als der von seinem Volk geliebte »Alte Fritz« zunächst besorgt um seine »Kinder«, die er in der Auffassung der Zeit tatsächlich wie seine Familie zu behandeln gepflegt habe, und erst in zweiter Linie um den Ausgang der Schlacht.[35] Wenn verschiedene Theoretiker der Zeit den modernen Massenkrieg vom herkömmlichen »Heldenkrieg« abset-zen und der künstlerischen Verarbeitung des Ersteren den Historienbildstatus aberkennen, um ihn als bloßes Genre einzustufen,[36] so gibt Menzel auf dieses Phänomen eine mehrschichtige Antwort: In der Reduktion auf eine kämpfende Partei verzichtet er auf die historisch inadäquat gewordene Darstellung, in der »Helden gegen Helden persönlich kämpfen«,[37] gleichzeitig ist er mit diesem Kunstgriff in der Lage, die künstlerisch und psychologisch wenig wirkungsvollen Massenszenen des modernen Krieges zu vermeiden und die Dignität des Historienbildes – und nicht seine überkommene Erscheinungsweise – zu erhalten.

Nicht nur die zu starke Individualisierung des Personals im Vorder- und Mittelgrund fällt vielen Kom-mentatoren störend auf, sie registrieren zudem ein verzerrtes Größenverhältnis. Die Soldaten vorne er-scheinen ihnen nämlich deutlich zu groß im Vergleich speziell zur Friedrichfigur. »Man wird uns einräu-men, dass die Figuren des unmittelbaren Vordergrundes zu denen im Mittel- und Hintergrunde nicht im rechten Verhältnisse der Größe stehen bei der in Anwendung gebrachten Farbenbetonung der verschie-denen hintereinanderliegenden Schichten.«[38] Einer der letzten modernen Kunsthistoriker, die das Bild vor seiner vermutlichen Zerstörung am Ende des Krieges noch ausführlich gewürdigt haben, bemängelt die übergroße Energie, mit der sich der Maler an den vorderen Figuren richtiggehend abgearbeitet habe, eine Energie, die erst in den weiter hinten angeordneten Teilnehmern der Schlacht zur Ruhe komme.[39] Man wird kaum fehlgehen, in dieser am klassisch harmonistischen Kunstbegriff gemessen misslungenen Aus-balancierung der Gründe einen Einfluss zu vermuten, der seit der Jahrhundertmitte massiv auf Organisa-tions- und Erscheinungsform der Bildkunst einwirkt und der sich ja auch schon anlässlich der oben geführten Diskussion von Bildwirklichkeit und Bildwahrheit aufgedrängt hat: den der Fotografie. Früh schon wird die im Vergleich zur traditionellen perspektivischen Konstruktion übersteile Perspektive als ästhetisch unangebracht verworfen, die aus der Anwendung eines fotografischen Objektivs notwendig resultiert. Aaron Scharf hat die plausible These vertreten, dass Edgar Degas' akzelerierte Tiefenraument-wicklung nicht ohne die Kenntnis von Fotografien denkbar ist, in denen das Vordergrundobjekt in einer Größe erscheint, die in der praktischen Wahrnehmung und daran angelehnt auch in der klassischen Bild-

5 Adolph Menzel, *Krönung Wilhelms I. in Königsberg (1861)*, 1861–1865, Öl auf Leinwand, SPSG, GK I 899

gestaltung üblicherweise reduziert wird. 1850 stellt ein Kritiker in einem von Ernest Meissoniers Bildern ganz ähnliche Effekte fest, die er polemisch auf die Tatsache zurückführt, dass der Maler in der Gestaltung seines Bildes unmittelbar dem Eindruck gefolgt sei, der auf der sphärisch gewölbten Pupille entsteht.[40] Verworfen wird eine solche ästhetische Anlehnung an fotografische Effekte ganz allgemein mit der Begründung, die Malerei könne sich gegenüber der hocheffizienten neuen Bildgattung nur dann behaupten, wenn sie ihr Heil in der Vergeistigung ihres Stoffes, nicht in dessen Naturalisierung suche.[41] Die Problematik wird im Übrigen weiterbestehen und eine wichtige Rolle in der Ausbildung des nichtgegenständlichen Kunstwerkes spielen. Fügt man die Aussage eines anderen zeitgenössischen Kritikers hinzu, der an der naturalistischen, aber unschönen und künstlerisch unwahren Tiefenraumgestaltung vor allem dessen »würdelosen« Effekt verwirft,[42] so ist damit auch die »moralische« Dimension einer solch modernistischen Auffassungsweise eingeholt, die in Menzels Hochkirchbild in der entschiedenen Relativierung Friedrichs des Großen bestand.

Was dem modernen Betrachter im Hochkirchbild als aufrichtige und einfühlsame Darstellung eines schrecklichen Ereignisses imponiert, musste dem an klassische Schlachtendarstellungen gewöhnten Zeitgenossen – insbesondere in der Gestaltung der Vordergrundzone – als unangemessene Akzentuierung des Beiläufigen, wenn nicht gar als burleske Unterwanderung einer preußischen Nationallegende vorkommen, die sich gerade in der Zeit Menzels eigentlich erst formierte. Ein weiterer Kritiker des Bildes bemängelt die fehlende Idealisierung in der Konzeption und stellt fest, dass bei einem solchen Verfahren »der höhere

Sinn des historischen Bildes nicht zum Ausdruck kommen kann« und dass »die Bemühungen Menzels diesen Verlust durch die Zuthat des Humors zu decken, [...] zwar eine augenblickliche Reizung, nicht aber eine dauernde Befriedigung hervorzubringen« vermögen.[43] Erklärungsbedürftig ist hier gewiss der Begriff des Humors, kann man doch wenig im landläufigen Sinne »Humorvolles« in der Menzelschen Schlachtendarstellung ausfindig machen.

In der hegelianischen Tradition, vor allem bei Hegel selbst, bei Hotho, Ruge und Vischer besetzte der Begriff des Humors nun in der Tat ein sehr viel breiteres Bedeutungsfeld, als uns das geläufig ist. Das kann hier nur sehr konzis resümiert werden.[44] Das Humoristische ist dort Grundprinzip der romantischen Kunstform, in ihm manifestiert sich die freigewordene Subjektivität der Moderne, die das Äußere aus dem Mythos entlassen hat und zu ihrer eigenen Verfügung vorfindet. Hotho erkennt die humoristische Aktivität in der Sphäre der Genrekunst, sie unterscheidet sich vom »Dauernden und Höchsten« der Historienmalerei und kultiviert »das in seinem Dasein Flüchtigste und in seiner Erscheinung Particulärste«,[45] ohne deswegen weniger Bedeutsamkeit zu besitzen als jene traditionell als einzig relevant gewertete Spitzengattung. Beide müssten um die Ausschöpfung des Tiefsten im Menschlichen bemüht sein und beide könnten daran auch unabhängig von ihrer Gattungszugehörigkeit scheitern.[46] Ganz in Hothos Sinne argumentiert J. Fürst, der die Arroganz der Tragiker gegenüber dem Prinzip des Humoresken zurückweist und darauf besteht, dass »der rechte Humor eben nur eine zweite Auffassungsweise der Tragik ist«.[47] Eben deswegen kann auch ein Bild wie die Hochkirchschlacht trotz aller Tragik des Handlungsverlaufes »humorvolle« Aspekte haben, dann nämlich, wenn man all das einbezieht, was essenziell ist, ohne statisch zu sein. Hierin mag der Sinn von Menzels offen-pastoser Malweise[48] und seinem ausgeprägten Interesse an (künstlichen) Lichtwirkungen nicht nur in diesem Werk begründet sein – was dem Augenblick Dauer verleiht anstatt Dauer ins Werk einzusenken und somit gleichsam eine preußische Form des »Heroismus des modernen Lebens«.

Ganz allgemein lässt sich feststellen, dass die scharfe Trennung von Historie und Genre, die in der überkommenen Gattungshierarchie vorausgesetzt war, einer immer ausgeprägteren Durchmischung weicht.[49] Der entscheidende Coup gegen die strenge Hierarchie der Gattungen gelingt schon dort, wo die inhaltliche Differenzierung in eine solche der Auffassung transformiert wird. Auch dies geschieht in der Hegelschule, insofern nicht durch Zufall, als Hegel selbst bereits in der holländischen Genremalerei eine gegenüber der Klassik avanciertere, »romantischere« Erscheinungsweise der Kunstform sah, dadurch aber mit der überkommenen Höherschätzung der Historie auf Kollisionskurs geriet.[50] So heißt es denn bei Hegel auch, die romantische Kunst als eine, die ihr Telos in einer Sphäre habe, die jenseits des ihr angestammten Ausdrucksbereiches liege, könne auf jegliche Bindung »an einen besonderen Gehalt und eine nur für diesen Stoff passende Art der Darstellung« verzichten.[51] Expliziter formuliert es der genannte Hotho, Herausgeber der Hegelschen »Ästhetik« und früher Erforscher niederländischer Kunstgeschichte. Für ihn nämlich hat die Gattungszuweisung alle objektive Verankerung dadurch verloren, dass sie in die Behandlungsweise des Malers zurückgenommen und damit subjektiviert wird.[52] In allen Bereichen, in den hohen genau wie in den niedrigen, gehe es nur darum, dass sich die Phantasie »zu ihrem eigenen Adel emporhebt, und mit ihrer eigenen Unendlichkeit durchdringt«.[53] Kunst habe es, gleich an welcher Stelle, immer nur mit dem »in sich Wahrhaftigen«[54] zu tun, eben auch dort, wo sie es mit dem niedrigen Bereich des Genres versuche.[55]

Das, was die klassizistischen Kritiker im Sinne einer bedeutungsheischenden Historienmalerei zu vermeiden empfehlen, die Darstellung all dessen, was keinen Anspruch auf objektive Allgemeinheit erheben kann, leitet W. Herold positiv aus der neuartigen Aufgabe der bildenden Kunst ab:

»Aus dem Bedürfnisse der Kunst mitten im Leben zu stehen ... aus dem Drange der gegenwärtigen Zeit das Individuum und bei dem Einzelnen die particulären Züge der Persönlichkeit und seiner Umgebung zur Geltung kommen zu lassen, machte sich in der neuen Malerei neben der historischen zugleich noch die Genre-Malerei, welche diesem Einzelnen, diesem Partikulären die beanspruchte Geltung verschafft [...] geltend.«[56]

Ja mehr noch, die Geschichtsmalerei selbst ist gegenüber der Historienmalerei, welche das »Jenseits der Geschichte zeichnet«, Spielwiese der »individuellen Zustände«, der »leidenschaftlichen Formen« und der beziehungsreichen Einzelmomente. Genau hierin, in dieser »Annäherung an das Sachliche und Allgemeingültige«, wird die Nähe zur Genremalerei anschaulich.[57] Ziel ist dabei nicht einfach Prosaisierung des Künstlerischen, sondern Poetisierung der Wirklichkeit, wenn dies auch ganz anders geschieht als im klassischen Historienbild.

Das »Flüchtige« und das »Nebensächliche«, das, was sonst gegenüber dem Grandiosen der Haupt- und Staatsaktionen keine Daseinsberechtigung erhält, ist in dieser Konzeption zum Protagonisten geworden, da es dem Rezipienten verinnerlichende Anverwandlung erlaubt und zum allgemeinen »Humanum« vordringt, das nach Hegel Fluchtpunkt der modernen Kunst zu sein hat.[58] Entscheidend dabei ist, dass die künstlerische Mitteilung hier nicht mehr wie bei der konventionellen Historienmalerei aus der Fülle der inhaltlichen Dignität heraus nach ikonographisch weitgehend festgelegten Standards erfolgt, sondern verschoben wird hin zur impliziten Aussage, die im Rezipienten »etwas zum Klingen« bringt und ihn zu eigener Reflexion anregt. »In unserer Zeit zumal [...] ist auch die mittelbare Schönheit die wahrhaft zeit-gemässe, diejenige [...] die mehr im miterscheinenden Sinn und Geist des Darstellers, als im Nennwerth und der speciellen Form des Dargestellten liegt«,[59] wie es in einer hegelianisch inspirierten Kritik schon aus dem Jahr 1834 heißt.

Eine breiter angelegte Studie der Menzelrezeption würde ergeben, dass diese Qualitäten in seinen Friedrichbildern allgemein angelegt, im Hochkirchbild aber zu besonderer Ausdruckskraft entwickelt sind. Der allgegenwärtige Schasler wird dies später einmal, wenn auch negativ akzentuiert, auf den Punkt bringen, wenn er behauptet, Menzel habe die volle historische Bedeutsamkeit des großen Königs im Hoch-kirchbild schon alleine deswegen nicht darstellen können, weil »der Moment selbst ein viel zu bewegter und thatsächlich beschränkter war«.[60] Das Partikulare der Einzelexistenz hat die Oberhand gewonnen über die Größe des Gesamtereignisses, es scheint auf in den hochindividuell und -charakteristisch gestal-teten Figuren nicht nur des Protagonisten, sondern insbesondere der Vordergrundgestalten, in den aus dem Dunkel der Nacht aufblitzenden Physiognomien und Gesten von namenlosen Todgeweihten, die aber doch so plastisch als Persönlichkeiten gestaltet sind, dass man sich ihnen – nicht nur räumlich, sondern auch seelisch – nahe fühlen muss. Als Menzel noch während der Ausstellung seines Bildes im Jahre 1856 an König Friedrich Wilhelm IV. einen Brief mit der selbstbewusst vorgetragenen Bitte um Ankauf durch den Hof verfasste, da verwies er unter anderem auch ausdrücklich darauf, dass er sein besonderes Interesse nicht auf die Nebenpersonen gelegt habe. Man wird diese seltsame Feststellung nur als Vorwegnahme eines sicherlich kritischen Argumentes deuten können, das der Maler erwartete, erwartet haben muss, da er hierin offensichtlich gerade das ausgeführt hat, was er jetzt zu widerlegen sucht.[61]

Die Reduktion auf das Begrenzte und Vereinzelte, die einen ganz in der idealistischen Tradition der Münchener Schule verwurzelten Kritiker wie Ernst Förster die unklare Vermittlung der Teile mit dem Ganzen und die den Überblick über die Gesamtanlage beeinträchtigende allzu große Verwirrung in der Anordnung der Schlachtreihen bemängeln lässt,[62] prägt aber auch die Grundkonzeption des Bildes, die gleichfalls Unverständnis auslöst. Gemeint ist das für eine Schlachtendarstellung tatsächlich ungewöhn-liche Faktum, dass nur die eine Seite der Kämpfenden gezeigt wird, der Gegner, also die Österreicher unter ihrem Feldmarschall Daun, ganz außerhalb bleibt.[63] Menzel gestaltet hier fragmentarisch,[64] er ver-zichtet auf jegliche Geschlossenheit im Bildaufbau, auf die Ausbalancierung einer Szene, die von zwei sich bekämpfenden Parteien gebildet wird und die der klassischen Schlachtendarstellung eine Ponderation vermittelt, in der sich mikrokosmisch die Weltordnung spiegelt. Das Einzelne ist hier niemals in der Lage, sich vom überwölbenden Ordnungsgefüge zu emanzipieren und es zu stören. Formuliert wird eine solche Vorstellung geradezu schulmäßig bei A. Weise, der in seiner »Grundlage zu der Lehre von den verschie-denen Gattungen der Malerei« von 1823 festlegt:

»In der Schlacht ist gleiche Kraft verteilt; Kühnheit des Angriffs, und muthiger Widerstand sind sichtbar, und je heftiger hier der Angriff wüthet, und die Streiter sich durch Ausdruck und Stellungen auszeichnen, um so mehr gewinnt die Handlung an Wahrheit.«[65]

Was bedeutet diese vielleicht etwas ausufernd geratene Analyse eines Menzel'schen Geschichtsbildes für unsere Ausgangsthese? Ich erinnere daran, dass es darum gehen sollte, das Bild nicht einfach nur als einen transparenten Durchblick auf das visualisierte historische Ereignis zu verstehen, sondern als einen subjektiv und historisch geprägten Versuch, dieses Ereignis durch spezifische sinnliche Formung auch zu interpretieren. Im Hochkirchbild wird nicht einfach nur ein kriegerisches Geschehen aus dem Jahr 1758 nacherzählt, diese Nacherzählung ist durch und durch vom Selbstverständnis eines Künstlers geprägt, der hundert Jahre später unter völlig anderen historischen und kunstgeschichtlichen Voraussetzungen einen Blick zurückwirft. Friedrich ist Menzel zu einer Identifikationsfigur geworden, deren menschliche Größe gegenüber der historischen Größe zu überwiegen scheint. Ich kann diese neuen Kontexte hier nur in groben Zügen schildern, hoffe aber, mein Argumentationsziel trotzdem zu erreichen.

Nimmt man das Thema des Menzelschen Schlachtenbildes als solches, so scheint die Deutung klar: Der Maler liefert eine Apotheose des preußischen Herrschers der Aufklärungszeit und setzt sie gegen die eigenen Zeitverhältnisse. Diese waren in erster Linie von dem schwachen Monarchen Friedrich Wilhelm IV. geprägt, der nur mit Schwierigkeiten aus der 1848er Revolution herausgekommen war und das Land danach in eine Richtung treiben ließ, die vor allem den preußischen Liberalen wenig behagte. Die Sache scheint damit abgemacht: Menzel setzt dem Versager der Gegenwart den Heroen der Vergangenheit entgegen. Die visuelle Evidenz des Hochkirchbildes aber will in dieser Feststellung nicht so richtig aufgehen. Es stimmt zwar, Menzel bewunderte Friedrich, dem er einen großen Teil seines frühen Werkes widmete und mit dem er sich geradezu identifizierte, aber er stellt ihn ganz und gar nicht in der frühneuzeitlichen Tradition der Herrscherapotheose dar. Vielmehr vermenschlicht und relativiert er ihn, sosehr in dem Bild auch eine historisch adäquate Darstellung des Geschehenen zum Ausdruck kommen dürfte. Es ist nicht mehr der herausgehobene Übermensch, der in seinem Schlachtenbild erscheint, sondern der wenig heldenhafte Vater seiner Soldaten, die sich ihm gegenüber räumlich, aber auch psychologisch in den Vordergrund drängen. Man sollte meinen, dass sich hierin eine »Demokratisierung« des Heerwesens ausdrückt, die wohl mit der preußischen Heeresreform der Befreiungskriege in Zusammenhang zu bringen ist. Auf jeden Fall ein Faktum, das keineswegs die Verhältnisse der Zeit Friedrichs des Großen reflektiert.

Das ästhetisch Geformte des Geschichtsbildes ist damit als etwas beschrieben, dessen Konstruktionscharakter genauso herauszuheben ist, wie das bei jedem historischen Rezeptionsverfahren zu geschehen hat. Es ist eben nicht die »natürliche Sprache« des Bildes jenseits der Geschichte, deren Evidenz sich gleichsam zwangsläufig einstellt. Eigentlich eine Selbstverständlichkeit, von der die Kunstgeschichte als Wissenschaft in ihren Grundfesten bestimmt ist. Aber doch zugleich etwas, das man sich immer wieder klarmachen sollte.

1 Große, 1859, S. 133.
2 Vgl. zu diesem Kontext: Kohle, 2001.
3 Düsseldorfer Journal, 10.11.1857.
4 Vgl.: Ausst.-Kat. Das weltliche Ereignisbild, 1987.
5 Vgl.: Warnke, 1992, S. 67 f. – Vgl. auch: Kaufmann, 1978, S. 261.
6 Zu einer vergleichbaren Aufwertung des einfachen Soldaten in englischen Schlachtengemälden jener Periode: Lalumia, 1984, S. 21 u. passim.
7 Vgl.: Kat. Neue Pinakothek, 1984, S. 106.
8 Deutsches Kunstblatt, 1853, S. 428 f.
9 Gaehtgens, 1984.
10 Vgl.: »Wenigstens erregte sein Überfall von Hochkirch unter den Künstlern Enthusiasmus – die Akademiker natürlich ausgenommen. Das große Publikum freilich wagte, da dessen Bild so ganz anders aussah, als alle anderen, auch da noch nicht, ihn recht zu bewundern, wie meisterhaft auch die Schilderung des alten Fritz im flackernden Licht des brennenden Dorfes gelungen sei« (Pecht, 1885/1886, S. 6–71, hier S. 68).
11 Vgl.: Zangs, 1992, S. 117.
12 Vgl.: Düsseldorfer Zeitung, 3.11.1857.
13 Wiederabgedruckt in: Ullrich, 1894, S. 53. – Ähnlich die Reaktion in der Besprechung der »Zeitung für die elegante Welt«, 1856, S. 568 f.
14 Sternberg, 1852, S. 181 f. – Ähnlich: Brendel, 1856, S. 109 f.
15 Kreuzzeitung, 4.11.1852. – Ganz ähnlich reagiert Alexander von Sternberg beim Anblick der »Tafelrunde« (Sternberg, 1852, S. 183).
16 Aufschlussreich ist die Bemerkung des eben im Zusammenhang mit der »Tafelrunde« (vgl. Anm. 15) zitierten Alexander von Sternberg, dem bei den unbeschäftigten Musikern des Bildes eine »künstlerische Impertinenz« auffällt, die sich auf des Königs Fehler beim Spielen kaprizieren soll. Vgl. auch »Die Grenzboten« und die Bemerkung des – gegenüber diesem Bild Menzels an sich sehr positiv eingestellten – Kritikers der »Dioskuren« (1857), der vom »outrierten« Charakter der Markgräfin auf dem Sofa spricht (Grenzboten, 1852, 4, S. 232. – Dioskuren, 1857, S. 93).
17 Zum neuartigen Charakter des Menzelschen Konzertbildes: Radziewski, 1982, S. 24.
18 Vgl. die – positive – Wertung bei Max Osborn: »Er war so gleichsam ein Mitbürger der friderizianischen Welt geworden, und so wurden seine Friedrichsbilder eigentlich keine ›Historien‹ mehr. In ihrer unerhörten Lebenswahrheit geben sie uns die Illusion, als seien es zeitgenössische Schilderungen« (Osborn, 1899/1900, S. 310).
19 »Invention« sei hier verstanden als eine im klassisch rhetorischen System verwurzelte Form künstlerischer Regelanwendung, die ihr primäres Ziel

nicht in der Nachahmung der rohen Natur hatte (vgl.: Büttner, 1980, S. XII). – Gegen den Stil als bindendes künstlerisches Prinzip polemisiert etwa Ludwig Iglsheimer von einem entschieden individualistischen Standpunkt aus (Iglsheimer, 1844, S. 24–45, hier S. 28).

20 Deutsches Kunstblatt, 1858, S. 55. – Dass eine solche Menzelkritik eigentlich gar nicht in die Richtung dieses Organs hineinpassen will, wird auch daran deutlich, dass sich die Redaktion ausnahmsweise entschließt, ihren Unwillen über die Bewertung in einer Anmerkung zu bekunden. Konzeptionell ähnlich wie der Rezensent der Düsseldorfer Ausstellung argumentiert Große (Große, 1859, S. 152 f.). – Der innerliche Zusammenhang von »Geschichtsbild«, »Genrebild« und »Charakteristischem«, der im idealistischen Kunstbegriff fundamental ist, zeigt sich besonders in der vernichtenden Beurteilung C. F. Lessings durch den Nazarenerfreund Johann Gottlieb von Quandt (Quandt, 1844, S. 47).

21 Vgl. etwa: Quandt, 1830, S. 290 f.

22 Vgl.: Schasler, 1852, S. 24 f.

23 Vossische Zeitung, 23.10.1856.

24 Vgl.: Keisch, 1987, S. 259–282, hier S. 267. – Charles Blancs Einwand gegen das Bild, die einzelnen Figuren hätten unbedingt in kleineren Dimensionen aufgefasst werden müssen, da letztlich nur das Nackte den Anspruch auf naturgetreue Größe im Kunstwerk habe, bezieht sich zweifellos vor allem auf die Vordergrundfiguren (Blanc, 1876, S. 526 f.).

25 Mantz, 1867, S. 140.

26 An anderer Stelle heißt das: »Nur das aber gehört zur Geschichte, was irgendwie auf die allgemeine Entwicklung des Menschengeschlechts oder einzelner Nationen einen wesentlichen Einfluss ausgeübt hat« (Schasler, 1854, S. 6).

27 Dioskuren, 1858, S. 17.

28 Dioskuren, 1866, S. 287. – Zum idealistischen Stilbegriff vgl. die Definition Ernst Försters aus dem »Deutschen Kunstblatt« des Jahres 1830 (zit. in: Hoffmann, 1968, S. 152). – Mit Stil ist nicht – wie im heutigen Sprachgebrauch üblich – eine prinzipiell beliebige, wenn auch traditional vermittelte Form künstlerischen Ausdrucks gemeint, sondern das »Hohe« und »Würdevolle« wird im Begriff schon von vornherein mit eingeschlossen (vgl. hierzu zeitgenössisch auch: Schorn, 1835, S. 40 f.).

29 Vgl. etwa: Deutsches Kunstblatt, 1858, S. 55. – Große, 1859, S. 133. – Die Hierarchisierung von herausgehobener Mitte und weniger bedeutender Peripherie in Anlehnung an das überkommene akademische Prinzip des pyramidalen Bildaufbaus bleibt auch in der offiziellen Doktrin des 19. Jahrhunderts bindend. Immer dann, wenn dieses Prinzip durchbrochen wird, reagiert die klassizistische Kritik mit deutlichem Unmut. Vgl. ein relativ willkürlich gewähltes Beispiel, eine Kritik zu Schlöpkes »Tod Niclots« (Dioskuren, 1858, S. 83).

30 Der Mangel an heroisierender Akzentuierung Friedrichs in Menzels Bildern wird an vielen Stellen notiert. Vgl. dazu etwa »Die Zeit« (7.9.1856) zur »Belehnung der schlesischen Stände« (zit. in: Ellwart, 1985, S. 147). – Vgl. auch die kurzen Analysen bei: Hofmann, 1974, S. 120. – Beenken, 1944, S. 307. – Dieses wäre auch kritisch gegenüber Studien anzumerken, die in Menzels Ölbildern zum Thema Friedrich der Große gegenüber seinen früheren Graphiken eine stärkere Monumentalisierung und Hervorhebung der Hauptperson erkennen (vgl. etwa: Chapeaurouge, 1990, S. 213–227). – Treffender, wenn auch in der existenzialistischen Atmosphäre vielleicht etwas outriert, scheint mir die Analyse des Bildes bei Jens Christian Jensen (Jensen, 1982, S. 27 f.).

31 Die deutsche Geschichtsmalerei, 1859, S. 348.

32 Düsseldorfer Zeitung, 3.11.1857.

33 Carrière, 1858/1859, Bd. 5, S. 203.

34 Der Verlust des Heroischen in der bürgerlichen Kunst des 19. Jahrhunderts ist natürlich eine längst beobachtete Entwicklung (wegweisend dazu: Schlaffer, 1973). – Für die Malerei des frühen 19. Jahrhunderts wurde das Phänomen schon früh kunstgeschichtlich verarbeitet (vgl.: Reber, 1879, S. 579). – Systematischer zu diesem Aspekt: Busch, 1990, S. 57–76. – Jetzt auch zusammenfassend: Busch, 1993.

35 Vgl. zu diesem Aspekt: Preuß, 1854.

36 Vgl.: Vischer, 1922, Bd. 5, S. 75. – Deutsches Kunstblatt, 1857, S. 356. – Kunsthistorisch zum Phänomen: Gurlitt, 1907, S. 325. – Muther, 1893, Bd. 2, S. 101. – Die generelle Abstrahierung der politischen Verhältnisse macht der Geschichtsmalerei in den Augen sensibler Zeitgenossen allgemein zu schaffen (Pecht, 1867, S. 26).

37 Zur Schlachtenpoesie (Unterhaltungen am häuslichen Herd, 1856, S. 799).

38 Düsseldorfer Journal, 10.11.1857.

39 Kurth, 1922, S. 17–26, hier S. 18.

40 Scharf, 1983, S. 190. – Dabei ist bemerkenswert, dass Meissonier gewöhnlich von den Zeitgenossen als französisches Pendant zu Menzel begriffen wird (vgl. etwa: Blanc, 1876, S. 527).

41 Vgl. beispielsweise die eher willkürlich gewählte Argumentation in: Weimarer Sonntags-Blatt, 1856, S. 304.

42 Scharf, 1983, S. 193.

43 Die Zeit, 29.11.1856 (zit. in: Ellwart, 1985, S. 153 f.). – Vgl. auch: Die deutsche Geschichtsmalerei, 1859, S. 348. – Schon der Rezensent des Kunstblattes konnte im Humoristischen »nicht das eigentliche Element der bildenden Kunst, die bei aller Individualität der Gestalten doch stets eine gewisse Allgemeinheit braucht und sich auf der Spitze subjektiven Witzes nicht wohlbefindet«, erkennen (Deutsches Kunstblatt, 1835, S. 372).

44 Vgl.: Preisendanz, 1966.

45 Hotho, 1842/1843, Bd. 1, S. 137.

46 Vgl. auch: Hartau, 1984, S. 97–120, hier S. 111.

47 Fürst, 1843, S. 32. – Ähnlich: Springer, 1856, Bd. 12, S. 756.

48 Carrière spricht in seiner Hochkirch-Kritik vom »borstigen Pinsel«, mit dem das Bild gemalt sei (Carrière, 1858/1859, Bd. 5, S. 203).

49 Die konservativen Versuche, die Trennung aufrechtzuerhalten, exemplarisch bei J. Koopmann (Deutsches Kunstblatt, 1857, S. 187).

50 Hegel, 1977, Bd. 1, S. 664 f.

51 Hegel, 1977, Bd. 1, S. 674.

52 Vgl.: Busch, 1981, S. 35–50, hier S. 42. – Außerdem: Jäger, 1976, Bd. 1, S. 9–28, hier S. 12 f. – Eine entschiedene Gegenposition bei: Förster, 1830, S. 68–71, 273 f., 278–280 u. 282–284.

53 Hotho, 1842/1843, S. 131.

54 Hotho, 1842/1843, S. 137.

55 Der Einfluss der Hothoschen Theoriebildung zeigt sich beispielsweise darin, dass auch noch in den 1850er Jahren seine Formulierungen fast wörtlich abgeschrieben wieder auftauchen (Faber, 1853, Bd. 6, S. 249).

56 Herold, 1855, S. 68.

57 Vgl.: Springer, 1856, Bd. 12, S. 717.

58 Hegel, 1977, Bd. 1, S. 677. – Aufschlussreich ist in diesem Zusammenhang, dass ein Kritiker des »Journal für Malerei und bildende Kunst« die komische gegen die heroische Behandlung eines Stoffes ausspielt und jene für den Fall empfiehlt, dass sich »die Malerei des unmittelbaren Lebens bemächtigen« will (Auf der Kunstausstellung, 1853, S. 26).

59 Zur Berliner Akademieausstellung: Museum, 1834, S. 300. – Der Kritiker hatte vorher behauptet, »dass oft die geschickte Vergegenwärtigung einer an sich höchst unbedeutenden Scene dem Beschauer weit mehr zu denken und zu empfinden giebt, als manches historische Bild vom feierlichsten Inhalt.«

60 Vgl.: Dioskuren, 1870, S. 230.

61 ZStA Merseburg, 2.2.1., Nr. 20337, fol. 32 f. – Den Hinweis auf den Brief verdanke ich Claude Keisch.

62 Förster, 1860, T. 5, S. 300 f.

63 Sehr dezidiert verwirft diese Konzeption etwa der schon genannte Kritiker der Düsseldorfer Akademieausstellung, auf der das Bild 1858 gezeigt wurde.

64 Zur Rolle dieser Kompositionsform bei Menzel: Ausst.-Kat. Der frühe Realismus in Deutschland, 1967, S. 119.

65 Weise, 1823, S. 121.

REICHARD & LINDNER   KÖNIGL. HOF-PHOTOGRAPHEN
BERLIN, N.W.
54/55 Unter den Linden 54/55.

ANDREAS ROSE

IM SCHATTEN »HISTORISCHER GRÖSSE«

Wilhelm II. und seine Ahnen. Ein Beitrag zur Geschichtspolitik im Kaiserreich

Kaum ein Monarch der jüngeren Geschichte steht im Ruf, seine Epoche so sehr geprägt zu haben wie der letzte deutsche Kaiser. Nicht umsonst wurde ein ganzes Zeitalter nach ihm benannt. Kein Monarch nutzte die medialen und technischen Errungenschaften der Moderne konsequenter, um sich selbst und sein Haus zu stilisieren, als der »Medienkaiser« (Abb. 1).[1]

Keiner scheint gleichzeitig weiter vom Epitheton »historische Größe« entfernt als Wilhelm II. Ein »zweiter Friedrich der Große« sollte er nach den Vorstellungen seiner Mutter werden – »natürlich anderer Art«.[2]

Zu Großem fühlte er sich fraglos selbst berufen, nachdem er die harte Erziehung durch Georg Ernst Hinzpeter überstanden hatte und mit nur 28 Jahren mehr oder weniger plötzlich zum Kaiser eines ebenso schnell aufgestiegenen Reiches wurde. Zweifellos gilt Wilhelm II. als typischer Repräsentant seiner Epoche und deren Zeitgeistes. Aber »Wilhelm der Große« war nach eigenem Bekunden nicht er selbst, sondern sein Großvater.

Im gleichen Monat, in dem Wilhelm II. auf Friedrich III. folgte, bestieg plötzlich »Kaiser Wilhelm der Große« samt Ross das Podest »historischer Größe«.[3] Während Friedrich II. bereits zu Lebzeiten von der zeitgenössischen Publizistik und der Berliner Bevölkerung als »der Große« gehuldigt wurde,[4] sprach man von »Wilhelm dem Großen« erst mit der Thronbesteigung seines Enkels. Schon der Nekrolog der preußischen »National Zeitung« bestand im März 1888 darauf, dass ihm der Beiname »der Große« zweifelsfrei zustehe. Schließlich sei der alte Kaiser schon »zu Lebzeiten in das Reich der Mythe getreten, und dem Gemüt und der Phantasie des Volkes« sei es »natürlich« gewesen, »ihn Karl dem Großen und Friedrich Barbarossa als Dritten zuzugesellen«.[5] Dahinter standen die Verehrung für den Verstorbenen und der Auftrag an seinen Erben zugleich. Wie er den Zeitgenossen als Reichsgründungskaiser selbstverständlich präsent sei, so stünde er den Nachfahren als Reichsdenkmal vor Augen.

Ausgerechnet in Metz, im annektierten Lothringen, bildete sich das erste von unzähligen Denkmalkomitees zur Förderung des Gedenkens an den alten Kaiser. Bald schon entstanden überall im Reich vergleichbare Ausschüsse zur Einweihung von Wilhelm-Eichen, zur Benennung von Straßen und Plätzen, zur Errichtung von Standbildern, Büsten und Porträts des alten Kaisers. Tatsächlich kennt die Geschichte keinen anderen Monarchen, dem so viele Denkmäler in Stein und Erz gewidmet worden sind – mindestens 324. Andere Zählungen des Preußischen Denkmalinstituts gehen sogar von 425 Denkmälern für Wilhelm I. aus – darunter 63 Reiterstatuen, 231 Standbilder, 5 Sitzstatuen und 126 Büstendenkmäler –, wobei die einzigen noch erhaltenen Reiterstandbilder heute in Köln, Wuppertal, auf der Hohensyburg und auf dem Kyffhäuser zu finden sind. Wieder andere zählen auch Straßen, Plätze, Brücken, Tunnel etc. dazu und kommen auf über 1 000 gegenüber 127 für Friedrich III. und ca. 479 für Bismarck.[6] Auf dem Kyffhäuser erscheint der Kaiser als »Wilhelm der Große« und wiedererstandener Barbarossa mit

1 *Kaiser Wilhelm II. im Kostüm eines Generalleutnants aus der Zeit Friedrichs des Großen anläßlich eines Kostümfestes bei Hofe,* 1892, bpk

Pickelhaube, und auch als Wacht am Rhein am Deutschen Eck in Koblenz macht er in siebenfacher Lebensgröße dieser Inschrift alle Ehre.[7] Aber was waren der Hintergrund und die Intention dieses Überangebots an Erinnerung – ein Zeitgenosse sprach sogar von einer regelrechten »Denkmalwuth«[8] zu Ehren des alten Kaisers?

Neben der allgemeinen Verehrung des alten Kaisers und dem Auftrag an den neuen, stellte sich Wilhelm II. instinktiv und mit überraschendem politischen Gespür schnell an die Spitze dieser Bewegung und begann eine Kunst- und Denkmalsförderung ungekannten Ausmaßes.[9] Die Ziele des jungen Kaisers waren dabei auf den ersten Blick offensichtlich sowohl dynastischer als auch nationaler Natur, wenn er die »historische Größe« für seinen Großvater und damit automatisch natürlich auch für sich und das Haus Hohenzollern insgesamt reklamierte. Wilhelm II. war nur allzu bewusst, dass 1888 für alle sichtbar eine ganze Epoche zu Ende gegangen war. Bis dahin hatte er jeden Tag die Bürde seiner Ahnen zu spüren bekommen. Immer wieder wurde ihm während seiner gesamten Jugend vor allem Friedrich der Große als leuchtendes Beispiel vor Augen gehalten.[10] Als er anstelle seines bereits todkranken Vaters den Trauermarsch für seinen Großvater anführte und bald darauf den Thron bestieg, ging es ihm in erster Linie um Legitimität, Orientierung, Versöhnung und traditionelle Vorbilder für seine Regentschaft. Nach Jahren des Kulturkampfes, den Sozialistengesetzen und beständigen Bedrohungen – dem Gründerboom war schnell ein Gründerkrach gefolgt – sehnten sich schließlich nicht nur die »Preußischen Jahrbücher« nach der »guten alten Zeit« zurück.[11] Deren Repräsentant war ohne Frage der alte, greise und vor allem Ruhe und Beständigkeit verkörpernde Kaiser. In einer Zeit des raschen Wandels schien es geradezu naheliegend, etwas Bleibendes zu schaffen. Gleichzeitig ging es vielen, nicht nur dem jungen Kaiser, aber auch darum, aus dem Schatten zu treten und eine neue Ära auf die Vergangenheit aufzubauen. Mit den Fakten nahm man es dabei natürlich nicht so genau.

Ungewollte Größe

»Die Geschichte«, so ist bei Jacob Burckhardt zur Frage »historischer Größe« zu lesen, »liebt es bisweilen sich auf einmal in einem Menschen zu verdichten, welchem hierauf die Welt gehorcht.«[12] Auf Wilhelm I., den »Kartätschenprinz« der 1848er Revolution, den preußischen König und ersten Deutschen Kaiser des 1871 neu gegründeten Reiches (Abb. 3), traf die Vorgabe Burckhardts wohl eher nicht zu.

Von einer »magischen Wirkung«, von »Einzigartigkeit«, »Unersetzlichkeit« oder gar »abnormer Willenskraft« ist bei ihm jedenfalls nichts Wesentliches bekannt.[13] Keine Frage, Wilhelm I. war wie sein Urgroßonkel Friedrich der Große durch und durch Preuße und Soldat. Er liebte die Uniform. Sie gab Haltung und verlangte Respekt. Er kommandierte gern; eher entsprach es aber seinem Naturell, nicht vor der Front, sondern in »Reih und Glied zu stehen«.[14] Schon im Alter von nur zehn Jahren bekleidete er den Rang eines Sekondeleutnants, mit 16 nahm er an den Befreiungskriegen teil und mit 20 wurde er Oberst und Regimentskommandeur, drei Jahre später Generalmajor und Befehlshaber der Ersten Gardedivision.[15] Aber selbst gab er offen zu, dass er nur aufgrund seiner Abstammung den Rang eines Unteroffiziers überstieg.[16] Während Friedrich II. trotz kleinem Wuchs selbst keinerlei Zweifel hegte, einmal als »Großer« in die Geschichte einzugehen und selbst an diesem Bild fleißig mitwirkte, war es mit der Entschlossenheit bei Wilhelm I. nicht weit her. Zweifellos hasste er, gerade nach dem englischen Exil, jede Form des Polizeistaats und der Repression, und nicht umsonst leitete er die »liberale Ära« in Preußen ein. Zur wilhelminischen Ära wurde diese aber nicht. Schon bald resignierte er vor dem Preußischen Landtag und stand vor der Abdankung, bevor er 1862 mit Otto von Bismarck den »schärfsten Bolzen der Reaktion« verschoss,[17] um mit ihm als Konfliktminister die Verfassungskrise um die Heeresreform durchzustehen.[18] Er scheute den preußisch-österreichischen Zwist um Schleswig-Holstein und umso mehr den Krieg gegen Wien. Nach dem Sieg wiederum wollte er als Militär die k.u.k. Monarchie am liebsten zerschlagen und demütigen, beugte sich dann aber wieder Bismarckschem Kalkül.[19] Wenig später wich er zur Verzweiflung Bismarcks und Moltkes in der Frage der spanischen Erbfolge vor den anmaßenden französischen Drohgebärden zunächst zurück[20] und schien zu einem ständigen Kotau vor dem russischen Zaren bereit. Noch im Januar 1871, als der Sieg über Paris scheinbar gewiss war, musste Bismarck ihn geradezu zwingen, die Kaiserwürde anzunehmen. Er selbst betrachtete es nämlich als »großes Unglück«, die »glänzende preußische Krone mit der Schmutzkrone eines Kaisers zu vertauschen«. Seiner Gemahlin, Kaiserin Augusta, schrieb er am Tag der Kaiserproklamation aus Versailles:

> »Ich kann dir nicht sagen, in welcher morosen Emotion ich in den letzten Tagen war, teils wegen der hohen Verantwortung, […] teils und vor allem über den Schmerz, den preußischen Titel verdrängt zu sehen! In der Konferenz gestern mit Fritz [Friedrich, dem Thronfolger und späteren Kaiser Friedrich III., A. R.], Bismarck und Schleinitz war ich zuletzt so moros, daß ich drauf und dran war, zurückzutreten und Fritz alles zu übertragen.«[21]

Wilhelm I., so wird schon an diesen wenigen Beispielen deutlich, war kein Mann der Tat, keiner, der zupackte, wenn der Mantel der Geschichte an ihm vorüberflog, kein Mann der Selbstinszenierung, keine herausragende politische oder geistige Größe und trotz aller militärischer Ausbildung auch kein großer Feldherr.[22] Die Schlachten wie auch die machiavellistische Staatskunst überließ er allzu gern anderen: seinem Sohn, Kronprinz Friedrich und namentlich natürlich Helmuth von Moltke und Otto von Bismarck. An »historische Größe« und die Frage seines eigenen Nachruhms, dies darf als gesichert gelten, verschwendete er selbst keinen Gedanken. Nicht einmal von Denkmälern ihm zu Ehren wollte er etwas wissen. Sie waren ihm unangenehm, und wenn sie denn schon unbedingt zu seinen Lebzeiten errichtet werden mussten, sollten sie wie auf der Kölner Hohenzollernbrücke in der Nacht enthüllt werden, um ja kein Aufsehen zu erregen.[23] Vielleicht war es die Revolutionserfahrung, die den noch im 18. Jahrhundert Geborenen vor derlei Huldigungen zurückschrecken ließ.

Posthume Größe – Wilhelm II. und das Andenken an seinen »lieben Herrn Großvater«

Schon im Juli 1888 leitete Wilhelm II. den dynastischen Hohenzollernkult mit einem Erlass für sämtliche Schulen ein. Die sogenannten »Kaisertage«, das heißt die Geburts- und Todestage Wilhelms I. und Friedrichs III., wurden nun neben seinem eigenen Geburtstag als vaterländische Gedenk- und Erinnerungstage begangen, um die »heilige Begeisterung für Kaiser und Reich« bei der Schuljugend zu wecken.[24] Insgesamt knüpfte Wilhelm II. dabei an das eher deutsch-nationale denn preußische Verständnis seines Vaters an. In dessen Namen führte er das Hohenzollern-Museum weiter, das die Dynastie dem Volke näherbringen sollte. Schon Friedrich III. hatte versucht, mithilfe eines architektonischen Nationaldenkmals die Integration des Reiches zu fördern und die Dynastie der Hohenzollern über Preußen hinaus zu verankern. Im Sinn hatte Friedrich III. dabei die 1815 von Schinkel entworfenen Berliner Dombaupläne mit dem Ziel, eine in

2 *Kaiser Wilhelm II. und Adolph Menzel während eines Kostümfestes vor dem Marmorpalais [in Potsdam], 1897, Doorn, Stichting Huis Doorn, HuDF-A066-5*

ihren Ausmaßen bombastische »Festkirche der geeinigten deutschen Nation« für nationale Feierlichkeiten zu errichten, beispielsweise für eine eventuelle nationale Kaiserkrönung.[25]

Wie der Vater war auch Wilhelm II. von Beginn an auf der Suche nach monarchischen Repräsentationsformen, wobei seine Vorliebe für den mittelalterlichen Kaisergedanken vor allem auf den Glanz einer tausendjährigen Tradition abzielte.[26] Im Mai 1908 eröffnete er etwa die staufische Hohkönigsburg mit einem opulenten mittelalterlichen Kostümfest.[27] Sich selbst betrachtete Wilhelm II. als Fortsetzer der Taten seiner Vorfahren. Er stellte Analogien zu ihren Handlungen her und konstruierte eine von ihm zu vollendende Logik der borussischen Politik:[28] Friedrich der Große habe Preußen als europäische Macht etabliert, Wilhelm der Große Deutschland in den Kreis der europäischen Großmächte zurückgeführt und dort verankert – an ihm sei es nun, Deutschland zur Weltmacht zu erheben. Hatten seine Ahnen ein starkes Heer geschaffen, so wollte er eine starke Marine aufbauen. Vor allem hier, im Marinebau, aber auch im Kanalbau lässt sich der dynastische Traditionalismus besonders feststellen.[29]

Als Reichssymbol und Verkörperung der nationalen Überlieferung ging es ihm ohne Zweifel um Legitimation, Selbstdarstellung und darum, von den Deutschen geliebt zu werden. Die 25-Jahr-Feier der Reichsgründung 1896, der 100jährige Geburtstag Wilhelms I. 1897 (Abb. 2), das Regierungsjubiläum 1913, die unzähligen Denkmalsenthüllungen, Festreden, Paraden und Schiffstaufen gaben den Anlass, aus der preußischen Berufung seit dem Großen Kurfürsten, über Friedrich den Großen bis hin zur Reichsgründung eine Legende und aus »Wilhelm dem Großen« einen Nationalheros zu machen, in dessen Glanz sich auch der Enkel sonnen wollte.

Wilhelm II., so scheint es, nutzte dazu jeden sich bietenden Anlass. Zum 80. Geburtstag des großen Illustrators der Tafelrunde Friedrichs des Großen, Adolph Menzel, veranstaltete er 1895 ein Hoffest im Park Sanssouci, um den Maler für die Großartigkeit und Intensität zu ehren, mit der er sich in seinem »Œuvre« der friderizianischen Epoche angenommen hatte. Bei dieser Gelegenheit erschien der Hof in friderizianischen Uniformen, und Kaiser Wilhelm II. ließ es sich nicht nehmen, Menzel persönlich zu begrüßen und dabei als Generalleutnant Robert Scipio von Lentulus aufzutreten, einst Flügeladjutant Friedrichs des Großen.

Enthusiastisch, beinahe euphorisch berichtete Theodor Fontane, dass die Szenerie des Festes »etwas ungemein Forsches, Farbenreiches und Wirkungsvolles hatte, etwas, das der Welt Augen auf uns lenkt und unserem preußischen Leben nach außen hin eine Lustre gibt, dessen es im Allgemeinen – und zwar auch zu uns[e]rem politischen Nachteil – zu sehr entbehrt.«[30]

Zu früh auf den Thron gekommen, entdeckte Wilhelm II. eine Richtschnur darin, Erbe und Verpflichtung des Kaisertums in der Nachahmung großer Vorbilder und der Pflege der Tradition zu sehen. »Wer«, so erklärte er 1893, »auf eine so herrliche Vergangenheit zurückblicken kann, wie wir es können, der tut sehr wohl daran, um daraus zu lernen. Das nennt man in einem monarchischen Staat die Tradition.«[31] Das war per se noch nicht falsch. Allzu romantisch umwoben und bombastisch überladen wirkte jene Tradition mit zunehmender Dauer jedoch konstruiert und erntete den beißenden Spott ihrer Zeit. Wilhelm II. stilisierte seinen preußischen Großvater, den Bismarck einmal den »größten Partikularisten unter den deutschen Fürsten« genannt hatte,[32] wo er nur konnte zu einem deutschen Reichssymbol. Die tatsächlichen Vorgänge um die Reichseinigung und die allgemein bekannte widerwillige Annahme des Kaisertums wurden nicht nur geleugnet, sondern Wilhelm I. wurde als zielstrebiger Reichseiniger verklärt, der, »sich jahrelang auf seinen Beruf vorbereitend, die Großen Gedanken bereits in seinem Haupte fertig« hatte, »die ihm ermöglichen sollten, das Reich wiedererstehen zu lassen. [...] Wenn der hohe Herr im Mittelalter gelebt hätte«, so gab sein Enkel sich, »er wäre heilig gesprochen worden.«[33] Sosehr Wilhelm II. Heinrich von Treitschke für dessen Geschichtsschreibung in den ersten vier Bänden seiner »Deutschen Geschichte« verehrt und gelobt hatte, so sehr traf den Historiker der Bannstrahl des Kaisers für dessen fünften Band, in dem er der Erfolgsgeschichte eine kritische Note hinzufügte.[34]

Von Geschichtsklitterung geprägt, wirkten die Stilisierungsversuche auch durch ihren ständigen Gebrauch nicht überzeugender. Im Gegenteil: In zahlreichen groß aufgelegten und aufwendig gestalteten Lebensbildern verbreiteten offensichtliche Auftragsarbeiten den Mythos des Reichseinigers, darunter auch »Unser Heldenkaiser«, das 1897 in Behörden und Schulen verteilte Werk Wilhelm Onckens.[35] Auch am Rhein begriff man diese deutlichen Zeichnungen, wenn die »Kölnische Zeitung« mit auffallendem Wohlwollen Onckens Charakterisierung folgte[36] oder die »Bonner Zeitung« schrieb, dass nicht mehr Karl der Große, sondern Wilhelm I. fortan die »wundervolle Kaisergestalt« schlechthin sei.[37] Obwohl die Presse hier und da dem kaiserlichen Ansinnen, den Großvater zu erheben, folgte und auch bürgerliche Kreise eigene Festzüge inszenierten, zu denen etwa die Veteranen von 1870/1871 eingeladen wurden,[38] schlugen die Versuche insgesamt fehl, den schlichten Preußenkönig »zum Großen zu erheben«.

Die Erinnerung an Wilhelm I. und vor allem an seine Zeit, in der es stetig »bergauf« gegangen war, sollte letztlich ähnlich integrierend und sinnstiftend wirken wie später etwa die Flotte oder die Kolonial- und Weltpolitik Wilhelms II. Sie ersetzte jedoch weder eine nationale Aufgabe noch stärkte sie das Selbstbewusstsein. Damit, so bemerkt Reinhard Alings, korrespondierte die Tendenz zum offensichtlich Theatralischen, wie sich nicht nur an den zuletzt wieder verstärkt betrachteten Marinefeiern und inszenierten Paraden, sondern auch am Beispiel des forcierten Denkmalbaus der 1890er Jahre zeigen lässt, bei dem jede Enthüllung zum pathetischen Schauspiel wurde. Es kam zu einem regelrechten Wettlauf, wenn nicht sogar Wettstreit der monarchisch-dynastischen Denkmäler Wilhelms I. und Friedrichs III. auf der einen und den eher bürgerlichen Architektur-Denkmälern nationaler Sammlung Bismarcks auf der anderen Seite.[39]

Ging es nach Wilhelm II., so sollte »Wilhelm der Große« der Bevölkerung möglichst überall begegnen und die Monarchie insgesamt stabilisieren helfen. Die Kyffhäusersage wurde in die germanische Götterwelt verlegt[40] und Friedrich Barbarossa als geschichtliche Gestalt in den Hintergrund gedrängt: Ob der Kaiser »Karl der Große oder Friedrich Barbarossa« heiße, so Franz Scherer, sei schließlich »einerlei: Der Kaiser ist der Retter aus der Not, der Befreier von äußern und innern Feinden, […] der Wiederbringer deutscher Herrlichkeit.«[41]

In ähnlicher Weise sollte auch die aus der kaiserlichen Privatschatulle finanzierte und von Wilhelm II. maßgeblich mitgestaltete Siegesallee in Berlin wirken. Von Albrecht dem Bären bis Wilhelm I. sollte dem Volk die kontinuierliche Erfolgsgeschichte und deutsche Sendung des Hauses Hohenzollern nähergebracht werden. Die Gründung des Reiches sollte als logische Folge erscheinen und allein mit dieser Dynastie in Verbindung gebracht werden. Der Kaiser selbst hatte für die Büste Friedrichs des Großen ausdauernd Modell gestanden und später beim Passieren des Ergebnisses zufrieden salutiert. 1895 gestiftet, wirkte die Siegesallee eher kontra-

3 Paul Bülow, *Wilhelm I.*, 1883, Öl auf Leinwand, SPSG, GK I 9071

produktiv, denn bald wurde sie unter der Berliner Bevölkerung als »Puppenallee« oder »Nippes-Avenue« der Hohenzollern verlacht und keineswegs dem Willen Wilhelms II. entsprechend ernst genommen.[42] Je öfter Wilhelm II. seinen »lieben Herrn Großvater« beschwor, um sich selbst einen Platz in der Geschichte zu sichern, desto öfter wollte die Bevölkerung zur Melodie des Fehrbelliner Marsches ihren bescheidenen »Kaiser Wilhelm wiederhaben«.

Politisch genutzte Größe – Wilhelm I. versus Bismarck und die Sozialdemokratie

Neben dem dynastischen Kult der Hohenzollern ging es Wilhelm II. von Anfang an auch um handfeste politische Ziele. Als Erstes ist dabei die Integration, die innere Einheit Deutschlands zu nennen, die die Bismarcksche Innenpolitik nicht nur versäumt, sondern bei der der Reichskanzler auch auf ganzer Linie versagt hatte. Integrierend sollte – neben den schon erwähnten Kaisertagen – beispielsweise wiederum das Denkmal auf dem Kyffhäuser wirken. So machte Wilhelm II. bei dessen Enthüllung deutlich, dass es »hunderttausenden von alten Kriegern aus allen Gauen Deutschlands in einmütigem Zusammenwirken« um das Andenken an »seinen erhabenen Herrn Großvater« gehe. Die Aufgabe des Denkmals sei, für alle Zeiten daran zu gemahnen, in der Hingebung an Kaiser und Reich einig und treu zu bleiben.[43] Bindend und integrierend wirken sollte darüber hinaus auch der beim 25. Jahrestag der Kaiserproklamation im Weißen Saal des Berliner Schlosses vor zahlreichen Gästen und Reichstagsmitgliedern zum Gedächtnis an die Großtaten seines Großvaters gestiftete Wilhelm-Orden, der vornehmlich für soziale Verdienste verliehen wurde.[44]

»Mit Gott für Kaiser und Reich« lautete der immer wiederkehrende Slogan. Moltke und erst recht die zunehmend schmollende und grantelnde Konkurrenz aus dem Sachsenwald, Otto von Bismarck, waren offensichtlich unerwünscht, wenn der Kaiser das Militär im Gedenken an seinen Großvater auf sich einschwor. Auch hier wandelte Wilhelm II. überraschend eindeutig auf den Pfaden seines Vaters, der bereits frühzeitig in Bismarck einen Konkurrenten ausgemacht hatte. Schon Friedrich III. waren in seiner

Kronprinzenzeit die zahlreichen Huldigungen und das kaiserliche Geschenk Wilhelms I. an Bismarck zu dessen 70. Geburtstag 1885 – eine Fassung von Anton von Werners Gemälde der Kaiserproklamation – sauer aufgestoßen. Mit tiefer Verbitterung notierte er: »Ein Minister, was ist ein Minister? Nichts als ein Beamter des Königs, dies ist aber kein Minister, sondern ein Diktator, dies ist der Untergang der Monarchie. […] Ich war es, der die Reichsidee zuerst gehabt und getragen hatte.«[45] Ähnliches wurde dem jungen Wilhelm bereits früh vom Grafen Waldersee ins Ohr gesetzt: »Friedrich der Große«, so Waldersee, »würde nie der Große geworden sein, wenn er bei seinem Regierungsantritt einen so mächtigen Kanzler wie Bismarck vorgefunden und behalten hätte.«[46] Auch Reichskanzler Bülow wusste genau, welchen Schmeicheleien Wilhelm II. besonders zugetan war, wenn er ihn wiederholt mit Friedrich dem Großen verglich.[47]

Seither erblickte sich Wilhelm II. in einem permanenten Konkurrenzverhältnis zu Bismarck – erst recht, als dieser längst von der politischen Bühne abgetreten war und sich dessen Verehrung in einem regelrechten Bismarck-Kult in Hunderten von Ehrenbürgerschaften und Bismarck-Säulen im ganzen Reich und Pilgerfahrten in den Sachsenwald ausdrückte.[48]

Wilhelm II. betrachtete die Kanzlerverehrung als eine Art Gegenkult zur Stilisierung seines Großvaters und letztlich auch zu sich selbst. Aufschlussreich ist dazu seine vielbeachtete und kontrovers diskutierte Rede bei einem Festmahl des Brandenburgischen Provinziallandtages am 26. Februar 1897, in der er Bismarck und Moltke als »Handlanger und Pygmäen« »Wilhelms des Großen« verunglimpfte, als »brave, tüchtige Ratgeber und Werkzeuge, welche die Ehre hatten, dessen Gedanken ausführen zu dürfen«.[49] Getreu dem borussischen Mythos habe sich »Wilhelm der Große« jahrelang auf seine Berufung vorbereitet,

»die großen Gedanken bereits in seinem Haupte fertig, die es ihm ermöglichen sollten, das Reich wieder entstehen zu lassen«. »Wir sehen«, so der Kaiser weiter, »wie er zuerst sein Heer stellt aus den dinghaften Bauernsöhnen seiner Provinz, sie zusammenreiht zu einer glänzenden Schar; wir sehen, wie es ihm gelingt, mit dem Heer allmählich eine Vormacht in Deutschland zu werden und Brandenburg-Preußen an die führende Stelle zu setzen. Und als dies erreicht war, kam der Moment, wo er das gesamte Vaterland aufrief und auf dem Schlachtfeld der Gegner die Einigung herbeiführte.«[50]

Im gleichen Geist ist auch die von Wilhelm II. in Auftrag gegebene Festschrift Wilhelm Onckens, »Unser Heldenkaiser«, verfasst, in der Bismarck und Moltke – ebenso wie übrigens Friedrich III. – nur am Rande Erwähnung finden. Deutlich schildert Oncken den Kaiser als selbständigen Herrn über den bloß ausführenden Kanzler, der am 18. Januar 1871 angeblich »Feuer und Flamme« für das neue Kaisertum gewesen sei.[51] In Bernhard Kuglers Festschrift »Deutschlands größter Held« finden zwar die »Paladine Bismarck und Moltke« eine größere Aufmerksamkeit als bei Oncken, gleichwohl war Kaiser Wilhelm I. auch für Kugler ohne Frage »der Glorreiche«, der »kühne Baumeister des Reiches«, der es verstand, sich seine Gehilfen zunutze zu machen.[52]

Geradezu zornig ob solcher Geschichtsfälschung und offensichtlichen Stilisierung notierte die Baronin Spitzemberg daraufhin, dass sich der »alte Herr« – gemeint war Wilhelm I. – wohl im Grabe umdrehen würde angesichts der Verunglimpfungen Bismarcks, Moltkes und Roons. Nie würde ihn das Volk »den Großen« nennen. Nicht aber, weil er nichts Großes geleistet hätte, sondern weil er von ihnen liebevoll der »alte Kaiser« oder bestenfalls »Wilhelm der Siegreiche« (Ratzeburg) genannt würde. »Seine Größe«, so die Baronin weiter, »lag in etwas anderem als dem, was in der Geschichte dieses Epitheton erhält, speziell aber darin, daß er seine großen Diener eben nicht für ›Pygmäen‹ hielt.«[53]

Neben die Konkurrenz des Kults um Bismarck trat die anhaltende Kritik der Sozialdemokratie an der 1895 vollzogenen Grundsteinlegung zum Nationaldenkmal. Hatte schon Bismarck die Attentate auf Wilhelm I. 1878 zur Sozialistengesetzgebung genutzt, so versuchte nun auch Wilhelm II., empört über die »vaterlandslosen Gesellen«, deren Kritik an den Ehrungen für seinen Großvater als Beleg für den »schurkenhaften« sozialistischen Verrat an der deutschen Nation zu werten und gemeinsam mit Hohenlohe neue Sozialistengesetze durchzusetzen.[54] Dahinter verbargen sich aber weniger Staatsstreichgedanken, wie sie John Röhl einmal mehr mit Fokus auf den vermeintlichen Dämon des Kaisers ausmacht,[55] sondern vielmehr wohl die Sorge um die eigene Popularität. Der »Alte«, gemeint war Bismarck, dessen Anhänger bereits einen neuen Vorstoß gegen die Sozialdemokraten forderten,

ANDREAS ROSE

»dürfe nicht die Gelegenheit bekommen, sich die Situation zu Nutze zu machen und als Verteidiger seines alten Herren aufzuschwingen, da der Enkel und seine Räthe zu feige seien mit den Sozialdemokraten fertig zu werden [...]. Ein scharfer und plötzlicher Vorstoß in der Presse auf die beispiellose Provokation der SPD und eine kurze und erfolgreiche Kampagne im Abgeordnetenhause würde ausreichen.«[56]

»Das geheiligte Andenken Wilhelms des Großen«, so beschrieb Wilhelm II. seinen Versuch einer »negativen Integration«, sollte nicht nur für den Zusammenhalt nach außen, sondern auch gegen die Reichsfeinde im Innern genutzt werden. Wie ein »Zauberwort«, so verkündete er im September 1895, sollte das Andenken an seinen Großvater das Volk hinter ihm vereinigen.[57]

Solche Versuche, die für gewöhnlich als Beleg nicht nur für die üblichen Entgleisungen Wilhelms II., sondern auch für dessen »persönliches Regiment« und den obrigkeitsstaatlichen und entwicklungsunfähigen Charakter des Deutschen Reiches herangezogen werden,[58] spiegeln indes nur vermeintliche Intentionen und Normen wider. Viel entscheidender für ein Urteil und eine Einschätzung des Kaiserreiches aber ist das Scheitern solcher Bemühungen.[59] Ein modernes Staatswesen ist nicht nur als Summe der Entscheidungen und Motive seiner Führung, sondern auch als Summe seiner Bevölkerung zu begreifen, sei es auch nur eine schweigende, sich den Absurditäten ihrer Zeit verweigernde Mehrheit. Nicht nur Taten, sondern auch Unterlassungen gilt es demzufolge in die historische Analyse miteinzubeziehen, wozu auch die vergeblichen Versuche, aus Wilhelm I. einen »Großen« zu machen, herangezogen werden können. Nicht nur Bismarck war mit seinem Vorgehen gegen die vermeintlichen Reichsfeinde immer wieder grandios gescheitert, sondern auch Wilhelm II. konnte sich letztlich nicht durchsetzen. Ein Gesetz, das jede Schmähung »Wilhelms des Großen« als Hochverrat bestrafen sollte, scheiterte am Widerstand seiner Staatssekretäre, die ein solches Gesetz einmütig für »unmöglich« erklärten.[60] Im Herbst 1896 versuchte er, eine Ehrenmedaille anlässlich der Enthüllung des Nationaldenkmals am 22. März 1897, dem 100. Geburtstag seines Großvaters, zu dekretieren. Als »Talisman gegen unpatriotische Verführungen« sollte sie daran erinnern und mahnen, die staatserhaltenden Parteien zu einem patriotischen Entschluss zusammenzufassen.[61] Sie sollte allen Angehörigen der Armee und der Marine sowie sämtlichen Reichsbeamten verliehen werden. Als ihn Hohenlohe-Schillingsfürst darauf hinwies, dass die Kosten für eine solche Medaille mehrere Millionen Reichsmark betragen würden und der Reichstag dem wohl nie zustimmen werde, halbierte Wilhelm II. von sich aus die Zahl der Empfänger und beugte sich damit dem Budgetrecht des Parlaments.[62]

Der 100. Geburtstag seines Großvaters diente Wilhelm II. 1897 als Anlass, einen regelrechten deutschnationalen Kult um Wilhelm I. zu verordnen. »Die Feier des hundertjährigen Geburtstages des ersten deutschen Kaisers, eines Reichs deutscher Nation aus dem deutschen Hause der Hohenzollern«, so schrieb er an Hohenlohe-Schillingsfürst, habe »eben eine ganz andere Bedeutung für Deutschland [...] als die Krönung des Königs von Preußen.«[63] Ein »Allerhöchster Erlaß« ordnete in Preußen dreitägige Feiern an, und der 22. März sollte zum allgemeinen Nationalfeiertag werden. Vom 21. bis 23. März 1897 wurde der Geburtstag »Kaiser Wilhelm des Großen« an allen Schulen des Landes begangen, und eine Festschrift »Kaiser Wilhelm der Große« von Freifrau Adda von Liliencron wurde an Schulkinder vornehmlich ländlicher Bezirke verteilt.[64] Vergeblich protestierte auch hier wieder die SPD nicht nur gegen diese überteuren Maßnahmen, sondern auch gegen die dabei vermutete Verklärung des »Kartätschenprinzen«. Die Berliner Bevölkerung kümmerte dies jedoch offenbar wenig, denn trotz »trüben Wetters« war die ganze Stadt zu den Zentenarfeierlichkeiten auf den Beinen und ließ den alten Kaiser hochleben.[65] Für Arthur Levysohn vom »Berliner Tageblatt« bestand, so schrieb er in der eigens herausgegeben Fest-Nummer, in der das Nationaldenkmal die erste Seite zierte, kein Zweifel, dass der Kaiser »Wilhelm der Grosse« zu nennen sei.[66] Außerhalb der preußischen Hauptstadt betrachtete man die Heldenverehrung und vor allem die damit einhergehende politische Instrumentalisierung sowie die klaren Übertreibungen Wilhelms II. allerdings kritischer. Obwohl auch an allen Auslandsvertretungen Feierlichkeiten stattfanden, war in keiner einzigen von ihnen – von Kapstadt bis Moskau, von Turin bis Kalkutta – von einem »Wilhelm dem Großen« die Rede.[67]

Aber auch über die Grenzen Preußens hinaus zeigte sich, dass mit der allzu deutlichen Verbindung Wilhelms I. mit der nationalen Idee genau das Gegenteil erreicht wurde. So berichtete Graf Monts aus München, dass seine »Befürchtungen betreffs einer kaiserlichen Zentenar-Rede in kaum geahnter Weise in

Erfüllung gegangen« seien. »Der gebildete süddeutsche Durchschnittspolitiker, auch der klerikale«, sei »entrüstet über die von S. M. beliebte Geschichtsfälschung und die Bezeichnung Moltkes und Bismarcks als Handlager des erhabenen Herrschers.« Auch empfände »man allgemein den Ausfall gegen die Sozialdemokratie sehr taktlos […].« Einstweilen sei »der Trumpf«, den die preußischen Gesandten im »toten und allverehrten Kaiser in der Hand hier [in München, A. R.] hatten, unter den Tisch geworfen, da einen ›Wilhelm den Großen‹ hier absolut niemand akzeptiert«.[68] Tatsächlich war weder in der Ausgabe der »Münchener Neuesten Nachrichten« noch in der »Augsburger Postzeitung« von »Wilhelm dem Großen« die Rede. Vielmehr machten beide Blätter sogar eine »allgemeine Stimmungs-Krisis« und einen »stillen gefährlichen Conflikt zwischen Kaiser und Volk« aus, denen Wilhelm II. mit den Feierlichkeiten vorzubeugen versuche, sich dabei aber wieder einmal gründlich vergriffen habe.[69] Über Wilhelm I. hieß es in Augsburg unverblümt, dass außer dem Militärischen

»Alles, was sonst im Innern sich aufdrängte, ihm mehr oder weniger fremd war. Die segensreiche Umwälzung in der Wirtschafts- und Socialpolitik, wie zuvor die Schaffung des Deutschen Reiches sind ausschließlich das Werk des Fürsten Bismarck.«[70]

Verweigerte Größe – Rezeption von Zeitgenossen und Wissenschaft

Selbstverständlich gehörte zu den Hundertjahrfeiern von 1897 auch ein Hoffest in den Kostümen des Jahres 1797. Wilhelm II., der sich bei solchen Gelegenheiten gerne auch als Friedrich der Große verkleidete und porträtieren ließ, führte dabei unter dumpfem Trommelwirbel die Leibgarde-Kompanie und die Leibgendarmerie aus der Bildergalerie in den Weißen Saal. Dort nahm er Platz auf dem Thron, wo die in Marsch eingetretenen Adjutanten auf kaiserliches Kommando hin anhielten und präsentierten. Sehr gegen ihren Willen musste auf Befehl des Kaisers die »arme Kaiserin, dunkelrot mit bebenden Lippen die Front abschreiten«.[71] Zur Musik der alten Zeit tanzte die Gesellschaft Menuette, Gavotten, Walzer und Ländler. So entstand an der Schwelle zum 20. Jahrhundert ein glänzendes Zeitbild des ausgehenden 18. Jahrhunderts, das an Uniformen, Kostümen und Farbenreichtum alles in den Schatten stellte.[72]

Die Öffentlichkeit aber nahm diese historische Maskerade wie auch die Feierlichkeiten insgesamt nicht ohne Schmunzeln auf. Das Echo auf das von Ernst von Wildenbruch verfasste allegorische Drama »Willehalm«, das ebenfalls zum Zentenarium uraufgeführt wurde, war an peinlicher Berührtheit kaum zu überbieten.[73] Um so mehr, da gemunkelt wurde, dass das germanisch-hagiographische Bühnenstück, in dem der junge Königssohn Wilhelm I. die »geknechtete deutsche Seele« rettete, von Wilhelm II. mitgestaltet worden war.[74]

Auch die Rezeption des bei den Feierlichkeiten enthüllten Nationaldenkmals Kaiser Wilhelms I. vor dem Berliner Schloss entsprach nicht ganz den Erwartungen. Der Kaiser hatte dieses bereits 1888 vom Parlament beschlossene Bauwerk als sein persönliches Ahnen- und Integrationsprojekt betrachtet (Abb. 4). Nicht genug, dass er den bevorzugten Bildhauer des Neobarock, Reinhold Begas, den repräsentativsten und wohl meistbeschäftigten Bildhauer des Kaiserreiches, gegen das öffentliche Ausschreibungsresultat selbstherrlich durchsetzte;[75] auch bei der Gestaltung mischte er sich ein und ließ kurzerhand die Paladine seines Großvaters, Roon, Moltke und Bismarck, aus dem Entwurf streichen.[76] Wie so oft, hier jedoch allzu offensichtlich, ging es ihm einzig um den Heldenkaiser als alleinigen Einiger des Reiches, in dessen direkter Folge und Kontinuität er sich selber sah und stilisieren wollte. Ausdruck dessen war einmal mehr die übertriebene Größe. Gegenüber dem Eosanderportal des Berliner Stadtschlosses errichtet, überragte das Denkmal alle bisherigen um ein Vielfaches. Insgesamt über 20 Meter hoch, wobei allein die Reiterstatue neun Meter maß, wirkte es pompös und völlig überladen. Über vier Millionen Reichsmark hatte es verschlungen und wurde sogleich ob seiner monumentalen Größe als städtebaulicher Missgriff kritisiert.[77]

Obwohl sich Hans Delbrück angesichts der inzwischen gewohnten Theatralik des allgegenwärtigen Denkmalkults positiv überrascht zeigte und es im »Chaos der Gegenwart« für eine »wohltuende Erscheinung« hielt, erkannte er bei genauerer Betrachtung doch die Ironie des Reiterstandbildes. Wilhelm II. habe es zwar geschafft, Bismarck und Moltke aus dem ersten Entwurf zu tilgen, dafür bekam sein Großvater aber einen Genius an die Seite gestellt, der in »entzückender Wohlgestalt unverkennbar die Züge des Meisters Begas« trage und den Kaiser zum Sieg führe. So dargestellt, stand der Heldenkaiser im krassen Widerspruch zu der Gesamtinszenierung der Zentenarfeierlichkeiten. Jedem Augenzeugen und Zuhörer der Festtagsrede des Enkels war dies klar, als das Denkmal enthüllt wurde und der Kaiser einmal mehr feststellte, dass Wilhelm I. selbst alles von langer Hand geplant hatte.[78]

Delbrück dagegen konstatierte, dass das Denkmal unbewusst und ungewollt die Wahrheit und Realität wiedergebe. Weder habe der alte Kaiser jemals die Einigung als sein ausschließliches Verdienst angesehen, noch sei er eine einsam herausragende Größe wie Friedrich der Große: Der Genius, so Delbrück, sei zweifelsohne Otto von Bismarck, der eigentliche Reichsgründer.[79]

Auf das Volk hatte das Denkmal ebenfalls nicht den gewünschten Effekt. Statt die Verklärung des alten Kaisers zu akzeptieren und anzunehmen, hatte man für die Denkmalsszenerie nur den typischen Berliner Spott übrig. Auf der Schlossfreiheit waren außer dem alten, übrigens säbellosen und damit überraschend unmilitärischen Kaiser und seinem Pferd nicht nur der besagte Genius zu erkennen, sondern auch eine »tropisch üppige Fauna«: Neben »19 halbnackten Weibern, 22 dito Männern und 12 dito Kindern waren 21 Pferde, 2 Ochsen, 8 Schafe, 4 Löwen, 16 Fledermäuse, 6 Mäuse, 1 Eichhorn, 10 Tauben, 2 Raben, 2 Adler, 16 Eulen, 1 Eisvogel, 32 Eidechsen, 18 Schlangen, 1 Karpfen, 1 Frosch und 16 Krebse, insgesamt also 157 Tiere« vertreten. Kein Wunder, dass es bald als »Menagerie Begas«, der »Zoo von Wilhelm Zwo« oder »Wilhelm in der Löwengrube« bekannt werden sollte.[80] Auch die Presse spottete angesichts des vorhandenen Getiers und des noch immer lebenden Kanzlers über die »bismarcklose Enthüllungsfeier des bismarcklosen National- und Wilhelm-Denkmals«.[81]

Das Ansinnen des Kaisers schien einmal mehr allzu durchsichtig. Denkmäler konnten offenbar nicht mehr die Bedeutung entfalten wie im 18. oder frühen 19. Jahrhundert. Sie waren nicht länger Medium im politischen Meinungsstreit, sondern Geschmackssache, mehr patriotische Pflicht denn Kür und im Grunde genommen zwecklos. Bekannt als Medienkaiser, war sich Wilhelm II. sicher bewusst, dass die Zeit längst andere Mittel der Propaganda und Machtinszenierung kannte: Massenpublizistik, Monarchentreffen und Monarchenhochzeiten, Flotten-, Militär- und Kolonialvereine oder Marinefeiern, um nur einige der auffälligsten zu nennen.[82] Dass er sich dennoch an der eher altmodischen, bronzenen Inszenierung ver-

4 Reinhold Begas, *Das National-denkmal auf der Berliner Schloss-freiheit*, 1897, bpk

suchte, unterstreicht einmal mehr seine Rastlosigkeit, für seine Ziele alle zur Verfügung stehenden Mittel einzusetzen und dabei immer wieder über das Ziel hinauszuschießen.

Trotz der offenen Kritik und des mitunter beißenden Spotts ließ sich Wilhelm II. bei all seinen Bemühungen nicht entmutigen. So versuchte er auch weiterhin, seinen Großvater zum Großen zu stilisieren und taufte noch im selben Jahr das damals größte Passagierschiff der Welt, einen Schnelldampfer des Norddeutschen Lloyd, auf den Namen »Wilhelm der Große«. Dieses Schiff sollte es bald zu einiger Berühmtheit bringen, nicht nur weil es als erster deutscher Dampfer das blaue Band für die schnellste Atlantiküberquerung gewinnen konnte, sondern auch, weil es als erstes Passagierschiff überhaupt eine drahtlose und kommerziell genutzte Telegraphenverbindung erhielt. Am 26. August 1914 war es allerdings auch das erste Passagierschiff, das – wenn auch mit Waffen und Munition an Bord – im Ersten Weltkrieg durch feindlichen Beschuss versenkt wurde.[83] Im Oktober 1899 lief auch ein Linienschiff der von Wilhelm II. so geliebten Kriegsmarine mit dem Namen »Wilhelm der Große« vom Stapel. Zum 200jährigen Jubiläum der Preußischen Akademie der Wissenschaften hielt Wilhelm II. erneut eine weithin beachtete Rede, in der ohne Umschweife immer wieder sein Großvater als »Wilhelm der Große« hervorgehoben wurde. Das preußische Kultusministerium sah sich daraufhin letztlich dazu veranlasst, eine Studie zur »historischen Größe« im Allgemeinen und zu Wilhelm dem Großen im Besonderen in Auftrag zu geben. Anders als vielleicht zu erwarten, wurde dabei jedoch nicht dessen Biograph, Erich Marcks,[84] sondern der bis dahin eher unbekannte Otto Hintze zum Gutachter bestellt.[85]

Der frisch habilitierte Sozialhistoriker Hintze kam dabei nach einigen einleitenden Bemerkungen zur historischen Größe in der Geschichte zu dem Befund, dass es sich bei der Frage des Beinamens historischer Größe weniger um ein wissenschaftliches Problem, sondern vielmehr um eine Frage des persönlichen Empfindens handele. Diejenigen, die Wilhelm I. wegen der Reichsgründung zu einem Großen erklärten, stünden zweifelsfrei unter dem Eindruck der Analogie zu Peter dem Großen. Zwar könne dieser Auffassung eine Berechtigung nicht bestritten werden, allerdings gelte es, die modernen Entwicklungen des Denkens und des Verfassungsstaates zu beachten. Hier würden nicht mehr einzelne Personen ihre Zeit prägen, sondern vielmehr Personenkonstellationen. Der berühmte Thomas Carlyle etwa habe nicht umsonst Friedrich den Großen als den »letzten Vertreter des alten Königtums« beschrieben.[86] »Historische Größe«, so Hintze weiter, sei in der Vergangenheit zumeist untrennbar mit machiavellistischer Ruchlosigkeit, permanentem Rechtsbruch und Gewalttaten verbunden gewesen. Die »gesetzlose Verwegenheit des Genius«, so zitierte er Hans Delbrück, schlage zuerst eine »Welt in Trümmer«, um eine neue zu bauen.[87] Mit Wilhelm I. habe dies alles aber nichts zu tun. Im Unterschied zu Friedrich dem Großen und den anderen historischen Größen zeichne er sich eben nicht durch harte Entschlossenheit oder skrupellose Machtpolitik aus. Sein Name werde dagegen vielmehr mit »Herzensgüte«, »Lauterkeit«, »peinlicher Gewissenhaftigkeit« und einem Zug »ritterlicher Hochherzigkeit« in Verbindung gebracht. Anders als bei den historischen Größen der Vergangenheit sei bei ihm sogar ein auffälliges Fehlen des nötigen Machtinstinkts zu konstatieren. In allen Krisen während der Reichsgründungszeit erscheine die härtere und weitaus rücksichtslosere Art seines größten Dieners Bismarck letztlich als die notwendige Ergänzung seines eigenen Wesens.[88]

Für Wilhelm I., so Hintzes abschließendes Urteil, beschreibe der Beiname entweder etwas zu Allgemeines oder etwas Falsches. Soll er nichts anderes sein als konventionelle Dekoration hervorragender Herrscher, so genüge das Epitheton nicht. Gehe es um einen politischen Typus als Summe persönlicher Eigenschaften, wie sie etwa der Große Kurfürst und Friedrich der Große besessen hatten, so werde das Bild des verehrten Herrschers verfälscht und seiner schönsten Eigenschaften beraubt. Der Mann, der in allem echt und schlicht war und gerade dadurch eine so anziehende Persönlichkeit gewesen sei, werde damit letztlich in eine falsche historische Pose gebracht.[89]

Die spezifische Größe Wilhelms I., so wusste man bereits zur Jahrhundertwende, bestand somit insgesamt in seinem Understatement. Außergewöhnlich erschien an ihm – gerade auch im Gegensatz zu seinem Enkel – die Kooperationsfähigkeit, neben sich auch andere Größen wie Bismarck und Moltke zu dulden und den gemeinsamen Ruhm für die Reichseinigung zu teilen. So schwer es für ihn war, wie er wiederholt betonte, unter diesem Kanzler Kaiser zu sein, so schwer empfand es Bismarck, aus dem durch und durch preußischen König Wilhelm einen deutschen Kaiser und eine historische Größe zu machen. Wilhelm I. selbst betrachtete sich eben nicht als Reichseiniger. Unersetzlich war in seinen Augen nur Bismarck.[90]

ANDREAS ROSE

Schlussbemerkung

Die historische Größe, so wird bei der Beschäftigung mit Wilhelm I., dem sie durch »vox populi« und Wissenschaft im Endeffekt verweigert wurde, deutlich, war nicht nur an eine bestimmte Epoche gebunden, sie setzte auch einen interkommunikativen Austausch von oben nach unten und von unten nach oben voraus. Größe konnte nicht einfach verordnet werden, sie musste vor allem akzeptiert werden. Historische Größenzuschreibungen unterlagen zudem zweifellos einem Wandel. Dass Popularität gerade den Herrschern des 18. Jahrhunderts weit weniger wichtig war als ihren Nachfolgern im langen 19. Jahrhundert, spiegelt ohne Frage auch die Revolutionserfahrung wider. Populär zu sein, geliebt und geachtet zu werden, wurde zunehmend zu einer Kategorie der Herrscherlegitimität und als eine Art Lebensversicherung verstanden. Beliebt zu sein war damit weitaus wichtiger als die Frage nach Ruhm und Größe für die Nachwelt.

Was »Wilhelm den Großen« anbetraf, so findet sich auch bei Otto Kuntzemüllers Arbeit über dessen Denkmäler von 1902 der Satz: »Groß ist er gewesen nicht nur durch seine Thaten, sondern auch durch sein Wesen«,[91] und Wilhelms Biograph Erich Marcks bestätigte: »keine starke Natur, die sich selber gewaltig die Bahnen bricht, weder von niederwerfender Wucht, noch von leidenschaftlich-selbstbewußter Zähigkeit«; »die dämonisch hohe Größe, die in seinen Tagen nicht mangelt, hat ihren Ausdruck nicht in ihm«. Aber er sei »groß als Mensch und durch die Art, wie er seinen Herrscherberuf aufgefaßt« habe. »Viele, die in der Geschichte mit dem Beinamen ›der Große‹ glänzen, überragt er hierin bedeutend.«[92]

Wilhelm I., so die auf den ersten Blick paradoxe Erklärung für die ihm verweigerte Größe, war letztlich zu beliebt, um groß zu sein. Zuallererst bei den Berlinern und Preußen, mit zunehmender Dauer aber auch bei den Deutschen. Im Baedeker der Zeit wurde er für die Touristen aus dem Reich als Sehenswürdigkeit und Attraktion geführt, der sich täglich um ein Uhr mittags beim Wachaufzug am Fenster seines Arbeitszimmers zeigte und den man vom Denkmal Friedrichs des Großen aus beobachten konnte. Am Nachmittag erfolgte jeden Tag die Ausfahrt. Unter den Linden konnte die Bevölkerung den backenbärtigen Kaiser im offenen Landauer aus der Nähe betrachten.[93]

Aus der Rückschau markiert die Weigerung, Wilhelm I. das Attribut des Großen zuzugestehen, die in sich geschlossene Epoche, für die Friedrich der Große steht. Seinen Beinamen erhielt er wohl weniger für seine Leistungen als vielmehr, weil er diese Ehrenbezeichnung selber in seinem Briefwechsel mit Voltaire auf subtile Art betrieben hatte.[94] In seiner Epoche wirkte dies aber auch viel weniger anachronistisch. Der erst spät berufene Wilhelm I. dagegen prägte keine eigene Epoche, auch wenn er eine Zeit voller Erfolge repräsentierte. Seine Erfolge basierten für alle allzu offensichtlich auf mehreren Schultern. Hinzu kam, wie es der liberale Politiker und Publizist Theodor Barth[95] auf den Punkt brachte, dass sich längst auch im immer wieder von der Forschung als Obrigkeitsstaat etikettierten Deutschen Reich ein Gefühl der Mitbestimmung und gemeinsamen und geteilten Verantwortlichkeit entwickelt hatte. »In einem demokratischen Zeitalter«, so schrieb Barth in seiner Zeitschrift »Die Nation« über den misslungenen Wilhelm-Kult, sei schlichtweg »kein Platz mehr für Männer, die man in absolutistischen Epochen die ›Großen‹ genannt habe«.[96]

Wilhelm I. strebte nach Beliebtheit, und auch Wilhelm II. wollte geliebt werden. Dies war eine Charakteristik der nachrevolutionären Epoche. Aber Wilhelm II. fing dies wie so vieles einfach falsch an. Für Barth stachen »die Herrschertugenden der Selbstbescheidenheit und Mäßigung« bei der Person Wilhelms I. hervor, während er bei dessen Enkel statt des nüchternen und pflichtgetreuen Herrschers »einen beweglichen Phantasten auf dem Throne« erblickte.[97] Aber auch andere, allen voran der einstige Bismarck-Verehrer und Kritiker des Wilhelminismus, Maximilian Harden, oder auch Gustav Freytag, waren zu klug, als dass sie nicht Wilhelms II. hemdsärmelige Versuche durchschauten, sich selbst über den Umweg seines Großvaters zu stilisieren. Statt des nüchternen preußischen Stils konstatierten sie einen Niedergang in den »Luxus der alten Kaiserrei« und letztendlich »Trödelkram«.[98]

Wilhelm II. spürte durchaus die Sehnsucht nach Leitbildern, Orientierung und Repräsentanten, aber die Symbolkraft seines Großvaters vermochte diese zum einen längst nicht mehr zu stillen, zum anderen packte er die Sache falsch an. Hans Delbrück vertrat in den »Preußischen Jahrbüchern« wohl eine verbreitete Ansicht, als er zugab, dass ein Volk Legenden nötig habe, vorausgesetzt, dass die Legende nicht die Geschichte verdränge.[99] Diese Forderung aber erfüllte nicht der Wilhelm-Mythos, sondern der Bismarck-Mythos, den schon Friedrich III. und auch sein Sohn zu bekämpfen suchten. Allzu deutlich zelebrierte

Wilhelm II. einen lediglich dynastischen Kult und stellte ihn in Gegensatz zum Reichskanzler der Einheit. Wie in so vielem während seiner Regentschaft sollte Wilhelm II. übertreiben, wenn er bei seiner Festtagslaudation zur Zentenarfeier erneut jene berüchtigte und viel kritisierte »Handlangerrede« hielt, die Bismarck in die Rolle eines braven Ratgebers drückte, obwohl doch jedem der Zuhörer das genaue Gegenteil bewusst war. Nicht selten sollten sich die Stilisierungsversuche Wilhelms II. auch direkt gegen ihn wenden, wenn ihm von der Presse beispielsweise vorgeworfen wurde, sich eben nicht todesmutig und zum Sterben bereit wie Friedrich der Große an die Spitze seiner Truppen gestellt zu haben.[100] Der Kaiser blieb aber hier wie in so vielem unbelehrbar, und selbst im Exil pflegte er die Verbindung zu seinen beiden großen Ahnen: Nach dem siegreichen Überfall auf Frankreich im Mai 1940 erinnerte er in einem Schreiben an Adolf Hitler, dass auch er sich schon in der Tradition der kriegerischen Erfolge Friedrichs des Großen und Wilhelms »des Großen« gesehen habe und diese nun fortgeführt werde.[101]

Statt den von Kaiser Wilhelm II. geradezu penetrant aufgedrängten Superlativen und dem ständigen Auf und Ab ihrer Zeit huldigten die Wilhelminer im Gedenken an seinen Großvater weniger dessen Leistungen als vielmehr dessen menschlichen Zügen der Gemütlichkeit und Beständigkeit. Die Gewissheit, dass sich trotz aller Schnelllebigkeit einige Dinge nicht ändern würden, war der gemeinsame Nenner, den alten Kaiser Wilhelm wiederhaben zu wollen. Wilhelm II., der Rastlose, der Plötzliche, der Reisekaiser, konnte dies nicht vermitteln. Statt seinen Großvater größer zu zeichnen als dieser sich selbst sah, hätte er seinen Landsleuten lieber ihren Wilhelm gelassen. Dass es Wilhelm II. eben nicht gelang, auch seinen Großvater zum »Großen« zu stilisieren, verdeutlicht überdies, dass das Kaiserreich eben nicht der starre Obrigkeitsstaat war, für den ihn viele immer wieder gehalten haben und noch immer halten. Per Dekret und ohne allgemeine Zustimmung war die Ehrenbezeichnung nicht realisierbar. Die Größe wurde in diesem Fall nicht vergessen, denn die deutsche Bevölkerung wäre ohne Wilhelm II. nie auf die Idee gekommen, seinen Großvater zum »Großen« zu ernennen. Für sie, zumindest für die nach 1848 Geborenen und die rechts von der Sozialdemokratie Stehenden, war er der liebe Onkel, der gutherzige alte, etwas gemütliche und betagt wirkende Kaiser Wilhelm, der Siegreiche, der Einiger, der Erhabene, der Einzige. Der »Kartätschenprinz« war dagegen längst vergessen.

1   Geppert, 2008. – Glaab, 2008, S. 200–214.
2   Zit. nach: Röhl, 1993, S. 92.
3   Alings, 1996, S. 107.
4   Schieder, 1983, S. 477.
5   National Zeitung, 10.3.1888 (zit. nach: Herre, 1981, S. 95–114, hier S. 95).
6   1902 zählte man bereits 322 Wilhelmdenkmäler an 318 Orten (Herre, 1981, S. 95). – Zur Denkmalgestaltung vgl.: Kuntzemüller, o. J. – Alings, 1996, S. 111–113. – Zu den Denkmälern Bismarcks vgl.: Seele, 2005, S. 460–468.
7   Vgl. auch die Rede Kaiser Wilhelms II. bei der Enthüllung des Wilhelmdenkmals auf dem Kyffhäuser, 18.6.1896 (Penzler, 1904, S. 20).
8   So Max Schasler im Jahr 1878 (Ausst.-Kat. Kaiser Wilhelm, 1997, S. 9).
9   Wilhelm II. bewegte sich damit durchaus auf gesichertem Terrain, denn auch Treitschke war davon überzeugt, dass die »Kunst eine Staatsaufgabe zu sein habe« (vgl.: Schauner, 1981).
10 Röhl, 1993, S. 106, 134 u. 142.
11 Delbrück, 1902, S. 179–212.
12 Burckhardt, 1949, S. 253–299, hier S. 278.
13 Vgl.: Burckhardt, 1949, S. 257 u. 283.
14 Herre, 1981, S. 99–100.
15 Angelow, 2000, S. 242–264, hier S. 245 f.
16 Siehe: Beier, 2007, S. 235.
17 August Ludwig von Rochau, in: Wochenschrift des Nationalvereins, 3.10.1862 (zit. nach: Nirnheim, 1908, S. 70). – Vgl.: Wehler, 1995, Bd. 3, S. 271.
18 Vgl. dazu ausführlich: Gedanken und Erinnerungen, 1932, Bd. 13, S. 228–233.
19 Gall, 1980, S. 368–372.
20 Gedanken und Erinnerungen, 1932, Bd. 13, S. 341–345.
21 Wilhelm I. an die Deutsche Kaiserin und Königin von Preußen (Kaiserin Augusta), 18. Januar 1871 (zit. nach: Berner, 1906, Bd. 2, S. 251–254).
22 »Bei dem hohen Herrn […] war die Neigung, wichtige Fragen persönlich zwar nicht zu entscheiden, aber doch zu verhandeln, zu stark […]« (Gedanken und Erinnerungen, 1932, Bd. 13, S. 341).
23 Alings, 1996, S. 108–110.
24 Ministerialverordnung vom 23.7.1888 (zit. nach: Fehrenbach, 1969, S. 100). – Vgl. auch die unter Hinweis auf den Erlass zusammengestellten »Patriotischen Dichtungen zur Schulfeier an den Kaisertagen« (Tesch, 1890).
25 Norddeutsche Allgemeine Zeitung, 26. März 1888 (zit. in: Nationaldenkmal, 1888, S. 430). – Vgl. auch: Delbrück, 1888, S. 109 f. u. 115.
26 Fehrenbach, 1969, S. 111.
27 König, 2007, S. 257.
28 Vgl.: Kraus, 2010, S. 73–91, bes. S. 75 f.
29 König, 2007, S. 257.

30 Friedrich, 1988, S. 353.

31 Wilhelm II., 1.3.1893 (Penzler, 1904, S. 226).

32 Zit. nach: Fehrenbach, 1969, S. 89.

33 Wilhelm II., 26.2.1897 (Penzler, 1904, S. 39).

34 Kraus, 2010.

35 Oncken, 1897. – Vgl. auch: Klaußmann, 1897. – Euler, 1897/1898, S. 44–48. – Kugler, 1897. – Berner, 1906.

36 Kölnische Zeitung, 27.2.1897.

37 Bonner Zeitung, 14.3.1897 (zit. nach: Fehrenbach, 1969, S. 112).

38 Bonner Zeitung, 14.3.1897 (zit. nach: Fehrenbach, 1969, S. 113).

39 Zu den Denkmaltypen siehe: Ausst.-Kat. Kaiser Wilhelm, 1997, S. 8f. – Vgl. auch: Alings, 1996, passim.

40 Grauert, 1892, S. 100–102. – Lemke, 1887, S. 4. – Vgl.: Rede Kaiser Wilhelms II., 18.6.1896.

41 Scherer, 1896, S. 5f.

42 Caspar, 2007, S. 146–158.

43 Wilhelm II., 18.6.1896 (Penzler, 1904, S. 20).

44 Röhl, 2001, S. 955–958. – Die Orden sind abgebildet in: Oncken, 1897, S. 265.

45 Rich/Fisher, 1956–1963, Bd. 2, S. 194.

46 Zit. nach: Röhl, 2001, S. 240.

47 Mombauer/Deist, 2003, S. 133f.

48 Vgl. dazu: Seele, 2005.

49 Wilhelm II. vor dem Brandenburgischen Provinziallandtag, 27.2.1897 (Penzler, 1904, S. 37–39).

50 Wilhelm II., Rekrutenvereidigung in Berlin, 12.11.1896 (Penzler, 1904, S. 35f.).

51 Oncken, 1897, S. 153, 177 u. 179. – Vgl. Rezension: Kölnische Zeitung, 27.2.1897.

52 Vgl.: Kugler, 1897, S. 1797–1897. – Ähnliches gilt für: Berner, 1897.

53 Vierhaus, 1963, S. 353.

54 Schreiben Wilhelms II. an Hohenlohe, 23. August 1895 (Müller, 1931, S. 92). – Schreiben Hohenlohes an Wilhelm II., o. D. (Müller, 1931, S. 93). – Schreiben Wilhelms II. an Hohenlohe, 31. August 1895 (Müller, 1931, S. 94f.). – Insgeheim äußerte sich Hohenlohe dagegen eher skeptisch und ablehnend dazu, gegen die Sozialdemokratie vorzugehen, wie es Bismarck und dessen Presse vorgeschlagen hätten (Müller, 1931, S. 98f.). – Selbst huldigte er vor allem Bismarck als »eigentliche[m] Schaffer des Reiches« bei seiner Ansprache zum 25jährigen Jubiläum des Deutschen Reichstages, 21.3.1896 (Müller, 1931, S. 203f.).

55 Röhl, 2001, S. 953–960.

56 Schreiben Wilhelms II. an Hohenlohe, 23. August 1895 (Müller, 1931, S. 92).

57 Schreiben Wilhelms II. an Hohenlohe, 23. August 1895 (Müller, 1931, S. 92).

58 Röhl, 2001, S. 953–960 u. passim.

59 Becker, 2000.

60 Röhl, 2001, S. 956f. – Vgl. auch: Hohenlohe im Reichstag, 10.12.1895 (Müller, 1931, S. 140f.).

61 Röhl, 2001, S. 956.

62 Schreiben Wilhelms II. an Hohenlohe-Schillingsfürst, 6. Dezember 1896 (Müller, 1931, S. 285f.).

63 Schreiben Wilhelms II. an Hohenlohe-Schillingsfürst, 6. Dezember 1896 (Müller, 1931, S. 286).

64 Vgl. auch die minutiösen Schilderungen der Feierlichkeiten in der »Neuen Preußischen Zeitung« vom 20. bis 23.3.1897.

65 Germania, 23.3.1897. – Berliner Tageblatt, 20.3.1897.

66 Levysohn, 1897. – Ähnliches geht aus dem »Kaiserlied« in der »Neuen Preußischen Zeitung«, 20.3.1897, hervor.

67 Acten betreffend Feiern des 100jährigen Geburtstages weiland Kaiser Wilhelm I. (PA-AA R 3438–3439).

68 Schreiben Graf Monts an Bülow, 2. März 1897 (Bülow, 1930, Bd. 1, S. 41). – Zu den Feierlichkeiten in München: Schreiben Graf Monts an Hohenlohe-Schillingsfürst, 18. März 1897, 21. März 1897, 22. März 1897 u. 23. März 1897 (PA-AA, R 3438).

69 Münchener Neueste Nachrichten, 18.3. u. 22.3.1897. – Augsburger Postzeitung, 20.3.1897.

70 »Die persönlichen vortrefflichen Eigenschaften dieses ersten Kaisers reichen nicht aus, um das Schlimme, was sich zugetragen, ganz auszutilgen. Dazu kommen noch die ungünstigen Umstände, unter denen diese Centenarfeier stattfindet. […] Der Gegensatz zwischen Krone und Parlament wiederhole sich seit einiger Zeit recht oft. Die Kaiser-Wilhelm-Feier in Berlin sei ganz militarisiert worden, was ebenfalls verstimme. […] Wenn nach den geschichtlichen Ereignissen […] insbesondere das bayerische Volk dieser Kaiser Wilhelm-Centenarfeier mit kühler Reserve gegenübersteht, so sollte das auch jenen verständlich sein, die das Volksleben nicht kennen« (Münchener Neueste Nachrichten, 18. u. 22.3.1897. – Augsburger Postzeitung, 20.3.1897).

71 Röhl, 2001, S. 958.

72 Röhl, 2001, S. 958.

73 Vgl.: Vierhaus, 1960, S. 355. – Vgl. auch die Rezensionen in: Zukunft, 1895/1896, 14, S. 380–382. – Zukunft, 1897, 18, S. 530. – Hohenlohe, 24.3.1897 (Müller, 1931, S. 321f.).

74 Wilhelm II. war nicht nur der »Medienkaiser« seiner Zeit, sondern auch ein Mann, über den nicht selten gelacht wurde, was bisher noch nicht hinreichend untersucht worden ist.

75 Alings, 1996, S. 107.

76 Ausst.-Kat. Kaiser Wilhelm, 1997, S. 9 u. 74.

77 Delbrück, 1902, S. 425–438.

78 Delbrück, 1902, bes. S. 424, 426 u. 433–436. – Vgl.: Trinkspruch [Wilhelms II.] bei dem auf die Enthüllung des Nationaldenkmals folgenden Prunkmale im königlichen Schlosse (Penzler, 1904, S. 41–45, bes. 44f.).

79 Delbrück, 1902, S. 436. – Vgl.: Delbrück, 1902, S. 165–179. – Delbrück, 1902, S. 464–477. – Auch für die Baronin Spitzemberg war es klar, dass sich die »Festtage […] an Bismarcks Namen anhefteten, schon aus Widerspruch gegen das Epitheton ›Pygmäe‹, gegen das sich sogar Zentrum und Freisinnige empören als Zeichen der Undankbarkeit und des Unsinns – ›kein Augenmaß!‹, und Hohenlohe sagte, dann würde auch er gehen« (zit. nach: Vierhaus, 1960, S. 354). – Hier übrigens irrt die Studie Robert Gerwarths zum Bismarck-Mythos, der vor allem von den bürgerlichen Schichten getragen wurde (Gerwarth, 2007).

80 Laverrenz, 1900, S. 13. – Vgl. auch: Zglinitzki, 1933, S. 8. – Alings, 1996, S. 593.

81 Brocke, 2006, S. 231–267, hier S. 236. – Dies galt auch für den kaiserlichen Befehl, die militärischen Schriften Kaiser Wilhelms des Großen zu publizieren (Penzler, 1904, S. 43f.).

82 Vgl. u. a.: Rüger, 2006. – Bösch, 2009. – Schamoni, Dokumentarfilm, 1999.

83 http://www.lostliners.com/Kaisergrosse.html <11.5.2010>.

84 Marcks, 1899.

85 Brocke, 2006, S. 254–267.

86 Brocke, 2006, S. 261.

87 Brocke, 2006, S. 264.

88 Brocke, 2006.

89 Brocke, 2006, S. 265.

90 Herre, 1980, S. 483.

91 Kuntzemüller, o. J., S. VII.

92 Zit. nach: Kuntzemüller, o. J.

93 Börner, 1984, S. 236.

94 Vgl.: Luh, 2009.

95 Barth war von 1883 bis 1907 Herausgeber der Zeitschrift »Die Nation«.

96 Barth, 1896/1897, S. 373.

97 Barth, 1896/1897, S. 373.

98 Harden, 1896, S. 107f. – Fehrenbach, 1969, S. 114.

99 Delbrück, 1897, S. 171.

100 Kohlrausch, 2005, S. 379.

101 Zit. nach: Röhl, 1993, S. 291.

ANHANG

LITERATURVERZEICHNIS

Die Schreiben aus dem Briefwechsel zwischen Friedrich dem Großen und Voltaire sind in allen Beiträgen ausschließlich mit dem Datum gekennzeichnet und darüber eindeutig identifizierbar. Sie sind in zahlreichen unterschiedlichen Editionen in französischer Sprache (zum Beispiel: Besterman, 1969−1977) und in unterschiedlichen Übersetzungen erschienen.

A

Abbt, 1761

Abbt, Thomas: Vom Tode für das Vaterland, Berlin 1761.

Abrosimov, 2007

Abrosimov, Kirill: Die Genese des Intellektuellen im Prozess der Kommunikation. Friedrich Melchior Grimms »Correspondance littéraire«, Voltaire und die Affäre Calas, in: Geschichte und Gesellschaft, 33, 2007, S. 163−197.

Acta Borussica

Acta Borussica. Denkmäler der Preußischen Staatsverwaltung im 18. Jahrhundert. Behördenorganisation und allgemeine Staatsverwaltung im 18. Jahrhundert, 16 Bde., Berlin / Hamburg 1894−1982.

Adres-Calender, 1763−1786

Adres-Kalender der Königlich Preußischen Haupt- und Resindenz-Städte Berlin und Potsdam, besonders der daselbst befindlichen hohen und niederen Collegien, Instanzien und Expeditionen, hrsg. mit Approbation der Königl. Preußischen Academie der Wissenschaften.

Adres-Calender, 1763.
Adres-Calender, 1764.
Adres-Calender, 1772.
Adres-Calender, 1773.
Adres-Calender, 1785.
Adres-Calender, 1786.

Alexandra Restaurierungen, 1994

Projekt Nauener Tor Potsdam (im Auftrag des Sanierungsträgers Potsdam). Bauhistorische Untersuchung und denkmalpflegerisches Gesamtkonzept, Alexandra Restaurierungen Berlin-Charlottenburg, Berlin 1994.

Algarotti, 1769

Algarotti, Francesco: Versuche über die Architektur, Mahlerey und musikalische Oper, aus dem Italienischen übersetzt von Rudolf Erich Raspe, Kassel 1769.

Algarotti, 1984

Algarotti, Francesco: Saggio sopra l'opera in musica (1755), in: Musik zur Sprache gebracht, ausgewählt und kommentiert von Carl Dahlhaus / Michael Zimmermann, München 1984, S. 73−80.

Algarotti, 2008

Algarotti, Francesco: Briefwechsel mit Friedrich II. Nach dem italienischen Original aus dem Jahr 1799 mit einem Vorwort des Übersetzers Friedrich Förster, neu aufgelegt von Wieland Giebel, Berlin 2008.

Alings, 1996

Alings, Reinhard: Monument und Nation. Das Bild vom Nationalstaat im Medium Denkmal − zum Verhältnis von Nation und Staat im deutschen Kaiserreich 1871−1918, Berlin / New York 1996.

Allard, 1913

Allard, Emmy: Friedrich der Große in der Literatur Frankreichs. Mit einem Ausblick auf Italien und Spanien, Halle 1913 (Beiträge zur Geschichte der Romanischen Sprachen und Literaturen, 7).

Allgemeine Literatur-Zeitung, 1814

Allihn, 1994

Allihn, Ingeborg: Berlin, in: Die Musik in Geschichte und Gegenwart, hrsg. von Ludwig Finscher, Sachteil 1, Kassel 1994.

Allihn, 1999

Allihn, Ingeborg: »Öffentliche Schauspiele und Lustbarkeiten«. Das Berliner Musikleben in der zweiten Hälfte des 18. Jahrhunderts, in: Carl Friedrich Christian Fasch (1736−1800) und das Berliner Musikleben seiner Zeit. Bericht über die Internationale Wissenschaftliche Konferenz am 16. und 17. April 1999 im Rahmen der 6. Internationalen Fasch-Tage in Zerbst, hrsg. von der Internationalen Fasch-Gesellschaft e. V. Zerbst, Dessau 1999 (Fasch-Studien, 7), S. 138−149.

Althoff, 1990

Althoff, Gerd: Verwandte, Freunde und Getreue. Zum politischen Stellenwert der Gruppenbindung im früheren Mittelalter, Darmstadt 1990.

Anders, 1992

Anders, Inke: Charles Le Bruns Zelt des Darius und die Konferenz über die »expression générale et particulière«, in: Die Inszenierung des Absolutismus: Politische Begründung und künstlerische Gestaltung höfischer Feste im Frankreich Ludwigs XIV., fünf Vorträge, Atzelsberger Gespräche 1990, hrsg. Fritz von Reckow, Erlangen 1992, S. 141−151.

Angelow, 2000

Angelow, Jürgen: Wilhelm I. (1861–1888), in: Preußens Herrscher. Von den ersten Hohenzollern bis Wilhelm II., hrsg. von Frank-Lothar Kroll, München 2000, S. 242–264.

Angelow, 2004

Angelow, Jürgen: Kontexte ungleicher Deutung. Zur Rezeption Friedrichs II. im geteilten Deutschland, in: Zeitschrift für Religions- und Geistesgeschichte, 56, 2004, S. 136–151.

Anklam, 2007

Anklam, Ewa: Wissen nach Augenmaß. Militärische Beobachtung und Berichterstattung im Siebenjährigen Krieg, Berlin/Münster 2007.

Aretin, 1985

Aretin, Karl Otmar von: Friedrich der Grosse. Größe und Grenzen des Preußenkönigs, Freiburg im Breisgau 1985.

D'Argens, 1752

Boyer Marquis d'Argens, Jean-Baptiste de: Réflexions critiques sur les différentes Ecoles de peinture, Paris 1752.

D'Argens, 1765

Boyer Marquis d'Argens, Jean-Baptiste de: Histoire de l'esprit humain, Berlin 1765.

Arndt, 2003

Arndt, Johannes: Monarch oder der »bloße Edelmann«? Der deutsche Kleinpotentat im 18. Jahrhundert, in: Die frühneuzeitliche Monarchie und ihr Erbe. Festschrift für Heinz Duchhardt zum 60. Geburtstag, hrsg. von Ronald G. Asch/Johannes Arndt/Matthias Schnettger, Münster 2003, S. 59–90.

Arnheim, 1888

Arnheim, Fritz: Die Memoiren der Königin von Schweden, Ulrike Luise, Schwester Friedrich's des Grossen: Ein quellenkritischer Beitrag zur Geschichte Schwedens im 18. Jahrhundert, Halle 1888.

Arnheim, 1912

Arnheim, Fritz: Geschichte des Preußischen Hofes, Bd. 2, Berlin 1912.

Ashby, 1903

Ashby, Thomas: Dessins inédits de Carlo Labruzzi relatifs aux ruines de la voie Appienne, in: Mélanges d'Archéologie et d'Histoire de l'Ecole français de Rome, Bd. 23, Paris/Rom 1903, S. 375–418.

Assmann, 1992

Assmann, Jan: Das kulturelle Gedächtnis. Schrift, Erinnerung und politische Identität in frühen Hochkulturen, München 1992.

Auf der Kunstausstellung, 1853

Auf der Kunstausstellung, in: Journal für Malerei und Bildende Kunst oder Mittheilungen der neuesten Erfahrungen und Verbesserungen in allen Zweigen der Malerei, der Bildhauerei, Daguerreotypie (Photografie), der Farbenkunde und Farbchemie und der in diese Fächer einschlagenden Bibliographie, hrsg. von A. W. Hertel, Weimar 1853.

Augarde, 2009

Augarde, Jean-Dominique: André Charles Boulle: Vom Klassizismus zum Neoklassizismus, in: Ausst.-Kat. Ein neuer Stil für Europa, 2009, S. 120–137.

Augsburger Postzeitung, 1897.

Augstein, 1986

Augstein, Rudolf: Preussens Friedrich und die Deutschen, Jub.-Ausg., Nördlingen 1986.

Austin, 1992

Austin, John L.: How to Do Things with Words. The William James Lectures delivered at Harvard University in 1955, 2. Aufl., London 1992.

B

Bachmann/Seelig, 1997

Bachmann, Erich/Seelig, Lorenz: Eremitage zu Bayreuth, Amtlicher Führer, hrsg. von der Bayerischen Verwaltung der staatlichen Schlösser, Gärten und Seen, München 1997.

Backschat, 1932

Backschat, Friedrich: Die Ökonomie am Hofe Friedrich Wilhelms I. und Friedrichs des Großen, in: Mitteilungen des Vereins für die Geschichte Potsdams, N. F., 6, 1932, S. 265–302.

Badstübner-Gröger, 1999

Badstübner-Gröger, Sibylle: Aufgeklärter Absolutismus in den Bildprogrammen friderizianischer Architektur?, in: Friedrich II. und die europäische Aufklärung, hrsg. von Martin Fontius, Berlin 1999 (Forschungen zur Brandenburgischen und Preußischen Geschichte, Beiheft 4), S. 29–71.

Baer, 1992

Baer, Winfried: Die Gold- und Silber-Tafelservice Friedrichs des Großen, in: Ausst.-Kat. Friedrich der Große, 1992, S. 286–297.

Bahl, 2001

Bahl, Peter: Der Hof des Großen Kurfürsten. Studien zur höheren Amtsträgerschaft Brandenburg-Preußens, Köln/Weimar/Wien 2001 (Veröffentlichungen aus den Archiven Preußischer Kulturbesitz, Beiheft 8).

Baillot/Wehinger, 2007

Friedrich der Große – Potsdamer Ausgabe: Philosophische Schriften, hrsg. von Anne Baillot/Brunhilde Wehinger, Bd. 6, Berlin 2007.

Bajou, 1998

Bajou, Thierry: La Peinture à Versailles XVIIe siècle, Paris 1998.

Baker-Smith, 2002

Baker-Smith, Veronika: The daughters of George II., in: Queenship in Britain, hrsg. von Clarissa Campbell-Orr, Manchester 2002, S. 193–206.

Bardong, 1982

Friedrich der Große, hrsg. von Otto Bardong, Darmstadt 1982 (Freiherr von Stein-Gedächtnisausgabe, 22).

Barenboim / Quander, 1992

Apollini et Musis. 250 Jahre Opernhaus Unter den Linden, hrsg. von Daniel Barenboim / Georg Quander, Frankfurt am Main / Berlin 1992.

Barth, 1896 / 1897

Barth, Theodor: Die Centenarfeier, in: Die Nation: Wochenschrift für Politik, Volkswirtschaft und Literatur, hrsg. von Theodor Barth, 14, 1896 / 1897.

Barthel, 1977

Barthel, Konrad: Friedrich der Große in Hitlers Geschichtsbild, Wiesbaden 1977.

Bartoschek, 1976

Bartoschek, Gerd: Die Gemälde im Neuen Palais, Potsdam 1976.

Bartoschek, 1988

Bartoschek, Gerd: Ein Kurfürstliches Gemäldekabinett, in: Ausst.-Kat. Der Grosse Kurfürst, 1988, S. 134–148.

Bartoschek, 2004

Bartoschek, Gerd: Zerstört, entführt, verschollen. Die Verluste der preußischen Schlösser im Zweiten Weltkrieg, Bd. 1: Gemälde, Potsdam 2004.

Battenberg, 2001

Battenberg, J. Friedrich: Die Juden in Deutschland vom 16. bis zum Ende des 18. Jahrhunderts, München 2001.

Bauer, 1982

Bauer, Hans-Joachim: Barockoper in Bayreuth, Laaber 1982.

Bauer, 1982a

Bauer, Jens-Heiner: Daniel Nikolaus Chodowiecki. Danzig 1726–1801 Berlin. Das druckgraphische Werk, Hauptbd., Hannover 1982.

Bauer, 1993

Bauer, Volker: Die höfische Gesellschaft in Deutschland von der Mitte des 17. bis zum Ausgang des 18. Jahrhunderts, Tübingen 1993 (Frühe Neuzeit, 12).

Baumgart, 1983

Baumgart, Peter: Die jüdische Minorität im friderizianischen Preußen, in: Vorträge und Studien zur preußisch-deutschen Geschichte, hrsg. von Oswald Hauser, Köln 1983, S. 1–20.

Beales, 2006

Beales, Derek: Clergy at the Austrian court in the eighteenth century, in: Monarchy and religion. The transformation of royal culture in eighteenth-century Europe, hrsg. von Michael Schaich, Oxford 2006, S. 79–104.

Becker, 2005

Becker, Marcus: Sammlung und Capriccio. Der friderizianische Alte Markt in Potsdam, in: Geist und Macht. Friedrich der Große im Kontext der europäischen Kulturgeschichte, hrsg. von Brunhilde Wehinger, Berlin 2005, S. 211–224.

Becker, 2000

Becker, Winfried: Das Bismarck-Reich – ein Obrigkeitsstaat? Die Entwicklung des Parlamentarismus und der Parteien 1871–1890, Friedrichsruh 2000 (Friedrichsruher Beiträge, 9).

Beenken, 1944

Beenken, Hermann: Das 19. Jahrhundert in der deutschen Kunst, München 1944.

Behm, 2002

Behm, Britta L.: Moses Mendelssohn und die Transformation der jüdischen Erziehung in Berlin. Eine bildungsgeschichtliche Analyse zur jüdischen Aufklärung im 18. Jahrhundert, Münster u. a. 2002.

Behre, 1905

Behre, Otto: Geschichte der Statistik in Brandenburg-Preussen bis zur Gründung des Königlichen Statistischen Bureaus, Berlin 1905.

Beier, 2007

Beier, Brigitte: Die Chronik der Deutschen, München 2007.

Bélidor, 1737–1739

Bélidor, Bernard Forest de: Architecture hydraulique ou l'art de conduire, d'elever et de ménager les eaux pour les differentes besoins de la vie, 2 Bde., Paris 1737–1739.

Bell, 1967

Bell, Eric Temple: Die großen Mathematiker, Düsseldorf / Wien 1967.

Bély, 1999

Bély, Lucien: La société des princes. XVIe–XVIIIe siècle, Paris 1999.

Berg, 2007

Berg, Nicolas: Preußen – ein lieu de mémoire der deutschen Geschichtsschreibung zwischen Weimar und Bonn, in: Vergangene Größe und Ohnmacht in Ostmitteleuropa. Repräsentationen imperialer Erfahrung in der Historiographie seit 1918, hrsg. von Frank Hadler / Mathias Mesenhöller, Leipzig 2007, S. 171–195.

Bergemann, 2010

Bergemann, Uta-Christiane: Getrennt oder gemeinsam? Zur Arbeitsweise der Werkstätten von Johann Friedrich und Heinrich Wilhelm Spindler, in: Königliches Parkett in preußischen Schlössern, Geschichte, Erhaltung und Restaurierung begehbarer Kunstwerke, hrsg. von Hans Michaelsen, Petersberg 2010, S. 192–210.

Berliner Tageblatt, 1897.

Berlinische Nachrichten von Staats- und gelehrten Sachen, 1741–1753.

Berlinische Nachrichten, 20. Juli 1741.
Berlinische Nachrichten, 27. November 1742.
Berlinische Nachrichten, 19. November 1743.
Berlinische Nachrichten, 7. April 1753.

Berlinische Privilegierte Zeitung, 1755.

Berner, 1897

Berner, Ernst: Wilhelm der Große. Ein Bild seines Lebens, Berlin 1897.

Berner, 1906

Kaiser Wilhelm des Großen Briefe, Reden und Schriften, hrsg. von Ernst Berner, 2 Bde., Berlin 1906.

Berney, 1934

Berney, Arnold: Friedrich der Große. Entwicklungsgeschichte eines Staatsmannes, Tübingen 1934.

Bernhardi, 1881

Bernhardi, Theodor von: Friedrich der Grosse als Feldherr, 2 Bde., Berlin 1881.

Besterman, 1969 – 1977

Les Œevres Completes de Voltaire, hrsg. von Theodore Besterman, Bde. 85 – 141, Genf 1969 – 1977.

Betragen Sr. Königl. Majestät, 1756

O. A.: Das gerechtfertigte Betragen Sr. Königl. Majestät in Preußen gegen falsche Beschuldigungen des Dresdenschen Hofes, Berlin 1756 (Exemplar in der Gerhard-Knoll-Forschungsbibliothek der Stiftung Preußische Schlösser und Gärten Berlin-Brandenburg).

Biesterfeld, 1993

Biesterfeld, Wolfgang: Aufklärung und Utopie. Gesammelte Aufsätze und Vorträge zur Literaturgeschichte, Hamburg 1993.

Birkenholz, 2002

Birkenholz, Alescha Thomas: Die Alexander-Geschichte von Charles Le Brun. Historische und stilistische Untersuchungen der Werkentwicklung, Frankfurt am Main u. a. 2002.

Birtsch, 1987

Birtsch, Günter: Der Idealtyp des aufgeklärten Herrschers. Friedrich der Große, Karl Friedrich von Baden und Joseph II. im Vergleich, in: Der Idealtyp des aufgeklärten Herrschers, hrsg. von Günter Birtsch, Hamburg 1987 (Aufklärung, 2/1), S. 9 – 47.

Bischoff, 1885

Gespräche Friedrichs des Großen mit Henri de Catt und dem Marchese Lucchesini. Kritisch festgestellte Auswahl in deutscher Übersetzung, hrsg. von Fritz Bischoff, Leipzig 1885.

Biskup, 2004

Biskup, Thomas: The hidden queen. Elisabeth Christine of Prussia and Hohenzollern queenship in the 18th century, in: Queenship in Europe 1660 – 1815. The role of the consort, hrsg. von Clarissa Campbell-Orr, Cambridge 2004, S. 300 – 321.

Biskup, 2007a

Biskup, Thomas: German court and French Revolution. Émigrés and the Brunswick court around 1800, in: Francia. Forschungen zur westeuropäischen Geschichte, 24/2, 2007, S. 61 – 87.

Biskup, 2007b

Biskup, Thomas: Höfisches Retablissement. Der Hof Friedrichs des Großen nach dem Siebenjährigen Krieg, in: Friedrich300-Colloquien, Friedrich der Große — eine perspektivische Bestandsaufnahme, 2007, URL: http://www.perspectivia.net/content/publikationen/friedrich300-colloquien/friedrich-bestandsaufnahme/biskup_retablissement<18.05.2009>.

Biskup, 2008

Biskup, Thomas: Preußischer Pomp. Zeremoniellnutzung und Ruhmbegriff Friedrichs des Großen im Berliner »Carousel« von 1750, in: Friedrich300-Colloquien, Friedrich der Große und der Hof, 2008, URL: http://www.perspectivia.net/content/publikationen/friedrich300-colloquien/friedrich-hof/Biskup_Pomp<16.7.2010>.

Biskup, 2009

Biskup, Thomas: Napoleon's second Sacre? Iéna and the ceremonial translation of Frederick the Great's insignia in 1807, in: The Bee and the Eagle. Napoleonic France and the End of the Holy Roman Empire, 1806, hrsg. von Alan Forrest / Peter H. Wilson, Basingstoke 2009 (War, culture and society, 1750 – 1850), S. 172 – 190.

Bisset, 1850

Memoirs and Papers of Sir Andrew Mitchell, K. B., hrsg. von Andrew Bisset, 2 Bde., London 1850.

Blanc, 1876

Blanc, Charles: Les artistes de mon temps, Paris 1876.

Blanning, 2002

Blanning, Timothy C. W.: The culture of power and the power of culture. Old Regime Europe 1660 – 1789, Oxford 2002.

Bleckwenn, 1978

Bleckwenn, Hans: Unter dem Preußen-Adler, München 1978.

Bled, 2004

Bled, Jean-Paul: Friedrich der Große, Düsseldorf 2004.

Blondel, 1698

Blondel, Nicolas-François: Cours d'architecture enseigné dans l'Academie Royale d'Architecture, Bd. 1, 2. Aufl., Paris 1698.

Bode, 1787

Bode, Johann E.: Friedrichs Sternendenkmal. Vorgelesen in der Akademie der Wissenschaften, den 25. Jan. 1787, in: Berlinische Monatsschrift, 9, 1787.

Böhm, 1992

Böhm, Rudolf: Restauratorische und konservatorische Untersuchung des Skulpturenschmuckes am Nauener Tor in Potsdam, 1992.

Bohrer, 2001

Bohrer, Karl Heinz: Das verschwundene Paradigma. Friedrich II., Preußen und der 20. Juli, in: Merkur, 55/7, 2001, S. 993 – 1007.

Boileau, 1966

Boileau, Nicolas: Œuvres complètes, bearb. von Antoine Adam / Françoise Escal, Paris 1966.

Bömelburg, 1995

Bömelburg, Hans-Jürgen: Zwischen polnischer Ständege-sellschaft und preußischem Obrigkeitsstaat. Vom Königli-chen Preußen zu Westpreußen. 1756–1806, München 1995.

Borchward, 2012

»... gantz unvergleich ...« Ernst Samuel Borchwards Reise nach Potsdam 1749, hrsg. von der Generaldirektion der Stiftung Preußische Schlösser und Gärten Berlin-Brandenburg, Kiel 2012.

Born, 1953

Born, Karl Erich: Der Wandel des Friedrich-Bildes in Deutschland während des 19. Jahrhunderts, Diss., Köln 1953.

Börner, 1984

Börner, Karl Heinz: Wilhelm I. Deutscher Kaiser und König von Preußen. Eine Biographie, Berlin (Ost) 1984.

Börsch-Supan, 1988

Börsch-Supan, Helmut: Friedrich des Großen Umgang mit den Bildern, in: Zeitschrift des deutschen Vereins für Kunstwissenschaft, 42, 1988, S. 23–32.

Börsch-Supan, 1992

Börsch-Supan, Helmut: Friedrich der Große als Sammler von Gemälden, in: Ausst.-Kat. Friedrich der Große, 1992, S. 96–103.

Bösch, 2009

Bösch, Frank: Öffentliche Geheimnisse. Skandale, Politik und Medien in Deutschland und Großbritannien 1880–1914, München 2009.

Bots / Waquet, 1997

Bots, Hans / Waquet, Françoise: La République des lettres, Paris 1997.

Brademann, 2005

Brademann, Jan: Autonomie und Herrscherkult. Adven-tus und Huldigung in Halle (Saale) in Spätmittelalter und Früher Neuzeit, Halle 2005 (Studien zur Landes-geschichte, 14).

Brather, 1993

Leibniz und seine Akademie. Ausgewählte Quellen zur Geschichte der Berliner Sozietät der Wissenschaften 1697–1716, hrsg. von Hans-Stephan Brather, Berlin 1993.

Bräutigam / Damerau, 1997

Offene Formen. Beiträge zur Literatur, Philosophie und Wissenschaft im 18. Jahrhundert, hrsg. von Bernd Bräutigam / Burghard Damerau, Frankfurt am Main / Berlin / Bern u. a. 1997.

Brecht, 1967

Brecht, Bertold: Fragen eines lesenden Arbeiters, in: Brecht, Bertold: Gesammelte Werke, Bd. 9, Frankfurt am Main 1967.

Bremer, 1943

Bremer, Friedrich: Von Friedrich dem Großen zum frideri-zianischen Deutschland Adolf Hitlers, Berlin 1943.

Brendel, 1856

Anregungen für Kunst, Leben und Wissenschaft, hrsg. von Franz Brendel, Bd. 1, Leipzig 1856.

Breuer, 1996

Breuer, Mordechai: Frühe Neuzeit und Beginn der Moder-ne, in: Tradition und Aufklärung, hrsg. von Mordechai Breuer / Michael Graetz, München 1996, S. 85–247.

Brewer, 2002

Brewer, Daniel: Constructing Philosophers, in: Using the Encyclopédie: Ways of Reading, Ways of Knowing, hrsg. von Daniel Brewer / Julie Candler Hayes, Oxford 2002, S. 21–36.

Brewer / Hellmuth, 1999

Rethinking Leviathan. The eighteenth-century state in Britain and Germany, hrsg. von John Brewer / Eckhart Hellmuth, Oxford 1999 (Studies of the German Historical Institute London).

Bringmann, 2006

Bringmann, Wilhelm: Friedrich der Große. Ein Porträt, München 2006.

Brocke, 2006

Brocke, Bernhard vom: Über den Beinamen »der Große« von Alexander dem Großen bis Kaiser Wilhelm »dem Großen«. Annotation zu Otto Hintzes Denkschrift »Die Bezeichnung ›Kaiser Wilhelm der Große‹ für Friedrich Althoff (1901). Zugleich ein Exemplum historischer Poli-tikberatung im preußischen Kulturstaat, in: Das Thema »Preußen in Wissenschaft und Wissenschaftspolitik des 19. und 20. Jahrhunderts«, hrsg. von Wolfgang Neuge-bauer, Berlin 2006, S. 231–267.

Brockhaus, 1986

Brockhaus, Heinz Alfred: Europäische Musikgeschichte, Bd. 2: Europäische Musikkulturen vom Barock bis zur Klassik, Berlin 1986.

Bruer, 2006

Bruer, Albert: Aufstieg und Untergang. Eine Geschichte der Juden in Deutschland (1750–1918), Köln / Weimar / Wien 2006.

Büchel, 1999

Büchel, Christiane: Der Offizier im Gesellschaftsbild der Frühaufklärung. Die Soldatenschriften des Johann Michael von Loen, in: Aufklärung, 11 / 2, 1999, S. 5–23.

Bülow, 1930

Bülow, Bernhard Fürst von: Denkwürdigkeiten, Bd. 1, Berlin 1930.

Burckhardt, 1949

Burckhardt, Jacob: Das Individuum und das Allgemeine (Die Historische Grösse), in: Weltgeschichtliche Betrach-tungen. Historisch-kritische Gesamtausgabe. Mit einer Einleitung und einem textkritischen Anhang von Rudolf Stadelmann, Pfullingen 1949, S. 253–299.

Burckhardt, 1965

Burckhardt, Jacob: Das Individuum und das Allgemeine (Die Historische Grösse), in: Weltgeschichtliche Betrachtungen. Historisch-kritische Gesamtausgabe. Mit einer Einleitung und einem textkritischen Anhang von Rudolf Stadelmann, Pfullingen [circa 1965], S. 253–299.

Burckhardt, 1982
Burckhardt, Jacob: Das Individuum und das Allgemeine (Die historische Größe), in: Über das Studium der Geschichte. Der Text der ›Weltgeschichtlichen Betrachtungen‹ auf Grund der Vorarbeiten von Ernst Ziegler nach den Handschriften, hrsg. von Peter Ganz, München 1982, S. 377–405.

Burckhardt, 1988
Burckhardt, Jacob: Die Kultur der Renaissance in Italien. Ein Versuch, 11. Aufl., Stuttgart 1988.

Burkhardt, 1997
Burkhardt, Johannes: Die Friedlosigkeit der Frühen Neuzeit. Grundlegung einer Theorie der Bellizität Europas, in: ZHF, 4, 1997, S. 509–574.

Burkhardt, 2006
Burkhardt, Johannes: Vollendung und Neuorientierung des frühmodernen Reiches 1648–1763, Stuttgart 2006 (Gebhardt Handbuch der deutschen Geschichte, 11).

Burney, 1985
Burney, Charles: Tagebuch einer musikalischen Reise durch Böhmen, Sachsen, Brandenburg, Hamburg und Holland, gekürzte Neuaufl., hrsg. von Florian Noetzel, Wilhelmshaven 1985.

Busch, 1981
Busch, Werner: Die Antrittsvorlesung Friedrich Theodor Vischers bei der Übernahme des Lehrstuhls für Ästhetik und Kunstwissenschaften an der Universität Tübingen, in: Kritische Berichte, 9, 1981, S. 35–50.

Busch, 1990
Busch, Werner: Über Helden diskutiert man nicht. Zum Wandel des Historienbildes im englischen 18. Jahrhundert, in: Historienmalerei in Europa. Paradigmen in Form, Funktion und Ideologie, hrsg. von Ekkehard Mai, Mainz 1990, S. 57–76.

Busch, 1993
Busch, Werner: Das sentimentalische Bild. Die Krise der Kunst im 18. Jahrhundert und die Geburt der Moderne, München 1993.

Büsch/Neugebauer, 1981
Moderne preußische Geschichte 1648–1947, hrsg. von Otto Büsch/Wolfgang Neugebauer, 3 Bde., Berlin/New York 1981.

Buttlar, 1982
Buttlar, Adrian von: Der Englische Landsitz 1715–1760. Symbol eines liberalen Weltentwurfes, Mittenwald 1982.

Buttlar, 1995
Buttlar, Adrian von: Das Grab im Garten. Zur naturreligiösen Deutung eines arkadischen Gartenmotivs, in: Landschaft und Landschaften im achtzehnten Jahrhundert, hrsg. von Heike Wunderlich, Heidelberg 1995, S. 79–119.

Buttlar, 2006
Buttlar, Adrian von: Europäische Wurzeln und deutsche Inkunabeln der Museumsarchitektur, in: Tempel der Kunst. Die Geburt des öffentlichen Museums in Deutschland 1701–1815, hrsg. von Bénédicte Savoy, Mainz 2006, S. 27–45.

Büttner, 1980
Büttner, Frank: Cornelius. Fresken und Freskenprojekte, Bd. 1, Wiesbaden 1980.

C

Callela, 2002
Callela, Michele: Metastasios Dramenkonzeption und die Ästhetik der friderizianischen Oper, in: Metastasio im Deutschland der Aufklärung. Bericht über das Symposium. Potsdam 1999, hrsg. von Laurenz Lütteken/Gerhard Splitt, Tübingen 2002 (Wolfenbüttler Studien zur Aufklärung, 28), S. 103–123.

Campe, 1958
Campe, Edwin von: Die graphischen Portraits Friedrichs des Großen aus seiner Zeit und ihre Vorbilder, München 1958.

Carl, 2008
Carl, Horst: Erinnerungsbruch als Bedingung der Moderne? Tradition und bewusste Neuorientierung bei Hof und Zeremoniell nach 1800, in: Das Jahr 1806 im europäischen Kontext. Balance, Hegemonie und politische Kulturen, hrsg. von Andreas Klinger/Hans-Werner Hahn/Georg Schmidt, Köln 2008, S. 169–184.

Carlyle, 1858–1869
Carlyle, Thomas: Geschichte Friedrichs II. von Preußen genannt Friedrich der Grosse, Deutsch von J. Neuberg, 6 Bde. (Bd. 6 fortgesetzt von Friedrich Althaus), Berlin 1858–1869.

Carrière, 1858/1859
Carrière, Moritz: Die deutsche allgemeine und historische Kunstausstellung in München, in: Westermanns Monatshefte, 5, 1858/1859.

Caspar, 1986
Caspar, Gustav-Adolf: Vorwort, in: Friedrich der Große, Beiheft zur Information für die Truppe, hrsg. vom Bundesministerium der Verteidigung, 4, 1986, S. 6–9.

Caspar, 1987
Caspar, Gustav Adolf: Die Nachwirkungen Friedrichs des Großen im preußischen und deutschen Heer, in: Friedrich der Große und das Militärwesen seiner Zeit, hrsg. vom Militärgeschichtlichen Forschungsamt, Herford/Bonn 1987, S. 176–192.

Caspar, 2007

Caspar, Helmut: Die Beine der Hohenzollern. Was Primaner des Joachimsthalschen Gymnasiums über die Siegesallee schrieben und was Wilhelm II. von den Aufsätzen hielt, Berlin 2007.

Chapeaurouge, 1990

Chapeaurouge, Donat de: Menzels Friedrichbilder im »Historischen Genre«, in: Historienmalerei in Europa. Paradigmen in Form, Funktion und Ideologie, hrsg. von Ekkehard Mai, Mainz 1990, S. 213–227.

Chartier, 1996

Chartier, Roger: Der Gelehrte, in: Der Mensch der Aufklärung, hrsg. von Michel Novelle, Frankfurt am Main / New York 1996.

Clark, 2006

Clark, Christopher: Iron kingdom. The rise and downfall of Prussia, 1600–1947, London 2006.

Clark, 2007

Clark, Christopher: Preußen. Aufstieg und Niedergang 1600–1947, Bonn 2007.

Colenbrander / Browne, 2007

Colenbrander, Sjoukje / Browne, Clare: Indiennes: Chinoiserie Silks woven in Amsterdam, in: A Taste for the Exotic. Foreign Influences on Early Eighteenth-Century Silk Designs, Riggisberg 2007 (Riggisberger Berichte, 14), S. 127–138.

Consigli / Bertolucci / Zeri / Cavazzini, 1994

Consigli, Patrizia / Bertolucci, Attilio / Zeri, Frederico / Cavazzini, Gianni: La Battaglia nella Pittura del XVII e XVIII Secolo, Parma 1994.

Cramer, 1829

Cramer, Friedrich: Zur Geschichte Friedrich Wilhelms I. und Friedrichs II. Königs von Preußen, Hamburg 1829.

Cramer, 1991

Cramer, Thomas: Italienerlebnis und Nationalhumanismus im 16. Jahrhundert, in: Kunstliteratur als Italienerfahrung, hrsg. von Helmut Pfotenhauer, Tübingen 1991, S. 7–20.

Crousaz, 1865

Crousaz, Adolf Friedrich Johann von: Die Organisationen des Brandenburgischen und Preußischen Heeres von 1640 bis 1863. Nach ihrem Verhältnisse mit den Staatskräften und der Staatswohlfahrt, Anclam 1865.

Curl, 1993

Curl, James Steven: Georgian Architecture, Exeter 1993.

Curtius, 1765

Quintus Curtius Rufus: De Rebus Alexandri Magni Historia Superstes, Leipzig / Kaliningrad 1765.

D

Dahlheim, 2006

Dahlheim, Werner: Julius Cäsar. Die Ehre des Kriegers und die Not des Staates, 2. Aufl., Paderborn 2006.

Daniel, 1995

Daniel, Ute: Hoftheater. Zur Geschichte der Höfe und des Theaters im 18. und 19. Jahrhundert, Stuttgart 1995.

Daniel, 2005

Daniel, Ute: Hof, Hofleben, in: Lexikon zum Aufgeklärten Absolutismus in Europa. Herrscher – Denker – Sachbegriffe, hrsg. von Helmut Reinalter, Wien 2005, S. 308–314.

Delbrück, 1888

Delbrück, Hans: Persönliche Erinnerungen an den Kaiser Friedrich und sein Haus, in: Preußische Jahrbücher, 62, 1888.

Delbrück, 1897

Delbrück, Hans: Politische Korrespondenz, in: Preußische Jahrbücher, 88, 1897.

Delbrück, 1902

Delbrück, Hans: Erinnerungen, Aufsätze und Reden, Berlin 1902.

Demandt, 2002

Demandt, Alexander: Historische Größe, in: Demandt, Alexander: Zeit und Unzeit. Geschichtsphilosophische Essays, Köln / Weimar / Wien 2002, S. 137–146.

Demandt / Jacob, 1997

Demandt, Alexander / Jacob, Andrea: Die Brüssler Tapisserien des Herzog Bernard I. von Sachsen-Meiningen, Kulturstiftung der Länder, Meiningen 1997 (Patrimonia, 117).

Deploige / Deneckere, 2006

Mystifying the Monarch. Studies on Discourse, Power and History, hrsg. von Jeroen Deploige / Gita Deneckere, Amsterdam 2006.

Detering, 1996

Detering, Susanne: Friedrich II. Camouflage und Selbstverteidigung im Bild Montezumas, in: Detering, Susanne: Kolumbus, Cortés, Montezuma: Die Entdeckung und Eroberung Lateinamerikas als literarische Sujets in der Aufklärung und im 20. Jahrhundert, Weimar 1996, S. 196–214.

Deutsches Kunstblatt, 1835–1858

Deutsches Kunstblatt, 1835.
Deutsches Kunstblatt, 1853.
Deutsches Kunstblatt, 1857.
Deutsches Kunstblatt, 1858.

Diderot / d'Alembert, 1757

Diderot, Denis / d'Alembert, Jean Baptiste le Rond: Encyclopédie, ou Dictionnaire Raisonné, des Sciences, des Arts et des Métiers, Bd. 7, Paris 1757 (Neudruck der ersten Ausgabe von 1751–1780, Stuttgart / Bad Cannstatt 1966).

Die deutsche Geschichtsmalerei, 1859

Anonymus: Die deutsche Geschichtsmalerei, in: Stimmen der Zeit, 2 ‚1859.

Dietrich, 1986

Die Politischen Testamente der Hohenzollern, hrsg. von Richard Dietrich, Köln 1986 (Veröffentlichungen aus den Archiven Preußischer Kulturbesitz, 20).

Die Dioskuren, 1857–1870
Dioskuren, 1857.
Dioskuren, 1858.
Dioskuren, 1866.
Dioskuren, 1870.

Dobbs / Jacob, 1995
Dobbs, Betty Jo / Jacob, Margaret C.: Newton and the
Culture of Newtonianism, Atlantic Highlands 1995.

Dohm, 1781
Dohm, Christian Wilhelm von: Über die bürgerliche Verbesserung der Juden, Berlin / Stettin 1781.

Dohm, 1819
Dohm, Christian Wilhelm von: Denkwürdigkeiten meiner
Zeit oder Beiträge zur Geschichte vom letzten Viertel
des achtzehnten und vom Beginn des neunzehnten Jahrhunderts 1778 bis 1806, Bd. 4, Lemgo / Hannover 1819.

Dollinger, 1986
Dollinger, Hans: Friedrich II. von Preußen. Sein Bild im
Wandel von zwei Jahrhunderten, München 1986.

Donogh, 1999
Donogh, Charles: Frederick the Great. A Life in Deed and
Letters, London 1999.

Dorgerloh, 2005
Dorgerloh, Annette: Friedrich II. als Gartengestalter –
Repräsentation und historische Verortung, in: Geist und
Macht. Friedrich der Große im Kontext der europäischen
Kulturgeschichte, hrsg. von Brunhilde Wehinger, Berlin
2005, S. 225–243.

Dorst, 2010
Dorst, Klaus: Englische Fantasien in Sanssouci. Sir
William Chambers' Architekturentwürfe für Friedrich
den Großen, in: China in Schloss und Garten. Chinoise
Architekturen und Innenräume, hrsg. von Dirk Wellich /
Anne Kleiner, Dresden 2010, S. 173–185.

Dorst / Schimmel, 2002
Dorst, Klaus / Schimmel, Stefan: »Sibi et urbi« – die Ber-
liner Residenz des Prinzen Heinrich, in: Ausst.-Kat. Prinz
Heinrich von Preußen, 2002, S. 265–271.

Dostert, 1999
Dostert, Astrid: Recueil de Sculptures antiques grecques
et romaines. Der Bildhauer Lambert-Sigisbert Adam
und die Skulpturen des Kardinals de Polignac, in: Von
der Schönheit weißen Marmors. Zum 200. Todestag
Bartolomeo Cavaceppis, hrsg. von Thomas Weiss, Mainz
1999 (Wissenschaftliche Bestandskataloge der Kulturstiftung Dessau-Wörlitz, Bd. 2), S. 35–49.

Dostert, 2000
Dostert, Astrid: Die Antikensammlung des Kardinals
Melchior de Polignac, in: Antikensammlungen des euro-
päischen Adels im 18. Jahrhundert als Ausdruck einer
europäischen Identität, hrsg. von Dietrich Boschung /
Henner von Hesberg, Mainz 2000, S. 191–198.

Dostert, 2001
Dostert, Astrid: »En exil des appartements«. Les collections de statues antiques à l'époque rocaille, in: L'art et
les normes sociales au XVIIIe siècle, hrsg. von Thomas
W. Gaehtgens, Paris 2001, S. 165–179.

Dostert, 2009
Dostert, Astrid: Die Sammlung Polignac, in: Kat. Antiken I,
2009, S. 75–80.

Dostert, 2012
Dostert, Astrid: Die Antikensammlung des Kardinals
Melchior Polignac (erscheint 2012).

Dostert / Polignac, 2001
Dostert, Astrid / Polignac, François de: La Description
Historique des Antiques du cardinal de Polignac par
Moreau de Mautour: Une collection ›romaine‹ sous le
regard de l'érudition française, in: Journal des Savants,
Januar–Juni 2001, S. 93–151.

Dotzauer, 1973
Dotzauer, Winfried: Die Ankunft des Herrschers. Der fürstliche »Einzug« in die Stadt bis zum Ende des Alten Reiches,
in: Archiv für Kulturgeschichte, 55, 1973, S. 245–288.

Drescher / Badstübner-Gröger, 1991
Drescher, Horst / Badstübner-Gröger, Sibylle: Das Neue
Palais in Potsdam. Beiträge zum Spätstil der friderizia-
nischen Architektur und Bauplastik, Berlin 1991,
S. 161–169.

Droysen, 1905
Avantpropos [des mémoires du roy de prusse], Nachtrag
zu [...] Histoire de mon temps, in: Droysen, Hans: Beiträge zu einer Bibliographie der prosaischen Schriften
Friedrich des Großen, Teil 2, Berlin 1905 (Wissenschaftliche Beilage zum Jahresbericht des Königstädtischen
Gymnasiums zu Berlin, Programm Nr. 64), S. 27–29.

Droysen, 1911
Droysen, Hans: Friedrich des Großen Poésies diverses
von 1760, in: Forschungen zur Brandenburgischen und
Preußischen Geschichte, 24, 1911, S. 227–242.

Duchhardt, 1990
Duchhardt, Heinz: Friedrich der Große und der preußische
Absolutismus. Positionen der ›bürgerlichen‹ Geschichts-
schreibung nach dem Ende des Zweiten Weltkriegs,
in: Geschichte und Geschichtsbewusstsein. Festschrift
Karl-Ernst Jeisman zum 65. Geburtstag, hrsg. von Paul
Leidinger / Dieter Metzler, Münster 1990, S. 252–268.

Duchhardt, 1991
Duchhardt, Heinz: Das protestantische Herrscherbild
des 17. Jahrhunderts im Reich, in: Das Herrscherbild
im 17. Jahrhundert, hrsg. von Konrad Repgen, Münster
1991 (Schriftenreihe der Vereinigung zur Erforschung der
neueren Geschichte e.V., 19), S. 26–42.

Duchhardt, 2007
Duchhardt, Heinz: Barock und Aufklärung, 4., neu bearb.
und erweiterte Ausgabe des Bandes »Das Zeitalter des
Absolutismus«, München 2007.

Duffy, 1985

Duffy, Christopher: Frederick the Great. A Military Life, London 1985.

Duffy, 2001

Duffy, Christopher: Friedrich der Große. Die Biographie, Düsseldorf 2001.

Duindam, 2003

Duindam, Jeroen: Vienna and Versailles. The Courts of Europe's Dynastic Rivals, 1550–1780, Cambridge 2003 (New Studies in European History, XXX).

Dupuy, 1731

N. Dupuy La Chapelle: Mythologie ou l'histoire des dieux, des demi-dieux et des plus illustres héros de l'antiquité payenne contenant l'explication dela fable et de la métamorphose, 2 Bde., Paris 1731.

Düsseldorfer Journal, 1857.

Düsseldorfer Zeitung, 1857.

Duvernoy, 1912

Duvernoy, Max von: Vor 150 Jahren (XXXV). Das Treffen bei Burkersdorf am 21. Juli 1762, in: Militär-Wochenblatt, 97/91, 1912, S. 2062–2068.

E

Eckardt, 1979

Eckardt, Götz: Ein Potsdamer Maler in Rom. Briefe des Batoni-Schülers Johann Gottlieb Puhlmann 1774–1787, Berlin (Ost) 1979.

Eckardt, 1987

Schadow, Johann Gottfried: Kunstwerke und Kunstansichten. Ein Quellenwerk zur Berliner Kunst- und Kulturgeschichte zwischen 1780 und 1845, kommentierte Neuausgabe der Veröffentlichung von 1849, hrsg. von Götz Eckardt, 3 Bde., Berlin 1987.

Eckardt, 1990

Eckardt, Götz: Die Gemälde in der Bildergalerie von Sanssouci, hrsg. von der Generaldirektion der Staatlichen Schlösser und Gärten Potsdam-Sanssouci, 4., durchgesehene Aufl., Potsdam 1990.

Eckert, 2002

Eckert, Michael: Euler and the Fountains of Sanssouci, in: Archive for History of Exact Sciences, 56, 2002, S. 451–468.

Eggeling, 1982

Eggeling, Thilo: Die Wohnung Friedrichs des Großen, in: Peschken, Goerd/Klünner, Hans-Werner: Das Berliner Schloss. Das klassische Berlin, Frankfurt am Main/Berlin 1982, S. 69–73.

Eggeling, 1993

Eggeling, Thilo: Die innere Ausstattung der Potsdamer Schlösser Friedrichs des Großen, in: Ausst.-Kat. Potsdamer Schlösser und Gärten, 1993, S. 25–31.

Eggers, 1757

Eggers, Jacob von: Neues Kriegs-, Ingenieur-, Artillerie-, See- und Ritter-Lexicon, Dresden/Leipzig 1757.

Eibach, 2006

Eibach, Joachim: Verfassungsgeschichte als Verwaltungsgeschichte, in: Kompass Geschichtswissenschaft. Ein Handbuch, hrsg. von Joachim Eibach/Günther Lottes, 2. Aufl., Göttingen 2006, S. 142–151 u. 174–176.

Eickels, 2007

Eickels, Klaus von: Verwandtschaftliche Bindungen, Liebe zwischen Mann und Frau, Lehenstreue und Kriegerfreundschaft: Unterschiedliche Erscheinungsformen ein und desselben Begriffs?, in: Freundschaft und Verwandtschaft. Zur Unterscheidung und Verflechtung zweier Beziehungssysteme, hrsg. von Johannes F. K. Schmidt, Konstanz 2007, S. 157–164.

Ellwart, 1985

Ellwart, Ursula: Menzels Friedrichsbilder (1849–1860). Untersuchungen zu ihrer zeitgenössischen Rezeption, Tübingen 1985.

Engel, 2004

Engel, Martin: Das Forum Fridericianum und die monumentalen Residenzplätze des 18. Jahrhunderts, Diss. FU Berlin 2001, Publikation online 2004, URL: http://www.diss.fu-berlin.de/2004/161/index.html, S. 12f.<25.02.2009>.

Engelmann, 1857

Engelmann, Wilhelm: Daniel Chodowiecki. Sämtliche Kupferstiche, Leipzig 1857.

Erweis, 1758

O. A.: Erweis, daß der preußische Monarch Friederich der Gröste mit Alexander dem Großen nicht könne verglichen werden, Amsterdam 1758 (Exemplar in der Gerhard-Knoll-Forschungsbibliothek der Stiftung Preußische Schlösser und Gärten Berlin-Brandenburg).

Etat et Description, 1742

Etat et Description Des Statues tant Colossales que de grandeur naturelle, & de demie nature, Bustes grands, moyens, & demi-Bustes, Bas-Reliefs de différentes espéces, Urnes, Colonnes, Inscriptions, & autres Ouvrages antiques, tant Grecs que Romains, trouvés à Rome; assemblés, & apportés en France par feu M. le Cardinal de Polignac, Paris 1742.

Euler 1897/1898

Euler, Carl: Erinnerungen an Kaiser Wilhelm I., den Großen. Aus einem Vortrag gehalten am 17.3.1897, in: Brandenburgia, 6, 1897/1898, S 44–48.

Euler, 1986

Leonhardi Euleri Opera Omnia, Serie 4 A, Bd. 6: Correspondance de Leonhard Euler Avec P.-L. M. De Maupertuis et Frederic II, Basel 1986.

Externbrink, 2006

Externbrink, Sven: Friedrich der Große, Maria Theresia und das Alte Reich. Deutschlandbild und Diplomatie Frankreichs im Siebenjährigen Krieg, Berlin 2006.

Externbrink, 2011

Der Siebenjährige Krieg (1756–1763). Ein europäischer Weltkrieg im Zeitalter der Aufklärung, hrsg. von Sven Externbrink, Berlin 2011.

Eyssenhardt, 1886

Berlin im Jahre 1786. Schilderungen von Zeitgenossen, hrsg. von Franz Eyssenhardt, Leipzig 1886.

F

Faber, 1853

Faber, Friedrich: Conversations-Lexikon für Bildende Kunst, Bd. 6, Leipzig 1853.

Falcke, 2006

Falcke, Jeannette: Studien zum Geschenkwesen am brandenburgisch-preußischen Hof im 17. und 18. Jahrhundert, Berlin 2006 (Quellen und Forschungen zur Brandenburgischen und Preußischen Geschichte, 31).

Falke, 1913

Falke, Otto von: Kunstgeschichte der Seidenweberei, 2 Bde., Berlin 1913.

Fébilien, 1663

Félibien, André: Les Reines de Perse aux pieds d'Alexandre. Peinture du cabinet du Roy, Paris 1663.

Fehrenbach, 1969

Fehrenbach, Elisabeth: Wandlungen des Kaisergedankens 1871–1918, München 1969.

Feiner, 2007

Feiner, Shemu'el: Haskala – Jüdische Aufklärung. Geschichte einer kulturellen Revolution, Hildesheim / Zürich / New York 2007.

Fellmann, 2007

Fellmann, Emil A.: Leonhard Euler, Basel / Boston / Berlin 2007.

Fendt, 2012

Fendt, Astrid: Die Skulpturenergänzungen in der Berliner Antikensammlung des 19. Jahrhunderts, Berlin / New York 2012 (Reihe Transformationen der Antike, 22).

Fest, 1976

Fest, Joachim C.: Hitler. Eine Biographie, 2 Bde., Frankfurt am Main / Berlin / Wien 1976.

Fetscher, 1985

Fetscher, Iring: Politisches Denken im Frankreich des 18. Jahrhunderts vor der Revolution, in: Pipers Handbuch der politischen Ideen, hrsg. von Iring Fetcher / Herfried Münkler, Bd. 3, München 1985.

Fetting, 1955

Fetting, Hugo: Die Geschichte der Deutschen Staatsoper, Berlin 1955.

Feuerstein-Praßer, 2006

Feuerstein-Praßer, Karin: Friedrich der Große und seine Schwestern, Regensburg 2006.

Feulner, 1980

Feulner, Adolf: Kunstgeschichte des Möbels, bearb. von Dieter Alfter, Frankfurt am Main / Berlin / München 1980.

Fiedler, 1986

Fiedler, Siegfried: Kriegswesen und Kriegführung im Zeitalter der Kabinettskriege, Koblenz 1986 (Heerwesen der Neuzeit, Abt. II, Bd. 3).

Fink, 1997

Fink, Gonthier-Louis: Friedrich der Große, ein klassizistischer Dichter im Spiegel seiner (französischen) Oden, in: Fridericianische Miniaturen, 4, hrsg. von Jürgen Ziechmann, Bremen 1997 (Forschungen und Studien zur Fridericianischen Zeit, 5), S. 108–128 u. 270–275.

Foerster, 1923

Foerster, Charles: Das Neue Palais bei Potsdam, Berlin 1923.

Fohrmann, 2007

Fohrmann, Jürgen: Der Ruhm des Königs. Über die Herstellung eines Mythos und seine medialen Bedingungen, in: »Krieg ist mein Lied«. Der Siebenjährige Krieg in den zeitgenössischen Medien, hrsg. von Wolfgang Adam / Holger Dainat, Göttingen 2007, S. 379–406.

Fontane, 1987

Fontane, Theodor: Wanderungen durch die Mark Brandenburg, Dritter Teil: Das Havelland, Berlin 1987.

Fontius, 1999

Fontius, Martin: Der Ort des »Roi philosophe« in der Aufklärung, in: Friedrich II. und die europäische Aufklärung, hrsg. von Martin Fontius, Berlin 1999 (Forschungen zur Brandenburgischen und Preußischen Geschichte, Beiheft 4), S. 9–27.

Fontius / Holzhey, 1996

Schweizer im Berlin des 18. Jahrhunderts, hrsg. von Martin Fontius / Helmut Holzhey, Berlin 1996 (Aufklärung und Europa. Beiträge zum 18. Jahrhundert).

Förster, 1830

Förster, Ernst: Untersuchungen über den Unterschied zwischen Genre und Historie, in: Kunstblatt, Nr. 68–71, Stuttgart / Tübingen 1830.

Förster, 1860

Förster, Ernst: Geschichte der deutschen Kunst. Fünfter Teil. Von 1820 bis zur Gegenwart, Leipzig 1860.

Fraenkel, 2006

Fraenkel, Daniel: Norden / Norderney, in: Historisches Handbuch der jüdischen Gemeinden in Niedersachsen und Bremen, hrsg. von Herbert Obenaus, Bd. 2, 2006.

Frank, 2005

Frank, Christoph: Der friderizianische Kunsttransfer nach Russland. Zur Bedeutung Rembrandts und Georg Friedrich Schmidts, in: Geist und Macht. Friedrich der Große im Kontext der europäischen Kulturgeschichte, hrsg. von Brunhilde Wehinger, Berlin 2005, S. 246–270.

Frankl, 1960

Frankl, Paul: The Gothic. Literary Sources and Interpretations through Eight Centuries, Princeton 1960.

Frenzel, 1959

Frenzel, Herbert A.: Brandenburgisch-Preußische Schlosstheater. Spielorte und Spielformen vom 17. bis zum 19. Jahrhundert, Berlin 1959.

Freund, 1912

Freund, Ismar: Die Emanzipation der Juden in Preußen unter besonderer Berücksichtigung des Gesetzes vom 11. März 1812. Ein Beitrag zur Rechtsgeschichte der Juden in Preußen, 2 Bde., Berlin 1912.

Friedländer, 1880

Friedländer, Max J.: Die Königlichen Kunst- und Alterthums-Sammlungen bis zum Jahre 1830, in: Zur Geschichte der königlichen Museen in Berlin. Festschrift zur Feier ihres fünfzigjährigen Bestehens am 3. August 1880, Berlin 1880, S. 1–31.

Friedrich, 1988

Friedrich, Gerhard: Fontanes preußische Welt. Armee – Dynastie – Staat, Herford 1988.

Friedrich, 2003

Friedrich, Hans Edwin: »Es lebe unser Fritze!« Die Instrumentalisierung Friedrichs II. im Preußenfilm der dreißiger und vierziger Jahre, in: Das achtzehnte Jahrhundert, 27/1, 2003, S. 22–42.

Friedrich der Große, 1922

Friedrich der Große: Der Antimachiavell. Aus dem Französischen von Friedrich von Oppeln-Bronikowski, Jena 1922.

Frigo, 2009

Frigo, Gian Franco: Algarotti, Descartes und Newton. Der Streit um die neue Wissenschaftsmethodik, in: Francesco Algarotti. Ein philosophischer Hofmann im Zeitalter der Aufklärung, hrsg. von Hans Schumacher/Brunhilde Wehinger, Saarbrücken 2009 (Aufklärung und Moderne, 16), S. 17–33.

Frischer, 1995

Frischer, Bernard D.: Horazens Sabiner Villa. Dichtung und Wahrheit, in: Römische Lebenskunst, hrsg. von Géza Alföldy, Heidelberg 1995, S. 31–45.

Fuchs/Trakulhun, 2003

Fuchs, Thomas/Trakulhun, Sven: Kulturtransfer in der Frühen Neuzeit. Europa und die Welt, in: Das eine Europa und die Vielfalt der Kulturen. Kulturtransfer in Europa 1500–1800, hrsg. von Thomas Fuchs/Sven Trakulhun, Berlin 2003, S. 7–24.

Fürst, 1843

Fürst, J.: Zur Würdigung eines Künstlerausspruchs über drei Gemälde der Berliner Ausstellung, Berlin 1843.

Fürstenau, 1971

Fürstenau, Moritz: Zur Geschichte der Musik und des Theaters am Hofe zu Dresden, hrsg. von Wolfgang Reich, Leipzig 1971 (fotomech. Nachdruck der zweibändigen Originalausgabe Dresden 1861–1862).

Füssel, 2003

Füssel, Marian: Die Rückkehr des Subjekts in der Kulturgeschichte. Beobachtungen aus praxeologischer Perspektive, in: Historisierte Subjekte – Subjektivierte Historie. Zur Verfügbarkeit und Unverfügbarkeit von Geschichte, hrsg. von Stefan Deines/Stephan Jaeger/Ansgar Nünning, Berlin 2003, S. 141–159.

Füssel, 2009

Füssel, Marian: Das Undarstellbare darstellen. Das Bild der Schlacht im 18. Jahrhundert am Beispiel Zorndorf (1758), in: Kriegs-Bilder in Mittelalter und Früher Neuzeit, hrsg. von Gabriela Signori/Birgit Emich, Berlin 2009 (ZHF, Beiheft 4), S. 317–349.

Füssel, 2010a

Füssel, Marian: Der Siebenjährige Krieg. Ein Weltkrieg im 18. Jahrhundert, München 2010.

Füssel, 2010b

Füssel, Marian: Zwischen Kriegserfahrung und Heldenmythos. Ewald von Kleist und die Schlacht von Kunersdorf am 12. August 1759, in: Ewald von Kleist, hrsg. von Lothar Jordan, Würzburg 2010 (Beiträge zur Kleist Forschung, 22).

Füssel, 2011

Füssel, Marian: Zwischen lokalem Gedächtnis und kollektivem Vergessen. Der Siebenjährige Krieg in der Erinnerungskultur der Bundesrepublik Deutschland, in: Frühe Neuzeit und Befreiungskriege in den Erinnerungskulturen von Nationalsozialismus, DDR und Bundesrepublik 1933–1989, hrsg. von Jutta Nowosadtko, Stuttgart 2011 (Beihefte zu den Historischen Mitteilungen der Ranke-Gesellschaft) (im Druck).

G

Gaethgens, 1984

Gaehtgens, Thomas W.: Versailles als Nationaldenkmal. Die Galerie des batailles im Musée historique von Louis Philippe, Antwerpen 1984.

Gall, 1980

Gall, Lothar: Bismarck. Der weiße Revolutionär, Frankfurt am Main/Berlin/Wien 1980.

Galland, 1893

Galland, Georg: Der Große Kurfürst und Moritz von Nassau der Brasilianer, Frankfurt am Main 1893.

Gandt, 2001

Cirey dans la vie intellectuelle. La réception de Newton en France, hrsg. von François de Gandt, Oxford 2001 (Studies on Voltaire and the eighteenth century, 11).

Gaxotte, 1973

Gaxotte, Pierre: Friedrich der Große. Mit 130 Bilddokumenten, Frankfurt am Main/Berlin/Wien 1973.

Gedanken und Erinnerungen, 1932

Bismarck, Otto von: Gedanken und Erinnerungen, hrsg. von Gerhard Ritter / Rudolf Stadelmann, Berlin 1932 (Friedrichsruher Ausgabe, Bd. 13).

Geiger, 1871

Geiger, Ludwig: Geschichte der Juden in Berlin. Festschrift zur zweiten Säkularfeier, 2 Bde., Berlin 1871.

Geismeier, 1993

Geismeier, Willi: Daniel Chodowiecki, Leipzig 1993.

Gembruch, 1988

Gembruch, Werner: Prinz Heinrich von Preußen, Bruder Friedrichs des Großen, in: Persönlichkeiten im Umkreis Friedrichs des Großen, hrsg. von Johannes Kunisch, Köln / Wien 1988 (Neue Forschungen zur Brandenburg-Preußischen Geschichte, 9), S. 89−120.

Geppert, 2008

Geppert, Dominik: Wilhelm II., der erste deutsche Medienkaiser Novemberstürmisch: Die »Daily Telegraph«-Affäre, in: Frankfurter Allgemeine Zeitung, 27.10.2008.

Gerhard, 1994

Gerhard, Anselm: Republikanische Zustände – Der tragico fine in den Dramen Metastasios, in: Zwischen Opera buffa und Melodrama. Italienische Oper im 18. und 19. Jahrhundert, hrsg. von Jürgen Maehder / Jürgen Stenzl, Frankfurt am Main u. a. 1994 (Perspektiven der Opernforschung, 1), S. 27−65.

Germania−Zeitung für das Deutsche Volk, 1897.

Gervinus, 1838

Gervinus, Georg Gottfried: Ueber die Historische Grösse (1832), in: Gervininus, Georg Gottfried: Historische Schriften, Bd. 7, Karlsruhe 1838, S. 137−160.

Gerwarth, 2007

Gerwarth, Robert: Der Bismarck-Mythos. Die Deutschen und der eiserne Kanzler, München 2007.

Ghayegh-Pisheh, 2000

Ghayegh-Pisheh, Kohra: Sophie Charlotte von Preußen: Eine Königin und ihre Zeit, Stuttgart 2000.

Gier, 1998

Gier, Albert: Das Libretto. Theorie und Geschichte einer literarischen Gattung, Darmstadt 1998.

Giersberg, 1981

Giersberg, Hans-Joachim: Zur neugotischen Architektur in Berlin und Potsdam, in: Studien zur deutschen Kunst und Architektur um 1800, hrsg. von Peter Betthausen, Dresden 1981.

Giersberg, 1986

Giersberg, Hans-Joachim: Friedrich als Bauherr: Studien zur Architektur des 18. Jahrhunderts in Berlin und Potsdam, Berlin 1986.

Giersberg, 1992

Giersberg, Hans-Joachim: Die Bauten Friedrichs des Großen, in: Ausst.-Kat. Friedrich der Große, 1992, S. 52−82.

Giersberg, 1998

Giersberg, Hans-Joachim: Das Potsdamer Stadtschloß, Berlin 1998.

Giersberg, 2001

Giersberg, Hans-Joachim: Friedrich als Bauherr. Studien zur Architektur des 18. Jahrhunderts in Berlin und Potsdam, Berlin 2001 (unveränd. Nachdruck der Ausgabe Berlin 1986).

Giersberg, 2005

Giersberg, Hans-Joachim: Schloss Sanssouci und die Wohnungen Friedrichs des Großen, in: Schloss Sanssouci. Die Sommerresidenz Friedrichs des Großen, hrsg. von Hans-Joachim Giersberg / Hillert Ibbeken, Berlin 2005, S. 7−89.

Gilcher-Holtey, 2007

Gilcher-Holtey, Ingrid: Eingreifendes Denken. Die Wirkungschancen von Intellektuellen, Göttingen 2007.

Glaab, 2008

Glaab, Sonja: Wilhelm II. und die Presse. Ein Medienkaiser in seinem Element, in: Publizistik, Heft 2, 53, 2008, S. 200−214.

Goethe, 1997

Goethe, Johann Wolfgang von: Sämtliche Werke, Briefe, Tagebücher und Gespräche, hrsg. von Friedmar Apel / Hendrik Birus, Bd. 29, Frankfurt am Main 1997.

Goldhan, 1992

Goldhan, Wolfgang: Die Musik unter Friedrich dem Großen, in: Ausst.-Kat. Friedrich der Große, 1992, S. 355−362.

Gooch, 1951

Gooch, George Peabody: Friedrich der Große. Herrscher, Schriftsteller, Mensch, Göttingen 1951.

Goodman, 1986

Goodman, Dena: Pigalle's ›Voltaire nu‹: the Republic of Letters Represents Itself to the World, in: Representations, 16, 1986, S. 86−109.

Göse, 1994

Göse, Frank: Ein altmärkischer Amtsträger zwischen Staatsdienst und Ständetum. Levin Friedrich von Bismarck auf Briest (1703−1774), in: Jahrbuch für brandenburgische Landesgeschichte, 45, 1994, S. 97−117.

Göse, 2005

Göse, Frank: Rittergut – Garnison – Residenz. Studien zur Sozialstruktur und politischen Wirksamkeit des brandenburgischen Adels 1648−1763, Berlin 2005 (Veröffentlichungen des Brandenburgischen Landeshauptarchives, 51).

Göse, 2007

Göse, Frank: Der König und das Land, in: Friedrich300-Colloquien, Friedrich der Große − eine perspektivische Bestandsaufnahme, 2007, URL: http://www.perspectivia.net/content/publikationen/friedrich300-colloquien/friedrich-bestandsaufnahme/goese_land<18.05.2009>.

Graf, 1997

Graf, Henriette: Ein Boullezimmer von 1855. Der Thésalon Königin Sophies im Paleis Noordeinde in Den Haag, in: Weltkunst, 4, 1997, S. 287–289.

Graf, 1999a

Graf, Henriette: Der »Ovale Salon mit Balcon« der Großherzogin Luise von Baden in Schloß Karlsruhe und das Schlafzimmer Fürstin Margaretes in Schloß St. Emmeram in Regensburg, in: Weltkunst, 6, 1999, S. 1113–1115.

Graf, 1999b

Graf, Henriette: Das »Boullezimmer« in der Potsdamer Orangerie von König Friedrich Wilhelm IV., in: Weltkunst, 13, 1999, S. 2207–2209.

Grassinger, 2007

Grassinger, Dagmar: ›Grüner Cäsar‹, in: Antikensammlung. Altes Museum und Pergamonmuseum. Staatliche Museen Preußischer Kulturbesitz, hrsg. von Andreas Scholl / Gertrud Platz-Horster, 3., vollst. überarbeitete und erweiterte Aufl., Mainz 2007.

Grau, 1993

Grau, Conrad: Die Preußische Akademie der Wissenschaften zu Berlin. Eine deutsche Gelehrtengesellschaft in drei Jahrhunderten, Heidelberg / Berlin / Oxford 1993.

Grauert, 1892

Grauert, Hermann: Zur deutschen Kaisersage, in: Historisches Jahrbuch der Görresgesellschaft, 13, 1892, S. 100–102.

Die Grenzboten, 1852.

Grimm / Diderot, 1812

Grimm, Friedrich Melchior / Diderot, Denis: Correspondance littéraire, philosophique et critique, adressée à un souverain dans d'Allemagne, Bd. 1, Paris 1812.

Groehler, 2001

Groehler, Olaf: Das Heerwesen in Brandenburg und Preußen von 1640 bis 1806, Berlin 2001.

Gröschel, 1979

Gröschel, Sepp-Gustav: Die Gemmensammlung Berlins bis zu Friedrich dem Großen, in: Aust.-Kat. Berlin und die Antike, 1979, S. 52–66.

Gröschel, 1982

Gröschel, Sepp-Gustav: Lorenz Beger, Thesaurus Brandenburgicus selectus III. Archäologie am Hofe Friedrichs, in: Jahrbuch der Berliner Museen, 24, 1982, S. 227–245.

Gröschel, 2009

Gröschel, Sepp-Gustav: Die Anfänge der Antikensammlung unter Kurfürst Friedrich Wilhelm von Brandenburg bis zu König Friedrich Wilhelm I., in: Kat. Antiken I, 2009, S. 15–22.

Grosse / Jung, 1972

Briefwechsel. Sämtliche erreichbare Briefe von und an Telemann, hrsg. von Hans Grosse / Hans Rudolf Jung, Leipzig 1972.

Grossmann, 1905

Genealogie des Gesamthauses Hohenzollern, hrsg. von Julius Grossmann, Berlin 1905.

Große, 1859

Große, Julius: Die deutsche allgemeine und historische Kunst-Ausstellung zu München im Jahre 1858, München 1859.

Gumbrecht / Reichardt, 1985–2000

Gumbrecht, Hans Ulrich / Reichardt, Rolf: ›Philosophe‹, ›Philosophie‹, in: Handbuch politisch-sozialer Grundbegriffe in Frankreich 1680–1820, hrsg. von Rolf Reichardt / Hans-Jürgen Lüsebrink, 20 Bde., München 1985–2000 (Ancien Régime, Aufklärung und Revolution, 10), S. 7–88.

Günzel, 2005

Günzel, Klaus: Der König und die Kaiserin. Friedrich II. und Maria Theresia, Düsseldorf 2005.

Gurlitt, 1907

Gurlitt, Cornelius: Die deutsche Kunst des 19. Jahrhunderts, Berlin 1907.

H

Habert / Milanovic, 2004

Habert, Jean-Pierre / Milanovic, Nicolas: Charles Le Brun contre Véronèse: la ›Famille de Darius‹ et les ›Pèlerins d'Emmaüs‹ au château de Versailles, in: La revue des musées de France: Revue du Louvre, Paris, 54, 2004, S. 63–72.

Hagemann, 2002

Hagemann, Karen: »Mannlicher Muth und Teutsche Ehre«: Nation, Militär und Geschlecht zur Zeit der Antinapoleonischen Kriege, Paderborn u. a. 2002.

Hahlweg, 1980

Vom Kriege. Hinterlassenes Werk des Generals Carl von Clausewitz. Vollständige Ausgabe im Urtext, drei Teile in einem Band, hrsg. von Werner Hahlweg, Bonn 1980.

Hahn, 2000

Hahn, Peter-Michael: Neuzeitliche Adelskultur in der Provinz Brandenburg, in: Kommentierte Ausgabe der Edition von Alexander Duncker, hrsg. von Peter-Michael Hahn / Hellmut Lorenz, Berlin 2000, S. 19–57.

Hahn, 2007

Hahn, Peter-Michael: Friedrich der Große und die deutsche Nation. Geschichte als politisches Argument, Stuttgart 2007.

Halama, 2005

Halama, Walter: Autonomie oder staatliche Kontrolle. Ansiedlung, Heirat und Hausbesitz von Juden im Fürstentum Halberstadt und in der Grafschaft Hohenstein (1650–1800), Bochum 2005.

Hall, 1975

Hall, Alfred Rupert: Newton in France, a New View, in: History of Science, 13, 1975, S. 233–250.

Harden, 1896

Harden, Maximilian: Das Deutsche Reich, in: Die Zukunft, 14, 1896, S. 107–108.

Hardtwig, 1990

Hardtwig, Wolfgang: Geschichtskultur und Wissenschaft, München 1990.

Harnack, 1900

Harnack, Adolf: Geschichte der Königlich Preußischen Akademie der Wissenschaften zu Berlin, 3 Bde., Berlin 1900.

Hartau, 1984

Hartau, Johannes: Don Quijotes Ästhetische Feldzüge. Das Erinnerungsblatt von Menzel und Hosemann aus dem Jahre 1834, in: Idea. Jahrbuch der Hamburger Kunsthalle, 3, 1984, S. 97–120.

Härter, 2007

Härter, Karl: Zur Stellung der Juden im frühneuzeitlichen Strafrecht. Gesetzgebung, Rechtswissenschaft und Justizpraxis, in: Juden im Recht. Neue Zugänge zur Rechtsgeschichte der Juden im Alten Reich, hrsg. von Andreas Gotzmann/Stephan Wendehorst, Berlin 2007, S. 347–379.

Häseler, 2005

Häseler, Jens: Friedrich II. von Preußen – oder wie viel Wissenschaft verträgt höfische Kultur?, in: Geist und Macht. Friedrich der Große im Kontext der europäischen Kulturgeschichte, hrsg. von Brunhilde Wehinger, Berlin 2005, S. 73–82.

Hegel, 1977

Hegel, Georg Wilhelm Friedrich: Ästhetik, Bd. 1, Stuttgart 1977.

Hegemann, 1925

Hegemann, Werner: Fridericus oder das Königsopfer, Hellerau 1925.

Heil, 2002

Heil, Johannes: Bedingte Toleranz. Der preußische Staat und die Juden, in: Preußens Toleranz. Zur Integration von Minderheiten in Geschichte und Gegenwart, hrsg. von Michael Drechsler, Berlin 2002, S. 75–88.

Heilmeyer, 2005

Heilmeyer, Wolf-Dieter: Die Erstaufstellung der Skulpturen im Alten Museum, in: Jahrbuch der Berliner Museen, 47, 2005, S. 9–43.

Hein, 1914

Briefe Friedrichs des Großen, hrsg. von Max Hein, 2 Bde., Berlin 1914.

Heinrich, 1965

Heinrich, Gerd: Der Adel in Brandenburg-Preußen, in: Deutscher Adel 1555–1740, hrsg. von Hellmuth Rössler, Darmstadt 1965, S. 259–314.

Heinrich, 2009

Heinrich, Gerd: Friedrich II. von Preußen. Leistung und Leben eines großen Königs, Berlin 2009.

Heinrich, 2004

Heinrich, Gerda: »…man sollte itzt beständig das Publikum über diese Materie en haleine halten.« Die Debatte um »bürgerliche Verbesserung der Juden« 1781–1786, in: Appell an das Publikum. Die öffentliche Debatte in der deutschen Aufklärung 1687–1796, hrsg. von Ursula Goldenbaum, Berlin 2004, S. 813–887.

Hellmuth, 1996

Hellmuth, Eckhart: Der Staat des 18. Jahrhunderts: England und Preußen im Vergleich, in: Aufklärung, 9, 1996, S. 5–24.

Hellmuth, 1998

Hellmuth, Eckhart: Die »Wiedergeburt« Friedrichs des Großen und der »Tod fürs Vaterland«. Zum patriotischen Selbstverständnis in Preußen in der zweiten Hälfte des 18. Jahrhunderts, in: Aufklärung, 10/2, 1998, S. 23–54.

Helm, 1960

Helm, Ernest Eugene: Music at the court of Frederick the Great, Norman 1960.

Helm/McCulloch, 2001

Helm, Ernest Eugene/McCulloch, Derek: »Frederick II.«, in: The New Grove Dictionary of Music and Musicians, hrsg. von George Grove/Stanley Sadie, Bd. 9, 2. Aufl., London 2001.

Henckel von Donnersmarck, 1814

Henckel von Donnersmarck, Leo Felix Victor: Darstellung der bürgerlichen Verhältnisse der Juden im Preußischen Staate unmittelbar vor dem Edikt vom 11ten März 1812, Leipzig 1814.

Hengerer, 2004

Hengerer, Mark: Kaiserhof und Adel in der Mitte des 17. Jahrhunderts. Eine Kommunikationsgeschichte der Macht in der Vormoderne, Konstanz 2004 (Historische Kulturwissenschaft, 3), S. 78–152.

Henning/Henning, 1988

Henning, Herzeleide/Henning, Eckart: Bibliographie Friedrich der Große 1786–1986. Das Schrifttum des deutschen Sprachraums und der Übersetzungen aus Fremdsprachen, Berlin/New York 1988.

Henze-Döring, 2000

Henze-Döring, Sabine: Kunst als Medium dynastischer Grenzziehung. Italienische Opern an deutschen Residenzen, in: Musikkonzepte – Konzepte der Musikwissenschaft. Bericht über den Internationalen Kongress der Gesellschaft für Musikforschung in Halle (Saale), 1998, hrsg. von Kathrin Eberl/Wolfgang Ruf, Bd. 1, Kassel u. a. 2000, S. 161–171.

Henzel, 1994

Henzel, Christoph: Die italienische Hofoper in Berlin um 1800. Vincenzo Righini als preußischer Hofkapellmeister, Stuttgart/Weimar 1994.

Henzel, 1997

Henzel, Christoph: Zu den Aufführungen der großen Oper Friedrichs II. von Preußen 1740–1756, in: Jahrbuch des Staatlichen Instituts für Musikforschung Preußischer Kulturbesitz, 1997, S. 47–53.

Henzel, 1999a

Henzel, Christoph: Carl Friedrich Christian Fasch als Hofmusiker, in: Carl Friedrich Christian Fasch (1736–1800) und das Berliner Musikleben seiner Zeit. Bericht über die Internationale Wissenschaftliche Konferenz am 16. und 17. April 1999 im Rahmen der 6. Internationalen Fasch-Tage in Zerbst, hrsg. von der Internationalen Fasch-Gesellschaft e. V. Zerbst, Dessau 1999 (Fasch-Studien, 7), S. 72–80.

Henzel, 1999b

Henzel, Christoph: Die Schatulle Friedrichs II. von Preußen und die Hofmusik, Teil 1, in: Jahrbuch des Staatlichen Instituts für Musikforschung Preußischer Kulturbesitz, 1999, S. 36–66.

Henzel, 2000

Henzel, Christoph: Die Schatulle Friedrichs II. von Preußen und die Hofmusik, Teil 2, in: Jahrbuch des Staatlichen Instituts für Musikforschung Preußischer Kulturbesitz, 2000, S. 175–209.

Henzel, 2002

Henzel, Christoph: Friedrich II., Friedrich der Große, in: Die Musik in Geschichte und Gegenwart, hrsg. von Ludwig Finscher, Personenteil 7, 2. Aufl., Kassel 2002, S. 138–144.

Henzel, 2003

Henzel, Christoph: Agricola und andere Berliner Komponisten im Notenarchiv der Singakademie zu Berlin, in: Jahrbuch des Staatlichen Instituts für Musikforschung Preußischer Kulturbesitz, 2003, S. 31–98.

Henzel, 2007

Henzel, Christoph: »Puoi veder, se madre io sono, dall' acerbo mio dolor.« Mütterrollen in der friederizianischen Oper, in: Italian Opera in Central Europe 1614–1780, hrsg. von Norbert Dubowy/Corinna Herr/Alina Zorawska-Witkowska, Bd. 3: Opera Subjects and European Relationships, Berlin 2007, S. 59–72.

Heres, 1977

Heres, Gerald: Die Anfänge der Berliner Antiken-Sammlung. Zur Geschichte des Antikenkabinetts 1640–1830, in: Forschungen und Berichte der Staatlichen Museen zu Berlin, 18, 1977, S. 93–130.

Heres, 1978

Heres, Gerald: Die Sammlung Bellori: Antikenbesitz eines Archäologen im 17. Jahrhundert, Warschau 1978 (Travaux du Centre d'Archéologie Méditerranéenne de l'Académie Polonaise des Sciences, 20).

Heres, 1986

Heres, Gerald: Friedrich II. als Antikensammler, in: Ausst.-Kat. Friedrich II. und die Kunst, 1986, S. 64–66.

Heres/Heres, 1980

Heres, Gerald/Heres, Huberta: Achill unter den Töchtern des Lykomedes. Zur Geschichte einer Statuengruppe, in: Forschungen und Berichte der Staatlichen Museen zu Berlin, 20/21, 1980, S. 105–146.

Heres, 1992

Heres, Huberta: Die Antikensammlung Friedrichs des Großen, in: Ausst.-Kat. Friedrich der Große, 1992, S. 84–86.

Herklotz, 1985

Herklotz, Renate: Die Opera seria und die Ideen der Aufklärung. Eine Untersuchung zum Menschenbild Metastasios, Leipzig 1985.

Herold, 1855

Herold, W.: Ueber die Stellung der bildenden Kunst in der Gegenwart, Halle 1855.

Herre, 1980

Herre, Franz: Kaiser Wilhelm I., der letzte Preuße, Köln 1980.

Herre, 1981

Herre, Franz: Kaiser Wilhelm I.: Der letzte Preuße und das Zweite Reich, in: DAMALS. Zeitschrift für Geschichtliches Wissen, 2, Februar 1981, S. 95–114.

Herzog von Braunschweig, 1765

Herzog von Braunschweig, Friedrich August: Réflexions Critiques sur le Caractère et les Actions d'Alexandre le Grand, Traduit de L'Italien, übersetzt von Jean Pierre Erman, Berlin 1765.

Hesse, 1976

Hesse, Reinhard: Probleme der Begründungen von »Historische Größe«. Ein Beitrag zur Kritik historischer Faktenkonstitution, in: Zeitschrift für allgemeine Wissenschaftstheorie, 7/1, 1976, S. 58–74.

Hintze, 1915

Hintze, Otto: Die Hohenzollern und ihr Werk. Fünfhundert Jahre vaterländischer Geschichte, Berlin 1915.

Hintze, 1916

Hintze, Otto: Die Hohenzollern und ihr Werk. Fünfhundert Jahre vaterländischer Geschichte, 7. Aufl., Berlin 1916.

Hintze, 1962

Hintze, Otto: Die Entstehung der modernen Staatsministerien: Eine vergleichende Studie, in: Staat und Verfassung. Gesammelte Abhandlungen zur Allgemeinen Verfassungsgeschichte, hrsg. von Gerhard Oestreich, Bd. 1, Göttingen 1962.

Hintze, 1967

Hintze, Otto: Der preussische Militär- und Beamtenstaat im 18. Jahrhundert, in: Regierung und Verwaltung. Gesammelte Abhandlungen zur Staats-, Rechts- und Sozialgeschichte Preussens von Otto Hintze, hrsg. von Gerhard Oestreich, Bd. 3, Göttingen 1967.

Hirschbiegel, 2004

Hirschbiegel, Jan: Hof als soziales System. Der Beitrag der Systemtheorie nach Niklas Luhmann für eine Theorie des Hofes, in: Hof und Theorie. Annäherung an ein historisches Phänomen, hrsg. von Reinhardt Butz / Jan Hirschbiegel / Dietmar Willoweit, Köln / Weimar / Wien 2004 (Norm und Struktur. Studien zum sozialen Wandel in Mittelalter und Früher Neuzeit, 22), S. 43–54.

Historische Nachricht, 1750
Historische Nachricht von denen Lustbarkeiten, welche der König, bei Gelegenheit der Ankunft J. Königlichen Hoheit und des Durchlauchtigsten Marggrafens von Brandenburg-Bayreuth, im Monate, August, 1750, zu Potsdam, zu Charlottenburg und zu Berlin angestellet hat, Berlin 1750.

Hochmuth, 1998
Hochmuth, Michael: Chronik der Dresdner Oper. Zahlen, Namen, Ereignisse, Hamburg 1998.

Hoeftmann / Noack, 1992
Potsdam in alten und neuen Reisebeschreibungen, hrsg. von Inge Hoeftmann / Waltraud Noack, Düsseldorf 1992.

Hoffmann, 1968
Hoffmann, Detlef: Die Karlsfresken Alfred Rethels, Freiburg im Breisgau 1968.

Hoffmann, 1927
Hoffmann, Tassilo: Jacob Abraham und Abraham Abramson: 55 Jahre Berliner Medaillenkunst 1755–1810, Frankfurt am Main 1927.

Hofmann, 1974
Hofmann, Werner: Das irdische Paradies, 2. Aufl., München 1974.

Hohkamp, 2007
Hohkamp, Michaela: Sisters, Aunts, and Cousins: Familial Architectures and the Political Field in Early Modern Europe, in: Kinship in Europe. Approaches to Long-Term Development (1300–1900), hrsg. von David W. Sabean, New York / Oxford 2007, S. 91–104.

Holbach, 1978
D'Holbach, Paul Thiry: System der Natur oder von den Gesetzen der physischen und der moralischen Welt, übersetzt von Fritz-Georg Voigt, Frankfurt am Main 1978.

Hölscher, 1978
Hölscher, Lucian: Öffentlichkeit, in: Geschichtliche Grundbegriffe, hrsg. von Otto Brunner / Werner Conze / Reinhart Koselleck, Bd. 4, Stuttgart 1978, S. 413–467.

Homer, 1979
Homer: Ilias, neue Übersetzung, Nachwort und Register von Roland Hampe, Stuttgart 1979.

Horaz, 1979a
Horaz: Carminum, Lateinisch und deutsch nach Kayser, Nordenflycht und Burger, hrsg. von Hans Färber, 8. Aufl., München 1979.

Horaz, 1979b
Horaz: Epistulae, Lateinisch und deutsch, übersetzt und bearb. von Hans Färber und Wilhelm Schöne, 8. Aufl., München 1979.

Hotho, 1842 / 1843
Hotho, Heinrich Gustav: Geschichte der deutschen und niederländischen Malerei, 2 Bde., Berlin 1842 / 1843.

Hubatsch, 1982
Hubatsch, Walther: Friedrich der Große und die preußische Verwaltung, Köln / Berlin 1982.

Huizinga, 1947
Huizinga, Johan: Historische Grösse. Eine Besinnung, in: Mein Weg zur Geschichte. Letzte Reden und Skizzen, hrsg. von Johan Huizinga, Klosterberg 1947, S. 61–72.

Hüneke, 1996a
Hüneke, Saskia: Der Skulpturenschmuck an der Bildergalerie, in: Die Bildergalerie in Sanssouci. Bauwerk, Sammlung und Restaurierung, hrsg. von der Generaldirektion der Stiftung Preußische Schlösser und Gärten Berlin-Brandenburg, Mailand 1996, S. 27–44.

Hüneke, 1996b
Hüneke, Saskia: Die Bildwerke im Innenraum, in: Die Bildergalerie in Sanssouci. Bauwerk, Sammlung und Restaurierung, hrsg. von der Generaldirektion der Stiftung Preußische Schlösser und Gärten Berlin-Brandenburg, Mailand 1996, S. 89–108.

Hüneke, 2009
Hüneke, Saskia: Die Sammlung Bayreuth, in: Kat. Antiken I, 2009, S. 329–333.

Huth, 1958
Huth, Hans: Friderizianische Möbel, Darmstadt 1958 (Wohnkunst und Hausrat – einst und jetzt, 32).

I

Iglsheimer, 1844
Iglsheimer, Ludwig: Die belgischen Bilder. Eine Parallele mit der Münchner Schule, in: Jahrbücher der Gegenwart, 2, 1844, S. 24–45.

J

Jacoby, 1808
Jacoby, Ludwig Daniel: Chodowiecki's Werke oder Verzeichnis sämtlicher Kupferstiche, welche der verstorbene Herr Daniel Chodowiecki, Direktor der Königl. Preuss. Academie der Künste von 1758 bis 1800 verfertigt, und nach der Zeitfolge geordnet hat, Berlin 1808.

Jagemann, 1789
Jagemann, C. J.: Nachrichten von dem Leben und den Werken des berühmten Malers Pompeo Batoni, in: Der Teutsche Merkur, 2, 1789, S. 177–205.

Jäger, 1976
Jäger, Georg: Der Realismusbegriff in der Kunstkritik, in: Realismus und Gründerzeit. Manifeste und Dokumente

zur deutschen Literatur 1848–1880, hrsg. von Werner Hahl / Georg Jäger, Bd. 1, Stuttgart 1976, S. 9–28.

Jähns, 1889–1891
Jähns, Max: Geschichte der Kriegswissenschaften, vornehmlich in Deutschland, 3 Bde., München / Leipzig 1889–1891.

Janda, 1957
Janda, Karl-Heinz: Daniel Chodowiecki als Sammler, in: Festschrift für Johannes Jahn zum XXII. November MCM-LVII, Leipzig 1957, S. 293–298.

Jany, 1923
Jany, Curt: Der Siebenjährige Krieg. Ein Schlusswort zum Generalstabswerk, in: Forschungen zur Brandenburgischen und Preußischen Geschichte, 35, 1923, S. 161–192.

Jauch, 1998
Jauch, Pia: Jenseits der Maschine. Philosophie, Ironie und Ästhetik bei Julien Offray de La Mettrie (1709–1751), München 1998.

Jensen, 1982
Jensen, Christian: Adolph Menzel, Köln 1982.

Jersch-Wenzel, 1978
Jersch-Wenzel, Stefi: Juden und »Franzosen« in der Wirtschaft des Raumes Berlin-Brandenburg zur Zeit des Merkantilismus, Berlin 1978.

Jessen, 2007
Jessen, Olaf: »Preußens Napoleon«? Ernst von Rüchel. Krieg im Zeitalter der Vernunft 1754–1823, Paderborn 2007.

Johanek / Lampen, 2009
Adventus. Studien zum herrscherlichen Einzug in die Stadt, hrsg. von Peter Johanek / Angelika Lampen, Köln 2009 (Städteforschung, 75).

Jolly, 2002
Jolly, Anna: Seidengewebe des 18. Jahrhunderts II: Naturalismus, Riggisberg 2002 (Die Textilsammlung der Abegg-Stiftung, 3).

Jolly, 2007
Jolly, Anna: A Group of Chinoiserie Silks with Woven Inscriptions, in: A Taste for the Exotic. Foreign Influences on Early Eighteenth-Century Silk Designs, hrsg. von Anna Jolly, Riggisberg 2007 (Riggisberger Berichte, 14), S. 115–126.

Jolly, 2001
Jolly, Bernard: Les théories du feu de Voltaire et de Mme Du Châtelet, in: Cirey dans la vie intellectuelle. La réception de Newton en France, hrsg. von Francois de Gandt, Oxford 2001 (Studies on Voltaire and the eighteenth century, 11), S. 212–238.

Juškevič / Winter, 1959
Die Berliner und die Petersburger Akademie der Wissenschaften im Briefwechsel Leonhard Eulers, hrsg. von Adolf P. Juškevič / Eduard Winter, Teil 1, Berlin 1959.

Jutzi, 2008
Jutzi, Volker: Vom Künstler zum Kunsthandwerker. Der Weg der grafischen Vorlagen für die Marketerien der Kunstschreiner: Verbreitung, Umsetzung und Übertragung der Vorlagen. Dipl. Arbeit HAWH Hildesheim / Holzminden 2008.

K

Kadatz, 1998
Kadatz, Hans-Joachim: Georg Wenceslaus von Knobelsdorff. Baumeister Friedrichs II., 3. Aufl., Berlin 1998, S. 125–134.

Kagarliski, 1989
Kagarliski, Julij: Shakespeare und Voltaire, Dresden 1989.

Kamphausen, 1952
Kamphausen, Alfred: Gotik ohne Gott. Ein Beitrag zur Deutung der Neugotik und des 19. Jahrhunderts, Tübingen 1952.

Kania, 1909
Kania, Hans: Architektur in Potsdam im 18. Jahrhundert, Berlin 1909.

Kania, 1926
Kania, Hans: Potsdamer Baukunst, Berlin 1926.

Kania, 1939
Kania, Hans: Äußerungen Friedrichs über seine Potsdamer Bauten, in: Mitteilungen des Vereins für die Geschichte Potsdams, N. F. III, 5, 1939, S. 266–268.

Kant, 1986
Kant, Immanuel: Beantwortung der Frage »Was ist Aufklärung?« vom 30. September 1784, in: Berlinische Monatsschrift (1783–1796), Auswahlband, hrsg. von Peter Weber / Friedrich Gedike / Johann Erich Biester, Leipzig 1986, S. 89–96.

Kapp, 1927
185 Jahre Staatsoper. Festschrift zur Wiedereröffnung des Opernhauses Unter den Linden, hrsg. von Julius Kapp, Berlin 1927.

Kat. Antiken I, 2009
Antiken I. Kurfürstliche und königliche Erwerbungen für die Schlösser und Gärten in Brandenburg-Preußen vom 17. bis zum 19. Jahrhundert, hrsg. von der Generaldirektion der Stiftung Preußische Schlösser und Gärten Berlin-Brandenburg, Berlin 2009 (Bestandskataloge der Kunstsammlungen der Stiftung Preußische Schlösser und Gärten Berlin-Brandenburg, Skulpturen).

Kat. Die Möbel der Residenz, 1995
Die Möbel der Residenz München, hrsg. von Gerhard Hojer / Hans Ottomeyer, Bd. 1, München 1995.

Kat. Furniture, 1996
The Wallace Collection. Catalogue of Furniture, Bd. 2, London 1996.

Kat. Neue Pinakothek, 1984

Bayerische Staatsgemäldesammlungen, Neue Pinakothek: Gemäldekatalog, Bd. 5: Spätromantik und Realismus, München 1984.

Kat. Seiden, 2012

Seiden des 18. Jahrhunderts, bearb. von Susanne Evers / Christa Zitzmann u. a., hrsg. vom Generaldirektor der Stiftung Preußische Schlösser und Gärten Berlin-Brandenburg, Berlin 2012 (Bestandskataloge der Kunstsammlungen der Stiftung Preußische Schlösser und Gärten Berlin-Brandenburg, Textilien) (erscheint 2012).

Kat. Stickereien, 2000

Stickereien, bearb. von Christiane Bergemann u. a., hrsg. von der Generaldirektion der Stiftung Preußische Schlösser und Gärten Berlin-Brandenburg, Berlin 2000 (Bestandskataloge der Kunstsammlungen der Stiftung Preußische Schlösser und Gärten Berlin-Brandenburg, Textilien).

Kathe, 1993

Kathe, Heinz: Preußen zwischen Mars und Musen. Eine Kulturgeschichte von 1100 bis 1920, München / Berlin 1993.

Kaufhold, 1994

Kaufhold, Karl Heinrich: Preußische Staatswirtschaft – Konzept und Realität – 1640–1806, in: Jahrbuch für Wirtschaftsgeschichte, 1994 / 2, S. 33–70.

Kaufhold / Wallbaum, 1998

Historische Statistik der preußischen Provinz Ostfriesland 1744–1806, hrsg. von Karl Heinrich Kaufhold / Uwe Aurich Wallbaum, 1998, S. 87–98.

Kaufmann, 1978

Kaufmann, Ruth: Political Themes and Motifs in French Painting of the Restoration Period, London 1978.

Keegan, 2007

Keegan, John: Das Antlitz des Krieges. Die Schlachten bei Azincourt 1415, Waterloo 1815 und an der Somme 1916, 2. Aufl., Frankfurt am Main 2007.

Keferstein, 2001

Keferstein, Martin: Untersuchung einer Kommode von Heinrich Wilhelm Spindler und Johann Melchior Kambly aus dem Oberen Konzertzimmer des Neuen Palais in Potsdam. Erstellung eines Restaurierungskonzepts und Restaurierung der Frontklappe. Diplomarbeit der Fachhochschule Potsdam, Fachbereich Konservierung von Holzobjekten, Potsdam 2001.

Keibel, 1901

Keibel, Rudolf: Die schräge Schlachtordnung in den ersten beiden Kriegen Friedrichs des Großen, in: Forschungen zur Brandenburgischen und Preußischen Geschichte, 14, 1901, S. 95–139.

Keisch, 1992

Keisch, Christiane: Friedrich der Große und sein Porzellan, in: Ausst.-Kat. Friedrich der Große, 1992, S. 298–328.

Keisch, 1997

Keisch, Christiane: Das große Silberbuffet aus dem Rittersaal des Berliner Schlosses, Berlin 1997 (Bestandskatalog des Kunstgewerbemuseums, 21).

Keisch, 1987

Keisch, Claude: Adolph Menzels ›Ansprache Friedrichs des Grossen an seine Generale vor der Schlacht bei Leuthen‹. Vermutungen über ein unvollendetes Meisterwerk, in: Forschungen und Berichte der Staatlichen Museen zu Berlin, 26, 1987, S. 259–282.

Keller, 2005

Keller, Katrin: Hofdamen. Amtsträgerinnen im Wiener Hofstaat des 17. Jahrhunderts, Wien / Köln / Weimar 2005.

Kerber, 2008

Kerber, Peter Björn: La precisione del momento: testo e contesto nella pittura di storia di Batoni, in: Pompeo Batoni 1708–1787. L'Europa delle Corti e il Grand Tour, hrsg. von Liliana Barroero / Fernando Mazzocca, Mailand 2008, S. 68–85.

Kessel, 2007

Kessel, Eberhard: Das Ende des Siebenjährigen Krieges 1760–1763, hrsg. von Thomas Lindner, Paderborn 2007, S. 941–947.

Kiesant, 2011

Kiesant, Silke: Im Spiegel der Zeit – Prunkuhren am brandenburg-preußischen Hof im 18. Jahrhundert, 2 Bde., masch. Diss. 2011.

King, 1996

King, Richard G.: Classical History and Handel's ›Alessandro‹, in: Music Letters, 77, 1996, S. 34–63.

Kister, 2001

Kister, Stefan: Text als Grab. Sepulkrales Gedenken in der deutschen Literatur um 1800, Bielefeld 2001.

Kittsteiner, 2001

Kittsteiner, Heinz Dieter: Das Komma von SANS, SOUCI. Ein Forschungsbericht, Heidelberg 2001.

Kitzig, 1926 / 1927

Kitzig, Berthold: Briefe Carl Heinrich Grauns, in: Zeitschrift für Musikwissenschaft, 9, 1926 / 1927, S. 385–405.

Klaußmann, 1897

Klaußmann, Oskar: Kaiser Wilhelm der Große. Ein Lebensbild des großen Kaisers in ernsten und heiteren Episoden, Minden 1897.

Klemm, 1983

Klemm, Friedrich: Geschichte der Technik, Reinbek 1983.

Klett, 1980

Klett, Ernst: Historische Größe, in: GWU, 31, 1980, S. 65–76.

Klopp, 1867

Klopp, Onno: Der König Friedrich II. und seine Politik, 2. Aufl., Schaffhausen 1867.

Klopstock, Abt. Werke

Klopstock, Friedrich Gottlieb: Die deutsche Gelehrtenrepublik, in: Klopstock, Friedrich Gottlieb: Werke und Briefe. Historisch-kritische Ausgabe, hrsg. von Horst Gronemeyer, 37 Bde. (weitere in Arbeit), Berlin / New York 1974 ff.

Klüppelholz, 1986

Klüppelholz, Heinz: Die Eroberung Mexikos aus preußischer Sicht. Zum Libretto der Oper Montezuma von Friedrich dem Großen, in: Die Oper als Text. Romanistische Beiträge zur Libretto-Forschung, hrsg. von Albert Gier, Heidelberg 1986 (Studia Romanica, 63), S. 65–94.

Klüppelholz, 1988

Klüppelholz, Heinz: Sulla, Cinna und das Libretto: Zur Oper Sylla von Friedrich II., in: Fridericianische Miniaturen, 1, hrsg. von Jürgen Ziechmann, Bremen 1988 (Forschungen und Studien zur Fridericianischen Zeit, 2), S. 131–146.

Knoche / Ritter-Santini, 2007

Die europäische République des lettres in der Zeit der Weimarer Klassik, hrsg. von Michael Knoche / Lea Ritter-Santini, Göttingen 2007.

Knoll, 1999

Knoll, Gerhard: Probleme eines Verzeichnisses der bis circa 1800 erschienenen Drucke von Werken Friedrichs II., in: Friedrich II. und die europäische Aufklärung, hrsg. von Martin Fontius, Berlin 1999 (Forschungen zur Brandenburgischen und Preußischen Geschichte, Beiheft 4), S. 87–102.

Knoll, 2005

Knoll, Gerhard: Friedrich der Große und die »vaterländischen Altertümer«, in: Geist und Macht. Friedrich der Große im Kontext der europäischen Kulturgeschichte, hrsg. von Brunhilde Wehinger, Berlin 2005, S. 91–95.

Knoll, 2008

Knoll, Gerhard: Die Werke Friedrichs des Großen, in: Friedrich300-Colloquien, Friedrich der Große – eine perspektivische Bestandsaufnahme, 2007, URL: http://www.perspectivia.net/content/publikationen/friedrich300-colloquien/friedrich-bestandsaufnahme/knoll_werke <16.12.2011>.

Kohl, 2007

Kohl, Katrin: Poetologische Metaphern. Formen und Funktionen in der deutschen Literatur, Berlin / New York 2007.

Kohl, 2008

Kohl, Katrin: Kulturstiftung durch Sprache. Rede und Schrift in der »Deutschen Gelehrtenrepublik«, in: Wort und Schrift – Das Werk Friedrich Gottlieb Klopstocks, hrsg. von Kevin Hilliard / Katrin Kohl, Tübingen 2008, S. 145–171.

Kohle, 2001

Kohle, Hubertus: Adolph Menzels Friedrichbilder. Theorie und Praxis der Geschichtsmalerei im Berlin der 1850er Jahre, München / Berlin 2001.

Kohlrausch, 2005

Kohlrausch, Martin: Der Monarch im Skandal. Die Logik der Massenmedien und die Transformation der wilhelminischen Monarchie, Berlin 2005.

Köhring, 1929

Köhring, Hans: Bibliographie der Almanache, Kalender und Taschenbücher für die Zeit von ca. 1750–1860, Hamburg 1929.

Kölnische Zeitung, 1897

Komander, 1995

Komander, Gerhild H. M.: Der Wandel des »Sehepuncktes«. Die Geschichte Brandenburg-Preußens in der Graphik von 1648–1810, Münster / Hamburg 1995, S. 250–347.

König, 1799

König, Anton Balthasar: Versuch einer Historischen Schilderung der Hauptveränderungen, der Religion, Sitten, Gewohnheiten, Künste, Wissenschaften etc. der Residenzstadt Berlin, Bd. 2, Berlin 1799.

König, 2007

König, Wolfgang: Wilhelm II. und die Moderne. Der Kaiser und die technisch-industrielle Welt, Paderborn u. a. 2007.

Konter, 1991

Konter, Erich: Das Berliner Schloß im Zeitalter des Absolutismus, Berlin 1991.

Kortmann, 2005

Kortmann, Mike: Der Siebenjährige Krieg als globaler Konflikt, in: Historische Mitteilungen der Ranke-Gesellschaft, 18, 2005, S. 58–71.

Korzus, 2008

Korzus, Bernhard: Neugotische Architekturen in deutschen Landschaftsgärten des Alten Reiches, in: Bagno – Neugotik – Le Rouge. Beiträge zur europäischen Gartenforschung aus dem Nachlass von Bernhard Korzus, 2008 (Mitteilungen der Pückler-Gesellschaft, N. F., Heft 23).

Koser, 1886

Koser, Reinhold: Friedrich der Große als Kronprinz, Stuttgart 1886.

Koser, 1898

Briefwechsel Friedrichs des Großen mit Grumbkow und Maupertuis, hrsg. von Reinhold Koser, Leipzig 1898 (Publikationen aus den Königlich Preußischen Staatsarchiven, 72).

Koser, 1903

Koser, Reinhold: Vom Berliner Hofe um 1750, in: Hohenzollern-Jahrbuch, 7, 1903, S. 1–37.

Koser, 1912–1914

Koser, Reinhold: Geschichte Friedrichs des Großen, 4 Bde., 4. u. 5. vermehrte Aufl., Stuttgart 1912–1914.

Koser, 1921

Koser, Reinhold: Geschichte Friedrichs des Großen, 6. / 7. Aufl., Bd. 1, Stuttgart / Berlin 1921.

Koser, 1963

Koser, Reinhold: Geschichte Friedrichs des Großen, 4 Bde., Darmstadt 1963 (Neudruck der Ausgabe 1893–1903).

Kraus, 2010
Kraus, Hans-Christof: Geschichtspolitik im Kaiserreich.
Wilhelm II. und der Streit um den fünften Band von
Treitschkes »Deutscher Geschichte«, in: Forschungen
zur Brandenburgischen und Preußischen Geschichte,
20, 2010, S. 73–91.

Krauss, 1963
Krauss, Werner: Über eine Kampfschrift der Aufklärung.
Der »Essai sur les Préjugés«, in: Studien zur deutschen
und französischen Aufklärung, hrsg. von Werner Krauss,
Berlin 1963 (Neue Beiträge zur Literaturwissenschaft,
16), S. 273–299.

Kreikenbom, 1998
Kreikenbom, Detlev: Die Aufstellung antiker Skulpturen
in Potsdam-Sanssouci unter Friedrich II., in: Wilhelmine
und Friedrich II. und die Antiken, hrsg. von Max Kunze,
Stendal 1998 (Schriften der Winckelmann-Gesellschaft,
XV), S. 43–98.

Kreisel / Himmelheber, 1983
Kreisel, Heinrich / Himmelheber, Georg: Die Kunst des
deutschen Möbels, Bd. 2: Spätbarock und Rokoko,
2. Aufl., München 1983.

Kreuzzeitung, 1852

Krieger, 2000
Krieger, Arndt: Moral und Geschichte – Die Oper Montezuma von Friedrich dem Großen, in: Der einsame Held,
hrsg. von Wilhelm G. Busse / Olaf Templin, Tübingen /
Basel 2000, S. 125–145.

Krieger, 1911
Krieger, Bogdan: Lektüre und Bibliotheken Friedrichs des
Großen. Erster Teil, in: Hohenzollern-Jahrbuch, 15, 1911,
S. 168–216.

Krieger, 1914
Krieger, Bogdan: Friedrich der Große und seine Bücher,
Berlin / Leipzig 1914.

Krockow, 1998
Krockow, Christian Graf von: Die preußischen Brüder.
Prinz Heinrich und Friedrich der Große. Ein Doppel-
portrait, München 1998.

Kroener, 2000
Kroener, Bernhard R.: »Den Krieg lernen«. Die Feldzüge
Friedrichs des Großen in der amtlichen Geschichtsschreibung des Kaiserreiches, in: Archivarbeit für Preußen,
hrsg. von Jürgen Kloosterhuis, Berlin 2000 (Veröffentlichungen aus den Archiven Preußischer Kulturbesitz,
Arbeitsberichte, 2), S. 303–313.

Kroener, 2001
Kroener, Bernhard R.: Die Geburt eines Mythos – die
»schiefe Schlachtordnung«. Leuthen, 5. Dezember 1757,
in: Schlachten der Weltgeschichte. Von Salamis bis Sinai,
hrsg. von Stig Förster / Markus Pöhlmann / Dierk Walter,
München 2001, S. 169–183.

Kroener, 2008
Kroener, Bernhard R.: Wirtschaft und Rüstung der europäischen Großmächte im Siebenjährigen Krieg. Überlegungen zu einem vergleichenden Ansatz, in: Kriegerische
Gewalt und militärische Präsenz in der Neuzeit. Ausgewählte Schriften, hrsg. von Ralf Pröve / Bruno Thoß,
Paderborn u. a. 2008, S. 215–240.

Kroll, 2001
Kroll, Frank-Lothar: Friedrich der Große, in: Deutsche
Erinnerungsorte, hrsg. von Etienne François / Hagen
Schulze, Bd. 3, München 2001, S. 620–635.

Kroll, 2006
Kroll, Stefan: Soldaten im 18. Jahrhundert zwischen
Friedensalltag und Kriegserfahrung. Lebenswelten und
Kultur in der kursächsischen Armee 1728–1796, Pader-
born u. a. 2006 (Krieg in der Geschichte, 26).

Krückmann, 1998
Krückmann, Peter O.: Das Bayreuth der Markgräfin
Wilhelmine, München / New York 1998.

Krüger, 1769
Krüger, Andreas Ludwig: Première partie des antiquités
dans la collection de Sa Majesté Le Roi de Prusse à Sanssouci, contenant douze planches d'après les plus beaux
bustes, demi-bustes et thermes, dessinées et gravées
par Kruger à Potsdam, Danzig 1769.

Krüger, 1772
Krüger, Andreas Ludwig: Seconde Partie des Antiquités
dans la collection de sa Majesté le Roi de Prusse à
Sanssouci, contenant douze planches d'après les
beaux bustes et demi-bustes placées dans la Grande
Gallerie des tableaux, autre fois dans la collection de
Son Eminence Monseign. Le Cardinal de Polignac à
Paris. Dessinées et gravées par L. Krüger, à Potsdam,
Danzig 1772.

Krüger, 1958
Krüger, Horst: Zur Geschichte der Manufakturen und der
Manufakturarbeiter in Preußen. Die mittleren Provinzen
in der zweiten Hälfte des 18. Jahrhunderts, Berlin (Ost)
1958.

Krüger, 1993
Krüger, Kurt: Gustav Adolph Graf von Gotter. Leben in
galanter Zeit, Erfurt 1993.

Krünitz, 1811
Oekonomisch-technologische Encyklopädie oder allgemeines System der Staats-, Stadt-, Haus- und Landwirth-
schaft in alphabetischer Ordnung, hrsg. von Johann
Georg Krünitz, Bd. 117, Berlin 1811.

Kugler, 1897
Kugler, Bernhard von: Deutschlands grösster Held!
1797–1897. Jubelausgabe zur 100jährigen Gedächtnis-
feier des Geburtstages weil. Sr. Majestät Kaiser Wilhelm I.,
Dresden 1897.

Kugler, 1838

Kugler, Franz Theodor: Beschreibung der in der Königl. Kunstkammer zu Berlin vorhandenen Kunst-Sammlung, Berlin 1838.

Kugler, 1840

Kugler, Franz Theodor: Geschichte Friedrichs des Großen. Geschrieben von Franz Kugler. Gezeichnet von Adolph Menzel, Leipzig 1840.

Kugler, 1977

Kugler, Franz Theodor: Geschichte Friedrichs des Großen, Dortmund 1977 (Neudruck der Ausgabe Leipzig 1856).

Kühn, 1970

Kühn, Margarete: Schloss Charlottenburg, Text- und Tafelband, Berlin 1970 (Die Bauwerke und Kunstdenkmäler von Berlin, Charlottenburg, 1), S. 105–124.

Kühn, 1979

Kühn, Margarete: Zum Antikenverständnis am Berliner Hof von Kurfürst Joachim II. bis zu König Friedrich dem Großen, in: Aust.-Kat. Berlin und die Antike, 1979, S. 23–42.

Kunisch, 1979

Kunisch, Johannes: Staatsverfassung und Mächtepolitik. Zur Genese von Staatenkonflikten im Zeitalter des Absolutismus, Berlin 1979.

Kunisch, 1988

Kunisch, Johannes: Friedrich der Große, Friedrich Wilhelm II. und das Problem der dynastischen Kontinuität im Hause Hohenzollern, in: Persönlichkeiten im Umkreis Friedrichs des Großen, hrsg. von Johannes Kunisch, Köln / Weimar / Wien 1988 (Neue Forschungen zur brandenburg-preußischen Geschichte, 9), S. 1–27.

Kunisch, 1992

Kunisch, Johannes: Feldmarschall Loudon oder das Soldatenglück, in: Fürst – Gesellschaft – Krieg. Studien zur bellizistischen Disposition des absoluten Fürstenstaats, hrsg. von Johannes Kunisch, Köln / Weimar / Wien 1992, S. 107–129.

Kunisch, 2004

Kunisch, Johannes: Friedrich der Große. Der König und seine Zeit, München 2004.

Kunisch, 2005

Kunisch, Johannes: Friedrich der Große. Der König und seine Zeit, 4. Aufl., München 2005.

Kunisch, 2006

Kunisch, Johannes: Thomas Manns Friedrich-Essay von 1915, in: HZ 283, 2006, S. 79–101.

Kunisch, 2009

Kunisch, Johannes: Friedrich der Große. Der König und seine Zeit, München 2009.

Kunisch / Neuhaus, 1982

Der dynastische Fürstenstaat. Zur Bedeutung von Sukzessionsordnungen für die Entstehung des frühmodernen Staates, hrsg. von Johannes Kunisch / Helmut Neuhaus, Berlin 1982.

Kuntzemüller, o. J.

Kuntzemüller, Otto: Die Denkmäler Kaiser Wilhelms des Grossen in Abbildungen. Mit erläuterndem Text, Bremen o. J.

Kurth, 1922

Kurth, Willi: Potsdamer Kunstsommer, in: Die Kunst für Alle, 45, 1922, S. 17–26.

Küster, 1797

Küster, Carl Daniel: Die Lebensrettungen Friedrichs des Zweyten im siebenjährigen Kriege und besonders der Hochverrath des Barons von Markotsch aus Originalurkunden dargestellt, 2. Aufl., Berlin 1797.

Kytzler, 1996

Kytzler, Bernhard: Horaz. Eine Einführung, Stuttgart 1996.

L

Lalumia, 1984

Lalumia, Mathew P.: Realism and Politics in Victorian Art of the Crimean War, Ann Arbor 1984.

Landmann, 1996

Landmann, Ortrun: Die große ›Capell- und Cammer-Musique‹ zur Zeit des zweiten sächsischen Polenkönigs, in: Der stille König. August III. zwischen Kunst und Politik, hrsg. vom Dresdner Geschichtsverein, Dresden 1996 (Dresdner Hefte, 46), S. 41–48.

Lange, 1995

Lange, Sven: Hans Delbrück und der »Strategiestreit«. Kriegführung und Kriegsgeschichte in der Kontroverse 1879–1914, Freiburg im Breisgau 1995.

Lässig, 2004

Lässig, Simone: Jüdische Wege ins Bürgertum. Kulturelles Kapital und sozialer Aufstieg im 19. Jahrhundert, Göttingen 2004.

Laux, 2005

Laux, Stephan: Zwischen Anonymität und amtlicher Erfassung. Herrschaftliche Rahmenbedingungen jüdischen Lebens in den rheinischen Territorialstaaten vom 16. Jahrhundert bis zum Beginn der »Emanzipationszeit«, in: Jüdisches Leben im Rheinland. Vom Mittelalter bis zur Gegenwart, hrsg. von Monika Grübel / Georg Mölich, Köln / Weimar / Wien 2005, S. 79–110.

Lavater, 1968 / 1969

Lavater, Johann Caspar: Physiognomische Fragmente zur Beförderung der Menschenkenntnis und Nächstenliebe, 4 Bde., Leipzig 1968 / 1969 (Neudruck der Ausgabe Winterthur / Leipzig 1775–1778).

Laverrenz, 1900

Laverrenz, Victor: Die Denkmäler Berlins und der Volkswitz, Berlin 1900.

Lehmann, 1929

Paul Lehmann: Mittelalterliche Beinamen und Ehrentitel, in: Historisches Jahrbuch, 49, 1929, S. 215–239.

Leithäuser, 2001

Leithäuser, Gustav: Verzeichnis sämmtlicher Ausgaben und Uebersetzungen der Werke Friedrichs des Grossen, Königs von Preussen. Mit einem Nachwort neu hrsg. von Gerhard Knoll, Osnabrück 2001, S. 286–304.

Lemke, 1887

Lemke, Paul: Der deutsche Kaisertraum und der Kyffhäuser, Magdeburg 1887.

Leopold, 1992

Leopold, Silke: Höfische Oper und feudale Gesellschaft, in: Der schöne Abglanz. Stationen der Operngeschichte. Oper als Spiegel gesellschaftlicher Veränderungen, hrsg. von Udo Bermbach / Wulf Konold, Berlin / Hamburg 1992, S. 65–82.

Lepape, 1996

Lepape, Pierre: Voltaire: oder die Geburt der Intellektuellen im Zeitalter der Aufklärung, Frankfurt am Main / New York 1996.

Lessing, 1750

Lessing, Gotthold Ephraim: Beyträge zur Historie und Aufnahme des Theaters. Erstes und Zweytes Stück, Stuttgart 1750.

Lessing, 1994

Lessing, Gotthold Ephraim: Werke und Briefe in zwölf Bänden, hrsg. von Wilfried Barner, Bd. 6, Frankfurt am Main 1994.

Levysohn, 1897

Levysohn, Arthur: Kaiser Wilhelm der Grosse. Ein Lebensbild, in: Berliner Tageblatt, 22.3.1897.

Lewin, 1913

Lewin, Reinhold: Die Judengesetzgebung Friedrich Wilhelms II., in: Monatsschrift für Geschichte und Wissenschaft des Judentums, N. F., 21, 1913, S. 74–98, 211–234, 363–372, 461–481 u. 567–590.

Liebe & Schellhase, 1995 / 1996

Restauratoren Liebe & Schellhase Potsdam: Nauener Tor in Potsdam. Dokumentierte Befunde während der Bauphase 1995 / 1996.

Linnebach, 1936

Linnebach, Karl: Friedrich der Große und Folard. Ein Blick in die geistige Welt des Feldherren, in: Wissen und Wehr, 17, 1936, S. 522–543.

Linnemeier, 2002

Linnemeier, Bernd-Wilhelm: Jüdisches Leben im Alten Reich. Stadt und Fürstentum Minden in der Frühen Neuzeit, Bielefeld 2002.

Lion-Violet, 2005

Les premiers siècles de la république européenne des lettres, hrsg. von Marianne Lion-Violet, Paris 2005.

Lippe, 1880

Lippe, Ernst von: Heinrich, in: Allgemeine Deutsche Biographie, Bd. 11, München / Leipzig 1880.

Lips, 1839

Lips, Johann Heinrich: Friedrich nach Chodowiecky, in: Neues allgemeines Künstler-Lexicon oder Nachrichten von dem Leben und den Werken der Maler, Bildhauer, Baumeister, Kupferstecher, Formschneider, Lithographen, Zeichner, Medailleure, Elfenbeinarbeiter etc., bearb. von Georg Caspar Nagler, Bd. 7, München 1839.

Livius, 1984

Livius: Histoire romaine. Abrégés des livres de l'histoire romaine, Periochae 70–142, übersetzt und hrsg. von Paul Jal, Bd. 34.2, Paris 1984 (Collection des universités de France).

Livius, 1987

Livius: Ab urbe condita, Lateinisch und deutsch hrsg. von Hans Jürgen Hillen, Bd. 1, München 1987.

Locker, 2006

Locker, Tobias: Die Bildergalerie von Sanssouci bei Potsdam, in: Tempel der Kunst: Die Geburt des öffentlichen Museums in Deutschland 1701–1815, hrsg. von Bénédicte Savoy, Mainz 2006, S. 217–242.

Locker, 2008

Locker, Tobias: Der Bildhauer Johann Melchior Kambly (1718–1782) und seine Prunkmöbel für die Potsdamer Schlösser Friedrichs des Großen, unveröffentlichte Magisterarbeit, Berlin 2008.

Lottes / D'Aprile, 2006

Hofkultur und aufgeklärte Öffentlichkeit. Potsdam im 18. Jahrhundert im europäischen Kontext, hrsg. von Günther Lottes / Iwan-Michelangelo D'Aprile, Berlin 2006.

Lowenstein, 1994

Lowenstein, Steven M.: The Berlin Jewish Community. Enlightenment, Family, and Crisis 1770–1830, Oxford 1994.

Luckey, 2008

Luckey, Heiko: Personifizierte Ideologie. Zur Konstruktion, Funktion und Rezeption von Identifikationsfiguren im Nationalsozialismus und im Stalinismus, Göttingen 2008, S. 139–203.

Luh, 2002

Luh, Jürgen: Der Prinz und die Politik, in: Ausst.-Kat. Prinz Heinrich von Preußen, 2002, S. 123–125.

Luh, 2003

Luh, Jürgen: Flinte, Büchse, Bajonett. Überlegungen zu einer Kulturgeschichte des Krieges im Zeitalter der stehenden Heere, in: Das eine Europa und die Vielfalt der Kulturen. Kulturtransfer in Europa 1500–1800, hrsg. von Thomas Fuchs / Sven Trakulhun, Berlin 2003 (Aufklärung und Europa, 12), S. 329–338.

Luh, 2004

Luh, Jürgen: Kriegskunst in Europa 1650–1800, Köln / Weimar / Wien 2004.

Luh, 2009

Luh, Jürgen: Friedrichs Wille zur Größe. Überlegung und Einführung, in: Friedrich 300-Friedrich und die historische Größe, 2009, URL: www.perspectivia.net/content/publikationen/friedrich300-colloquien/friedrich-groesse/luh_wille<16.12.2011>.

Luh, 2011

Luh, Jürgen: Der Große. Friedrich II. von Preußen, München 2011.

Lütteken, 2008

Lütteken, Laurenz: Italien in Frankreich. Die friderizianische Hofkapelle im Spannungsfeld der Kulturen, in: Italienerinnen und Italiener am Hofe Friedrichs: II. (1740–1786), hrsg. von Rita Unfer Lukoschik, Berlin 2008, S. 79–98.

Lyotard, 1985

Lyotard, Jean-François: Das Grabmal des Intellektuellen, Graz/Wien 1985.

M

Macaulay, 1975

Macaulay, James: The Gothic Revival 1745–1845, London 1975.

Maehder, 1992

Maehder, Jürgen: Mentalitätskonflikt und Fürstenpflicht. Die Begegnung von mittelamerikanischem Herrscher und Conquistadór auf der barocken Opernbühne, in: Text und Musik. Neue Perspektiven der Theorie, hrsg. von Michael Walter, München 1992 (Materialität der Zeichen, A 10), S. 131–179.

Maehder, 1999

Maehder, Jürgen: Die Librettisten des Königs. Das Musiktheater Friedrichs des Großen als theatralische und linguistische Italien-Rezeption, in: Theater im Kulturwandel des 18. Jahrhunderts. Inszenierung und Wahrnehmung der Körper–Musik–Sprache, hrsg. von Erika Fischer-Lichte/Jörg Schönert, Göttingen 1999, S. 265–304.

Manger, 1789

Manger, Heinrich Ludwig: Baugeschichte von Potsdam besonders unter der Regierung König Friedrichs des Zweiten, 3 Bde., Berlin/Stettin 1789 (Neudruck der Originalausgabe nach dem Exemplar der Universitätsbibliothek Leipzig mit einem Nachwort von Hans-Joachim Giersberg, herausgegeben vom Zentralantiquariat der Deutschen Demokratischen Republik, Leipzig 1987).

Mann, 1915

Mann, Thomas: Friedrich und die große Koalition, Berlin 1915.

Mann, 1956

Mann, Thomas: Bruder Hitler, in: Mann, Thomas: Gesammelte Werke, Bd. 12, Berlin 1956.

Mansel, 1988

Mansel, Philip: The court of France 1789–1830, Cambridge 1988.

Mantz, 1867

Mantz, Paul, in: Gazette des Beaux-Arts, 23, 1867.

Marcks, 1899

Marcks, Erich: Kaiser Wilhelm I., 3., verbesserte und vermehrte Aufl., Leipzig 1899.

Marelli, 2000

Marelli, Isabella: Andrea Celesti 1637–1712. Un pittore sul lago di Garda, Brescia 2000.

Maron, 1983

Maron, Gottfried: Martin Luther – Gedanken über historische Größe, in: GWU 34, 1983, S. 743–753.

Marpurg, 1974

Historisch-Kritische Beyträge zur Aufnahme der Musik, hrsg. von Friedrich Wilhelm Marpurg, Bd. 1, Hildesheim/New York 1974 (Neudruck der Ausgabe Berlin 1754/1755).

Marra, 2007

Marra, Stephanie: Allianzen des Adels. Dynastisches Handeln im Grafenhaus Bentheim, Wien 2007.

Martinez, 2008

Martinez, Jean-Luc: Relief avec scène d'atelier, dit Les Forges de Vulcain, in: Ausst.-Kat. De l'esclave à empereur, 2008.

Marwitz, 1987

Marwitz, Ullrich: Friedrich der Große als Feldherr, in: Friedrich der Große und das Militärwesen seiner Zeit, hrsg. vom Militärgeschichtlichen Forschungsamt, Herford/Bonn 1987.

Masson, 1878

Mémoires et lettres de François-Joachim de Pierre: cardinal de Bernis (1715–1758), publiée avec l'autorisation de sa famille d'après les manuscrits inédits, hrsg. von Frédéric Masson, Bd. 2, Paris 1878.

Matthesson, 1969

Matthesson, Johann: Grundlage einer Ehrenpforte, woran der tüchtigen Capellmeister, Componisten, Musikgelehrten, Tonkünstler etc. Leben, Wercke, Verdienste etc. erscheinen sollen. Zum ferneren Ausbau angegeben von Johann Mattheson, Kassel 1969 (Neudruck der Ausgabe Hamburg 1740).

Mauser, 1990

Mauser, Wolfram: »Ich stehe für nichts«. Zur Uraufführung von G. E. Lessings »Emilia Galotti« am Hoftheater zu Braunschweig, in: 300 Jahre Theater in Braunschweig 1690–1990, hrsg. von der Stadt Braunschweig, Braunschweig 1990, S. 177–194.

Mayer-Reinach, 1899/1900

Mayer-Reinach, Albert: Carl Heinrich Graun als Opernkomponist, in: Sammelbände der internationalen Musikgesellschaft (SIMG), 1, 1899/1900, S. 446–529.

McCarthy, 1987

McCarthy, Michael: The origin of the Gothic Revival, London 1987.

McGrew, 1992

McGrew, Roderick E.: Paul I of Russia 1754–1801, Oxford 1992.

Mehring, 1863

Mehring, Franz: Die Lessinglegende. Eine Rettung, Stuttgart 1863.

Meier, 1993

Meier, Albert: Das Land zum Buch. Klassische Literatur und Italienwahrnehmung im 18. Jahrhundert, in: Deutsches Italienbild und italienisches Deutschlandbild im 18. Jahrhundert, hrsg. von Klaus Heitmann / Teodoro Scamardi, Tübingen 1993 (Reihe der Villa Vigoni, 9), S. 26–36.

Meier, 2007

Meier, Brigitte: Jüdische Seidenunternehmer und die soziale Ordnung zur Zeit Friedrichs II. Moses Mendelssohn und Isaak Bernhard. Interaktion und Kommunikation als Basis einer erfolgreichen Unternehmensentwicklung, Berlin 2007.

Meinecke, 1963

Meinecke, Friedrich: Die Idee der Staatsraison in der neueren Geschichte, in: Meinecke, Friedrich: Werke, Bd. 1, 3. Aufl., München 1963.

Mémoire zur Rechtfertigung, 1756

O. A.: Mémoire zur Rechtfertigung des Verfahrens des Königs in Preußen gegen die falschen Beschuldigungen des Sächsischen Hofes. Aus dem französischen Berliner Exemplar ins Deutsche übertragen, Berlin o. J. [1756] (Exemplar in der Gerhard-Knoll-Forschungsbibliothek der Stiftung Preußische Schlösser und Gärten Berlin-Brandenburg).

Mennicke, 1906

Mennicke, Carl: Hasse und die Brüder Graun als Symphoniker, Leipzig 1906.

Mertens, 2003

Mertens, Melanie: Berliner Barockpaläste. Zur Entstehung eines neuen Bautyps in der Zeit der ersten preußischen Könige, Berlin 2003 (Berliner Schriften zur Kunst, 14).

Mervaud, 1985

Mervaud, Christiane: Voltaire et Frédéric II. Une dramaturgie des lumières, Oxford 1985.

Messerschmidt, 1989

Messerschmidt, Manfred: Nachwirkungen Friedrichs II. in Preußen-Deutschland, in: Europa im Zeitalter Friedrichs des Großen. Wirtschaft, Gesellschaft, Krieg, hrsg. von Bernhard Kroener, München 1989, S. 269–288.

Messerschmidt, 2006

Messerschmidt, Manfred: Das friderizianische Exempel, in: Messerschmidt, Manfred: Militarismus, Vernichtungskrieg, Geschichtspolitik. Zur deutschen Militär- und Rechtsgeschichte, hrsg. von Hans Ehlert, Paderborn u. a. 2006, S. 23–42.

Meumann / Pröve, 2004

Meumann, Markus / Pröve, Ralf: Die Faszination des Staates und die historische Praxis. Zur Beschreibung von Herrschaftsbeziehungen jenseits teleologischer und dualistischer Begriffsbildungen, in: Herrschaft in der Frühen Neuzeit. Umrisse eines dynamisch-kommunikativen Prozesses, hrsg. von Markus Meumann, Münster 2004, S. 11–50.

Meusel, 1780

»Herrn Chodowiecki's Vertheidigung gegen zween Aufsätze im 3ten Heft dieser Miscellaneen Seiten 23–46«, in: Meusel, Johann Georg: Miscellaneen artistischen Inhalts, 4, Erfurt 1780, S. 26–31.

Meyer, 2007

Meyer, Brigitte: Jüdische Seidenunternehmer und die soziale Ordnung zur Zeit Friedrichs II., Berlin 2007.

Meyer, 1955

Meyer, Paul: Zeitgenössische Beurteilung und Auswirkung des Siebenjährigen Krieges (1756–1763) in der evangelischen Schweiz, Basel 1955.

Michaelis, 1987a

Michaelis, Rainer: Das weltliche Ereignisbild im Brandenburg-Preußen des 18. Jahrhunderts. Eine gattungstypologische Studie, Diss., Berlin 1987.

Michaelis, 1987b

Michaelis, Rainer: »Les Adieux de Callas à sa famille«. Daniel Chodowieckis Beitrag zum weltlichen Ereignisbild des 18. Jahrhunderts, in: Forschungen und Berichte der Staatlichen Museen zu Berlin, 26, Berlin (Ost) 1987, S. 171–176.

Michaelis, 2003

Michaelis, Rainer: Antoine Pesne (1683–1757). Die Werke des preußischen Hofmalers in der Berliner Gemäldegalerie, Berlin 2003.

Michaelis, 2008

Michaelis, Rainer: Frédéric à Cheval. Eine Marginalie von Daniel Nikolaus Chodowiecki, in: Museums-Journal III / 22, Berlin 2008, S. 18–19.

Michalski, 2003

Michalski, Sergiusz: Narration, Gebärdensprache und Mimik im »Dariuszelt« des Charles Le Brun. Zu einem Leitbild des »grand goût«, in: Bilderzählungen – Zeitlichkeit im Bild, hrsg. von Andrea von Hülsen-Esch / Hans Körner / Guido Reuter, Köln 2003, S. 107–126.

Mieck, 1988

Mieck, Ilja: Die Staaten des westlichen Europa in der friderizianischen Außenpolitik, in: Geschichte als Aufgabe. Festschrift für Otto Büsch, Berlin 1988, S. 88–100.

Mielke, 1981

Mielke, Friedrich: Potsdamer Baukunst. Das klassische Potsdam, Frankfurt am Main / Berlin 1981.

Mielke, 1991

Mielke, Friedrich: Potsdamer Baukunst. Das klassische Potsdam, 2. Aufl., Frankfurt am Main / Berlin 1991.

Miller, 1978

Miller, Norbert: Archäologie des Traums. Versuch über Giovanni Battista Piranesi, München / Wien 1978.

Mitford, 1835

The Works of Thomas Gray, hrsg. von John Mitford, Bd. 3, London 1835.

Mittenzwei, 1983

Mittenzwei, Ingrid: Friedrich II. von Preußen, 3. Aufl., Köln 1983.

Mombauer / Deist, 2003

The Kaiser. New research on Wilhelm II.'s Role in Imperial Germany, hrsg. von Annika Mombauer / Wilhelm Deist, Cambridge 2003.

Monicart, 1730

Monicart, Jean Baptiste: Versailles immortalisé Ou Les Merveilles Parlantes De Versailles, Paris 1730.

Moore, 1780

Moore, John: A view of society and manners in France, Switzerland and Germany. With anecdotes relating to some eminent characters, Bd. 2, London 1780.

Morane, 1907

Morane, Pierre: Paul Ier de Russie. Avant l'avènement, 1754–1796, Paris 1907.

Mücke, 2003

Mücke, Panja: Johann Adolf Hasses Dresdner Opern im Kontext der Hofkultur, Laaber 2003.

Mücke, 2005

Mücke, Panja: »…man erzählt sich Wunderdinge von ihr«. Oper und Repraesentatio Maiestatis im 18. Jahrhundert, in: Kunst und Repräsentation am Dresdner Hof, hrsg. von Barbara Marx, München / Berlin 2005, S. 217–227.

Muhlack, 1988

Muhlack, Ulrich: Geschichte und Geschichtsschreibung bei Voltaire und Friedrich dem Großen, in: Persönlichkeiten im Umkreis Friedrichs des Großen, hrsg. von Johannes Kunisch, Köln / Wien 1988 (Neue Forschungen zur brandenburg-preußischen Geschichte, 9), S. 29–57.

Mühlheisen / Stammen / Philipp, 1997

Fürstenspiegel der frühen Neuzeit, hrsg. von Hans-Otto Mühleisen / Theo Stammen / Michael Philipp, Frankfurt am Main / Leipzig 1997 (Bibliothek des deutschen Staatsdenkens, 6), S. 521–734.

Müller, 1810

Müller, Adam Heinrich: Ueber König Friedrich II und die Natur, Würde und Bestimmung der preussischen Monarchie. Oeffentliche Vorlesungen, gehalten zu Berlin im Winter 1810, Berlin 1810.

Müller, 1985

Müller, Gerd: Friedrich als Autor von Theaterstücken, in: Panorama der Friedericianischen Zeit. Friedrich der Große und seine Epoche, ein Handbuch, hrsg. von Jürgen Ziechmann, Bremen 1985 (Forschungen und Studien zur friderizianischen Zeit, 1), S. 249–252.

Müller, 1945

Müller, Invelde: Der Theaterdekorateur Bartolomeo Verona, Diss., Berlin 1945.

Müller, 1807

Müller, Johann von: Friedrichs Ruhm. Vorlesung, am 29. Januar 1807 in der Akademie der Wissenschaften zu Berlin (…) gehalten. Aus dem Französischen übersetzt, Memmingen 1807.

Müller, 1931

Fürst Chlodwig zu Hohenlohe-Schillingsfürst, Denkwürdigkeiten der Reichskanzlerzeit, hrsg. von Karl Alexander von Müller, Stuttgart / Berlin 1931.

Müller-Kaspar, 2009

Müller-Kaspar, Ulrike: Antikenkäufe Friedrichs II. in Rom, in: Kat. Antiken I, 2009, S. 395–439.

Münchener Neueste Nachrichten, 1897.

Mundt, 2009

Mundt, Barbara: Der Pommersche Kunstschrank des Augsburger Unternehmers Philipp Hainhofer für den gelehrten Herzog Philipp II. von Pommern, München 2009.

Museum, 1834.

Muth, 2003

Muth, Jörg: Flucht aus dem militärischen Alltag. Ursachen und individuelle Ausprägung der Desertion in der Armee Friedrichs des Großen, Freiburg im Breisgau 2003.

Muther, 1893

Muther, Richard: Geschichte der Malerei im 19. Jahrhundert, Bd. 2., München 1893.

N

Napoleon, 1881

Militärische Schriften von Napoleon I., erl. durch Bernhard Boie, Berlin 1881.

Nationaldenkmal, 1888

Das Nationaldenkmal für Kaiser Wilhelm und der Dom zu Berlin, Preußische Jahrbücher, 61, 1888.

Nehls, 1999

Nehls, Harry: »Mon Héros, mon modèle!« Der sogenannte Marc Aurel von Sanssouci, in: Berlinische Monatsschrift, 8, 1999, S. 4–18.

Nehls, 2001

Nehls, Harry: ›… eine gar vortreffliche Wirkung …‹. Das vergessene Reiterrelief im Antikentempel im Park von Sanssouci, in: Berlinische Monatsschrift, 9/1, 2001, S. 4–15.

Nehls, 2006

Nehls, Harry: Nicht Marcus Aurelius, sondern Septimius Severus, in: Museums Journal. Berichte aus den Museen, Schlössern und Sammlungen in Berlin und Potsdam, 1, 2006.

Neue Preußische Zeitung, 20.3.1897

Neugebauer, 1993

Neugebauer, Wolfgang: Das preußische Kabinett in Potsdam. Eine verfassungsgeschichtliche Studie zur fürstlichen Zentralsphäre in der Zeit des Absolutismus, in: Jahrbuch für brandenburgische Landesgeschichte, 44, Berlin 1993, S. 69–115.

Neugebauer, 1996

Neugebauer, Wolfgang: Die Hohenzollern, Bd. 1: Anfänge, Landesstaat und monarchische Autokratie bis 1740, Stuttgart 1996.

Neugebauer, 1999

Neugebauer, Wolfgang: Residenz – Verwaltung – Repräsentation: Das Berliner Schloss und seine historischen Funktionen vom 15. bis 20. Jahrhundert, Potsdam 1999.

Neugebauer, 2000

Neugebauer, Wolfgang: Hof und politisches System in Brandenburg-Preußen: Das 18. Jahrhundert, in: Jahrbuch für die Geschichte Mittel- und Ostdeutschlands. Zeitschrift für vergleichende und preußische Landesgeschichte, 46, 2000, S. 138–169.

Neugebauer, 2001a

Neugebauer, Wolfgang: Der Adel in Preußen im 18. Jahrhundert, in: Der europäische Adel im Ancien Régime. Von der Krise der ständischen Monarchie bis zur Revolution (1600–1789), hrsg. von Ronald G. Asch, Köln 2001, S. 49–76.

Neugebauer, 2001b

Neugebauer, Wolfgang: Vom höfischen Absolutismus zum fallweisen Prunk. Kontinuitäten und Quantitäten in der Geschichte des preußischen Hofes im 18. Jahrhundert, in: Hofgesellschaft und Höflinge an europäischen Fürstenhöfen in der Frühen Neuzeit (15.–18. Jh.) / Société de cour et courtisans dans l'Europe de l'époque moderne (XVe–XVIIIe siècle), hrsg. von Klaus Malettke / Chantal Grell, Münster / Hamburg / London 2001 (Forschungen zur Geschichte der Neuzeit, Marburger Beiträge, 1), S. 113–124.

Neugebauer, 2001c

Neugebauer: Wolfgang: Zentralprovinz im Absolutismus: Brandenburg im 17. und 18. Jahrhundert, Berlin 2001.

Neumeyer, 1928

Neumeyer, Alfred: Die Erweckung der Gotik in der deutschen Kunst des späten 18. Jahrhunderts, Berlin 1928 (Repertorium für Kunstgeschichte, 49).

Nicht, 1980

Nicht, Jutta: Die Möbel im Neuen Palais, 2. Aufl., Potsdam 1980.

Nicolai, 1769

Nicolai, Friedrich: Beschreibung der Königlichen Residenzstädte Berlin und Potsdam und aller daselbst befindlicher Merkwürdigkeiten, Nebst einem Anhange, enthaltend die Leben aller Künstler, die seit Churfürst Friedrich Wilhelms des Großen Zeiten in Berlin gelebet haben, oder deren Kunstwerke daselbst befindlich sind, Berlin 1769.

Nicolai, 1786

Nicolai, Friedrich: Beschreibung der Königlichen Residenzstädte Berlin und Potsdam, aller daselbst befindlicher Merkwürdigkeiten, und der umliegenden Gegend, 3 Bde., 3. Aufl., Berlin 1786.

Nicolai, 1789

Nicolai, Friedrich: Anekdoten von Friedrich dem II. von Preussen, und von einigen Personen, die um ihn waren, Heft 3, Berlin / Stettin 1789.

Nicolai, 1889

Nicolai, Friedrich: Anekdoten von Friedrich dem Großen und von einigen Personen, die um ihn waren, Halle an der Saale 1889.

Niedermeier, 2004

Niedermeier, Michael: »Ancient Saxon Architecture… called Gothic«. Batty Langleys Ancient Architecture, Restored, and Improved (1742) und die politische Begründung der Neugotik, in: Wege zum Garten – gewidmet Michael Seiler zum 65. Geburtstag, hrsg. von der Stiftung Preußische Schlösser und Gärten Berlin-Brandenburg, Leipzig 2004.

Nirnheim, 1908

Nirnheim Otto: Das erste Jahr des Ministeriums Bismarck und die öffentliche Meinung, Heidelberg 1908.

Nitschke, 1980

Nitschke, August: Die Bedeutung der historischen Größe. Eine Antwort, in: GWU 31, 1980, S. 77–85.

Noll, 2005

Noll, Thomas: Alexander der Große in der nachantiken bildenden Kunst, Mainz 2005.

Nolte, 2005

Nolte, Cordula: Familie, Hof und Herrschaft. Das verwandtschaftliche Beziehungs- und Kommunikationsnetz der Reichsfürsten am Beispiel der Markgrafen von Brandenburg-Ansbach (1440–1530), Ostfildern 2005.

Nova, 1909

Nova, Max: Die Stadttore der Mark Brandenburg im Mittelalter, Berlin 1909.

Novum Corpus Constitutionum, 2003

Novum Corpus Constitutionum Prussico-Brandenburgensium Prussico-Brandenburgensium praecipue Marchicarum, oder neue Sammlung Königl. Preuß. Churfürstl. Brandenburgischer, sonderlich in der Chur- und Marck-Brandenburg publizirten und ergangenen Verordnungen, Edicten, Mandaten, Rescripten & c., Bd. 1, 2003 (unveränderter Nachdruck der Ausgabe Berlin, 1801).

O

Oelrichs, 1776

Oelrichs, Johann Georg Heinrich: Ausführliche Beschreibung der Reise S. K. H. des Großfürsten Paul Petrowitz, von St. Petersburg an den Königl. Preuss. Hof nach Berlin, nebst den dabey vorgefallenen Feierlichkeiten und Freudensbezeigungen, wie auch der Reise I. K. H. der Prinzessin Sophie Dorothee Auguste Louise von Würtemberg-Stuttgart, verlobte Braut des Großfürsten, von Berlin nach Petersburg, Berlin 1776.

Oesterreich, 1772

Oesterreich, Matthias: Beschreibung von allen Gemählden und Antiquen, wie auch verschiedenen andern Kostbarkeiten im Neuen Schlosse bey Sans=souci, Potsdam 1772.

Oesterreich, 1773

Oesterreich, Matthias: Beschreibung aller Gemählde, Antiquitäten, und anderer kostbarer und merkwürdiger Sachen, so in denen beyden Schlößern von Sans=Souci, wie auch in dem Schloße zu Potsdam und Charlottenburg enthalten sind, Berlin 1773.

Oesterreich, 1774

Oesterreich, Matthias: Description et explication des groupes, statues, bustes et demi-bustes [...] aussi bien que des ouvrages modernes qui forment la collection du Roi de Prusse, Berlin 1774.

Oesterreich, 1775

Oesterreich, Matthias: Beschreibung und Erklärung der Grupen, Statuen, ganzen und halben Brust-Stücke, Basreliefs, Urnen und Vasen von Marmor, Bronze und Bley, sowohl von antiker als moderner Arbeit, welche die Sammlung Sr. Majestät, des Königs von Preußen, ausmachen, Berlin 1775.

Oesterreich, 1990

Oesterreich, Matthias: Beschreibung aller Gemählde, Antiquitäten, und anderer kostbarer und merkwürdiger Sachen, so in denen beyden Schlößern von Sans-Souci, wie auch in dem Schloße zu Potsdam und Charlottenburg enthalten sind, Potsdam 1990 (unveränderter Nachdruck der Original-Ausgabe Berlin1773).

Oestreich, 1969

Oestreich, Gerhard: Strukturprobleme des europäischen Absolutismus, in: Oestreich, Gerhard: Geist und Gestalt des frühmodernen Staates. Ausgewählte Aufsätze, Berlin 1969, S. 179–197.

Oettingen, 1895

Oettingen, Wolfgang von: Daniel Chodowiecki. Ein Berliner Künstlerleben im 18. Jahrhundert, Berlin 1895.

Œuvres complètes de Voltaire, 1828–1834

Œuvres complètes de Voltaire, avec préfaces, avertissements, notes etc., par M. Beuchot, 70 Bde., Paris, 1828–1834.

Œuvres complètes de Voltaire, 1877–1885

Œuvres complètes de Voltaire. Nouvelle édition avec notices, préfaces, variantes, table, analystique, les notes et tous les commentaires et des notes nouvelles, conformé pour le texte à l'édition de Beuchot, 50 Bde. u. 2 Ergänzungsbde., Paris 1877–1885.

Œuvres de Frédéric le Grand

Œuvres de Frédéric le Grand, hrsg. Johann David Erdmann Preuß, 30 Bde., Berlin 1846–1856.

Oevermann, 2003

Oevermann, Ulrich: Der Intellektuelle – Soziologische Strukturbestimmung des Komplementär von Öffentlichkeit, in: Die Macht des Geistes. Soziologische Fallanalysen zum Strukturtyp des Intellektuellen, Frankfurt am Main 2003 (Forschungsbeiträge aus der Objektiven Hermeneutik, Bd. 3), S. 13–75.

Olschewski, 2006

Olschewski, Boris: Zwangsinklusion durch Herrschaftswechsel – Besitzergreifungspatent und Erbhuldigungseid im Kontext der Ersten Teilung Polens und Litauens, in: Fremde Herrscher – fremdes Volk. Inklusions- und Exklusionsfiguren bei Herrschaftswechseln in Europa, hrsg. von Helga Schnabel-Schüle / Andreas Gestrich, Frankfurt am Main 2006 (Inklusion / Exklusion. Studien zu Fremdheit und Armut von der Antike bis zur Gegenwart, 1), S. 359–384.

Oncken, 1897

Oncken, Wilhelm: Unser Heldenkaiser. Festschrift zum hundertjährigen Geburtstage Kaiser Wilhelm des Großen, Berlin 1897.

Opitz, 1966

Opitz, Martin: Buch von der Deutschen Poeterey (1624). Nach der Edition von Wilhelm Braune, neu hrsg. von Richard Alewyn, 2. Aufl., Tübingen 1966.

Opitz-Belakhal, 1994

Opitz-Belakhal, Claudia: Militärreformen zwischen Bürokratisierung und Adelsreaktion. Das französische Kriegsministerium und seine Reformen im Offizierkorps von 1760–1790, Sigmaringen 1994 (Beihefte der Francia, 34), S. 350–358.

Oppeln-Bronikowski, 1936

Die politischen Testamente Friedrichs des Großen, hrsg. von Friedrich von Oppeln-Bronikowski, München 1936.

Ortenburg, 1986

Ortenburg, Georg: Waffe und Waffengebrauch im Zeitalter der Kabinettskriege, Koblenz 1986.

Osborn, 1899 / 1900

Osborn, Max: Adolph von Menzel, in: Westermanns illustrierte deutsche Monatshefte. Ein Familienbuch für das gesamte geistige Leben der Gegenwart, 1899 / 1900.

Oschema, 2007

Freundschaft oder »amitié«? Ein politisch-soziales Konzept der Vormoderne im zwischensprachlichen Vergleich (15.–17. Jahrhundert), hrsg. von Klaus Oschema, Berlin 2007.

Oschmann, 1991

Oschmann, Susanne: Gedankenspiele. Der Opernheld Friedrich II., in: Opernheld und Opernheldin im 18. Jahrhundert. Aspekte der Librettoforschung, hrsg. von Kurt Hortschansky, Hamburg / Eisenach 1991 (Schriften zur Musikwissenschaft aus Münster, 1), S. 173–193.

Oulmont, 1912

Oulmont, Charles: Amédée Vanloo. Peintre du Roi de Prusse, in: Gazette des Beaux-Arts, Paris 1912, 1. Artikel vom August 1912, S. 139–150 (662. Lieferung) sowie 2. u. letzter Artikel vom September 1912, S. 223–234 (663. Lieferung).

Ovid, 1990

Ovid: Metamorphosen, übersetzt von Erich Rösch, München 1990.

P

Pachamova-Göres, 2002

Pachamova-Göres, Wasilissa: »Ich gestehe, dass kein fürstlicher Besuch mir angenehmer sein könnte, als der seinige...«. Prinz Heinrich in Russland 1770/1771 und 1776, in: Ausst.-Kat. Prinz Heinrich von Preußen, 2002, S. 177–189.

Paepke, 1982

Paepke, Karola: Seiden in Sanssouci. Textile Raumausstattungen des 18. und 19. Jahrhunderts, Potsdam 1982.

Paepke, 1987

Paepke, Karola: Die Rekonstruktion textiler Raumausstattungen des 18. und 19. Jahrhunderts in den staatlichen Schlössern und Gärten Potsdam-Sanssouci als eine Methode der Denkmalpflege, in: Denkmale in Berlin und in der Mark Brandenburg, Weimar 1987, S. 260–274.

Paepke, 2000

Paepke, Karola: Die brandenburgisch-preußische Seidenindustrie im 17. und 18. Jahrhundert, in: Seidengewebe des 18. Jahrhunderts. Die Industrien in England und in Nordeuropa, hrsg. von Regula Schorta, Riggisberg 2000 (Riggisberger Berichte, 8), S. 197–209.

Pallucchini, 1993

Pallucchini, Rodolfo: La pittura veneziana del Seicento, Bd. 1, Mailand 1993 (Neudruck), S. 365–368.

Paoli, 1979

Paoli, Ugo Enrico: Das Leben im alten Rom, 3. Aufl., München 1979.

Parlasca, 1981

Parlasca, Klaus: Die Potsdamer Antikensammlung im 18. Jahrhundert, in: Antikensammlungen im 18. Jahrhundert, hrsg. von Herbert Beck/Peter C. Bol/Wolfgang Prinz/Hans von Steuben, Berlin 1981 (Frankfurter Forschungen zur Kunst, 9), S. 211–229.

Paulus, 2007

Paulus, Helmut-Eberhard: Monopteros und Antikentempel: Ein Thema der europäischen Gartenkunst zwischen Allegorie, Antikensehnsucht und Palladianismus, in: Preußische Gärten in Europa: 300 Jahre Gartengeschichte, hrsg. von Michael Rohde, Leipzig 2007, S. 16–19.

Pečar, 2007

Pečar, Andreas: Friedrich der Große als Autor. Plädoyer für eine adressatenorientierte Lektüre seiner Schriften, in: Friedrich300-Colloquien, Friedrich der Große – eine perspektivische Bestandsaufnahme, 2007, URL: http://www.perspectivia.net/content/publikationen/friedrich300-colloquien/friedrich-bestandsaufnahme/pecar_autor <16.07.2010>.

Pečar, 2011

Pečar, Andreas: Der Intellektuelle seit der Aufklärung: Rolle und/oder Kulturmuster?, in: Das achtzehnte Jahrhundert, 35/2, 2011, S. 183–211.

Pecht, 1867

Pecht, Friedrich: Kunst und Kunstindustrie auf der Weltausstellung von 1867. Pariser Briefe, Leipzig 1867.

Pecht, 1885/1886

Pecht, Friedrich: Zum 70. Geburtstage Adolf Menzels, in: Die Kunst für Alle, 1, 1885/1886, S. 6–71.

Pelz, 1992

Pelz, Klaus: Die Restaurierung eines Schreibtisches von Johann Melchior Kambly, in: Arbeitsblätter für Restauratoren, 1, 1992, S. 117–125.

Penzler, 1904

Die Reden Kaiser Wilhelms II., zweiter Teil 1896–1900, Johannes Penzler, Leipzig 1904.

Perkovitz, 1999

Perkovitz, Sidney: The Rarest Element, in: The Sciences, 39, January/February 1999, S. 34–38.

Peschken/Klünner, 1982

Peschken, Goerd/Klünner, Hans-Werner: Das Berliner Schloß, unter Mitarbeit von Fritz-Eugen Keller und Thilo Eggeling, Berlin 1982.

Peters, 2007

Peters, Martin: Können Ehen Frieden stiften? Europäische Friedens- und Heiratsverträge der Vormoderne, in: Jahrbuch für Europäische Geschichte, 8, 2007, S. 121–133.

Petersilka, 2005

Petersilka, Corina: Die Zweisprachigkeit Friedrichs des Großen. Ein linguistisches Porträt, Tübingen 2005.

Petter, 1989

Petter, Wolfgang: Zur Kriegskunst im Zeitalter Friedrichs des Großen, in: Europa im Zeitalter Friedrichs des Großen. Wirtschaft, Gesellschaft, Krieg, hrsg. von Bernhard Kroener, München 1989, S. 245–268.

Pietzsch, 1907

Pietzsch, Willy: Apostolo Zeno in seiner Abhängigkeit von der französischen Tragödie. Eine Quellenuntersuchung, Leipzig 1907.

Pleschinski, 1992

Aus dem Briefwechsel Voltaire – Friedrich der Große, hrsg. und übersetzt von Hans Pleschinski, Zürich 1992.

Pleschinski, 2004

Briefwechsel Voltaire – Friedrich der Große, hrsg. und übersetzt von Hans Pleschinski, rev. Neuausgabe, München 2004.

Plümicke, 1781

Plümicke, Carl Martin: Entwurf einer Theatergeschichte von Berlin, nebst allgemeinen Bemerkungen über den Geschmack, hiesige Theaterschriftsteller und Behandlung der Kunst, in den verschiedenen Epochen, Berlin/Stettin 1781.

Politische Correspondenz

Politische Correspondenz Friedrichs des Großen, 46 Bde., Berlin 1879–1939.

Poseck, 1940

Poseck, Ernst: Die Kronprinzessin Elisabeth Christine, Berlin 1940.

Posner, 1879

Friedrich II.: Histoire de mon temps. Redaction von 1746, hrsg. von Max Posner, Leipzig 1879.

Pradère, 1990

Pradère, Alexandre: Die Kunst des französischen Möbels, München 1990.

Preisendanz, 1966

Preisendanz, Wolfgang: Humor als dichterische Einbildungskraft. Studien zur Erzählkunst des poetischen Realismus, München 1966.

Preuß, 1987

Preuß, Ingeborg: Daniel Chodowieckis »Roy à Cheval« und sein General Zieten zu Pferde, in: Berlinische Notizen. Zeitschrift des Vereins der Freunde und Förderer des Berlin Museums e. V. (Jubiläumsheft), Berlin 1987, S. 7–22.

Preuß, 1832

Preuß, Johann David Erdmann: Friedrich der Große. Eine Lebensgeschichte, Bd. 1, Berlin 1832.

Preuß, 1837

Preuß, Johann David Erdmann: Friedrich der Große als Schriftsteller. Vorarbeit zu einer echten und vollständigen Ausgabe seiner Werke, Berlin 1837.

Preuß, 1854

Preuß, Johann David Erdmann: Erinnerungen an Friedrich den Großen in Bezug auf seine Armee, Berlin 1854.

Preußische Zeitung, 1897.

Prinz von Hohenzollern, 1992

Johann Georg Prinz von Hohenzollern: Fürstliches Sammeln, in: Ausst.-Kat. Friedrich der Große, 1992, S. 11–32.

Pröve, 2003

Pröve, Ralf: Unterwegs auf Kosten der Kriegskasse. Formen des sozialen Kulturtransfers im Europa des 18. Jahrhunderts, in: Das eine Europa und die Vielfalt der Kulturen. Kulturtransfer in Europa 1500–1800, hrsg. von Thomas Fuchs / Sven Trakulhun, Berlin 2003, S. 339–352.

Q

Quander, 1981

Quander, Georg: Montezuma als Gegenbild des großen Friedrich – oder: Die Empfindungen dreier Zeitgenossen beim Anblick der Oper »Montezuma« von Friedrich dem Großen und Carl Heinrich Graun, in: Preußen – Dein Spree-Athen. Beiträge zu Literatur, Theater und Musik in Berlin, hrsg. von Hellmut Kühn, Reinbek bei Hamburg 1981, S. 121–134.

Quandt, 1830

Quandt, Johann Gottlieb von: Briefe aus Italien über das Geheimnisvolle der Schönheit und der Kunst, 2 Teile, Gera 1830.

Quandt, 1844

Quandt, Johann Gottlieb von: Vorträge über Ästhetik für bildende Künstler in der Königlichen Academie für bildende Künste zu Dresden, gehalten von Johann Gottlob von Quandt, Leipzig 1844.

R

Rachel, 1930

Rachel, Hugo: Die Juden im Berliner Wirtschaftsleben zur Zeit des Merkantilismus, in: Zeitschrift für die Geschichte der Juden in Deutschland, 2, 1930, S. 175–196.

Rachel, 1931

Rachel, Hugo: Das Berliner Wirtschaftsleben im Zeitalter des Frühkapitalismus, Berlin 1931 (Berlinische Bücher, Bd. 3).

Rader, 2003

Rader, Olaf B.: Grab und Herrschaft. Politischer Totenkult von Alexander dem Großen bis Lenin, München 2003.

Radziewski, 1982

Radziewski, Elke von: Menzel – ein Realist?, in: Ausst.-Kat. Menzel, 1982.

Rangström, 1993

Rangström, Lena: The Berlin Carousel of 1750, in: Livrustkammaren, Stockholm 1993, S. 89–120.

Rasche, 1999

Rasche, Adelheid: »Decoratore di Sua Maestà« Giuseppe Galli Bibiena als Bühnenbildner an der Berliner Hofoper Friedrichs II. von Preußen, in: Jahrbuch der Berliner Museen, 41, 1999, S. 99–131.

Raschke, 1993

Raschke, Martin: Der politisierende Generalstab. Die friderizianischen Kriege in der amtlichen deutschen Militägeschichtsschreibung 1890–1914, Freiburg im Breisgau 1993.

Raths, 2009

Raths, Ralf: Vom Massensturm zur Stoßtrupptaktik. Die deutsche Landkriegstaktik im Spiegel von Dienstvorschriften und Publizistik 1906 bis 1918, Freiburg im Breisgau 2009 (Einzelschriften zur Militärgeschichte, 44).

Reber, 1879

Reber, Franz: Geschichte der neueren deutschen Kunst vom Ende des vorigen Jahrhunderts bis zur Wiener Ausstellung 1873, München 1879.

Redern-Wansdorf, 1936

Redern-Wansdorf, Hermann von: Geschichte des Geschlechts von Redern, Bd. 2, Görlitz 1936.

Redworth / Checa, 1999

Redworth, Glyn / Checa, Fernando: The kingdoms of Spain. The courts of the Spanish Habsburgs 1500–1700, in: The princely courts of Europe. Ritual, politics and culture under the Ancien Régime 1500–1750, hrsg. von John Adamson, London 1999, S. 43–65.

Reif, 1979
Reif, Heinz: Westfälischer Adel 1770–1860. Vom Herrschaftsstand zur regionalen Elite, Göttingen 1979.

Reifenberg, 1995
Reifenberg, Bernd: Lessing und die Bibliothek, Wiesbaden 1995 (Wolfenbütteler Schriften zur Geschichte des Buchwesens, 23).

Reimer, 1991
Reimer, Erich: Die Hofmusik in Deutschland, 1500–1800. Wandlungen einer Institution, Wilhelmshaven 1991.

Reinhard, 1999
Reinhard, Wolfgang: Geschichte der Staatsgewalt. Eine vergleichende Verfassungsgeschichte Europas von den Anfängen bis zur Gegenwart, München 1999.

Remy / Julliot, 1767
Remy, Pierre / Julliot, C. F.: Catalogue raisonné des tableaux, desseins & estampes et autres effets curieux, après le décès de M. de Julienne, Paris 1767.

Retzow, 1802
Retzow, Friedrich August von: Charakteristik der wichtigsten Ereignisse des Siebenjährigen Krieges, 2 Bde., Berlin 1802.

Rich / Fisher, 1956–1963
Die geheimen Papiere Friedrich von Holsteins, hrsg. von Norman Rich / Max Henry Fisher, 4 Bde., Göttingen / Berlin / Frankfurt am Main 1956–1963.

Richter, 1995
Richter, Horst: »Ich bin Komponist.« Friedrich II. von Preußen in seinen musikalisch-schöpferischen Kronprinzenjahren in Ruppin und Rheinsberg, in: Die Rheinsberger Hofkapelle von Friedrich. Musiker auf dem Weg zum Berliner »Capell-Bedienten«, hrsg. von Ulrike Liedke, Rheinsberg 1995, S. 1–46.

Richter, 1926
Die Briefe Friedrichs des Großen an seinen vormaligen Kammerdiener Fredersdorf, hrsg. von Johannes Richter, Berlin 1926.

Ridgway, 1986
Ridgway, Ronald S.: Voltairian bel canto: operatic adaptions of Voltaire's tragedies, in: Studies on Voltaire and the Eighteenth century, 241, 1986, S. 125–154.

Riedel, 1866
Riedel, Adolf Friedrich: Der brandenburgisch-preußische Staatshaushalt in den letzten beiden Jahrhunderten, Berlin 1866.

Rink, 1998
Rink, Martin: Vorbild für die Welt oder exakter Schlendrian? Die spätfriderizianischen Manöver, in: Militärgeschichte, 4, 1998.

Rink, 1999
Rink, Martin: Vom »Partheygänger« zum Partisanen. Die Konzeption des kleinen Krieges in Preußen 1740–1813, Frankfurt am Main 1999.

Rink, 2006
Rink, Martin: Der kleine Krieg. Entwicklungen und Trends asymmetrischer Gewalt 1740 bis 1815, in: MGZ 65/2, 2006.

Ritter, 1978
Ritter, Gerhard: Friedrich der Grosse, 3. Aufl., Königstein im Taunus 1978.

Rivière, 2004
Rivière, Marc Serge: »The Pallas of Stockholm«: Louisa Ulrica of Prussia and the Swedish Crown, in: Queenship in Europe, hrsg. von Clarissa Campbell-Orr, Cambridge 2004, S. 322–343.

Robson-Scott, 1965
Robson-Scott, William Douglas: The Literary Background of the Gothic Revival in Germany, Oxford 1965.

Roche, 1993
Roche, Daniel: La France des Lumières, Paris 1993.

Rödenbeck, 1840–1842
Rödenbeck, Karl Heinrich Siegfried: Tagebuch oder Geschichtskalender aus Friedrich's des Großen Regentenleben (1740–1786), 3 Bde., Berlin 1840–1842.

Rödenbeck, 1982
Rödenbeck, Karl Heinrich Siegfried: Tagebuch oder Geschichtskalender aus Friedrichs des Großen Regentenleben (1740–1786), 3 Bde., Bad Honnef 1982 (Neudruck der Ausgabe Berlin 1840–1842).

Rogge, 2002
Rogge, Jörg: Nur verkaufte Töchter? Überlegungen zu Aufgaben, Quellen, Methoden und Perspektiven einer Sozial- und Kulturgeschichte hochadeliger Frauen und Fürstinnen im deutschen Reich während des späten Mittelalters und am Beginn der Frühen Neuzeit, in: Principes. Dynastien und Höfe im späten Mittelalter, hrsg. von Cordula Nolte, Stuttgart 2002, S. 235–276.

Röhl, 1993
Röhl, John C. G.: Wilhelm II. Die Jugend des Kaisers, 1859–1888, München 1993.

Röhl, 2001
Röhl, John C. G.: Wilhelm II. Der Aufbau der Persönlichen Monarchie 1888–1900, München 2001.

Rollenhagen, 1611
Rollenhagen, Gabriel: Nucleus emblematum selectissimorum: quae Itali vulgo impresas vocant: priuata industria, studio singulari, vndiq[ue] conquisitus, non paucis venustis inuentionibus auctus, additis carminib[us] illustratus, Köln 1611.

Roscher, 1874
Roscher, Wilhelm: Geschichte der National-Oekonomik in Deutschland, München 1874.

Rösler, 1992

Rösler, Walter: »Die Canaillen bezahlet man zum Pläsir«. Die königliche Schaubühne zu Berlin unter Friedrich II. und Friedrich Wilhelm II., in: Apollini et Musis. 250 Jahre Opernhaus Unter den Linden, hrsg. von Daniel Barenboim / Georg Quander, Frankfurt am Main / Berlin 1992, S. 13–46.

Rousseau, 1967

Rousseau, Jean Jacques: Correspondance complète, hrsg. von Ralph Alexander Leigh, Bd. 5, Genf 1967.

Rowlands, 2002

Rowlands, Guy: The Dynastic State and the Army under Louis XIV. Royal Service and Private Interest, 1661–1701, New York 2002.

Rüfner, 1962

Rüfner, Wolfgang: Verwaltungsrechtsschutz in Preußen 1749–1842, Bonn 1962.

Rüger, 2006

Rüger, Jan: The Great Naval Game, Cambridge 2006.

Rüsen, 1993

Rüsen, Jörn: Kontinuität, Innovation und Reflexion im späten Historismus: Theodor Schieder, in: Rüsen, Jörn: Konfigurationen des Historismus. Studien zur deutschen Wissenschaftskultur, Frankfurt am Main 1993, S. 357–397.

S

Sachs, 1977

Sachs, Curt: Musik und Oper am kurbrandenburgischen Hof, Hildesheim / New York 1977 (Neudruck der Ausgabe Berlin 1910).

Sachse, 2008

Sachse, Ullrich: Cäsar in Sanssouci. Die Politik Friedrichs des Großen und die Antike, München 2008.

Salewski, 2004

Salewski, Michael: »Meine Wiege war von Waffen umgeben«. Friedrich der Große und der Krieg, in: Zeitschrift für Religions- und Geistesgeschichte, 56 / 1, 2004, S. 1–17.

Salewski, 2005

Salewski, Michael: 1756 und die Folgen. Einleitung, in: Historische Mitteilungen der Ranke-Gesellschaft, 18, 2005, S. 1–5.

Salisch, 2009

Salisch, Marcus von: Treue Deserteure. Das kursächsische Militär und der Siebenjährige Krieg, München 2009.

Salisch, 2010a

Salisch, Marcus von: Das Beispiel Sachsen. Militärreformen in deutschen Mittelstaaten, in: Reform – Reorganisation – Transformation. Zum Wandel in deutschen Streitkräften von den preußischen Heeresreformen bis zur Transformation der Bundeswehr, hrsg. von Karlheinz Lutz / Martin Rink / Marcus von Salisch, München 2010, S. 96–99.

Salisch, 2010b

Salisch, Marcus von: Der Siebenjährige Krieg in seiner internationalen Dimension oder: Der Choral von Leuthen – eine historische Randnotiz?, in: Das Mirakel des Hauses Brandenburg. Die Schlacht bei Kunersdorf / Der Dichter Ewald von Kleist, 2010, S. 7–16.

Salisch, 2010c

Einführung zu Johann Gottlieb Tielke. Unterricht für die Officiers die sich zu Feld Ingenieurs bilden, oder doch den Feldzügen mit Nutzen beywohnen wollen. Neudruck der Handschrift von 1769, hrsg. von Marcus von Salisch, Potsdam 2010.

Salverte, 1927

Salverte, Francois Comte de: Les Ebenistes du XVIIIe siècle. Leurs Œuvres et Leurs Marques, Paris / Brüssel 1927.

Sangl, 1991

Sangl, Sigrid: Spindler?, in: Furniture History, 27, 1991, S. 22–66.

Sangl, 2011

Sangl, Sigrid: Barocker Glanz und exotisches Material – Boulle-Möbel für Wittelsbacher Fürsten, in: Ausst.-Kat. Prunkmöbel, 2011, S. 13–32.

Sassenberg, 2004

Sassenberg, Marina: Selma Stern (1890–1981). Das Eigene in der Geschichte. Selbstentwürfe und Geschichtsentwürfe einer Historikerin, Tübingen 2004.

Schade, 2000

Schade, Kathrin: Die Knöchelspielerin in Berlin und verwandte Mädchenstatuen, in: Antike Plastik, hrsg. von Adolf Heinrich Borbein, Bd. 27, München 2000, S. 91–110.

Schamoni, Dokumentarfilm, 1999

Schamoni, Peter: Majestät brauchen Sonne, Dokumentarfilm über Wilhelm II. (D 1999).

Scharf, 1983

Scharf, Aaron: Art and Photography, London 1983.

Schasler, 1852

Schasler, Max: Die Berliner Kunstausstellung von 1852, Berlin 1852.

Schasler, 1854

Schasler, Max: Die Wandgemälde Wilhelm von Kaulbachs im Treppenhaus des Neuen Museums zu Berlin, Berlin 1854.

Schauner, 1981

Schauner, Ulrich: Die Kunst als Staatsaufgabe im 19. Jahrhundert, in: Kunstverwaltung, Bau- und Denkmalwut im Kaiserreich, hrsg. von Ekkehard Mai / Stephan Waetzold, Berlin 1981.

Schellhase & Bernke, 1992

Restauratorengemeinschaft Schellhase & Bernke Berlin: Restauratorische Farbuntersuchung Nauener Tor Potsdam, 1992.

Schenk, 2006

Schenk, Tobias: »…dienen oder fort«? Soziale, rechtliche und demographische Auswirkungen friderizianischer Judenpolitik in Westfalen (1763–1806), in: Westfalen, 84, 2006, S. 27–64.

Schenk, 2008a

Schenk, Tobias: Der preußische Weg der Judenemanzipation. Zur Judenpolitik des »aufgeklärten Absolutismus«, in: ZHF, 35, 2008, S. 449–482.

Schenk, 2008b

Schenk, Tobias: Der Preußische Staat und die Juden. Eine ambivalente Geschichte aus ostmitteleuropäischer Perspektive, in: Jahrbuch des Simon-Dubnow-Instituts, 7, 2008, S. 435–467.

Schenk, 2008c

Schenk, Tobias: Generalfiskal Friedrich Benjamin Loriol de la Grivillière d'Anières (1736–1803). Anmerkungen zu Vita, Amtsführung und Buchbesitz als Beitrag zur Erforschung preußischer Judenpolitik in der zweiten Hälfte des 18. Jahrhunderts, in: Aschkenas, 2008, S. 185–223.

Schenk, 2010

Schenk, Tobias: Wegbereiter der Emanzipation? Studien zur Judenpolitik des »Aufgeklärten Absolutismus« in Preußen (1763–1812), Berlin 2010.

Schenk, 2011

Schenk, Tobias: Das Judenporzellan, in: Friedrich300-Quellen, URL: http://www.perspectivia.net/content/publikationen/friedrich300-quellen/schenk_judenporzellan/einfuehrung<16.12.2011>.

Scherer, 1896

Scherer, Franz J.: Die Kaiseridee des deutschen Volkes in Liedern seiner Dichter seit dem Jahre 1806, Arnsberg 1896.

Scherf, 1959

Scherf, Konrad: Die brandenburgische Textilindustrie im 18. und 19. Jahrhundert und ihre standortbildenden Faktoren, in: Wissenschaftliche Zeitschrift der pädagogischen Hochschule Potsdam, Gesellschaftlich-Sprachwissenschaftliche Reihe, 5, 1959/1, S. 43–65.

Schick, 2008a

Schick, Afra: Der französische Schreibtisch Friedrichs des Großen im Schloss Sanssouci in Potsdam, hrsg. von der Kulturstiftung der Länder und der Stiftung Preußische Schlösser und Gärten Berlin-Brandenburg, Berlin/Potsdam 2008 (Patrimonia, 321).

Schick, 2008b

Schick, Afra: Johann Friedrich und Heinrich Wilhelm Spindler, in: Friedrich300-Colloquien, Friedrich der Große und der Hof, 2008, URL: http://www.perspectivia.net/content/publikationen/friedrich300-colloquien/friedrich-hof/Schick_Spindler<07.06.2011>.

Schieder, 1968

Schieder, Theodor: Geschichte als Wissenschaft. Eine Einführung, 2. Aufl., München/Wien 1968.

Schieder, 1982

Schieder, Theodor: Friedrich der Große und Machiavelli. Das Dilemma von Machtpolitik und Aufklärung, in: HZ 234, 1982, S. 265–294.

Schieder, 1983

Schieder, Theodor: Friedrich der Große. Ein Königtum der Widersprüche, Frankfurt am Main/Berlin/Wien 1983.

Schieder, 1984

Schieder, Theodor: Über den Beinamen »der Große«. Reflexionen über historische Größe, Opladen 1984 (Rheinisch-Westfälische Akademie der Wissenschaften, Vorträge, G 271).

Schieder, 1986a

Schieder, Theodor: Friedrich der Grosse. Ein Königtum der Widersprüche, Gütersloh [1986].

Schieder, 1986b

Schieder, Theodor: Friedrich der Große. Ein Königtum der Widersprüche, Frankfurt am Main/Berlin 1986.

Schieder, 1998

Schieder, Theodor: Friedrich der Große. Ein Königtum der Widersprüche, Berlin 1998 (Neudruck der Ausgabe 1983).

Schieffer, 1978

Schieffer, Rudolf: Gregor VII. Ein Versuch über die historische Größe, in: Historisches Jahrbuch, 97/98, 1978, S. 87–107.

Schippan, 2009

Schippan, Michael: Eine historisch Große: Katharina II. von Russland, in: Friedrich300-Friedrich und die historische Größe, 2009, URL: http://www.perspectivia.net/content/publikationen/friedrich300-colloquien/friedrich-groesse/schippan_katharina<16.12.2011>.

Schlaffer, 1973

Schlaffer, Heinz: Der Bürger als Held. Sozialgeschichtliche Auflösungen literarischer Widersprüche, Frankfurt 1973.

Schlenke, 1963

Schlenke, Manfred: England und das friderizianische Preussen: 1740–1763. Ein Beitrag zum Verhältnis von Politik und öffentlicher Meinung im England des 18. Jahrhunderts, Freiburg im Breisgau 1963.

Schleuning, 1997

Schleuning, Peter: »Ich habe den Namen gefunden, nämlich Montezuma«. Die Berliner Hofopern »Coriolano« und »Montezuma«, entworfen von Friedrich II. von Preußen, komponiert von Carl Heinrich Graun, in: Traditionen – Neuansätze. Festschrift für Anna Amalie Abert (1906–1996), hrsg. von Kurt Hortschansky, Tutzing 1997, S. 493–518.

Schlobach, 1993

Schlobach, Jochen: Französische Aufklärung und deutsche Fürsten, in: Aufklärung als Mission/La mission des lumières: Akzeptanzprobleme und Kommunikationsdefizite/Accueil réciproque et difficultés de communication, hrsg. von Werner Schneiders, Marburg 1993, S. 175–194.

Schlözer, 1856

Schlözer, Kurt von: Chasot. Zur Geschichte Friedrichs des Großen und seiner Zeit, Berlin 1856.

Schmidt, 1934/1935

Schmidt, Heinrich Jakob: Die Berliner Seidenweberei zur Zeit Friedrichs des Großen und die Tapeten im Neuen Palais, in: Sitzungsberichte der Kunstgeschichtlichen Gesellschaft zu Berlin, 1934/1935, S. 19–22.

Schmidt, 1958

Schmidt, Heinrich Jakob: Alte Seidenstoffe. Ein Handbuch für Sammler und Liebhaber, Braunschweig 1958, S. 411–417.

Schmidt, 2001

Schmidt, Wolfgang: Historische Militärarchitektur in Potsdam heute, Berlin 2001.

Schmidt-Lötzen, 1907

Dreißig Jahre am Hofe Friedrichs des Großen. Aus den Tagebüchern des Reichsgrafen Ernst Ahasverus Heinrich von Lehndorf, Kammerherrn der Königin Elisabeth Christine von Preußen, hrsg. von Karl Eduard von Schmidt-Lötzen, Hauptbd., Gotha 1907.

Schmidt-Lötzen, 1910–1913

Dreißig Jahre am Hofe Friedrichs des Großen. Aus den Tagebüchern des Reichsgrafen Ernst Ahasverus Heinrich von Lehndorf, Kammerherrn der Königin Elisabeth Christine von Preußen, bearb. von Karl Eduard von Schmidt-Lötzen, Nachträge, 2 Bde., Gotha 1910–1913.

Schmidtchen, 1999

Schmidtchen, Volker: Militärtechnik in Preußen im 18. Jahrhundert, in: Nützliche Künste. Kultur- und Sozialgeschichte der Technik im 18. Jahrhundert, hrsg. von Ulrich Troitzsch, Münster 1999.

Schmoller/Hintze, 1892

Schmoller, Gustav von/Hintze, Otto: Die Preußische Seidenindustrie und ihre Begründung durch Friedrich den Großen, 3 Bde., Berlin 1892.

Schneider, 1852

Schneider, Louis: Geschichte der Oper und des Königlichen Opernhauses in Berlin, Berlin 1852.

Schneider, 2005

Kultur der Kommunikation. Die europäische Gelehrtenrepublik im Zeitalter von Leibniz und Lessing, hrsg. von Ulrich Johannes Schneider, Wiesbaden 2005 (Wolfenbütteler Forschungen, Bd. 109).

Schneider, 2005a

Schneider, Werner: Die Philosophie des aufgeklärten Absolutismus. Zum Verhältnis von Philosophie und Politik, nicht nur im 18. Jahrhundert, in: Schneider, Werner: Philosophie der Aufklärung – Aufklärung der Philosophie. Gesammelte Studien zu seinem 70. Geburtstag, hrsg. von Frank Grunert, Berlin 2005, S. 399–422.

Schnettger, 2003

Schnettger, Matthias: Rang, Zeremoniell, Lehnssysteme: Hierarchische Elemente im europäischen Staatensystem der Frühen Neuzeit, in: Die frühneuzeitliche Monarchie und ihr Erbe. Festschrift für Heinz Duchhardt zum 60. Geburtstag, hrsg. von Ronald G. Asch/Johannes Arndt/Matthias Schnettger, Münster 2003, S. 179–195.

Schoeps, 2003

Schoeps, Julius H.: »Ein jeder soll vor alle und alle vor ein stehn«. Die Judenpolitik in Preußen in der Regierungszeit König Friedrich Wilhelms I., in: Der Soldatenkönig. Friedrich Wilhelm I. in seiner Zeit, hrsg. von Friedrich Beck/Julius H. Schoeps, Potsdam 2003, S. 141–160.

Schönpflug, 2009

Schönpflug, Daniel: Die Heiraten der Hohenzollern. Verwandtschaft, Politik und Ritual im europäischen Kontext 1648–1918, Habil. Freie Universität Berlin 2009 (erscheint 2012).

Schorn, 1835

Schorn, Ludwig: Umriß einer Theorie der bildenden Künste, Stuttgart 1835.

Schrader, 1988

Schrader, Susanne: Architektur der barocken Hoftheater in Deutschland, München 1988 (Beiträge zur Kunstwissenschaft, 21).

Schubart, 1786

Schubart, Christian Friedrich Daniel: Sämtliche Gedichte, Bd. 2, Stuttgart 1786.

Schultz, 1988

Der Roggenpreis und die Kriege des großen Königs. Chronik und Rezeptsammlung des Berliner Bäckermeisters Johann Friedrich Heyde 1740 bis 1786, hrsg. von Helga Schultz, Berlin 1988.

Schumann, 1986

Friedrich der Große. Mein lieber Marquis! Sein Briefwechsel mit Jean-Baptiste d'Argens während des Siebenjährigen Krieges, hrsg. von Hans Schumann, 2. Aufl., Zürich 1986.

Schumann/Schweizer, 2008

Schumann, Matt/Schweizer, Karl W.: The Seven Years War: a transatlantic history, London u. a. 2008.

Schütte, 2008

Schütte, Ulrich: Berlin und Potsdam. Die Schlossräume der Hohenzollern zwischen Innovation und inszenierter Tradition, in: Bourbon – Habsburg – Oranien. Konkurrierende Modelle im dynastischen Europa um 1700, hrsg. von Christoph Kampmann/Katharina Krause/Eva-Bettina Krems/Anuschka Tischer, Köln/Weimar/Wien 2008, S. 107–125.

Schwenke, 1911

Schwenke, Elsbeth: Friedrich der Große und der Adel, Diss., Berlin 1911.

Scott, 2000

Scott, Hamish: 1763–1786: the second reign of Frederick II?, in: The rise of Prussia 1700–1830, hrsg. von Philip Dwyer, New York 2000.

Seele, 2005

Seele, Sieglinde: Lexikon der Bismarck-Denkmäler. Türme – Standbilder – Büsten – Gedenksteine – andere Ehrungen. Eine Bestandsaufnahme in Wort und Bild, Petersberg 2005.

Segner, 1994

Segner, Hans-Knud: Holzgutachten über das Vorkommen holzzerstörender Organismen und daraus abzuleitende Maßnahmenempfehlungen, 1994.

Seidel, 1895

Seidel, Paul: Die Metallbildhauer Friedrichs d. Großen, in: Jahrbuch der Königlich-Preußischen Kunstsammlungen, 16, 1895, S. 48–60.

Seidel, 1896

Seidel, Paul: Der Silber- und Goldschatz der Hohenzollern im Königlichen Schlosse zu Berlin, Berlin 1896.

Seidel, 1904

Seidel, Paul: Das Potsdamer Stadtschloß bis zu Friedrich dem Großen, in: Hohenzollern-Jahrbuch, 8, 1904, S. 143–174.

Seidel, 1913

Seidel, Paul: Die Insignien und Juwelen der preußischen Krone. Mit einer Einleitung von Reinhold Koser, in: Hohenzollern-Jahrbuch, 17, 1913, S. 1–69.

Seidlitz, 1990

Friedrich der Große. Gedanken und Erinnerungen. Werke, Briefe, Gespräche, Gedichte, Erlasse, Berichte und Anekdoten, hrsg. von Woldemar von Seidlitz, Essen 1990.

Seifert / Seban, 2004

Der Marquis d'Argens, hrsg. von Hans-Ulrich Seifert / Jean-Loup Seban, Wiesbaden 2004 (Wolfenbütteler Forschungen, 103).

Seneca, 2007

Seneca: Epistulae morales ad Lucilium, lateinisch-deutsch: Briefe an Lucilius, übersetzt und hrsg. von Gerhard Fink, Düsseldorf 2007.

Sharpe, 1999

Sharpe, Kevin: Representations and Negotiations. Texts, Images and Authority in Early Modern England, in: Historical Journal, 42, 1999, S. 853–881.

Sharpe, 2009

Sharpe, Kevin: Selling the Tudor Monarchy. Authority and Image in Sixteenth Century England, New Haven / London 2009.

Sharpe, 2010

Sharp, Kevin: Image Wars. Promoting Kings and Commonwealths in England 1603–1660, New Haven / London 2010.

Siebeneicker, 2002

Siebeneicker, Arnulf: Offizianten und Ouvriers. Sozialgeschichte der Königlichen Porzellan-Manufaktur und der Königlichen Gesundheitsgeschirr-Manufaktur in Berlin 1763–1880, Berlin / New York 2002.

Sieg, 2003

Sieg, Hans-Martin: Staatsdienst, Staatsdenken und Dienstgesinnung in Brandenburg-Preußen im 18. Jahrhundert (1713–1806). Studien zum Verständnis des Absolutismus, Berlin / New York 2003 (Veröffentlichungen der Historischen Kommission zu Berlin, 103).

Skalweit, 1952

Skalweit, Stephan: Frankreich und Friedrich der Große. Der Aufstieg Preußens in der öffentlichen Meinung des »Ancien Régime«, Bonn 1952 (Bonner Historische Forschungen, 1).

Skinner, 1988

Skinner, Quentin: ›Social Meaning‹ and the Explanation of Social Action, in: Meaning and Context. Quentin Skinner and his Critics, bearb. von James Tully, Cambridge 1988, S. 79–98.

Sommer, 2010

Sommer, Claudia: Melchior Kambly als Potsdamer Bürger und Unternehmer, in: Mitteilungen des Vereins für Kultur und Geschichte Potsdams – Studiengemeinschaft Sanssouci e. V., 15, 2010, S. 7–31.

Sommerfeld, 1916

Sommerfeld, Wilhelm von: Die äußere Entstehungsgeschichte des »Antimachiavel« Friedrichs des Großen, in: Forschungen zur Brandenburgischen und Preußischen Geschichte, 29, 1916, S. 457–470.

Sommerfeldt, 1942

Sommerfeldt, Josef: Die Judenfrage als Verwaltungsproblem in Südpreussen, Diss., Berlin 1942.

Sonkajärvi, 2009

Sonkajärvi, Hanna: Vorbild Dänemark – Lehrmeister Preußen? Die Heeresreformen des Comte de Saint-Germain in Dänemark (1762–1766) und in Frankreich (1775–1777) im Vergleich, in: Militär und Gesellschaft in der Frühen Neuzeit, 2, 2009, S. 256–261.

Spieß, 1993

Spieß, Karl Heinz: Familie und Verwandtschaft im deutschen Hochadel des Spätmittelalters, Stuttgart 1993.

Spranger, 1962

Spranger, Eduard: Der Philosoph von Sanssouci, 2. Aufl., Heidelberg 1962.

Springer, 1856

Springer, Anton: Die bildenden Künste in der Gegenwart, in: Die Gegenwart, eine encyklopädische Darstellung der neuesten Zeitgeschichte für alle Stände, Bd. 12, Leipzig 1856.

Stamm-Kuhlmann, 1990

Stamm-Kuhlmann, Thomas: Der Hof Friedrich Wilhelms III. von Preußen 1797 bis 1840, in: Hof und Hofgesellschaft in den deutschen Staaten im 19. und beginnenden 20. Jahrhundert, hrsg. von Karl Möckl, Boppard 1990 (Deutsche Führungsschichten in der Neuzeit, 19), S. 275–319.

Stamm-Kuhlmann, 1992

Stamm-Kuhlmann, Thomas: König in Preußens großer Zeit: Friedrich Wilhelm III. – der Melancholiker auf dem Thron, Berlin 1992.

Stärk, 1995

Stärk, Ekkehard: Kampanien als geistige Landschaft. Interpretationen zum antiken Bild des Golfs von Neapel, München 1995.

Stehkämper, 1982

Stehkämper, Hugo: Über die geschichtliche Größe Alberts des Großen. Ein Versuch, in: Historisches Jahrbuch, 102, 1982, S. 72–93.

Steinbrucker, 1919

Daniel Chodowiecki. Briefwechsel zwischen ihm und seinen Zeitgenossen, hrsg. von Charlotte Steinbrucker, Bd. 1: 1736–1786 (zugehörige Folgebände sind nicht erschienen), Berlin 1919.

Steinbrucker, 1928

Briefe Daniel Chodowieckis an die Gräfin Christiane von Solms-Laubach, hrsg. von Charlotte Steinbrucker, Straßburg 1928.

Steinmetz, 1985

Friedrich II., König von Preußen, und die deutsche Literatur des 18. Jahrhunderts. Texte und Dokumente, hrsg. von Horst Steinmetz, Stuttgart 1985, S. 60–99.

Stern, 1921

Stern, Selma: Karl Wilhelm Ferdinand, Herzog zu Braunschweig und Lüneburg, Hildesheim/Leipzig 1921 (Veröffentlichungen der Historischen Kommission für Hannover, Oldenburg, Braunschweig, Schaumburg-Lippe und Bremen, 6).

Stern, 1962–1975

Stern, Selma: Der preußische Staat und die Juden, 8 Bde., Tübingen 1962–1975.

Stern, 1971a

Stern, Selma: Der preußische Staat und die Juden, Teil 3: Die Zeit Friedrichs des Großen, Abt. 1, Tübingen 1971.

Stern, 1971b

Stern, Selma: Der preußische Staat und die Juden, Teil 3: Die Zeit Friedrichs des Großen, Abt. 2, Hbd. 1, Tübingen 1971.

Sternberg, 1852

Sternberg, Alexander von: Ein Carneval in Berlin, Leipzig 1852.

Stollberg-Rilinger, 1997

Stollberg-Rilinger, Barbara: Höfische Öffentlichkeit: Zur zeremoniellen Selbstdarstellung des brandenburgischen Hofes vor dem europäischen Publikum, in: Forschungen zur Brandenburgischen und Preußischen Geschichte, 7, 1997, S. 145–176.

Stollberg-Rilinger, 2004

Stollberg-Rilinger, Barbara: Symbolische Kommunikation in der Vormoderne. Begriffe – Forschungsperspektiven – Thesen, in: ZHF, 31, 2004, S. 489–527.

Straubel, 1995

Straubel, Rolf: Kaufleute und Manufakturunternehmer. Eine empirische Untersuchung über die sozialen Träger von Handel und Großgewerbe in den mittleren preußischen Provinzen (1763 bis 1815), Stuttgart 1995.

Straubel, 1998

Straubel, Rolf: Beamte und Personalpolitik im altpreußischen Staat. Soziale Rekrutierung, Karriereverläufe, Entscheidungsprozesse (1763–1806), Potsdam 1998.

Straubel, 2009

Straubel, Rolf: Biographisches Handbuch der preußischen Verwaltungs- und Justizbeamten 1740–1806/15, Teil 2, München 2009.

Strohm/Dubowy, 1995

Strohm, Reinhard/Dubowy, Norbert: Dramma per musica, in: Die Musik in der Geschichte und Gegenwart, hrsg. von Ludwig Finscher, Sachteil 2, 2. Aufl., Kassel 1995, Sp. 1452–1500.

Stübig, 2010

Stübig, Heinz: Das höhere militärische Bildungswesen im Zeichen der Aufklärung, in: Reform – Reorganisation – Transformation. Zum Wandel in deutschen Streitkräften von den preußischen Heeresreformen bis zur Transformation der Bundeswehr, hrsg. von Karlheinz Lutz/Martin Rink/Marcus von Salisch, München 2010, S. 29–42.

Stürmer, 2002

Stürmer, Michael: Abgesang auf das Ancien Régime oder: die Suche nach der Glückseligkeit. Wie Privatheit und Klassizismus den Staat veränderten, in: Die öffentliche Tafel. Tafelzeremoniell in Europa 1300–1900, hrsg. von Hans Ottomeyer/Michaela Völkel, Berlin 2002, S. 112–117.

Sueton, 1985

Sueton: Augustus, hrsg. von Werner Krenkel, Berlin/Weimar 1985.

Sydow, 1913

Sydow, Hermann von: Beiträge zur Geschichte derer von Sydow, Teil 3, Groß Lichterfelde 1913.

Szabo, 2008

Szabo, Franz A. J.: The Seven Years War in Europe 1756–1763, Harlow u. a. 2008.

T

Taureck, 1986

Friedrich der Große und die Philosophie. Texte und Dokumente, hrsg. und eingeleitet von Bernhard Taureck, Stuttgart 1986.

Tempelhof, 1986

Tempelhof, Georg Friedrich von: Geschichte des Siebenjährigen Krieges in Deutschland zwischen dem Könige von Preußen und der Kaiserin Königin mit ihren Alliierten, 6 Bde., Osnabrück 1986 (Neudruck der Ausgabe Berlin 1783–1801).

Terlinden, 1804

Terlinden, Reinhard Friedrich: Grundsätze des Juden-Rechts nach den Gesetzen für die Preußischen Staaten, Halle 1804.

Terne, 2003

Terne, Claudia: Ein königlicher Impresario und Librettist. Friedrich II. von Preußen als Förderer und Mitgestalter der Hofoper in Berlin und als Verfasser der Oper »Montezuma«, masch. Magisterarbeit an der HU Berlin 2003.

Terrall, 1992

Terrall, Mary: Representing the Earth's Shape, in: Isis, 83, 1992, S. 218–237.

Terrall, 2002

Terrall, Mary: The Man Who Flattened the Earth. Maupertuis and the Sciences in the Enlightenment, Chicago / London 2002.

Tesch, 1890

Patriotische Dichtungen zur Schulfeier an den Kaisertagen, hrsg. von Peter Tesch, Neuwied / Leipzig 1890.

Theobald, 1997

Theobald, Rainer: Noverres Anfänge in Berlin. Zur Geschichte des Balletts an der Hofoper Friedrichs des Großen, in: Digitale Fachzeitschrift Tanzwissenschaft, 4, Deutsches Tanzarchiv Köln, URL: http:// www.sk-kultur.de/tanz/tanz0497.htm<25.05.2009>.

Der Teutsche Merkur, 1785

Der Teutsche Merkur, hrsg. von Christoph Martin Wieland, Weimar (bis 1785) / Leipzig (bis 1789) 1773–1789.

Thiébault, 1804

Thiébault, Dieudonné: Frédéric, sa cour, les voyageurs, et les ministres étrangers, Paris 1804.

Thiébault, 1912

Thiébault, Dieudonné: Friedrich der Große und sein Hof. Persönliche Erinnerungen an einen 20jährigen Aufenthalt in Berlin, bearb. von Heinrich Conrad, Bd. 1, 4. Aufl., Stuttgart 1912.

Thornton, 1965

Thornton, Peter: Baroque and Rococo Silks, London 1965.

Thouret, 1898

Thouret, Georg: Friedrich der Große als Musikfreund und Musiker, Leipzig 1898.

Tiede, 1786

Rede bei der Gedächtnißfeier Friedrichs des Großen in der evangel. Kirche zu Schweidnitz am 14ten Sonntage nach Trinitatis 1786, gehalten von Johann Friedrich Tiede, Schweidnitz 1786.

Tielke, 1777

Tielke, Johann Gottlieb: Mémoires pour servir à l'art et à l'histoire de la guerre de 1756–1763, Bd. 6, Freyberg 1777.

Tilmann, 2009

Tilmann, Max: Boulle-Möbel im Reich. Eine Studie zur Geschmacksbildung am Beispiel Kurbayerns, in: Ausst.-Kat. Ein neuer Stil für Europa, 2009, S. 153–165.

Tischer, 2008

Tischer, Anuschka: Verwandtschaft als Faktor französischer Außenpolitik: Auswirkungen und Grenzen dynastischer Politik im 17. Jahrhundert, in: Grenzüberschreitende Familienbeziehungen. Akteure und Medien des Kulturtransfers in der Frühen Neuzeit, hrsg. von Dorothea Nolde / Claudia Opitz, Köln u. a. 2008, S. 39–53.

Toury, 1977

Toury, Jacob: Der Eintritt der Juden ins deutsche Bürgertum, in: Das Judentum in der deutschen Umwelt 1800–1850, hrsg. von Hans Liebeschütz / Arnold Paucker, Tübingen 1977, S. 139–242.

Tunstall, 2006

Tunstall, Kate E.: ›Le récit est un voile‹: esthètique et Lumières, 2006, URL: http://www.voltaire.ox.ac.uk/bestermancentre/docs/Voile.pdf<11.7.2010>.

U

Ullrich, 1894

Ullrich, Titus: Kritische Aufsätze über Kunst, Literatur und Theater, Berlin 1894.

Unfer Lukoschik, 2008

Italienerinnen und Italiener am Hofe Friedrichs II. (1740–1786), hrsg. von Rita Unfer Lukoschik, Berlin 2008.

»Unterhaltungen am häuslichen Herd«, 1856

Unterhaltungen mit Friedrich dem Großen, 1884

Unterhaltungen mit Friedrich dem Großen. Memoiren und Tagebücher von Heinrich de Catt, hrsg. von Reinhold Koser, Leipzig 1884 (Publikationen aus den Königlich Preußischen Staatsarchiven, 12).

V

Valori, 1820

Mémoires des négociations du marquis de Valori, ambassadeur de France à la cour de Berlin, accompagnés d'un recueil de lettres de Frédéric le Grand … précédés d'une notice historique sur la vie de l'auteur. Par le comte H. de Valori, Bd. 1, Paris 1820.

Vanhoren, 1999

Vanhoren, Raf: Tapisseries bruxelloise d'après les modèles de Charles Le Brun: L'Histoire de Alexandre le Grand, in: La tapisserie au XVIIe siècle et les collections européennes. Actes du colloque international de Chambord, Paris 1999, S. 61–76.

Vehse, 1851

Vehse, Eduard: Der Hof Friedrichs des Großen, München o. J. (Neudruck des Bandes: Geschichte des preußischen Hofs und Adels und der preußischen Diplomatie, Hamburg 1851).

Vehse, 1913

Vehse, Eduard: Preußische Hofgeschichten. Neu hrsg. von Heinrich Conrad, Bd. 3, München 1913.

Ventzke, 2002

Hofkultur und aufklärerische Reformen in Thüringen. Die Bedeutung des Hofes im späten 18. Jahrhundert, hrsg. von Marcus Ventzke, Köln / Weimar 2002.

Verfolgung, 1756

O. A.: Verfolgung der Reichshofrathlichen Conclusiorum den gewaltsamen Königl. Preußischen Chur- [...] Einfall in die königl. Poln. Chur [...], o. O. 1756 (Flugschrift in der Gerhard-Knoll-Forschungsbibliothek der Stiftung Preußische Schlösser und Gärten Berlin-Brandenburg).

Vergil, 1989

Vergil: Aeneis, übersetzt und hrsg. von Wilhelm Plankl unter Mitwirkung von Karl Vretska, Stuttgart 1989.

Vierhaus, 1960

Das Tagebuch der Baronin Spitzemberg. Aufzeichnungen aus der Hofgesellschaft des Hohenzollernreiches, hrsg. von Rudolf Vierhaus, Göttingen 1960.

Vierhaus, 1963

Das Tagebuch der Baronin Spitzemberg. Aufzeichnungen aus der Hofgesellschaft des Hohenzollernreiches, hrsg. von Rudolf Vierhaus, 3., durchgesehene Aufl., Göttingen 1963.

Vierhaus, 1987

Vierhaus, Rudolf: Staatsverständnis und Staatspraxis Friedrichs II. von Preußen, in: Kunisch, Johannes: Analecta Fridericiana, Berlin 1987, S. 75 – 90.

Vierhaus, 2004

Vierhaus, Rudolf: Friedrich II. von Preußen. Die Widersprüchlichkeit seiner historischen Größe, in: Frühe Neuzeit. Festschrift für Ernst Hinrichs, hrsg. von Karl-Heinz Ziessow, Bielefeld 2004 (Studien zur Regionalgeschichte, 17), S. 233 – 246.

Vischer, 1922

Vischer, Friedrich Theodor: Rezension zu A. Hallmann, Kunstbestrebungen der Gegenwart (Berlin 1842), in: Vischer, Friedrich Theodor: Kritische Gänge, hrsg. von Robert Vischer, Bd. 5, München 1922.

Vogt, 2007

Vogt, Wilfried G.: »… in Trauerkleidung mit Mänteln und Houken. Die Gemeinde Dahl an der Volme trauert um den Preußenkönig Friedrich den Großen«, in: Märkisches Jahrbuch für Geschichte, 107, 2007, S. 280 – 285.

Vogtherr, 2001

Vogtherr, Christoph Martin: Absent love in pleasure houses. Frederick II of Prussia as art collector and patron, in: Art History, 24, 2001, S. 231 – 246.

Vogtherr, 2003

Vogtherr, Christoph Martin: Friedrich II. von Preußen als Sammler von Gemälden und der Marquis d'Argens, in: Preußen. Die Kunst und das Individuum, hrsg. von Hans Dickel / Christoph Martin Vogtherr, Berlin 2003, S. 41 – 55.

Vogtherr, 2005a

Vogtherr, Christoph Martin: Friedrich II. von Preußen und seine Sammlung französischer Gemälde, in: Ausst.-Kat. Französische Meisterwerke, 2005, S. 89 – 96.

Vogtherr, 2005b

Vogtherr, Christoph Martin: Königtum und Libertinage. Das Audienz- und Speisezimmer im Schloss Sanssouci, in: Geist und Macht. Friedrich der Große im Kontext der europäischen Kulturgeschichte, hrsg. von Brunhilde Wehinger, Berlin 2005, S. 201 – 210.

Völkel, 1999

Völkel, Markus: The Margravate of Brandenburg and the kingdom of Prussia: the Hohenzollern court 1535 – 1740, in: The princely courts of Europe. Ritual, politics and culture under the Ancien Régime 1500 – 1750, hrsg. von John Adamson, London 1999, S. 211 – 229.

Volkov, 2000

Volkov, Shulamit: Die Juden in Deutschland 1780 – 1918, 2. Aufl., München 2000.

Voltaire, 1753

Voltaire: Le Siècle de Louis XIV, Bd. 1, 3. Aufl., Dresden 1753.

Volz, 1907a

Volz, Gustav Berthold: Ein österreichischer Bericht über den Hof Friedrichs des Großen, in: Hohenzollern-Jahrbuch, 11, 1907, S. 270 – 274.

Volz, 1907b

Volz, Gustav Berthold: Eine türkische Gesandtschaft am Hofe Friedrichs des Großen im Winter 1763 / 64, in: Hohenzollern-Jahrbuch, 11, 1907, S. 17 – 54.

Volz, 1919

Gespräche Friedrichs des Großen, hrsg. von Gustav Berthold Volz, Berlin 1919.

Volz, 1922

Volz, Gustav Berthold: Die fridericianischen Anekdotenbilder, in: Volz, Gustav Berthold: Aus der Welt Friedrichs des Großen, Dresden 1922, S. 167 – 178.

Volz, 1924 – 1926

Friedrich der Große und Wilhelmine von Baireuth, hrsg. von Gustav Berthold Volz, 2 Bde., Leipzig 1924 – 1926.

Volz, 1926 – 1927

Friedrich der Große im Spiegel seiner Zeit, 3. Bde., hrsg. von Gustav Berthold Volz, Berlin 1926 – 1927.

Volz, 1927

Briefwechsel Friedrichs des Großen mit seinem Bruder Prinz August Wilhelm, hrsg. von Gustav Berthold Volz, Leipzig 1927.

Vossische Zeitung, 1856

Voß, 1932

Neunundsechzig Jahre am Preußischen Hofe. Aus den Tagebüchern und Aufzeichnungen der Oberhofmeisterin Sophie Wilhelmine von Voß, Berlin 1932.

W

Warnke, 1992
Warnke, Martin: Politische Landschaft. Zur Kunstge-schichte der Natur, München 1992.

Watanabe-O'Kelly, 1992
Watanabe-O'Kelly, Helen: Triumphall Shews: tournaments at German-speaking courts in their European context 1560−1730, Berlin 1992.

Weber, 1996
Weber, Gordian: Die Antikensammlung der Wilhelmine von Bayreuth, München 1996.

Weber, 1998
Weber, Gordian: Die italienische Reise der Markgräfin Wilhelmine und ihre Antikenankäufe, in: Ausst.-Kat. Paradies des Rokoko, 1998, S. 58−64.

Weber, 2010
Weber, Jörg: Zeder? Nein, Wacholder. Quellenstudien und Holzartenbestimmung an Innenausstattungen Pots-damer Schlösser, in: Königliches Parkett in preußischen Schlössern, Geschichte, Erhaltung und Restaurierung begehbarer Kunstwerke, hrsg. von Hans Michaelsen, Petersberg 2010, S. 391−404.

Weber, 1998a
Weber, Wolfgang: Dynastiesicherung und Staatsbildung. Die Entfaltung des frühmodernen Fürstenstaats, in: Der Fürst. Ideen und Wirklichkeiten in der europäischen Geschichte, hrsg. von Wolfgang Weber, Köln 1998, S. 91−136.

Wehinger, 2005
Geist und Macht. Friedrich der Große im Kontext der europäischen Kulturgeschichte, hrsg. von Brunhilde Wehinger, Berlin 2005.

Wehinger, 2009
Wehinger, Brunhilde: »Mon cher Algarotti«. Zur Korres-pondenz zwischen Friedrich dem Großen und Francesco Algarotti, in: Francesco Algarotti. Ein philosophischer Hofmann im Zeitalter der Aufklärung, hrsg. v. Hans Schumacher / Brunhilde Wehinger, Saarbrücken 2009 (Aufklärung und Moderne, 16), S. 71−97.

Wehler, 1983
Wehler, Hans-Ulrich: Preußen ist wieder chic. Politik und Polemik in 20 Essays, Frankfurt am Main 1983.

Wehler, 1995
Wehler, Hans-Ulrich: Deutsche Gesellschaftsgeschichte, Bd. 3: Von der Deutschen Doppelrevolution bis zum Beginn des Ersten Weltkrieges, 1849−1914, München 1995.

Weimarer Sonntags-Blatt. Zeitschrift für Unterhaltung aus Literatur und Kunst, 1856.

Weise, 1823
Weise, Adam: Grundlage zu der Lehre von den verschie-denen Gattungen der Malerei, Halle / Leipzig 1823.

Weller, 2004
Weller, Tobias: Die Heiratspolitik des deutschen Hoch-adels im 12. Jahrhundert, Köln 2004.

Wellesz, 1913/1914
Wellesz, Egon: Francesco Algarotti und seine Stellung zur Musik, in: Sammelbände der internationalen Musikge-sellschaft (SIMG), 15, 1913/1914, S. 427−439.

Werke
Die Werke Friedrichs des Großen, in deutscher Überset-zung von Friedrich von Oppeln-Bronikowski / Willy Rath / Carl Werner von Jordans u. a., hrsg. von Gustav Berthold Volz, 10 Bde., Berlin 1913−1914.

Wessely, 1887
Wessely, Ignaz Joseph Erman Eduard: Kritische Verzeich-nisse von Werken hervorragender Kupferstecher, Bd. 1: Georg Friedrich Schmidt, Hamburg 1887.

Wiesend, 1991
Wiesend, Reinhard: Der Held als Rolle: Metastasios Alex-ander, in: Opernheld und Opernheldin im 18. Jahrhundert. Aspekte der Librettoforschung. Ein Tagungsbericht, hrsg. von Klaus Hortschansky, Hamburg / Eisenach 1991 (Schrif-ten zur Musikwissenschaft aus Münster, 1), S. 139−152.

Wilson, 1996
Wilson, Peter H.: The German »soldier trade« of the seventeenth and eighteenth centuries. A reassessment, in: International History Review, 18, 1996, S. 757−792.

Winckelmann, 1760
Winckelmann, Johann Joachim: Description des pierres gravées du feu Baron de Stosch, Florenz 1760.

Winkel, 2009
Winkel, Carmen: »Getreu wie goldt oder malicieus wie Deuffel?« Der brandenburg-preußische Adel und der Dienst als Offizier, in: Brandenburg und seine Landschaf-ten. Zentrum und Region vom Spätmittelalter bis 1800, hrsg. von Lorenz Beck / Frank Göse, Berlin 2009.

Winter, 1957
Die Registres der Berliner Akademie der Wissenschaften 1746−1766. Dokumente für das Wirken Eulers in Berlin, hrsg. von Eduard Winter, Berlin 1957.

Winterling, 2004
Winterling, Alois: »Hof«. Versuch einer idealtypischen Bestimmung anhand der mittelalterlichen und frühneu-zeitlichen Geschichte, in: Hof und Theorie. Annäherun-gen an ein historisches Phänomen, hrsg. von Reinhardt Butz, Köln / Weimar / Wien 2004 (Norm und Struktur. Studien zum sozialen Wandel in Mittelalter und Früher Neuzeit, 22), S. 77−90.

Wolff, 1978
Wolff, Hellmuth Christian: Voltaire und die Oper, in: Musikforschung, 30, 1978, S. 257−272.

Wolff, 1981
Wolff, Hellmuth Christian: Die erste italienische Oper in Berlin: Carl Heinrich Grauns Rodelinda, in: Beiträge zur Musikwissenschaft, 23, 1981, S. 195−211.

Wolff, 1912

Berliner geschriebene Zeitungen aus dem Jahre 1740. Der Regierungsanfang Friedrichs des Großen, hrsg. von Richard Wolff, Berlin 1912 (Schriften des Vereins für die Geschichte Berlins, 44).

Wolfslast, 1941

Wolfslast, Wilhelm: Die Kriege Friedrichs des Großen, Stuttgart 1941 (Geschichtsfibeln für Wehrmacht und Volk).

Wormsbächer, 1988

Wormsbächer, Elisabeth: Daniel Nikolaus Chodowiecki. Erklärungen und Erläuterungen zu seinen Radierungen, Hannover 1988.

Wrede, 2006

300 Jahre »Thesaurus Brandenburgicus«: Archäologie, Antikensammlungen und antikisierende Residenzausstattungen im Barock. Akten des Internationalen Kolloquiums, Schloss Blankensee 2000, hrsg. von Henning Wrede, München 2006.

Wunder, 2002

Dynastie und Herrschaftssicherung in der Frühen Neuzeit. Geschlechter und Geschlecht, hrsg. von Heide Wunder, Berlin 2002 (ZHF, Beiheft, 28).

Z

Zangs, 1992

Zangs, Christiane: Die künstlerische Entwicklung und das Werk Menzels im Spiegel der zeitgenössischen Kritik, Aachen 1992.

Zazoff, 1983

Zazoff, Peter / Zazoff, Hilde: Gemmensammler und Gemmenforscher. Von einer noblen Passion zur Wissenschaft, München 1983.

Zedler

Zedler, Johann Heinrich: Grosses vollständiges Universal Lexicon aller Wissenschafften und Künste, 64 Bde. u. 3 Supplementbände, Leipzig u. a. 1732–1754.

Zeitung für die elegante Welt, 1853.

Zglinitzki, 1933

Zglinitzki, Prusz von: Berliner Denkmäler im Volkswitz, Berlin 1933.

Ziechmann, 1985

Ziechmann, Jürgen: Friedrichs poetische Produktion, in: Panorama der friderizianischen Zeit. Friedrich der Große und seine Epoche, hrsg. von Jürgen Ziechmann, Bremen 1985 (Forschungen und Studien zur friderizianischen Zeit, 1), S. 252–259.

Zimmer / Hackländer, 1997

Der Betende Knabe – Original und Experiment, hrsg. von Gerhard Zimmer / Nele Hackländer, Frankfurt am Main 1997.

Die Zukunft, 1895 / 1896–1897

Zukunft, 14, 1895 / 1896.
Zukunft, 18, 1897.

AUSSTELLUNGSKATALOGE

Ausst.-Kat. Berlin und die Antike, 1979

Berlin und die Antike, Architektur, Kunstgewerbe, Malerei, Skulptur, Theater und Wissenschaften vom 16. Jahrhundert bis heute, hrsg. von Willmuth Arenhövel, Ausstellung, Berlin, Schloss Charlottenburg, Berlin, 1979.

Ausst.-Kat. Chodowiecki, 2000

»Die Natur ist meine einzige Lehrerin, meine Wohltäterin«. Zeichnungen von Daniel Nikolaus Chodowiecki (1726–1801) im Berliner Kupferstichkabinett, Ausstellung, Berlin, Kupferstichkabinett, Berlin 2000.

Ausst.-Kat. Das weltliche Ereignisbild, 1987

Das weltliche Ereignisbild in Berlin und Brandenburg-Preußen im 18. Jahrhundert, hrsg. von den Staatlichen Museen zu Berlin, Ausstellung, Berlin, Gemäldegalerie, Berlin (Ost) 1987.

Ausst.-Kat. Der frühe Realismus in Deutschland, 1967

Der frühe Realismus in Deutschland 1800–1850, Ausstellung, Nürnberg, Germanisches Nationalmuseum, Nürnberg, 1967.

Ausst.-Kat. Der Große Kurfürst, 1988

Der Grosse Kurfürst: Sammler, Bauherr, Mäzen, 1620–1688, hrsg. von der Generaldirektion der Staatlichen Schlösser und Gärten Potsdam-Sanssouci, Ausstellung, Potsdam, Neues Palais, Potsdam 1988.

Ausst.-Kat. Die öffentliche Tafel, 2002

Die öffentliche Tafel. Tafelzeremoniell in Europa 1300–1900, hrsg. von Hans Ottomeyer / Michaela Völkel, Ausstellung, Berlin, Deutsches Historisches Museum, Wolfratshausen 2002.

Ausst.-Kat. Ein neuer Stil für Europa, 2009

André Charles Boulle (1642–1732). Ein neuer Stil für Europa, hrsg. von Jean Nerée Ronfort, Ausstellung, Frankfurt am Main, Museum für angewandte Kunst, Paris 2009.

Ausst.-Kat. Französische Meisterwerke, 2005

Poussin, Lorrain, Watteau, Fragonard ...: Französische Meisterwerke des 17. und 18. Jahrhunderts aus deutschen Sammlungen, hrsg. von der Kunst- und Ausstellungshalle der Bundesrepublik Deutschland GmbH, Ausstellung, Paris, Galeries Nationales du Grand Palais / München, Haus der Kunst / Bonn, Kunst und Ausstellungshalle der Bundesrepublik Deutschland, Bonn 2005.

Ausst.-Kat. Friedrich der Große, 1912

Friedrich der Große in der Kunst, Ausstellung, Berlin, Berlin 1912.

Ausst.-Kat. Friedrich der Große, 1986

Friedrich der Große, Ausstellung des Geheimen Staatsarchivs Preußischer Kulturbesitz anläßlich des 200. Todestages König Friedrichs II. von Preußen, Berlin, Berlin 1986.

Ausst.-Kat. Friedrich der Große, 1992

Friedrich der Große. Sammler und Mäzen, hrsg. von Johann Georg Prinz von Hohenzollern, Ausstellung, München, Hypokulturstiftung München in Zusammenarbeit mit den Bayerischen Staatsgemäldesammlungen, München 1992.

Ausst.-Kat. Friedrich II. und die Kunst, 1986
Friedrich II. und die Kunst, hrsg. von der Generaldirektion der Staatlichen Schlösser und Gärten Potsdam-Sanssouci, Ausstellung, Potsdam, Neues Palais, Potsdam 1986.

Ausst.-Kat. Kaiser Wilhelm, 1997
»Ein Bild von Erz und Stein…«. Kaiser Wilhelm am Deutschen Eck und die Nationaldenkmäler, Ausstellung, Koblenz, Mittelrheinmuseum, Koblenz 1997.

Ausst.-Kat. De l'esclave à empereur, 2008
De l'esclave à empereur: L'art romain dans les collections du musée du Louvre, Ausstellung, Arles, Paris 2008.

Ausst.-Kat. Menzel, 1982
Menzel, der Beobachter, hrsg. von Werner Hofmann, Ausstellung, Hamburg, Kunsthalle, München 1982.

Ausst.-Kat. Paradies des Rokoko, 1998
Paradies des Rokoko, hrsg. von Peter O. Krückmann, Bd. 2, Ausstellung, Bayreuth, München / New York 1998.

Ausst.-Kat. Potsdamer Schlösser und Gärten, 1993
Potsdamer Schlösser und Gärten: Bau- und Gartenkunst vom 17.–20. Jahrhundert, hrsg. von der Generaldirektion der Stiftung Schlösser und Gärten Potsdam-Sanssouci, Ausstellung, Potsdam, Potsdam 1993.

Ausst.-Kat. Preußen 1701, 2001
Preußen 1701. Eine europäische Geschichte, hrsg. vom Deutschen Historischen Museum und der Generaldirektion der Stiftung Preußische Schlösser und Gärten Berlin-Brandenburg, 2 Bde., Ausstellung, Berlin, Schloss Charlottenburg, Berlin 2001.

Ausst.-Kat. Prinz Heinrich von Preußen, 2002
Prinz Heinrich von Preußen. Ein Europäer in Rheinsberg, hrsg. von der Generaldirektion der Stiftung Preußische Schlösser und Gärten Berlin-Brandenburg, Ausstellung, Schloss Rheinsberg, München 2002.

Ausst.-Kat. Prunkmöbel, 2011
Prunkmöbel am Münchner Hof. Barocker Dekor unter der Lupe, hrsg. von Renate Eickelmann, Ausstellung, München, Bayerisches Nationalmuseum, München 2011.

Ausst.-Kat. Sophie Charlotte, 1999
Sophie Charlotte und ihr Schloß. Ein Musenhof des Barock in Brandenburg-Preußen, hrsg. von der Generaldirektion der Stiftung Preußische Schlösser und Gärten Berlin-Brandenburg, Ausstellung, Berlin, Schloss Charlottenburg, München 1999.

ABKÜRZUNGSNACHWEIS

Ausst.-Kat.	Ausstellungskatalog
BLHA	Brandenburgisches Landeshauptarchiv
Diss.	Dissertation
GK	Gesamtkatalog
GStAPK	Geheimes Staatsarchiv Preußischer Kulturbesitz
GWU	Geschichte in Wissenschaft und Unterricht
HStAM	Hessisches Staatsarchiv Marburg
HZ	Historische Zeitschrift
Kat.	Katalog
KPM	Königliche Porzellanmanufaktur
MGZ	Militärgeschichtliche Zeitschrift
N. F.	Neue Folge
o. A.	ohne Autor
o. O.	ohne Ort
PA-AA	Politisches Archiv des Auswärtigen Amtes
SBBPK	Staatsbibliothek zu Berlin Preußischer Kulturbesitz
SMB	Staatliche Museen zu Berlin Preußischer Kulturbesitz
SPSG	Stiftung Preußische Schlösser und Gärten Berlin-Brandenburg
StA Bernau	Stadt Bernau bei Berlin, Stadtarchiv
ZHF	Zeitschrift für Historische Forschung
ZStA	Zentrales Staatsarchiv Merseburg

BILDNACHWEIS

Herausgeber und Verlag haben sich bis Produktionsschluss intensiv bemüht, alle Inhaber von Abbildungsrechten ausfindig zu machen. Personen und Institutionen, die möglicherweise nicht erreicht wurden und Rechte an verwendeten Abbildungen beanspruchen, werden gebeten, sich nachträglich mit dem Verlag in Verbindung zu setzen.

Berlin, bpk / Reichard & Lindner: Rose, Abb. 1

Berlin, bpk / Waldemar Titzenthaler: Rose, Abb. 4

Berlin, bpk / Das Gleimhaus, Halberstadt / Ulrich Schrader: Schenk, Abb. 1

Berlin, bpk / RMN / Gérard Blot: Windt, Abb. 8

Berlin, Geheimes Staatsarchiv Preußischer Kulturbesitz, Bildstelle: Windt, Abb. 6 u. 13

Berlin, Alte Nationalgalerie, Staatliche Museen zu Berlin: Kohle, Abb. 1 u. 4

Berlin, Alte Nationalgalerie, Staatliche Museen zu Berlin / Jörg P. Anders: Kohle, Abb. 2

Berlin, Alte Nationalgalerie, Staatliche Museen zu Berlin / Reinhard Friedrich: Schenk, Abb. 2

Berlin, Antikensammlung, Staatliche Museen zu Berlin: Dostert, Abb. 2, 5 u. 6

Berlin, Antikensammlung, Staatliche Museen zu Berlin / Johannes Laurentius: Dostert, Abb. 3

Berlin, Kunstbibliothek, Staatliche Museen zu Berlin: Evers, Abb. 24; Graf, Abb. 5 u. 12

Berlin, Kupferstichkabinett, Staatliche Museen zu Berlin: Hagemann, Abb. 3; Michaelis, Abb. 1, 4, 7 u. 10

Berlin, Kupferstichkabinett, Staatliche Museen zu Berlin / Jörg P. Anders: Michaelis, Abb. 2, 3, 5, 9 u. 11

Berlin, Skulpturensammlung und Museum für Byzantinische Kunst, Staatliche Museen zu Berlin / Antje Voigt: Dostert, Abb. 4

Berlin, Zentralarchiv, Staatliche Museen zu Berlin: Michaelis, Abb. 8

Berlin, SBBPK: Biskup, Abb. 1

Stadt Bernau bei Berlin, Stadtarchiv: Schenk, Abb. 3 u. 4

Doorn, Stichting tot Beheer van Huis Doorn: Rose, Abb. 2

Doorn, Stichting tot Beheer van Huis Doorn, Theo Scholten: Michaelis, Abb. 6

Hohenzollern-Jahrbuch, 1899, S. 133: Thiele, Abb. 1

London, The Trustees of the British Museum: Biskup, Abb. 3

Marburg, Bildarchiv Foto Marburg: Evers, Abb. 4 u. 5

München, Bayerisches Nationalmuseum, Vetters, Karl-Michael: Evers, Abb. 19

Potsdam, BLHA: Hagemann, Abb. 2

Potsdam, Freunde der Preußischen Schlösser und Gärten e. V. / SPSG, Peter Cürlis: Windt, Abb. 4 u. 19

Potsdam Museum – Forum für Kunst und Geschichte, Michael Lüder: Hagemann, Abb. 1

Potsdam, SPSG: Dostert, Abb. 7; Eckert, Abb. 2; Evers, Abb. 10; Göse, Abb. 2; Graf, Abb. 8; Windt, Abb. 3, 9, 10 u. 14

Potsdam, SPSG, Jörg P. Anders: Evers, Abb. 6 u. 9; Kohl, Abb. 1

Potsdam, SPSG, Hans Bach: Hagemann, Abb. 4

Potsdam, SPSG, Klaus G. Bergmann: Graf, Abb. 19

Potsdam, SPSG, Ulrich Frewel: Eckert, Abb. 1

Potsdam, SPSG, Henriette Graf: Graf, Abb. 15

Potsdam, SPSG, Alfred Hagemann: Hagemann, Abb. 5

Potsdam, SPSG, Roland Handrick: Dostert, Abb. 1; Evers, Abb. 18 u. 20; Göse, Abb. 1; Graf, Abb. 18; Schönpflug, Abb. 3

Potsdam, SPSG, Saskia Hüneke: Dostert, Abb. 8

Potsdam, SPSG, Daniel Lindner: Evers, Abb. 2, 7 u. 8; Füssel, Abb. 1–3; Kaiser, Abb. 1–3; Pecar, Abb. 1; Rose, Abb. 3; Salisch, Abb. 1–3; Schönpflug, Abb. 1 u. 2; Terne, Abb. 1–3; Thiele, Abb. 2; Windt, Abb. 1, 17 u. 18

Potsdam, SPSG, Gerhard Murza: Kohle, Abb. 5; Sachse, Abb. 1; Windt, Abb. 2, 7 u. 16

Potsdam, SPSG, Wolfgang Pfauder: Frontispiz; Evers, Abb. 1, 11, 13–17, 21–23 u. 25; Graf, Abb. 1–3, 7, 9–11, 13, 14, 16, 17 u. 20–22; Kohl, Abb. 2; Windt, Abb. 11, 12 u. 15

Potsdam, SPSG, Verena Roediger: Graf, Abb. 4

Potsdam, SPSG, Leo Seidel: Evers, Abb. 3; S. 298

Potsdam, SPSG, Walter Steinkopf: Sachse, Abb. 2

Potsdam, SPSG, Franziska Windt: Windt, Abb. 5

Potsdam, SPSG, Christa Zitzmann: Evers, Abb. 12

Sarasota, The John and Mable Ringling Museum of Art, Sarasota / Florida: Graf, Abb. 6

Stockholm, Erik Cornelius / Nationalmuseum, Stockholm: Biskup, Abb. 2

Weilheim, Blauel / Gnamm – ARTOTHEK: Kohle, Abb. 3